Studien zu Staat, Recht und Verwaltung

Herausgegeben von
Prof. Dr. Gabriele Britz
Prof. Dr. Wolfgang Hoffmann-Riem
Prof. Dr. Jens-Peter Schneider

Band 25

Malte Kröger

Unabhängigkeitsregime im europäischen Verwaltungsverbund

Eine europa- und verfassungsrechtliche Untersuchung unionsrechtlicher Organisationsregelungen für Mitgliedstaaten anhand von Regulierungsagenturen, Datenschutzbehörden sowie statistischen Ämtern

Nomos

Gedruckt mit Unterstützung des Förderungsfonds Wissenschaft der VG WORT.

Die Deutsche Nationalbibliothek verzeichnet diese Publikation in der Deutschen Nationalbibliografie; detaillierte bibliografische Daten sind im Internet über http://dnb.d-nb.de abrufbar.

Zugl.: Hamburg, Univ., Diss., 2016

ISBN 978-3-8487-3881-6 (Print)
ISBN 978-3-8452-8215-2 (ePDF)

1. Auflage 2020

Vorwort

Die Rechtswissenschaftliche Fakultät der Universität Hamburg hat die vorliegende Arbeit im Jahr 2016 als Dissertation angenommen. Der durch die Datenschutz-Grundverordnung notwendig gewordene Erlass neuer Datenschutzgesetze in Bund und Ländern im Jahr 2018 hat es erforderlich gemacht, die Arbeit in Teilen zu aktualisieren. Dabei wurden vereinzelt auch Rechtsprechung und Literatur neueren Datums berücksichtigt.

Mein besonderer Dank gilt meinem Doktorvater Prof. Dr. Wolfgang Hoffmann-Riem, RiBVerfG a.D., da er mich in jeder Hinsicht gefördert und in zahlreichen Diskussionen meine Arbeit befördert hat. Zu großem Dank verpflichtet bin ich ebenfalls Prof. Dr. Stefan Oeter für die Betreuung während der Dissertationszeit und die differenzierte Begutachtung der Arbeit. Für die Unterstützung gilt der Albrecht Mendelssohn Bartholdy Graduate School of Law mein Dank.

Für zahlreiche Anmerkungen, kritische Diskussionen und Korrekturhinweise danke ich Jan Hövermann, Johann Laux und Arne Pilniok. Dank gebührt auch Professor Loïc Azoulai für inspirierende Gespräche am Europäischen Hochschulinstitut in Florenz.

Ferner gilt mein Dank den Herausgebern dieser Schriftenreihe für die freundliche Aufnahme. Der Druckkostenzuschuss des Förderungsfonds Wissenschaft der VG WORT hat mir die Veröffentlichung dieser Arbeit sehr erleichtert. Dem Nomos Verlag gebührt mein Dank für die Unterstützung bei den Veröffentlichungsarbeiten.

Die Arbeit an der Dissertation war mit persönlichen Herausforderungen und Entbehrungen verbunden. Ohne die liebevolle Unterstützung und die beständige Motivation durch Johanna wäre die Arbeit in dieser Form nicht möglich gewesen.

Besonderer Dank gebührt meinen Eltern, die mich - nicht nur während der Promotionsphase - in jeder erdenklichen Weise unterstützt haben. Ihnen ist diese Arbeit gewidmet.

Karlsruhe, im Sommer 2019 — Malte Kröger

Österreich (Bredde, EuR 19, 602 (Bastian u. Uerlow),
Frankreich, DÖV 13, 214

Inhaltsübersicht

Inhaltsverzeichnis

Abkürzungsverzeichnis

a.A.	andere Ansicht
ABl.	Amtsblatt, Amtsblätter
Admin. L. Rev.	Administrative Law Review
AEUV	Vertrag über die Arbeitsweise der Europäischen Union
A.F.D.I.	Annuaire Francais de Droit International
AfP	Archiv für Presserecht
AG	Die Aktiengesellschaft
AJCL	American Journal of Comparative Law
AJDA	Actualité Juridique Droit Administratif
AJIL	American Journal of International Law
Alt.	Alternative
Am. U. Int'l L. Rev.	American University International Law Review
Anm.	Anmerkung
AöR	Archiv des öffentlichen Rechts
APuZ	Aus Politik und Zeitgeschichte
BAG	Bundesarbeitsgericht
BAGE	Entscheidungen des Bundesarbeitsgerichts
BayVBl.	Bayerische Verwaltungsblätter
BB	Betriebsberater
BDSG a.F.	Bundesdatenschutzgesetz in der bis zum Ablauf des 24. Mai 2018 geltenden Fassung
BDSG n.F.	Bundesdatenschutzgesetz in der ab dem 25. Mai 2018 geltenden Fassung
Beschl.	Beschluss
BfDI	Bundesbeauftragter für Datenschutz und Informationsfreiheit
BFH	Bundesfinanzhof
BFHE	Entscheidungen des Bundesfinanzhofs
BGBl.	Bundesgesetzblatt
BGH	Bundesgerichtshof
BGHZ	Entscheidungen des Bundesgerichtshofs in Zivilsachen

BGHSt	Entscheidungen des Bundesgerichtshofs in Strafsachen
BSG	Bundessozialgericht
BStatG	Bundesstatistikgesetz
BT	Bundestag
BVerfG	Bundesverfassungsgericht
BVerfGE	Entscheidungen des Bundesverfassungsgerichts
BVerfGG	Bundesverfassungsgerichtsgesetz
BVerwG	Bundesverwaltungsgericht
BVerwGE	Entscheidungen des Bundesverwaltungsgerichts
CDE	Cahiers de droit européen
CJEL	Columbia Journal of European Law
CMLRev.	Common Market Law Review
CoP	European Statistics Code of Practice
CR	Computer & Recht
DANA	Datenschutznachrichten
DB	Der Betrieb
d.h.	das heißt
DÖV	Die öffentliche Verwaltung
DRiZ	Deutsche Richterzeitung
Drs.	Drucksache
DSG	Datenschutzgesetz
DSGVO	EU-Datenschutz-Grundverordnung
DSRL	EU-Datenschutzrichtlinie
DuD	Datenschutz und Datensicherheit
DV	Die Verwaltung
DVBl.	Deutsches Verwaltungsblatt
EDBS	Europäischer Datenschutzbeauftragter
EG	Europäische Gemeinschaft
EGMR	Europäischer Gerichtshof für Menschenrechte
ELJ	European Law Journal
ELRev	European Law Review
EMRK	Europäische Menschenrechtskonvention
EPL	European Public Law
Erwgr.	Erwägungsgrund

ESZB	Europäisches System der Zentralbanken
EuConst	European Constitutional Law Review
EuG	Gericht der Europäischen Union
EuGH	Gerichtshof der Europäischen Union
EuGRZ	Europäische Grundrechte-Zeitschrift
EuR	Europarecht
EUV	Vertrag über die Europäische Union
EuZW	Europäische Zeitschrift für Wirtschaftsrecht
EWG	Europäische Wirtschaftsgemeinschaft
EWS	Europäisches Wirtschafts- und Steuerrecht
EZB	Europäische Zentralbank
f.	folgende
FAZ	Frankfurter Allgemeine Zeitung
ff.	(fort)folgende
Fn.	Fußnote
FS	Festschrift
GA	Generalanwalt
GG	Grundgesetz
GPR	Zeitschrift für Gemeinschaftsprivatrecht
GRCh	Charta der Grundrechte der Europäischen Union
GS	Gedächtnisschrift
GWB	Gesetz gegen Wettbewerbsbeschränkungen
Hdb.	Handbuch
Hrsg.	Herausgeber
Hs.	Halbsatz
ICLQ	International and Comparative Law Quarterly
i.e.S.	im engeren Sinne
i.S.d.	im Sinne des
JA	Juristische Arbeitsblätter
JBl	Juristische Blätter
JbStVerwW	Jahrbuch der Staats- und Verwaltungswissenschaft
JCMS	Journal of Common Market Studies
JITE	Journal of Institutional and Theoretical Economics
Jnl Publ. Pol.	Journal of Public Policy

JöR	Jahrbuch des öffentlichen Rechts
JRP	Journal für Rechtspolitik
Jura	Juristische Ausbildung
JuS	Juristische Schulung
JZ	Juristenzeitung
K&R	Kommunikation & Recht
KJ	Kritische Justiz
KrimJ	Kriminologisches Journal
KritV	Kritische Vierteljahresschrift für Gesetzgebung und Rechtsprechung
LKRZ	Zeitschrift für Landes- und Kommunalrecht Hessen, Rheinland-Pfalz, Saarland
LKV	Landes- und Kommunalverwaltung
Losebl.-Sammlung	Loseblatt-Sammlung
MDR	Monatsschrift für Deutsches Recht
MichJIntlL	Michigan Journal of International Law
MJ	Maastricht Journal of European and Comparative Law
MMR	MultiMedia und Recht
m.w.N.	mit weiteren Nachweisen
NJW	Neue Juristische Wochenschrift
NordÖR	Zeitschrift für öffentliches Recht in Norddeutschland
NuR	Natur und Recht
NVwZ	Neue Zeitschrift für Verwaltungsrecht
NWVBl.	Nordrhein-Westfälische Verwaltungsblätter
ÖVD	Öffentliche Verwaltung und Datenverarbeitung
OVG	Oberverwaltungsgericht
PVS	Politische Vierteljahresschrift
RabelsZ	Rabels Zeitschrift für ausländisches und internationales Privatrecht
RDUE	Revue du Droit de l'Union Européenne
RDV	Recht der Datenverarbeitung
RFDA	Revue Francaise de Droit Administratif
RiA	Recht im Amt
RMC	Revue du Marché Commun
Rn.	Randnummer

Rs.	Rechtssache
RSC	Revue de science criminelle et de droit pénal comparé
RuF	Rundfunk und Fernsehen
S.	Seite
s.	siehe
Slg.	Sammlung
Sps.	Spiegelstrich
SZ	Süddeutsche Zeitung
Urt.	Urteil
VBlBW	Verwaltungsblätter für Baden-Württemberg
Verf	Verfassung
VersR	Versicherungsrecht
VerwArch	Verwaltungsarchiv
VG	Verwaltungsgericht
VGH	Verwaltungsgerichtshof
vgl.	vergleiche
VR	Verwaltungsrundschau
VSSR	Vierteljahresschrift für Sozialrecht
VuF	Verkündigung und Forschung
VVDStRL	Veröffentlichungen der Vereinigung Deutscher Staatsrechtslehrer
VW	Zeitschrift für Versicherungswirtschaft
WissR	Wissenschaftsrecht
WM	Wertpapiermitteilungen
WRP	Wettbewerb in Recht und Praxis
ZaöRV	Zeitschrift für ausländisches öffentliches Recht und Völkerrecht
ZBB	Zeitschrift für Bankrecht und Bankwirtschaft
ZBR	Zeitschrift für Beamtenrecht
ZD	Zeitschrift für Datenschutz
ZERL	Zeitschrift für Europäische Rechtslinguistik
ZESAR	Zeitschrift für europäisches Sozial- und Arbeitsrecht
ZEuS	Zeitschrift für Europarechtliche Studien
ZfL	Zeitschrift für Lebensmittelrecht
ZfRSoz	Zeitschrift für Rechtssoziologie

ZG	Zeitschrift für Gesetzgebung
ZHR	Zeitschrift für das gesamte Handels- und Wirtschaftsrecht
ZIB	Zeitschrift für Internationale Beziehungen
ZLR	Zeitschrift für das gesamte Lebensmittelrecht
ZNER	Zeitschrift für Neues Energierecht
ZÖR	Zeitschrift für öffentliches Recht
ZPol	Zeitschrift für Politikwissenschaft
ZRP	Zeitschrift für Rechtspolitik
ZUM	Zeitschrift für Urheber- und Medienrecht
ZUR	Zeitschrift für Umweltrecht

Für alle übrigen Abkürzungen wird, soweit sie nicht aus sich selbst verständlich sind, auf *Hildebert Kirchner*, Kirchner-Abkürzungsverzeichnis der Rechtssprache, 8. Aufl. 2015, verwiesen.

Kapitel 1: Einführung

Der Vollzug des Unionsrechts erfolgt im Wesentlichen durch die mitgliedstaatlichen Gerichte und Behörden, deren Organisation und Rechtsstellung vom jeweiligen nationalen Gesetzes- und Verfassungsrecht geprägt werden. Vollzugskompetenzen der EU bestehen bislang nur in wenigen Bereichen, wobei insbesondere die Europäische Kommission eine bedeutende Rolle einnimmt, aber auch andere Institutionen wie die Europäische Zentralbank (EZB)[1] oder einige Unionsagenturen[2] sind hier zu nennen. Diese zeichnen sich durch ihre unabhängige Rechtsstellung aus.

Das Unionsrecht enthält an vielen Stellen Vorgaben für den nationalen Vollzug des Unionsrechts. Dies beschränkte sich lange Zeit im Wesentlichen auf materiellrechtliche Vorgaben. Zunehmend erlässt die EU auch Sekundärrechtsakte, welche organisationsrechtliche Vorgaben an die Mitgliedstaaten enthalten. Hierbei spielt die Verpflichtung zur Einrichtung unabhängiger Behörden eine bedeutende Rolle. Zugleich legt das Unionsrecht Bestimmungen zur Kooperation und Koordination zwischen nationalen Behörden sowie zwischen nationalen Behörden und europäischen Institutionen fest, so dass Formen zunehmend verrechtlichter Verwaltungsverbünde entstehen, die ihrerseits zumeist von Unabhängigkeitsregeln geprägt sind. Das europäische Vollzugsmodell wird hierdurch zu einem immer größeren Teil von unabhängigen Behörden geprägt. Die hinter diesen Behörden stehenden Unabhängigkeitsregime treffen im europäischen Verwaltungsverbund aufeinander.

Unionsrechtliche Regelungen für nationale Verwaltungsorganisationsstrukturen wirken auf einen der wenigen Hoheitsbereiche der Mitgliedstaaten ein, der bislang von rechtlichen Vorgaben durch die EU weitge-

---

1 Die EZB hat insbesondere durch die ihr seit 2013 übertragene Aufgabe der Bankenaufsicht erhebliche neue Kompetenzen hinzugewonnen, siehe die Verordnung (EU) Nr. 1024/2013 des Rates vom 15. Oktober 2013 zur Übertragung besonderer Aufgaben im Zusammenhang mit der Aufsicht über Kreditinstitute auf die Europäische Zentralbank, ABl. L 287 vom 29.10.2013, S. 63–89.

2 Agenturen stellen eine der bedeutsamsten Erscheinungsformen dieses Verwaltungstypus in der Union dar, siehe zu diesen *D. Fischer-Appelt*, Agenturen, 1999; *Chr. Görisch*, Demokratische Verwaltung, 2009; *M. A. Steger*, Unionsagenturen, 2015; *A. Orator*, Unionsagenturen, 2017.

hend ausgespart geblieben war. Es entsteht ein Spannungsfeld mit verfassungsrechtlichen Grundsätzen, denn hinter nationalen verwaltungsorganisationsrechtlichen Regelungen stehen häufig gewachsene, verfassungsrechtlich fundierte Staatsstrukturen. Verwaltungsorganisationsrecht ist zum wesentlichen Teil Ausdruck demokratischer und rechtsstaatlicher Grundsätze, die im Rahmen des unionsrechtlichen Anwendungsvorrangs ausgehöhlt werden könnten. Die Verkopplung unabhängiger nationaler und europäischer Behörden in Verwaltungsverbünden birgt zudem die Gefahr der Diffusion von Verantwortung und damit unzureichender demokratischer und rechtsstaatlicher Kontrolle in sich.

A. Untersuchungsgegenstand

Das Unionsrecht verlangt an vielen Stellen Anpassungen des mitgliedstaatlichen Rechts. Dies ist Teil eines Prozesses, der auch als Europäisierung bezeichnet werden kann.[3] Die Europäisierung kann sowohl horizontal zwischen den Rechtsordnungen der Mitgliedstaaten als auch vertikal zwischen europäischer und nationaler Rechtsordnung ablaufen – wobei sich beide Ebenen immerzu gegenseitig beeinflussen.[4] Diese Arbeit konzentriert sich auf letzteren Aspekt, womit allerdings keine Bedeutungsaussage getroffen ist. Die direkten horizontalen oder die über den Umweg des Unionsrechts zu konstatierenden Einflüsse[5] sind ebenfalls folgenreich. Gegenstand dieser Untersuchung bildet jedoch die unmittelbare Einwirkung auf das nationale Verwaltungsorganisationsrecht durch das Unionsrecht, und zwar für die deutsche Rechtsordnung.

Was für die Europäisierung des nationalen Verwaltungsverfahrensrechts[6] die Entscheidung *Alcan*[7], für die Europäisierung des nationalen

---

3 Europäisierung meint allgemein die Beeinflussung, Überlagerung und Umformung der nationalstaatlichen Verwaltungsrechtsordnungen durch europäisches Rechtsdenken und Rechtshandeln, siehe *E. Schmidt-Aßmann*, Ordnungsidee, 2006, 1/50.

4 *G. F. Schuppert*, Post-National Model, 2003, S. 109 ff.

5 *E. Schmidt-Aßmann*, Ordnungsidee, 2006, 1/66.

6 *C. D. Classen*, DV 30 (1997), S. 307 ff.; *F. Schoch*, DV 32 (1999), Beiheft 2, S. 135 ff.; *E. Schmidt-Aßmann*, Europäisierung, 2003, S. 487 ff.

7 *EuGH*, Rs. C-24/95 – Alcan II.

Verwaltungsprozessrechts[8] die Entscheidung *Trianel*[9] und für die Europäisierung des nationalen Staatshaftungsrechts[10] die Entscheidungen *Francovich*[11] und *Köbler*[12] waren, das könnte aus historischer Perspektive eines Tages die Rechtssache *Kommission/Deutschland*[13] für die Europäisierung des nationalen Verwaltungsorganisationsrechts sein. In dieser Entscheidung legte der EuGH fest, dass die Datenschutzrichtlinie[14] die Mitgliedstaaten dazu verpflichtet, Datenschutzaufsichtsbehörden einzurichten, die frei von Einflüssen der nationalen Regierungsebene sein müssen. Dass darin nicht unbedingt eine Besonderheit des Datenschutzrechts zum Ausdruck kommt,[15] indizieren vergleichbare Vorgaben in anderen Rechtsgebieten: Für die Flughafenverwaltung müssen unabhängige Koordinatoren für die Zuweisung von flugplanmäßigen Lande- und Startzeiten eingerichtet werden.[16] Im Tabaksektor waren Kontrollstellen einzurichten, die „völlige Verwaltungsautonomie" genießen,[17] ebenso im Bereich der Olivenölproduktion.[18] Im Telekommunikationsrecht muss die Unabhängigkeit der Regulierungsstellen ebenfalls gewährleistet sein.[19] Das europäische Energierecht verlangt von den Mitgliedstaaten, sicherzustellen, dass die zustän-

---

8 *M. Ruffert*, DVBl. 1998, S. 69 ff.; *F. Schoch*, Verwaltungsprozessrecht, 2003, S. 507 ff.; *Chr. Steinbeiß-Winkelmann*, NJW 2010, S. 1233 ff.

9 *EuGH*, Rs. C-115/09 – Trianel.

10 *U. Kischel*, EuR 2005, S. 441 ff.; *D. Nassimpian*, ELRev 32 (2007), S. 819 ff.; siehe auch die Beiträge in S. Moreira de Sousa/W. Heusel, Enforcing community law, 2004.

11 *EuGH*, verb. Rs. C-6/90 und C-9/90 – Francovich.

12 *EuGH*, Rs. C-224/01 – Köbler.

13 *EuGH*, Rs. C-518/07 – Kommission/Deutschland.

14 Richtlinie 95/46/EG des Europäischen Parlaments und des Rates vom 24. Oktober 1995 zum Schutz natürlicher Personen bei der Verarbeitung personenbezogener Daten und zum freien Datenverkehr, ABl. L 281 vom 23.11.1995, S. 31-50.

15 So bereits in Ansätzen bei *M. Kröger*, Pluralisierung, 2015, S. 255 (259 ff.).

16 Art. 4 der Verordnung (EWG) Nr. 95/93 des Rates vom 18. Januar 1993 über gemeinsame Regeln für die Zuweisung von Zeitnischen auf Flughäfen in der Gemeinschaft, ABl. L 14 vom 22.1.1993, S. 1–6.

17 Art. 20 der Verordnung (EWG) Nr. 2075/92 des Rates vom 30. Juni 1992 über die gemeinsame Marktorganisation für Rohtabak, ABl. L 215 vom 30.7.1992, S. 70–76; Verordnung (EWG) Nr. 85/93 der Kommission vom 19. Januar 1993 über die Kontrollstellen im Tabaksektor, ABl. L 12 vom 20.1.1993, S. 9–12.

18 Siehe hierzu *V. Götz*, EuR 1986, S. 29 (34).

19 Art. 3 Abs. 3a der Richtlinie 2009/140/EG des Europäischen Parlaments und des Rates vom 25. November 2009 zur Änderung der Richtlinie 2002/21/EG über einen gemeinsamen Rechtsrahmen für elektronische Kommunikationsnetze und

digen Regulierungsbehörden bei der Wahrnehmung der Regulierungsaufgaben keine direkten Weisungen von Regierungsstellen oder anderen öffentlichen oder privaten Einrichtungen einholen oder entgegennehmen.[20] Im Rahmen der Reform der europäischen Bankenaufsicht ist die unabhängige Rechtsstellung nationaler Aufsichtsbehörden mehrfach verankert worden:[21] So handeln auch die nationalen Behörden unabhängig, die innerhalb des einheitlichen Aufsichtsmechanismus zuständig sind.[22] Bei der Beaufsichtigung von Kreditinstituten und Wertpapierfirmen müssen die zuständigen Behörden über die zur Ausübung der Aufsichts-, Ermittlungs- und Sanktionierungsaufgaben erforderlichen Unabhängigkeit verfügen.[23] Ebenso sind die nationalen Abwicklungsbehörden im Rahmen des einheitlichen Abwicklungsmechanismus zur Unabhängigkeit verpflichtet.[24] Im Jahr 2014 wurde ferner im Atomrecht eine Verordnung erlassen, welche

---

-dienste, der Richtlinie 2002/19/EG über den Zugang zu elektronischen Kommunikationsnetzen und zugehörigen Einrichtungen sowie deren Zusammenschaltung und der Richtlinie 2002/20/EG über die Genehmigung elektronischer Kommunikationsnetze und -dienste, ABl. L 337 vom 18.12.2009, S. 37–69.

20 Art. 35 Abs. 4 lit. b) ii), Abs. 5 lit. a) der Richtlinie 2009/72/EG des Europäischen Parlaments und des Rates vom 13. Juli 2009 über gemeinsame Vorschriften für den Elektrizitätsbinnenmarkt und zur Aufhebung der Richtlinie 2003/54/EG, ABl. L 211 vom 14.8.2009, S. 55–93 (Strom-RL); Art. 39 Abs. 4 lit. b) ii), Abs. 5 lit. a) der Richtlinie 2009/73/EG des Europäischen Parlaments und des Rates vom 13. Juli 2009 über gemeinsame Vorschriften für den Erdgasbinnenmarkt und zur Aufhebung der Richtlinie 2003/55/EG, ABl. L 211 vom 14.8.2009, S. 94–136 (Gas-RL).

21 Hierzu ausführlich *F. A. Dechent*, NVwZ 2015, S. 767 ff.

22 Art. 19 Abs. 1 der Verordnung (EU) Nr. 1024/2013 des Rates vom 15. Oktober 2013 zur Übertragung besonderer Aufgaben im Zusammenhang mit der Aufsicht über Kreditinstitute auf die Europäische Zentralbank, ABl. L 287 vom 29.10.2013, S. 63–89 (SSM-Verordnung).

23 Art. 4 Abs. 4 der Richtlinie 2013/36/EU des Europäischen Parlaments und des Rates vom 26. Juni 2013 über den Zugang zur Tätigkeit von Kreditinstituten und die Beaufsichtigung von Kreditinstituten und Wertpapierfirmen, zur Änderung der Richtlinie 2002/87/EG und zur Aufhebung der Richtlinien 2006/48/EG und 2006/49/EG, ABl. L 176 vom 27.6.2013, S. 338–436 (CRD IV-RL).

24 Art. 47 Abs. 1 der Verordnung (EU) Nr. 806/2014 des Europäischen Parlaments und des Rates vom 15. Juli 2014 zur Festlegung einheitlicher Vorschriften und eines einheitlichen Verfahrens für die Abwicklung von Kreditinstituten und bestimmten Wertpapierfirmen im Rahmen eines einheitlichen Abwicklungsmechanismus und eines einheitlichen Abwicklungsfonds sowie zur Änderung der Verordnung (EU) Nr. 1093/2010, ABl. L 225 vom 30.7.2014, S. 1–90 (SRM-Verordnung).

„die tatsächliche Unabhängigkeit der zuständigen Regulierungsbehörde von ungebührlicher Beeinflussung“[25] verlangt. Damit ist die Entwicklung aber noch nicht abgeschlossen. Im Juni 2015 trat eine Novellierung der Statistikverordnung in Kraft, die ausdrücklich die Weisungsfreiheit der nationalen Statistikämter enthält.[26] Auch das bereits erwähnte europäische Datenschutzrecht treibt diese Entwicklung weiter voran: Die Datenschutz-Grundverordnung enthält in einer ganzen Reihe von Artikeln detaillierte Vorgaben zur Gewährleistung der Unabhängigkeit der nationalen Datenschutzaufsichtsbehörden.[27]

B. Rechtliche Konfliktfelder

Unionsrechtliche Vorgaben zur Ausgestaltung nationaler Behörden sind den Anforderungen des europäischen und nationalen Rechts ausgesetzt. Insbesondere die Verpflichtung zur unabhängigen Rechtsstellung der Behörden ist konfliktbehaftet.

---

25 Art. 5 Abs. 2 der Richtlinie 2009/71/EURATOM über einen Gemeinschaftsrahmen für die nukleare Sicherheit kerntechnischer Anlagen in der durch die RL 2014/87/ EURATOM modifizierten Fassung, ABl. L 172 vom 2.7.2009, S. 18–22.

26 Verordnung (EG) Nr. 223/2009 des Europäischen Parlaments und des Rates vom 11. März 2009 über europäische Statistiken und zur Aufhebung der Verordnung (EG, Euratom) Nr. 1101/2008 des Europäischen Parlaments und des Rates über die Übermittlung von unter die Geheimhaltungspflicht fallenden Informationen an das Statistische Amt der Europäischen Gemeinschaften, der Verordnung (EG) Nr. 322/97 des Rates über die Gemeinschaftsstatistiken und des Beschlusses 89/382/EWG, Euratom des Rates zur Einsetzung eines Ausschusses für das Statistische Programm der Europäischen Gemeinschaften, geändert durch VO (EU) Nr. 2015/759 des Europäischen Parlaments und des Rates vom 29. April 2015 zur Änderung der Verordnung (EG) Nr. 223/2009 über europäische Statistiken, ABl. L 123 vom 19.5.2015, S. 90-97; ähnlich bereits in der Entwurfsversion der *Europäischen Kommission*, Vorschlag für Verordnung des Europäischen Parlaments und des Rates zur Änderung der Verordnung (EG) 223/2009 über europäische Statistiken, KOM(2012) 167 endg., S. 9.

27 Art. 51 ff. der Verordnung (EU) 2016/679 des Europäischen Parlaments und des Rates vom 27. April 2016 zum Schutz natürlicher Personen bei der Verarbeitung personenbezogener Daten, zum freien Datenverkehr und zur Aufhebung der Richtlinie 95/46/EG (Datenschutz-Grundverordnung), ABl. L 119 vom 4.5.2016, S. 1-88.

I. EU-Rechtsetzungskompetenzen

Ob die EU überhaupt derartige sekundärrechtliche Verpflichtungen an die Mitgliedstaaten richten darf, ist mangels eindeutiger Regelungen im Unionsrecht zweifelhaft. Das Prinzip der begrenzten Einzelermächtigung verlangt, dass Rechtsakte nur erlassen werden dürfen, sofern der EU hierzu eine Kompetenz nach den Bestimmungen der europäischen Verträge zusteht. Selbst wenn dies der Fall ist, müssen die Rechtsakte die Grenzen des Subsidiaritäts- und Verhältnismäßigkeitsprinzips beachten. Da der Vollzug des Unionsrechts grundsätzlich vom jeweiligen Mitgliedstaat mit seinen Behörden übernommen wird (Art. 291 Abs. 1 AEUV) und unionsrechtliche Organisationsregeln in die institutionelle Autonomie der Mitgliedstaaten eingreifen oder gar die nationale Identität (Art. 4 Abs. 2 EUV) verletzen könnten, geht von Vorgaben an die Verwaltungsorganisation eine besondere kompetenzrechtliche Brisanz aus.

II. Unionsrechtliches Organisationsrecht und deutsches (Verfassungs-)Recht

Vorgaben des EU-Sekundärrechts müssen unter Anwendung der nationalen Rechtsinstitute umgesetzt werden. Dies fällt den Mitgliedstaaten insbesondere in den Fällen schwer, in denen es sich um Vorgaben handelt, die der Rechtsordnung fremd sind. Für das deutsche Verwaltungsrecht bringt die Verpflichtung zur Einrichtung unabhängiger Behörden verfassungsrechtliche Herausforderungen mit sich. Dies liegt insbesondere daran, dass das vom Bundesverfassungsgericht herangezogene Modell der demokratischen Legitimation der Verwaltung derartigen Verwaltungsstrukturen eher entgegensteht, da es grundsätzlich nach hierarchischen Organisationsstrukturen verlangt. Ferner können Entkopplungen von Behörden aus hierarchischen Zusammenhängen negative Auswirkungen auf den einheitlichen Vollzug der Gesetze sowie auf die Rechtssicherheit haben.

III. Zentralisierungstendenzen im Unionsverwaltungsrecht

Zugleich erzeugen einheitliche Organisationsvorgaben für mitgliedstaatliche Stellen Spannungen in föderalen Strukturen. Dies gilt zum einen für föderal gegliederte Mitgliedstaaten, zum anderen auch für den föderal strukturierten Vollzug des Unionsrechts. Das bislang bestehende Modell des indirekten Vollzugs wird zwar durch Organisationsregeln nicht aufgegeben, aber es finden Einwirkungen statt, die faktisch dazu führen könnten, dass ein stärker zentralisiertes Vollzugsmodell entsteht. Dies gilt unter anderem für die Einrichtung von Verwaltungsverbünden, in denen unabhängige Behörden der Mitgliedstaaten mit der Europäischen Kommission kooperieren, insbesondere wenn der Kommission Befugnisse gegenüber den nationalen Behörden zugestanden werden.

C. Erkenntnisinteresse

Vor dem Hintergrund dieser Konfliktfelder zielt die Arbeit auf ein Erkenntnisinteresse ab, das auf zwei Ebenen angesiedelt ist: Zum einen sollen die Gründe für die Schaffung unabhängiger Behörden und die jeweiligen organisationsrechtlichen Anforderungen im Unionsverwaltungsrecht sowie die Folgen für das deutsche Recht herausgearbeitet werden. Zum anderen sollen in drei Referenzgebieten sachbereichsspezifische Erkenntnisse befördert und diese in einen systematischen Kontext eingeordnet werden.

I. Unabhängigkeitsregime im europäischen und im deutschen Recht

Auf rechtsdogmatischer Ebene sollen die Unabhängigkeitsregime im deutschen Verfassungsrecht, im EU-Eigenverwaltungsrecht und im Unionsverwaltungsrecht bestimmt werden. Dazu ist zu klären, welche Anforderungen das jeweilige Recht an unabhängige Behörden stellt. Der Vergleich der Gemeinsamkeiten und Unterschiede ermöglicht es, die jeweiligen Unabhängigkeitskonzepte herauszuarbeiten. Ferner sind die Konsequenzen zu ermitteln, die sich aus der Verpflichtung zur Schaffung unabhängiger Behörden innerhalb der nationalen und der europäischen Rechtsordnung ergeben. Gleichzeitig ist die unabhängige Rechtsstellung auch für die europäische Ebene von Bedeutung, insbesondere für die Strukturierung von europäischen Verwaltungsverbünden.

II. Das unionsrechtliche und das deutsche Organisationsrecht der Telekommunikations-, Datenschutz- und Statistikbehörden

Die zweite Erkenntnisebene zielt auf die Analyse von drei Referenzgebieten hinsichtlich der organisationsrechtlichen Vorgaben durch das Unionsrecht ab. Es handelt sich um das Telekommunikationsrecht, das Datenschutzrecht sowie das Recht der amtlichen Statistik. Im Rahmen dieser Untersuchung sollen auch verallgemeinerbare Erkenntnisse für das Unionsverwaltungsrecht bestimmt werden, an denen rechtstheoretische Erkenntnisse anknüpfen können.

Um die Allgemeingültigkeit der in dieser Arbeit getroffenen Aussagen zu erhöhen, folgt die Auswahl der untersuchten Referenzgebiete einem Mix zwischen etablierten (Telekommunikationsrecht) und aus rechtswissenschaftlicher Perspektive mit geringerer Aufmerksamkeit versehenen Feldern (Datenschutzrecht, Recht der amtlichen Statistik). Zugleich eignen sich die Referenzgebiete auch, weil sie Ausschnitte „modernen Verwaltens" darstellen. Im Gegensatz zu Aufgabenfeldern hoheitlicher Tätigkeit wie dem Gewerberecht, dem Polizeirecht, dem Baurecht oder dem Steuerrecht haben diese Bereiche erst in jüngerer Zeit an Bedeutung gewonnen und nutzen nicht nur die klassischen Handlungsformen ordnungsrechtlicher Verwaltungstätigkeit.

Organisationsrechtliche Anforderungen des Unionsrechts in den Netzwirtschaften, zu denen das Telekommunikationsrecht zu zählen ist, haben schon zahlreiche Untersuchungen befördert,[28] deren Erkenntnisse von erheblichem Gewinn für die Erschließung weiterer Referenzgebiete sind. Im deutschen Recht kann die für die Telekommunikationsregulierung zuständige Bundesnetzagentur als Prototyp einer unionsrechtlich überformten Verwaltungsorganisation bezeichnet werden. Das Datenschutzrecht ist in seiner organisationsrechtlichen Dimension bislang eher im Zusammen-

---

28 *W. Hoffmann-Riem*, DVBl. 1999, S. 125 (129 ff.); *M. Paulweber*, Regulierungszuständigkeiten, 1999; *K. Oertel*, Regulierungsbehörde, 2000; *M. Döhler*, DV 34 (2001), S. 59 ff.; *M. Bullinger*, DVBl. 2003, S. 1355 ff.; *H.-H. Trute*, Regulierungsverbund, 2004, S. 565 ff.; *J. Kühling*, Netzwirtschaften, 2004; *K.-H. Ladeur/ Chr. Möllers*, DVBl. 2005, S. 525 ff.; *G. Britz*, EuR 2006, S. 46 ff.; *A. Hombergs*, Verwaltungskooperationsrecht, 2006; *B. Holznagel/P. Schumacher*, DVBl. 2007, S. 409 ff.; *M. Mailänder*, Governanceregime, 2008; *R. Broemel*, Regulierung, 2010; *K. F. Gärditz*, AöR 135 (2010), S. 251 ff.; *M. Ludwigs*, DV 44 (2011), S. 41 ff.; *E. Westermann*, Unabhängigkeit, 2016, S. 63 ff.; *ders.*, Legitimation, 2017.

hang mit dem Volkszählungsurteil des Bundesverfassungsgerichts[29] untersucht worden. Erst in jüngerer Zeit wurde die in der Datenschutzrichtlinie enthaltene Verpflichtung zur „völligen Unabhängigkeit" aufgegriffen, nicht zuletzt aufgrund einer diesbezüglichen (zum Teil auch erheblich kritisierten[30]) Entscheidung des Europäischen Gerichtshofs.[31] Das Recht der amtlichen Statistik ist das bislang rechtswissenschaftlich wenig erschlossene Referenzgebiet. Im deutschen Schrifttum finden sich Untersuchungen zu statistischen Erhebungen des Staates insbesondere aus grundrechtlicher Perspektive.[32] Diese befassen sich damit, welche Informationen der Staat von seinen Bürgern für Volkszählungen erheben und verarbeiten darf. Hingegen ist die organisationsrechtliche Komponente rechtswissenschaftlich bislang kaum untersucht worden.[33]

D. Anmerkungen zur Vorgehensweise

I. Referenzgebiete und Systematisierung

Während das Organisationsrecht für den Vollzug des Unionsrechts im EU-Primärrecht nur ausschnitthaft geregelt ist, deutet sich im Sekundärrecht eine eigene Entwicklungsdynamik der Europäisierung des nationalen Verwaltungsorganisationsrechts an. Dies ist aber kein gleichmäßiger und gleichzeitiger Vorgang. Dies liegt unter anderem daran, dass das Unionsrecht bereichsspezifische Kompetenzen enthält, auf welche Modifikationen des nationalen Verwaltungsorganisationsrechts gestützt werden. Es existiert keine Kodifikation, die einheitliche Vorgaben zu organisationsrechtlichen Vorgaben für den Vollzug des Unionsrechts enthält.[34]

---

29 *BVerfGE* 65, 1 – Volkszählung.

30 Exemplarisch *H. P. Bull*, EuZW 2010, S. 488 ff.

31 *EuGH*, Rs. C-518/07 – Kommission/Deutschland.

32 *W. Daleki*, JZ 1983, S. 60 ff.; *R. Scholz/R. Pitschas*, Informationsverantwortung, 1984; *K. Vogelgesang*, Grundrecht, 1987; *E. Höfelmann*, Datenschutzrecht, 1987; *M. Albers*, Informationelle Selbstbestimmung, 2005.

33 Erste Untersuchungen finden sich bei *J. Hahlen*, Statistische System, 2012, S. 373 ff.; *ders.*, Rechtsstellung, 2016, S. 159 ff.; *M. Kröger/A. Pilniok*, Amtliche Statistik, 2016, S. 131 (146 ff.).

34 Eine solche wird aber zumindest für das EU-Eigenverwaltungsrecht mittlerweile vom Europäischen Parlament vorangetrieben, siehe Entschließung des *Europäischen Parlaments* vom 15. Januar 2013 mit Empfehlungen an die Kommission zu

Aus der Rechtsprechung des EuGH lassen sich jedoch allgemeine Grundsätze des europäischen Verwaltungsrechts ableiten. Diese enthalten Rahmenvorgaben, die das Spannungsfeld zwischen mitgliedstaatlicher Verfahrensautonomie einerseits und den unionsrechtlichen Prinzipien der Effektivität und Äquivalenz andererseits abbilden. Innerhalb dieses Rahmens besteht gleichwohl ein erheblicher Gestaltungsspielraum, den der europäische Gesetzgeber auf unterschiedliche Art und Weise nutzt. Deshalb bleibt der Eindruck bestehen, dass die Europäisierung, gerade auch des Organisationsrechts, ein äußerst fragmentarischer Prozess[35] und „stark entwicklungsgeprägt“[36] ist.

Um dieser rechtlichen Fragmentierung entgegenzuwirken, können Systematisierungsleistungen der Rechtswissenschaft einen Beitrag leisten. Da die Entwicklung des europäischen Organisationsrechts in Teilgebieten des Verwaltungsrechts stattfindet, setzt diese Arbeit nicht auf Ebene primärrechtlicher Normen an, sondern zielt darauf ab, anhand von Referenzgebieten verallgemeinerbare Aussagen für das unionsrechtlich überformte nationale Verwaltungsorganisationsrecht und die europäischen Verwaltungsverbünde zu treffen. Entwicklungen im besonderen Verwaltungsrecht (Telekommunikationsrecht, Datenschutzrecht, Recht der amtlichen Statistik) sollen an das allgemeine Verwaltungsrecht angebunden werden – unter Fokussierung auf organisationsrechtliche Fragestellungen. Diese Arbeit soll nicht den Systemcharakter[37] des europäischen Verwaltungsrechts belegen, sondern sie strebt an, organisationsrechtliche Grundstrukturen im Unionsverwaltungsrecht zu bestimmen. Diese Erkenntnisse sind notwendig, um die Anbindung an die europäischen Verträge und die nationalen Verfassungsbestimmungen zu gewährleisten – ein wichtiges Erkenntnisziel rechtswissenschaftlichen Arbeitens.[38]

Da Erkenntnisse auf dem Gebiet der Netzwirtschaften und zu Teilen im Datenschutzrecht bereits auf unterschiedliche Art und Weise befördert

---

einem Verwaltungsverfahrensrecht der Europäischen Union, P7_TA(2013)0004; ausführlich hierzu *A. Guckelberger/F. Geber*, Verwaltungsverfahrensrecht, 2013; aufschlussreich sind auch die Arbeiten des Research Network on EU Administrative Law (ReNEUAL), abrufbar unter http://www.reneual.eu/.

35 *J.-P. Schneider*, Traditions, 2013, S. 49 (64 f.).

36 *T. von Danwitz*, Verwaltungsrechtliches System, 1996, S. 341 ff.; *ders.*, DVBl. 1998, S. 421 (423 ff.).

37 Zu verschiedenen Systemverständnissen siehe *P. Hilbert*, Systemdenken, 2015, S. 63 ff.

38 Ähnlich bei *T. von Danwitz*, Verwaltungsrechtliches System, 1996, S. 28 f.

wurden, können diese für das Recht der amtlichen Statistik als „Speicher gefundener Lösungen und […] Spiegel bestehender Regelungsbedürfnisse“[39] dienen. Gleichwohl gilt es, die Erkenntnisse eines jeden Referenzgebietes hinsichtlich ihrer systematischen Bedeutung zu öffnen. Die Einordnung der Referenzgebiete in ein Gesamtsystem erlaubt Rückschlüsse auf Entwicklungen innerhalb eines Referenzgebiets, dessen Spezifika bereits weitgehend erforscht sind. Insofern kann dieser Ansatz auch Erkenntnisse für diejenigen Referenzgebiete liefern, die bereits rechtswissenschaftlich eingehender untersucht wurden.

Systematisierung meint nicht bloß logisch-deduktives Vorgehen; vielmehr müssen die einschlägigen sekundärrechtlichen Normen und die Rechtsprechung des EuGH hinsichtlich des systematischen Gehalts aufgearbeitet werden. Da das Spannungsverhältnis zwischen europäischer und mitgliedstaatlicher Rechtsebene häufig Regelungen des Unionsverwaltungsrechts prägt, bedarf auch die nationale Ebene der systematischen Erschließung im jeweiligen Gegenstandsbereich.

Durch Systematisierungsarbeiten soll eine Zwischenebene bestimmt werden, die rechtsdogmatische Figuren enthält, welche den Rechtsanwendern die zur Operationalisierung notwendigen Mittel zur Verfügung stellt. Sie hat eine wichtige Entlastungsfunktion, gerade auch in komplexen Regelungsmaterien, da sie Rechtsanwendern handhabbare Kriterien zur Verfügung stellt, um unbekannte rechtliche Konflikte zu lösen. Zugleich dient Systematisierung der Stabilisierung und Rationalisierung[40] und damit letztendlich auch der Rechtssicherheit, indem die Unwägbarkeiten des Normverständnisses begrenzt werden. Sie hat nicht zuletzt auch eine rezeptionsleitende Funktion.[41] Die systematische Analyse von Referenzgebieten hat sich für das deutsche Verwaltungsrecht bewährt[42] und wird auch für die europäische Ebene als eine erfolgversprechende Methodik angesehen.[43]

Es ist gleichwohl zu bedenken, dass die zu verallgemeinernden Erkenntnisse das Resultat der Referenzgebiete bleiben und in ihrem Aussa-

---

39 *E. Schmidt-Aßmann*, Ordnungsidee, 2006, 1/12.

40 *T. von Danwitz*, Verwaltungsrechtliches System, 1996, S. 34 ff.

41 *E. Schmidt-Aßmann*, Ordnungsidee, 2006, 1/3.

42 *K.-H. Ladeur*, Bedeutung eines Allgemeinen Verwaltungsrechts, 2008, S. 795 (797); im Überblick hierzu *E. Schmidt-Aßmann*, Dogmatik, 2013, S. 8 ff.

43 *T. von Danwitz*, Verwaltungsrechtliches System, 1996, S. 60 f.; *J. P. Terhechte*, Verwaltungsrecht, 2011, Rn. 62.

gegehalt nicht unbesehen auf andere Rechtsbereiche übertragen werden können. Ein systematisierender Ansatz kann die Gefahr in sich bergen, dass ein Modell konstruiert wird, dessen normative Anbindung zweifelhaft ist und dessen Systemgrenzen unbestimmt sind.[44] Deshalb sind Annahmen mit Vorsicht und unter Benennung der Widersprüche zu formulieren.

Für jedes Referenzgebiet werden in dieser Arbeit Rechtsgrundlagen, Gründe für die Unabhängigkeit sowie die Ausgestaltung der unabhängigen Behörde bereichsspezifisch analysiert, um Gemeinsamkeiten und Unterschiede zu bestimmen. Dabei folgt die Darstellung systematischen Fragestellungen, weshalb die Referenzgebiete nicht in jeweils separaten Kapiteln dargestellt werden. Diese induktive[45] Vorgehensweise erlaubt es, verallgemeinerbare Entwicklungen anhand der Referenzgebiete aufzuzeigen und dogmatische Ansätze zur Verfügung zu stellen.[46]

Die Entwicklungen in den Referenzgebieten müssen den Grundsätzen des Unionsrechts sowie des nationalen Verfassungsrechts entsprechen. Diese sind als den Anforderungen und Entwicklungen gegenüber offene Prinzipien zu verstehen.[47] Rechtsentwicklungen können beispielsweise durch neue Staatsaufgaben, die Internationalisierung oder den technischen Fortschritt entstehen. Die Entwicklungsoffenheit der unionsrechtlichen und verfassungsrechtlichen Prinzipien erlaubt es, tatsächliche Veränderungen aufzunehmen, ohne ihren materiellen Gehalt aufzugeben.

II. Verbindung zu außerjuristischen Erkenntnissen

Die Arbeit versucht, auch abzubilden, dass sie sich mit Fragestellungen des Verwaltungsorganisationsrechts befasst. Die organisationsrechtlichen Normen werden deshalb auch dahingehend untersucht, inwiefern sich organisatorische Wirkungszusammenhänge zeigen und welche Interdependenzen entstehen.[48] Dazu kann sich eine rechtswissenschaftliche Untersu-

44 *Chr. Bumke*, Methodik, 2004, S. 73 (114).

45 Zur Bedeutung der Ergänzung der klassischen deduktiven Methodik der Verwaltungsrechtswissenschaft siehe *T. Vesting*, Nachbarwissenschaftlich, 2004, S. 253 (281); *I. Augsberg*, Methoden, 2011, Rn. 25.

46 *M. Ruffert*, Begriff, 2010, § 7 Rn. 45; siehe zuvor schon bei *R. Wahl*, Aufgabenabhängigkeit, 1993, S. 177 (213).

47 *T. von Danwitz*, Verwaltungsrechtliches System, 1996, S. 63; *E. Schmidt-Aßmann*, Methoden, 2004, S. 387 (394).

48 *E. Schmidt-Aßmann*, Ordnungsidee, 2006, 1/46.

chung der Erkenntnisse anderer wissenschaftlicher Disziplinen bedienen. Für den Bereich des Verwaltungsorganisationsrechts bieten sich die Organisationswissenschaften an, beispielsweise die Verwaltungssoziologie[49] oder die Neue Institutionenökonomik[50]. Sie sind jedoch stets nur „hilfswissenschaftliche Instrumente“, deren Erkenntnisse nicht ungefiltert und unreflektiert übernommen werden dürfen,[51] sondern anhand eines „differenziert integrativen Methodenverständnisses“[52] eingebaut werden können, wobei es wichtig ist, plausible Schritte aufzuzeigen und die Vorgehensweise offenzulegen.[53] Auf diese Weise können sich Wahrscheinlichkeiten bezüglich der Wirkungsdimension von Normen anhand nachbarwissenschaftlicher Erkenntnisse treffen lassen, die rechtliche Relevanz entfalten.

E. Begriffliche Vorklärungen

I. Verwaltungsstelle / Verwaltungseinrichtung / Verwaltungseinheit / Behörde

In der verwaltungsrechtlichen Literatur finden sich unterschiedliche Begriffe für die Einrichtungen, die der öffentlichen Verwaltung zugerechnet werden. Teils ist von Verwaltungsstellen, teils von Verwaltungseinrichtungen oder von Verwaltungseinheiten oder schlicht von Behörden die Rede. In dieser Arbeit wird vorwiegend der Begriff „Behörde“ verwendet, worunter eine hoheitliche Stelle verstanden wird, der durch organisationsrechtliche Rechtssätze Verwaltungsaufgaben zur Erledigung zugewiesen sind.[54]

Was zu den Verwaltungsaufgaben zu zählen ist, lässt sich positiv nur unter erheblicher Unsicherheit definieren.[55] Materielle Kriterien helfen bei der Definition kaum weiter, da diese lediglich einzelne typische Merkmale der Verwaltung betonen, nicht aber die gesamte Vielfalt verwaltungsrecht-

49 Siehe beispielsweise *R. Mayntz*, Soziologie, 1985.

50 *R. Richter/E. G. Furubotn*, Neue Institutionenökonomik, 4. Aufl. 2010.

51 *W. Hoffmann-Riem*, Methoden, 2004, S. 9 (59).

52 *A. Voßkuhle*, Methode, 2002, S. 171 (188).

53 Zur Methodenehrlichkeit siehe *W. Hoffmann-Riem*, Methoden, 2004, S. 9 (50 ff.).

54 *W. Krebs*, Verwaltungsorganisation, 2007, Rn. 36.

55 Siehe hierzu im Überblick *H. Maurer*, Verwaltungsrecht, 2011, S. 2 ff.; ebenfalls *BVerwGE* 141, 122 (125) – Realitätsprüfung bei Beobachtungspflicht.

licher Tätigkeit erfassen. Deshalb bietet es sich an, den Begriff der Verwaltung in Abgrenzung zu den anderen Staatsfunktionen zu definieren.[56] Verwaltung ist demnach all dasjenige hoheitliche Handeln, das nicht zur Rechtsprechung oder zur Gesetzgebung gezählt werden kann.[57]

II. Unionsverwaltungsrecht

Gegenstand dieser Arbeit ist zum wesentlichen Teil das Unionsverwaltungsrecht, d.h. der Vollzug des Unionsrechts durch mitgliedstaatliche Behörden, sowohl auf nationaler Ebene als auch als Teil europäischer Verwaltungsverbünde. Weder der Ausdruck des Unionsverwaltungsrechts, des Vollzugs[58] noch des Verwaltungsverbundes finden sich in den europäischen Verträgen; sie sind deshalb erläuterungsbedürftig.

Durchführung des Unionsrechts wird in dieser Untersuchung als Oberbegriff verwendet, der Konstellationen erfasst, in denen eine mitgliedstaatliche Stelle bei der Entscheidung im Anwendungsbereich einer EU-Norm handelt.[59] Damit sind sowohl legislative Umsetzungsmaßnahmen als auch die Entscheidungen von Behörden und Gerichten im Rahmen des EU-Rechts erfasst.[60] Ausführung soll die Durchführung des Unionsrechts durch legislative Maßnahmen beschreiben und Anwendung dafür stehen, dass Behörden und Gerichte Einzelmaßnahmen zur Durchführung des Unionsrechts treffen.[61] Der Ausdruck Vollzug bezeichnet die Anwendung des Unionsrechts durch die mitgliedstaatlichen Behörden.

---

56 *W. Hoffmann-Riem*, Eigenständigkeit, 2012, Rn. 38.

57 Insofern sind beispielsweise auch die verschiedenen Prozesse zur Erstellung amtlicher Statistiken Verwaltungshandeln; so auch die Einordnung bei *I. Hiller*, Bundesstatistik, 1954, S. 47.

58 Die Literatur verwendet den Ausdruck aber häufig, beispielsweise bei *W. Pühs*, Vollzug, 1997; *G. Sydow*, DÖV 2006, S. 66 ff.; *M. Schröder*, DVBl. 2011, S. 671 ff.

59 *EuGH*, verb. Rs. 205 bis 215/82, Rn. 17 – Deutsche Milchkontor; aus der Literatur *M. Zuleeg*, Innerstaatlicher Bereich, 1969, S. 47 f.; *S. Kadelbach*, Einfluß, 1999, S. 17 f.

60 *Chr. Krönke*, Verfahrensautonomie, 2013, S. 20 m. w. N. in Fn. 83.

61 Diese begriffliche Einteilung folgt *W. Schroeder*, Gemeinschaftsrechtssystem, 2002, S. 387.

Unionsverwaltungsrecht[62] – vor dem Vertrag von Lissabon „Gemeinschaftsverwaltungsrecht"[63] – bezeichnet das Rechtsgebiet, das Anforderungen an den Vollzug des Unionsrechts durch nationale Behörden enthält. Teilweise wird es auch in Abgrenzung zu Kooperationsrechtsverhältnissen im europäischen Verwaltungsverbund verstanden.[64] Allerdings sind unionsrechtliche Vorgaben an den Vollzug und die Einbindung nationaler Behörden in europäische Verwaltungsverbünde häufig so eng miteinander verknüpft, dass die Bildung einer separaten Kategorie die Gefahr mit sich bringt, Interdependenzen zwischen der Gestaltung des nationalen Verwaltungsrechts durch das Unionsrecht und den Kooperationserfordernissen der Verwaltungsverbünde zu übersehen. Unionsverwaltungsrecht meint deshalb in dieser Arbeit sowohl den Vollzug im nationalen Rahmen als auch innerhalb des europäischen Verwaltungsverbundes.

III. Unabhängigkeit

Der zentrale Begriff dieser Arbeit ist derjenige der Unabhängigkeit.[65] Unabhängigkeit ist ein Begriff, der ganz unterschiedliche Bedeutungsgehalte entwickeln kann – abhängig vom jeweiligen Kontext. Dies schließt es aus, eine allgemeingültige Definition des Begriffs an den Anfang zu stellen. Vielmehr ist es eine der wesentlichen Aufgaben dieser Arbeit, den Begriff in einem verwaltungs- und unionsrechtlichen Kontext auszufüllen.

Es kann jedoch bereits an dieser Stelle eine Annäherung erfolgen: Unabhängigkeit kann dafür stehen, dass all diejenigen, die dem Verwaltungshandeln unterworfen sind, von der Verwaltung gleichbehandelt werden müssen. Dieses Begriffsverständnis ist treffender mit Unparteilichkeit zu bezeichnen.[66] Dazu sind EU-Organe beispielsweise als Ausprägung des Rechts auf eine gute Verwaltung in Art. 41 GRCh ausdrücklich verpflich-

---

62 So die Begriffsverwendung bei *U. Stelkens*, EuR 2012, S. 511 ff.; *A. Glaser*, Handlungsformenlehre, 2013, S. 463 ff.

63 Siehe beispielsweise *S. Hegels*, Gemeinschaftsverwaltungsrecht, 2001.

64 Diesen Eindruck erweckt zumindest das separate Kapitel 6 bei *T. von Danwitz*, Europäisches Verwaltungsrecht, 2008, S. 609 ff.

65 Siehe hierzu einleitend *M. Kröger*, Verwalten, 2016, S. 1 (5 f.).

66 Siehe hierzu *M. Fehling*, Unparteilichkeit, 2001.

tet.[67] Daraus folgt unter anderem, dass das zur Entscheidung berufene Organ nicht mit Personen besetzt sein darf, die befangen sind.[68] Ein solcher Grundsatz besteht nicht nur auf europäischer Ebene, sondern wird auch vom deutschen Recht anerkannt. Unparteiisches Verwalten ist rechtsstaatliches Verwalten.[69] Regeln hierzu finden sich auf einfachgesetzlicher Ebene in den §§ 20, 21 BVwVfG.

Mit dem Begriff der unabhängigen Behörde ist ein darüber hinausgehendes Verständnis verbunden: Eine unabhängige Behörde ist von anderen staatlichen Stellen zu einem gewissen Grad entkoppelt bzw. distanziert, d.h. Mittel der Einflussnahme auf Entscheidungen der unabhängigen Behörde sind begrenzt oder sogar ausgeschlossen. Auf welche Art und Weise und in welcher Intensität die Einflussnahme begrenzt wird, ist von Fall zu Fall unterschiedlich. In Anlehnung an die Unabhängigkeitsdefinition der EZB werden häufig vier Ausprägungen genannt:[70] Die institutionelle Unabhängigkeit beschreibt die rechtlich eigenständige Struktur einer Einrichtung. Damit wird unter anderem erfasst, unter welchen rechtlichen Voraussetzungen die Unabhängigkeit der Institution geändert werden kann. Als zweite Ausprägung ist die funktionelle bzw. die sachliche Unabhängigkeit zu nennen. Dies betrifft insbesondere die Frage, ob eine Institution weisungsgebunden ist. Mit der persönlichen Unabhängigkeit werden Maßnahmen zur Begrenzung von Einflussfaktoren erfasst, denen die in der unabhängigen Institution tätigen Personen bei der Ausübung ihres Amtes ausgesetzt sind. Der vierte Aspekt betrifft die finanzielle Unabhängigkeit einer Behörde, die besonders groß ist, wenn die entsprechende Institution über eigene Finanzierungsquellen verfügt.

Unabhängigkeit muss aber nicht unbedingt durch organisationsrechtliche Regelungen verwirklicht werden. Es wirkt ebenfalls distanzierend, wenn die gesetzlichen Grundlagen, auf die sich die Maßnahmen einer Be-

---

67 Hierauf rekurriert der EuGH nun auch ausdrücklich, so in *EuGH*, Rs. C-439/11 P, Rn. 155 ff. – Ziegler; zuvor hatte der EuGH dies bereits als allgemeinen Grundsatz des Unionsrechts anerkannt, siehe *EuGH*, Rs. C-341/06 P und C-342/06 P, Rn. 54 – Chronopost und La Poste/UFEX u. a.; Rs. C-185/95 P, Rn. 21 – Baustahlgewebe/Kommission; siehe auch *EuG*, Rs. T-167/94 – Nölle; Rs. T-231/97, Rn. 38 ff. – Brown.

68 *H. D. Jarass*, Charta der Grundrechte der Europäischen Union, 2016, Art. 41 GRCh Rn. 27.

69 *H. Schulze-Fielitz*, in: Dreier, Grundgesetz, 2015, Art. 20 (Rechtsstaat) Rn. 208 f.

70 Siehe beispielsweise bei *S. Bredt*, Legitimation, 2006, S. 29 ff.; *S. Lambrinoc/M. Kröger*, in: Blanke/Mangiameli, Commentary, i. V., Art. 130 TFEU.

hörde stützen, unbestimmte Rechtsbegriffe enthalten oder Ermessen einräumen. Dies bildet jedoch nicht den Gegenstand dieser Untersuchung. Die Arbeit beschränkt sich auf die organisationsrechtliche Dimension.

Zuletzt soll bereits an dieser Stelle deutlich gemacht werden, was Unabhängigkeit für die Behörden nicht bedeutet: Sie sind erstens der Kontrolle durch Gerichte nicht entzogen. Dies sichert auf Ebene des Verfassungsrechts der Justizgewährleistungsanspruch (Art. 19 Abs. 4 GG) und auf unionsrechtlicher Ebene das Prinzip des umfassenden Rechtsschutzes.[71] Zweitens entsteht kein „parlamentsfreier Raum", d.h. unabhängige Behörden sind dem Zugriff des Parlaments nicht entzogen, sondern an dieses unter Achtung der unabhängigen Rechtsstellung zurückzukoppeln. Der Unabhängigkeitsbegriff erfasst damit das Verhältnis innerhalb der Exekutive, insbesondere der Administrative zur Gubernative. Deshalb wird im deutschen Schrifttum häufig der Ausdruck „ministerialfreier Raum"[72] verwendet.

F. Gang der Untersuchung

Die Untersuchung gliedert sich in fünf Kapitel. Zunächst wird das Unabhängigkeitsregime im EU-Eigenverwaltungsrecht und im deutschen Recht aufgearbeitet. An diesen analytischen Teil schließt sich die Untersuchung des Unabhängigkeitsregimes im Unionsverwaltungsrecht an, sowohl bezüglich der unionsrechtlichen Vorgaben für die mitgliedstaatliche Verwaltung als auch für die europäischen Verwaltungsverbünde. Das Erkenntnisziel dieser beiden Kapitel ist es, die Gemeinsamkeiten und Unterschiede unabhängiger Behörden zu bestimmen und die jeweiligen Grundmuster herauszuarbeiten. Dies erlaubt es, die rechtlichen Spielregeln der Unabhängigkeitsregime zu bestimmen.

Das nächste Kapitel greift die Unabhängigkeitsvorgabe im Unionsverwaltungsrecht auf und beschäftigt sich mit der Frage, ob der EU überhaupt

---

71 Zu Grund und Grenzen des unionsrechtlichen Justizgewährleistungsanspruchs *T. Giegerich/S. Lauer*, ZEuS 2014, S. 461 ff.

72 Während sich in anderssprachigen Veröffentlichungen dieser Ausdruck nicht findet, sondern auf unabhängige Stellen rekurriert wird, taucht der Begriff im deutschen Schrifttum häufig auf; begriffsprägend: *H. Loening*, DVBl. 1954, S. 173 ff.; siehe ferner bei *C. P. Fichtmüller*, AöR 91 (1966), S. 297 ff.; *E. Klein*, Problematik, 1974, S. 58; *J. Oebbecke*, Verwaltung, 1986, S. 7 f.; *H. Sodan*, Funktionsträger, 1987, S. 359.

die Kompetenz zusteht, um derartige Verpflichtungen an die Mitgliedstaaten zu richten. Dazu werden primärrechtliche Kompetenznormen untersucht, auf die verwaltungsorganisationsrechtliche Vorgaben gestützt werden könnten, sowie die Grenzen ermittelt, die das kompetenzrechtliche Verhältnismäßigkeitsprinzip und das Subsidiaritätsprinzip ziehen.

Die Mehrebenenproblematik greift das Kapitel auf, welches sich mit der Umsetzung unionsrechtlicher Organisationsbestimmungen in das deutsche Recht befasst. Es besteht aus vier Teilen: Zunächst werden die drei Referenzgebiete hinsichtlich der einfachgesetzlichen Ausgestaltung in Deutschland analysiert und die Vereinbarkeit mit den unionsrechtlichen Regelungen geprüft. Im zweiten Teil geht es um die Frage, inwiefern die Einrichtung unabhängiger Behörden durch das Sekundärrecht mit dem deutschen Verfassungsrecht kollidiert. Der dritte Abschnitt zeigt auf, welche Formen demokratischer Sicherung zur Verfügung stehen und auf welche Weise diese Legitimation vermitteln können. Den Abschluss bildet der vierte Teil, der die Auswirkungen der unionsrechtlichen Organisationsverpflichtungen auf das innerstaatliche Verhältnis nationaler Behörden zu anderen hoheitlichen Institutionen in den Blick nimmt.

Das letzte Kapitel geht der Frage nach, ob die Verantwortlichkeit für unionsrechtswidriges Handeln mitgliedstaatlicher Behörden die Mitgliedstaaten als solche weiterhin trifft, wenn der Regierungsebene hierarchische Befugnisse durch das Unionsrecht entzogen werden, mit denen sie zuvor die nationalen Behörden zur Einhaltung des Unionrechts anhalten konnten.

Kapitel 2: Unabhängigkeitsregime im EU-Eigenverwaltungsrecht und im deutschen Verfassungsrecht

In diesem Kapitel werden die Unabhängigkeitsregime im EU-Eigenverwaltungsrecht und im deutschen Recht bestimmt. Auf dieser Grundlage baut das nächste Kapitel auf, in dem das Unabhängigkeitsregime der dieser Arbeit zugrunde gelegten deutschen Behörden, die durch unionsrechtliche Rechtsakte von der Regierungsebene entkoppelt werden, gegenübergestellt werden soll. Dazu ist es notwendig, zu analysieren, welche Gemeinsamkeiten und Unterschiede sich bezüglich der Unabhängigkeitsregime in der europäischen und der deutschen Rechtsordnung ergeben. Der Vergleich erlaubt es, die rechtlichen Spielregeln beim Aufeinandertreffen der jeweiligen Unabhängigkeitsregime zu identifizieren.

Um das Unabhängigkeitsregime im EU-Eigenverwaltungsrecht sowie im deutschen Recht bestimmen zu können, werden zunächst für ausgewählte Behörden die Gründe für die Unabhängigkeit sowie die organisationsrechtlichen Folgen für das Aufsichtsrecht, das Weisungsrecht und den Rechtsschutz herausgearbeitet. Der erste Teil widmet sich dem EU-Eigenverwaltungsrecht anhand der Europäischen Zentralbank, des Europäischen Rechnungshofs, des Europäischen Bürgerbeauftragten sowie der Unionsagenturen. Im zweiten Teil wird die deutsche Rechtsordnung daraufhin untersucht, welches Unabhängigkeitsregime dort verankert ist, und zwar anhand der Deutschen Bundesbank, des Bundesrechnungshofs, des öffentlich-rechtlichen Rundfunks, der öffentlichen Forschungseinrichtungen, der Datenschutzaufsichtsbehörden sowie der Bundesnetzagentur.

Teil 1: Unabhängige Institutionen im EU-Eigenverwaltungsrecht

Im EU-Primärrecht ist die Unabhängigkeit des Europäischen Gerichtshofs (Art. 19 Abs. 2 UAbs. 3 EUV, Art. 253 UAbs. 1 AEUV) oder die völlige Unabhängigkeit der Generalanwälte (Art. 252 UAbs. 2 AEUV) ebenso verankert wie die volle Unabhängigkeit der Europäischen Kommission

(Art. 17 Abs. 3 UAbs. 3 EUV). Zudem gibt es eine ganze Reihe von Behörden, die ebenfalls mit Unabhängigkeit ausgestattet sind. Die Gründe für deren unabhängige Rechtsstellung sowie die organisationsrechtlichen Konsequenzen werden im Folgenden herausgearbeitet.

A. Die Europäische Zentralbank

Bei der Wahrnehmung der ihnen zustehenden Befugnisse, Aufgaben und Pflichten darf weder die Europäische Zentralbank (EZB) noch eine nationale Zentralbank Weisungen von Organen, Einrichtungen oder sonstigen Stellen der Union, Regierungen der Mitgliedstaaten oder anderen Stellen einholen oder entgegennehmen (Art. 130 AEUV, Art. 7 ESZB-Satzung).[1] Gegenüber den Zentralbanken des Europäischen Systems der Zentralbanken (ESZB) besteht ein absolutes Weisungsverbot.

I. Gründe für die Unabhängigkeit

Die Unabhängigkeit der EZB wird damit begründet, dass auf diese Weise das währungspolitische Ziel der Preisstabilität (Art. 127 Abs. 1 AEUV) am ehesten verwirklicht werde.[2] Als ein bedeutender Anker der Wirtschafts- und Währungsunion gerate die Preisstabilität in Gefahr, wenn die gewählten Repräsentanten in Parlamenten und Regierungen Zugriff auf währungspolitische Mittel erhielten. Dies liege daran, dass politische Institutionen nach der Logik eines politischen Systems handelten. Insbesondere bei den in öffentliche Ämter gewählten Personen bestünde eine hohe Wahrscheinlichkeit dafür, dass sie Entscheidungen an ihren Chancen, wiedergewählt zu werden, ausrichteten.[3] Sie seien deshalb versucht, positive ökonomische Effekte in kurzer Zeit durch währungspolitische Maßnahmen zu schaffen. Kurzfristige Maßnahmen gefährdeten jedoch das Vertrauen in die Währungsstabilität. Allerdings besteht nicht zwingend ein

---

1 Zur etwas anders gelagerten Unabhängigkeit der EZB im Rahmen der Bankenaufsicht siehe *S. Lambrinoc*, Unabhängigkeit, 2016, S. 221 ff.

2 *R. Smits*, Bank, 1997, S. 184; *P. Brentford*, ICLQ 47 (1998), S. 75 (88); *Ch. Schütz*, EuR 2001, S. 291 (296).

3 *Ch. Zilioli*, Accountability, 2003, S. 395 ff.; *Ch. Gaitanides*, Zentralbank, 2005, S. 221.

kausaler Zusammenhang zwischen einer unabhängigen Zentralbank und der Preisstabilität. Ökonomische Untersuchungen kommen diesbezüglich zu unterschiedlichen Ergebnissen.[4]

Der EuGH sieht in der unabhängigen Rechtsstellung der EZB eine Bedingung dafür, dass diese ihre in den Verträgen vorgesehenen Aufgaben erfüllen kann: Das absolute Weisungsverbot diene dazu,

> *„die EZB im Wesentlichen vor jedem politischen Druck [zu] bewahren, damit sie die für ihre Aufgaben gesetzten Ziele durch die unabhängige Ausübung der spezifischen Befugnisse, über die sie zu diesen Zwecken nach dem EG-Vertrag und der Satzung des ESZB verfügt, wirksam verfolgen kann“*[5].

Zugleich zeigt der EuGH die Grenzen auf, die das Unabhängigkeitsregime der EZB zieht, nämlich die Beschränkung auf den Bereich der Währungspolitik mit dem vorrangigen Ziel der Preisstabilität.[6] Da die Beschränkung auf das Ziel der Preisstabilität eine recht vage Aufgabenbeschreibung ist, sind die Grenzen des Mandats der EZB immer wieder Gegenstand von Kontroversen.[7] Ferner drohen die Grenzen des Mandats zu verwischen, wenn Aufgaben übertragen werden, die mit der aufgabenbezogenen Unabhängigkeit der EZB nicht vereinbar sind – wie es beispielsweise für die Übertragung der Bankenaufsicht auf die EZB bemängelt wird.[8]

II. Aufsicht, Weisungsrechte und gerichtliche Kontrolle

Eine Form der behördlichen Aufsicht über die Entscheidungen der EZB findet nicht statt – weder durch EU-Organe noch durch die Mitgliedstaa-

---

4 Siehe hierzu m. w. N. *A. Thiele*, EZB, 2016, S. 195 (196 ff.); zur Geschichte der Zentralbankunabhängigkeit vgl. *N. P. Petersson/K. Ullrich*, Zentralbank, 2007, S. 197 (206 ff.).

5 *EuGH*, Rs. C-11/00, Rn. 134 – Kommission/EZB; bestätigt in *EuGH*, Rs. C-62/14, Rn. 40 – Gauweiler.

6 *EuGH*, Rs. C-62/14, Rn. 42 ff. – Gauweiler; zuvor bereits in *EuGH*, Rs. C-370/12, Rn. 53 f. – Pringle.

7 Siehe beispielsweise die Diskussion um die Verletzung der Kompetenzgrenzen durch die Europäische Zentralbank im Rahmen der Euro-Krise durch das OMT-Programm bei *J. H. Klement*, ZG 29 (2014), S. 169 ff.; *D. Thym*, Quelle, 2014; *M. Goldmann*, Wotans, 2014; *H. Rathke*, Brücken, 2014.

8 *J. A. Kämmerer/P. Starski*, ZG 28 (2013), S. 318 (325 ff.); zu den Spannungsfeldern der Aufgaben im Rahmen des Single Supervisory Mechanism (SSM) *Ch. Zilioli*, in: von der Groeben/Schwarze/Hatje, Europäisches Unionsrecht, 2015, Art. 130 AEUV Rn. 17 ff.

ten oder andere hoheitliche Stellen. Der Vertrag legt eindeutig fest, dass bereits der Versuch der Beeinflussung die Unabhängigkeit der EZB verletzt (Art. 130 Satz 2 AEUV; Art. 7 ESZB-Satzung). Damit sind Weisungen und jegliche Form der Einflussnahme untersagt, die geeignet sind, in der Öffentlichkeit den Eindruck hervorzurufen, dass die EZB nicht mehr allein über die Durchführung der Geldpolitik befindet.[9] Auf Ebene der EZB-Organe sind deshalb der EZB-Rat, das Direktorium sowie der Erweiterte Rat[10] jeglicher Form der Aufsicht oder der Weisungsunterworfenheit entzogen.

Gleichzeitig erfolgen die Handlungen der EZB nicht in einem rechtsfreien Raum, sondern die EZB ist an die Bestimmungen der europäischen Verträge gebunden, die auch vom EuGH überprüft werden können:

> *„Dagegen hat diese Zuerkennung einer solchen Unabhängigkeit [...] nicht zur Folge, dass die EZB völlig von der Europäischen Gemeinschaft gesondert und von jeder Bestimmung des Gemeinschaftsrechts ausgenommen wäre. Aus Art. 105 Abs. 1 EG ergibt sich nämlich, dass die EZB zur Verwirklichung der Ziele der Europäischen Gemeinschaft beitragen soll, während es in Art. 8 EG heißt, dass die EZB nach Maßgabe der Befugnisse handelt, die ihr im EG-Vertrag und in der Satzung des ESZB zugewiesen werden. Sodann unterliegt die EZB [...] unter den im EG-Vertrag und in der Satzung des ESZB vorgesehenen Bedingungen verschiedenen Gemeinschaftskontrollen, insbesondere der Kontrolle durch den Gerichtshof und den Rechnungshof. Schließlich haben die Verfasser des EG-Vertrags die EZB ersichtlich keineswegs jeder Form normativen Handelns des Gemeinschaftsgesetzgebers entziehen wollen.“*[11]

Die Unabhängigkeit der EZB bedeutet somit keine Herauslösung aus rechtlichen oder gerichtlichen Kontrollzusammenhängen.[12] Es können sogar Institutionen wie der Europäische Rechnungshof[13] oder die Antikor-

---

9 *J. Endler*, Preisstabilität, 1998, S. 413.

10 Zum persönlichen Anwendungsbereich des Weisungsverbots siehe *Ch. Gaitanides*, Zentralbank, 2005, S. 64 f.

11 *EuGH*, Rs. C-11/00, Rn. 135 – Kommission/EZB; ebenso in *EuGH*, Rs. C-62/14, Rn. 41 – Gauweiler.

12 *EuGH*, Rs. C-62/14, Rn. 41 und 68 – Gauweiler. Allerdings ist die Art und Weise der gerichtlichen Kontrolle umstritten. Eine besonders strenge gerichtliche Kontrolle verlangt das Bundesverfassungsgericht, *BVerfGE* 142, 123 (220 f. Rn. 189); zur Kontroverse über die Reichweite der gerichtlichen Kontrolle der EZB siehe *Chr. Herrmann*, EuZW 2012, S. 805 (811); *A. Thiele*, EuZW 2014, S. 694 (696); *M. Goldmann*, GLJ 15 (2014), S. 265 (269 ff.); *M. Kumm*, GLJ 15 (2014), S. 203 (214); *M. Wendel*, ZaöRV 74 (2014), S. 615 (663 ff.); *S. Simon*, EuR 2015, S. 107 (122).

13 Dazu gleich unter B.

ruptionsbehörde OLAF[14] ihre Aufgaben gegenüber der EZB ausüben. Darin sieht der EuGH keine Verletzung der unabhängigen Rechtsstellung. Dies liegt zumindest auch daran, dass eine Institution wie OLAF selbst von der Kommission unabhängig ist und damit nicht der Eindruck der unberechtigten Einflussnahme durch die Kommission entstehen kann.[15]

B. Der Europäische Rechnungshof

Bei der Rechnungsprüfung agiert der Europäische Rechnungshof[16] in voller Unabhängigkeit (Art. 285 Abs. 2, Art. 286 Abs. 3 AEUV). Anders als bei der EZB ist nicht die Unabhängigkeit der Institution, sondern diejenige der Mitglieder des Rechnungshofs geschützt (Art. 286 Abs. 1 Satz 2 AEUV). Konkretisiert wird dies durch Inkompatibilitätsregelungen während der Amtszeit und die grundsätzliche Unabsetzbarkeit der Mitglieder des Rechnungshofs. Mittelbar folgt daraus die Unabhängigkeit der Institution selbst.[17] Die Formulierung in den europäischen Verträgen entspricht den Regelungen für die EU-Kommissare sowie für die Richter des EuGH und ist vom gleichen Maßstab geprägt.[18]

I. Gründe für die Unabhängigkeit

Die Unabhängigkeit der Mitglieder des Europäischen Rechnungshofs wird für notwendig erachtet, damit diese ihre Aufgabe als Kontrolleure der Ein- und Ausgaben der Union nachkommen können.[19] Wenn diese Entkopplung nicht gegeben wäre, bestünde die Gefahr einer ineffektiven Kontrolle, da die der Finanzkontrolle unterworfenen Stellen versucht wären, Fälle des Finanzmissbrauchs nicht publik zu machen. Der Rechnungshof soll die transparente Mittelverwendung fördern[20] und mittels der Unabhängigkeit seiner Mitglieder eine effektive Finanzkontrolle gewährleisten.

---

14 Siehe zu dieser Behörde ausführlich *S. Strobel*, OLAF, 2012.
15 *EuGH*, Rs. C-11/00, Rn. 139 ff. – Kommission/EZB.
16 Zur Entwicklung dieser Institution *B. Laffan*, JCMS 37 (1999), S. 251 ff.
17 *P. Bergel*, Rechnungshöfe, 2010, S. 154.
18 *J. Inghelram*, CMLRev. 37 (2000), S. 129 (130 f.).
19 *M. Freytag*, Rechnungshof, 2005, S. 103.
20 *P. Bergel*, Rechnungshöfe, 2010, S. 194 f.

Der Europäische Rechnungshof ist kein „Hilfsorgan" des Europäischen Parlaments, da sich die parlamentarische Finanzkontrolle von derjenigen des Rechnungshofs qualitativ und quantitativ unterscheidet. Der Rechnungshof ist vielmehr eine zusätzliche Kontrollinstitution in öffentlichen Finanzfragen, die auch vom Parlament unabhängig ist.[21] Die Resultate der Prüfung durch den Europäischen Rechnungshof können aber dazu dienen, die Entlastung der Europäischen Kommission in Finanzfragen durch das Europäische Parlament auf eine möglichst objektive und nachvollziehbare Grundlage zu stellen.[22]

II. Aufsicht, Weisungsrechte und gerichtliche Kontrolle

Der Europäische Rechnungshof untersteht weder der Aufsicht durch den Rat, durch die Europäische Kommission, durch das Europäische Parlament noch durch die Mitgliedstaaten. Dies schließt den Erlass von Weisungen aus. Das Parlament darf den Rechnungshof nicht einmal dazu verpflichten, bestimmte Ausgaben zu prüfen.[23]

Teilweise übt der Europäische Rechnungshof die Finanzkontrolle in Kooperation mit den nationalen Rechnungshöfen auch gegenüber mitgliedstaatlichen Einrichtungen aus. Hierfür steht dem Rechnungshof die umfassende Unabhängigkeit gegenüber den Mitgliedstaaten zu. Zugleich sieht das Unionsrecht vor, dass jeder Mitgliedstaat durch ein Mitglied im Rechnungshof vertreten ist und die Mitgliedstaaten das jeweilige nationale Mitglied exklusiv vorschlagen (Art. 286 Abs. 2 Satz 2 AEUV). Darin wird eine Regelung gesehen, die dem Ziel der Unabhängigkeit eher entgegenlaufe.[24] Die Organisation als Kollegialorgan hingegen fördere die unabhängige Stellung.[25]

Handlungen des Europäischen Rechnungshofs können vom EuGH überprüft werden. Zwar ist der Rechnungshof nicht als Klagegegner im

---

21 Dies liegt auch daran, dass in einem von Parteien geprägten politischen System kein starker Antagonismus zwischen Parlament und Regierung besteht, sondern eher zwischen Regierung und Opposition. Das Parlament ist nicht die für alle Fragen passende Kontrollinstitution, siehe *E. Reister*, EuR 1976, S. 69 (77).

22 *Chr. Kok*, CMLRev. 26 (1989), S. 345 (349 ff.).

23 *M. Freytag*, Rechnungshof, 2005, S. 103.

24 *I. Harden/F. White/K. Donnelly*, EPL 1 (1995), S. 599 (608 ff.); *R. Graf*, Finanzkontrolle, 1999, S. 75.

25 *G. Desmoulin*, RMC 2005, S. 515 (519 f.).

Rahmen der Nichtigkeitsklage aufgeführt, allerdings ist dieser von der Aufzählung in Art. 263 Abs. 1 Satz 2 AEUV erfasst,[26] nach welcher der EuGH ebenfalls die Rechtmäßigkeit der Handlungen der Einrichtungen oder sonstigen Stellen der Union mit Rechtswirkungen gegenüber Dritten überwacht. Diesen Rechtsschutz hatte der EuGH bereits vor der Einfügung von Art. 263 Abs. 1 Satz 2 AEUV durch den Lissabon-Vertrag im Rahmen der Nichtigkeitsklage zugelassen.[27]

C. Der Europäische Bürgerbeauftragte

Eine ebenfalls mit Unabhängigkeit ausgestattete Einrichtung besteht seit dem Vertrag von Maastricht in Form des Europäischen Bürgerbeauftragten (Art. 228 Abs. 3 AEUV, Art. 9 Statut des Bürgerbeauftragten), auch Ombudsmann genannt.[28] Seine Aufgabe ist es, Untersuchungen über Missstände bei EU-Institutionen durchzuführen, die er aufgrund einer Beschwerde eines Unionsbürgers oder ex officio vornimmt.[29] Dem Bürger soll auf diese Weise eine „umfassende Reaktionsmöglichkeit im Falle von Verwaltungsmissständen"[30] zur Verfügung gestellt werden. Dies soll der Bürgernähe dienen, das Demokratiedefizit abbauen[31] sowie eine weitere Rechtsschutzmöglichkeit eröffnen.[32]

---

26 *O. Dörr*, in: Grabitz/Hilf/Nettesheim, Das Recht der Europäischen Union, 49. EL, November 2012, Art. 263 AEUV Rn. 24.

27 *EuGH*, verb. Rs. 193/87 bis 194/87 – Maurissen und Union syndicale/Rechnungshof; Rs. C-416/92 – H./Rechnungshof.

28 Zum Ombudsman *I. Harden*, Cambridge Yearbook of European Legal Studies 3 (2000/2001), S. 199 ff.; mit rechtsvergleichender Analyse *J. Haas*, Ombudsmann, 2012, S. 125 ff.

29 *S. Eckhardt*, Akteure, 2010, S. 114.

30 *A. Guckelberger*, Petitionen, 2004, S. 93.

31 *R. Golsalbo Bono*, RFAP 64 (1992), S. 639 (648); *J. M. Meese*, Petitionsrecht, 2000, S. 157; *A. Guckelberger*, DÖV 2003, S. 829 ff.; *A. Peters*, CMLRev. 42 (2005), S. 697 (699 f.).

32 *R. Strempel*, DÖV 1996, S. 241 (244); *I. Harden*, Cambridge Yearbook of European Legal Studies 3 (2000/2001), S. 199 (236).

I. Gründe für die Unabhängigkeit

Die Unabhängigkeit des Europäischen Bürgerbeauftragten soll dazu dienen, die eingereichten Beschwerden „objektiv und neutral“[33] zu behandeln. Dies könne nur erfolgen, wenn der Bürgerbeauftragte von den Institutionen entkoppelt ist, deren Verhalten Gegenstand einer Beschwerde sein kann. Auf diese Weise sei sichergestellt, dass dem Bürgerbeauftragten Vertrauen und Akzeptanz entgegengebracht wird.[34] Dies habe sich bereits auf nationaler Ebene bewährt.[35]

II. Aufsicht, Weisungsrechte und gerichtliche Kontrolle

Der Europäische Bürgerbeauftragte ist eng mit dem Europäischen Parlament verbunden. Er hat seinen Sitz bei dieser Institution und wird von den Abgeordneten für die Dauer der Legislaturperiode des Europäischen Parlaments gewählt (Art. 228 Abs. 1 UAbs. 1 Satz 1, Abs. 2 UAbs. 1 Satz 1 AEUV). Deshalb wird er teilweise als legislativer Ombudsmann eingeordnet.[36] Dies bedeutet jedoch nicht, dass er Teil der Legislative ist,[37] sondern der Bürgerbeauftragte ist als „monokratisches Nebenorgan“[38] einzuordnen, da er nicht zur Mitwirkung an der Gesamtorganisation Parlament verpflichtet ist.

Für den Amtszeitraum verfügt er über eine umfassende Unabhängigkeit, und zwar in sachlicher sowie in persönlicher Hinsicht. Es dürfen keinerlei Weisungen an ihn ergehen, auch nicht von Seiten des Europäischen Parlaments.[39] Eine Wiederwahl ist möglich, die aus Gründen der Kontinuität zwar sinnvoll sein kann, gleichwohl aber die Gefahr mit sich bringt, dass der amtierende Ombudsmann seine Kritikfähigkeit einbüßen könnte

---

33 *A. Guckelberger*, Petitionen, 2004, S. 93.

34 *Chr. Soulard*, Médiateur européen, 1994, S. 93 (97); *A. Hamers*, Petitionsausschuss, 1999, S. 155.

35 *I. Harden*, RDUE 2001, S. 573 (578); zum schwedischen Vorbild siehe *T. Bull*, EPL 6 (2000), S. 334 ff.

36 *S. Eckhardt*, Akteure, 2010, S. 124.

37 *A. Peters*, CMLRev. 42 (2005), S. 697 (713 f.).

38 *A. Guckelberger*, DÖV 2003, S. 829 (834); ähnlich *A. R. Schneider*, Petitionen, 2009, S. 102.

39 *A. Peters*, CMLRev. 42 (2005), S. 697 (715).

und seine Unparteilichkeit bezweifelt wird.[40] Der Bürgerbeauftragte kann seines Amtes nur enthoben werden, wenn der EuGH entscheidet, dass dieser die Voraussetzungen für das Amt nicht mehr erfüllt oder sich einer schweren Verfehlung schuldig gemacht hat. Das Europäische Parlament ist in diesem Verfahren antragsberechtigt (Art. 228 Abs. 2 UAbs. 2 AEUV).

Der Europäische Bürgerbeauftragte verfügt ferner über eigene Personalhoheit und einen eigenen Finanzplan im Haushalt. Auch wenn er den Amtseid vor dem Europäischen Gerichtshof leistet,[41] ist er nicht der Judikative zuzuordnen,[42] da er eigeninitiativ tätig werden kann und keine verbindlichen Urteile verkündet,[43] sondern zur Findung einer einvernehmlichen Lösung verpflichtet ist.[44] Kein EU-Organ verfügt über ein Aufsichtsrecht gegenüber dem Bürgerbeauftragten. Es besteht lediglich eine Berichtspflicht des Bürgerbeauftragten gegenüber dem Europäischen Parlament (Art. 228 Abs. 1 UAbs. 3 AEUV).

Ebenso wie der Europäische Rechnungshof gehört der Bürgerbeauftragte zum Kreis der möglichen Beklagten im Rahmen einer Nichtigkeitsklage (Art. 263 Abs. 1 Satz 2 AEUV). Dafür spricht auch, dass der Bürgerbeauftragte auf außervertraglichen Schadenersatz (Art. 340 Abs. 2 AEUV) verklagt werden kann.[45] Soweit das EuG davon ausging, dass der Bürgerbeauftragte nicht den Status eines Organs aufweise und damit nicht Klagegegner sein könne,[46] ist dies seit den Änderungen durch den Lissabon-Vertrag obsolet,[47] da nun auch die Einrichtungen und sonstigen Stellen der Union als Klagegegner aufgeführt sind.

---

40 Vgl. *S. Eckhardt*, Akteure, 2010, S. 126 f.

41 *E. Barth*, Bürgerbeauftragter, 2004, S. 73.

42 *A. Guckelberger*, Petitionen, 2004, S. 94.

43 *A. Pierucci*, RMC 1993, S. 818 (819); so auch in *EuG*, Rs. T-209/00, Rn. 65 – Lamberts („außergerichtliche Alternative").

44 *M. Franke*, Ombudsmann, 1999, S. 184.

45 *EuG*, Rs. T-209/00 – Lamberts/Europäischer Bürgerbeauftragter und Europäisches Parlament; Rs. T-412/05 – M./Europäischer Bürgerbeauftragter; *EuGH*, Rs. C-234/02 P – Lamberts.

46 *EuG*, Rs. T-103/99, Rn. 46 – Associazione della Cantine Sociali Venete/Europäischer Bürgerbeauftragter und Europäisches Parlament.

47 A. A. *Ch. Gaitanides*, in: von der Groeben/Schwarze/Hatje, Europäisches Unionsrecht, 2015, Art. 265 AEUV Rn. 8.

D. Unionsagenturen

Die unabhängige Stellung der drei zuvor behandelten Einrichtungen ist explizit in den europäischen Verträgen geregelt. Daneben haben sich seit etwa Mitte der 1980er Jahre weitere unabhängige Einrichtungen im Unionsrecht herausgebildet, die als Unionsagenturen bezeichnet werden.[48] Die meisten dieser Unionsagenturen sind nicht ausdrücklich in den Verträgen vorgesehen,[49] sondern lediglich auf Grundlage eines EU-Sekundärrechtsakts errichtet worden. Sie wurden deshalb auch als „vertragsfremde Einrichtungen“[50] bezeichnet und ihre rechtliche Zulässigkeit bezweifelt.[51] Allerdings hat zunächst der EuGH[52] und später der Vertrag von Lissabon[53] die Rechtmäßigkeit der Unionsagenturen dem Grunde nach anerkannt.[54] Sie sind deshalb mittlerweile nicht mehr als vertragsfremd zu charakterisieren. Allerdings sind die rechtlichen Anforderungen an derartige Einrichtungen immer noch in vielen Bereichen ungeklärt.

I. Exekutiv- und Regulierungsagenturen

Ausgehend von den Aufgaben und der Rechtsstellung lässt sich das Spektrum der Unionsagenturen in Regulierungs- und Exekutivagenturen unterteilen. Letztere sind allesamt auf Grundlage derselben Verordnung[55] gegründet worden und haben insbesondere die Aufgabe, Programme der Europäischen Union zu verwalten. Sie werden für einen festgelegten Zeit-

---

48 Siehe überblicksartig zu den Unionsagenturen *R. Schütze*, Constitutional Law, 2012, S. 125 ff.

49 Ausnahmen stellen mittlerweile die „Agenturen mit Verfassungsrang“ dar, siehe *A. Hatje*, in: Schwarze, EU-Kommentar, 2019, Art. 298 AEUV Rn. 11; dazu zählen die Europäische Verteidigungsagentur (Art. 42 Abs. 3 UAbs. 2 EUV), Eurojust (Art. 85 AEUV) und Europol (Art. 88 AEUV).

50 *R. Priebe*, Entscheidungsbefugnisse, 1979.

51 Siehe beispielsweise *R. Vetter*, DÖV 2005, S. 721 (729 f.).

52 *EuGH*, Rs. C-217/04, Rn. 42 ff. – Vereinigtes Königreich/Parlament und Rat.

53 Art. 263 Abs. 5 AEUV und Art. 298 Abs. 1 AEUV.

54 Grundlegend zu den rechtlichen Anforderungen an die Einrichtung von Unionsagenturen *A. Orator*, Unionsagenturen, 2017.

55 Verordnung (EG) Nr. 58/2003 des Rates vom 19. Dezember 2002 zur Festlegung des Statuts der Exekutivagenturen, die mit bestimmten Aufgaben bei der Verwaltung von Gemeinschaftsprogrammen beauftragt werden, ABl. L 11 vom 16.1.2003, S. 1–8.

raum errichtet und müssen am Sitz der Europäischen Kommission (Brüssel oder Luxemburg) angesiedelt sein. Aktuell bestehen sechs derartige Exekutivagenturen,[56] beispielsweise die Exekutivagentur für die Forschung oder die Exekutivagentur Bildung, Audiovisuelles und Kultur.

Die Regulierungsagenturen hingegen werden rechtstechnisch jeweils auf der Grundlage einer speziellen Verordnung i.S.d. Art. 288 Abs. 2 AEUV errichtet, die sich wiederum auf eine Kompetenznorm der europäischen Verträge stützen muss.[57] Die Regulierungsagenturen verfügen über eine eigene Rechtspersönlichkeit und sind über das gesamte Gebiet der Europäischen Union verteilt. Die Europäische Kommission unterscheidet sie anhand ihrer Aufgaben in fünf Typen.[58] Es bestehen 34 Regulierungsagenturen,[59] darunter die Grenzschutzagentur Frontex[60], die Grundrechteagentur[61] und die Finanzmarktaufsichtsagenturen.[62]

Die Regulierungsagenturen unterscheiden sich von den Exekutivagenturen auch darin, dass sie oftmals als unabhängige Stellen eingerichtet werden. Deshalb beschränkt sich diese Arbeit auf Regulierungsagenturen, und zwar auf solche, die Unabhängigkeitsbestimmungen aufweisen. Im Vergleich zu den drei bereits analysierten EU-Institutionen eignen sich diese als Untersuchungsgegenstand auch deshalb besonders gut, weil sie Einrichtungen der Verwaltungsebene sind, deren unabhängige Rechtsstel-

---

56 http://europa.eu/about-eu/agencies/index_de.htm.

57 *R. Vetter*, DÖV 2005, S. 721 ff.; *E. Schmidt-Aßmann*, Verfassungsprinzipien, 2012, Rn. 23; *T. Groß*, Verwaltungsorganisation, 2012, Rn. 37 f.

58 1) Agenturen, die gegenüber Dritten rechtlich bindende Einzelfallentscheidungen treffen, 2) Agenturen, die der Kommission und gegebenenfalls den Mitgliedstaaten direkte Unterstützung in Form von technischen und wissenschaftlichen Gutachten und/oder Inspektionsberichten leisten, 3) Operative Agenturen, 4) Agenturen, deren Tätigkeit in der Sammlung, Analyse und Weitergabe objektiver, verlässlicher und verständlicher Informationen und dem Ausbau von Netzen besteht, 5) Agenturen, die Dienstleistungen für andere Agenturen und EU-Einrichtungen erbringen, siehe *Europäische Kommission*, Mitteilung an das Europäische Parlament und den Rat, Europäische Agenturen – Mögliche Perspektiven, KOM(2008) 135 endg., S. 8; in der Literatur finden sich aber auch andere Klassifizierungen, siehe beispielsweise die Einordnung von *P. Craig*, EU Administrative Law, 2018, S. 163 ff. oder von *A. Orator*, Unionsagenturen, 2017, S. 63 ff.

59 http://europa.eu/about-eu/agencies/index_de.htm; dort werden sie als „dezentrale Agenturen“ bezeichnet.

60 *A. Fischer-Lescano/T. Tohidipur*, ZaöRV 67 (2007), S. 1219 ff.

61 *A. von Bogdandy/J. von Bernstorff*, CMLRev. 46 (2009), S. 1035 ff.

62 *H. Siekmann*, DV 43 (2010), S. 95 ff.; *J. A. Kämmerer*, NVwZ 2011, S. 1281 ff.; *K. Michel*, DÖV 2011, S. 728 ff.

lung nicht explizit im Unionsrecht vorgesehen ist. Dies erlaubt es, Erkenntnisse über das EU-Unabhängigkeitsregime für Fälle zu gewinnen, bei denen die Unabhängigkeit nicht primärrechtlich vorgezeichnet ist.

II. Gründe für die Unabhängigkeit

Regulierungsagenturen sind spätestens seit dem 2001 erschienenen Weißbuch „Europäisches Regieren" ein wichtiger Bestandteil der Governance-Strategie der Europäischen Kommission.[63] Es lassen sich insbesondere drei Gründe für die Einrichtung unabhängiger Regulierungsagenturen bestimmen.

1) Dezentralisierung

Die Entlastung der Europäischen Kommission von Verwaltungsaufgaben wird als ein Grund für die Unabhängigkeit erwähnt.[64] Der Europäischen Kommission wurden im Laufe des europäischen Integrationsprozesses immer mehr Aufgaben übertragen. Dies mache es notwendig, Agenturen einzurichten, die Verwaltungsaufgaben übernehmen, da ansonsten die Kommission als Kopf der Exekutive überlastet sei und ihren Führungsaufgaben nicht mehr ausreichend nachkommen könne. Agenturen übernähmen deshalb in definierten Bereichen Verwaltungsaufgaben, welche die Generaldirektionen der Kommission nicht mehr erfüllen müssen. Indem sich der Kopf der Exekutive auf die wesentlichen Aufgaben konzentriere, erhöhe sich insgesamt die Effizienz des Verwaltungsapparates.

---

63 *Europäische Kommission*, Europäisches Regieren – Ein Weißbuch, KOM(2001) 428 endg., S. 19 f.

64 *Europäische Kommission*, Europäisches Regieren – Ein Weißbuch, KOM(2001) 428 endg., S. 20; ebenso *R. Priebe*, Entscheidungsbefugnisse, 1979, S. 18; *M. Hilf*, PGOs, 1988, S. 308 (317); *M. Everson/G. Majone/L. Metcalfe/A. Schout*, Agencies, 1999, S. 32 f.; *M. H. Koch*, Externalisierungspolitik, 2004, S. 29; *T. Groß*, EuR 2005, S. 54 (55); *S. Bredt*, Legitimation, 2006, S. 20; *W. Kilb*, EuZW 2006, S. 268 (269); *M. Wittinger*, EuR 2008, S. 609 (618); *F. Shirvani*, DÖV 2008, S. 1; *J. Wentzel*, DÖV 2010, S. 763 (766 f.); *K. Schoppa*, Europol, 2013, S. 138.

2) Spezialisierung

Ein weiterer Grund wird in der Entpolitisierung des Verwaltungshandelns und dem damit einhergehenden Ziel der Spezialisierung der Agenturen gesehen.[65] Diese Begründung wurde zunächst insbesondere von dem Politikwissenschaftler *Giandomenico Majone* hervorgehoben, welcher die EU als „regulatory regime" beschrieb, für das unabhängige Regulierungsagenturen eine elementare Rolle spielten.[66] Die Entkopplung von der Europäischen Kommission und den Mitgliedstaaten soll demzufolge dazu dienen, in der Agentur sektoral hochgradig technisches Wissen zu konzentrieren. Dies bestätigen Erwägungsgründe in den Rechtsverordnungen zur Errich-

65 *D. Fischer-Appelt*, Agenturen, 1999, S. 429; *M. Everson/G. Majone/L. Metcalfe/A. Schout*, Agencies, 1999, S. 283; *R. Uerpmann*, AöR 125 (2000), S. 551 (562 ff.); *G. Hermes*, Legitimationsprobleme, 2005, S. 457 (465); *S. Bredt*, Legitimation, 2006, S. 20; *M. Kment*, JuS 2011, S. 211 (213); *A. Orator*, Unionsagenturen, 2017, S. 5 ff.

66 *G. Majone*, Regulating Europe, 1996, S. 40 ff.; *ders.*, EUI Working Paper RSC 1996; *ders.*, JITE 157 (2001), S. 57 (66); für die deutschsprachige Literatur *F. W. Scharpf*, Regieren, 1999, S. 24.

67 Erwgr. (14) der Verordnung (EG) Nr. 2007/2004 des Rates vom 26. Oktober 2004 zur Errichtung einer Europäischen Agentur für die operative Zusammenarbeit an den Außengrenzen der Mitgliedstaaten der Europäischen Union, ABl. L 349 vom 25.11.2004, S. 1–11 (FRONTEX-Verordnung).

68 Erwgr. (8) und (16) der Verordnung (EU) Nr. 439/2010 des Europäischen Parlaments und des Rates vom 19. Mai 2010 zur Einrichtung eines Europäischen Unterstützungsbüros für Asylfragen, ABl. L 132 vom 29.5.2010, S. 11–28.

69 Erwgr. (12) und (25) der Verordnung (EG) Nr. 216/2008 des Europäischen Parlaments und des Rates vom 20. Februar 2008 zur Festlegung gemeinsamer Vorschriften für die Zivilluftfahrt und zur Errichtung einer Europäischen Agentur für Flugsicherheit, zur Aufhebung der Richtlinie 91/670/EWG des Rates, der Verordnung (EG) Nr. 1592/2002 und der Richtlinie 2004/36/EG, ABl. L 79 vom 19.3.2008, S. 1–49 (EASA-Verordnung).

70 Erwgr. (15) der Verordnung (EG) Nr. 1907/2006 des Europäischen Parlaments und des Rates vom 18. Dezember 2006 zur Registrierung, Bewertung, Zulassung und Beschränkung chemischer Stoffe (REACH), zur Schaffung einer Europäischen Agentur für chemische Stoffe, zur Änderung der Richtlinie 1999/45/EG und zur Aufhebung der Verordnung (EWG) Nr. 793/93 des Rates, der Verordnung (EG) Nr. 1488/94 der Kommission, der Richtlinie 76/769/EWG des Rates sowie der Richtlinien 91/155/EWG, 93/67/EWG, 93/105/EG und 2000/21/EG der Kommission, ABl. L 396 vom 30.12.2006, S. 1–851 (ECHA-Verordnung).

tung von FRONTEX[67], EASO[68], EASA[69], ECHA[70], EFSA[71], EMSA[72], EMA[73], FRA[74] und ERA[75], in denen es unter anderem heißt, dass die Agentur in technischen Fragen unabhängig sein müsse. Diese Sicht hat auch die Kommission selbst eingenommen.[76] Es soll eine möglichst hohe Objektivität der Informationen und Entscheidungen herbeigeführt werden.[77] Auf diese Weise werde das Vertrauen in die Arbeit der Regulierungsagentur gestärkt.[78] Dies kann als technokratische oder expertokrati-

71 Erwgr. (32), (34), (35), (36) und (47) der Verordnung (EG) Nr. 178/2002 des Europäischen Parlaments und des Rates vom 28. Januar 2002 zur Festlegung der allgemeinen Grundsätze und Anforderungen des Lebensmittelrechts, zur Errichtung der Europäischen Behörde für Lebensmittelsicherheit und zur Festlegung von Verfahren zur Lebensmittelsicherheit, ABl. L 31 vom 1.2.2002, S. 1–24 (EFSA-Verordnung).

72 Erwgr. (10) der Verordnung (EG) Nr. 1406/2002 des Europäischen Parlaments und des Rates vom 27. Juni 2002 zur Errichtung einer Europäischen Agentur für die Sicherheit des Seeverkehrs, ABl. L 208 vom 5.8.2002, S. 1–9 (EMSA-Verordnung).

73 Erwgr. (24) der Verordnung (EG) Nr. 726/2004 des Europäischen Parlaments und des Rates vom 31. März 2004 zur Festlegung von Gemeinschaftsverfahren für die Genehmigung und Überwachung von Human- und Tierarzneimitteln und zur Errichtung einer Europäischen Arzneimittel-Agentur, ABl. L 136 vom 30.4.2004, S. 1–33 (EMA-Verordnung).

74 Erwgr. (20) der Verordnung (EG) Nr. 168/2007 des Rates vom 15. Februar 2007 zur Errichtung einer Agentur der Europäischen Union für Grundrechte, ABl. L 53 vom 22.2.2007, S. 1–14.

75 Erwgr. (10) der Vordnung (EG) NR. 881/2004 des Europäischen Parlaments und des Rates vom 29. April 2004 zur Errichtung einer Europäischen Eisenbahnagentur, ABl. L 164 vom 30.4.2004, S. 1–43 (ERA-Verordnung).

76 *Europäische Kommission*, Europäisches Regieren – Ein Weißbuch, KOM(2001) 428 endg., S. 20.

77 *R. Uerpmann*, AöR 125 (2000), S. 551 (565).

78 Erwgr. (6) der Verordnung (EG) Nr. 1211/2009 des Europäischen Parlaments und des Rates vom 25. November 2009 zur Einrichtung des Gremiums Europäischer Regulierungsstellen für elektronische Kommunikation (GEREK) und des Büros, ABl. L 337 vom 18.12.2009, S. 1–10 (GEREK-Verordnung); Erwgr. (95) der ECHA-Verordnung; Erwgr. (9), (18), (40) und (54) der (EFSA-Verordnung); Erwgr. (18) der Verordnung (EU) Nr. 526/2013 des Europäischen Parlaments und des Rates vom 21. Mai 2013 über die Agentur der Europäischen Union für Netz- und Informationssicherheit (ENISA) und zur Aufhebung der Verordnung (EG) Nr. 460/2004, ABl. L 165 vom 18.6.2013, S. 41–58 (ENISA-Verordnung).

sche Rechtfertigung bezeichnet werden. Teilweise erkennt auch der EuGH diese Begründung an.[79]

Die unabhängige Rechtsstellung muss aber stets in Relation zu den übertragenen Aufgaben gesetzt werden. Teilweise sind Agenturen dazu befugt, selbst Entscheidungen gegenüber Dritten zu treffen.[80] Häufig steht den Agenturen jedoch nicht selbst die Befugnis zu, rechtlich bindende Entscheidungen gegenüber Dritten zu treffen. Vielmehr bereiten sie als Facheinrichtungen eine Entscheidung der Europäischen Kommission vor.[81] Auch wenn die Europäische Kommission rechtlich an Gutachten oder Stellungnahmen der Regulierungsagenturen nicht gebunden ist,[82] liegt jedoch die Annahme nicht fern, dass sich die Europäische Kommission auf die Expertise der jeweiligen Agentur verlässt oder sich aufgrund mangelnder eigener Fachkenntnisse verlassen muss (faktische Bindungswirkung).[83]

3) Vertiefung des Verwaltungsverbundes

Eine dritte Begründungsperspektive eröffnen Überlegungen, die in der Einrichtung unabhängiger Unionsagenturen das Ziel erblicken, die nationalen Behörden enger mit den EU-Organen, insbesondere der Europä-

---

79 *EuGH*, Rs. C-270/12, Rn. 103 und 105 – ESMA; Rs. C-66/04, Rn. 46 – Vereinigtes Königreich/Parlament und Rat.

80 Beispielsweise die Agenturen im Bereich der Finanzmarktaufsicht, siehe Art. 17 Abs. 6 der Verordnung (EU) Nr. 1094/2010 des Europäischen Parlaments und des Rates vom 24. November 2010 zur Errichtung einer Europäischen Aufsichtsbehörde (Europäische Aufsichtsbehörde für das Versicherungswesen und die betriebliche Altersversorgung), zur Änderung des Beschlusses Nr. 716/2009/EG und zur Aufhebung des Beschlusses 2009/79/EG der Kommission, ABl. L 331 vom 15.12.2010, S. 48–83.

81 Wissenschaftliche Gutachten und Stellungnahmen geben beispielsweise die Europäische Behörde für Lebensmittelsicherheit (Art. 22 ff. der EFSA-Verordnung), die Europäische Arzneimittelagentur (Art. 55 ff. der EMA-Verordnung) und die Europäische Agentur für chemische Stoffe (Art. 75 ff. der ECHA-Verordnung) ab; ausführlich hierzu *B. Arndt*, Vorsorgeprinzip, 2009, S. 220 ff.

82 *EuGH*, Rs. C-120/97, Rn. 47 – Upjohn; *EuG*, Rs. T-13/99, Rn. 196 ff. – Pfizer Animal Health; verb. Rs. T-74/00, T-76/00, T-83/00 bis T-85/00, T-132/00, T-137/00 und T-141/00, Rn. 197 – Artegodan.

83 *B. Arndt*, Vorsorgeprinzip, 2009, S. 258 ff.

ischen Kommission, zu verzahnen.[84] Die Organe einer Agentur sind meistens mit Vertretern der Kommission und der jeweiligen mitgliedstaatlichen Fachbehörde besetzt. Die Zusammenarbeit innerhalb der Organe der Agentur soll den kohärenten Vollzug des Unionsrechts fördern. Das Dach der Zusammenarbeit – die Agentur – müsse deshalb unabhängig sein, um einen von europäischen und nationalen Interessen freien Kooperationsraum zu schaffen. Dies betreffe insbesondere Agenturen, die Regulierungsaufgaben im Binnenmarkt wahrnehmen (beispielsweise ACER[85]) und/oder dem Austausch von Informationen dienen (beispielsweise EUA[86], EFCA[87]).

In diesem Rahmen wird politischen Interessenkonflikten eine integrationshemmende Kraft beigemessen. Um die Verwaltungsebene stärker an die Integrationsbemühungen anzuschließen, könne durch unabhängige Agenturen ein Raum geschaffen werden, der vor nationalstaatlichen Einflüssen geschützt sei.[88]

III. Aufsicht, Weisungsrechte und gerichtliche Kontrolle

Inwiefern die Europäische Kommission oder andere EU-Organe eine Form der Aufsicht über Unionsagenturen ausüben, ist in den gesetzlichen Grundlagen der Agenturen nur lückenhaft geregelt. Der EuGH hat zu dieser Frage bislang nicht Stellung bezogen. Es finden sich aber Ansatzpunk-

---

84 *R. Uerpmann*, AöR 125 (2000), S. 551 (563); *D. Geradin/N. Petit*, Agencies, Jean Monnet Working Paper 2004, S. 33; *E. Chiti*, ELJ 10 (2004), S. 402 (423 ff.) ; *H. C. H. Hofmann/A. H. Türk*, ELJ 13 (2007), S. 253 (258); *ders.*, CMLRev. 46 (2009), S. 1395 ff.; *A. Orator*, Unionsagenturen, 2017, S. 8 m. w. N.

85 Erwgr. (18) der Verordnung (EG) Nr. 713/2009 des Europäischen Parlaments und des Rates vom 13. Juli 2009 zur Gründung einer Agentur für die Zusammenarbeit der Energieregulierungsbehörden, ABl. L 211 vom 14.8.2009, S. 1–14.

86 Erwgr. (9-11) der Verordnung (EG) Nr. 401/2009 des Europäischen Parlaments und des Rates vom 23. April 2009 über die Europäische Umweltagentur und das Europäische Umweltinformations- und Umweltbeobachtungsnetz, ABl. L 126 vom 21.5.2009, S. 13–22.

87 Erwgr. (27) der Verordnung (EG) Nr. 768/2005 des Rates vom 26. April 2005 zur Errichtung einer Europäischen Fischereiaufsichtsagentur und zur Änderung der Verordnung (EG) Nr. 2847/93 zur Einführung einer Kontrollregelung für die gemeinsame Fischereipolitik, ABl. L 128 vom 21.5.2005, S. 1–14 (EFCA-Verordnung).

88 *S. Bredt*, Legitimation, 2006, S. 21.

te, die dafür sprechen, dass eine Aufsicht nur eingeschränkt erfolgen darf und Weisungsrechte dem Grunde nach der Europäischen Kommission nicht zustehen. Dies zeigt sich anhand der Regelungen zur Fach- und Rechtsaufsicht über Regulierungsagenturen.

1) Fachaufsicht

Die Fachaufsicht ist bei keiner Regulierungsagentur im jeweiligen Sekundärrechtsakt explizit vorgeschrieben.[89] Teilweise wird aber eine solche gefordert, um das institutionelle Gleichgewicht zu wahren.[90] Zumindest bei den Agenturen, die Ermessensentscheidungen treffen, müsse die Fachaufsicht bestehen.[91] Sofern die Fachaufsicht mit dem Befugniskatalog einer Agentur begründet wird, droht eine solche Vorgehensweise allerdings zu verkennen, dass dies die Gründe für die unabhängige Rechtsstellung konterkarieren kann. Der Agentur werden gezielt vom Gesetzgeber auch Ermessensentscheidungen eingeräumt, die sie im Rahmen ihrer unabhängigen Rechtsstellung ausüben soll, um die Ziele des jeweiligen Rechtsakts autonom zu verwirklichen.

Zu den unionsrechtlichen Anforderungen an die Delegation von Befugnissen an Unionsagenturen hat sich der EuGH bereits mehrfach geäußert. In dieser Rechtsprechung zeigt sich nicht, dass unabhängige Unionsagenturen der Fachaufsicht unterstehen müssen, sofern ihnen Ermessensentscheidungen übertragen werden. Ausgangspunkt der Rechtsprechung ist die Rechtssache Meroni aus den 1950er Jahren. Der Gerichtshof machte damals deutlich, dass die Übertragung hoheitlicher Befugnisse auf andere Stellen nicht dazu führen darf, dass diese nicht den gleichen Vorschriften

---

89 *K. Heuterkes*, Organisationseinheiten, 1997, S. 194; *D. Fischer-Appelt*, Agenturen, 1999, S. 263; *G. Lübbe-Wolff*, VVDStRL 60 (2001), S. 246 (270); *M. H. Koch*, Externalisierungspolitik, 2004, S. 100 und S. 135; *T. Groß*, JZ 2012, S. 1087 (1087 f. und 1092); es bestehen aber fachaufsichtliche Kompetenzen und diesen angenäherte Ausgestaltungen für die Euratom-Versorgungsagentur, bei den Exekutivagenturen, dem Satellitenzentrum, der Verteidigungsagentur und dem Sicherheitsstudienamt, siehe die genauen Nachweise bei *Chr. Görisch*, Demokratische Verwaltung, 2009, S. 215.

90 *M. Lehmann/C. Manger-Nestler*, EuZW 2010, S. 87 (89); *N. Sonder*, Ratingagenturen, 2011, S. 239 (247).

91 *D. Fischer-Appelt*, Agenturen, 1999, S. 184 ff.; *M. Kment*, JuS 2011, S. 211 (213); ablehnend aber für die ESMA *N. Sonder*, Ratingagenturen, 2011, S. 239 (247).

unterliegen wie die Institution, deren Befugnisse übertragen werden. Ferner dürften lediglich „genau umgrenzte Ausführungsbefugnisse“, die anhand objektiver Tatbestandsmerkmale überprüfbar sind, übertragen werden, nicht hingegen Kompetenzen mit Ermessensspielräumen, welche „die Verwirklichung einer ausgesprochenen Wirtschaftspolitik“ ermöglichen.[92] Dazu verpflichte das Gleichgewicht der Gewalten und nur auf diese Weise könne die Ausübung beaufsichtigt werden. Diese als Meroni-Doktrin bezeichnete[93] Rechtsprechung wird in der Literatur meist auf die Unionsagenturen übertragen,[94] auch wenn diese Vorgehensweise durchaus fraglich ist.[95] Entsprechendes gilt für die Feststellungen in der Romano-Entscheidung, nach denen es gegen das Rechtsschutzsystem der europäischen Verträge verstoße, wenn eine unabhängige Einrichtung Rechtsakte mit normativem Charakter erlassen darf.[96]

Inwiefern sich die Meroni-Doktrin auf Regulierungsagenturen übertragen lässt, deutete der EuGH in der Rechtssache Tralli an. Er verwies zwar auf die Meroni-Entscheidung, betonte aber zugleich, dass Gegenstand des Meroni-Urteils die Befugnisübertragung auf Private war, während es bei Tralli um die Übertragung innerhalb eines öffentlich-rechtlichen Organs gehe. In einem derartigen Fall unterliege die Übertragung weniger strengen Vorgaben.[97] Gleichwohl gelten bestimmte Grundsätze der Meroni-Rechtsprechung auch hier: Der Übertragungsempfänger dürfe nicht Befugnisse erhalten, über welche die übertragende Einrichtung nicht verfügt, und für den Übertragungsempfänger müssten die gleichen Bedingungen gelten wie bei der übertragenden Behörde.[98] Dies hat der Gerichtshof in der Rechtssache Alliance for Natural Health bestätigt.[99]

---

92 *EuGH*, Rs. 9/56, Slg. 1956, S. 16 (43) – Meroni I.

93 Beispielsweise bei *M. Pawlik*, Meroni-Doktrin, 2013.

94 *J. Kühling*, EuZW 2008, S. 129; *S. Griller/A. Orator*, ELRev 35 (2010), S. 3 ff.; *M. Skowron*, EuR 2014, S. 250 (252 ff.); wohl auch bei *R. Uerpmann*, AöR 125 (2000), S. 551 (570 f.); *T. Groß*, EuR 2005, S. 54 (67); *M. Wittinger*, EuR 2008, S. 609 (619 f.).

95 Zur Kritik an der Übertragbarkeit siehe *U. Häde*, EuZW 2011, S. 662 (663 f.); *M. Chamon*, CMLRev. 48 (2011), S. 1055 ff.

96 *EuGH*, Rs. 98/80, Rn. 20 – Romano/INAMI.

97 *EuGH*, Rs. C-301/02 P, Rn. 42 – Tralli/EZB; dies gilt gerade auch für Personalregelungen wie der Verweis auf *EuGH*, Rs. C-409/02 P, Rn. 34 – Pflugradt/EZB zeigt.

98 *EuGH*, Rs. C-301/02 P, Rn. 43 – Tralli/EZB.

99 *EuGH*, verb. Rs. C-154/04 und C-155/04, Rn. 90 ff. – Alliance for Natural Health.

Diese Rechtsprechung fand im Jahr 2014 ihre Fortsetzung durch ein Urteil zur Befugnis der Europäischen Wertpapier- und Marktaufsichtsbehörde (ESMA), bestimmte Leerverkäufe in Ausnahmesituationen zu verbieten. In dieser Entscheidung betonte der Gerichtshof erneut, dass es im Meroni-Verfahren um privatrechtliche Verbände ging, die ESMA hingegen eine öffentliche Einrichtung der Union ist. Die Meroni-Grundsätze seien zwar auch in diesem Fall anwendbar,[100] gleichwohl seien auch Befugnisse übertragbar, die einen Handlungsspielraum der ESMA vorsehen, sofern Kriterien und Bedingungen bestehen, an welche die Ausübung dieses Spielraums geknüpft ist.[101] Diese könnten normativer Natur sein (beispielsweise Tatbestandsmerkmale[102]); es seien aber auch prozedurale Sicherungen wie Konsultations-, Unterrichtungs- und Überprüfungspflichten denkbar.[103] Letztere Aussagen sind in diesem Zusammenhang neu,[104] jedenfalls soweit sie vom EuGH getroffen werden.[105] Der EuGH justiert damit die Meroni-Doktrin nach,[106] indem er verfahrensrechtliche Sicherungen zulässt, welche das flexibel konzipierte Prinzip des institutionellen Gleichgewichts absichern sollen. Dabei sei es auch bedeutsam, dass die Ausübung der Befugnisse gerichtlich überprüfbar ist.[107] Letzteres Argument zieht der EuGH ebenfalls heran, um die Übertragung von Rechtsakten mit allgemeiner Geltung auf Regulierungsagenturen zu rechtfertigen.[108] Dies kommt einer partiellen Aufgabe der Romano-Rechtsprechung unter Verweis auf die geänderten Verträge gleich.[109] In der Übertragung

100 *EuGH*, Rs. C-270/12, Rn. 43 – ESMA.

101 *EuGH*, Rs. C-270/12, Rn. 45 – ESMA; Zweifel an diesen Aussagen des EuGH äußert *N. Kohtamäki*, EuR 2014, S. 321 (328).

102 *EuGH*, Rs. C-270/12, Rn. 46 – ESMA; diese werden im Fall der Leerverkaufsverordnung aber nicht für genau genug gehalten, so dass ein Verstoß nach der Meroni-Doktrin bestehe, so *M. Skowron*, EuZW 2014, S. 349 (351).

103 *EuGH*, Rs. C-270/12, Rn. 50 – ESMA.

104 *M. Skowron*, EuZW 2014, S. 349 (355).

105 In der Literatur werden prozedurale Vorgaben schon länger als legitimationssteigernde Bausteine diskutiert, siehe beispielsweise *H.-H. Trute*, Legitimation, 2012, Rn. 53.

106 *J. Saurer*, DÖV 2014, S. 549 (554 f.).

107 *EuGH*, Rs. C-270/12, Rn. 53 – ESMA; sofern diese aber eingeschränkt ist, bestehen erhebliche Zweifel an der Argumentation, ebenso bei *M. Chamon*, ELRev 39 (2014), S. 380 (395 f.).

108 *EuGH*, Rs. C-270/12, Rn. 65 – ESMA; dort der Verweis auf Art. 263 Abs. 1 AEUV und Art. 277 AEUV.

109 *Chr. Ohler*, JZ 2014, S. 249 (250); *M. Ruffert*, JuS 2014, S. 279 (280).

derartiger Befugnisse sei ferner nicht automatisch ein Verstoß gegen Art. 290 und Art. 291 AEUV zu sehen.[110] Dies gilt jedenfalls dann, wenn es sich um „bestimmte Entscheidungsbefugnisse auf einem Gebiet [handelt], das ein spezifisches technisches Fachwissen“[111] erfordert.[112] Der EuGH hat damit deutlich gemacht, dass in der Übertragung von Befugnissen mit Ermessensspielräumen nicht per se ein Verstoß gegen das Prinzip des institutionellen Gleichgewichts liegt. Folglich kann hieraus kein Gebot der Fachaufsicht über Agenturen gefolgert werden, die über derartige Befugnisse verfügen.

Teilweise wird auch das Demokratieprinzip (insbesondere Art. 2 sowie Art. 9 ff. EUV) herangezogen, um zu begründen, dass eine Fachaufsicht durch die Europäische Kommission bestehen müsse.[113] Dass die demokratische Legitimation einer Regulierungsagentur durch die Anbindung an die Europäische Kommission gesteigert wird, ist zwar aufgrund der obligatorischen Bestätigung der Kommission durch das Europäische Parlament nicht fernliegend, aber aufgrund der besonderen institutionellen Ausgestaltung der EU nicht sonderlich überzeugend.[114] Die Übertragung eines – unter anderem – im deutschen Staatsrecht herrschenden Verständnisses demokratischer Legitimation durch hierarchische Verwaltungsstrukturen kann nicht ohne weiteres auf die EU-Ebene übertragen werden. Das Institutionensystem der EU ist anders konstruiert als nationale Organisationsmodelle. Beispielsweise spielt das deutsche Parlament innerhalb der deutschen Staatsstrukturen eine bedeutendere Rolle als das Europäische Parlament im Rahmen der EU-Institutionen. Dies zeigt sich auf Ebene der Verträge bereits an der dualen Legitimationsstruktur, die Art. 10 Abs. 2 EUV bestimmt. Danach wird demokratische Legitimation nicht allein über das Europäische Parlament, sondern auch über den Rat und damit über die aus nationalen Wahlen hervorgehenden Regierungsvertreter vermittelt. Das unionsrechtliche Demokratieprinzip ist zudem stärker individualistisch konstruiert (Art. 10 Abs. 3 EUV) und nimmt in den europäischen Verträ-

---

110 *EuGH*, Rs. C-270/12, Rn. 80 – ESMA.

111 *EuGH*, Rs. C-270/12, Rn. 82 – ESMA; kritisch hierzu *M. Ruffert*, JuS 2014, S. 279 (281).

112 *EuGH*, Rs. C-270/12, Rn. 83 und 86 – ESMA.

113 *P. M. Huber*, Organe, 2003, § 19 Rn. 90; *T. von Danwitz*, Europäisches Verwaltungsrecht, 2008, S. 325; siehe ferner die Nachweise bei *M. H. Koch*, EuZW 2005, S. 455 (456 in Fn. 14 und 15); eher vorsichtig *Chr. Görisch*, Demokratische Verwaltung, 2009, S. 394.

114 In diese Richtung ebenfalls *M. Ruffert*, Unabhängigkeit, 2011, S. 399 (404 f.).

gen keinen Bezug auf ein europäisches Volk.[115] Die Urteile des EuGH zu den Agenturen enthalten auch keine Anzeichen dafür, dass das unionsrechtliche Demokratieprinzip nach einer Fachaufsicht durch die Kommission verlangt.

Regulierungsagenturen bedürfen aber zweifelsohne der demokratischen Legitimation. Eine rein technokratisch vermittelte Legitimation reicht nicht aus.[116] Demokratische Legitimation wird aber zum einen durch den Errichtungsakt,[117] zum anderen durch weitere Legitimationsleistungen wie die Besetzung der Organe der Regulierungsagentur gesichert.[118] Darüber hinaus wird die ergänzende Legitimation durch output-Faktoren diskutiert.[119] Aus dem primärrechtlich verankerten Demokratieprinzip kann deshalb nicht geschlossen werden, dass unabhängige Unionsagenturen zwingend der Fachaufsicht (durch die Kommission) zu unterstellen sind.[120]

Dass das unionsrechtliche Demokratieprinzip nicht die Fachaufsicht verlangt, belegt das EuGH-Urteil zu den Datenschutzaufsichtsbehörden der Mitgliedstaaten. Der EuGH erklärte in diesem Urteil mit klaren Worten:

> *„Dieser Grundsatz [der Grundsatz der Demokratie, Anm. d. Verf.] bedeutet nicht, dass es außerhalb des klassischen hierarchischen Verwaltungsaufbaus keine öffentlichen Stellen geben kann, die von der Regierung mehr oder weniger unabhängig sind.“*[121]

---

115 Anders in vielen Verfassungen der Mitgliedstaaten, siehe bspw. Art. 1 Abs. 1 Verfassung Estlands, Art. 3 Abs. 1 Verfassung Frankreichs, Art. 1 Abs. 3 Verfassung Griechenlands, Art. 6 Abs. 1 Verfassung Irlands, Art. 1 Abs. 2 Verfassung Italiens, Art. 2 Verfassung Lettlands, Art. 2 Verfassung Litauens, Art. 4 Verfassung Polens, Art. 3 Abs. 1 Verfassung Portugals, Art. 1 Abs. 1 Verfassung Schwedens, Art. 1 Abs. 2 Verfassung Spaniens, Art. 2 Abs. 1 Verfassung Tschechiens.

116 *EuG*, Rs. T-13/99, Rn. 201 – Pfizer Animal Health: „Eine fachliche Legitimation reicht nicht aus, um die Ausübung von Hoheitsgewalt zu rechtfertigen.“ Ebenso *M. Shapiro*, JEPP 4 (1997), S. 276 (286 f.).

117 *Chr. Görisch*, Demokratische Verwaltung, 2009, S. 394.

118 Die Legitimationsleistung nationaler Vertreter für die europäische Ebene entspricht einem föderal konstruierten Demokratieverständnis, ist aber nicht unbestritten, eher ablehnend *M. Wittinger*, EuR 2008, S. 609 (623).

119 Siehe beispielsweise *G. Hermes*, Legitimationsprobleme, 2005, S. 457 (476 ff. m. w. N.).

120 So auch bei *M. H. Koch*, Externalisierungspolitik, 2004, S. 101 ff.; *M. Ruffert*, Unabhängigkeit, 2011, S. 399 (406).

121 *EuGH*, Rs. C-518/07, Rn. 42 – Kommission/Deutschland.

Ein Fehlen jeglichen parlamentarischen Einflusses auf diese Stellen komme nicht in Betracht, denn das Parlament könne zum einen das Leitungspersonal bestellen, zum anderen die Kompetenzen der unabhängigen Behörde festlegen. Ferner könne der Gesetzgeber die Behörden verpflichten, dem Parlament Rechenschaft über ihre Tätigkeiten abzulegen. Der EuGH schließt diesen Teil des Urteils mit der Passage:

> *„Nach alledem ist der Umstand, dass den [Datenschutzaufsichtsbehörden] eine von der allgemeinen Staatsverwaltung unabhängige Stellung zukommt, für sich allein noch nicht geeignet, diesen Stellen die demokratische Legitimation zu nehmen."*[122]

Zwar erging das Urteil zu Behörden der Mitgliedstaaten, allerdings wurden die Kriterien des unionsrechtlichen Demokratieprinzips herangezogen. Diese gelten auch für Regulierungsagenturen, so dass sich für diese keine andere Bewertung ergibt.

2) Rechtsaufsicht

Viele Sekundärrechtsakte der Regulierungsagenturen enthalten lediglich eine Norm, welche die Weisungsfreiheit der Agentur bzw. eines ihrer Organe vorsieht, allerdings nur selten Regelungen zur Rechtsaufsicht durch die Europäische Kommission. Dies gilt beispielsweise für die drei Finanzmarktaufsichtsbehörden (EBA[123], EIOPA[124] und ESMA[125]), die Europäi-

---

122 *EuGH*, Rs. C-518/07, Rn. 46 – Kommission/Deutschland.

123 Art. 5 UAbs. 3 der Verordnung (EU) Nr. 1093/2010 des Europäischen Parlaments und des Rates vom 24. November 2010 zur Errichtung einer Europäischen Aufsichtsbehörde (Europäische Bankenaufsichtsbehörde), zur Änderung des Beschlusses Nr. 716/2009/EG und zur Aufhebung des Beschlusses 2009/78/EG der Kommission, ABl. L 331 vom 15.12.2010, S. 12–47.

124 Art. 5 UAbs. 3 der Verordnung (EU) Nr. 1094/2010 des Europäischen Parlaments und des Rates vom 24. November 2010 zur Errichtung einer Europäischen Aufsichtsbehörde (Europäische Aufsichtsbehörde für das Versicherungswesen und die betriebliche Altersversorgung), zur Änderung des Beschlusses Nr. 716/2009/EG und zur Aufhebung des Beschlusses 2009/79/EG der Kommission, ABl. L 331 vom 15.12.2010, S. 48–83.

125 Art. 5 UAbs. 3 der Verordnung (EU) Nr. 1095/2010 des Europäischen Parlaments und des Rates vom 24. November 2010 zur Errichtung einer Europäischen Aufsichtsbehörde (Europäische Wertpapier- und Marktaufsichtsbehörde), zur Änderung des Beschlusses Nr. 716/2009/EG und zur Aufhebung des Beschlusses 2009/77/EG der Kommission, ABl. L 331 vom 15.12.2010, S. 84–119.

sche Stiftung für Berufsbildung[126], die Lebensmittelbehörde[127], die Agentur für die Sicherheit des Seeverkehrs[128], das Gremium Europäischer Regulierungsstellen für elektronische Kommunikation (GEREK)[129], die Grenzsicherungsagentur (FRONTEX)[130], die Agentur für die Flugsicherheit (EASA)[131], das Europäische Zentrum für die Prävention und die Kontrolle von Krankheiten (ECDC)[132], die Chemikalienagentur (ECHA)[133], die Fischereiagentur (EFCA)[134], die Europäische Agentur für Netz- und Informationssicherheit (ENISA)[135] und die Europäische Eisenbahnagentur[136]. Lediglich für das Harmonisierungsamt für den Binnenmarkt[137] und das Gemeinschaftliche Sortenamt[138] ist die Rechtsaufsicht durch die Kommission ausdrücklich festgeschrieben. Wenn die Rechtsaufsicht nur ausnahmsweise im Text des Sekundärrechtsakts vorgesehen ist, spricht dies dafür, dass in allen anderen Fällen eine solche nicht besteht.

Teilweise wird jedoch argumentiert, dass der Europäischen Kommission grundsätzlich die Rechtsaufsicht zustehe.[139] Es sei stets eine gewisse Form der Einflussnahme seitens der Kommission bei Regulierungsagentu-

---

126 Art. 11 der Verordnung (EG) Nr. 1339/2008 des Europäischen Parlaments und des Rates vom 16. Dezember 2008 zur Errichtung der Europäischen Stiftung für Berufsbildung (Neufassung), ABl. L 354 vom 31.12.2008, S. 82–93.

127 Art. 37 der EFSA-Verordnung.

128 Art. 15 der EMSA-Verordnung; in den ersten Vorschlägen zur Errichtung der Agentur war noch die Fachaufsicht vorgesehen; dies wurde jedoch im Laufe des Gesetzgebungsverfahrens gestrichen.

129 Art. 4 Abs. 2 UAbs. 2 und 3 und Art. 8 Abs. 1 der GEREK-Verordnung.

130 Art. 25 Abs. 1 der FRONTEX-Verordnung.

131 Art. 38 Abs. 1 der EASA-Verordnung.

132 Art. 16 Abs. 1 der Verordnung (EG) Nr. 851/2004 des Europäischen Parlaments und des Rates vom 21. April 2004 zur Errichtung eines Europäischen Zentrums für die Prävention und die Kontrolle von Krankheiten, ABl. L 142 vom 30.4.2004, S. 1–11.

133 Art. 83 Abs. 1 der ECHA-Verordnung.

134 Art. 29 Abs. 1 der EFCA-Verordnung.

135 Art. 7 Abs. 1 der ENISA-Verordnung.

136 Art. 30 Abs. 1 der ERA-Verordnung.

137 Art. 122 der Verordnung (EG) Nr. 207/2009 des Rates vom 26. Februar 2009 über die Gemeinschaftsmarke, ABl. L 78 vom 24.3.2009, S. 1–42, und Art. 97 der Verordnung (EG) Nr. 6/2002 des Rates vom 12. Dezember 2001 über das Gemeinschaftsgeschmacksmuster, ABl. L 3 vom 5.1.2002, S. 1–24.

138 Art. 44 der Verordnung (EG) Nr. 2100/94 des Rates vom 27. Juli 1994 über den gemeinschaftlichen Sortenschutz, ABl. L 227 vom 1.9.1994, S. 1–30.

139 *M. H. Koch*, EuZW 2005, S. 455 (456); *T. von Danwitz*, Europäisches Verwaltungsrecht, 2008, S. 322; *M. Ruffert*, Unabhängigkeit, 2011, S. 399 (405 f.).

ren gegeben, da der Vergleich mit den Mitgliedstaaten zeige, dass dort ebenfalls vielfach Aufsichtsrechte gegenüber Behörden verankert seien.[140] Allerdings lässt sich ein einheitliches Modell unabhängiger Behörden in den Mitgliedstaaten nicht bestimmen. Insofern fehlt es an festen mitgliedstaatlichen Grundsätzen, die auf die Regulierungsagenturen übertragen werden könnten. Der Verweis auf Aufsichtsregelungen in einigen Mitgliedstaaten kann die ungeschriebene Rechtsaufsicht der Europäischen Kommission über die Regulierungsagenturen nicht begründen.

Überzeugender wirkt auf den ersten Blick die Herleitung der Rechtsaufsicht aus Art. 17 Abs. 1 Satz 2, Satz 3 und Satz 5 EUV.[141] Nach diesen Normen überwacht die Europäische Kommission die Anwendung des Unionsrechts. Allerdings stellen diese Normen keine Befugnisnormen dar, sondern sie legen die Aufgabe der Kommission fest. Aus der Aufgabe der Europäischen Kommission, die Einhaltung des Unionsrechts zu überwachen, folgen derartige Kompetenzen nicht ohne Weiteres. Die Befugnisse ergeben sich vielmehr aus den weiteren Vertragsnormen und dem Sekundärrecht. Hierzu gehört auch das Klagerecht der Kommission in Vertragsverletzungsverfahren (Art. 258 AEUV). Wenn Weisungsrechte eingeräumt werden sollen, müssen Ausführungsbestimmungen erlassen werden, die diese Kompetenzen sekundärrechtlich festlegen.[142]

Um zu bestimmen, ob der Kommission die Rechtsaufsicht gegenüber einer Regulierungsagentur zusteht, kommt es folglich darauf an, welche Regelungen der jeweilige Sekundärrechtsakt trifft. Einige Rechtsakte sehen ein Verfahren vor, bei dem ein Mitgliedstaat, ein Mitglied des Verwaltungsrats der Agentur oder ein individuell betroffener Dritter eine Handlung der Agentur der Europäischen Kommission zur Kontrolle vorlegen kann.[143] Dieses Verfahren könnte Grundlage dafür sein, dass die Europäische Kommission Weisungen im Rahmen der Rechtsaufsicht erlassen

---

140 *M. H. Koch*, Externalisierungspolitik, 2004, S. 101.

141 *N. Kohtamäki*, Bankenaufsicht, 2012, S. 206; *M. Ruffert*, Organisatorische Pluralität, 2013, S. 643 (652 f.).

142 *T. Groß*, Konstruktion, 2008, S. 349 (360); *ders.*, JZ 2012, S. 1087 (1092).

143 Dies gilt für das Europäische Zentrum für die Förderung der Berufsbildung (Art. 18 der Verordnung (EWG) Nr. 337/75 des Rates vom 10. Februar 1975 über die Errichtung eines Europäischen Zentrums für die Förderung der Berufsbildung, ABl. L 39 vom 13.2.1975, S. 1–4), die Europäische Stiftung zur Verbesserung der Lebens- und Arbeitsbedingungen (Art. 22 der Verordnung (EWG) Nr. 1365/75 des Rates vom 26. Mai 1975 über die Gründung einer Europäischen Stiftung zur Verbesserung der Lebens- und Arbeitsbedingungen, ABl. L 139 vom

darf.[144] Es muss jedoch zwischen dem Prüfungsrecht der Europäischen Kommission und dem Weisungsrecht unterschieden werden. Der Kommission steht in solchen Fällen das Recht zu, die Maßnahme hinsichtlich der Rechtmäßigkeit zu prüfen. Sie kann jedoch keine Weisung gegenüber dem Organ der Agentur erlassen, sondern ist darauf beschränkt, die ihr primär- und sekundärrechtlich zugestandenen Befugnisse zu nutzen.

Gleichwohl stehen Regulierungsagenturen nicht außerhalb jeglicher Rechts- und Verantwortungskontrolle.[145] Die Kontrolle der Regulierungsagenturen erfolgt aber nicht primär durch Formen der Rechts- oder Fachaufsicht mit entsprechenden Weisungsrechten, sondern nutzt andere Mittel wie Berichtspflichten oder die finanzielle Ausstattung.[146] In Bezug auf die Regulierungsagenturen geht selbst die Europäische Kommission davon aus, dass ihr kein Weisungsrecht zusteht:

> *„Vorzusehen, dass die Kommission den Regulierungsagenturen gegenüber weisungsbefugt wäre oder deren Einzelfallentscheidungen aufheben oder ihnen auferlegen könnte, bestimmte Einzelfallentscheidungen zurückzuziehen, kommt nicht in Frage"*[147].

3) Gerichtliche Kontrolle

Die Kontrolle der Regulierungsagenturen durch Gerichte, insbesondere den EuGH, ist bereits angeklungen. Auch wenn vor dem Lissabon-Vertrag unklar war, ob der (Individual-)Rechtsschutz auch gegenüber den unabhängigen Agenturen gesichert ist,[148] was erst die *Sogelma*-Entschei-

---

30.5.1975, S. 1–4) und die Europäische Agentur für Sicherheit und Gesundheitsschutz am Arbeitsplatz (Art. 22 der Verordnung (EG) Nr. 2062/94 des Rates vom 18. Juli 1994 zur Errichtung einer Europäischen Agentur für Sicherheit und Gesundheitsschutz am Arbeitsplatz, ABl. L 216 vom 20.8.1994, S. 1–7).

144 So bei *M. Schweitzer*, DV 17 (1984), S. 137 (157 f.); *T. von Danwitz*, Europäisches Verwaltungsrecht, 2008, S. 324.

145 *K. Lenaerts*, ELRev 18 (1993), S. 23 (46 ff.); *M. Everson*, ELJ 1 (1995), S. 180 (198 ff.).

146 Kritisch zur Effektivität der Kontrolle über Finanzmittel *Chr. Görisch*, Demokratische Verwaltung, 2009, S. 397.

147 *Europäische Kommission*, Mitteilung – Rahmenbedingungen für die europäischen Regulierungsagenturen, KOM(2002) 718 endg., S. 15.

148 Siehe zur Diskussion *M. Berger*, Einrichtungen, 1999, S. 114 f. und S. 124 f.; *M. Ruffert*, Verwaltungseinheiten, 2008, S. 431 (455).

dung[149] des EuG klärte, ist es nach der Einfügung von Art. 263 Abs. 1 Satz 2 AEUV primärrechtlich abgesichert, dass Regulierungsagenturen im Rahmen der Nichtigkeitsklage kontrolliert werden können.[150] Teilweise enthalten die Rechtsakte der Regulierungsagenturen bereits explizit Regelungen zum Rechtsschutz gegen von der Regulierungsagentur erlassene Maßnahmen, die vor Erhebung der Klage bei einem europäischen Gericht die Einlegung eines verwaltungsrechtlichen Rechtsmittels vorsehen.[151] Zudem ist es teilweise möglich, eine Unterlassungsklage (Art. 263 Abs. 1, Abs. 3 AEUV) gegen die Europäische Kommission einzureichen, womit beanstandet wird, dass die Kommission gegen eine Handlung der Agentur nicht eingeschritten ist.[152] Das Einschreiten der Kommission ist dabei auf das ihr jeweils zur Verfügung stehende Instrumentarium beschränkt. Dass Rechtsschutz gegen Maßnahmen der Regulierungsagenturen besteht, wird auch von agenturspezifischen Untersuchungen bestätigt.[153]

Allerdings beschränkt sich der Rechtsschutz teilweise auf die Überprüfung von Ermessensfehlern. In einem Verfahren gegen die Europäische Chemikalienagentur (ECHA) hat das EuG ferner deutlich gemacht, dass „die Unionsbehörden über ein weites Ermessen insbesondere in Bezug auf die Beurteilung von hoch komplexen wissenschaftlichen und technischen tatsächlichen Umständen bei der Festlegung von Art und Umfang der von ihnen erlassenen Maßnahmen verfügen“[154]. Das EuG erkannte an, dass die Unionsbehörden in diesen Fällen „politische, wirtschaftliche und soziale Entscheidungen“[155] treffen. Bei derartigen Entscheidungen bestehe nur eine eingeschränkte gerichtliche Kontrolle, da der Unionsrichter „seine Beurteilung der tatsächlichen Umstände wissenschaftlicher und technischer Art [nicht] an die Stelle derjenigen der Unionsbehörden setzen“[156]

---

149 *EuG*, Rs. T-411/06 – Sogelma.

150 *J. Gundel*, EuR 2009, S. 383 ff.; *D. Riedel*, EuZW 2009, S. 565 ff.; *J. Saurer*, EuR 2010, S. 51 (60 ff.).

151 Beispielsweise bei der Widerspruchskammer der ECHA; siehe Art. 91 ff. ECHA-Verordnung.

152 *A. Fischer-Lescano/T. Tohidipur*, ZaöRV 67 (2007), S. 1219 (1267).

153 Für FRONTEX siehe *J. Seehase*, Grenzschutzagentur, 2013, S. 314 ff.; *M. Lehnert*, Frontex, 2014, S. 333 ff.; für die Finanzmarktaufsichtsbehörden *N. Sonder*, BKR 2012, S. 8 ff.

154 *EuG*, Rs. T-93/10, Rn. 76 – Bilbaína de Alquitranes/ECHA.

155 *EuG*, Rs. T-93/10, Rn. 115 – Bilbaína de Alquitranes/ECHA.

156 *EuG*, Rs. T-93/10, Rn. 76 – Bilbaína de Alquitranes/ECHA; ebenso der *EuGH* in Rs. C-15/10, Rn. 60 – Etimine.

könne. Lediglich die Grenzen des Ermessens seien gerichtlich vollständig überprüfbar. Die Unionsbehörden müssten dabei belegen können, dass sie ihr Ermessen ausgeübt haben, was zu verneinen ist, wenn sie nicht alle Umstände des Einzelfalls berücksichtigt haben.[157]

E. Das Unabhängigkeitsregime im EU-Eigenverwaltungsrecht

I. Folgerungen aus der Analyse ausgewählter Behörden

Die Untersuchung unabhängiger Behörden im EU-Eigenverwaltungsrecht zeigt zunächst, dass diese mit durchaus weitgehend autonomen Befugnissen ausgestattet sind. Die Gründe für die unabhängige Rechtsstellung unterscheiden sich aber. Bei der EZB dient die Entkopplung dazu, politische Einflussnahmen durch Mitgliedstaaten und EU-Organe weitgehend auszuschalten, um das Ziel der Preisstabilität verwirklichen zu können. Es ist damit die einzige Institution im europäischen Rahmen, die ihre Unabhängigkeit mit einem materiellrechtlichen Ziel rechtfertigt. Beim Rechnungshof und beim Bürgerbeauftragten wird die Unabhängigkeit hingegen damit gerechtfertigt, dass sie jeweils Institutionen sind, die EU-Organe und sonstige Stellen der Union kontrollieren. Dem liegt der Ansatz zugrunde, dass Kontrolleur und Kontrollierter voneinander unabhängig sein müssen, um eine effektive Kontrolle zu ermöglichen. Der Grund für die Entkopplung ist eng mit der Idee der „checks and balances“ verbunden. Die Unabhängigkeit der Regulierungsagenturen wird nicht einheitlich begründet. Teils wird angenommen, dass die Unabhängigkeit der Ausdifferenzierung des Verwaltungsapparats diene, teils das Ausschalten politischer Einflüsse die erforderliche Spezialisierung erst ermögliche oder die Entkopplung Ziele der europäischen Verwaltungsintegration verfolge.

Bei allen unabhängigen Behörden im EU-Eigenverwaltungsrecht besteht grundsätzlich keine Form der Aufsicht oder der Weisungsunterworfenheit. Dies gilt für die Fachaufsicht ebenso wie für die Rechtsaufsicht. Dass zwischen beiden Aufsichtsformen im Unionsrecht nicht immer genau differenziert wird, liegt wohl auch daran, dass der EuGH beiden eine ähnliche Kontrollintensität zumisst.[158] Sofern dennoch eine Aufsicht erfolgen soll, was zumindest bei den Regulierungsagenturen unionsrechtlich

157 *EuGH*, Rs. C-343/09, Rn. 33 f. – Afton Chemical.
158 *EuGH*, Rs. C-237/99, Rn. 56 – Kommission/Frankreich.

zulässig ist, müssen derartige Kompetenzen ausdrücklich im jeweiligen Sekundärrechtsakt enthalten sein.

Dabei ist es wichtig, zwischen Aufsichts- und Weisungsbefugnissen zu unterscheiden. Den EU-Organen können gegenüber unabhängigen Einrichtungen Aufsichtsbefugnisse zustehen, ohne dass sie zugleich weisungsbefugt sind. Sie müssen in diesen Fällen andere Maßnahmen nutzen, um im Rahmen der Aufsicht festgestellte Änderungserfordernisse durchzusetzen. Dazu zählen insbesondere Klageverfahren. Die Aufsichtsbefugnis kann zwar mit einem Weisungsrecht einhergehen, aber dies müsste bei Regulierungsagenturen sekundärrechtlich ausdrücklich vorgesehen sein. Deshalb bilden Aufsichts- und Weisungsbefugnisse gegenüber unabhängigen Behörden im EU-Eigenverwaltungsrecht die Ausnahme, nicht die Regel.[159]

Keine unabhängige Behörde im EU-Eigenverwaltungsrecht steht aber außerhalb der Unionsrechtsordnung. Alle unterstehen der gerichtlichen Kontrolle durch den EuGH. Dies entschärft aus Sicht des EuGH auch die Problematik der unabhängigen Rechtsstellung.

II. Unabhängige Verwaltung als normatives Prinzip in Art. 298 Abs. 1 AEUV?

Nach der Rechtsprechung des EuGH müssen EU-Behörden nicht stets weisungsgebunden sein. Der europäische Gesetzgeber hat eine Vielzahl von Behörden geschaffen, die über weitgehende Unabhängigkeitsgarantien verfügen. Dies führt zu der Frage, ob die Unabhängigkeit von Behörden ein normatives Prinzip im Unionsrecht ist. In Mitgliedstaaten wie Schweden gibt es jedenfalls derartige Verfassungsbestimmungen.[160]

Im Unionsrecht könnte Art. 298 Abs. 1 AEUV den normativen Anknüpfungspunkt bilden, nach der sich die Organe, Einrichtungen und sonstigen Stellen der Union auf eine offene, effiziente und – dies ist an dieser Stelle bedeutsam – unabhängige europäische Verwaltung stützen.

---

159 *M. H. Koch*, Externalisierungspolitik, 2004, S. 82 ff.; *E. Chiti*, CMLRev. 46 (2009), S. 1395 (1416 ff.); *M. Ruffert*, Unabhängigkeit, 2011, S. 399 (405).

160 Siehe hierzu *T. Bull*, EPL 14 (2008), S. 285 (288 ff.).

1) Normativer Gehalt

Der normative Gehalt von Art. 298 AEUV ist bislang weitgehend ungeklärt, nicht zuletzt weil diese Norm erst in letzter Minute auf Drängen der skandinavischen Länder in die europäischen Verträge aufgenommen wurde.[161] Die Norm enthält tatsächlich rechtliche Strukturvorgaben an den Unionsgesetzgeber: Er muss, sofern er Regelungen zur europäischen Verwaltung trifft, die drei dort aufgestellten Grundsätze beachten. Sie enthalten rechtlich konkretisierbare Vorgaben und sind somit nicht lediglich Programmsätze.[162] Der Grundsatz der Offenheit ist beispielsweise in Art. 15 AEUV näher bestimmt, der den Zugang zu den Dokumenten der EU regelt. Die drei Grundsätze der Offenheit, Effizienz und Unabhängigkeit enthalten gleichwohl einen weiten Einschätzungsspielraum des europäischen Gesetzgebers. Allerdings bildet Art. 298 AEUV nicht nur objektivrechtlich ab, was Art. 41 Abs. 1 GRCh als Recht auf gute Verwaltung subjektiv-rechtlich garantiert, sondern stellt „primärrechtliche Strukturprinzipien der Verwaltung der Union“[163] auf. Dies gilt auch für die Verpflichtung auf eine unabhängige europäische Verwaltung.

2) Regelungsgehalt des Unabhängigkeitsbegriffs

Unabhängig ist – ebenso wie die Adjektive offen und effizient in Art. 298 Abs. 1 AEUV – ein durch Auslegung zu konkretisierender Rechtsbegriff.[164] Zum einen erfasst der Begriff die individuelle Unabhängigkeit, die an die Person des jeweils handelnden Beamten anknüpft. Dieser muss unparteiisch und gerecht agieren. Er darf keine persönlichen Motive verfolgen (Art. 8 Kodex für gute Verwaltungspraxis). Ferner ist es ihm untersagt, seine Entscheidungen an sach- oder kompetenzwidrigen Gründen zu orientieren. Dies folgt bereits aus dem Rechtsstaatsprinzip und dem

161 *C. Ladenburger*, Evolution, 2008, S. 107 (118).

162 So aber *K. F. Gärditz*, AöR 135 (2010), S. 251 (272).

163 *U. Reithmann*, in: von der Groeben/Schwarze/Hatje, Europäisches Unionsrecht, 2015, Art. 298 AEUV Rn. 2; in diese Richtung aber mit zurückhaltenderer Formulierung *J. P. Terhechte*, Unabhängigkeit, 2016, S. 35 (39).

164 Mit kritischem Unterton bei *C. Ladenburger*, Evolution, 2008, S. 107 (118 f.) („gelinde gesagt erläuterungsbedürftig“).

Gleichheitsgrundsatz[165] und ist Bestandteil der Grundsätze ordnungsgemäßer Verwaltung.[166] Damit ist das Unparteilichkeitsverständnis, das sich auch in Art. 41 GRCh zeigt,[167] auf objektiv-rechtlicher Seite mit dieser Norm garantiert.

Der in Art. 298 Abs. 1 AEUV verwendete Begriff der Unabhängigkeit ist jedoch nicht nur auf die persönliche Dimension beschränkt,[168] sondern meint auch, dass Institutionen über eine gewisse Form der Eigenständigkeit verfügen müssen. Dies gilt jedenfalls gegenüber mitgliedstaatlichen Stellen,[169] wohl aber auch gegenüber bestimmten EU-Organen. Damit ist unter anderem festgeschrieben, dass die primär- und sekundärrechtlich festgelegten Zuständigkeiten einzuhalten sind.[170] Mit der Unabhängigkeit der europäischen Verwaltungsebene wird auch die Unabhängigkeit der Europäischen Kommission geschützt,[171] die vielfach auf die Unterstützung durch EU-Verwaltungseinrichtungen angewiesen ist.

Dass Unabhängigkeit i.S.d. Art. 298 Abs. 1 AEUV organisationsrechtliche Regelungen ermöglicht, zeigt die gemeinsame Aufzählung mit dem Begriff der Effizienz. Denn eine effiziente Verwaltung erreicht man insbesondere mittels organisationsrechtlicher Vorkehrungen. Gleiches gilt für den Begriff der Offenheit. Auch diese kann nicht allein anhand der Vorgaben für das Verwaltungsverfahren garantiert werden, sondern bedarf organisationsrechtlicher Sicherungen.[172]

Der Unabhängigkeitsbegriff in Art. 298 Abs. 1 AEUV zielt auf den Schutz vor Eingriffen durch mitgliedstaatliche und EU-Institutionen ab. Dazu bedarf es auch organisationsrechtlicher Vorkehrungen. Dies zeigt

---

165 *U. Reithmann*, in: von der Groeben/Schwarze/Hatje, Europäisches Unionsrecht, 2015, Art. 298 AEUV Rn. 13.

166 Siehe zu diesem Grundsatz *EuG*, Rs. T-337/04, Rn. 163 – Pitsiorlas; verb. Rs. T-528/93, T-542/93, T-543/93 und T-546/93, Rn. 93 – Métropole télévision/Kommission.

167 Siehe unten in Kapitel 4, C. II. 2).

168 *M. Kotzur*, in: Geiger/Khan/ders., EUV/AEUV: Vertrag über die Europäische Union und Vertrag über die Arbeitsweise der Europäischen Union, 2017, Art. 298 AEUV Rn. 3; anders aber bei *J. Ziller*, Procedure Law, 2011, S. 9, der im Zusammenhang mit dem Unabhängigkeitsbegriff auf Art. 336 AEUV verweist, der die Kompetenz zur Regelung des Beamtenstatuts enthält.

169 *A. Hatje*, in: Schwarze, EU-Kommentar, 2019, Art. 298 AEUV Rn. 19.

170 *E. Schmidt-Aßmann*, Verfassungsprinzipien, 2012, Rn. 80.

171 *U. Reithmann*, in: von der Groeben/Schwarze/Hatje, Europäisches Unionsrecht, 2015, Art. 298 AEUV Rn. 14.

172 *H. Hetmeier*, in: Lenz/Borchardt, EU-Verträge, 2012, Art. 298 AEUV Rn. 20.

sich unter anderem, wenn eine Verbindung zwischen Art. 298 Abs. 1 AEUV und den Unionsagenturen[173] oder der EZB[174] hergestellt wird.

Art. 298 AEUV enthält somit zumindest den Auftrag an den europäischen Gesetzgeber, auch die Unabhängigkeit der EU-Behörden zu wahren. Dies kann jedoch auf vielfältige Weise erfolgen und muss nicht stets die Weisungsfreiheit nach sich ziehen. Es gilt auch im Verhältnis der EU-Organe zu den EU-Behörden, ein Verhältnis gesetzgeberisch zu etablieren, das die eigenständige Aufgabenerfüllung der Behörden zum Wohle der Union sichert. Zwingend müssen ausreichende Sicherungen bestehen, um Einflüsse der Mitgliedstaaten auf europäische Institutionen zu begrenzen. Nur auf diese Weise können die EU-Behörden ihre Legitimation gegenüber allen mitgliedstaatlichen Stellen sichern, da ansonsten der Eindruck entsteht, die Behörden agierten nicht zum Wohle der Union, sondern zum Wohle eines oder mehrerer Mitgliedstaaten.

Teil 2: Unabhängige Institutionen im deutschen Verfassungsrecht

Unabhängige Behörden sind auch für die deutsche Rechtsordnung keine Unbekannten.[175] Es geht im Folgenden darum, zu bestimmen, auf welche Weise das deutsche (Verfassungs-)Recht Grund, Grenzen und Einbindung unabhängiger Behörden regelt. Sofern deutsche Behörden durch unionsrechtliche Vorgaben zur Unabhängigkeit verpflichtet werden, bleibt dieser Aspekt in diesem Teil der Arbeit (noch) außen vor, da es lediglich um die Frage geht, welche Anforderungen die deutsche Rechtsordnung an unabhängige Behörden stellt, deren Rechtsgrundlage im deutschen Recht liegt.

Ebenso wie im Teil zu den Anforderungen an unabhängige Behörden im EU-Eigenverwaltungsrecht wird auch für das deutsche Recht anhand von Beispielen untersucht, welches Unabhängigkeitsregime im deutschen

---

173 *Chr. Görisch*, Demokratische Verwaltung, 2009, S. 374; *T. Groß*, JZ 2012, S. 1087 (1088); *E. Schmidt-Aßmann*, Verfassungsprinzipien, 2012, Rn. 61; *Chr. Ohler*, JZ 2014, S. 249 (250).

174 *J. A. Kämmerer/P. Starski*, ZG 28 (2013), S. 318 (329).

175 Zur Historie unabhängiger Behörden im deutschen Recht siehe *E. M. Frenzel*, Tradition, 2016, S. 45 (50 ff.).

Recht besteht. Dazu können nur Institutionen herangezogen werden, die für den in dieser Arbeit untersuchten Typus von Behörden übertragbare Voraussetzungen enthalten. Einrichtungen der funktionellen und der kommunalen Selbstverwaltung fallen nicht darunter, da sich deren Unabhängigkeit insbesondere mit dem körperschaftlichen Status begründet.[176]

Als Untersuchungsobjekte eignen sich die Deutsche Bundesbank, der Bundesrechnungshof, der öffentlich-rechtliche Rundfunk, öffentliche Forschungseinrichtungen, die Datenschutzaufsichtsbehörden und die Bundesnetzagentur. Weitere, in der Praxis mehr oder weniger unabhängig ausgestaltete Behörden bleiben unerwähnt, da sie neben den behandelten keinen weiteren Erkenntniswert zu liefern versprechen.[177] Es soll keine umfassende Untersuchung unabhängiger Verwaltungsbehörden im deutschen Recht erfolgen;[178] vielmehr sollen die verfassungsrechtlichen Anforderungen und die Begründungsmuster der unabhängigen Rechtsstellung herausgearbeitet werden.

A. Die Deutsche Bundesbank

Seit ihrer Gründung im Jahre 1957 ist die unabhängige Rechtsstellung der Deutschen Bundesbank einfachgesetzlich normiert.[179] Eine verfassungsrechtliche Absicherung besteht mittlerweile in Art. 88 GG über die Einbindung in das Europäische System der Zentralbanken.

---

176 Siehe für die funktionelle Selbstverwaltung *E. T. Emde*, Selbstverwaltung, 1991, S. 5 ff.; für die kommunale Selbstverwaltung *I. Gebhardt*, Selbstverwaltungsrecht, 2007, S. 23 ff.

177 Als mögliche weitere Beispiele können das Bundeskartellamt, die Bundesanstalt für Finanzdienstleistungsaufsicht, die Bundesprüfstelle für jugendgefährdende Medien, der Bundespersonalausschuss, der Bundesbeauftragte für die Unterlagen des Staatssicherheitsdienstes oder die Bundesstelle für Fluguntersuchungen dienen.

178 Eine sehr detaillierte Typologie findet sich bei *G. F. Schuppert*, Verwaltungseinheiten, 1981, S. 5 ff.

179 Mittlerweile in § 12 BBankG.

I. Gründe für die Unabhängigkeit

Die Unabhängigkeit der Deutschen Bundesbank dient als institutionelle Absicherung der Preisstabilität.[180] Auch nach Auffassung des Bundesverfassungsgerichts dient die Entkopplung dazu, „das Währungswesen dem Zugriff von Interessentengruppen und der an einer Wiederwahl interessierten politischen Mandatsträger zu entziehen“[181].

Dass die Unabhängigkeit der Bundesbank verfassungsrechtlich vorgesehen ist, wird in Art. 88 GG nicht sogleich deutlich. Dessen erster Satz, der bis zu den Anpassungen des Grundgesetzes an den Vertrag von Maastricht den alleinigen Gehalt der Norm bestimmte, lautet:

„Der Bund errichtet eine Währungs- und Notenbank als Bundesbank.“

Aus dieser Bestimmung wurde gefolgert, dass die Bundesbank unabhängig sein müsse, da nur eine unabhängige Rechtsstellung eine Währungs- und Notenbank schaffe, die dem verfassungsrechtlichen Ziel der Geldwertstabilität verpflichtet ist.[182] Es bedarf allerdings erheblicher, im Ergebnis wenig überzeugender[183] Interpretationsleistungen, um aus dieser Norm die Unabhängigkeit der Bundesbank abzuleiten. Deswegen versuchten andere Autoren die Währungsstabilität unter Verweis auf verfassungsrechtliche Prinzipien wie das Sozialstaatsprinzip[184], das Rechtsstaatsprinzip[185], das Gebot unionsrechtskonformer Auslegung des Art. 88 GG a. F.[186], das gesamtwirtschaftliche Gleichgewicht[187] oder ein „vorverfassungsmäßiges Gesamtbild“[188] zu begründen. Es wurde aber auch die Ansicht vertreten, dass das Grundgesetz zur Unabhängigkeit der Bundesbank

180 *C. P. Fichtmüller*, AöR 91 (1966), S. 297 (315); *K.-H. Ladeur*, Staatswissenschaften und Staatspraxis 1992, S. 486 (495 ff.); *H. J. Hahn/U. Häde*, Währungsrecht, 2010, § 20 Rn. 1.

181 *BVerfGE* 89, 155 (208) – Maastricht.

182 *D. Uhlenbruck*, Verfassungsmäßige Unabhängigkeit, 1968, S. 26 f.; *O. Lampe*, Bundesbank, 1971, S. 78 f.; *J. Oebbecke*, Verwaltung, 1986, S. 172; *M. Schmidt-Preuß*, DVBl. 1993, S. 236 (240).

183 *H. J. Hahn*, BayVBl. 1982, S. 33 (34 f.); *D. Coburger*, Währungspolitische Befugnisse, 1988, S. 33.

184 *G. Prost*, Bundesbank, 1968, S. 110 (118 f.).

185 *O. Pfleiderer*, Die Justiz 1957, S. 307 (312).

186 *F. Brosius-Gersdorf*, Bundesbank, 1997, S. 251 ff.

187 *K. Stern*, Staatsrecht, 1980, § 35 V 6 b; *J. Oebbecke*, Verwaltung, 1986, S. 172.

188 *C. A. Gaugenrieder*, Zentralnotenbank, 1961, S. 98.

gar keine Regelung enthalte,[189] sondern diese lediglich einfachgesetzlich festgeschrieben sei.

Letzteres Verständnis legte auch das Bundesverwaltungsgericht in einem Urteil aus dem Jahr 1973 an den Tag. Ausgehend von einer knappen historischen Abhandlung, nach der es kein „vorkonstitutionelles Gesamtbild einer unabhängigen Zentralnoten- und Währungsbank“[190] in Deutschland gebe, machte das Gericht deutlich, dass das Grundgesetz keine Pflicht zur unabhängigen Ausgestaltung der Bundesbank enthalte. Dies schließe aber nicht aus, dass die Bundesbank vom Gesetzgeber mit Unabhängigkeit ausgestattet wird.[191] Dabei müsse nur auf den Ausgleich mit dem Demokratieprinzip geachtet werden. Die Entkopplung der Bundesbank sei ausreichend mit dem demokratischen Prinzip ausbalanciert, wenn sachliche und persönliche Abhängigkeiten zwischen der Bundesbank und der Bundesregierung bestehen.[192] Dazu seien in sachlicher Hinsicht Kooperationspflichten, Auskunftsrechte der Bundesregierung, Beratungspflichten der Zentralbank, Zustimmungsrechte der Bundesregierung bei Satzungsänderungen der Bundesbank, die Wirtschaftsprüfung der Zentralbank durch den Rechnungshof sowie die parlamentarische Kontrolle der Normsetzung durch die Bundesbank zu zählen. Ferner könne in persönlicher Hinsicht die Ernennung der verantwortlichen Personen in den Organen der Bundesbank durch die Bundesregierung demokratische Legitimation sichern.

Erst durch eine Änderung des Grundgesetzes zum 25. Dezember 1992 wurde dem Art. 88 GG ein zweiter Satz hinzugefügt:

> *„Ihre Aufgaben und Befugnisse können im Rahmen der Europäischen Union der Europäischen Zentralbank übertragen werden, die unabhängig ist und dem vorrangigen Ziel der Sicherung der Preisstabilität verpflichtet.“*

Da in Art. 88 GG weiterhin an keiner Stelle eine „unabhängige Bundesbank“ erwähnt wird, könnte man annehmen, dass der eingefügte Satz an der verfassungsrechtlichen Beurteilung nichts geändert hat. Allerdings ist die Bundesrepublik Deutschland unionsrechtlich aus Art. 130 AEUV verpflichtet, eine nationale unabhängige Zentralbank vorzusehen. Die Be-

---

189 *K. von Bonin*, Zentralbanken, 1979, S. 162 ff.; *M. Jestaedt*, Kondominialverwaltung, 1993, S. 428 f.

190 *BVerwGE* 41, 334 (355) – Mindestreserven.

191 So auch große Teile der Literatur, siehe *K. Stern*, Staatsrecht, 1980, S. 494 ff.; *H. J. Hahn/U. Häde*, Währungsrecht, 2010, § 12 Rn. 23.

192 *BVerwGE* 41, 334 (357 f.) – Mindestreserven.

stimmungen in Art. 88 Satz 2 GG und in Art. 130 AEUV können dabei nicht getrennt voneinander betrachtet werden: Mit dem Begriff der Europäischen Zentralbank in Art. 88 Satz 2 GG wurde nicht nur die EZB als Institution erfasst, sondern das Europäische System der Zentralbanken als Ganzes.[193] Dies geben die Entstehungsgeschichte[194] sowie das Telos der Grundgesetznorm zu erkennen. Im Zuge des Maastricht-Vertrages sollte ein System unabhängiger Zentralbanken in den Mitgliedstaaten mit der EZB an ihrer Spitze errichtet werden. Dazu wurden Regelungen in den europäischen Verträgen und der deutschen Verfassung verankert. Es wäre widersprüchlich, wenn das Grundgesetz entgegen der im selben Zuge erlassenen europäischen Regelung nur einen Teil des Systems (die EZB) mit Unabhängigkeit ausstatten wollte.[195] Vielmehr sind das Gesamtsystem und mit ihm auch die Bundesbank umfasst. Es besteht eine „gemeinschaftsrechtlich vermittelte verfassungsrechtliche Unabhängigkeitsgarantie auch für die Bundesbank"[196]. Sofern die Unabhängigkeit der Bundesbank durch deutsche Staatsorgane verletzt wird, liegt hierin somit nicht nur ein Verstoß gegen Unions-, sondern auch gegen Verfassungsrecht.[197]

Die Unabhängigkeit der Bundesbank ist bislang nicht Gegenstand eines bundesverfassungsgerichtlichen Urteils gewesen, allerdings können die Aussagen, welche das Bundesverfassungsgericht bezüglich der EZB getroffen hat, durchaus übertragen werden. Im Maastricht-Urteil stellte das Gericht fest, dass die Weisungsfreiheit der EZB eine „Einschränkung der von den Wählern in den Mitgliedstaaten ausgehenden demokratischen Legitimation"[198] darstellt, also das Demokratieprinzip berührt ist. Es sieht die Weisungsfreiheit als eine mit Art. 79 Abs. 3 GG konforme Modifikation des Demokratieprinzips an, da hierdurch das in die Währung gesetzte

---

193 *J. A. Kämmerer*, in: von Münch/Kunig, Grundgesetz, 2012, Art. 88 GG Rn. 23.

194 Siehe hierzu *W. Heun*, in: Dreier, Grundgesetz, 2018, Art. 88 GG Rn. 30 mit dem Hinweis auf BT-Drs. 12/3896, S. 20.

195 *U. Häde*, in: Kahl/Waldhoff/Walter, Grundgesetz, 2012, Art. 88 GG Rn. 252.

196 *J. A. Kämmerer*, in: von Münch/Kunig, Grundgesetz, 2012, Art. 88 GG Rn. 30 m. w. N. in Fn. 160; so auch bei *K. Stern*, Notenbank, 1998, S. 141 (181); a. A. aber wohl: *D. Janzen*, Artikel 88, 1996, S. 174 ff.; *Chr. Herrmann*, Währungshoheit, 2010, S. 182.

197 *U. Häde*, in: Kahl/Waldhoff/Walter, Grundgesetz, 2012, Art. 88 GG Rn. 253; auch von einer „mittelbaren verfassungsrechtlichen Garantie" wird gesprochen, siehe *W. Heun*, in: Dreier, Grundgesetz, 2018, Art. 88 GG Rn. 23 m.w.N.

198 *BVerfGE* 89, 155 (208) – Maastricht.

„Einlösungsvertrauen"[199] gesichert werde.[200] Auf diese Argumentation stützte sich das Bundesverfassungsgericht auch in der OMT-Entscheidung.[201] Demnach ist die Modifikation des Demokratieprinzips aus sachlichen Gründen für die Zentralbank zulässig.[202] Diese Argumentation lässt sich auf die Deutsche Bundesbank übertragen.

II. Aufsicht, Weisung und gerichtlicher Rechtsschutz

Die Bundesbank ist gemäß § 12 Satz 1 BBankG frei von Weisungen und weder der Fach- noch der Dienstaufsicht unterstellt (§ 31 Abs. 2 BBankG). Ob sie vor der Einbindung in das ESZB der Rechtsaufsicht unterstellt war, wurde unterschiedlich bewertet.[203] Gerichtliche Entscheidungen gab es hierzu nie. Die Gesetzesmaterialien sprechen dafür, dass der Gesetzgeber von der Rechtsaufsicht durch die Bundesregierung ausging.[204]

Seit dem Vertrag von Lissabon besteht die absolute Weisungsfreiheit der Bundesbank durch Art. 130 AEUV. Verboten ist nicht nur die Erteilung einer Weisung, sondern bereits deren Versuch[205] und jede Form der Einflussnahme, die rechtlich bindend sein soll.[206] Bloße Ratschläge oder Empfehlungen fallen nicht unter das Beeinflussungsverbot. Da bereits der Versuch der Beeinflussung gegen das Unionsrecht verstößt, ist die Rechts-

---

199 *BVerfGE* 89, 155 (208) – Maastricht.

200 Zustimmung zur Konstruktion der Modifikation des Demokratieprinzips bezüglich der EZB bei *H. Sodan*, NJW 1999, S. 1521 (1522); teilweise wird diese Konstruktion aber für dogmatisch nicht überzeugend gehalten, so bei *D. Janzen*, Artikel 88, 1996, S. 89 ff.

201 *BVerfGE* 142, 123 (220 f.), Rn. 189 – OMT; das Bundesverfassungsgericht betonte aber zugleich die aus dieser Konstruktion folgende restriktive Auslegung des währungspolitischen Mandats.

202 Ähnliche Argumentation bezüglich der Modifikation der Grundsätze durch sachliche Gründe in *BVerfGE* 30, 1 (24) – Abhörurteil; 84, 90 (121) – Bodenreform I.

203 Für die Annahme einer Rechtsaufsicht *K. Irrgang*, Rechtsnatur, 1969, S. 97; *O. Lampe*, Bundesbank, 1971, S. 76 f.; a. A.: *C.-T. Samm*, Bundesbank, 1967, S. 31 f. und S. 180; *D. Uhlenbruck*, Verfassungsmäßige Unabhängigkeit, 1968, S. 67; *E. Klein*, Problematik, 1974, S. 116 f.

204 Siehe die Nachweise bei *O. Lampe*, Bundesbank, 1971, S. 77.

205 *H. J. Hahn/U. Häde*, Währungsrecht, 2010, § 20 Rn. 40 f.

206 *U. Häde*, in: Calliess/Ruffert, EUV/AEUV mit Europäischer Grundrechtecharta, 2016, Art. 130 AEUV Rn. 14.

aufsicht über die Bundesbank aufgrund der verfassungsrechtlich-unionsrechtlichen Konstruktion unzulässig.[207]

Rechtsschutz gegen Maßnahmen der Bundesbank bestehen im deutschen Recht vor den jeweiligen Fachgerichten. Ob ein Organstreitverfahren zulässig ist, wurde bislang gerichtlich noch nicht geklärt.[208] Die Bundesbank kann aber vom Rat der Gouverneure der EZB vor dem EuGH verklagt werden (Art. 271 lit. d) AEUV, Art. 35.6 ESZB-Satzung). Es bestehen also trotz der Unabhängigkeit verschiedene Formen des Rechtsschutzes gegen Maßnahmen der Deutschen Bundesbank.

B. Der Bundesrechnungshof

Die Mitglieder des seit 1950 bestehenden Bundesrechnungshofs verfügen ausweislich des Art. 114 Abs. 2 GG[209] über die richterliche Unabhängigkeit. Der Rechnungshof ist aber kein Gericht, sondern Bestandteil der Exekutive.[210]

I. Gründe für die Unabhängigkeit

Als oberste Bundesbehörde besteht die Aufgabe des Bundesrechnungshofs in der sachspezifischen Kontrolle staatlichen Finanzverhaltens.[211] Die richterliche Unabhängigkeit seiner Mitglieder wird damit begründet, dass Kontrollierte und Kontrollinstanz nicht identisch sein dürften, um eine ausgewogene und effektive Finanzkontrolle zu ermöglichen.[212] Dies diene

---

207 *J. Siebelt*, Verhaltensspielraum, 1988, S. 157; *T. Groß*, Kollegialprinzip, 1999, S. 248.

208 Zu dieser Frage mit weiteren Literaturnachweisen *M. Herdegen*, in: Maunz/Dürig, Grundgesetz, 2010, Art. 88 GG Rn. 70 f.

209 Die einfachgesetzliche Entsprechung findet sich in § 3 Abs. 4 Satz 1 BRHG.

210 Die Einordnung in die klassische Dreiteilung der Gewalten ist aber nicht unumstritten; teilweise wird davon ausgegangen, dass der Rechnungshof einer „vierten Gewalt" zuzurechnen ist; so grenzt *E. R. Huber*, Rechnungsprüfung, 1958, S. 331 (341), den Bundesrechnungshof als „prüfende Gewalt" von den anderen Staatsgewalten ab.

211 *J. Wieland*, Finanzkontrollen, 2001, S. 59 ff.; *T. Groß*, VerwArch 95 (2004), S. 194 (202).

212 *H.-E. Folz/R. Herrmann*, JZ 1973, S. 769 (770); *K. Wittrock*, DVBl. 1984, S. 823 (824); *H. Blasius*, JZ 1990, S. 954; *H. Miß*, Abschlussprüfer, 2006, S. 45 f.

der Realisierung haushälterischer Gesichtspunkte (Art. 114 Abs. 2 Satz 1 GG; § 7 BHO), die im politischen Prozess eine eher untergeordnete Rolle spielen können.[213] Dies mache die gewaltenteilende Funktion des Bundesrechnungshofs deutlich.[214]

Wirkungsvolle Finanzkontrolle liege zudem im Interesse eines jeden Bürgers, der diese Form der Kontrolle selbst faktisch und rechtlich nicht ausführen kann.[215] Der Bundesrechnungshof vertrete deshalb auch individuelle Interessen. Hier zeige sich eine demokratietheoretische Rechtfertigungsdimension der Unabhängigkeit.[216] Diese sei erforderlich, um die Glaubwürdigkeit des Bundesrechnungshofs in seine Arbeit zu erhöhen.[217] Die demokratische Dimension der unabhängigen Aufgabenerfüllung durch den Bundesrechnungshof zeige sich auch daran, dass auf Grundlage der Prüfungen des Bundesrechnungshofs Entlastungsverfahren für politische Entscheidungsträger erfolgten.[218]

Die Unabhängigkeit der Mitglieder des Bundesrechnungshofs war stets auf Ebene des Verfassungsrechts festgelegt. Dies wird als „Lebenselixier“[219] oder – in juristischer Wendung – als „conditio sine qua non der Wirkungskraft jeder Finanzkontrolle“[220] bezeichnet. Die unabhängige Rechtsstellung folgt aus Art. 114 Abs. 2 GG, nicht aber aus der Unabhängigkeit der Judikative (Art. 97 GG), auch wenn den Mitgliedern die richterliche Unabhängigkeit verliehen wird.

Die Mitglieder des Bundesrechnungshofs sind keine Richter i.S.d. Art. 97 GG,[221] sondern verfügen nur über eine vergleichbar unabhängige Stellung wie Richter.[222] Der Bundesrechnungshof ist weder besonders eng an das Parlament noch an die Judikative angelehnt. Zur Einordnung als

---

213 *H. H. von Arnim*, Finanzkontrolle, 1989, S. 39 (47 ff.); *U. Müller*, DVBl. 1994, S. 1276 (1277 f.).

214 *H. Blasius*, JZ 1990, S. 954 (957); *H. Miß*, Abschlussprüfer, 2006, S. 25.

215 *U. Müller*, DVBl. 1994, S. 1276 (1277); *H. Schulze-Fielitz*, VVDStRL 55 (1996), S. 231 (234).

216 *P. Bergel*, Rechnungshöfe, 2010, S. 42 f.

217 *U. Müller*, DVBl. 1994, S. 1276 (1277); *H. Miß*, Abschlussprüfer, 2006, S. 46.

218 *K. Wittrock*, DVBl. 1984, S. 823 (824); *C. D. Classen*, Offener Rechtsstaat, 2009, S. 58.

219 *K. Stern*, DÖV 1990, S. 261 (263).

220 *F. von Pfuhlenstein*, Generalrechenkammer, 1964, S. 7 (8).

221 *U. Hockenbrink*, DÖV 1991, S. 50 (51); *S. Bajohr*, VerwArch 91 (2000), S. 507 (519).

222 *W. Klappstein*, DV 2000, Beiheft 3, S. 25 (35); anders aber wohl *M. Heintzen*, in: von Münch/Kunig, Grundgesetz, 2012, Art. 114 GG Rn. 18.

Rechtsprechungsorgan fehlen dem Bundesrechnungshof Entscheidungskompetenzen. Er legt außerdem andere Maßstäbe als lediglich die Rechtmäßigkeit einer Maßnahme an.[223] Die Einordnung als parlamentarisches Hilfsorgan ist nicht überzeugend, da der Bundesrechnungshof im modernen Parteienstaat keine effektive Kontrolle über die Exekutive ausüben könnte, wenn er bloß als Hilfsorgan des Parlaments eingerichtet wäre.[224] Der Rechnungshof übt vielmehr eine Doppelrolle als verwaltungsinternes und als parlamentarisches Kontrollorgan aus.[225] Dies entspricht der Einordnung seines europäischen Pendants – des Europäischen Rechnungshofes.

II. Aufsicht, Weisung und gerichtlicher Rechtsschutz

Die Mitglieder des Bundesrechnungshofs genießen die sachliche und persönliche Unabhängigkeit. Dabei sind die Unabsetzbarkeit und Unversetzbarkeit der Mitglieder Ausfluss der persönlichen Unabhängigkeit.[226] Sachliche Unabhängigkeit meint die Weisungsfreiheit.[227]

Jegliche Form der Aufsicht oder der Weisung ist mit der Garantie richterlicher Unabhängigkeit für die Mitglieder des Bundesrechnungshofs unvereinbar.[228] Die Weisungsfreiheit gilt extern, d.h. gegenüber Institutionen außerhalb des Bundesrechnungshofs, aber auch intern, d.h. insbesondere gegenüber dem Präsidenten des Bundesrechnungshofs.[229] Die externe Weisungsfreiheit verhindert auch, dass der Bundesrechnungshof Prüfungs- und Beratungsaufforderungen der Verwaltung oder des Parlaments nachkommen muss.[230] Da die Dienstaufsicht nach Auffassung des Bundesverfassungsgerichts die richterliche Unabhängigkeit nicht grundsätzlich ver-

---

223 *BayVerfGH*, DÖV 1968, S. 656 – Rechnungshof als Behörde; ebenso *K. Grupp*, Rechnungshöfe, 1972, S. 152 ff.; *S. Tiemann*, Finanzkontrolle, 1974, S. 298 ff.

224 *H. Miß*, Abschlussprüfer, 2006, S. 23 m. w. N.

225 *W. Hoffmann-Riem*, DÖV 1999, S. 221 (224).

226 *H. Siekmann*, in: Sachs, Grundgesetz, 2018, Art. 114 GG Rn. 36.

227 *M. Heintzen*, in: von Münch/Kunig, Grundgesetz, 2012, Art. 114 GG Rn. 15 und 18.

228 *A. Fuchs*, Kontrolle, 1966, S. 85; *K. Wittrock*, DVBl. 1984, S. 823 (824).

229 *H. Miß*, Abschlussprüfer, 2006, S. 48 ff. m. w. N.

230 *E. R. Huber*, Rechnungsprüfung, 1958, S. 331 (341); *S. Bajohr*, VerwArch 91 (2000), S. 507 (519 f.).

letzt,[231] ist zumindest eine solche Aufsicht rechtlich zulässig. Hierfür spricht auch, dass die Regelungen für Richter über Disziplinarmaßnahmen entsprechend Anwendung finden (§ 3 Abs. 4 Satz 2 BRHG) und die Zuständigkeit des Dienstgerichts des Bundes festgeschrieben ist (§ 18 BRHG).

Dass nur die persönliche Unabhängigkeit der Mitglieder des Bundesrechnungshofs und nicht die Unabhängigkeit des Bundesrechnungshofs an sich festgelegt ist, hat Konsequenzen für die Organisation und die Aufgabenerfüllung, auch wenn die institutionelle Unabhängigkeit mittelbar aus der richterlichen Unabhängigkeit folgt.[232] Dies zeigt sich bei der Binnenorganisation: Die Festlegung der persönlichen Unabhängigkeit verlangt, dass der Bundesrechnungshof nach den Prinzipien der Gleichberechtigung und Kollegialität seiner Mitglieder aufzubauen ist.[233]

Gegen Maßnahmen des Bundesrechnungshofs steht der Weg zu den Verwaltungsgerichten offen.[234] Dies zeigte sich in Fällen, in denen durch die Öffentlichkeitsarbeit des Bundesrechnungshofs in die Rechte Einzelner eingegriffen wurde.[235]

C. Der öffentlich-rechtliche Rundfunk und die öffentlichen Forschungseinrichtungen

Der öffentlich-rechtliche Rundfunk und die öffentlichen Forschungseinrichtungen sind nach der Rechtsprechung des Bundesverfassungsgerichts aufgrund verfassungsrechtlicher Bestimmungen von anderen hoheitlichen Institutionen zu entkoppeln. Da die Gründe und die verfassungsrechtliche Rechtfertigung in beiden Fällen ähnlich sind, werden sie gemeinsam dargestellt.

---

231 *BVerfGE* 38, 139 (151 f.) – Bayerische Arbeitsgerichtsverordnung.

232 *S.-Ch. Yi*, Moderne Finanzkontrolle, 1987, S. 106 ff.; *H. Schulze-Fielitz*, VVDStRL 55 (1996), S. 231 (237 f.); *H. Miß*, Abschlussprüfer, 2006, S. 47 und S. 52 ff.

233 *K. Wittrock*, DVBl. 1984, S. 823 (825); *P. Bergel*, Rechnungshöfe, 2010, S. 21.

234 *BVerfGE* 74, 69 (75 f.) – Subsidiarität der Gesetzesverfassungsbeschwerde; *W. Krebs*, VerwArch 71 (1980), S. 77 ff.; *H. Siekmann*, in: Sachs, Grundgesetz, 2018, Art. 114 GG Rn. 49.

235 Siehe *HessVGH*, NVwZ-RR 1994, S. 511 (514) – Landesrechnungshof Hessen; *J. Wieland*, DVBl. 1995, S. 894 ff.

I. Gründe für die Unabhängigkeit

Die Entkopplung des öffentlich-rechtlichen Rundfunks und der öffentlichen Forschungseinrichtungen kann nur vor dem Hintergrund der vom Bundesverfassungsgericht entwickelten Grundrechtstheorie nachvollzogen werden. Im Grundgesetz sind die Grundrechte zunächst als Abwehrrechte des Einzelnen gegen staatliche Eingriffe in den jeweiligen Schutzbereich konstruiert. Dass die Grundrechte der deutschen Verfassung nicht nur auf die Abwehrdimension beschränkt sind, sondern auch objektiv-rechtliche Schutzgehalte aufweisen, hat das Bundesverfassungsgericht in einer Vielzahl von Entscheidungen entwickelt.[236] In ihrer objektiv-rechtlichen Dimension fordern Grundrechte vom Staat bestimmte Sicherungen, teilweise sogar Leistungen.[237] Auf diese Weise werden aus Grundrechten Anforderungen an Organisation und Verfahren abgeleitet, die der Vermeidung individueller Grundrechtsverletzungen dienen sollen.[238]

Grundrechte sind in all ihren Dimensionen zunächst nur auf das Verhältnis Individuum-Staat zugeschnitten. Die Interdependenzen zwischen hoheitlichen Stellen – das staatsinterne System – unterfallen deshalb grundsätzlich nicht dem Anwendungsbereich der Grundrechte. Art. 19 Abs. 3 GG ermöglicht es zwar inländischen juristischen Personen, sich auf Grundrechte zu berufen, jedoch nur, „soweit sie ihrem Wesen nach auf diese anwendbar sind". Dies betrifft nur juristische Personen des Privatrechts,[239] wohingegen sich juristische Personen des öffentlichen Rechts grundsätzlich nicht auf Grundrechte berufen können (sog. Konfusionsargument).[240] Ferner werden Hoheitsträger auf Grundlage staatlicher Kompetenzzuschreibungen tätig, so dass ihnen der Rückgriff auf individuelle Freiheitspositionen verwehrt ist.[241]

Das Bundesverfassungsgericht hat jedoch anerkannt, dass Art. 19 Abs. 3 GG ausnahmsweise auf juristische Personen des öffentlichen

---

236 Grundlegend: *BVerfGE* 7, 198 (205) – Lüth.

237 *V. Epping*, Grundrechte, 2019, Rn. 11 f.

238 *K. Hesse*, EuGRZ 1978, S. 427 (434 ff.); *H. Bethge*, NJW 1982, S. 1 (2 ff.); *T. Groß*, Kollegialprinzip, 1999, S. 209 ff.; *E. Denninger*, Grundrechtsausübung, 2000, § 113 Rn. 5 ff., 19 ff., 29 ff.

239 *BVerfGE* 75, 192 (196) – Sparkassen.

240 *BVerfGE* 21, 362 (369 ff.) – Sozialversicherungsträger; 85, 360 (384 f.) – Akademie-Auflösung; ausführlich hierzu *H. Bethge*, Grundrechtsberechtigung, 1985.

241 Siehe zur Unterscheidung zwischen Kompetenzen und Freiheitsrechten *BVerfGE* 61, 82 (101) – Sasbach; 68, 193 (206) – Zahntechniker-Innungen.

Rechts anwendbar ist,[242] und zwar für öffentlich-rechtliche Rundfunkanstalten und öffentliche Forschungseinrichtungen.

1) Öffentlich-rechtlicher Rundfunk

Die öffentlich-rechtlichen Rundfunkanstalten gehören neben den privaten Rundfunkveranstaltern zu den Trägern des Grundrechts auf Rundfunkfreiheit aus Art. 5 Abs. 1 Satz 2 Var. 2 GG.[243] Ausnahmsweise könnten sich öffentlich-rechtliche Rundfunkanstalten auf den Schutz durch Grundrechte berufen, weil sie „unmittelbar dem durch die Grundrechte geschützten Lebensbereich zuzuordnen“[244] seien. Dies verlange eine gewisse Distanz zu staatlichen Stellen. Zweck der Distanzierung sei es, die Pluralität im Rundfunkprogramm und damit die öffentliche Meinungsbildung zu sichern.[245] Es wird die gesellschaftliche Funktion des öffentlichen Rundfunks als Mittler zwischen öffentlicher und individueller Meinungsbildung betont, mit der einseitige Einflussnahmen nicht vereinbar seien.[246]

Öffentliche Rundfunkanstalten können sich gegenüber der Exekutive,[247] dem Gesetzgeber[248] und sogar den politischen Parteien auf ihre Grundrechte berufen.[249] Stets bleibt die Unabhängigkeit wegen des

---

242 Siehe hierzu nur *H. D. Jarass*, AöR 110 (1985), S. 363 ff.

243 *BVerfGE* 31, 314 (321 f.) – 2. Rundfunkentscheidung; 97, 298 (310) – extra-radio.

244 *BVerfGE* 21, 362 (373) – Sozialversicherungsträger; 59, 231 (254) – Freie Mitarbeiter.

245 *BVerfGE* 136, 9 (28 f.) – ZDF; bereits zuvor ständige Rechtsprechung in *BVerfGE* 57, 295 (320 und 325) – 3. Rundfunkentscheidung; 121, 30 (51) – Parteibeteiligung an Rundfunkunternehmen; siehe auch die Rechtsprechungsanalyse bei *H. Gersdorf*, Staatsfreiheit, 1991, S. 22 ff., und die Zusammenfassung auf S. 49.

246 *BVerfGE* 136, 9 (30 f.) – ZDF.

247 *BVerfGE* 73, 118 (182) – 4. Rundfunkentscheidung; *H. D. Jarass*, Freiheit des Rundfunks, 1981, S. 39; *C. Hahn*, Aufsicht, 2010, S. 175.

248 *BVerfGE* 90, 60 (89) – 8. Rundfunkentscheidung; *C. Hahn*, Aufsicht, 2010, S. 169 und S. 175 f.

249 *BVerfGE* 73, 118 (165) – 4. Rundfunkentscheidung; 121, 30 (53 ff.) – Parteibeteiligung an Rundfunkunternehmen; Zustimmung bei *D. Schuster*, Meinungsvielfalt, 1990, S. 148; *M. Knothe*, Rundfunkstaatsvertrag, 2000, S. 105 f.; a. A.: *E. Wufka*, Rundfunkfreiheit, 1971, S. 97; *H. Gersdorf*, Staatsfreiheit, 1991, S. 106 ff.

Grundrechtsbezugs jedoch auf den Programmbereich begrenzt.[250] Bei der einfachgesetzlichen Ausgestaltung der Unabhängigkeit steht dem Gesetzgeber ein weiter Einschätzungsspielraum zu,[251] solange die verfassungsrechtlichen Grenzen gewahrt werden.[252] Ähnliches gilt für die Landesmedienanstalten, die gegenüber privaten Rundfunkanbietern die Aufsicht ausüben.[253]

Teilweise findet sich als Begründung für die Distanzierung auch der Verweis auf das Demokratieprinzip.[254] Demokratie bedürfe der Meinungsäußerung derjenigen, die an politischen Auseinandersetzungen Interesse haben, sowie der Kenntnisnahme durch andere. Bei derart verbreiteten Medien wie dem Rundfunk bedürfe es deshalb einer organisationsrechtlichen Steuerung, um ein pluralistisches Meinungsbild zu gewährleisten, das eine umfassende Meinungsbildung, aber eben auch eine umfassende Präsentation der politischen und gesellschaftlichen Positionen gewährleistet. Die demokratische Dimension der Rundfunkfreiheit ist allerdings bereits im Grundrecht selbst angelegt. Die Rundfunkfreiheit gehört neben der Meinungs- und der Versammlungsfreiheit zu den demokratisch bedeutsamsten Grundrechten. Der Verweis auf das in Art. 20 Abs. 2 GG niedergelegte Demokratieprinzip vermag deshalb der verfassungsrechtlichen Beurteilung kein zusätzliches Gewicht zu verleihen.

Anders ist dies, wenn die Distanzierung mit dem Gewaltenteilungsprinzip gerechtfertigt wird.[255] Dies setzt aber die Prämisse voraus, dass trotz der bestehenden gegenseitigen Hemmung und Kontrolle der drei Staatsgewalten die staatsrechtliche Struktur zulässt, dass die Gubernative und die sie parlamentarisch unterstützenden Fraktionen im Parlament eine herausgehobene Machtposition einnehmen. Diese Machtposition führe zu einem Ungleichgewicht, dem ein unabhängiger Rundfunk entgegentreten könne, indem er beispielsweise der parlamentarischen Opposition ein Forum bie-

---

250 *H. D. Jarass*, Freiheit des Rundfunks, 1981, S. 198 ff.; *H. Gersdorf*, Staatsfreiheit, 1991, S. 52 f. m. w. N. in Fn. 116.

251 *BVerfGE* 83, 238 (296) – 6. Rundfunkentscheidung; 97, 228 (267) – Kurzberichterstattung.

252 So auch *W. Hoffmann-Riem*, Rundfunkaufsicht, 1995, S. 22.

253 Siehe hierzu ausführlich bei *U. Bumke*, Landesmedienanstalten, 1995, S. 9 ff.

254 *E. Wufka*, Rundfunkfreiheit, 1971, S. 116 f.; *Chr. Starck*, Rundfunkgremien, 1973, S. 17; *H. D. Jarass*, Freiheit des Rundfunks, 1981, S. 16 f.; *C.-E. Eberle*, Rundfunkübertragung, 1989, S. 95.

255 *W. A. Kewenig*, Rundfunkfreiheit, 1978, S. 62 ff.; die Kontrollfunktion hebt *K. Waechter*, Legitimation, 1994, S. 113 f., ebenfalls hervor.

ten kann, um politische Kontrolle auszuüben. Sie sind in diesem Verständnis „Vertreter der Öffentlichkeit im Parlament"[256]. Dies betont der Richter am Bundesverfassungsgericht *Andreas L. Paulus* in einem Sondervotum zum ZDF-Urteil: Der Rundfunk habe eine besondere Bedeutung bei der Kontrolle der Politik in einem demokratischen und gewaltenteiligen Staat. Daraus ergibt sich ein bedeutender Unterschied zur grundrechtlichen Rechtfertigung: Rundfunkgremien dürfen gar nicht mit Personen besetzt sein oder von diesen beeinflusst werden, deren Kontrolle sie ermöglichen sollen.[257] Gremien des öffentlich-rechtlichen Rundfunks sind danach vollständig von staatlichen oder staatsnahen Personen frei zu halten.

2) Öffentliche Forschungseinrichtungen

Das Bundesverfassungsgericht hat in mittlerweile ständiger Rechtsprechung entschieden, dass sich öffentliche Forschungseinrichtungen auf die Wissenschaftsfreiheit gemäß Art. 5 Abs. 3 Satz 1 GG berufen können.[258] Es wird deshalb auch als das „Grundrecht der deutschen Universität"[259] bezeichnet. Nicht nur den dort forschenden Wissenschaftlern, insbesondere den Hochschullehrern – die sich bisweilen als „geborene Rechtssubjekte der Wissenschaftsfreiheit"[260] bezeichnen – steht dieses Grundrecht zu,[261] sondern auch juristischen Personen des öffentlichen Rechts, die Wissenschaft betreiben.[262] Dies erfasst primär die staatlichen Hochschulen[263] und ihre Teiluntergliederungen.[264]

---

256 *H. D. Jarass*, Freiheit des Rundfunks, 1981, S. 41.

257 *BVerfGE* 136, 9 (67) – ZDF.

258 *BVerfGE* 15, 256 (261 f.) – Universitäre Selbstverwaltung; 127, 87 (114) – Hamburgisches Hochschulgesetz; 136, 338 (362) – Hochschulmedizin Hannover; ebenso bei *J. Isensee*, Der Staat 20 (1981), S. 161 (169).

259 *R. Smend*, VVDStRL 4 (1928), S. 44 ff.

260 *H. Bethge*, in: Sachs, Grundgesetz, 2018, Art. 5 GG Rn. 207.

261 *BVerfGE* 111, 226 (264) – Juniorprofessur; 111, 333 (351) – Brandenburgisches Hochschulgesetz; 126, 1 (19) – Fachhochschullehrer.

262 *BVerfGE* 21, 362 (373 f.) – Sozialversicherungsträger; 31, 314 (322) – 2. Rundfunkentscheidung; Zustimmung bei *U. Mager*, Forschung und Lehre, 2009, Rn. 18.

263 *BVerfGE* 111, 226 (264) – Juniorprofessur.

264 Für Fakultäten siehe *BVerfGE* 15, 256 (262) – Universitäre Selbstverwaltung; für Fachbereiche siehe *BVerfGE* 93, 85 (93) – Universitätsgesetz NRW; 111, 333 (352) – Brandenburgisches Hochschulgesetz.

Ebenso wie für den öffentlich-rechtlichen Rundfunk beruht die rechtsdogmatische Konstruktion auf dem Verständnis von Grundrechten als objektiver Werteordnung.[265] Aus der Wissenschaftsfreiheit leite sich die „Idee einer freien Wissenschaft"[266] ab, die dem Wohl eines jeden Einzelnen und der Gesellschaft insgesamt diene.[267] Der Staat müsse deshalb auch institutionell sicherstellen, dass ein „von Fremdbestimmung freier Bereich autonomer Verantwortung"[268] der Wissenschaft bestehe. Dies folge daraus, dass das Wissenschaftssystem und die politischen Zweckmäßigkeitsüberlegungen nicht immer kongruent seien und die Gefahr wissenschaftsinadäquater Entscheidungen bestehe.[269] Deshalb befänden sich öffentliche Forschungseinrichtungen in der gleichen grundrechtstypischen Gefährdungslage wie juristische Personen des Privatrechts.[270]

II. Aufsicht, Weisung und gerichtlicher Rechtsschutz

Dass sich öffentlich-rechtliche Rundfunkanstalten und öffentliche Forschungseinrichtungen auf Grundrechte berufen können, ermöglicht ihnen nicht nur, gegen Maßnahmen anderer hoheitlicher Stellen vorgehen zu können,[271] sondern ihnen stehen zudem institutionelle Sicherungen zu, die der Distanzierung dienen.

1) Öffentlich-rechtlicher Rundfunk

Nach Auffassung des Bundesverfassungsgerichts sind öffentlich-rechtliche Rundfunkanstalten aus der staatlich-repräsentativen Willensbildung

---

265 *BVerfGE* 35, 79 (112) – Hochschul-Urteil; 111, 333 (353) – Brandenburgisches Hochschulgesetz.
266 *BVerfGE* 111, 333 (353) – Brandenburgisches Hochschulgesetz.
267 *BVerfGE* 47, 327 (370) – Hessisches Universitätsgesetz.
268 *BVerfGE* 111, 333 (354) – Brandenburgisches Hochschulgesetz; 90, 1 (12) – Jugendgefährdende Schriften.
269 *BVerfGE* 111, 333 (354) – Brandenburgisches Hochschulgesetz.
270 Ähnlich *H.-H. Trute*, Forschung, 1994, S. 358 ff.
271 Für die Hochschulen siehe *BVerfGE* 15, 256 (262) – Universitäre Selbstverwaltung; für den öffentlich-rechtlichen Rundfunk siehe *BVerfGE* 107, 299 (310) – Verbindungsdaten der Telekommunikation.

„herauszulösen“[272], um eine politische – insbesondere eine parteipolitische – Instrumentalisierung zu verhindern,[273] indem institutionelle und verfahrensmäßige Vorkehrungen getroffen werden.[274] Staatliche oder staatsnahe Personen wie Parteimitglieder dürften demnach keinen bestimmenden Einfluss auf die Programmgestaltung des öffentlich-rechtlichen Rundfunks erhalten. Zwar dürften diese in Gremien einer öffentlich-rechtlichen Rundfunkanstalt vertreten sein,[275] da auch sie Belange des Gemeinwohls einbrächten, allerdings sei ihre Zahl zu beschränken.[276] Dabei müsse es nicht erst zu einer tatsächlichen Einflussnahme kommen, sondern das Bundesverfassungsgericht erachtet es bereits für ausreichend, wenn die Möglichkeit einer Instrumentalisierung besteht.[277]

Bezüglich der Aufsicht über Rundfunkanstalten folge aus dem Grundrecht der Rundfunkfreiheit, dass (1) Mitglieder der Exekutive keinen Einfluss auf die Auswahl der staatsfernen Mitglieder haben dürfen,[278] dass (2) Inkompatibilitätsregeln auf persönlicher Ebene die Staatsferne sicherstellen müssen,[279] dass (3) die Eigenständigkeit der staatsfernen Mitglieder gewährleistet ist[280] und dass (4) Transparenzregeln die Staatsferne praktisch wirksam machen.[281] Dies bedeute, dass staatsferne Mitglieder der Rundfunkgremien nicht in herausgehobener Stellung für eine Partei tätig sein dürften,[282] weisungsfrei[283] zu stellen seien und nur aus wichtigem Grund abberufen werden könnten.[284]

---

272 *BVerfGE* 136, 9 (35) – ZDF.

273 *BVerfGE* 121, 30 (53) – Parteibeteiligung an Rundfunkunternehmen.

274 *BVerfGE* 73, 118 (182 ff.) – 4. Rundfunkentscheidung.

275 *BVerfGE* 12, 205 (263) – 1. Rundfunkentscheidung; 83, 238 (330) – 6. Rundfunkentscheidung.

276 In diesem Sinne schon *W. Hoffmann-Riem*, in: Stein/Denninger/ders./Schneider, Alternativkommentar, 2001, Art. 5 Abs. 1, 2 GG Rn. 212.

277 *BVerfGE* 136, 9 (36) – ZDF.

278 *BVerfGE* 136, 9 (43 ff.) – ZDF.

279 *BVerfGE* 136, 9 (46 ff.) – ZDF.

280 *BVerfGE* 136, 9 (49) – ZDF.

281 *BVerfGE* 136, 9 (49 f.) – ZDF.

282 *BVerfGE* 136, 9 (48) – ZDF.

283 *BVerfGE* 60, 53 (66) – Rundfunkrat; 83, 238 (332 f. und 335) – 6. Rundfunkentscheidung; 136, 9 (49) – ZDF.

284 *BVerfGE* 136, 9 (49) – ZDF.

Grundsätzlich ist damit ein Eingriff durch Aufsichtsrechte ausgeschlossen. Die Fachaufsicht ist verfassungsrechtlich unzulässig.[285] Allerdings wird eine begrenzte Steuerung durch Aufsichtsmittel für zulässig gehalten, da die Rundfunkanstalten verpflichtet sind, die einfachgesetzlichen Programmgrundsätze zu beachten,[286] auch wenn dies in der Anwendung eher einer bloßen Evidenzkontrolle[287] gleichkommt. Die Notwendigkeit der Rechtsaufsicht wird aus dem Demokratie- und dem Rechtsstaatsprinzip abgeleitet und speziell bei der Rundfunkfreiheit unter Verweis auf die gesetzlichen Grenzen aus Art. 5 Abs. 2 GG gefordert.[288]

Gegen Handlungen öffentlich-rechtlicher Rundfunkanbieter steht jedem Betroffenen Rechtsschutz zu. Dies verlangt Art. 19 Abs. 4 GG. Dies ist beispielsweise für Ansprüche aufgrund einer Verletzung des Persönlichkeitsrechts von Bedeutung.[289]

2) Öffentliche Forschungseinrichtungen

Für die öffentlichen Forschungseinrichtungen ergibt sich aus der grundrechtlichen Verpflichtung zur Staatsferne insbesondere die Autonomie der Hochschulen. Im Gegensatz zur persönlichen Unabhängigkeit der Wissenschaftler ist die Unabhängigkeit der wissenschaftlichen Institution selbst

---

285 *E. Wufka*, Rundfunkfreiheit, 1971, S. 129; a. A.: *F. Ossenbühl*, Programmnormen, 1981, S. 1 (19 f.).

286 *BVerfGE* 83, 238 (322) – 6. Rundfunkentscheidung; *BVerwGE* 54, 29 (36) – NDR-Staatsvertrag; siehe auch *W. Hoffmann-Riem*, RuF 1978, S. 111 (125); *U. Bumke*, Landesmedienanstalten, 1995, S. 248; *U. Di Fabio*, BayVBl. 1999, S. 449 (451); andere Ansicht aber bei *E. Wufka*, Rundfunkfreiheit, 1971, S. 111 und S. 123, der die Rechtsaufsicht nicht als „Gesetzesaufsicht" verstanden wissen will, denn jeder Norm wohne ein Interpretationsspielraum inne, der „politische" Einflüsse ermögliche. Entscheidend sei daher, wer die Aufsicht durchführt. Wenn dies – wie bei der Rechtsaufsicht – die Exekutive ist, könne sie im Hinblick auf die unabhängige Ausübung der Rundfunkfreiheit „nicht a priori [als] unbedenklich" gelten.

287 *W. Kahl*, Staatsaufsicht, 2000, S. 500 f.; *C. Hahn*, Aufsicht, 2010, S. 145 ff.

288 Ausführlich hierzu *C. Gotzmann*, Rundfunkanstalten, 2003, S. 150 ff. und S. 170 ff.

289 Siehe zu dieser Frage *H. Bethge*, DÖV 1987, S. 309 ff.; allgemein zu entsprechenden Ansprüchen *N. Klass*, Realitätsfernsehen, 2004, S. 104 ff.

deutlich begrenzter. Ein Mindestmaß staatlicher Aufsicht wird verlangt,[290] um der Budgetverantwortung, der Verantwortung für diejenigen, die von Entscheidungen der Hochschulen betroffen sind, und der generellen Verantwortung für die Wissenschaft gerecht zu werden.[291] Es bestehe eine verfassungsrechtliche Notwendigkeit für die Rechtsaufsicht,[292] die aber auf eine Evidenzkontrolle reduziert sei, sofern es um den kognitiven Wissenschaftsbereich geht.[293] Ansonsten diene die Rechtsaufsicht dazu, die Autonomie der einzelnen Wissenschaftler und damit deren Grundrecht auf Forschungsfreiheit zu sichern, da diese bei einer weitgehenden Freistellung der Institution von der Staatsaufsicht besonders strengen hierarchischen Strukturen innerhalb der Universität ausgesetzt seien.[294]

Bei den öffentlich-rechtlichen Forschungseinrichtungen wird auf die Kollision des Grundrechts der wissenschaftlichen Institution mit demselben Grundrecht der dieser Institution angehörenden Mitglieder verwiesen, um einen Ausgleich durch Rechtsaufsicht zu begründen. Auch das Bundesverwaltungsgericht verweist auf diese Begründungsdimension: „Die aus Art. 5 Abs. 3 Satz 1 GG folgende Verantwortung des Landes für den freien Wissenschaftsbetrieb an den Hochschulen erfordert eine wirkungsvolle Rechtsaufsicht über die Hochschulen“[295]. Rechtsstaats- und Demokratieerwägungen werden zudem unterstützend bemüht, um die Rechtsaufsicht zu begründen.[296]

Es zeigt sich auch ein Unterschied zur Staatsferne des öffentlich-rechtlichen Rundfunks: Die Wissenschaftsfreiheit ist nur verletzt, wenn eine strukturelle Gefährdung besteht. Eine rein hypothetische Gefährdung reicht – anders als bei der Rundfunkfreiheit – nach Auffassung des Bundesverfassungsgerichts nicht aus.[297] Die Abgrenzung bei konkreten Fragestellungen ist aber alles andere als offensichtlich.

290 *BVerwGE* 135, 286 (297 f.) – Niedersächsische Stiftungshochschule; ebenso schon bei *H. Dreier*, Hierarchische Verwaltung, 1991, S. 236 ff.

291 *G. Britz*, in: Dreier, Grundgesetz, 2013, Art. 5 III (Wissenschaft) Rn. 75 und 89.

292 *BVerwGE* 135, 286 (299) – Niedersächsische Stiftungshochschule.

293 *W. Kahl*, Staatsaufsicht, 2000, S. 500 f.; zur Reichweite der Aufsicht über Universitäten siehe *A. Gallas*, Hochschulen, 1976, S. 102 ff. und 126 f.; *H.-H. Trute*, Forschung, 1994, S. 468 ff.

294 *M.-E. Geis*, WissR 37 (2004), S. 2 (7); *K. F. Gärditz*, WissR 43 (2010), S. 220 (229).

295 *BVerwGE* 135, 286 (297 f.) – Niedersächsische Stiftungshochschule.

296 *K. F. Gärditz*, WissR 43 (2010), S. 220 (229 f.).

297 *BVerfGE* 111, 333 (355) – Brandenburgisches Hochschulgesetz.

Öffentlich-rechtliche Forschungseinrichtungen sind ebenfalls nicht aus dem System des gerichtlichen Rechtsschutzes ausgenommen. Dies zeigt sich beispielsweise, wenn sich an der Forschungseinrichtung angestellte Wissenschaftler gegen Eingriffe in ihre Wissenschaftsfreiheit durch eine Hochschule gerichtlich wehren[298] oder Studienbewerber den Anspruch auf einen Studienplatz im Klageweg vor den Verwaltungsgerichten erstreiten.[299] Die Entkopplung wirkt somit gegenüber der Regierungsebene, nicht aber gegenüber den Gerichten.

D. Die Datenschutzaufsichtsbehörden

Die Datenschutzaufsichtsbehörden, die seit 1971 in immer mehr Bundesländern und seit 1978 auf Ebene des Bundes eingerichtet wurden, sind ebenfalls mit Unabhängigkeitsgarantien ausgestattet. Das Grundgesetz erwähnt sie jedoch an keiner Stelle explizit.

I. Gründe für die Unabhängigkeit

Die Unabhängigkeit der Datenschutzaufsichtsbehörden wird häufig mit dem Schutz des Grundrechts auf informationelle Selbstbestimmung als Ausprägung des allgemeinen Persönlichkeitsrechts (Art. 2 Abs. 1 i. V. m. Art. 1 Abs. 1 GG)[300] begründet,[301] teilweise sogar für verfassungsrechtlich geboten gehalten.[302] Zur Begründung wird auf das Volkszählungsurteil des Bundesverfassungsgerichts verwiesen, das auf die Rolle unabhängiger Datenschutzbeauftragter einging. Das Gericht betonte, dass

---

298 Siehe beispielsweise *BVerfGK* 12, 440 – Universitätsklinikum Düsseldorf.

299 Siehe beispielsweise *BVerfG*, NVwZ 2003, S. 857 ff. – ZVS-Vergabe in Humanmedizin.

300 Zu dieser Konstruktion des Rechts auf informationelle Selbstbestimmung siehe *BVerfGE* 65, 1 (43) – Volkszählung; seitdem ständige Rechtsprechung, siehe nur *BVerfGE* 101, 106 (121) – Akteneinsichtsrecht; ausführliche Analyse bei *M. Albers*, Informationelle Selbstbestimmung, 2005, S. 149 ff. und S. 285 ff.

301 *D. Zöllner*, Datenschutzbeauftragte, 1995, S. 173; ähnlich auch die Begründung für die Freistellung von Weisungen beim Bundesbeauftragten für die Stasi-Unterlagen, siehe *H.-H. Trute*, JZ 1992, S. 1043 (1046 f.).

302 *S. Schiedermair*, Selbstkontrollen, 2013, Rn. 58.

> *„wegen der für den Bürger bestehenden Undurchsichtigkeit der Speicherung und Verwendung von Daten unter den Bedingungen der automatischen Datenverarbeitung und auch im Interesse eines vorgezogenen Rechtsschutzes durch rechtzeitige Vorkehrungen [...] die Beteiligung unabhängiger Datenschutzbeauftragter von erheblicher Bedeutung für einen effektiven Schutz des Rechts auf informationelle Selbstbestimmung"*[303]

sei. Im weiteren Verlauf der Urteilsgründe hebt das Gericht hervor, dass bei der Speicherung und Verarbeitung von persönlichen Daten bestimmte Anforderungen an deren Umgang bestünden. Dabei könne nicht darauf vertraut werden, dass die Verwaltung diese Vorgaben einhält, sondern es bedürfe einer effektiven Kontrolle durch die Datenschutzbeauftragten.[304]

Das Bundesverfassungsgericht verwies vier Jahre später in einer Kammerentscheidung zum Volkszählungsgesetz 1987 nochmals auf die grundrechtlich bedeutsame Rolle unabhängiger Datenschutzbeauftragter.[305] Sie werden dort aber nur als eine von vielen Maßnahmen zur Sicherung des Grundrechtsschutzes erwähnt. Damit bestätigte das Gericht die elementare Bedeutung unabhängiger Datenschutzbeauftragter für den Grundrechtsschutz, hielt diese jedoch nicht für verfassungsrechtlich geboten.

Unabhängige Datenschutzbeauftragte werden als institutionelle Absicherungen in die Rechtfertigungsüberlegungen bei Grundrechtseingriffen einbezogen. Die durch die strategische Fernmeldeüberwachung erfolgenden Eingriffe in das Brief-, Post- und Fernmeldegeheimnis wurden nur deswegen für verhältnismäßig und damit verfassungskonform erachtet, weil

> *„die Kontrolle der Maßnahmen der strategischen Fernmeldeüberwachung durch unabhängige und an keine Weisung gebundene staatliche Organe und Hilfsorgane (Kontrollkommission und Datenschutzbeauftragte) sichergestellt ist"*[306].

Eine verfassungsrechtliche Pflicht zur Schaffung unabhängiger Datenschutzaufsichtsbehörden folgt hieraus aber nicht.[307]

---

303 *BVerfGE* 65, 1 (46) – Volkszählung.

304 *BVerfGE* 65, 1 (60) – Volkszählung.

305 *BVerfG*, NJW 1987, S. 2805 (2806) – Volkszählung 1987.

306 *BVerfGE* 67, 157 (185) – G 10.

307 *R. Scholz/R. Pitschas*, Informationsverantwortung, 1984, S. 47 und S. 148 f.; *W.-R. Schenke*, NJW 1987, S. 2777 (2785); *F. Flanderka*, Bundesbeauftragte für den Datenschutz, 1988, S. 76 ff.; *J.-P. Schneider*, in: Wolff/Brink, Datenschutzrecht, 2017, Art. 52 DSGVO Rn. 6; anders aber wohl das Verständnis von *U. Mückenberger*, KJ 1984, S. 1 (18); *A. Podlech*, Leviathan 12 (1984), S. 85 (93 f.);

Unabhängige Datenschutzaufsichtsbehörden und das Grundrecht auf informationelle Selbstbestimmung sind eng miteinander verbunden. Es besteht aber gleichwohl ein Unterschied hinsichtlich der verfassungsrechtlichen Konstruktion gegenüber derjenigen für öffentlich-rechtliche Rundfunkanstalten und öffentliche Forschungseinrichtungen. Bei letzteren dient die Unabhängigkeit der Sicherung der von ihnen wahrgenommenen, grundrechtlich geschützten Aufgaben; die Unabhängigkeit der Datenschutzbeauftragten hingegen dient nicht der Sicherung der eigenen Grundrechte der Datenschutzbeauftragten, sondern der Kontrolle der Verwaltung zur Sicherung effektiven Grundrechtsschutzes Betroffener. Die Entkopplung ist deshalb lediglich „grundrechtlich veranlasst“[308], um die inneradministrative Gewaltenteilung zu gewährleisten. Die Unabhängigkeit der Datenschutzbeauftragten ist nicht primär eine Anforderung des Grundrechtsschutzes, sondern folgt der Überlegung, dass Kontrollierter und Kontrolleur nicht identisch sein dürfen, wenn eine effektive Datenschutzkontrolle gewährleistet sein soll.[309] Die Unabhängigkeit ist damit eher rechtsstaatlich und mit dem Gewaltengliederungsprinzip begründet.[310]

II. Aufsicht, Weisung und gerichtlicher Rechtsschutz

Die Aufsicht über die Datenschutzaufsichtsbehörden ist im Bundesdatenschutzgesetz und in den Datenschutzgesetzen der Länder geregelt. Diese sehen allesamt vor, dass der Datenschutzbeauftragte unabhängig ist (siehe beispielsweise § 22 Abs. 4 Satz 2 BDSG a.F./§ 10 Abs. 1 BDSG n.F.). Der Datenschutzbeauftragte muss fachlichen Weisungen nicht nachkommen.[311] Gleichwohl unterlag der Bundesdatenschutzbeauftragte bis Ende 2015[312] der Rechtsaufsicht durch die Bundesregierung sowie der Dienst-

---

E. Mitrou, Institutionelle Kontrolle, 1993, S. 37 f.; *G. Wippermann*, DÖV 1994, S. 929 (932).

308 *E. Schmidt-Aßmann*, Ordnungsidee, 2006, 5/38.

309 *U. Dammann*, Kontrolle des Datenschutzes, 1977, S. 120 ff.; *D. Zöllner*, Datenschutzbeauftragte, 1995, S. 174.

310 *S. Simitis*, NJW 1971, S. 673 (681); *D. Zöllner*, Datenschutzbeauftragte, 1995, S. 176.

311 *G. Wippermann*, DÖV 1994, S. 929 (932); *H. Heil*, Bundesbeauftragter für den Datenschutz, 2003, Rn. 79.

312 Die Aufhebung der Rechts- und Dienstaufsicht erfolgte zum 1. Januar 2016 durch das Zweite Gesetz zur Änderung des Bundesdatenschutzgesetzes,

aufsicht durch das Bundesministerium des Innern. Ob diese Regelung mit dem verfassungsrechtlichen Gebot der Unabhängigkeit zu vereinbaren war, wurde nie einer gerichtlichen Klärung unterzogen. Von manchen Autoren wurde die Zulässigkeit der Rechtsaufsicht allerdings angezweifelt[313] oder für die Dienstaufsicht eine Beschränkung auf rein formale Aspekte gefordert.[314] Letztere Aussagen fußen aber im Wesentlichen auf den Vorgaben des EU-Datenschutzrechts und sind nicht verfassungsrechtlich begründet.

Entscheidungen der Datenschutzaufsichtsbehörden sind der Kontrolle durch die Verwaltungsgerichte zugänglich. Dies zeigte sich beispielsweise in Verfahren, die Unternehmen gegen Verfügungen der Datenschutzaufsichtsbehörde von Schleswig-Holstein[315] oder von Hamburg[316] vor den Verwaltungsgerichten geführt haben. Die unabhängige Rechtsstellung sorgt auch bei den Datenschutzaufsichtsbehörden nicht für eine Verkürzung des gerichtlichen Rechtsschutzes.

E. Die Bundesnetzagentur

Die Bundesnetzagentur als zuständige Bundesbehörde für die Regulierung von Telekommunikation, Energie (Elektrizität und Gas), Eisenbahn und Post ist im Jahr 2005 als selbständige Bundesoberbehörde im Geschäftsbereich des Bundesministeriums für Wirtschaft und Technologie eingerichtet worden (§ 1 Satz 2 BEGTPG). Sie ersetzte damit die Regulierungsbehörde für Telekommunikation und Post, die seit 1996 die zuvor ministerielle Regulierung der privatisierten Staatsbetriebe übernommen hatte. Die Bundesnetzagentur wird als ein Beispiel unabhängiger Behörden angese-

---

BGBl. 2015, Teil I, Nr. 7, S. 162 ff.; zum Gesetzentwurf *M. Kröger*, „Völlig unabhängig“, 2014.

313 *S. Simitis*, NJW 1971, S. 673 (681); *D. Zöllner*, Datenschutzbeauftragte, 1995, S. 178; *T. Weichert*, in: Däubler/Klebe/Wedde/ders., Bundesdatenschutzgesetz, 2016, § 22 BDSG Rn. 1.

314 *G. Wippermann*, DÖV 1994, S. 929 (933).

315 *Schleswig-Holsteinisches Verwaltungsgericht*, Urt. v. 9. Oktober 2013 – 8 A 218/11 –, juris – Facebook-Fanpages.

316 *VG Hamburg*, Beschluss vom 3. März 2016 – 15 E 4482/15 –, juris; *Hamburgisches OVG*, Beschluss vom 29. Juni 2016 – 5 Bs 40/16 –, juris.

hen,[317] obwohl sie nicht ausdrücklich von Weisungen freigestellt worden ist.

I. Gründe für die Unabhängigkeit

Die Unabhängigkeit der Bundesnetzagentur muss in den Kontext des Rechtsgebiets eingeordnet werden, für dessen Regulierung sie zuständig ist. Post, Telekommunikation, Energie und Eisenbahn sind als Leistungen der Daseinsvorsorge über Jahrzehnte vom Staat erbracht worden. Erst im Laufe der 1990er Jahre begann, nicht zuletzt aufgrund der europäischen Liberalisierungsbestrebungen, die Privatisierung. Zur Öffnung des Markts bedurfte und bedarf es des Abbaus des Monopols der ehemaligen Staatsbetriebe, die sich eine besonders starke Stellung aufgrund der über Jahrzehnte aufgebauten und staatlich finanzierten Infrastruktur im Markt sichern konnten. Es reicht deshalb nicht aus, den Markt nur anderen Wettbewerbern gegenüber zu öffnen, sondern es muss eine darüber hinausgehende hoheitliche Regulierung erfolgen. Diese Aufgabe wurde der Bundesnetzagentur übertragen.

Da neben den privaten Unternehmen auch die ehemaligen Staatsmonopolisten am Wettbewerb teilnehmen, sei es nicht ausgeschlossen, dass staatliche Regulierung die ehemaligen Staatsbetriebe bevorzugt, da dies ökonomische Vorteile für den als Anteilseigner beteiligten Staat mit sich bringt, finanzielle Einnahmen generiert werden sowie für eine nicht marktwirtschaftliche Preisbildung sorgen kann, die aus politischen Gründen bevorzugt wird.[318] Die Unabhängigkeit diene deshalb der institutionellen Absicherung einer Wettbewerb ermöglichenden Regulierung.[319] Es bedürfe dazu der Trennung zwischen hoheitlicher Unternehmens- und hoheitlicher Regulierungskontrolle, um eine Interessenvermischung zu vermeiden.

In Art. 87f GG seien diese Erwägungen verfassungsrechtlich verankert. Dessen erster Absatz verpflichtet den Bund dazu, im Bereich des Postwesens und der Telekommunikation für flächendeckend angemessene und ausreichende Dienstleistungen zu sorgen (Gewährleistungsaufgabe). Die

---

317 *B. Holznagel/P. Schumacher*, Unabhängigkeit der Bundesnetzagentur, 2011, S. 37 ff.; *M. Ludwigs*, DV 44 (2011), S. 41 ff.

318 *M. Paulweber*, Regulierungszuständigkeiten, 1999, S. 85.

319 Ausführlich hierzu bei *J. Masing*, Unabhängige Behörden, 2010, S. 181 (199 ff.).

Absätze 2 und 3 des Art. 87f GG trennten die Betreiberfunktion und die Regulierungsaufgabe.[320] Aus Art. 87f Abs. 2 Satz 2 GG wird herausgelesen, dass die Regulierungsaufgabe durch eine funktional-adäquate Organisation wahrgenommen werden müsse.[321] Diese funktional-adäquate Organisation bestehe nur, wenn Betreiber- und Regulierungsfunktion getrennt sind. Der „böse Schein der Befangenheit“[322] werde auf diese Weise vermieden. Die auf Ebene der Amtswalter bestehende Unparteilichkeitsforderung (§§ 20, 21 BVwVfG) müsse organisationsrechtlich fortgeschrieben werden. Dies sichere die Objektivität und Ausgewogenheit der Entscheidungen.[323] Diese rechtsstaatliche Überlegung wird teilweise durch demokratische Elemente angereichert: Denn es sei das Anliegen demokratischer Systeme, ein differenziertes Arsenal der staatsinternen Interessenlenkung bereitzuhalten, um neutrale Entscheidungen zu ermöglichen.[324]

II. Aufsicht, Weisung und gerichtlicher Rechtsschutz

Der Gesetzgeber zieht trotz der verfassungsrechtlichen Begründung der Unabhängigkeit der Bundesnetzagentur bei der Ausgestaltung der Aufsicht nicht die gleichen Konsequenzen wie bei der Deutschen Bundesbank, dem Bundesrechnungshof oder dem öffentlich-rechtlichen Rundfunk: Für die Bundesnetzagentur besteht weiterhin die Fach-, Rechts- und Dienstaufsicht durch das Bundeswirtschaftsministerium.[325] Damit sind Weisungsrechte verbunden. Dies wird für verfassungsrechtlich zwingend notwendig erachtet, da ansonsten die ministerielle Ressortverantwortung aus Art. 65 Satz 2 GG und das Demokratieprinzip verletzt seien.[326]

---

320 *M. Ruffert/Chr. Schmidt*, in: Säcker, Telekommunikationsgesetz, 2013, § 116 TKG Rn. 12.

321 *L. Gramlich*, NJW 1994, S. 2785 (2787); *K. Stern*, DVBl. 1997, S. 309 (311 ff.); *M. Paulweber*, Regulierungszuständigkeiten, 1999, S. 115; *K. Oertel*, Regulierungsbehörde, 2000, S. 109 und S. 261 ff.

322 *K. Oertel*, Regulierungsbehörde, 2000, S. 117.

323 *K. Oertel*, Regulierungsbehörde, 2000, S. 118.

324 *K. Oertel*, Regulierungsbehörde, 2000, S. 119, der auf *B.-O. Bryde*, VVDStRL 46 (1988), S. 181 (209), verweist.

325 *R. Schütz*, Kommunikationsrecht, 2005, Rn. 857.

326 *W. Eschweiler*, K&R 2001, S. 238 (239); *T. Mayen*, DÖV 2004, S. 45 (50 f.); *J. Kersten*, VVDStRL 69 (2010), S. 288 (328 ff.); *W. Durner*, VVDStRL 70 (2011), S. 398 (405 f.).

Das Weisungsrecht wird lediglich einfachgesetzlich diszipliniert, indem eine Publikationspflicht für Weisungen festgeschrieben ist.[327] Diese Publikationspflicht erfasst sowohl Einzel- als auch allgemeine Weisungen und diene der Herstellung von Transparenz.[328] Dadurch ließen sich die Einwirkungen des Ministeriums auf die Bundesnetzagentur begrenzen, da Diskussion und Kritik an den Weisungen öffentlich möglich sind.[329] Für die Bundesnetzagentur bestehe folglich eine faktisch zu realisierende Unabhängigkeit. Dem Ministerium stünden aber daneben Formen der informellen Einflussnahme zu.[330]

Entscheidungen der Bundesnetzagentur sind ebenfalls vor Gerichten angreifbar.[331] Kritisch wird in dieser Hinsicht aber das der Bundesnetzagentur zustehende Regulierungsermessen betrachtet.[332] Allerdings wird dadurch nicht der Rechtsschutz aufgehoben, sondern der Maßstab des Rechtsschutzes verschiebt sich auf die Überprüfung von Ermessensfehlern.[333] Dies wurde vom Bundesverfassungsgericht nicht als eine Verletzung von Art. 19 Abs. 4 GG angesehen.[334]

F. Das Unabhängigkeitsregime im deutschen (Verfassungs-)Recht

Die Analyse unabhängiger Behörden im deutschen Recht zeigt, dass Entkopplungen von der Regierungsebene mit verfassungsrechtlichen Anknüpfungspunkten gerechtfertigt werden. Dies gilt für die Deutsche Bundesbank, den Bundesrechnungshof, die öffentlich-rechtlichen Rundfunkanstalten und die öffentlichen Forschungseinrichtungen. Während es bei der Bundesbank und dem Bundesrechnungshof um die Entkopplung von politischen Institutionen geht, ist die Distanzierung des Rundfunks und der

---

327 Für das Telekommunikationsrecht in § 117 TKG; für das Postwesen in § 44 PostG.

328 *H. Gersdorf*, in: von Mangoldt/Klein/Starck, Grundgesetz, 2018, Art. 87f GG Rn. 84.

329 *M. Ruffert/Chr. Schmidt*, in: Säcker, Telekommunikationsgesetz, 2013, § 117 TKG Rn. 7.

330 *G. Bender*, K&R 2001, S. 506 (509), unter Aufzählung von Beispielen.

331 Umfassend hierzu *M. Eifert*, ZHR 174 (2010), S. 449 ff.

332 *K. F. Gärditz*, JZ 2010, S. 198 (199); *M. Ludwigs*, DV 44 (2011), S. 41 (64 ff.).

333 *C. Franzius*, DÖV 2013, S. 714 (717 ff.).

334 *BVerfG*, NVwZ 2012, S. 694 ff. – Telekommunikationsrechtliche Marktregulierung.

Forschungseinrichtungen eher gegenüber dem Staat als Ganzem zu verwirklichen. Es geht zum einen um den verminderten Einfluss politischer Gremien und zum anderen um die Einbindung gesellschaftlicher Potentiale. Bei den Datenschutzaufsichtsbehörden und der Bundesnetzagentur ist die Entkopplung hingegen nur teilweise verfassungsrechtlich begründet, d.h. sie ist nicht verfassungsrechtlich zwingend vorgeschrieben, sondern Verfassungsnormen lassen eine unabhängige Stellung zu.

Zugleich erfolgt nur bei der Bundesbank und beim Bundesrechnungshof eine vollkommene Freistellung von Aufsichts- und Weisungsrechten. Bei den anderen Behörden wird zumindest die Rechtsaufsicht für notwendig erachtet, um dem Rechtsstaatsprinzip, der demokratischen Legitimation und der Verantwortlichkeit der Regierung gegenüber dem Parlament zu entsprechen, aber auch um die Anwendung der gesetzlichen Bestimmungen durch unabhängige Behörden sicherstellen zu können. Aufsichts- und Weisungsrechte stehen der Unabhängigkeit der Behörde nicht per se entgegen.

Ob dies zwingend ist, wird im Folgenden auf normativer Ebene betrachtet. Von zentraler Bedeutung ist dabei das Verständnis des grundgesetzlichen Demokratieprinzips aus Art. 20 Abs. 1, Abs. 2 GG. In Bezug auf Behörden wird dieses Prinzip häufig angeführt, um zu begründen, dass Aufsichts- und Weisungsbefugnisse eines Ministeriums verfassungsrechtlich notwendig seien.[335] Dabei wird auch auf Entscheidungen des Bundesverfassungsgerichts zur demokratischen Legitimation Bezug genommen.[336]

Nach dem vom Bundesverfassungsgericht vertretenen[337] (monistischen) Modell müssen drei Legitimations-Modi kumulativ vorliegen: Die institutionelle Legitimation, die sachlich-inhaltliche Legitimation und die organisatorisch-personelle Legitimation. In Bezug auf unabhängige Behörden sind insbesondere die beiden letzteren Legitimations-Modi von Bedeutung. Die organisatorisch-personelle Legitimation verlangt, dass die Ämter

---

335 *H. Loening*, DVBl. 1954, S. 173 (175 f.); *P. Füsslein*, Ministerialfreie Verwaltung, 1972; *H. Dreier*, Hierarchische Verwaltung, 1991, S. 93 ff.; *M. Jestaedt*, Kondominialverwaltung, 1993, S. 158 ff.

336 Beispielsweise *BVerfGE* 47, 253 (275) – Gemeindeparlamente; 52, 95 (130) – Schleswig-Holsteinische Ämter; 77, 1 (40) – Neue Heimat; 93, 37 (66) – Mitbestimmungsgesetz Schleswig-Holstein; 107, 59 (87) – Lippeverband.

337 Als Begründer dieses Modells wird meist auf *E.-W. Böckenförde*, Demokratie, 1987, § 22, verwiesen.

mit Personen besetzt werden, die von übergeordneten Institutionen ernannt wurden. Die sachlich-inhaltliche Legitimation setzt sich aus der Bindung der Verwaltung an das parlamentarische Gesetz und der (ministeriellen) Fach-, Rechts- und Dienstaufsicht zusammen. Aus den Aufsichtsrechten folgen allgemeine und Einzelweisungsrechte. Neben dem Demokratieprinzip aus Art. 20 Abs. 2 GG folge dies auch aus der Ministerverantwortlichkeit (Art. 65 Satz 2 GG).

I. Die ununterbrochene Legitimationskette

Das Bundesverfassungsgericht betont unter Verweis auf das Demokratieprinzip des Grundgesetzes, dass die Ausübung von Staatsgewalt nur verfassungskonform sei, wenn das deutsche Volk hierauf effektiven Einfluss hat.[338] Um dies zu garantieren, müssten die Akte der Staatsorgane stets auf den Willen des Volkes zurückführbar und die Organe gegenüber dem Volk verantwortlich sein.[339] Deshalb verlange der Modus persönlicher Legitimation, dass eine ununterbrochene Legitimationskette zwischen dem Subjekt demokratischer Legitimation – dem deutschen Volk – und dem Objekt demokratischer Legitimation – den mit staatlichen Aufgaben betrauten Organen und Amtswaltern – besteht.[340]

Diese Kette wird auf Ebene des Bundes verfassungsrechtlich durch die Wahl des Bundestags, der wiederum den Bundeskanzler wählt, garantiert. Die hierarchische Kettenbildung zeigt sich weiterhin bei der Ernennung der Bundesminister durch den Bundespräsidenten auf Vorschlag des Bundeskanzlers (Art. 64 Abs. 1 GG). Bundeskanzler und Bundesminister sind als Mitglieder des Kollegialorgans Bundesregierung dazu ermächtigt, die höheren Ministerialbeamten und die Führungsgremien von Bundeseinrichtungen wie oberste Bundesbehörden zu ernennen, zu denen insbesondere das Bundeskanzleramt sowie die Bundesministerien zu zählen sind, sowie das Leitungsgremium und die Beamten von Bundesoberbehörden wie dem Bundeskriminalamt, dem Bundeszentralamt für Steuern oder dem Umweltbundesamt zu besetzen und ferner die Beamten der Bundesmittel- und

---

338 *BVerfGE* 83, 60 (71) – Ausländerwahlrecht II; 93, 37 (66) – Mitbestimmungsgesetz Schleswig-Holstein.

339 *BVerfGE* 83, 60 (73) – Ausländerwahlrecht II; 93, 37 (67) – Mitbestimmungsgesetz Schleswig-Holstein.

340 *BVerfGE* 47, 253 (275) – Gemeindeparlamente; 107, 59 (87) – Lippeverband.

Bundesunterbehörden wie die Bundesfinanzdirektionen oder die Zollämter zu ernennen. Auf Ebene der Bundesländer ist ein vergleichbares System etabliert. Auch hier ernennen in der Regel die übergeordneten Stellen – zumeist die Ministerien – die Amtspersonen der untergeordneten Behörden.

II. Aufsicht und Weisung

Die sachlich-inhaltliche Legitimation verlangt neben der Gesetzesbindung, dass Aufsichts- und Weisungsbefugnisse bestehen.

1) Aufsicht

Aufsicht ist ein wesentliches Element des deutschen Verwaltungsorganisationsrechts.[341] „Die Aufsicht fungiert als Steuerungsmittel innerhalb der Organisation und sichert (je nach Umfang) die Recht- und Zweckmäßigkeit einschließlich der einheitlichen Wirksamkeit des Verwaltungshandelns."[342] Es besteht aus Elementen des Beobachtens und des Berichtigens.[343]

a) Verfassungsrechtliche Begründung des Aufsichtsrechts

Auf verfassungsrechtlicher Ebene werden Aufsichtsrechte unter Verweis auf Art. 65 Satz 2 GG begründet.[344] Demnach üben die Ministerien als oberste Institutionen der Exekutive die (politische) Leitungsrolle aus.[345] Die Leitungsbefugnis sei das verfassungsrechtliche Gegenstück zur parla-

---

341 Siehe dazu bei *E. Schmidt-Aßmann*, Verwaltungsorganisationsrecht, 1997, S. 9 ff.

342 *M. Burgi*, Verwaltungsorganisationsrecht, 2010, § 8 Rn. 40.

343 Dies geht wohl auf *H. Triepel*, Reichsaufsicht, 1917, S. 108 ff., zurück.

344 *BVerfGE* 134, 141 (195 Rn. 164) – Ramelow; *E.-W. Böckenförde*, Organisationsgewalt, 1964, S. 144 ff.; *C. P. Fichtmüller*, AöR 91 (1966), S. 297 (326); *R. Wahl*, Stellvertretung, 1971, S. 203; *K. Kröger*, Ministerverantwortlichkeit, 1972, S. 74; *M. Herdegen*, DV 23 (1990), S. 183 (186); *W. Kahl*, Staatsaufsicht, 2000, S. 483; *M. Döhler*, DV 34 (2001), S. 59 (69 f.).

345 *BVerwGE* 46, 55 (57) – Weisungsbefugnis von Staatssekretären; ebenso *K. Stern*, Staatsrecht, 1980, S. 820.

mentarischen Verantwortung der einzelnen Minister sowie der Regierung insgesamt. Aufsicht sei zwischen der Leitungs- und der Kontrollfunktion der Ministerien angesiedelt.[346] Im Zusammenhang mit Art. 65 Satz 2 GG wird ferner insbesondere das Demokratieprinzip,[347] vereinzelt aber auch das Gewaltenteilungsprinzip[348] oder die Vollzugsregelungen (Art. 83 ff. GG)[349] fruchtbar gemacht, um Aufsichtsrechte zu begründen.

b) Aufsichtsformen

Die Aufsicht über Behörden wird in der deutschen Verwaltungsrechtsdogmatik in drei Bereiche unterteilt: Fach-, Rechts- und Dienstaufsicht. Diese können allesamt von derselben Stelle ausgeübt werden, aber es kann auch eine Aufteilung auf verschiedene Stellen erfolgen. Fach- und Dienstaufsicht werden meist derselben, Rechtsaufsicht einer separaten Kategorie zugeordnet. Letztere sei eine Form von Kontrolle, während erstere die Ausübung von Leitungsmacht darstellten.[350]

Die Fachaufsicht ist die intensivste Form der Steuerung einer Behörde. Sie umfasst die Kontrolle der recht- und zweckmäßigen Erledigung der Verwaltungsaufgaben.[351] Dies ermöglicht es der Gubernative, nicht nur die Achtung der gesetzlichen Grenzen zu kontrollieren, sondern auch den Inhalt der Entscheidung zu beeinflussen.

Mittels der Rechtsaufsicht kontrolliert die aufsichtführende Stelle, ob die jeweilige Behörde die rechtlichen Grenzen ihrer Tätigkeit einhält.[352] Durch dieses Aufsichtsmittel soll der Vorrang des Gesetzes gesichert werden. Die Rechtsaufsicht wird auch als Korrelat zur Unabhängigkeit einer Behörde betrachtet.[353]

---

346 *W. Kahl*, Staatsaufsicht, 2000, S. 357.

347 *BVerfGE* 9, 268 (281) – Bremer Personalvertretung; 93, 37 (67) – Mitbestimmungsgesetz Schleswig-Holstein; Zustimmung bei *W. Loschelder*, Weisungshierarchie, 2007, Rn. 20.

348 *C. P. Fichtmüller*, AöR 91 (1966), S. 297 (327 f.).

349 *A. Köttgen*, JöR 3 (1954), S. 67 (101 f.).

350 *W. Kahl*, Staatsaufsicht, 2000, S. 357 f.

351 *H. Maurer*, Verwaltungsrecht, 2011, § 22 Rn. 32.

352 *H. Maurer*, Verwaltungsrecht, 2011, § 23 Rn. 18.

353 So ausdrücklich für die Kommunalaufsicht in *BVerfGE* 6, 104 (118) – Kommunalwahl-Sperrklausel I; siehe auch *F. Kirchhof*, in: Maunz/Dürig, Grundgesetz, 2011, Art. 84 GG Rn. 191.

Die Dienstaufsicht setzt nicht bei einer konkreten Verwaltungsentscheidung an, sondern allgemein bei den öffentlich-rechtlichen Dienstpflichten. Sie lässt sich unterteilen in die Dienstaufsicht innerhalb der Verwaltung (Behördenaufsicht) und die behördeninterne Dienstaufsicht.[354] Die Behördenaufsicht bezeichnet die Kontrolle untergeordneter Behörden durch die höhere Behörde bezüglich des Aufbaus, der allgemeinen Geschäftsführung, der inneren Ordnung sowie der Personalangelegenheiten.[355] Die behördeninterne Dienstaufsicht erfasst hingegen die Aufsicht eines einzelnen Beamten durch den Dienstvorgesetzten. Zum Gegenstand dieser Aufsichtsform gehören die ordnungsgemäße Erfüllung der einzelnen Amtspflichten durch den Beamten im Rahmen des ihm übertragenen Delegationsbereichs als auch dessen persönliches Verhalten. Die behördeninterne Dienstaufsicht verstößt nach der Rechtsprechung des Bundesverfassungsgerichts nicht gegen die richterliche Unabhängigkeit.[356]

2) Weisung

Unter einer Weisung wird eine auf Verbindlichkeit angelegte Äußerung einer Verhaltenserwartung durch eine übergeordnete Einheit gegenüber einer untergeordneten Einheit verstanden.[357] Das Weisungsrecht wird unmittelbar aus dem Aufsichtsrecht gefolgert, denn letzteres umfasst Sachentscheidungskompetenzen, die Personalhoheit sowie die Organisations- und Haushaltsgewalt.

a) Formen der Weisung

Aus der Organisationsgewalt wird die Zulässigkeit von Einzelweisungen abgeleitet.[358] Neben der Einzelweisung gibt es auch die Möglichkeit, allgemeine Weisungen – zumeist in Form von Verwaltungsvorschriften – zu erlassen. Diese Trennung zeigt sich schon im Grundgesetz, das sowohl all-

---

354 *M. Klaproth*, DÖD 2001, S. 57 (58).

355 Siehe beispielsweise § 15 Abs. 1 LVwG S-H; *H. Maurer*, Verwaltungsrecht, 2011, § 22 Rn. 32.

356 *BVerfGE* 38, 139 (151 f.) – Bayerische Arbeitsgerichtsverordnung.

357 *E. Klein*, Problematik, 1974, S. 44; *J. Oebbecke*, Verwaltung, 1986, S. 6.

358 *B. Pieroth*, in: Jarass/ders., Grundgesetz, 2016, Art. 86 GG Rn. 2.

gemeine Weisungen (Art. 84 Abs. 2, Art. 85 Abs. 2 Satz 1 und Art. 86 Satz 1 GG) als auch Einzelweisungen (Art. 37 Abs. 2, Art. 84 Abs. 5, Art. 85 Abs. 3 GG) vorsieht. Sofern es an einer verfassungsrechtlichen Vorgabe fehlt, steht dem Bund ein weites „Organisationsermessen“[359] bei der Ausgestaltung zu.

b) Beamtenrechtliche Konsequenzen einer Weisung

Das Weisungsrecht trifft nicht nur die Organisationseinheit, sondern auch den einzelnen Amtswalter. In Entsprechung des Weisungsrechts verpflichtet § 62 Abs. 1 Satz 2 BBG die Bundesbeamten, dienstliche Anordnungen der Vorgesetzten auszuführen und allgemeine Richtlinien zu befolgen. Für Beamte der Länder, Gemeinden und Gemeindeverbände enthält § 35 Satz 2 BeamtStG eine gleichlautende Regelung. Die einfachgesetzliche Normierung der Gehorsamspflicht wird sogar als verfassungsrechtlich geboten betrachtet, da diese einen der hergebrachten Grundsätze des Berufsbeamtentums i.S.d. Art. 33 Abs. 5 GG darstelle.[360] Die Gehorsamspflicht dient dazu, der Leitungsspitze einer Exekutivinstitution einen Arbeitsapparat zur Durchsetzung ihrer Aufgaben zur Verfügung zu stellen. Sie ist aber nicht mit der „politischen Treuepflicht“[361] oder der Rechts- und Gesetzestreuepflicht[362] zu verwechseln. Auch bei rechtswidrigen Weisungen behält die Gehorsamspflicht ihre Gültigkeit.[363]

III. Die Zulässigkeit unabhängiger Behörden unter dem Grundgesetz

Dieses auch als monistisch bzeichnete Modell wird im Wesentlichen aus dem grundgesetzlichen Demokratieprinzip abgeleitet. Weitere verfassungsrechtliche Anknüpfungspunkte sind die Leitungsbefugnis nach Art. 65 Satz 2 GG und die Gehorsamspflicht der Beamten aus Art. 33

---

359 *BVerfGE* 97, 198 (224) – Bundesgrenzschutz.

360 *BVerfGE* 9, 268 (286) – Bremer Personalvertretung; ebenso *BVerwGE* 113, 361 (363) – Dienstpflichten von Postbeamten.

361 So der Ausdruck bei *B. Pieroth*, in: Jarass/ders., Grundgesetz, 2016, Art. 33 GG Rn. 60 f.

362 Siehe hierzu *BVerfGE* 71, 39 (60) – Gleichheit im Besoldungsrecht; *BVerfG*, NVwZ 2003, S. 73 f. – Trunkenheitsfahrten von Beamten.

363 *BVerfG*, NVwZ 1995, S. 680 f. – Streikrecht von Postbeamten.

Abs. 5 GG. Da das monistische Modell demokratischer Legitimation verlangt, dass die Stellen unmittelbarer Staatsverwaltung den Anforderungen der institutionellen, sachlich-inhaltlichen und der organisatorisch-personellen Legitimationsmodi entsprechen müssen, weisungsfreie Behörden dem jedoch entgegenstehen, stellt sich die Frage der verfassungsrechtlichen Zulässigkeit unabhängiger Behörden.

Die vorgenommene Analyse unabhängiger Behörden zeigt, dass diese mit dem Grundgesetz zu vereinbaren sind, wenn die Verfassung selbst die Unabhängigkeit vorschreibt, wie dies bei der Deutschen Bundesbank (Art. 88 GG) oder dem Bundesrechnungshof (Art. 114 Satz 2 GG) der Fall ist. Auch kann ein verfassungsrechtlicher Anknüpfungspunkt ausreichen, wie bei der Bundesnetzagentur (Art. 87 GG), dem öffentlich-rechtlichen Rundfunk, den öffentlichen Forschungseinrichtungen (Art. 5 GG) oder den Datenschutzaufsichtsbehörden (Art. 2 Abs. 1 GG i. V. m. Art. 1 Abs. 1 GG).

Ob es stets einer verfassungsrechtlichen Anbindung bedarf, muss eine Analyse weiterer Normen des Grundgesetzes klären. Zum einen könnte es allein im Ermessen des demokratisch unmittelbar legitimierten Parlaments liegen, ob Entkopplungen vorgenommen werden (Verzichtstheorie), zum anderen sieht Art. 87 Abs. 3 GG vor, dass selbständige Bundesoberbehörden eingerichtet werden können.

1) Die Verzichtstheorie

Die Verzichtstheorie geht davon aus, dass der Gesetzgeber auf ministerielle Kontrollbefugnisse verzichten kann. Dafür spreche Art. 86 Satz 2 GG, der die Entscheidungsprärogative über die Zuerkennung ministerieller Weisungsbefugnisse dem Parlament überlässt.[364] Der Regierung stehe kein Recht zu, hierarchische Verwaltungsstrukturen vom Gesetzgeber einzufordern. Deshalb könnten durch Erlass eines Gesetzes ministerialfreie Räume geschaffen werden. Allerdings bestehe diese Kompetenz nicht grenzenlos, sondern unter entsprechender Anwendung des Art. 80 Abs. 1 Satz 2 GG sei der Gesetzgeber verpflichtet, lediglich „eng und klar begrenzte Teile der Exekutive“[365] aus der parlamentarischen Kontrolle zu nehmen. Ferner

---

364 *R. Herzog*, in: Maunz/Dürig, Grundgesetz, 2008, Art. 65 GG Rn. 100.

365 *R. Herzog*, in: Maunz/Dürig, Grundgesetz, 2008, Art. 65 GG Rn. 104; ebenso bei *E. Klein*, Problematik, 1974, S. 208 f.

dürfe er dadurch nicht die Funktionsfähigkeit der Regierung als solche gefährden.[366] Der Verzicht des Parlaments auf Kontrollrechte verstoße nicht gegen dessen Funktion als Repräsentativorgan des Volkes[367] und auch nicht gegen die Minderheitenrechte des Parlaments.[368]

Allerdings ist auch das Parlament an die Verfassung gebunden. Das Grundgesetz verlangt, dass sich das Parlament als Treuhänder des Volkes nicht der Verantwortung durch Auslagerung von Kompetenzen entledigt.[369] Das Prinzip demokratischer Legitimation steht nicht zur freien Disposition des Parlaments, sondern dieses ist dazu verpflichtet, demokratische Legitimation für die Behörden zu gewährleisten. Das Grundgesetz lässt parlamentsfreie Räume nicht zu. Der Verzicht auf Mindestanforderungen demokratischer Legitimation darf auch nicht durch das demokratisch gewählte Parlament erfolgen. Inwiefern das Parlament aber ministerielle Weisungsrechte ausschließen und durch andere Formen der Legitimation die Anforderungen des Demokratieprinzips erfüllen kann, ist eine davon separat zu erörternde Frage.

2) Die Einrichtung selbständiger Bundesoberbehörden nach Art. 87 Abs. 3 GG

Art. 87 Abs. 3 Satz 1 GG bestimmt, dass für Angelegenheiten, für welche dem Bund die Gesetzgebungskompetenz zusteht, selbständige Bundesoberbehörden durch ein Bundesgesetz errichtet werden können. Selbständig könnte an dieser Stelle synonym für unabhängig stehen.[370]

Teilweise wird argumentiert, dass der Begriff der Selbständigkeit für die Aufgabenerledigung durch eine organisatorisch vom Ministerium getrennte Einrichtung stehe,[371] welche der Dezentralisierung und damit der Entlastung der Ministerien diene.[372] Dies schließe ein, dass Behörden wei-

---

366 *R. Herzog*, in: Maunz/Dürig, Grundgesetz, 2008, Art. 65 GG Rn. 106.

367 *E. Klein*, Problematik, 1974, S. 199 f.

368 *E. Klein*, Problematik, 1974, S. 207.

369 *C. P. Fichtmüller*, AöR 91 (1966), S. 297 (329); *E. T. Emde*, Selbstverwaltung, 1991, S. 338 f.

370 A. A. bei *M. Burgi*, in: von Mangoldt/Klein/Starck, Grundgesetz, 2018, Art. 87 GG Rn. 109.

371 *I. Hiller*, Bundesstatistik, 1954, S. 60 („gewisse fachliche Selbständigkeit"); *H. Dreier*, Hierarchische Verwaltung, 1991, S. 246 in Fn. 145.

372 *W. Welz*, Ressortverantwortung, 1988, S. 105 ff.

sungsfrei gestellt werden können.[373] Allerdings erfordert die Dezentralisierung der Verwaltungsstruktur nicht die Weisungsfreiheit der Bundesoberbehörde.[374] Das Verschieben routinehaft zu erledigender Verwaltungsmaßnahmen auf eine Bundesoberbehörde stellt keinen sachlichen Grund dar, um die Weisungsbefugnis des Ministeriums aufzuheben.[375] Es kann höchstens ein Verbot der Aufgabenerledigung durch das Ministerium gefolgert werden.[376]

Was meint dann Selbständigkeit in Art. 87 Abs. 3 GG? Der Normgehalt erschließt sich aus seiner systematischen Stellung. Die Norm ist im Abschnitt über das föderale Verwaltungssystem des Grundgesetzes angesiedelt und steht im Kontext der Vollzugsregelungen.[377] Der Ausdruck bezieht sich nicht auf das Verhältnis zwischen Gubernative und Bundesoberbehörde, sondern auf dasjenige zwischen Bund und Ländern. Es wird festgelegt, dass der Aufgabenkreis der Bundesoberbehörde auf die Zentralebene beschränkt bleiben muss, um den in Art. 83 GG festgelegten Grundsatz des Vollzugs durch die Länder nicht auszuhebeln.[378] Es können nur Aufgaben übertragen werden, die nicht dem Mittel- oder Unterbau der Verwaltung zuzurechnen sind.[379] Auch das Bundesverfassungsgericht zieht die Norm in einem solchen Verständnis heran.[380] Selbständigkeit steht an dieser Stelle synonym für Zentralisierung.[381]

---

373 *L. Gramlich*, CR 1998, S. 463 (464).

374 *K. Stern*, Staatsrecht, 1980, S. 828; *M. Jestaedt*, Kondominialverwaltung, 1993, S. 468 ff.; *H. Jochum*, VerwArch 94 (2003), S. 512 (515 f.).

375 *M. Paulweber*, Regulierungszuständigkeiten, 1999, S. 102 f.

376 *W. Krebs*, Verwaltungsorganisation, 2007, Rn. 67 m. w. N. in Fn. 242; a. A.: *J. Wieland*, ZG 24 (2009), S. 140 (145 f.).

377 *H. Dreier*, Hierarchische Verwaltung, 1991, S. 246 in Fn. 145; *G. Hermes*, Unabhängige Verwaltungsbehörden, 2010, S. 53 (60).

378 *G. Britz*, DVBl. 1998, S. 1167 (1173); *J. Masing*, Recht der Regulierungsverwaltung, 2006, S. D 42.

379 *BVerfGE* 110, 33 (49 f.) – Zollkriminalamt; *BVerwGE* 124, 47 (68 f.) – Emissionshandel von Treibhausgasen; ebenso *M. Ronellenfitsch*, Mischverwaltung, 1975, S. 208 f.

380 *BVerfGE* 110, 33 (50) – Zollkriminalamt.

381 *W. Welz*, Ressortverantwortung, 1988, S. 102 ff.; *G. Hermes*, Unabhängige Verwaltungsbehörden, 2010, S. 53 (60).

IV. Unabhängigkeit als rechtfertigungsbedürftige Ausnahme

Es existiert keine Norm im deutschen Verfassungsrecht, die generell die Entkopplung von Behörden erlaubt. Allerdings schließen weder Art. 86 Satz 2 GG noch Art. 87 Abs. 3 GG aus, dass weisungsfreie Behörden eingerichtet werden können.[382] Es bleibt damit bei dem Befund, der sich bereits aus der Analyse unabhängiger Behörden ergab: Unabhängige Behörden sind nur in den Fällen verfassungsrechtlich zulässig, in denen entweder das Grundgesetz die Unabhängigkeit selbst vorgibt oder eine Norm des Verfassungsrechts die Unabhängigkeit rechtfertigt,[383] da der Entkopplung ansonsten das Demokratieprinzip entgegensteht. Selbst wenn verfassungsrechtlich eine unabhängige Behörde zulässig ist, wird angenommen, dass zumindest die Rechtsaufsicht bestehen muss, um die rechtskonforme Anwendung der Gesetze zu gewährleisten und die Unabhängigkeit der Behörde zu kompensieren.[384] Ministerielle Aufsicht ist im deutschen Unabhängigkeitsregime die Regel,[385] unabhängige Behörden bilden verfassungsrechtlich rechtfertigungsbedürftige Ausnahmen.[386]

382 *J. Oebbecke*, Verwaltungszuständigkeit, 2008, § 136 Rn. 91; *B. Pieroth*, in: Jarass/ders., Grundgesetz, 2016, Art. 87 GG Rn. 8, der unter Verweis auf Art. 87 Abs. 3 Satz 2 GG sogar verlangt, dass der Umfang der Weisungsbefugnis einem hierarchischen Behördenaufbau nicht gleichkommen dürfe.

383 Für die Rechtfertigung über Verfassungsnormen *E.-W. Böckenförde*, Organisationsgewalt, 1964, S. 251 f. und S. 256; *M. Jestaedt*, Kondominialverwaltung, 1993, S. 603 in These 9; *W. Loschelder*, Weisungshierarchie, 2007, Rn. 22.

384 *BVerfGE* 6, 104 (118) – Kommunalwahl-Sperrklausel I; 78, 331 (341) – Nordhorn.

385 *BVerfGE* 9, 268 (282) – Bremer Personalvertretung; 83, 130 (150) – Josefine Mutzenbacher; 93, 37 (66) – Mitbestimmungsgesetz Schleswig-Holstein; Unterstützung bei *P. Füsslein*, Ministerialfreie Verwaltung, 1972, S. 281; *M. Schröder*, JuS 1986, S. 371 (372 f.); *E. T. Emde*, Selbstverwaltung, 1991, S. 336 ff. und S. 351 f.; *M. Jestaedt*, Kondominialverwaltung, 1993, S. 299, S. 329 und S. 603 als These 11 („Prototyp demokratisch legitimierter Verwaltung unter dem Grundgesetz ist die Ministerialverwaltung.“).

386 *C. P. Fichtmüller*, AöR 91 (1966), S. 297 (328 ff.); *H. Dreier*, Hierarchische Verwaltung, 1991, S. 135; *E. T. Emde*, Selbstverwaltung, 1991, S. 338 ff.; *M. Döhler*, DV 34 (2001), S. 59 (70); *T. Mayen*, DÖV 2004, S. 45 (50); *J. Masing*, Recht der Regulierungsverwaltung, 2006, S. D 73 ff.; *J. Schmidt*, Parlamentarische Kontrolle, 2007, S. 177.

Kapitel 3: Unabhängigkeitsregime im europäischen Verwaltungsverbund

Nachdem die Unabhängigkeitsregime im EU-Eigenverwaltungsrecht und im deutschen Recht herausgearbeitet wurden, geht dieses Kapitel im ersten Teil der Frage nach, wie das Unionsverwaltungsrecht die Schaffung unabhängiger Behörden auf Ebene der Mitgliedstaaten regelt und welche organisationsrechtlichen Anforderungen daraus abgeleitet werden. Im Unionsverwaltungsrecht könnten Strukturen für die Schaffung unabhängiger Behörden existieren, die sich nicht nur aus den Sonderanforderungen des jeweiligen Referenzgebietes begründen, sondern rechtsgebietsübergreifend Anwendung finden.

Im zweiten Teil dieses Kapitels wird auf die Rolle unabhängiger nationaler Behörden in europäischen Verwaltungsverbünden eingegangen. Ihre unabhängige Stellung muss im Kontext der gleichzeitig erfolgenden Einbindung in die – teilweise selbst wiederum unabhängigen – Verwaltungsverbünde betrachtet werden. Von der nationalen Regierung entkoppelte Behörden werden zum Teil an EU-Institutionen gekoppelt und damit neue Formen der Einflussnahme auf Entscheidungen der nationalen Behörden eingerichtet. Die Vereinbarkeit von Steuerungsbefugnissen der Unionseinrichtungen mit dem unionsrechtlich begründeten Unabhängigkeitsregime wird deshalb ebenfalls in die Betrachtung einbezogen.

Teil 1: Unionsrechtliche Unabhängigkeitsregeln für mitgliedstaatliche Behörden

Unionsrechtliche Bestimmungen zur Regelung des nationalen Verwaltungsrechts sind Teil des Unionsverwaltungsrechts, das den (indirekten) Vollzug des Unionsrechts durch mitgliedstaatliche Stellen bezeichnet. Es enthält die von den Mitgliedstaaten beim Vollzug des Unionsrechts einzuhaltenden Vorgaben für das allgemeine Verwaltungsrecht, das Verwaltungsverfahrensrecht, das Verwaltungsprozessrecht oder das Verwaltungsorganisationsrecht. Eine einheitliche Kodifikation besteht nicht. Vielmehr besteht der Rechtsrahmen aus zahlreichen Sekundärrechtsakten und den vom EuGH geprägten Grundsätzen.

A. Unionsrechtlicher Rahmen des Unabhängigkeitsregimes

In Bezug auf die drei in dieser Arbeit untersuchten Behörden wird im Folgenden der rechtliche Rahmen des Unionsrechts im Hinblick auf die unabhängige Rechtsstellung der nationalen Behörden ermittelt. Dabei wird auch auf die Regelungstiefe des Primär- und Sekundärrechts hinsichtlich der verschiedenen Aspekte unabhängiger Behörden eingegangen.

I. Regulierungsbehörden im Telekommunikationsrecht

1) Primärrecht

Das EU-Primärrecht schreibt zwar nicht explizit vor, dass die nationalen Regulierungsbehörden im Telekommunikationsrecht unabhängig sein müssen, allerdings hat der EuGH dies bereits 1991 unter Bezugnahme auf den freien Wettbewerb im einheitlichen Binnenmarkt angenommen. In dem zugrundeliegenden Verfahren hatte das belgische Tribunal de commerce dem EuGH unter anderem die Frage vorgelegt, ob eine nationale Regelung mit den Bestimmungen zum freien Wettbewerb vereinbar ist, durch die einer öffentlichen Einrichtung, die unter der Aufsicht des Ministers mit der Einrichtung und dem Betrieb des öffentlichen Fernmeldenetzes betraut ist, die Befugnis zur Entscheidung über die Zulassung von Fernsprechgeräten zum Anschluss an das öffentliche Netz übertragen wird. Der EuGH erklärte, dass die aus dem Unionsrecht folgende Verpflichtung auf einen wirksamen Wettbewerb und die Gewährleistung von Transparenz verlange, dass die Regulierungstätigkeit von einer Stelle wahrgenommen wird, die von den privaten, aber auch den öffentlichen Unternehmen unabhängig ist, die im Bereich der Telekommunikation Waren und Dienstleistungen anbieten.[1] Bereits aus dem Primärrecht ergibt sich demnach, dass die Regulierungsbehörde im Telekommunikationssek-

---

1 *EuGH*, Rs. C-18/88, Rn. 26 – GB-Inno-BM; so bereits zuvor in *EuGH*, Rs. C-202/88, Rn. 52 – Frankreich/Kommission; ebenso für die Endgeräterichtlinie 88/301/EWG in *EuGH*, Rs. C-69/91, Rn. 8 ff. – Decoster; Rs. C-92/91, Rn. 15 –

tor von den öffentlichen Unternehmen organisationsrechtlich getrennt sein muss (funktionale Unabhängigkeit).

2) Sekundärrechtliche Konkretisierung

Im Sekundärrecht existieren aufgrund der Rahmenrichtlinie zur Telekommunikation (RRL-TK)[2] Vorgaben zur Gestaltung der nationalen Regulierungsbehörde. Art. 3 Abs. 2 RRL-TK verpflichtet zur funktionalen Unabhängigkeit, nach der die Mitgliedstaaten die Unabhängigkeit der nationalen Regulierungsbehörde gewährleisten müssen, indem sie dafür sorgen, dass sie rechtlich und funktional von allen Unternehmen unabhängig sind, die elektronische Kommunikationsnetze, -geräte oder -dienste anbieten. Sofern Mitgliedstaaten noch an derartigen Unternehmen beteiligt sind, müssen sie eine wirksame strukturelle Trennung der hoheitlichen Funktion von Tätigkeiten im Zusammenhang mit dem Eigentum oder der Kontrolle sicherstellen. Dies entspricht der zuvor dargestellten Rechtsprechung des EuGH und zeichnet damit sekundärrechtlich nach, was bereits primärrechtlich gefordert ist.

Neben der funktionalen Unabhängigkeit enthält die RRL-TK weitere Vorgaben bezüglich der organisationsrechtlichen Ausgestaltung: Die Mitgliedstaaten müssen dafür Sorge tragen, dass die nationalen Regulierungsbehörden ihre Befugnisse transparent, unparteiisch und innerhalb eines angemessenen Zeitraums ausüben[3]. Diese Regelung greift das Konzept der good administration[4] auf, das sich auch im Recht auf eine gute Verwaltung wiederfindet (Art. 41 Abs. 1 GRCh). Ferner ist der 2009 eingefügte Abs. 3a UAbs. 1 des Art. 3 RRL-TK hervorzuheben, der die Mitgliedstaaten dazu verpflichtet, dass die für die Vorabregulierung des Marktes oder für die Beilegung von Streitigkeiten zwischen Unternehmen zuständigen nationalen Regulierungsbehörden unabhängig sind und im Zusammen-

---

Taillandier; verb. Rs. C-46/90 und C-93/91, Rn. 35 ff. – Lagauche; Rs. C-91/94, Rn. 18 ff. – Tranchant.

2 Richtlinie 2002/21/EG des Europäischen Parlaments und des Rates vom 7. März 2002 über einen gemeinsamen Rechtsrahmen für elektronische Kommunikationsnetze und -dienste (Rahmenrichtlinie), ABl. L 108 vom 24.4.2002, S. 33–50.

3 Art. 3 Abs. 3 RRL-Telekommunikation.

4 Siehe dazu bei *P.-M. Efstratiou*, Gute Verwaltung, 2008, S. 281 ff.; *H. P. Nehl*, Good administration, 2009, S. 322 ff.; *H. C. H. Hofmann/B. C. Mihaescu*, EuConst 9 (2013), S. 73 ff.

hang mit der laufenden Erfüllung der ihnen nach den nationalen Rechtsvorschriften zur Umsetzung des Gemeinschaftsrechts übertragenen Aufgaben weder Weisungen einer anderen Stelle einholen noch solche entgegennehmen. Jedweder Zweifel an der Neutralität der Behörde und ihrer Unabhängigkeit von äußeren Faktoren soll ausgeräumt sein.[5] Dies begründet die politische Unabhängigkeit der nationalen Regulierungsstellen.[6] Eingriffe in laufende Verfahren der Regulierungsbehörde durch außenstehende Stellen wie Ministerien sind unzulässig.[7] Die Unabhängigkeit reicht aber nicht so weit, wie es das Unionsrecht für die Zentralbanken vorsieht.[8]

Die Rolle des Leitungsgremiums der nationalen Regulierungsbehörde wird durch die Richtlinie vergleichsweise stark ausgestaltet. Ein Mitglied des Gremiums darf nur entlassen werden, wenn es die in den nationalen Rechtsvorschriften vorab festgelegten Voraussetzungen für die Ausübung seines Amtes nicht mehr erfüllt[9]. Zudem muss die Entscheidung über die Entlassung veröffentlicht und mit Gründen versehen werden. Das Unionsrecht schließt nicht aus, dass die Entscheidung von der Regierung getroffen wird; es bedarf weder einer parlamentarischen noch einer gerichtlichen Feststellung. Die Entlassung ist aber stets auf die gesetzlich vorgesehenen Gründe beschränkt und kann auch nicht durch Verweis auf eine institutionelle Reform umgangen werden.[10]

Die finanzielle Unabhängigkeit der Regulierungsbehörde wird gesichert, indem die Mitgliedstaaten verpflichtet werden, ausreichende finanzielle und personelle Ressourcen zur Verfügung zu stellen, so dass die nationalen Regulierungsbehörden in der Lage sind, sich aktiv am Gremium europäischer Regulierungsstellen (GEREK) zu beteiligen und einen Bei-

5 Erwgr. (13) der Richtlinie 2009/140/EG des Europäischen Parlaments und des Rates vom 25. November 2009 zur Änderung der Richtlinie 2002/21/EG über einen gemeinsamen Rechtsrahmen für elektronische Kommunikationsnetze und -dienste, der Richtlinie 2002/19/EG über den Zugang zu elektronischen Kommunikationsnetzen und zugehörigen Einrichtungen sowie deren Zusammenschaltung und der Richtlinie 2002/20/EG über die Genehmigung elektronischer Kommunikationsnetze und –dienste, ABl. L 337 vom 18.12.2009, S. 37–69.

6 Die Unterscheidung zwischen politischer und funktionaler Unabhängigkeit findet sich auch bei *K. Oertel*, Regulierungsbehörde, 2000, S. 101 ff.; für die Zentralbanken bereits bei *K. von Bonin*, Zentralbanken, 1979, S. 192 ff.

7 *EuGH*, Rs. C-560/15, Rn. 56 – Europa Way und Persidera.

8 *EuGH*, Rs. C-240/15, Rn. 43 – Autorità per le Garanzie nelle Communicazioni.

9 Art. 3 Abs. 3a UAbs. 2 Satz 1 RRL-Telekommunikation.

10 *EuGH*, Rs. C-424/15, Rn. 47 – Ormaetxea Garai und Lorenzo Almendros.

trag dazu zu leisten[11]. Zudem sind die jährlichen Haushaltspläne der Regulierungsbehörden zu veröffentlichen. Dies schließt aber nicht aus, dass auf die Regulierungsbehörde nationale Bestimmungen über das öffentliche Finanzwesen und Bestimmungen zur Begrenzung und Rationalisierung der Ausgaben öffentlicher Verwaltungen Anwendung finden können.[12] Es muss nur gewährleistet sein, dass die Regulierungsbehörde die ihr übertragenen Aufgaben ausüben kann.[13]

II. Datenschutzaufsichtsbehörden

1) Primärrecht

Die europäischen Verträge schreiben an mehreren Stellen vor, dass unabhängige Kontrollstellen die Einhaltung der Bestimmungen über den Datenschutz und den freien Datenverkehr sichern müssen (Art. 16 Abs. 2 UAbs. 1 Satz 2 AEUV, Art. 39 Satz 2 EUV, Art. 8 Abs. 3 GRCh). Die Normen enthalten aber keine weiteren Vorgaben, welche organisationsrechtlichen Konsequenzen aus der Unabhängigkeit zu ziehen sind.

2) Sekundärrechtliche Konkretisierung

Die Unabhängigkeit der nationalen Datenschutzaufsichtsbehörden war bis zur Geltung der Datenschutz-Grundverordnung im Sekundärrecht der EU in Art. 28 Abs. 1 UAbs. 2 DSRL geregelt. Die Formulierung war aber derart unbestimmt, dass sie unterschiedliche Auslegungsergebnisse produzierte. Manche Autoren schlossen aus der Formulierung, dass jegliche Form der Aufsicht, also auch die Rechtsaufsicht, mit der unionsrechtlichen Unabhängigkeitsvorgabe unvereinbar sei.[14] Nicht einmal eine zurückge-

---

11 Art. 3 Abs. 3a UAbs. 3 Satz 3 RRL-Telekommunikation.

12 *EuGH*, Rs. C-240/15, Rn. 36 – Autorità per le Garanzie nelle Communicazioni.

13 *EuGH*, Rs. C-240/15, Rn. 39 – Autorità per le Garanzie nelle Communicazioni.

14 *U. Brühann/T. Zerdick*, CR 1996, S. 429 (435); *T. Giesen*, DuD 1997, S. 529 f.; *ders.*, RDV 1998, S. 15 (17); *J. Bizer*, DuD 1997, S. 481; *U. Dammann/S. Simitis*, EG-Datenschutzrichtlinie, 1997, S. 307; *S. Simitis*, NJW 1997, S. 281 (287); *S. Walz*, DuD 1998, S. 150 (151); *U. Arlt/R. Piendl*, CR 1998, S. 713 (714 f.); *U. Arlt*, Kontrollstellen, 1998, S. 271 (272 f.); *H.-H. Trute*, JZ 1998, S. 822 (826); *E. Ehmann/M. Helfrich*, EG-Datenschutzrichtlinie, 1999, Art. 28 DSRL Rn. 6;

nommene Ausübung der Rechtsaufsicht oder verfahrensrechtliche Absicherungen entsprächen der unionsrechtlichen Vorgabe. Die Gegenansicht leitete aus der völligen Unabhängigkeit nicht die vollständige Freistellung von Weisungen ab,[15] denn ein weites Unabhängigkeitsverständnis sei mit Grundprinzipien des deutschen Verfassungsrechts, insbesondere dem Demokratieprinzip, der Gewaltenteilung oder der Sicherung des Grundrechtsschutzes durch die Verwaltungsaufsicht, nicht zu vereinbaren.[16] Allerdings erfolgt die Auslegung unionsrechtlicher Bestimmungen nach ständiger Rechtsprechung des EuGH unionsrechtlich autonom.[17] Insofern überzeugt der Verweis auf das (angenommene) Verständnis des deutschen Verfassungsrechts nicht, um den Inhalt der unionsrechtlichen Norm zu bestimmen. Gleichwohl erlaubt die Regelung verschiedene Auslegungsergebnisse. Erst die Rechtsprechung des EuGH seit dem Jahr 2010 brachte insofern Klarheit, auch wenn die Entscheidungen viel Kritik erfahren haben.[18]

a) Die Rechtssache Kommission/Deutschland

In dem von der Europäischen Kommission gegen Deutschland eingeleiteten Vertragsverletzungsverfahren vertrat die Kommission die Ansicht,

---

Chr. Haslach, DuD 1999, S. 466 (468 f.); *J. Hellermann/J. Wieland*, DuD 2000, S. 284 (285 f.); *U. Brühann*, DuD 2002, S. 296 (298 f.); *H.-H. Schild*, DuD 2010, S. 549 (551 f.); *A. Epiney*, Datenschutzrechtliche Aufsichtsbehörden, 2012, S. 13 (17); unentschlossen bei *M. Kloepfer*, Schutz personenbezogener Infomationen, 1998, S. D 132 in Fn. 375; nicht eindeutig in Bezug auf die Anstaltslösung in Schleswig-Holstein bei *H. Bäumler*, DuD 2000, S. 20 (21 f.); ebenso unklar bei *H.-J. Garstka*, DuD 2000, S. 289 f.

15 *F. Kopp*, DuD 1995, S. 204 (211); *R. Bachmeier*, RDV 1995, S. 49 (52); *W. Rudolf*, DuD 1995, S. 446; *M. Weber*, DuD 1995, S. 698 (699); *dies.*, CR 1995, S. 297 (298); *E. Laicher*, DuD 1996, S. 409 (411); *U. Lepper/Chr. P. Wilde*, CR 1997, S. 703 (707); *G. Gounalakis/E. Mand*, CR 1997, S. 497 (501 f.); *E. Werthebach*, RDV 1997, S. 1 (2); *R. Hillenbrand-Beck*, Aufsichtsbehörden, 2003, 5.4, Rn. 25 ff.; *A. Di Martino*, Datenschutz, 2005, S. 53.

16 Siehe beispielsweise *I. Wind*, Kontrolle des Datenschutzes, 1994, S. 37 ff.; *G. Gounalakis/E. Mand*, CR 1997, S. 497 (501 f.); *W. Rudolf*, Datenschutzkontrolle, 1997, S. 1347 (1362).

17 *EuGH*, Rs. C-464/12, Rn. 40 – ATP Pensions Service; Rs. C-461/12, Rn. 25 – Granton Advertising; Rs. C-18/12, Rn. 17 – Mesto Zamberk.

18 Siehe nur *E. M. Frenzel*, DÖV 2010, S. 925 ff.; *H. P. Bull*, EuZW 2010, S. 488 ff.

dass auch bei der Kontrolle des Datenschutzrechts im nicht-öffentlichen Bereich die Unabhängigkeit der Datenschutzaufsichtsbehörde von der Regierungsebene gewahrt sein müsse. Diesem Verständnis des Begriffs der „völligen Unabhängigkeit" trat Deutschland entgegen, indem es argumentierte, dass der Begriff nur die funktionale Unabhängigkeit verlange. Demnach müsse die Kontrollstelle nur von dem ihrer Kontrolle unterstellten Bereich unabhängig sein und dürfe keinen sachfremden Einflüssen unterliegen. Staatliche Aufsicht sei aber kein sachfremder Einfluss.[19] Von diesem Verständnis war Deutschland auch bei der Verabschiedung der Datenschutzrichtlinie ausgegangen,[20] denn während der Verhandlungen zu dieser Richtlinie wurde die Formulierung „jeder Mitgliedstaat benennt eine unabhängige staatliche Behörde" in „die Kontrollstellen nehmen ihre Aufgaben in völliger Unabhängigkeit wahr" abgeändert. Der deutsche Vertreter im Rat war davon ausgegangen, dass hierin die Beschränkung auf die funktionale Unabhängigkeit deutlich wird. Der EuGH legte in seinem Urteil aber ein weites Unabhängigkeitsverständnis zugrunde, demzufolge Unabhängigkeit

> „nicht nur jegliche Einflussnahme seitens der kontrollierten Stellen [ausschließt], sondern auch jede Anordnung und jede sonstige äußere Einflussnahme, sei sie unmittelbar oder mittelbar, durch die in Frage gestellt werden könnte, dass die genannten Kontrollstellen ihre Aufgabe, den Schutz des Rechts auf Privatsphäre und den freien Verkehr personenbezogener Daten ins Gleichgewicht zu bringen, erfüllen"[21].

Die Fachaufsicht über Datenschutzaufsichtsbehörden ist damit nicht zulässig. Gleiches gilt nach der Rechtsprechung des EuGH auch für die Rechtsaufsicht. Zwar hatte der deutsche Prozessvertreter noch argumentiert, dass diese nur dazu diene, die Einhaltung der nationalen und unionsrechtlichen Bestimmungen zu garantieren.[22] Nach Auffassung des EuGH könne bei der Rechtsaufsicht jedoch nicht ausgeschlossen werden, „dass die Aufsichtsstellen, die Teil der allgemeinen Staatsverwaltung und damit der Regierung des jeweiligen Landes unterstellt sind, nicht zu objektivem Vorgehen in der Lage sind"[23].

---

19 *EuGH*, Rs. C-518/07, Rn. 16 – Kommission/Deutschland.

20 *J. Jacob*, DuD 1994, S. 480 (482); *E. Werthebach*, RDV 1997, S. 1 (2); *T. Giesen*, RDV 1998, S. 15 (17).

21 *EuGH*, Rs. C-518/07, Rn. 30 – Kommission/Deutschland.

22 *EuGH*, Rs. C-518/07, Rn. 33 – Kommission/Deutschland.

23 *EuGH*, Rs. C-518/07, Rn. 34 – Kommission/Deutschland.

Dies beruht vermutlich auf der Annahme, dass Normen häufig einen auslegungsbedürftigen Graubereich aufweisen. Auslegung und Anwendung gesetzlicher Bestimmungen können bei einem derartigen Verständnis Einfallstore für Einflussnahmen durch das aufsichtsführende Ministerium sein. Der EuGH schätzt das politische Interesse an der Durchsetzung bestimmter Ziele derart hoch ein, dass nicht ausgeschlossen sei, dass die Regierung diesen Steuerungsspielraum nutzt. Beispielhaft werden die Kooperation von öffentlichen und privaten Stellen, die Vergabe öffentlicher Aufträge an Private, Zwecke der Finanzverwaltung oder der Strafverfolgung sowie ökonomische Interessen genannt.[24] Allein die Gefahr politischer Einflussnahme reiche aus, um die Unabhängigkeit zu beeinträchtigen, da die Datenschutzaufsichtsbehörde ansonsten im Wege des „vorauseilenden Gehorsams" der politischen Linie bereits ohne Erlass einer Weisung folge und der Verdacht der Parteilichkeit auf der Datenschutzaufsichtsbehörde laste.[25]

b) Die Rechtssache Kommission/Österreich

In einem zwei Jahre später ergangenen Urteil, dem die österreichische Gesetzeslage im Ausgangsverfahren zugrunde lag, bestätigte der EuGH seine Rechtsprechung und sah auch in Bestimmungen der Dienstaufsicht über die Datenschutzaufsichtsbehörde einen Verstoß gegen die Verpflichtung zur völligen Unabhängigkeit.

Die österreichische Datenschutzkommission war als Kollegialorgan organisiert, dem auch ein Bundesbediensteter angehörte, welcher die laufenden Geschäfte führte. Er war zwar in der Ausübung seines Amtes an keine Weisungen gebunden, aber sein Vorgesetzter im Bundesministerium übte die Dienstaufsicht über ihn aus. Nach österreichischem Recht umfasste die Dienstaufsicht beispielsweise die Kontrolle der Mitarbeiter bezüglich der Frage, ob sie ihre dienstlichen Aufgaben gesetzmäßig und in zweckmäßiger, wirtschaftlicher und sparsamer Weise erfüllen, und die Förderung des dienstlichen Fortkommens der Mitarbeiter nach Maßgabe ihrer Leistungen. Unter Rückgriff auf die aus der Entscheidung zu den deutschen Datenschutzaufsichtsbehörden bekannten Formel, nach der die „Kontrollstel-

24 *EuGH*, Rs. C-518/07, Rn. 35 – Kommission/Deutschland.
25 *EuGH*, Rs. C-518/07, Rn. 36 – Kommission/Deutschland.

len jeder äußeren Einflussnahme, sei sie unmittelbar oder mittelbar, entzogen sein müssen, die ihre Entscheidungen steuern könnte"[26], erklärte der EuGH derartige Regelungen für unvereinbar mit der Unabhängigkeitsverpflichtung der Datenschutzrichtlinie.[27] Die Dienstaufsicht könne zu einer Form des „vorauseilenden Gehorsams"[28] von Seiten der handelnden Beamten führen und verhindern, dass die Datenschutzaufsichtsbehörde über jeden Verdacht der Parteilichkeit erhaben ist.[29]

Das Verbot der Dienstaufsicht gilt konsequenterweise nicht nur für die Leitungsebene der Datenschutzaufsichtsbehörde, sondern auch für die Mitarbeiter der Geschäftsstelle.[30] Denn diese seien nicht bloße Vollzugsorgane der Datenschutzaufsichtsbehörden, sondern leisteten weitreichende Unterstützung bei der Aufgabenerfüllung. Die organisatorische Unterordnung der Geschäftsstelle unter das österreichische Bundeskanzleramt wurde deshalb ebenfalls für unvereinbar mit der unionsrechtlichen Unabhängigkeit erklärt.[31]

Ferner hat der Gerichtshof eine Regelung im österreichischen Verfassungsrecht als unionsrechtswidrig eingestuft. Dem Bundeskanzler steht nach Art. 20 Abs. 2 Satz 3 des österreichischen Bundes-Verfassungsgesetzes (B-VG) das Recht zu, sich beim Vorsitzenden und beim geschäftsführenden Mitglied der Datenschutzkommission jederzeit über alle Gegenstände ihrer Geschäftsführung zu unterrichten. Der EuGH hält ein Unterrichtungsrecht zwar nicht für grundsätzlich unzulässig, aber es verstoße gegen die Unabhängigkeitsvorgabe, wenn es zu weit gefasst („alle Gegenstände") und unbedingt ist („jederzeit").[32] Selbst Informationsrechte sieht der EuGH im Hinblick auf die Unabhängigkeit der Datenschutzaufsichtsbehörden mithin als mögliche Einfallstore unzulässiger Einflussnahme an.

Zudem hat der Gerichtshof Aussagen zur finanziellen Unabhängigkeit getroffen. Demnach sind die Mitgliedstaaten nicht verpflichtet, für die Behörden eigene Haushaltslinien vorzusehen, sondern diese können Bestand-

---

26 *EuGH*, Rs. C-614/10, Rn. 41 – Kommission/Österreich.

27 Anders noch vor der Entscheidung des EuGH die Einschätzung bei *I. Spiecker gen. Döhmann*, JZ 2010, S. 787 (791); *A. Epiney*, Datenschutzrechtliche Aufsichtsbehörden, 2012, S. 13 (22), die aber gewisse Modifikationen verlangte.

28 *EuGH*, Rs. C-614/10, Rn. 51 – Kommission/Österreich.

29 *EuGH*, Rs. C-614/10, Rn. 52 – Kommission/Österreich.

30 *EuGH*, Rs. C-614/10, Rn. 59 ff. – Kommission/Österreich.

31 *EuGH*, Rs. C-614/10, Rn. 59 – Kommission/Österreich.

32 *EuGH*, Rs. C-614/10, Rn. 63 – Kommission/Österreich.

teil des Haushalts eines Ressorts sein. Allerdings müssen die Stellen stets mit personellen und sachlichen Mitteln ausgestattet sein, die diesen die Erledigung der Aufgaben ermöglicht, welche in der Richtlinie vorgesehen sind.[33] Dies folge aus der Verpflichtung zur völligen Unabhängigkeit.

c) Die Rechtssache Kommission/Ungarn

Ein weiteres Urteil zu Art. 28 DSRL erging in einem Verfahren, das die Kommission gegen Ungarn eingeleitet hatte. Ungarn hatte im Jahr 2011 eine Gesetzesänderung verabschiedet, durch welche die Datenschutzaufsichtsbehörde eine andere Struktur erhielt. In diesem Rahmen wurde unter anderem die Amtszeit des Datenschutzbeauftragten von sechs auf neun Jahre verlängert. Gleichzeitig legte das ungarische Recht fest, dass die Amtszeit des damals amtierenden ungarischen Datenschutzbeauftragten mit Inkrafttreten des neuen Gesetzes zum 1. Januar 2012 endet und ein neuer Datenschutzbeauftragter ernannt wird. Dies hielt die Europäische Kommission für unvereinbar mit der Anforderung der völligen Unabhängigkeit.

Der EuGH stimmte dieser Ansicht zu. Er betonte seine bereits zuvor entwickelte Definition der völligen Unabhängigkeit i.S.d. Art. 28 Abs. 1 DSRL[34] und entschied, dass die vorzeitige Abberufung des Datenschutzbeauftragten ohne Einhaltung der im ungarischen Gesetz vorgesehenen Fälle der vorzeitigen Entlassung nicht mit der völligen Unabhängigkeit vereinbar sei. Denn

> *„dürfte [...] ein Mitgliedstaat das Mandat einer Kontrollstelle vor seinem ursprünglich vorgesehenen Ablauf beenden, ohne die von den anwendbaren Rechtsvorschriften zu diesem Zweck im Voraus festgelegten Grundsätze und Garantien zu beachten, könnte die Drohung einer solchen vorzeitigen Beendigung, die dann während der gesamten Ausübung des Mandats über dieser Stelle schwebte, zu einer Form des Gehorsams dieser Stelle gegenüber den politisch Verantwortlichen führen, die mit dem Unabhängigkeitsgebot nicht vereinbar wäre“*[35].

---

33 *EuGH*, Rs. C-614/10, Rn. 58 – Kommission/Österreich; ebenfalls für eine „gewisse Budgethoheit“ plädierend *A. Epiney*, Datenschutzrechtliche Aufsichtsbehörden, 2012, S. 13 (17 und 23).

34 *EuGH*, Rs. C-288/12, Rn. 51 – Kommission/Ungarn.

35 *EuGH*, Rs. C-288/12, Rn. 54 – Kommission/Ungarn.

Der EuGH betonte unter Bezugnahme auf die Regelungen des Europäischen Datenschutzbeauftragten, dass die Beachtung der Amtszeit „eine Hauptvoraussetzung seiner Unabhängigkeit“[36] sei.

d) Die Rechtssache Schrems

In einer Entscheidung betreffend ein Vorabentscheidungsersuchen des irischen High Court zum Safe Harbor-Abkommen hat der EuGH sein Unabhängigkeitsverständnis bestätigt und neben Art. 28 DSRL auch auf die Regelungen in Art. 16 Abs. 2 AEUV und Art. 8 Abs. 3 GRCh verwiesen.[37] Der Gerichtshof betonte die Rolle unabhängiger Datenschutzaufsichtsbehörden für den Grundrechtsschutz und den freien Verkehr personenbezogener Daten.[38] In Bezug auf die Unabhängigkeit hob er hervor, dass eine Entscheidung wie die Safe Harbor-Entscheidung der Europäischen Kommission, die auf Grundlage von Art. 25 Abs. 6 DSRL erlassen wurde, die von der unabhängigen Rechtsstellung geschützte Prüfungsbefugnis der Datenschutzaufsichtsbehörden nicht beeinträchtigen könne.[39] Die Grenze fänden ihre Befugnisse im Monopol des Gerichtshofs, derartige Regelungen für unionsrechtswidrig zu erklären.[40]

3) Änderungen durch die Datenschutz-Grundverordnung

Die seit dem 25. Mai 2018 geltende Datenschutz-Grundverordnung[41] (DSGVO) enthält in Art. 51 ff. zahlreiche Bestimmungen zur organisationsrechtlichen Stellung der Datenschutzaufsichtsbehörden. Die in der Datenschutzrichtlinie enthaltenen Vorgaben an die völlige Unabhängigkeit werden aufrechterhalten, die Rechtsprechung des EuGH kodifiziert und fortgeschrieben.

---

36 *EuGH*, Rs. C-288/12, Rn. 56 – Kommission/Ungarn.
37 *EuGH*, Rs. C-362/14, Rn. 40 – Schrems.
38 *EuGH*, Rs. C-362/14, Rn. 41 f. – Schrems.
39 *EuGH*, Rs. C-362/14, Rn. 57 – Schrems.
40 *EuGH*, Rs. C-362/14, Rn. 62 – Schrems.
41 Verordnung (EU) 2016/679 des Europäischen Parlaments und des Rates vom 27. April 2016 zum Schutz natürlicher Personen bei der Verarbeitung personenbezogener Daten, zum freien Datenverkehr und zur Aufhebung der Richtlinie 95/46/EG (Datenschutz-Grundverordnung), ABl. L 119 vom 4.5.2016, S. 1-88.

Nach Art. 51 Abs. 1 DSGVO sind die Mitgliedstaaten verpflichtet, eine oder mehrere unabhängige Datenschutzaufsichtsbehörden einzurichten. Mehrere Datenschutzaufsichtsbehörden sollten insbesondere eingerichtet werden, wenn dies der verfassungsmäßigen, organisatorischen oder administrativen Struktur des Mitgliedstaats entspricht.[42] Ebenso wie bereits nach der Datenschutzrichtlinie müssen die Datenschutzaufsichtsbehörden über die „völlige Unabhängigkeit" verfügen (Art. 52 Abs. 1 DSGVO). Für die Auslegung dieses Begriffs gelten die bereits ergangenen Urteile des EuGH.

Die Datenschutz-Grundverordnung führt die Bedeutung der völligen Unabhängigkeit – anders als die Datenschutzrichtlinie – explizit weiter aus. So müssen die Mitglieder der Datenschutzaufsichtsbehörde frei von äußeren Einflüssen bleiben, insbesondere dürfen sie keine Weisungen entgegennehmen (Art. 52 Abs. 2 DSGVO). Das Weisungsverbot betrifft alle in Frage kommenden öffentlichen Einrichtungen und Private. Ferner wird die Schaffung einer Inkompatibilitätsklausel bezüglich der Aufgabe der Datenschutzaufsichtsbehörden mit anderen Tätigkeiten verlangt (Art. 52 Abs. 3 DSGVO).

Bedeutsam ist für die Unabhängigkeit ferner Art. 52 Abs. 4 DSGVO, der von den Mitgliedstaaten verlangt, dass die Datenschutzaufsichtsbehörden mit angemessenen personellen, technischen und finanziellen Ressourcen, Räumlichkeiten und mit der erforderlichen Infrastruktur ausgestattet werden müssen, um ihre Aufgaben und Befugnisse auch im Rahmen der Amtshilfe, Zusammenarbeit und Mitwirkung im Europäischen Datenschutzausschuss effektiv wahrnehmen zu können. Zudem muss dem Leiter der Datenschutzaufsichtsbehörde die alleinige Kompetenz zustehen, das Personal seiner Behörde auszuwählen. Dienstrechtlich untersteht das Personal nur dem Leiter (Art. 52 Abs. 5 DSGVO).

Zugleich ordnet die Datenschutz-Grundverordnung Regelungen an, die sicherstellen, dass die Datenschutzaufsichtsbehörden der Finanzkontrolle unterliegen, soweit ihre Unabhängigkeit nicht beeinträchtigt wird (Art. 52 Abs. 6 DSGVO). Dies erfasst die Kompetenz der Rechnungshöfe, Finanzkontrollen durchzuführen, aber auch der Gesetzgeber und die Regierung dürfen diese ausüben, soweit sie hierdurch nicht in die unabhängige Aufgabenerfüllung eingreifen. Dies ist bei reinen Kontrollmaßnahmen zumeist wohl nicht der Fall, könnte aber anders zu bewerten sein, wenn sich

42 Erwgr. (117) DSGVO.

an Verstöße Sanktionen für die Behörde oder die zuständigen Personen anschließen.

Die Regelungen zur Bestellung der Mitglieder der Datenschutzaufsichtsbehörde sehen vor, dass diese unmittelbar vom Parlament gewählt, von der Regierung, vom Staatsoberhaupt oder von einer unabhängigen Einrichtung ernannt werden können (Art. 53 Abs. 1 DSGVO). Wichtig ist dabei, dass das Verfahren der Bestellung transparent erfolgt. Dies verlangt, dass es eine öffentliche Ausschreibung gibt, auf die sich qualifizierte Personen bewerben können. Die Auswahl selbst kann eine der zuständigen Institutionen vornehmen, muss die Entscheidung aber auch öffentlich begründen. Bei der Auswahl der zu wählenden bzw. zu ernennenden Personen ist darauf zu achten, dass diese über die erforderlichen Qualifikationen, Erfahrungen und Sachkunde für die Aufgabe der Datenschutzaufsicht verfügen (Art. 53 Abs. 2 DSGVO).

Die Entlassung gegen den Willen eines betroffenen Mitglieds der Datenschutzaufsichtsbehörde kann die zuständige Institution nur anordnen, wenn die Person die Voraussetzungen für die Ausübung des Amtes nicht mehr erfüllt oder eine schwere Verfehlung begangen hat (Art. 53 Abs. 4 DSGVO). Anders als in der Entwurfsversion der Europäischen Kommission bedarf es zur Entlassung keiner gerichtlichen Feststellungsentscheidung.[43]

Für die Unabhängigkeit ist es zudem bedeutend, dass bestimmte Anforderungen an die Unabhängigkeit der Datenschutzaufsichtsbehörde im nationalen Gesetzesrecht fixiert sein müssen (Art. 54 DSGVO). Dies betrifft beispielsweise die Auswahlkriterien bei der Bestellung von Mitgliedern der Datenschutzaufsichtsbehörde oder auch die Mindestamtsdauer (4 Jahre) und die Möglichkeit der Wiederwahl, welche die Datenschutz-Grundverordnung grundsätzlich einräumt.

Ferner stärkt die Datenschutz-Grundverordnung die Kompetenzen der Datenschutzaufsichtsbehörden bei der Kontrolle im öffentlichen Bereich, da sie nicht mehr nur auf die Anzeigebefugnis beschränkt sind (Art. 58 DSGVO).

---

43 Siehe *Europäische Kommission*, Vorschlag für Verordnung des Europäischen Parlaments und des Rates zum Schutz natürlicher Personen bei der Verarbeitung personenbezogener Daten und zum freien Datenverkehr (Datenschutz-Grundverordnung), KOM(2012) 11 endg., S. 87.

III. Ämter der amtlichen Statistik

1) Primärrecht

Mit Art. 338 Abs. 2 AEUV besteht eine Norm, die Vorgaben für den Bereich europäischer Statistiken trifft. Sie bestimmt, dass die Erstellung der Unionsstatistiken [...] unter Wahrung der Unparteilichkeit, der Zuverlässigkeit, der Objektivität, der wissenschaftlichen Unabhängigkeit, der Kostenwirksamkeit und der statistischen Geheimhaltung erfolgen muss.

Die Norm legt Grundsätze als materiellrechtliche Vorgaben an die Erstellung von Statistiken fest. Erstellung meint allgemein alle im Zusammenhang mit der Erhebung, Speicherung, Verarbeitung und Analyse stehenden Tätigkeiten, die zur Erstellung von Statistiken erforderlich sind.[44] Aus dem Begriff der „wissenschaftlichen Unabhängigkeit" lässt sich nicht die organisationsrechtliche Konsequenz ziehen, dass ein Verbot von Weisungen besteht. Denn zum einen finden statistische Stellen keine Erwähnung, zum anderen lässt der Begriff „wissenschaftliche Unabhängigkeit" offen, welche organisatorischen Konsequenzen zu ziehen sind. Allerdings steht die Norm einer Entkopplung auch nicht entgegen.[45]

2) Sekundärrechtliche Konkretisierung

Damit rücken sekundärrechtliche Vorgaben in den Mittelpunkt. Für die Unabhängigkeit der statistischen Stellen sind die Statistikverordnung,[46]

44 Art. 3 Nr. 3 der Verordnung (EG) Nr. 223/2009 des Europäischen Parlaments und des Rates vom 11. März 2009 über europäische Statistiken und zur Aufhebung der Verordnung (EG, Euratom) Nr. 1101/2008 des Europäischen Parlaments und des Rates über die Übermittlung von unter die Geheimhaltungspflicht fallenden Informationen an das Statistische Amt der Europäischen Gemeinschaften, der Verordnung (EG) Nr. 322/97 des Rates über die Gemeinschaftsstatistiken und des Beschlusses 89/382/EWG, Euratom des Rates zur Einsetzung eines Ausschusses für das Statistische Programm der Europäischen Gemeinschaften, ABl. L 87 vom 31.3.2009, S. 164–173.

45 Siehe die ausführlichere Darstellung unten in Kapitel 4, C. I. 2).

46 Verordnung (EU) Nr. 2015/759 des Europäischen Parlaments und des Rates vom 29. April 2015 zur Änderung der Verordnung (EG) Nr. 223/2009 über europäische Statistiken, ABl. L 123 vom 19.5.2015, S. 90-97.

der Verhaltenskodex für europäische Statistiken (CoP)[47] und die Verordnung zur haushaltspolitischen Überwachung[48] von Bedeutung.

Die Statistikverordnung aus dem Jahr 2009 enthielt keine expliziten Vorgaben für die Organisation der nationalen Statistikämter.[49] Die statistischen Stellen wurden allgemein zur fachlichen Unabhängigkeit verpflichtet. Laut der Legaldefinition in Art. 2 Abs. 1 lit. a) Statistikverordnung bedeutet fachliche Unabhängigkeit, dass die Statistiken auf unabhängige Weise entwickelt, erstellt und verbreitet werden müssen, insbesondere was die Wahl der zu verwendenden Verfahren, Definitionen, Methoden und Quellen sowie den Zeitpunkt und den Inhalt aller Verbreitungsformen anbelangt, ohne dass politische Gruppen oder Interessengruppen oder Stellen der Gemeinschaft oder einzelstaatliche Stellen Druck ausüben können. Im Rahmen der Novellierung der Statistikverordnung im Jahr 2015[50] wurde der zuvor enthaltene Zusatz „dies gilt unbeschadet institutioneller Rahmenbedingungen wie gemeinschaftlicher oder einzelstaatlicher institutioneller oder haushaltsrechtlicher Bestimmungen oder der Festlegung des statistischen Bedarfs“ gestrichen.

Hinzugekommen sind Regelungen zur Organisation der nationalen statistischen Stellen.[51] Diese finden sich in Art. 5 und Art. 5a der Statistikver-

---

47 Die aktuelle Version des Verhaltenskodex für europäische Statistiken für die nationalen und die gemeinschaftlichen Stellen wurde vom Ausschuss für das Europäische Statistische System (siehe Art. 7 und 11 Abs. 2 VO (EG) 223/2009) am 28. September 2011 verabschiedet.

48 Verordnung (EU) Nr. 1175/2011 des Europäischen Parlaments und des Rates vom 16. November 2011 zur Änderung der Verordnung (EG) Nr. 1466/97 des Rates über den Ausbau der haushaltspolitischen Überwachung und der Überwachung und Koordinierung der Wirtschaftspolitiken, ABl. L 306 vom 23.11.2011, S. 12–24.

49 Verordnung (EG) Nr. 223/2009 des Europäischen Parlaments und des Rates vom 11. März 2009 über europäische Statistiken und zur Aufhebung der Verordnung (EG, Euratom) Nr. 1101/2008 des Europäischen Parlaments und des Rates über die Übermittlung von unter die Geheimhaltungspflicht fallenden Informationen an das Statistische Amt der Europäischen Gemeinschaften, der Verordnung (EG) Nr. 322/97 des Rates über die Gemeinschaftsstatistiken und des Beschlusses 89/382/EWG, Euratom des Rates zur Einsetzung eines Ausschusses für das Statistische Programm der Europäischen Gemeinschaften, ABl. L 87 vom 31.3.2009, S. 164–173.

50 Grundlage ist Verordnung (EU) 2015/759 des Europäischen Parlaments und des Rates vom 29. April 2015 zur Änderung der Verordnung (EG) Nr. 223/2009 über europäische Statistiken, ABl. L 123 vom 19.5.2015, S. 90–97.

51 Ausführlich zur Neuregelung *M. Kröger/A. Pilniok*, DÖV 2015, S. 917 ff.

ordnung. Demnach muss jeder Mitgliedstaat eine nationale Behörde benennen, die als nationales statistisches Amt (NStA) fungiert. Ihr kommt die koordinierende Rolle aller statistischen Erhebungen in einem Mitgliedstaat zu und sie ist die Kontaktstelle mit der Europäischen Kommission. Die Leitungsebene des NStA trägt die alleinige Verantwortung für Prozesse, statistische Methoden, Standards und Verfahren sowie für Inhalt und Zeitplan der Veröffentlichungen von Statistiken. Sie entscheidet über alle Fragen der internen Verwaltung des NStA, ist für die statistischen Tätigkeiten und den Haushaltsvollzug des NStA verantwortlich, arbeitet nationale Leitlinien aus, handelt dabei unabhängig und darf Weisungen von einer Regierung, einem Organ, einer Einrichtung oder jeder anderen Stelle weder einholen noch entgegennehmen (Art. 5a Abs. 2 Statistikverordnung).

Die Verfahren zur Einstellung und Ernennung von Personen der Leitungsebene des NStA müssen transparent sein und dürfen ausschließlich auf fachlichen Kriterien beruhen (Art. 5a Abs. 4 Statistikverordnung). Neben dem NStA verfügen alle Mitgliedstaaten über weitere statistische Stellen. In Deutschland existieren beispielsweise insgesamt 31 derartige Einrichtungen,[52] darunter die Statistikämter der Länder oder die Bundesarbeitsagentur. Für diese regelt Art. 5a Abs. 1 Statistikverordnung, dass die Bediensteten fachlich unabhängig sein müssen und dass bei der Einstellung und Ernennung der Leitungsebene ausschließlich fachliche Kriterien herangezogen werden dürfen und das Verfahren transparent sein muss. Ferner werden die Mitgliedstaaten ermächtigt, eine Stelle einzurichten, welche die fachliche Unabhängigkeit der Ersteller europäischer Statistiken sicherstellt (Art. 5a Abs. 5 Statistikverordnung).

Diese Anforderungen an nationale Statistikstellen sind im CoP bereits angelegt gewesen. In seinem Grundsatz 1 „Fachliche Unabhängigkeit" bestimmt der CoP, dass die Unabhängigkeit der nationalen Statistikämter gesetzlich festgelegt sein und der Leiter des NStA auf einer hierarchischen Ebene angesiedelt [sein muss], die den Zugang zu hochrangigen politischen Entscheidungsträgern und Behörden gewährleistet.[53] Die fachliche Unabhängigkeit gegenüber anderen politischen Stellen, Regulierungsstel-

52 *Eurostat*, List of national statistical institutes, 8. Oktober 2019, S. 3, abrufbar unter https://ec.europa.eu/eurostat/documents/747709/753176/20190607_List_other_national_statistical_authorities_IT.pdf/f3c3bddf-c378-4203-92a2-48d0dd789f3d.

53 Punkt 1.2 des Verhaltenskodex für europäische Statistiken für die nationalen und die gemeinschaftlichen Stellen.

len oder Behörden sowie gegenüber den Akteuren des Privatsektors ist demnach der Garant für die Glaubwürdigkeit der europäischen Statistiken. Die Mitgliedstaaten sollen durch gesetzliche Mittel sicherstellen, dass die Entwicklung, Erstellung und Verbreitung europäischer Statistiken auf eine Art und Weise erfolgt, welche die fachliche Unabhängigkeit sichert. Dies entspricht weitgehend den Regelungen in der Statistikverordnung.

Bereits vor der Novellierung der Statistikverordnung legte die im Rahmen des „Six-Pack"[54] erlassene VO (EU) Nr. 1175/2011 Anforderungen an die Statistikämter der Mitgliedstaaten fest. Dessen Art. 10a greift ebenfalls auf den Ausdruck der fachlichen Unabhängigkeit zurück und legt fest, dass transparente Einstellungs- und Entlassungsprozesse bestehen müssen, die ausschließlich auf fachlichen Kriterien beruhen, dass eigene Haushaltsmittel zuzuweisen sind und dass das Datum der Veröffentlichung zentraler statistischer Informationen rechtzeitig im Voraus bestimmt werden muss. Dies bezog sich aber lediglich auf die Erstellung von Statistiken im Rahmen des Stabilitäts- und Wachstumspakts. Die novellierte Statistikverordnung hat die teilweise identischen Regelungen auf andere Bereiche der amtlichen Statistik erweitert.

---

54 Damit wird ein Regelungspaktet im Rahmen der Reform der Wirtschafts- und Währungsunion bezeichnet, das aus den folgenden Sekundärrechtsakten besteht: Verordnung (EU) Nr. 1173/2011 über die wirksame Durchsetzung der haushaltspolitischen Überwachung im Euro-Währungsgebiet (ABl. L 306 vom 23.11.2011, S. 1-7); Verordnung (EU) Nr. 1174/2011 über Durchsetzungsmaßnahmen zur Korrektur übermäßiger makroökonomischer Ungleichgewichte im Euro-Währungsgebiet (ABl. L 306 vom 23.11.2011, S. 8-11); Verordnung (EU) Nr. 1175/2011 zur Änderung der Verordnung (EG) Nr. 1466/97 des Rates über den Ausbau der haushaltspolitischen Überwachung und der Überwachung und Koordinierung der Wirtschaftspolitiken (ABl. L 306 vom 23.11.2011, S. 12-24); Verordnung (EU) Nr. 1176/2011 über die Vermeidung und Korrektur makroökonomischer Ungleichgewichte (ABl. L 306 vom 23.11.2011, S. 25-32); Verordnung (EU) Nr. 1177/2011 zur Änderung der Verordnung (EG) Nr. 1467/97 über die Beschleunigung und Klärung des Verfahrens bei einem übermäßigen Defizit (ABl. L 306 vom 23.11.2011, S. 33-40); Richtlinie 2011/85/EU über die Anforderungen an die haushaltspolitischen Rahmen der Mitgliedstaaten (ABl. L 306 vom 23.11.2011, S. 41-47); zum „Six-Pack" siehe *Chr. Gröpl*, Der Staat 52 (2013), S. 1 ff.

B. Gründe des Unionsrechts für die Einrichtung unabhängiger Behörden in den Mitgliedstaaten

Um das Unabhängigkeitsregime im Unionsverwaltungsrecht näher zu bestimmen, werden die Gründe herausgearbeitet, aus denen das Unionsrecht den Mitgliedstaaten vorgibt, unabhängige Behörden einzurichten. Ziel ist es auch, zu klären, ob diese Gründe den Besonderheiten der Referenzgebiete geschuldet sind oder ob es auch rechtsgebietsübergreifende Erklärungen gibt.

I. Telekommunikationsrecht

Das Telekommunikationsrecht ist insbesondere hinsichtlich der historischen Entwicklung der Richtlinienpakete für die Gründe zur Schaffung unabhängiger Regulierungsbehörden in den Mitgliedstaaten aufschlussreich.

1) Unabhängigkeit als Privatisierungsfolgenrecht

Eine erste Regelung zur organisationsrechtlichen Stellung der nationalen Regulierungsbehörden im Telekommunikationsrecht (NRB) fand sich in der RRL-TK aus dem Jahre 2002.[55] Diese funktionale Unabhängigkeit wird in der Richtlinie damit begründet, dass es zur unparteiischen Ausübung der Regulierungsaufgabe notwendig sei, dass Regulierer und Regulierter organisatorisch voneinander getrennt sind.[56] Der Interessenkonflikt zwischen Regulierungsaufgabe und Anteilseigner mache eine solche Regelung notwendig.[57] Ansonsten könne keine wirksame Kontrolle durch die Regulierungsbehörde erfolgen.

Da ehemalige Staatsbetriebe auf den Telekommunikationsmärkten unternehmerisch tätig waren und es meist immer noch sind, mussten die ho-

---

55 Richtlinie 2002/21/EG des Europäischen Parlaments und des Rates vom 7. März 2002 über einen gemeinsamen Rechtsrahmen für elektronische Kommunikationsnetze und -dienste (Rahmenrichtlinie), ABl. L 108 v. 24.4.2002, S. 33 ff.

56 Erwgr. (11) RL 2002/21/EG; ebenso bei *J.-P. Schneider*, ZHR 164 (2000), S. 513 (537); *G. Hermes*, Legitimationsprobleme, 2005, S. 457 (460 und 466 f.).

57 So auch bei *K. Oertel*, Regulierungsbehörde, 2000, S. 375.

heitlichen Regulierungsstellen von den (in Privatrechtsform geführten) Telekommunikationsunternehmen getrennt werden, an denen noch staatliche Beteiligungen bestanden.[58] Die Unabhängigkeit diente dieser Richtlinie nach dem Trennungsgedanken im Privatisierungsfolgenrecht, der für den Ausgleich widerstreitender Interessen sorgt.

2) Unabhängigkeit zur Verwirklichung des Binnenmarkts

Sieben Jahre später wurde das dritte Richtlinienpaket zum Binnenmarkt erlassen, das auch die politische Unabhängigkeit festschrieb. Diese kann aber nicht allein mit dem Gedanken des Privatisierungsfolgenrechts begründet werden, da es dabei nur um die Trennung innerstaatlicher Interessen an Regulierung und unternehmerischer Beteiligung geht. Die historische Entwicklung der unionsrechtlichen Regulierung des Rechtsgebiets macht deutlich, dass der ursprüngliche Grund der Unabhängigkeit die seit 2009 bestehende Unabhängigkeitsvorgabe nicht vollständig rechtfertigt.[59]

Die politische Unabhängigkeit ist vielmehr dadurch begründet, dass der Liberalisierung des Binnenmarktes gewichtige nationale Interessen entgegenstehen können. Denn die Liberalisierung könnte in einigen Fällen dazu führen, dass ökonomisch bedeutsame Unternehmen in einem Mitgliedstaat Anteile am Telekommunikationsmarkt und damit an ökonomischer Stärke verlieren. Mitgliedstaaten haben jedoch häufig ein Interesse daran, dass Arbeitsplätze vor Ort erhalten bleiben sowie das Steueraufkommen nicht sinkt. Es bestehen folglich wirtschaftliche Eigeninteressen eines jeden Mitgliedstaats, die dazu verleiten könnten, in die Regulierung des Telekommunikationsmarktes zugunsten von Unternehmen einzugreifen, die innerhalb des Mitgliedstaats ökonomisch bedeutsam sind. Die Entkopplung der Regulierungsstelle im Telekommunikationsrecht soll auch diesen Befürchtungen entgegenwirken.[60]

---

58 *H.-P. Schwintowski*, CR 1997, S. 630 (636); *H.-W. Moritz*, CR 1998, S. 13 (20); *J. Masing*, Recht der Regulierungsverwaltung, 2006, S. D 44 ff. m. w. N. und S. D 79 ff.; *ders.*, Unabhängige Behörden, 2010, S. 197; *J.-P. Schneider*, Telekommunikation, 2010, § 8 Rn. 82; zum Regulierungsansatz liberalisierter Wirtschaftsbereiche *M. Bullinger*, DVBl. 2003, S. 1355 ff.

59 Den Wandel konstatiert ebenfalls *D. Couzinet*, Legitimation unabhängiger Behörden, 2011, S. 213 (217).

60 Vgl. dazu schon vor der Änderung der Richtlinie *K. Oertel*, Regulierungsbehörde, 2000, S. 106; *W. Eschweiler*, K&R 2001, S. 238 (239); *M. Bullinger*, DVBl. 2003,

II. Datenschutzrecht

1) Unabhängigkeit zur Sicherung des Grundrechtsschutzes

Die Unabhängigkeit von Datenschutzaufsichtsbehörden wird auch im europäischen Kontext häufig mit dem Verweis auf den Grundrechtsschutz begründet.[61] Datenschutzaufsichtsbehörden übten keine „‘normale‘ Verwaltungstätigkeit“[62] aus, sondern seien eher in die Nähe von Ombudsmännern[63], Petitionsorganen oder Gerichten zu rücken.[64] Teilweise ist von „europaweit grundrechtlich gebotenen Kontrollinstanzen sui generis“[65] die Rede.

Diese Aussagen basieren auf der Annahme, dass es im Datenschutzrecht eines aktiven Grundrechtsschutzes durch unabhängige Behörden bedürfe,[66] welche die Lücken schließen, die eine Beschränkung des Grundrechtsschutzes auf gerichtliche Verfahren schafft.[67] Der Schutz personenbezogener Daten erfordere unabhängige Kontrollstellen, da die Verletzung dieses Grundrechts vergleichsweise schnell und unbemerkt erfolgen kann. Dies mache es notwendig, den gerichtlichen Schutz zu ergänzen.[68] Die grundrechtliche Rechtfertigung für unabhängige Datenschutzaufsichtsbehörden findet sich sowohl in der Datenschutzrichtlinie[69] als auch in den

---

S. 1355 (1360); *J. Kühling*, Netzwirtschaften, 2004, S. 380; *J. Masing*, Recht der Regulierungsverwaltung, 2006, S. D 80 f.; angedeutet auch bei *M. Ruffert*, Unabhängigkeit, 2011, S. 399 (413).

61 *G. Wippermann*, DÖV 1994, S. 929 (932); *J. Hellermann/J. Wieland*, DuD 2000, S. 284 (288); *T. Petri/M.-T. Tinnefeld*, MMR 2010, S. 157 ff.; auch *I. Spiecker gen. Döhmann*, Datenschutzbehörden, 2016, S. 97 (105 f.), hebt die Besonderheiten im Informationsschutz hervor.

62 *D. Couzinet*, Legitimation unabhängiger Behörden, 2011, S. 213 (216).

63 *K. Oertel*, Regulierungsbehörde, 2000, S. 144.

64 *T. Petri/M.-T. Tinnefeld*, MMR 2010, S. 157 f.

65 *T. Petri/M.-T. Tinnefeld*, MMR 2010, S. 157 (158).

66 Besonders deutlich bei *T. Petri/M.-T. Tinnefeld*, MMR 2010, S. 157 (158), die im Schutz der Persönlichkeitsrechte der Bürger den alleinigen Grund der Kontrollaufgabe und die ausschließliche Legitimationsgrundlage sehen.

67 Siehe zu diesem Konzept *V. Aichele*, Menschenrechtsinstitutionen, 2003, S. 110 ff.; *Chr. Gusy*, Der Staat 47 (2008), S. 511 (522 ff.); *A. von Bogdandy/J. von Bernstorff*, EuR 2010, S. 141 (143 ff.).

68 *K. Oertel*, Regulierungsbehörde, 2000, S. 144.

69 Erwägungsgrund (10) und (62) der Richtlinie 95/46/EG des Europäischen Parlaments und des Rates vom 24. Oktober 1995 zum Schutz natürlicher Personen bei

Urteilen des EuGH.[70] Der Gerichtshof bezeichnet die Datenschutzaufsichtsbehörden unter anderem als „Hüter dieser Grundrechte".[71]

2) Unabhängigkeit zur Sicherung des freien Datenverkehrs

Die Unabhängigkeit der Datenschutzaufsichtsbehörden mit dem Grundrechtsschutz zu rechtfertigen, überzeugt insofern, als dass staatliche Eingriffe in den Schutzbereich personenbezogener Daten einer intensivierten Kontrolle bedürfen. Diese Aufgabe können unabhängige Datenschutzaufsichtsbehörden übernehmen. Dies überzeugt vollständig aber nur bei der Aufsicht im öffentlichen Bereich, d.h. bei der Verarbeitung personenbezogener Daten durch öffentliche Stellen. Mit der unabhängigen Rechtsstellung der Datenschutzaufsichtsbehörden wird ein staatsinterner Interessenkonflikt zwischen dem Grundrechtsschutz einerseits und dem Interesse an der Nutzung personenbezogener Daten andererseits durch eine organisationsrechtliche Regelung entschärft – ähnlich wie bei der funktionalen Unabhängigkeit in der Telekommunikationsregulierung.

Sofern darüber hinaus – wie es in den Urteilen des EuGH der Fall war – die Datenschutzaufsichtsbehörden auch bei der Aufsicht im nicht-öffentlichen Bereich, d.h. bei der Aufsicht über Private, ebenfalls von der Regierung entkoppelt sein müssen, erweist sich die Begründung allein durch den Grundrechtsschutz als wenig tragfähig. Anders als beim öffentlich-rechtlichen Rundfunk oder öffentlichen Forschungseinrichtungen im deutschen Verfassungsrecht, bei denen die Sicherstellung eigener Grundrechte der Institutionen gewährleistet werden soll,[72] dienen Datenschutzaufsichtsbehörden der Sicherung von Grundrechten Dritter, insbesondere der betroffenen Bürger. Somit bliebe als Konstruktion zur Rechtfertigung der Unabhängigkeit nur noch die grundrechtliche Schutzpflicht des Staates. Dass unabhängige Datenschutzaufsichtsbehörden die Grundrechte der Betroffenen besser schützen als abhängige ist zwar nicht unplausibel, aller-

---

der Verarbeitung personenbezogener Daten und zum freien Datenverkehr, ABl. L 281 vom 23.11.1995, S. 31–50 (DSRL).

70 *EuGH*, Rs. C-518/07, Rn. 23, 25, 36, 50 – Kommission/Deutschland; noch etwas stärker betont in *EuGH*, Rs. C-614/10, Rn. 37 und 52 – Kommission/Österreich; Rs. C-362/14, Rn. 40 ff. und 58 – Schrems.

71 *EuGH*, Rs. C-518/07, Rn. 23 – Kommission/Deutschland.

72 Siehe oben in Kapitel 2, Teil 2, C. I.

dings auch nicht zwingend. Auf diese Weise ließe sich in allen grundrechtssensiblen Bereichen die Pflicht begründen, unabhängige Kontrollstellen einzurichten.[73] Denn der Verweis auf den Grundrechtsschutz beträfe keine Sonderkonstellation wie bei den öffentlich-rechtlichen Rundfunkanstalten oder den öffentlichen Forschungseinrichtungen, sondern rechtfertigte allgemein den Grundrechtsschutz durch unabhängige Behörden. Dies entspräche aber nicht der Funktion von Grundrechten. Sie dienen nicht der Kompetenzabgrenzung im Organisationsrecht und können auch nicht Grundlage für Herrschaftsausübung sein,[74] sondern dienen primär dem Schutz von Individuen vor staatlichen Maßnahmen.

In der Rechtsprechung des EuGH zeigt sich dementsprechend eine weitere Begründungsdimension für unabhängige Datenschutzaufsichtsbehörden. Der Gerichtshof erklärte, dass sich unabhängige Behörden generell dadurch auszeichneten, dass sie entweder eine Regulierungsfunktion wahrnehmen oder für solche Aufgaben zuständig sind, die der politischen Einflussnahme entzogen sein müssen. „Eben dies" – so der EuGH – „ist bei den Aufgaben der Kontrollstellen für den Schutz natürlicher Personen bei der Verarbeitung personenbezogener Daten der Fall."[75] Weiterhin verweist er darauf, dass nicht auszuschließen sei,

> *„dass die Aufsichtsstellen, die Teil der allgemeinen Staatsverwaltung und damit der Regierung des jeweiligen Landes unterstellt sind, nicht zu objektivem Vorgehen in der Lage sind, wenn sie die Vorschriften über die Verarbeitung personenbezogener Daten auslegen und anwenden."*[76]

Jeder Mitgliedstaat habe eigene Interessen, die mit denjenigen des europäischen Datenschutzrechts nicht immer übereinstimmten. Als Beispiele nannte der Gerichtshof die Finanzverwaltung, die Strafverfolgung sowie wirtschaftliche Interessen.[77] Diese Überlegungen hatte der Gerichtshof bereits zuvor auf den Punkt gebracht: Unabhängige Datenschutzaufsichtsbehörden seien auch Hüter der Grundfreiheiten.[78] Sie sollen auch für die kohärente Regelung des freien Verkehrs von Daten zwischen den Mitglied-

---

73 *D. Zöllner*, Datenschutzbeauftragte, 1995, S. 274.
74 *D. Zöllner*, Datenschutzbeauftragte, 1995, S. 274.
75 *EuGH*, Rs. C-518/07, Rn. 42 – Kommission/Deutschland.
76 *EuGH*, Rs. C-518/07, Rn. 34 – Kommission/Deutschland.
77 *EuGH*, Rs. C-518/07, Rn. 35 – Kommission/Deutschland.
78 *EuGH*, Rs. C-518/07, Rn. 23 – Kommission/Deutschland.

staaten sorgen, der für das Funktionieren und die Errichtung des Binnenmarkts eines gewissen Harmonisierungsgrads bedürfe.[79]

Diese Einschätzung des EuGH bestätigen die Erwägungsgründe 3, 7, 8 und 64 DSRL. Im Urteil Kommission/Österreich[80] ist die Binnenmarktdimension aufgrund der überdeutlichen Betonung des Datenschutzrechts nicht in gleicher Weise offengelegt. Das liegt vermutlich auch daran, dass sich der EuGH zunehmend als europäisches Grundrechtegericht positionieren will, wofür er insbesondere das Grundrecht auf Schutz personenbezogener Daten heranzieht.[81] Der EuGH gibt aber seine Rechtsprechung nicht auf, nach der die Unabhängigkeit der Datenschutzaufsichtsbehörden auch mit der Sicherung des freien Datenverkehrs und damit des einheitlichen Binnenmarktes begründet wird.[82] Diese Einschätzung gilt unverändert für die Rechtslage seit Geltung der Datenschutz-Grundverordnung fort. So zeigt sich beispielsweise in Art. 51 Abs. 1 DSGVO die Bedeutung unabhängiger Datenschutzaufsichtsbehörden für den freien Verkehr personenbezogener Daten.[83]

---

79 *EuGH*, Rs. C-518/07, Rn. 20, 24, 30 und 50 – Kommission/Deutschland; dieses Verständnis zeigt sich auch bei *S.-P. Hwang*, DÖV 2014, S. 681 (689 f.); die Binnenmarktbegründung für „etwas konstruiert" haltend: *C. Ladenburger*, Evolution, 2008, S. 107 (120).

80 *EuGH*, Rs. C-614/10 – Kommission/Österreich.

81 Siehe die Urteile *EuGH*, Rs. C-131/12 – Google Spain und Google; verb. Rs. C-293/12 und C-594/12 – Digital Rights Ireland und Seitlinger; Rs. C-362/14 – Schrems.

82 Diesen Aspekt hebt ebenfalls *J. P. Schneider*, in: Wolff/Brink, Datenschutzrecht, 2017, Art. 51 DSGVO Rn. 6, hervor; pointiert bei *K. von Lewinski*, in: Auernhammer, Bundesdatenschutzgesetz, 2014, § 22 BDSG Rn. 44: „Dabei hat die Unabhängigkeit allerdings gerade nicht das Ziel eines besonders hohen Datenschutzniveaus in einzelnen Mitgliedstaaten vor Augen oder gar die Ermöglichung nationaler Sonderwege, sondern ist nach Wesen und Zweck der EU ausgerichtet auf das Ziel eines einheitlichen Datenschutzniveaus in der Union und insoweit auf die Verwirklichung des Binnenmarkts".

83 Ebenso *B. Körffer*, in: Paal/Pauly, Datenschutz-Grundverordnung, 2017, Art. 51 DSGVO Rn. 5.

III. Statistikrecht

1) Unabhängigkeit zur Sicherung der Wissenschaftlichkeit

Die unabhängige Stellung der statistischen Ämter könnte mit der Wissenschaftlichkeit bzw. der Expertise dieser Einrichtungen begründet werden. Dafür spricht, dass Art. 338 Abs. 2 AEUV als einen der Grundsätze statistischer Tätigkeiten die wissenschaftliche Unabhängigkeit enthält. Expertenwissen ist – auch für die amtliche Statistik – eine essentielle Voraussetzung modernen Verwaltens. Damit dieses auch ohne unzulässige Beeinflussung durch politische Organe genutzt werden kann, wäre die Entkopplung eine mögliche organisationsrechtliche Konsequenz. Eine derartige Begründung weist Ähnlichkeiten zu expertokratischen Erwägungen für die unabhängigen Unionsagenturen auf.[84]

Allerdings ist der Verweis auf die Wissenschaftlichkeit zur Begründung der unabhängigen Rechtsstellung wenig überzeugend. Selbst in wissenschaftlich sehr gut erforschten Bereichen bestehen unterschiedliche Auffassungen über die richtige Erkenntnis und die aus ihr folgenden Konsequenzen. Dies liegt unter anderem daran, dass Akteure meist bestimmte Grundüberzeugungen haben[85] und kaum gesichertes Wissen und damit objektive Erkenntnis besteht.[86] Expertenwissen ist stets relativ und baut selbst wiederum auf Prämissen auf, zu denen auch politische Ein- und Vorstellungen gehören können. Die Entkopplung allein unter Verweis auf die Expertise zur Sicherung objektiven Verwaltens würde dies verkennen.

Für das Recht der amtlichen Statistik in der EU wird dies vom Verhaltenskodex für europäische Statistiken bestätigt, der zwischen der wissenschaftlichen Arbeitsweise von Statistikbehörden und der Entkopplung von hoheitlichen Institutionen trennt. Unter Grundsatz 1 wird die „fachliche Unabhängigkeit" gefordert, die dahingehend konkretisiert wird, dass „die Unabhängigkeit der nationalen statistischen Ämter und von Eurostat von politischer und anderer externer Einflussnahme bei der Entwicklung, Erstellung und Verbreitung von Statistiken [...] gesetzlich festgelegt" sein muss. Getrennt davon, als Grundsatz 6 „Unparteilichkeit und Objektivi-

84 Siehe oben in Kapitel 2, Teil 1, D. II. 2).

85 Dies wird unter anderem daran deutlich, dass sich Wissenschaftler zum Teil bestimmten „Schulen" zugehörig fühlen.

86 Zur Bedeutung von Nichtwissen und unsicherem Wissen siehe die Beiträge in Engel/Halfmann/Schulte, Wissen, 2002, und Röhl, DV 2010, Beiheft 9.

tät“, werden die statistischen Stellen dazu verpflichtet, europäische Statistiken unter Wahrung der wissenschaftlichen Unabhängigkeit und in objektiver, professioneller und transparenter Weise zu entwickeln, zu erstellen und zu verbreiten. Die Verpflichtung zur wissenschaftlichen Unabhängigkeit trifft damit alle statistischen Stellen, unabhängig davon, ob sie weisungsgebunden sind. Die Expertise der Statistikstellen allein kann demnach die Entkopplung von der Regierungsebene nicht rechtfertigen.

2) Unabhängigkeit zur Sicherung der Glaubhaftigkeit von Statistiken

Die Entkopplung nationaler Statistikbehörden lässt sich eher damit begründen, dass es zur Erstellung europäischer Statistiken vergleichbarer und glaubhafter Statistiken bedarf. Die für die Erstellung und Verbreitung europäischer Statistiken zuständige Stelle ist Eurostat. Die Daten für die Statistiken werden vorwiegend von den nationalen Statistikämtern erhoben und aufbereitet an Eurostat übersandt. Eurostat kann diese Daten aber nur als europäische Statistiken nutzen, wenn die Daten vergleichbar sind, insbesondere mittels einer vergleichbaren Methode erhoben wurden, und so aufbereitet wurden, dass sie nicht zu Verzerrungen führen.

Amtliche Statistiken spielen in der EU zunehmend eine erhebliche Rolle, da mit ihnen politische Maßnahmen begründet werden, sie teilweise sogar Rechtsfolgen auslösen. Deshalb müssen Statistiken glaubhaft sein. Dies wird nach Auffassung der Europäischen Kommission[87] und des europäischen Gesetzgebers[88] befördert, wenn die amtlichen Statistikämter fachlich unabhängig sind. Der Verhaltenskodex für europäische Statistiken

---

87 Siehe die Mitteilung der *Europäischen Kommission* an das Europäische Parlament und den Rat, Ein robustes Qualitätsmanagement für europäische Statistiken, KOM(2011) 211 endg, S. 5 f.; dieser Grund wurde auch im Vorschlag der EU-Kommission zur Änderung der Statistikverordnung hervorgehoben, siehe *Europäische Kommission*, Vorschlag für Verordnung des Europäischen Parlaments und des Rates zur Änderung der Verordnung (EG) Nr. 223/2009 über europäische Statistiken, KOM(2012) 167 endg., S. 2 f.

88 Erwgr. (20) der Verordnung (EG) Nr. 223/2009 des Europäischen Parlaments und des Rates vom 11. März 2009 über europäische Statistiken und zur Aufhebung der Verordnung (EG, Euratom) Nr. 1101/2008 des Europäischen Parlaments und des Rates über die Übermittlung von unter die Geheimhaltungspflicht fallenden Informationen an das Statistische Amt der Europäischen Gemeinschaften, der Verordnung (EG) Nr. 322/97 des Rates über die Gemeinschaftsstatistiken und des Beschlusses 89/382/EWG, Euratom des Rates zur Einsetzung eines Ausschusses für

verweist ebenfalls darauf, dass die fachliche Unabhängigkeit die Glaubhaftigkeit der europäischen Statistiken fördert.[89]

Dass es zur Sicherung der Glaubhaftigkeit von Statistiken der Entkopplung von der nationalen Regierungsebene bedarf, lässt sich auch damit begründen, dass die Ergebnisse statistischer Arbeit erhebliche Konsequenzen für Mitgliedstaaten haben können. Dieser Umstand könnte dazu führen, dass die Regierungsebene Einfluss auf die Erstellung und/oder Verbreitung der Statistiken nehmen möchte. Dies gilt insbesondere für die Berechnung von Bevölkerungs- oder Haushaltszahlen eines Mitgliedstaats. Diese sind aus unionsrechtlicher Perspektive wichtig, da auf ihrer Grundlage eine ganze Reihe zentraler Kennzahlen ermittelt werden, unter anderem das Bruttoinlandsprodukt (BIP).

Das BIP wird bei der Zuweisung von EU-Fördermitteln relevant, beispielsweise im Rahmen der EU-Kohäsions- und Strukturpolitik. Die Europäische Union hat mehrere Programme aufgesetzt, um insbesondere regionale Ungleichgewichte innerhalb der Union abzubauen. Für die Programmphase 2014 bis 2020 regelt die Verordnung (EU) Nr. 1303/2013 die Voraussetzungen für den Europäischen Fonds für regionale Entwicklung (EFRE), den Europäischen Sozialfonds (ESF), den Kohäsionsfonds, den Europäischen Landwirtschaftsfonds für die Entwicklung des ländlichen Raums (ELER) und den Europäischen Meeres- und Fischereifonds (EMFF). Sie bindet in Art. 90 Abs. 2 die Verteilung der Mittel an klassifizierte Regionen. Weniger entwickelte Regionen sind dabei solche, deren BIP pro Kopf weniger als 75% des durchschnittlichen BIP der EU-28 beträgt, Übergangsregionen sind solche, deren BIP pro Kopf zwischen 75% und 90% des durchschnittlichen BIP der EU-28 beträgt und stärker entwickelte Regionen sind solche, deren BIP pro Kopf über 90% des durchschnittlichen BIP der EU-28 beträgt. Diese zahlenmäßigen Festlegungen entscheiden über die Zulässigkeit und Höhe der Förderung. Dabei ist es nicht ausgeschlossen, dass die Regierung eines Mitgliedstaats ein Interesse daran hat, eine möglichst hohe Fördersumme durch den Nachweis entsprechend günstiger statistischer Zahlen zu erhalten.

Als zweites Beispiel kann auf die Maßnahmen zur Verbesserung der haushaltspolitischen Disziplinierung verwiesen werden. Das EU-Recht verpflichtet die Mitgliedstaaten dazu, übermäßige öffentliche Defizite zu

---

das Statistische Programm der Europäischen Gemeinschaften, ABl. L 87 vom 31.3.2009, S. 164–173 (Statistik-Verordnung 2009).

89 Grundsatz 1 des Kodex für europäische Statistiken.

vermeiden (Art. 126 Abs. 1 AEUV). In diesem Rahmen ist die Europäische Kommission ermächtigt, die Entwicklung der Haushaltslage und des öffentlichen Schuldenstands in den Mitgliedstaaten zu überwachen. Die Kommission hat sich dabei an zwei Kennziffern zu orientieren: Dem Verhältnis des (jährlichen) öffentlichen Defizits zum BIP und dem Verhältnis des öffentlichen Schuldenstands zum BIP. Das auf der Grundlage von Art. 126 Abs. 2 UAbs. 3 AEUV heranzuziehende Protokoll Nr. 12 über das Verfahren bei einem übermäßigen Defizit legt in Art. 1 den Referenzwert für das erste Kriterium auf 3% fest und für das zweite auf 60%. Anhand dieser Kennzahlen wird ermittelt, ob ein übermäßiges Defizit vorliegt oder nicht. In diesen Fällen ist es für die Mitgliedstaaten von Interesse, diese Kriterien möglichst nicht zu verletzen, da Verletzungsverfahren und Sanktionen drohen. Dies könnte einen Mitgliedstaat dazu verleiten, die nationalen statistischen Daten im eigenen Interesse zu beeinflussen.

IV. Rechtsgebietsübergreifende Gründe für die Schaffung unabhängiger Behörden im Unionsverwaltungsrecht

Dass nationale Behörden aufgrund des Unionsrechts von der Regierungsebene zu entkoppeln sind, ist nicht allein mit den Besonderheiten des jeweiligen Rechtsgebiets zu erklären. Vielmehr zeigen sich in den drei untersuchten Referenzgebieten Parallelen. Dies gilt bezüglich der unionsrechtlich festgesetzten Vorgaben an die Organisation der nationalen Behörden als auch der Rechtfertigung für die Entkopplung.

Unterschiedliche Formulierungen in den Sekundärrechtsakten begründen keine Sondersituation in bestimmten Rechtsgebieten. So verlangt die Datenschutzrichtlinie zwar nicht nur die Unabhängigkeit, sondern die „völlige Unabhängigkeit“ der Behörde. Dass dies aber keinen Unterschied zu Formulierungen in anderen Rechtsgebieten begründet, in denen nur der Terminus „unabhängig“ verwendet wird, zeigt das Primärrecht: Art. 16 Abs. 2 UAbs. 1 Satz 2 AEUV verwendet den Ausdruck „unabhängige Kontrollstellen“, ohne das Wort „völlig“ zu erwähnen. Die sekundärrechtliche Verpflichtung zur „völligen Unabhängigkeit“ geht aber nicht weiter als die primärrechtlich festgelegte Unabhängigkeit.

Unabhängige Behörden im Unionsverwaltungsrecht unterscheiden sich nur hinsichtlich organisationsrechtlicher Spezifika in einzelnen Punkten. Allerdings stellen sie nicht eine Besonderheit des jeweiligen Rechtsgebiets dar, sondern enthalten ähnliche, dem Unionsverwaltungsrecht inhärente, konzeptionelle Grundlagen.

C. Die Integrationsdimension sekundärrechtlicher Unabhängigkeitsvorgaben

Die Untersuchung der drei Referenzgebiete hat bislang zwei Erkenntnisse zu Tage gefördert: Erstens soll die Unabhängigkeit der nationalen Behörden in den drei Referenzgebieten auch dazu dienen, mögliche Formen der mitgliedstaatlichen Einflussnahme zu beschränken und unionsrechtliche Ziele, insbesondere den gemeinsamen Binnenmarkt, zu verwirklichen. Hier zeigt sich in der Unabhängigkeitsvorgabe ein Aspekt europäischer Integration.[90] Zweitens besteht neben sachbereichsspezifischen Gründen für die Entkopplung nationaler Behörden von der Regierungsebene in der Minderung mitgliedstaatlicher Einflussnahmemöglichkeiten ein grundsätzlich auf alle Rechtsgebiete des Unionsverwaltungsrechts anwendbarer Grund für die Entkopplung nationaler Behörden.[91]

Aus den unionsrechtlichen Regelungen lässt sich ein gewisses Misstrauen gegenüber den Regierungen der Mitgliedstaaten erkennen, für einen kohärenten Vollzug zu sorgen. Dem soll – dem unionsrechtlichen Verständnis nach – die Entkopplung entgegenwirken. Ob die in den Rechtsakten zutage tretende Annahme überzeugt, dass die (ökonomische) Integration gefördert wird, indem nationale Behörden aus mitgliedstaatlichen Weisungszusammenhängen herausgenommen werden, wird im Folgenden hinterfragt. Dazu werden zunächst die unionsrechtlichen Steuerungsmittel im Bereich des indirekten Vollzugs untersucht, mit denen für eine kohärente Anwendung des Unionsrechts gesorgt werden kann, sowie dargestellt, an welchen Stellen Steuerungsdefizite im Unionsverwaltungsrecht angelegt

---

90 Eine Verbindung zwischen unabhängigen Verwaltungsstellen und dem Streben nach europäischer Integration sieht ebenfalls *T. Bull*, EPL 14 (2008), S. 285 (291 ff.).

91 In Ansätzen bereits bei *M. Kröger*, Pluralisierung, 2015, S. 255 (264 ff.); ähnlich, wenn auch mit anderen Schlussfolgerungen *K. F. Gärditz*, AöR 135 (2010), S. 251 (280), der hinter den Regelungskonzepten des Datenschutz- und des Regulierungsrechts letztlich das gleiche funktionelle Leitbild des politisch unabhängigen Kontrolleurs mit administrativen Interventionsbefugnissen sieht; in eine andere Richtung wohl bei *T. Groß*, JZ 2012, S. 1087 (1093) („administrative Föderalisierung").

sind (I.). Im Anschluss wird darauf eingegangen, ob und inwiefern die Weisungsfreiheit nationaler Behörden den kohärenten Vollzug des Unionsrechts fördern kann (II.).

I. Unionsrechtliche Steuerung des Vollzugs

Das Unionsverwaltungsrecht ist vom indirekten Vollzugsmodell geprägt, in dem nationale Behörden für den Vollzug unter Achtung der unionsrechtlichen Bestimmungen verantwortlich sind. Es weist aus unionsrechtlicher Sicht Steuerungsdefizite auf.

1) Steuerung durch Recht

Im Unionsrecht ist die kohärente Anwendung materiellrechtlich eindeutig geregelt. Nationale Gerichte und Behörden sind verpflichtet, das Primärrecht[92], sekundärrechtliche Verordnungen[93] und Bestimmungen in Richtlinien, sofern sie hinreichend genau und inhaltlich unbedingt sind,[94] anzuwenden. Dabei kann es zu Situationen kommen, in denen das nationale Recht und das Unionsrecht in Kollision zueinander geraten. Hierbei wird allgemein zwischen direkten und indirekten Kollisionen unterschieden.[95] Unter direkten Kollisionen versteht man einen Normenkonflikt, bei dem eine Norm des Unionsrechts und eine Norm des nationalen Rechts mit identischem Regelungsgegenstand für denselben Sachverhalt einander widersprechende Rechtsfolgen anordnen.[96] Indirekte Kollisionen zeichnen sich dadurch aus, dass Vorschriften unterschiedlicher Sach- und Kompetenzbereiche auf einen Sachverhalt kumulativ anzuwenden sind und je-

---

92 *EuGH*, Rs. 26/62, Slg. 1962, S. 3 (25) – van Gend en Loos; Rs. 57/65, Slg. 1965, S. 257 (266) – Lütticke; Rs. 33/74, Rn. 24 und 26 – van Binsbergen.

93 *T. Oppermann/C. D. Classen/M. Nettesheim*, Europarecht, 2018, § 9 Rn. 78 ff.

94 Für Gerichte in *EuGH*, Rs. 41/74, Rn. 12 – Van Duyn; Rs. 8/81, Rn. 23 – Becker; Rs. 152/84, Rn. 46 – Marshall, und für Verwaltungsstellen in *EuGH*, Rs. 103/88, Rn. 31 – Fratelli Costanzo.

95 Siehe hierzu *K. E. Huthmacher*, Vorrang des Gemeinschaftsrechts, 1985, S. 134 f.; *A. Weber*, EuR 1986, S. 1 ff.; *T. von Danwitz*, Verwaltungsrechtliches System, 1996, S. 115; *H. D. Jarass/S. Beljin*, NVwZ 2004, S. 1 (3).

96 *J. König*, Äquivalenz- und Effektivitätsgrundsatz, 2011, S. 21.

weils Einfluss auf die Rechtsfolge nehmen, ohne einander in ihrem Geltungsanspruch auszuschließen.[97]

Zur Auflösung derartiger Kollisionslagen enthält das Unionsrecht eine Reihe von Regelungen. Bei direkten Kollisionen finden der Anwendungsvorrang sowie die unionsrechtskonforme Auslegung des nationalen Rechts Anwendung (hierarchische Normkollisionsregeln). Bei indirekten Kollisionen werden mitgliedstaatliche Regelungen durch zwei Prinzipien beschränkt,[98] welche die einheitliche Wirksamkeit des Unionsrechts[99] gewährleisten sollen (ausgleichende Normkollisionsregeln):[100] Das auf die Gleichheit der Unionsbürger verpflichtete Prinzip der Äquivalenz[101] und das auf die Effektivität des Unionsrechts abzielende Prinzip der praktischen Wirksamkeit.[102]

---

97 *J. König*, Äquivalenz- und Effektivitätsgrundsatz, 2011, S. 21 f.

98 *EuGH*, Rs. C-201/02, Rn. 67 – Wells; Rs. C-312/93, Rn. 12 – Peterbroeck; Rs. C-78/98, Rn. 31 – Preston.

99 *EuGH*, verb. Rs. C-143/88 und C-92/89, Rn. 26 – Zuckerfabrik Süderdithmarschen; verb. Rs. C-46/93 und C-48/93, Rn. 33 – Brasserie du pêcheur; aus der Literatur *T. Eilmansberger*, Subjektives Recht im Gemeinschaftsrecht, 1997, S. 58 ff.; *W. Schroeder*, Gemeinschaftsrechtssystem, 2002, S. 426 ff.

100 Beide Prinzipien fußen auf dem Loyalitätsgebot des Unionsrechts (Art. 4 Abs. 3 EUV) und bezüglich des Äquivalenzprinzips kann zusätzlich auf die subjektivrechtliche Gleichheitsdimension der Unionsbürger verwiesen werden. Ferner sind die faire Lastenverteilung der Integrationskosten zwischen den Mitgliedstaaten und die Eigenständigkeit des Unionsrechts heranziehbar.

101 *EuGH*, Rs. C-453/03, Rn. 104 – ABNA; Rs. C-343/96, Rn. 25 und 27 – Dilexport; Rs. C-231/96, Rn. 34 ff. – Edis; verb. Rs. C-143/88 und C-92/89, Rn. 26 – Zuckerfabrik Süderdithmarschen; verb. Rs. C-46/93 und C-48/93, Rn. 33 – Brasserie du pêcheur; dies umfasst auch die empirisch spürbar gleiche Wirkung, siehe *M. Nettesheim*, Einheitliche Wirksamkeit, 1995, S. 447 (449 f.); *K.-H. Ladeur*, EuR 1995, S. 227 (232 ff.); allerdings führt dies nicht zur Homogenität; dies erkennt auch der EuGH an, wenn er davon spricht, dass „die Vorschriften der Gemeinschaftsrechtsordnungen […] im gesamten Gebiet der Gemeinschaft *so weit wie möglich* die gleiche Wirkung entfalten [sollen]" (keine Hervorhebung im Original), siehe *EuGH*, Rs. 819/79, Rn. 10 – Deutschland/Kommission.

102 *EuGH*, Rs. 14/68, Rn. 6 – Walt Wilhelm; verb. Rs. 205 bis 215/82, Rn. 22 – Deutsche Milchkontor; Rs. 199/82, Rn. 14 – San Giorgio; Rs. C-24/95, Rn. 24 – Alcan II.

2) (Beschränkte) Steuerung durch Organisation

Der Geltungsanspruch des Rechts verlangt zum einen, dass die gesetzlichen Grundlagen durch (verfassungs-)rechtskonforme Verfahren zustande kommen, und zum anderen, dass die gesetzlichen Bestimmungen auch durchgesetzt werden können. Letztere Aufgabe kommt Institutionen wie Gerichten und Behörden zu, sowohl bei rein innerstaatlichen Sachverhalten als auch beim Vollzug des Unionsrechts. Diesen steht – innerhalb der Grenzen ihrer Zuständigkeit – auch die Befugnis zu, direkte und indirekte Normkollisionen aufzulösen. Die Institutionenordnung der EU besteht aus einem komplexen System, mit dem auf unterschiedlichen Ebenen erreicht werden soll, dass Normkollisionen durch zuständige Stellen aufgelöst werden. Für den Vollzug des Unionsrechts zeigt sich jedoch im Vergleich zur Anwendung des Unionsrechts durch nationale Gerichte ein Steuerungsdefizit der europäischen Ebene.

a) Sicherung der kohärenten Anwendung

Für Entscheidungen nationaler Gerichte kennt das Unionsrecht mit dem Vorabentscheidungsverfahren ein Instrument, das die unionsrechtliche Steuerung mittels einer institutionellen Verklammerung sichert.[103] In diesem Rahmen klärt der EuGH letztverbindlich Fragen der nationalen Gerichte über die Auslegung des Unionsrechts. Zumindest das letztinstanzliche nationale Gericht ist verpflichtet, Fragen zur Interpretation des Unionsrechts dem EuGH vorzulegen (Art. 267 Abs. 3 AEUV). Das Urteil des Gerichtshofs bindet das vorlegende Gericht und alle weiteren Gerichte, die über diesen Rechtsstreit zu entscheiden haben (inter partes-Wirkung).[104] Die Bindungswirkung für andere Rechtsstreitigkeiten (erga omnes-Wir-

---

103 Zur Integrationsdimension dieses Zusammenspiels siehe *A. Stone Sweet*, Integration, 2004, S. 1 (14 ff.).

104 *EuGH*, Rs. 29/68, Rn. 3 – Milch-, Fett- u. Eierkontor; Rs. 52/76, Rn. 26 f. – Benedetti; Rs. C-446/98, Rn. 49 f. – Fazenda Pública; ebenso *BVerfGE* 75, 223 (244) – Kloppenburg-Beschluß; *BGHZ* 125, 382, 2. Leitsatz – Schutz ausländischer Künstler; siehe ebenfalls *B. Schima*, Vorabentscheidungsverfahren, 2004, S. 97 f.; *M. A. Dauses*, Vorabentscheidungsverfahren, 1986, S. 101; *S. Kadelbach*, Vorabentscheidungsverfahren, 2000, S. 119 (122); *M. Pechstein*, EU-Prozessrecht, 2011, Rn. 864.

kung) ist zwar begrenzt, allerdings haben nationale Gerichte EuGH-Entscheidungen zu beachten.[105]

b) (Begrenzte) Sicherung des kohärenten Vollzugs

Für den Vollzug des Unionsrechts besteht keine dementsprechende verfahrensrechtliche Verbindung zwischen nationalen Behörden und einer europäischen Institution. Während auf der nationalen Ebene die Rechtspflicht zum Vollzug der Normen zumeist mit einer hierarchischen Unterordnung unter die Exekutivspitze einhergeht, fehlt es an einer vergleichbaren organisatorischen Verklammerung mit der europäischen Ebene. Es bestehen grundsätzlich keine hierarchischen Mittel, die es beispielsweise der Europäischen Kommission erlauben, nationale Behörden anzuweisen.[106] Zwar wacht die Kommission über die Anwendung des Unionsrechts (Art. 17 Abs. 1 Satz 3 EUV), aber sie kann Mitgliedstaaten grundsätzlich nur auffordern, Verstöße gegen das Unionsrecht abzustellen.[107]

Sofern diese der Aufforderung nicht nachkommen, verbleibt insbesondere die Möglichkeit, ein Vertragsverletzungsverfahren einzuleiten. Dieses ist im Bereich der unionsrechtswidrigen Verwaltungspraxis auch schon zum Einsatz gekommen,[108] aber entsprechende Verwaltungspraktiken müssen der Kommission erst einmal bekannt werden. Sie sind vermutlich auch derart zahlreich, dass nicht jedes Mal ein Vertragsverletzungsverfahren durchgeführt werden kann.[109] Auch können Verletzungen erst nach einem langwierigen Verfahren abgestellt werden. Des Weiteren können

105 *A. Thiele*, Europäisches Prozessrecht, 2014, § 9 Rn. 105.

106 *R. Streinz*, Vollzug des europäischen Rechts, 2012, Rn. 16; allerdings sehen einige Sekundärrechtsakte auch staatengerichtete Entscheidungen beim Vollzug des Unionsrechts vor, siehe die Nachweise bei *G. Sydow*, Verwaltungskooperation, 2004, S. 75 in Fn. 69; hierzu auch *A. von Bogdandy/J. Bast*, EuGRZ 2001, S. 441 (453).

107 Dies gilt selbst dann, wenn ein entsprechendes Vertragsverletzungsverfahren zu einer Verurteilung des Mitgliedstaats geführt hat, siehe *A. Hatje*, Steuerung der Wirtschaftsverwaltung, 1998, S. 101 f.

108 Siehe die Urteile zur unionsrechtswidrigen Verwaltungspraxis *EuGH*, Rs. C-494/01, Rn. 28 – Kommission/Irland; Rs. C-441/02, Rn. 47 – Kommission/Deutschland; Rs. C-278/03, Rn. 13 – Kommission/Italien; Rs. C-248/05, Rn. 64 ff. – Kommission/Irland; Rs. C-342/05, Rn. 22 – Kommission/Finnland.

109 *H. Siedentopf*, Anwendung des Gemeinschaftsrechts, 1997, S. 105 (122); *S. Hegels*, Gemeinschaftsverwaltungsrecht, 2001, S. 174.

nur in Einzelfallkonstellationen Entscheidungen herbeigeführt werden, nicht aber systematisch Verwaltungspraktiken umgesetzt werden.[110] Das Vertragsverletzungsverfahren ist deshalb häufig zu aufwendig, um den einheitlichen Vollzug des Unionsrechts zu sichern.[111] An dieser Stelle bestehen Lücken der unionsrechtlichen Steuerung des Vollzugs.

II. Nationale Behörden im Spannungsfeld des interessengeladenen Vollzugs des Unionsrechts

Dass derartige Steuerungslücken nicht besonders ins Gewicht fallen, da sich die nationalen Behörden ohnehin an Recht und Gesetz halten müssen, überzeugt aufgrund der erforderlichen Auslegung und Anwendung von Normen im Einzelfall nicht. Vielmehr besteht im Rahmen des Vollzugs des Unionsrechts ein „polygonales Beziehungsgeflecht“[112], in dem nationale Behörden unterschiedlichen, sich teilweise nicht deckenden Pflichten unterworfen sind. Sie sind einem Spannungsfeld ausgesetzt, in dem nationale und europäische öffentliche Interessen auf den Entscheidungsprozess einwirken können.

1) Die besondere Interessenlage beim indirekten Vollzug

Behörden müssen im nationalen Kontext zumeist eine zweipolige Interessenlage auflösen: Auf der einen Seite steht das subjektive Interesse des Bürgers und auf der anderen das öffentliche Interesse. Beim Vollzug des Unionsrechts wird diese Interessenlage um mindestens eine Position erweitert: Neben das subjektive Interesse des Bürgers und das öffentliche Interesse des Mitgliedstaats tritt das europäische öffentliche Interesse. Es besteht ein Interessendreieck.[113] Man könnte auch noch die öffentlichen Interessen der anderen Mitgliedstaaten als vierte Dimension hinzuziehen.

110 *S. Andersen*, Enforcement of EU Law, 2012, S. 204.

111 *A. Hatje*, Steuerung der Wirtschaftsverwaltung, 1998, S. 156.

112 *S. Hegels*, Gemeinschaftsverwaltungsrecht, 2001, S. 160; ähnlich schon bei *F. Schoch*, VBlBW 1999, S. 241 (246).

113 *G. Biaggini*, Verwaltungsrecht im Bundesstaat, 1996, S. 12; *U. Fastenrath*, DV 31 (1998), S. 277 (297 f.); *E. Schmidt-Aßmann*, Problemskizze, 1999, S. 9 (30 ff.); *S. Hegels*, Gemeinschaftsverwaltungsrecht, 2001, S. 159; *K.-H. Ladeur*, Bedeutung eines Allgemeinen Verwaltungsrechts, 2008, S. 795 (799 und 801) („Plurali-

Dies bezeichnet der Ausdruck des polygonalen Beziehungsgeflechts. Die jeweiligen Interessen können zwar gleichgerichtet sein, sind aber häufig nicht vollständig miteinander vereinbar[114] und müssen folglich zueinander in Ausgleich gebracht werden.

Aus materiellrechtlicher Perspektive muss sich prinzipiell das europäische öffentliche Interesse gegenüber demjenigen der Mitgliedstaaten durchsetzen.[115] Nationale öffentliche Interessen sind gleichwohl nicht illegitim. Sofern sie beim Vollzug des Unionsrechts europäischen öffentlichen Interessen entgegenstehen, müssen sie gegenüber diesen aber aufgrund des höherrangigen Unionsrechts sowie der grundlegenden Bedeutung einer kohärenten Anwendung des Unionsrechts zurücktreten.[116] Versuche der Einflussnahme zur Berücksichtigung nationaler Interessen wirken störend.[117] Es überzeugt eher, wenn nationale Interessen nicht auf Ebene des Vollzugs, sondern im Rahmen des europäischen Gesetzgebungsprozesses Berücksichtigung finden.

2) Spannungsfelder

Im Rahmen der polygonalen Interessenlage müssen die Behörden der Mitgliedstaaten Verwaltungsentscheidungen treffen, wobei sie sich in einer „doppelten Loyalitätsbeziehung"[118] befinden. Einerseits sind sie unionsrechtlich verpflichtet, den Anwendungsvorrang, die Prinzipien der Effekti-

---

sierung der öffentlichen Interessen"); dem Sinn nach ebenfalls bei *T. von Danwitz*, Verwaltungsrechtliches System, 1996, S. 377.

114 Zum Unterschied zwischen dem nationalen und dem europäischen öffentlichen Interesse siehe *M. Zuleeg*, Innerstaatlicher Bereich, 1969, S. 42 f.; *A. Bleckmann*, DÖV 1993, S. 837 (846); *K.-H. Ladeur*, EuR 1995, S. 227 (237); *S. Magiera*, DÖV 1998, S. 173 (178); *A. Hatje*, Gemeinschaftsrechtliche Steuerung, 1998, S. 60 ff.; *S. Hegels*, Gemeinschaftsverwaltungsrecht, 2001, S. 160; diesen Dualismus beschreibt ebenfalls *U. Mager*, DV 2010, Beiheft 10, S. 11 (19 ff.); der EuGH bezeichnet dieses als Gemeinschaftsinteresse; seit den Änderungen durch den Lissabon-Vertrag findet sich die Formulierung unter Unionsinteresse, so in *EuGH*, Rs. C-481/13, Rn. 26 – Qurbani.

115 *A. Hatje*, Gemeinschaftsrechtliche Steuerung, 1998, S. 64.

116 *C. D. Classen*, Eigenständigkeit der Verwaltung, 2011, S. 293 (302).

117 *B. Schöndorf-Haubold*, Gemeinsame Europäische Verwaltung, 2005, S. 25 (43); *G. Biaggini*, Verwaltungsrecht im Bundesstaat, 1996, S. 11.

118 *F. Arndt*, DV 39 (2006), S. 100; ebenso *D. H. Scheuing*, DV 34 (2001), S. 107 (108); *S. Kadelbach*, Europeanized Administration, 2002, S. 167 (176 f.).

vität und der Äquivalenz sowie sekundärrechtliche Regelungen einzuhalten, andererseits sind die mitgliedstaatlichen Behörden in die nationale Verwaltungsorganisation eingebunden und den übergeordneten Institutionen, insbesondere den Regierungsinstitutionen, hierarchisch unterstellt.[119] Es ist nicht ausgeschlossen, dass die Interessen der Regierung nicht mit den europäischen Normen übereinstimmen. Dies erklärt sich auch aus der besonderen Rolle der nationalen Regierung im Unionsverwaltungsrecht. Während die Gubernative im nationalstaatlichen Kontext als Vertreterin des Gemeinwohls konstruiert ist, deren Aufgabe darin besteht, auftretende Konfliktlagen gemeinwohlverträglich zu lösen, ist sie im Rahmen des Unionsverwaltungsrechts auch Vertreterin der nationalen Partikularinteressen.[120] In diesen Fällen kann es zu Friktionen zwischen dem politischen Auftrag der nationalen Ministerien und dem rechtlichen Anwendungsvorrang des Unionsrechts kommen.[121]

3) Auflösung von Normkollisionslagen durch nationale Behörden

Dass nationale Behörden aufgrund der hierarchischen Unterordnung unter die Regierung eines Mitgliedstaats in derartigen Spannungslagen die Tendenz entwickeln können, das nationale über das europäische öffentliche Interesse zu stellen, ist in dieser Allgemeinheit bislang nicht – soweit ersichtlich – nachgewiesen. Es ist aber auch nicht ausgeschlossen.

Dass nationale Behörden europäische Interessen in Kollisionslagen durchsetzen müssen, folgt aus der Gesetzesbindung der Verwaltung, die sich auch auf die europäischen Normen erstreckt. Es ist aber nicht ausgeschlossen, dass Ministerien beispielsweise durch Verwaltungsvorschriften dafür sorgen wollen, dass nationale öffentliche Interessen gegenüber europäischen öffentlichen Interessen von der Behörde durchgesetzt wer-

---

119 Die Beschreibung einer solchen Konfliktlage am Beispiel der Rückforderung von Beihilfen findet sich auch bei *K. Kulms*, Effektivitätsgrundsatz, 2013, S. 25.

120 *J. H. Jans/R. de Lange/S. Prechal/R. Widdershoven*, Europeanisation of Public Law, 2007, S. 200; *J. Masing*, Unabhängige Behörden, 2010, S. 181 (215); die bestehenden nationalen Interessenlagen beim Vollzug des Unionsrechts betont ebenfalls *E. Schmidt-Aßmann*, Europäischer Verwaltungsverbund, 2005, S. 1 (9); ähnlich bei *U. Everling*, EuR 1983, S. 101 (115).

121 Ähnlich auch *H.-H. Trute*, Regulierungsverbund, 2004, S. 565 (567).

den.[122] Der Umstand, dass es bislang nur in wenigen Fällen dazu gekommen ist, dass nationale Behörden von sich aus die Unionsrechtswidrigkeit nationaler Regelungen angenommen haben – eines der bekanntesten Beispiele ist sicherlich die Genehmigung einer DocMorris-Filiale im Saarland[123] –, spricht dafür, dass die Behörden selten von sich aus im Konfliktfall für die unionsrechtskonforme Anwendung des nationalen Rechts sorgen. Sie warten eher Gerichtsentscheidungen ab.

Es ist nicht ausgeschlossen, dass die hierarchische Unterordnung einer Behörde unter die nationale Regierung beim Vollzug des Unionsrechts den kohärenten Vollzug des Unionsrechts behindert.[124] Selbst wenn keine Weisung durch das Ministerium erfolgt, könnte sich die Auffassung des Ministeriums auch im Wege des vorauseilenden Gehorsams[125] durchsetzen. So bemängelte die Europäische Kommission in einer Mitteilung an das Europäische Parlament, dass trotz der Koordinationsbemühungen auf europäischer Ebene die Sichtweise der nationalen Regulierungsstellen nach wie vor weitgehend auf das eigene Land beschränkt sei.[126] Dies behindere die Verwirklichung des einheitlichen Binnenmarkts. Um diesen Umstand beim Vollzug des Unionsrechts zu beheben, forderte die Kommission, die

---

122 Ähnlich *G. Majone*, Mutual trust, RSCAS Working Papers, 1995, S. 19; *H.-H. Trute*, Regulierungsverbund, 2004, S. 565 (568); *ders.*, Legitimation, 2012, Rn. 68; *T. Kruis*, Anwendungsvorrang, 2013, S. 181.

123 Allerdings stellte der EuGH später fest, dass Regelungen wie im deutschen Apothekenrecht, insbesondere im Gesetz über das Apothekenwesen, durchaus mit dem Unionsrecht im Einklang stehen, *EuGH*, verb. Rs. C-171/07 und C-172/07 – Apothekerkammer des Saarlandes.

124 So auch schon für den Bereich der nationalen Verwaltungsorganisation *K. Hesse*, Verfassungsrecht, 1999, Rn. 537.

125 Dass es ein derartiges Verhalten der hierarchisch untergeordneten Stellen gibt, legen empirische Untersuchungen nahe, siehe bei *M. Döhler*, DV 34 (2001), S. 59 (76); *ders.*, West European Politics 25 (2002), S. 101 (116); auch in der rechtswissenschaftlichen Literatur wird das angenommen, siehe *J. Oebbecke*, Verwaltung, 1986, S. 4 f.; *T. Brandner*, DÖV 1990, S. 966; *H. Dreier*, Hierarchische Verwaltung, 1991, S. 210; *F. Brosius-Gersdorf*, Bundesbank, 1997, S. 251; *K. Oertel*, Regulierungsbehörde, 2000, S. 244 f.; *W. Loschelder*, Weisungshierarchie, 2007, Rn. 32 und 34.

126 *Europäische Kommission*, Mitteilung an das Europäische Parlament, den Rat, den Europäischen Wirtschafts- und Sozialausschuss und den Ausschuss der Regionen, Bericht über das Ergebnis der Überprüfung des EU-Rechtsrahmens für elektronische Kommunikationsnetze und –dienste gemäß der Richtlinie 2002/21/EG und Zusammenfassung der Reformvorschläge 2007, KOM(2007), 696 endg., S. 3.

Unabhängigkeit und die Durchsetzungskompetenzen der nationalen Regulierungsbehörden zu stärken.[127] Dem ist der EuGH gefolgt.[128] Für Datenschutzaufsichtsbehörden wird ebenfalls angenommen, dass hierarchisch eingebundene Institutionen eher nationalen politischen Einflüssen ausgesetzt sind als unabhängige Stellen.[129]

Aus empirischen Untersuchungen lassen sich auch erste Rückschlüsse darüber ziehen, wie deutsche Behörden mit der Kollision unionsrechtlicher und nationaler Normen umgehen.[130] Demnach sind untere Behörden von sich aus kaum bereit, nationales Recht aufgrund entgegenstehenden Unionsrechts unangewendet zu lassen. Vielmehr verweisen sie auf die notwendige Rücksprache mit den Aufsichtsbehörden, meist den Ministerien der Länder. Auf Ministerialebene werden Urteile des EuGH häufig mittels Verwaltungsanweisungen gegenüber nachgeordneten Behörden berücksichtigt. Das Vorgehen ist aber grundsätzlich reaktiv, d.h. die Ministerien reagieren auf Urteile oder Vertragsverletzungsverfahren.

Beispiele aus den Referenzgebieten zeigen auch, wie sich nationale und europäische Interessen gegenüberstehen können und wie nationale Behörden mit entsprechenden Konfliktlagen umgegangen sind. Als eines der bedeutenden Unternehmen im deutschen Telekommunikationsmarkt agiert der ehemalige Staatsmonopolist Deutsche Telekom AG (DTAG), an dem die Bundesrepublik Deutschland als Aktionär mit einem Anteil von etwa 32 % beteiligt ist.[131] Dass Interessenkonflikte zwischen der Stellung als Anteilseigner und der Regulierungsaufgabe bestehen, legen Auseinandersetzungen zwischen der Regulierungsbehörde und der Regierungsebene nahe. So kam es Zeitungsberichten zufolge im Rahmen der von der DTAG

127 *Europäische Kommission*, Mitteilung an das Europäische Parlament, den Rat, den Europäischen Wirtschafts- und Sozialausschuss und den Ausschuss der Regionen, Bericht über das Ergebnis der Überprüfung des EU-Rechtsrahmens für elektronische Kommunikationsnetze und –dienste gemäß der Richtlinie 2002/21/EG und Zusammenfassung der Reformvorschläge 2007, KOM(2007), 696 endg., S. 4 und 10.

128 Siehe zur Stärkung eigener Kompetenzen der Regulierungsbehörden im Telekommunikationsrecht *EuGH*, Rs. C-221/01, Rn. 33 – Kommission/Belgien; Rs. C-97/01, Rn. 36 – Kommission/Luxemburg.

129 *S. Simitis*, CR 1987, S. 602 (610); *ders.*, NJW 1997, S. 281 (287); *ders.*, NJW 1998, S. 2473 (2476); *J. Bizer*, DuD 1997, S. 481; *T. Giesen*, RDV 1998, S. 15 (17); *W. Ziebarth*, CR 2013, S. 60 (63).

130 *T. Kruis*, Anwendungsvorrang, 2013, S. 433 ff.

131 Aktionärsstruktur der Deutschen Telekom AG, 30. Juni 2019, abrufbar unter: https://www.telekom.com/de/investor-relations/unternehmen/aktionaersstruktur.

vorgenommenen Gebührenerhöhung für das Kabelfernsehen im April 1998 zur Ankündigung der Regulierungsbehörde, dass die DTAG diese wieder zurücknehmen müsse.[132] Daraufhin wurde dem damaligen Präsidenten der Regulierungsbehörde aus dem übergeordneten Ministerium vorgeworfen, durch sein Vorgehen die wirtschaftliche Basis der DTAG ernsthaft und schwerwiegend zu beschädigen.[133] Es gab auch Berichte über einen weiteren Konflikt zwischen dem BMWi und der Bundesnetzagentur: Laut einer Zeitungsmeldung erließ einer der damaligen Staatssekretäre im BMWi eine Weisung an den damaligen Präsidenten der ehemaligen Regulierungsbehörde für Telekommunikation und Post, welche die Regulierung des Mobilfunkmarkts betraf.[134] Vertreter der Bundesregierung haben ferner an einem Aufsichtsratsbeschluss der DTAG mitgewirkt, der zur Einlegung einer Klage gegen eine regulatorische Entscheidung der Bundesnetzagentur geführt hat.[135]

Im Recht der amtlichen Statistik zeigt das Beispiel der früheren griechischen Statistikbehörde, wie nationale Behörden im Fall eines Konflikts zwischen europäischen und nationalen öffentlichen Interessen handeln könnten. Griechenland hatte bereits beim Beitritt zur Eurozone die Stabilitätskriterien nicht erfüllt, allerdings – um den Beitritt zu ermöglichen – der EU statistische Kennzahlen übermittelt, die unzutreffend waren.[136] Auch aus diesem Grund wurde in Griechenland eine neue Statistikbehörde geschaffen (ELSTAT), die als eine von der Regierung unabhängige Statistikbehörde organisiert ist.[137] Damit soll verhindert werden, dass sich eine derartige Situation wiederholt. Allerdings zeigt das Vorgehen gegen den

132 *FAZ*, Die höhere Gebühr für Kabelfernsehen wird nicht genehmigt, 20. April 1998, S. 17.

133 *FAZ*, Die Telekom muss die Kabelgebühren vorerst nicht senken, 2. Mai 1998, S. 16.

134 *Tagesspiegel*, Scheurle in der Defensive, 7. Juli 1998, abrufbar unter http://www.tagesspiegel.de/wirtschaft/scheurle-in-der-defensive/49986.html; *Der Spiegel*, Telekommunikation: Ungeheure Einmischung, 28/1998, S. 87.

135 Siehe hierzu bei *K. Oertel*, Regulierungsbehörde, 2000, S. 122.

136 Siehe hierzu den Bericht der *Europäische Kommission*, Report on Greek Government Deficit and Debt Statistics, COM(2010) 1 fin.

137 *Christiane Schlötzer*, Zahltage in Athen, sueddeutsche.de vom 27. Oktober 2011, abrufbar unter: http://www.sueddeutsche.de/politik/griechenlands-langer-kampf-gegen-korruption-zahltage-in-athen-1.1174512; die neue Behörde und ihr Leiter sind aber unter politischen Druck geraten, siehe *faz.net*, Klage gegen Chef der griechischen Statistikbehörde, 23. Januar 2013, abrufbar unter http://www.faz.net/aktuell/wirtschaft/eurokrise/ermittlungen-in-athen-klage-gegen-chef-der-griechis

Leiter der Behörde, welche starken Interessengegensätze zwischen der Regierung und dem statistischen Amt bestehen können.[138]

4) Anforderungen an die Wahrscheinlichkeit unzulässiger Einflussnahme

Es bestehen folglich Anzeichen dafür, dass hierarchisch der Regierung unterstellte Behörden den nationalen Interessen in bestimmten Fällen Vorrang gegenüber dem europäischen öffentlichen Interesse einräumen könnten. Zwingend ist dies aber nicht.

Entkopplungen werden zum Teil bereits für notwendig erachtet, wenn die Einflussnahme durch Regierungsstellen lediglich möglich ist. Bei Zentralbanken ist es beispielsweise nicht ohne Unsicherheiten nachgewiesen, dass deren Unabhängigkeit positive Auswirkungen auf die Preisstabilität hat.[139] Die Weisungsfreiheit wird aber bereits damit begründet, dass allein die Möglichkeit der Einflussnahme negative Auswirkungen auf die Preisstabilität haben könnte. Beim öffentlich-rechtlichen Rundfunk genügt nach der Rechtsprechung des Bundesverfassungsgerichts ebenfalls allein die Möglichkeit der Einflussnahme,[140] bei öffentlichen Forschungseinrichtungen reicht die hypothetische Gefährdung hingegen nicht aus.[141] Es

chen-statistikbehoerde-12035548.html; dies führte sogar dazu, dass sich die Leiter der anderen nationalen Statistikämter in der EU veranlasst sahen, ihre Sorge öffentlich auszudrücken, siehe Europäisches Beratungsgremium für die Statistische Governance, Fünfter Jahresbericht an das Europäische Parlament und den Rat über die Umsetzung des Verhaltenskodex für europäische Statsitiken durch Eurostat und das Europäische Statistische System insgesamt, 2013, S. 11 f. und *Mitglieder des Europäischen Statistischen Systems*, Stellungnahme zu den jüngsten Ereignissen hinsichtlich ELSTAT in Griechenland, Pressemitteilung vom 7. Februar 2013, abrufbar unter: https://ec.europa.eu/eurostat/documents/34693/37423/DE-ESGAB-report-2013.

138 Siehe Statement of the Members of the European Statistical System on their commitment to professional independence of statistical authorities and the credibility of European statistics and on statistics in Greece, 26. Mai 2015, abrufbar unter http://ec.europa.eu/eurostat/documents/42577/761078/Statement_ESSC_Reg223_May2015/270ece60-8538-456a-8e51-de356b7a7236.

139 Siehe dazu im Überblick *K. Ullrich*, ZEW Discussion Paper No. 03-65, 2003, S. 6 ff.

140 *BVerfGE* 136, 9 (36) – ZDF.

141 *BVerfGE* 111, 333 (355) – Brandenburgisches Hochschulgesetz.

stellt sich deshalb die Frage, welcher Maßstab an die Entkopplung von Behörden im Unionsverwaltungsrecht angelegt wird.

a) EuGH: Bloße Gefahr der Einflussnahme

Die Frage nach dem Maßstab war auch Gegenstand des Verfahrens um die deutschen Datenschutzaufsichtsbehörden. Der zuständige Generalanwalt *Mazák* hatte in seinen Schlussanträgen empfohlen, dem Antrag der Europäischen Kommission auf Verurteilung Deutschlands nicht stattzugeben, da diese es versäumt habe, Nachweise für eine datenschutzwidrige Einflussnahme durch die deutsche Bundesregierung zu liefern.[142] Da die Kommission in Vertragsverletzungsverfahren als Klägerin die Beweislast trifft,[143] hätte sie ein entsprechendes Verhalten Deutschlands nach den prozessrechtlichen Grundsätzen belegen müssen. Der EuGH folgte dem jedoch nicht. Er ließ die bloße Gefahr der Einflussnahme ausreichen, denn es müsse bereits der Anschein der Parteilichkeit vermieden werden.[144] Es bedarf also nach Auffassung des Gerichtshofs keines konkreten Nachweises der (unzulässigen) Einflussnahme durch die Regierung. Entscheidend ist vielmehr, dass nicht der Eindruck entstehen darf, dass eine Einflussnahme durch die Regierungsebene überhaupt erfolgen könnte.

Anders hatte der Gerichtshof in der Rechtssache Kommission/EZB entschieden. In dem Verfahren ging es darum, dass die EU-Antikorruptionsbehörde OLAF Untersuchungen innerhalb der EZB vornehmen wollte. Die EZB lehnte dies unter Verweis auf ihre unabhängige Stellung ab. Die Vertreter der Zentralbank argumentierten, dass die Klage selbst dann zurückzuweisen sei, wenn man die Unabhängigkeit des OLAF anerkenne, da allein der Verdacht der Wirtschaftsteilnehmer, die EZB könne ihre Ent-

142 *GA Mazák*, Rs. C-518/07, Rn. 31 ff. – Kommission/Deutschland.

143 *EuGH*, Rs. 96/81, Rn. 6 – Kommission/Niederlande; Rs. C-408/97, Rn. 15 – Kommission/Niederlande; Rs. C-194/01, Rn. 34 – Kommission/Österreich; Rs. C-532/03, Rn. 36 und 38 – Kommission/Irland; Rs. C-6/04, Rn. 75 – Kommission/Vereinigtes Königreich; Rs. C-221/04, Rn. 59 – Kommission/Spanien; Rs. C-183/05, Rn. 39 – Kommission/Irland; Rs. C-135/05, Rn. 26 – Kommission/Italien; Rs. C-179/06, Rn. 37 – Kommission/Italien; Rs. C-490/09, Rn. 48 – Kommission/Luxemburg; aus der Literatur *P. Wollenschläger*, Gemeinschaftsaufsicht, 2006, S. 86; *Chr. Sobotta*, ZUR 2008, S. 72; *M. Burgi*, Vertragsverletzungsverfahren, 2014, § 6 Rn. 46 f.

144 *EuGH*, Rs. C-518/07, Rn. 36 – Kommission/Deutschland.

scheidungen nicht unabhängig treffen, ausreiche, um von einer Verletzung der Unabhängigkeit auszugehen. Der EuGH entschied jedoch, dass

> *„auch wenn im Übrigen der Umstand, dass eine Einrichtung wie das OLAF bestimmte Untersuchungsbefugnisse gegenüber der EZB erhalten hat, bei einzelnen Wirtschaftsteilnehmern Unruhe auslösen sollte, weil sie den genauen Charakter dieser Befugnisse oder die verschiedenen Garantien nicht kennen, von denen der Gemeinschaftsgesetzgeber ihre Gewährung abhängig gemacht hat, insbesondere die Garantien, die die strikte Unabhängigkeit des OLAF zu gewährleisten vermögen, kann nicht behauptet werden, dass dieser Umstand, der ausschließlich auf einem Informationsmangel oder einer falschen Wahrnehmung der Wirklichkeit seitens der betreffenden Wirtschaftsteilnehmer beruhen würde, zur Folge hätte, dass die […] Unabhängigkeit der EZB beeinträchtigt [wird]“*[145].

b) Die „Credibility-Problematik“

Auch wenn die beiden Urteile zunächst widersprüchlich erscheinen, lässt sich dennoch eine gemeinsame Linie erkennen: Entscheidend ist in beiden Fällen, dass die jeweilige Behörde auf glaubwürdige Weise zur eigenständigen Handlung in der Lage ist. Im Falle der Behörde OLAF bestanden in EU-Rechtsakten vielfältige Sicherungen der Unabhängigkeit von OLAF gegenüber der Europäischen Kommission. Dies fördert die Glaubwürdigkeit der OLAF-Behörde. Deshalb kann sie nach Auffassung des EuGH die Unabhängigkeit der EZB nicht in Frage stellen.

Bei den deutschen und österreichischen Regelungen zum Aufsichtsrecht gegenüber den Datenschutzaufsichtsbehörden war die Glaubwürdigkeit hingegen nicht gewahrt. Dies lag auch daran, dass es kaum möglich war, Einblick in die verwaltungsinterne Steuerung der Datenschutzaufsichtsbehörden durch Aufsichts- und Weisungsrechte zu nehmen.[146] Die deutschen Regelungen zum Aufsichtsrecht sind nach innen von einer gewissen Unbestimmtheit geprägt, da kaum inhaltliche oder justiziable Voraussetzungen zur Ausübung der Aufsichtsrechte bestehen.[147] Nach außen fehlt es an Transparenz, da es grundsätzlich keiner Veröffentlichung oder

---

145 *EuGH*, Rs. C-11/00, Rn. 144 – Kommission/EZB.

146 Dies gelte allgemein für die Aufsicht durch Ministerien, so *M. Döhler*, DV 34 (2001), S. 59 (73); *ders.*, VerwArch 102 (2011), S. 110 (111).

147 *M. Döhler*, West European Politics 25 (2002), S. 101 (104); *ders.*, Delegation und Steuerung, 2005, S. 215 (234); teilweise ist von einer „völligen Konzeptlosigkeit“ die Rede, siehe *W. Kahl*, Staatsaufsicht, 2000, S. 362 f.

Rechtfertigung von Weisungen bedarf.[148] Dieser Umstand kann auch als „Credibility-Problematik" bezeichnet werden.[149] Verwaltungsinterne nationale Vorgänge bleiben den Unionseinrichtungen verschlossen, die aus diesem Grund Misstrauen gegenüber dem mitgliedstaatlichen Vollzugshandeln entwickeln.

Einen möglichen Ansatz zur Bewertung organisationsrechtlicher Arrangements liefert die aus den Sozialwissenschaften stammende institutional choice-Theorie. Sie geht – vereinfacht dargestellt – davon aus, dass bei der Entscheidung über die Regelung eines Rechtsbereichs verschiedene Auswahlmöglichkeiten bestehen: Die sogenannte choice-Situation. Dies betrifft auch organisationsrechtliche Entscheidungen. Sie haben Auswirkungen auf den Normvollzug – eine auch in der rechtswissenschaftlichen Literatur vorhandene Annahme.[150]

Gegenstand dieser Arbeit ist die unionsrechtliche Begrenzung der Steuerungsmöglichkeiten der nationalen Gubernative. Deshalb beschränkt sich die Untersuchung an dieser Stelle auf die Frage der Aufsicht. Diese wird auch anhand des Principal Agent-Modells bewertet.[151] Ausgangspunkt ist die Problematik des „bureaucratic drift", d.h. der Umstand, dass eine Behörde als Agent eigene Präferenzen entwickelt, die sich mit denen des Prinzipals – in diesem Fall des Ministeriums – nicht decken, weshalb es gilt, ministerielle Kontroll- und Eingriffsbefugnisse zu schaffen, um diese Entwicklung so gut wie möglich zu begrenzen.[152] Derartige Befug-

---

148 *M. Döhler*, Delegation und Steuerung, 2005, S. 215 (234); *ders.*, Steuerung der Verwaltung, 2007, S. 221 m. w. N.; *ders.*, VerwArch 102 (2011), S. 110 (123); ebenso, allerdings ohne kritischen Unterton bei *M. Schröder*, JuS 1986, S. 371 (373 f.).

149 *M. Döhler*, Delegation und Steuerung, 2005, S. 215 (234); *ders.*, Steuerung der Verwaltung, 2007, S. 220; allgemein zur „Credibility-Problematik" *K. A. Shepsle*, Institutions, 1991, S. 245 ff.

150 *T. Groß*, Kollegialprinzip, 1999, S. 19; *M. Schmidt-Preuß*, DÖV 2001, S. 45; *G. F. Schuppert*, Verwaltungsorganisationsrecht, 2012, Rn. 5; grundlegend hierzu die Beiträge in E. Schmidt-Aßmann/W. Hoffmann-Riem, Verwaltungsorganisationsrecht, 1997; allgemein zur Steuerungsleistung staatlich gesetzten Rechts *W. Hoffmann-Riem*, DÖV 1997, S. 433 (435).

151 Im Überblick hierzu *M. Döhler*, Steuerung der Verwaltung, 2007, S. 28 ff.; der Principal Agent-Ansatz wird aber auch kritisiert, unter anderem da er unterkomplex sei, siehe *M. Ebers/W. Gotsch*, Institutionenökonomische Theorien, 2014, S. 195 (211 f. und 221 ff.).

152 *J. Macey*, Journal of Law and Economics 8 (1992), S. 93 ff.; *B. D. Jones*, Journal of Public Administration Research and Theory 13 (2003), S. 395 (404 f.).

nisse stellen Aufsichts- und Weisungsbefugnisse dar. Dem Modell ist ein „Misstrauen gegenüber der Folgebereitschaft der Verwaltung“[153] inhärent.

Aus einer Untersuchung zur Steuerungssystematik zwischen Ministerialebene und den nachgeordneten Bundesbehörden sind vier Erkenntnisse gewonnen worden:[154] (1) Die Aufsicht erfolgt nicht immer kohärent, sondern ist von großer inhaltlicher Variabilität geprägt.[155] Innerhalb eines Ministeriums wird die Aufsicht unterschiedlich ausgeübt, je nachdem welche Abteilung, teilweise sogar welches Referat zuständig ist. (2) Die Aufsicht erfolgt weniger hierarchisch, sondern eher kooperativ. Beaufsichtigte und aufsichtführende Stelle sprechen ihr Verhalten ab. (3) Allein die Möglichkeit der Aufsicht führt bei der nachgeordneten Behörde bereits zum vorauseilenden Gehorsam. Sie antizipiert das politische Anliegen des Ministeriums. (4) Die Aufsicht erfolgt nicht kontinuierlich, sondern ad hoc, denn die personellen Ressourcen reichen nicht aus, um eine dauerhafte Kontrolle zu ermöglichen. Es findet ein punktuelles Eingreifen statt, sofern Vollzugsprobleme identifiziert wurden.[156]

Dass gleichwohl nur ein geringes abweichendes Verhalten der untersuchten Bundesbehörden festzustellen war, folge aus dem Rollenverständnis des Personals, das dem Ideal des gesetzesgebundenen Verwaltungshandelns und der beamtenrechtlichen Treuepflicht nahekomme.[157] Es bestehe eine starke „organizational orientation“.[158] Der Gegenentwurf – die „professional orientation“ –, bei der sich die Mitarbeiter des öffentlichen Dienstes den professionellen Regeln ihres Fachs verpflichtet fühlen, sei dagegen im deutschen Verwaltungsapparat seltener vorzufinden.

Die Annahme, dass Aufsichtsrechte lediglich der Gesetzeskonkretisierung dienen würden, sei hiernach in weiten Teilen nicht belegt. Zugleich werde die Gefahr des „bureaucratic drift“ überschätzt. Vielmehr ermög-

---

153 *M. Döhler*, Delegation und Steuerung, 2005, S. 215 (222).

154 *M. Döhler*, VerwArch 102 (2011), S. 110 (121 f.); auf Unterschiede zwischen rechtlichen Steuerungshypothesen und empirischen Untersuchungen weist auch *T. Groß*, Verwaltungsorganisation, 2012, Rn. 101, hin.

155 Ebenso der Befund bei *M. Etscheid*, Fachaufsicht, 2009, S. 260.

156 *M. Döhler*, Steuerung der Verwaltung, 2007, S. 228.

157 Bei einer konditional programmierten Aufgabenstellung dürfte nur eine sehr geringe Gefahr der Entwicklung eines politischen Eigenlebens bestehen; siehe für das Bundesamt für Wirtschaft bei *W. Welz*, Ressortverantwortung, 1988, S. 214 und auf S. 162 ff.

158 Aus *M. Döhler*, Delegation und Steuerung, 2005, S. 215 (227), der auf *B. S. Silberman*, Cages of reason, 1993, S. 10 ff., verweist.

lichten Aufsichtsrechte die politische Steuerung der Behörde ohne öffentliche Kontrolle,[159] soweit keine Normen existieren, welche die Ausübung von Aufsichtsrechten an rechtlich kontrollierbare Voraussetzungen knüpfen.

5) Fazit

Es bestehen somit Anzeichen, nach denen es nicht unwahrscheinlich ist, dass nationale Regierungen auf den Vollzug des Unionsrechts durch nationale Behörden einwirken, solange diese hierarchisch untergeordnet sind, um nationale öffentliche Interessen zu fördern. Die Entkopplung von Behörden ist aus Sicht des EuGH deshalb bereits notwendig, wenn die bloße Gefahr der Einflussnahme besteht.

Die Gefahr der Einflussnahme ließe sich aber ausreichend begrenzen, wenn auf Ebene des Gesetzesrechts die Bedingungen für die Einflussnahme durch die Regierung offengelegt würden. Dies bedeutete beispielsweise für das deutsche Aufsichtsrecht, dass die Aufsichtsmittel anhand konkreter Kriterien in Gesetzesform festzulegen wären, wobei die Regelungen die Unabhängigkeit der Behörde achten müssten.

III. Förderung des kohärenten Vollzugs durch Entkopplung

Die Entkopplung der Behörden von der Regierungsebene kann die Einflussnahme durch politische Interessenträger begrenzen. Ob dies aber auch den kohärenten Vollzug durch die mitgliedstaatlichen Behörden fördert,[160] ist angesichts des Umstands, dass es nationalen Behörden überlassen ist, eigenständige Entscheidungen zu treffen, nicht erkennbar. Es drohen eher unterschiedliche Standards.

Anders wäre dies zu beurteilen, wenn die unabhängigen Behörden Formen der Kohärenzsicherung zur Verfügung hätten. Als solche kommen die

---

159 *M. Döhler*, VerwArch 102 (2011), S. 110 (111); ebenso *M. Etscheid*, VerwArch 105 (2014), S. 351 (357).

160 So wohl für das Regulierungsrecht bei *H.-H. Trute*, Regulierungsverbund, 2004, S. 565 (579); auf die Bewirkungsdimension der Entkopplung weist auch hin *C. Franzius*, Steuerung durch Recht, 2012, Rn. 60; für das Datenschutzrecht *K. Waechter*, DVBl. 2014, S. 1149 (1150).

Beteiligung am Vorabentscheidungsverfahren oder die Steuerung auf europäischer Ebene in Frage.

1) Kohärenzsicherung durch Vorlageberechtigung im Vorabentscheidungsverfahren?

Laut Art. 267 Abs. 2 AEUV sind nur nationale Gerichte, nicht hingegen nationale Behörden vorlageberechtigt. Allerdings hat der EuGH auch schon Vorlagefragen für zulässig gehalten hat, die von Institutionen gestellt wurden, die im nationalen Verständnis als Behörden einzuordnen sind.[161] So haben eine ganze Reihe österreichischer Verwaltungseinrichtungen Vorlagefragen an den EuGH richten dürfen,[162] ebenso wie die als Ausschüsse organisierten Vergabekammern, deren Entscheidungen in Form eines Verwaltungsakts ergingen.[163] Für weisungsfreie Widerspruchsausschüsse gemäß § 73 Abs. 2 VwGO wird dies ebenfalls angenommen.[164]

Entscheidend für die Zulässigkeit von Vorlagefragen an den EuGH ist das autonom zu bestimmende, unionsrechtliche Verständnis[165] des Gerichtsbegriffs in Art. 267 Abs. 2 AEUV. Demnach sind nur Institutionen vorlageberechtigt, die auf gesetzlicher Grundlage errichtet wurden, einen ständigen Charakter aufweisen, Bestandteil der obligatorischen Gerichtsbarkeit sind, in Verfahren mit Rechtsprechungscharakter urteilen und bindende Entscheidungen unter Anwendung von Rechtsnormen treffen.[166] Die Unabhängigkeit ist ebenfalls ein Kennzeichen des Gerichtsbegriffs. Sie wohne dem Auftrag des Richters inne[167] und könne im Gegensatz zu

161 Ausführlich zu den Anforderungen *M. Broberg*, EPL 15 (2009), S. 207 ff.

162 Beispielhaft sei auf den österreichischen Umweltsenat verwiesen, siehe *EuGH*, Rs. C-205/08, Rn. 36 ff. – Umweltanwalt von Kärnten.

163 *EuGH*, Rs. C-54/96, Rn. 22 ff. – Dorsch Consult.

164 *J. Siegmund*, NordÖR 2014, S. 209 (213).

165 *EuGH*, Rs. 75/63, Slg. 1964, S. 379 (396) – Unger/Bedrijfsvereniging voor Detailhandel en Ambachten; Rs. C-396/14, Rn. 23 – MT Højgaard und Züblin; *EuG*, Rs. T-41/89, Rn. 27 – Schwedler/Parlament.

166 *EuGH*, Rs. 61/65, Slg. 1965, 586 (602) – Vaassen-Goebbels; seitdem ständige Rechtsprechung, siehe *EuGH*, Rs. C-111/94, Rn. 9 – Job Centre; Rs. C-54/96, Rn. 23 – Dorsch Consult; Rs. C-396/14, Rn. 23 – MT Højgaard und Züblin.

167 *EuGH*, Rs. C-506/04, Rn. 49 ff. – Wilson; Rs. C-517/09, Rn. 38 – RTL Belgium; Rs. C-222/13, Rn. 29 – TDC.

anderen Kriterien wie dem inter partes-Kriterium[168] nicht relativiert werden.[169] Die Unabhängigkeit bestimmt sich danach, ob die Institution die Eigenschaft eines Dritten[170] gegenüber der Stelle aufweist, welche die mit einem Rechtsbehelf angefochtene Entscheidung erlassen hat. Dazu muss sie erstens vor Druck von außen geschützt werden (externer Aspekt) und zweitens die Unparteilichkeit der Mitglieder gewahrt sein (interner Aspekt).[171]

Der EuGH verwendet einen funktionalen Gerichtsbegriff:[172] Um als Gericht i.S.d. Art. 267 AEUV eingeordnet zu werden, muss zwischen der Institution, welche die Vorlagefrage an den EuGH richten will, und der Stelle, gegen deren Entscheidung der nationale Rechtsbehelf eingelegt wurde, eine effektive Funktionentrennung bestehen.[173] Dies ist bei hierarchisch eingebundenen Verwaltungsbehörden nicht der Fall, da sie Aufsichts- und Weisungsbefugnissen unterliegen.[174] Bei unabhängigen Behörden hingegen besteht eine solche Trennung.

Gleichwohl müssten die unabhängigen Behörden die übrigen Kriterien des Gerichtsbegriffs erfüllen. Der EuGH ordnet der Exekutive nahestehende Institutionen immer nur dann als Gerichte ein, wenn sie die (bereits getroffene) Entscheidung einer anderen Einrichtung kontrollieren.[175] Dies verweist auf die Kontrolldimension des Rechtsstaats-[176] und Gewaltenteilungsprinzips als eine der wesentlichen Aufgaben der Judikative. Während

168 *EuGH*, Rs. C-18/93, Rn. 12 – Corsica; Rs. C-111/94, Rn. 9 – Job Centre; Rs. C-54/96, Rn. 31 – Dorsch Consult; verb. Rs. C-110/98 bis C-147/98, Rn. 33 – Gabalfrisa; Rs. C-182/00, Rn. 14 – Lutz GmbH; Rs. C-17/00, Rn. 14 – De Coster.

169 *EuGH*, Rs. C-54/96, Rn. 34 – Dorsch Consult; Rs. C-103/97, Rn. 17 ff. – Josef Köllensperger.

170 *EuGH*, Rs. C-24/92, Rn. 15 – Corbiau; Rs. C-516/99, Rn. 36 – Walter Schmid; Rs. C-506/04, Rn. 9 – Wilson; Rs. C-517/09, Rn. 38 – RTL Belgium; Rs. C-363/11, Rn. 20 – Epitropos tou Elegktikou Synedriou.

171 *EuGH*, Rs. C-506/04, Rn. 50 ff. – Wilson; Rs. C-517/09, Rn. 39 f. – RTL Belgium; Rs. C-222/13, Rn. 30 f. – TDC.

172 *EuGH*, Rs. C-396/14, Rn. 26 – MT Højgaard und Züblin.

173 *EuGH*, Rs. C-516/99, Rn. 37 – Walter Schmid.

174 *EuGH*, Rs. C-134/97, Rn. 14 – Victoria Film; Rs. C-195/98, Rn. 25 – Österreichischer Gewerkschaftsbund; Rs. C-53/03, Rn. 29 und 35 – Syfait und andere; Rs. C-203/14, Rn. 19 – Consorci Sanitari del Maresme; Rs. C-396/14, Rn. 23 – MT Højgaard und Züblin.

175 So in *EuGH*, Rs. C-54/96, Rn. 37 – Dorsch Consult; verb. Rs. C-110/98 bis C-147/98, Rn. 22 ff. – Gabalfrisa.

176 *I. Solanke*, Judicial Independence, 2012, S. 63 (66).

die Unabhängigkeit der Gerichte dazu dient, dass die von ihnen kontrollierten Institutionen keinen Einfluss auf die Entscheidung nehmen können,[177] zielt die Unabhängigkeit der unionsrechtlich geforderten Behörden darauf ab, die Ziele der EU-Rechtsakte durchzusetzen. Insofern sind Fälle, in denen die Behörden ex officio tätig werden, nicht erfasst. Die Voraussetzungen des Gerichtsbegriffs i.S.d. Art. 267 Abs. 2 AEUV liegen nicht vor.[178]

2) Kohärenzsicherung durch Einbindung in Verwaltungsverbundstrukturen

Vielversprechend ist es, wenn die Entkopplung nicht allein innerhalb der nationalen Verwaltungsstrukturen betrachtet wird, sondern die Funktion der europäischen Verwaltungsverbünde einbezogen wird. Die Verpflichtung zur Einrichtung unabhängiger Behörden geht meist mit der Einbindung in europäische Verwaltungsverbünde einher.

Europäische Verwaltungsverbünde bieten kooperative und koordinative Mechanismen an, um die Vollzugspraktiken in den Mitgliedstaaten kohärenter zu gestalten. Die Unabhängigkeit der nationalen Behörden sorgt vermutlich dafür, dass sich diese gegenüber der Beteiligung innerhalb des Verwaltungsverbundes öffnen.[179] Dieser Aspekt wird im zweiten Teil dieses Kapitels betrachtet.

IV. Das Unabhängigkeitsregime im Unionsverwaltungsrecht

Die Entkopplung unabhängiger Behörden der Mitgliedstaaten im Unionsverwaltungsrecht stellt sich nur teilweise als sachbereichsspezifisch begründet dar. Vielmehr besteht ein sachbereichsübergreifender Grund für die Unabhängigkeit darin, die Einflussnahme der nationalen Regierungsstellen auf mitgliedstaatliche Behörden aufgrund der besonderen Interes-

---

177 *L. A. Kornhauser*, Judicial Independence, 2002, S. 45 (48); *S. D. Gerber*, The Yale L.J. Pocket Part 116 (2007), S. 223 (226).

178 Ebenfalls gegen die Zuordnung der Datenschutzaufsichtsbehörden zur Judikative *J.-P. Schneider*, in: Wolff/Brink, Datenschutzrecht, 2017, Art. 52 DSGVO Rn. 8.

179 Den Ansatz scheinbar bestätigend, aber mit deutlicher Kritik *K. F. Gärditz*, AöR 135 (2010), S. 251 (269).

senlage beim Vollzug des Unionsrechts zu begrenzen. Die Unabhängigkeit soll nicht die Dysfunktionalitäten des politischen Betriebs korrigieren, mit der beispielsweise im Bereich des Zentralbanksystems argumentiert wird,[180] sondern die unterschiedlichen, auf nationalstaatliche Interessen fixierten Vollzugsformen minimieren.[181] Die Unabhängigkeit der nationalen Behörden ist bei diesem Verständnis die „organisatorische Antwort“[182] auf das Mehrebenenmodell des europäischen Verwaltungsvollzugs. Hierin unterscheidet sich das Unabhängigkeitsregime auch von demjenigen im deutschen und im EU-Eigenverwaltungsrecht.[183]

Damit wird auch der im Zusammenhang mit unabhängigen Behörden genutzte Begriff der Unparteilichkeit verständlich, der in EuGH-Urteilen[184] sowie an einigen Stellen der EU-Sekundärrechtsakte[185] verwendet wird. Unparteilichkeit meint dort den von nationalen Interessen weitgehend freien Vollzug des Unionsrechts.[186] Die Unabhängigkeit soll dafür sorgen, dass die Behörden aus dem „innerstaatlich-politischen Kräftefeld möglichst weitgehend herausgezogen“[187] werden. Dies spielt insbesondere im Bereich des gemeinsamen Binnenmarkts eine herausragende Rolle, denn hier müssen Wirtschaftsteilnehmer aus allen Mitgliedstaaten auf die Gleichbehandlung durch die jeweiligen nationalen Behörden vertrauen können.

---

180 *F. Amtenbrink*, Accountability of central banks, 1999, S. 10 ff.; *Ch. Gaitanides*, Zentralbank, 2005, S. 10 ff.

181 So wohl auch *D. Couzinet*, Legitimation unabhängiger Behörden, 2011, S. 213 (229); allgemein für die unionsrechtliche Steuerung des nationalen Verwaltungsorganisationsrechts mit dem Ziel der einheitlichen und wirksamen Anwendung des Unionsrechts *W. Kahl*, DV 29 (1996), S. 341 (349); *A. Hatje*, EuR 1998, Beiheft 1, S. 7 (14); *G. Sydow*, Verwaltungskooperation, 2004, S. 72 f.; *T. von Danwitz*, Europäisches Verwaltungsrecht, 2008, S. 499.

182 *J. Masing*, Unabhängige Behörden, 2010, S. 181 (214).

183 *S. Augsberg*, Akteure, 2014, Rn. 18.

184 *EuGH*, Rs. C-518/07, Rn. 25 und 36 – Kommission/Deutschland; Rs. C-614/10, Rn. 52, 61 und 64 („Verdacht der Parteilichkeit“) – Kommission/Österreich.

185 So bei Erwgr. (11) und Art. 3 Abs. 3 der Richtlinie 2002/21/EG des Europäischen Parlaments und des Rates vom 7. März 2002 über einen gemeinsamen Rechtsrahmen für elektronische Kommunikationsnetze und -dienste (Rahmenrichtlinie), ABl. L 108 vom 24.4.2002, S. 33–50 (RRL-Telekommunikation).

186 In diesem Sinne ebenfalls *J. Masing*, Unabhängige Behörden, 2010, S. 181 (216).

187 *J. Masing*, Unabhängige Behörden, 2010, S. 181 (217); so auch die Formulierung bei *C. Franzius*, DÖV 2013, S. 714 (715); diese Motivation des Unionsrechts erwähnen ebenfalls *E. Schmidt-Aßmann*, Dogmatik, 2013, S. 162; *S. Augsberg*, Autonomie, 2016, S. 19 (29).

Geht man von dieser Begründung aus, ergibt sich eine bedeutsame Konsequenz: Unter Hinweis auf diesen Grund könnte die Unabhängigkeit für nahezu alle nationalen Behörden gefordert werden, die für den Vollzug des Unionsrechts zuständig sind. Kriterien, die diesen Rechtfertigungsgrund beschränken, sind bislang nicht ersichtlich. Dies bedeutet nicht, dass die Mitgliedstaaten primärrechtlich verpflichtet sind, alle für den Vollzug des Unionsrechts zuständigen Behörden weisungsfrei zu stellen. Es wäre dem Unionsgesetzgeber aber möglich, unter Achtung der in den europäischen Verträgen bestehenden Kompetenzen sachbereichsspezifisch Sekundärrechtsakte zu erlassen, welche die Pflicht zur Einrichtung unabhängiger Behörden im jeweiligen Regelungsbereich festsetzen.

Sofern Sekundärrechtsakte die weisungsfreie Rechtsstellung nationaler Behörden vorsehen, ist der mitgliedstaatliche Gesetzgeber aber berechtigt, nationale Aufsichtsbefugnisse vorzusehen, soweit diese nicht die Gefahr beinhalten, dass der Eindruck der unzulässigen Einflussnahme besteht. Regelungen hierzu müssten nach außen nachvollziehbar sein, um das unionsrechtliche Misstrauen zu zerstreuen. Dem wird nur entsprochen, wenn die Bedingungen der Aufsicht gesetzlich festgelegt sind, die dort genannten Kriterien nicht unbedingt und unbestimmt sind und eine gerichtliche Überprüfung möglich ist.

Dieses für das Unionsverwaltungsrecht konzipierte Unabhängigkeitsregime geht davon aus, dass das unionsrechtliche Verständnis unabhängiger Behörden zwar nicht in jedem Sekundärrechtsakt vollkommen deckungsgleich ist, allerdings bestehen zahlreiche Entsprechungen. Dies zeigt sich auch in Schlussanträgen von Generalanwalt *Bot*[188] und Generalanwalt *Campos Sánchez-Bordona*[189]. Dies rechtfertigt es, von einer rechtsgebietsübergreifenden Konzeption unabhängiger Behörden im Unionsverwaltungsrecht auszugehen.

---

188 *GA Bot*, Rs. C-424/15, Rn. 42 – Ormaetxea Garai und Lorenzo Almendros.

189 *GA Campos Sánchez-Bordona*, Rs. C-240/15, Rn. 31 ff. – Autorità per le Garanzie nelle Comunicazioni.

Teil 2: Unabhängige mitgliedstaatliche Behörden in europäischen Verwaltungsverbünden

Bei der rechtlichen Einordnung nationaler Behörden, die durch das Unionsrecht unabhängig gestellt werden, muss einbezogen werden, dass diese Behörden im gleichen Zusammenhang in europäische Verwaltungsverbünde eingebunden sind. Die Entkopplung von der mitgliedstaatlichen Regierungsebene geht zumeist mit der Anbindung an vertikale und horizontale Verbundstrukturen in europäischen Verwaltungsverbünden einher.

Auf welche Weise nationale Behörden in den Referenzgebieten dieser Arbeit in europäische Verwaltungsverbünde integriert werden, ist Gegenstand des ersten Abschnitts dieses Teils (A.). Dabei werden die hinter den sekundärrechtlichen Regelungen stehenden Governance-Modi identifiziert. An die Analyse der Verbundstrukturen schließt die Frage an, inwiefern die unabhängige Rechtsstellung der nationalen Behörden auch im Rahmen der europäischen Verwaltungsverbünde wirkt (B.).

A. Die Verbundstrukturen in den Referenzgebieten

Um die Verbundstrukturen in den Referenzgebieten zu identifizieren, wird zunächst der Begriff des europäischen Verwaltungsverbundes (I.) eingeführt sowie die Rechtsschichten des unionalen Kooperationsrechts dargestellt (II.). Im Anschluss erfolgt die Analyse der Verbundstrukturen in den drei Referenzgebieten unter Verwendung der Governance-Modi (III.).

I. Der europäische Verwaltungsverbund

Formen der intensivierten Kooperation zwischen mitgliedstaatlichen und europäischen Behörden in fachlich spezialisierten Netzwerken prägen den Charakter des europäischen Verwaltungsrechts. Es entstehen sektorspezifische Zusammenschlüsse,[190] die insbesondere zum Ziel haben, den kohä-

---

190 Die fragmentierte Entwicklung des europäischen Verwaltungsrechts ist eines seiner Kennzeichen; es bestehen nur wenige, verallgemeinerbare Grundsätze, siehe *H. C. H. Hofmann/A. H. Türk*, ELJ 13 (2007), S. 253 (262 f.).

renten Vollzug des Unionsrechts zu sichern. Die Politikwissenschaften[191] und die Rechtswissenschaften[192] haben hierzu verschiedene Konzepte entwickelt. Sie finden sich unter Schlagworten wie administrative Vernetzung,[193] Verwaltungsnetzwerk,[194] Mehrebenenverbund,[195] Mehrebenenverwaltung,[196] Verwaltungsverbund,[197] Mischverwaltung,[198] Verwaltungsgemeinschaft,[199] Verwaltungskooperation[200] oder integrated administrati-

---

191 Siehe beispielsweise *T. König/E. Rieger/H. Schmitt*, Einleitung, 1996, S. 13; *W. Wessels*, Öffnung des Staates, 2000, S. 53 ff.; *A. Benz*, Mehrebenenverflechtung, 2006, S. 317.

192 Siehe nur *M. A. Glaser*, Rechtsraum, 2011, S. 285 ff.; *S. Müller-Mall*, Verwaltungsrechtsraum Europa, 2011, S. 9 ff.; siehe ferner die Beiträge in Schmidt-Aßmann/Schöndorf-Haubold, Europäischer Verwaltungsverbund, 2005.

193 *A. von Bogdandy*, Supranationaler Föderalismus, 1999, S. 16.

194 *E. M. Frenzel*, Vom Verbund zum Netzwerk, 2007, S. 247 ff.; *D. Thym*, Migrationsverwaltungsrecht, 2010, S. 280 ff.; *G. F. Schuppert*, Europäische Verwaltungsnetzwerke, 2013, S. 133 ff.; *E. Chiti*, Accountability der Verwaltungsnetzwerke, 2013, S. 165 ff.; *G. Püttner*, Europäische Verwaltungsnetzwerke, 2013, S. 213 ff.; zur juristischen Erfassung des Netzwerkbegriffs *Chr. Möllers*, Netzwerk, 2005, S. 285 ff.; der Begriff des Netzwerks findet sich mittlerweile sogar in Gesetzestexten, siehe bspw. § 50a GWB: „Zusammenarbeit im Netzwerk der europäischen Wettbewerbsbehörden".

195 *S. Kadelbach*, EuR 2002, Beiheft 2, S. 7 ff.

196 *W. Wessels*, Öffnung des Staates, 2000, S. 137 ff.; *S. Kadelbach*, Verwaltungskontrollen, 2001, S. 205 ff.; *W. Weiß*, DV 38 (2005), S. 517 ff.; *G. Winter*, EuR 2005, S. 255 ff.; *H. Chr. Röhl*, DVBl. 2006, S. 1070 ff.; *T. Groß*, VVDStRL 66 (2007), S. 152 (153).

197 Begriffsprägend: *A. von Bogdandy*, Supranationaler Föderalismus, 1999, S. 11 ff.; *ders.*, Der Staat 40 (2001), S. 3 (18); *B. Kahl*, Der Staat 33 (1994), S. 241 (250); aufgenommen von *E. Schmidt-Aßmann*, Kooperation und Hierarchie, 2002, S. 1375 (1381 ff.); *T. Groß*, EuR 2005, S. 54; *M. Eekhoff*, Verbundaufsicht, 2006, S. 5; *W. Frenz*, DÖV 2010, S. 66 (67).

198 *Chr. Engel*, DV 25 (1992), S. 437 (454); *W. Kahl*, DV 29 (1996), S. 341 (373); *S. Schreiber*, Verwaltungskompetenzen, 1997, S. 40; *A. Hatje*, Gemeinschaftsrechtliche Steuerung, 1998, S. 47 ff.; *S. Kadelbach*, Einfluß, 1999, S. 19; *H. P. Nehl*, Europäisches Verwaltungsverfahren, 2002, S. 226.

199 *M. Brenner*, Gestaltungsauftrag, 1996, S. 217 ff.; *H. Siedentopf/B. Speer*, DÖV 2002, S. 753 ff.

200 *E. Schmidt-Aßmann*, EuR 1996, S. 270 ff.; *ders.*, Ordnungsidee, 2006, 7/10 f.; *T. von Danwitz*, Recht der Verwaltungskooperation, 1999, S. 171 ff.; *M. Klepper*, Vollzugskompetenzen, 2001, S. 161 ff.; *P. M. Huber*, Kooperationsverhältnis, 2002, S. 127 (137); *M. Ruffert*, DV 36 (2003), S. 293 (309); *J. Sommer*, Verwaltungskooperation, 2003; *R. Priebe*, Handlungsformen für Verwaltungskooperation, 2004, S. 337 ff.; *B. Schöndorf-Haubold*, Gemeinsame Europäische Verwal-

on.[201] In dieser Arbeit steht der Ausdruck des europäischen Verwaltungsverbundes für das Zusammenwirken nationaler und europäischer Stellen zur gemeinsamen, arbeitsteiligen Erfüllung verwaltungsrechtlicher Aufgaben im Unionsrecht.[202]

Verwaltungsverbünde bekamen vermehrte Aufmerksamkeit, als die Europäische Kommission diese auf ihre Agenda setzte. Zwei Mitteilungen der Kommission aus Mitte der 1990er Jahre befassten sich eingehend mit Formen intensivierter Kooperation auf verwaltungsrechtlicher Ebene.[203] In der deutschen Rechtswissenschaft ist die Aufmerksamkeit für dieses Thema mittlerweile hoch.[204] Teilweise wird sogar davon ausgegangen, dass ein Paradigmenwechsel stattgefunden habe[205] und die europarechtliche Zweiteilung mit dem direkten Vollzug auf der einen und dem indirekten

---

tung, 2005, S. 25 (37 ff.); *K.-H. Ladeur/Chr. Möllers*, DVBl. 2005, S. 525 (526); *W. Frenz*, DÖV 2010, S. 66 ff.

201 *H. C. H. Hofmann/A. Türk*, Europe's Integrated Administration, 2006, S. 573 ff.; *dies.*, ELJ 13 (2007), S. 253 (254); *dies.*, Legal challenges, 2009.

202 Die Definition stammt aus *T. von Danwitz*, Europäisches Verwaltungsrecht, 2008, S. 612, der wiederum auf *G. Sydow*, Verwaltungskooperation, 2004, S. 7 f. und S. 297, verweist.

203 *Europäische Kommission*, Mitteilung der Kommission an den Rat und das Europäische Parlament über die Entwicklung der Zusammenarbeit der Verwaltung bei der Anwendung und Durchsetzung des Gemeinschaftsrechts für den Binnenmarkt, KOM(1994) 29 endg.; *dies.*, Bericht der Kommission an den Rat und das Europäische Parlament – Verwaltungszusammenarbeit bei der Anwendung des Gemeinschaftsrechts im Rahmen des Binnenmarkts – Bericht über den Stand der Arbeiten, KOM(1996) 20 endg.

204 Siehe nur die zahlreichen Monographien: *G. Sydow*, Verwaltungskooperation, 2004; *J. Hofmann*, Verwaltungsverbund, 2004; *K. Heußner*, Informationssysteme, 2007; *T. Siegel*, Entscheidungsfindung, 2009; *W. Weiß*, Verwaltungsverbund, 2010; *E. Peuker*, Bürokratie, 2011; *A. Pilniok*, Forschungsförderverbund, 2011; aus der Aufsatzliteratur sei nur beispielhaft verwiesen auf *E. Schmidt-Aßmann*, EuR 1996, S. 270 ff.; *P. M. Huber*, Kooperationsverhältnis, 2002, S. 127 ff.; *R. Priebe*, Handlungsformen für Verwaltungskooperation, 2004, S. 337 ff.; *K. Herzmann*, ZNER 2005, S. 216 ff.; *G. Britz*, EuR 2006, S. 46 ff.; *A. Hatje*, Verwaltungsverbund, 2008, S. 249 ff.; *U. Schliesky*, DÖV 2009, S. 641 ff.; *J.-P. Schneider*, DV 2009, Beiheft 8, S. 9 ff.; *W. Kahl*, Der Staat 50 (2011), S. 353 ff.; *A. Pilniok/E. Westermann*, VerwArch 103 (2012), S. 379 ff.

205 *M. Ruffert*, DÖV 2007, S. 761; *H. C. H. Hofmann/A. H. Türk*, ELJ 13 (2007), S. 253 (254 und 270); *E. Chiti*, Administrative Implementation, 2009, S. 9 (11); *H. C. H. Hofmann/G. C. Rowe/A. H. Türk*, Administrative law, 2011, S. 262.

Vollzug auf der anderen Seite abgelöst worden sei.[206] Der Logik des europäischen Verwaltungsrechts folgend machen die meisten Untersuchungen sektorale Entwicklungen der Verwaltungsverbünde zum Gegenstand, beispielsweise im Umweltrecht,[207] bei den Strukturfonds,[208] im Produktsicherheitsrecht,[209] im Energierecht,[210] im Lebensmittelrecht[211] oder im Migrationsrecht.[212] Teilweise wurde aber auch versucht, Typisierungen der Verbünde zu entwickeln.[213]

Prägend für Verwaltungsverbünde ist, dass nationale Kontaktstellen untereinander oder gemeinsam mit europäischen Institutionen für den Vollzug des Unionsrechts sorgen. Dies hat für das nationale Staatsverständnis eine bedeutende Konsequenz: Die zuvor über die Regierungen der Mitgliedstaaten konstruierten Formen der europäischen Zusammenarbeit werden vermehrt unmittelbar durch nationale Behörden bewerkstelligt. Es entwickelt sich ein polyzentrisches Staatsgefüge, das sich nicht mehr primär durch pyramidale, sondern verstärkt auch durch Netzwerkstrukturen auszeichnet.[214]

Bei Verwaltungsverbünden kann zwischen zwei Ebenen der Kooperation getrennt werden: Teils kooperieren die nationalen Behörden untereinander (vertikale Kooperation), teils mit EU-Institutionen (horizontale Ko-

---

206 *G. Sydow*, DÖV 2006, S. 66 (71); aus Gründen der Verantwortungszurechnung und des Rechtsschutzes kann dies aber nicht zu einem separaten Rechtsgebiet erklärt werden, siehe *T. von Danwitz*, Europäisches Verwaltungsrecht, 2008, S. 612 f.

207 *J. Sommer*, Verwaltungskooperation, 2003; *dies.*, Informationskooperation, 2005, S. 57 ff.; *G. Roller*, Comitology, 2006, S. 115 ff.

208 *B. Schöndorf-Haubold*, Strukturfonds, 2005; *dies.*, Gemeinsame Europäische Verwaltung, 2005, S. 25 ff.

209 *H. Chr. Röhl*, Konformitätsbewertung, 2005, S. 153 ff.

210 *F. Arndt*, DV 39 (2006), S. 100 ff.; *B. Eberlein*, Experimentalist Governance, 2010, S. 61 ff.; *J. Haller*, Energieregulierung, 2013.

211 *B. Rudloff/J. Simons*, Governance of food safety, 2006, S. 146 ff.; *E. Vos*, EU Food Safety Regulation, 2010, S. 151 ff.

212 *C. Costello*, Europeanisation of asylum, 2006, S. 287 ff.; *D. Thym*, Migrationsverwaltungsrecht, 2010, S. 84 ff.

213 So unterscheidet Eberhard Schmidt-Aßmann zwischen informationellen, prozeduralen und institutionellen Formen der Kooperation, siehe *E. Schmidt-Aßmann*, Europäischer Verwaltungsverbund, 2005, S. 1 (6 und 22).

214 *J. Chevallier*, L'état post-moderne, 2003, S. 77.

operation).[215] Häufig werden beide Formen miteinander kombiniert, was rechtlich insofern zulässig ist, als dass im Unionsrecht – anders als im deutschen Recht[216] – kein Verbot der Mischverwaltung existiert.[217] Gemeinsam ist allen Verbundstrukturen, dass rechtliche Standards geschaffen werden, die insbesondere verfahrensrechtlicher, aber immer mehr auch organisationsrechtlicher Natur sind. Gleichwohl unterscheiden sich die jeweiligen Verwaltungsverbünde hinsichtlich des Intensitätsgrads der Verrechtlichung. Rein informelle Verbünde wie beispielsweise das Forum für Elektrizitätsregulierung (Florenz) werden außerdem zunehmend durch stärker verrechtlichte Strukturen abgelöst.

Auf welche Weise die Zusammenarbeit in Verwaltungsverbünden erfolgt, lässt sich nicht allein an der Begrifflichkeit des Verwaltungsverbundes ablesen. Zwar sind viele Verfahren auf kooperative Formen der Zusammenarbeit ausgelegt, aber es bestehen ebenfalls hierarchische Elemente wie Aufsichts-, Weisungs- oder Eintrittsrechte.[218]

II. Unionsrechtliche Vorgaben an die Verwaltungskooperation

Das Unionsrecht regelt die Kooperation zwischen nationalen und europäischen Behörden nur zu einem geringen Grad im Primärrecht. Bedeutender sind die sektorspezifischen Regelungen der Sekundärrechtsakte.

1) Kooperationspflichten im Unionsprimärrecht

Das Unionsprimärrecht enthält mehrere Normen, die den verwaltungsrechtlichen bzw. vollzugsrechtlichen Aspekt des Unionsrechts aufnehmen. Die Trennung in den direkten und den indirekten Vollzug wurde gleich-

---

215 Diese beiden Dimensionen der Kooperation werden gemeinhin unterschieden, siehe *E. Schmidt-Aßmann*, Europäischer Verwaltungsverbund, 2005, S. 1 (5); *S. Augsberg*, Europäisches Verwaltungsorganisationsrecht, 2011, Rn. 50.

216 Siehe zu den Herausforderungen an dieses Verbot *S. Oeter*, Integration und Subsidiarität, 1998, S. 451 ff.

217 *G. Britz*, EuR 2006, S. 46 (48); *T. Groß*, VVDStRL 66 (2007), S. 152 (161 f.); *T. von Danwitz*, Europäisches Verwaltungsrecht, 2008, S. 609; *W. Frenz*, DÖV 2010, S. 66 (68).

218 *E. Schmidt-Aßmann*, Europäischer Verwaltungsverbund, 2005, S. 1 (7).

wohl nicht aufgegeben. Verwaltungskooperationspflichten sind nur vereinzelt primärrechtlich festgeschrieben.

Einen normativen Anknüpfungspunkt bieten die Grundfreiheiten, die unter bestimmten Voraussetzungen verlangen, dass administrative Maßnahmen von Behörden anderer Mitgliedstaaten anerkannt werden.[219] Die zentrale Norm des Primärrechts für Kooperationsstrukturen im Verwaltungsrecht sind das Loyalitätsgebot des Art. 4 Abs. 3 EUV und die Pflicht zur Verwaltungszusammenarbeit gemäß Art. 197 AEUV. Daneben bestehen besondere primärrechtliche Kooperationspflichten im Bereich der polizeilichen und justiziellen Zusammenarbeit,[220] der Antidiskriminierungsgesetzgebung,[221] der Zusammenarbeit der Arbeitsverwaltungen,[222] der Verwaltungszusammenarbeit im Bereich der Niederlassungsfreiheit,[223] des Zollwesens,[224] der Verwaltungszusammenarbeit bei Beschäftigungsmaßnahmen[225] und der Verwaltungszusammenarbeit in der Sozialpolitik.[226]

a) Verwaltungszusammenarbeit, Art. 197 AEUV

Seit dem Vertrag von Lissabon besteht mit Art. 197 AEUV eine Norm, die bestimmt, dass die für das ordnungsgemäße Funktionieren der Union entscheidende effektive Durchführung des Unionsrechts durch die Mitgliedstaaten eine Frage von gemeinsamem Interesse ist. In diesem Rahmen darf die Union die Mitgliedstaaten dabei unterstützen, die Fähigkeiten ihrer jeweiligen Verwaltungen zur Durchführung des Unionsrechts zu verbessern.[227] Diese Norm begründet keine Kompetenz der Union, die Mitgliedstaaten in allen Fragen des Unionsrechtsvollzugs zu unterstützen, sondern ist begrenzt auf Formen der informationellen Kooperation sowie der Aus- und Weiterbildung von Beamten (Art. 197 Abs. 2 Satz 2 AEUV). Die Kooperationsbemühungen auf Grundlage dieser Norm sind zudem auf die

219 *G. Sydow*, Verwaltungskooperation, 2004, S. 30.
220 Art. 67 Abs. 3, Art. 74, Art. 76, Art. 82 und Art. 87 Abs. 1 AEUV.
221 Art. 19 AEUV.
222 Art. 46 lit. a) AEUV.
223 Art. 50 Abs. 2 lit. b) AEUV.
224 Art. 33 AEUV.
225 Art. 149 f. AEUV.
226 Art. 153 Abs. 2 UAbs. 1 lit. a), Art. 156 und Art. 160 AEUV.
227 Die Norm enthält eine der wenigen Unterstützungskompetenzen im Unionsrecht (siehe Art. 2 Abs. 5, Art. 6 Satz 2 lit. g) AEUV).

vertikale Ebene beschränkt.[228] Es wird also nur ein kleiner Ausschnitt der europäischen Verwaltungskooperation erfasst, aber es ist immerhin seit dem Vertrag von Lissabon normativ anerkannt,[229] dass derartige Fortbildungsmaßnahmen dazu dienen können, den Unionsrechtsvollzug zu verbessern.[230]

b) Loyalitätsgebot, Art. 4 Abs. 3 EUV

Hingegen bildet das Loyalitätsgebot (Art. 4 Abs. 3 EUV) die normative Grundlage für eine ganze Reihe unterschiedlicher Formen der Verwaltungszusammenarbeit.[231] Auf diese Norm werden unter anderem allgemeine Informations- sowie Genehmigungspflichten gestützt.[232] Beispiele hier-

---

228 *M. Ruffert*, in: Calliess/ders., EUV/AEUV mit Europäischer Grundrechtecharta, 2016, Art. 197 AEUV Rn. 22.

229 Zuvor war nur für das Zollverwaltungsrecht eine entsprechende Normierung vorgesehen, siehe *H. Jochum*, Zollverwaltungsrecht, 2011, Rn. 49 f.

230 *W. Frenz*, DÖV 2010, S. 66.

231 *M. Eekhoff*, Verbundaufsicht, 2006, S. 9.

232 *D. H. Scheuing*, Europarechtliche Impulse, 1994, S. 289 (331 f.); *E. Schmidt-Aßmann*, EuR 1996, S. 270 (294); *P. M. Huber*, Kooperationsverhältnis, 2002, S. 127 (135); *J. Sommer*, Verwaltungskooperation, 2003, S. 393 ff.; *A. Wille*, Loyale Zusammenarbeit, 2003, S. 47 ff.; ferner können Berichts-, Auskunfts-, Mitteilungs-, Konsultations-, Kooperations- und Koordinationspflichten genannt werden.

233 Richtlinie 89/608/EWG des Rates vom 21. November 1989 betreffend die gegenseitige Unterstützung der Verwaltungsbehörden der Mitgliedstaaten und die Zusammenarbeit dieser Behörden mit der Kommission, um die ordnungsgemäße Anwendung der tierärztlichen und tierzuchtrechtlichen Vorschriften zu gewährleisten, ABl. L 351 vom 2.12.1989, S. 34–37; Richtlinie 90/425/EWG des Rates vom 26. Juni 1990 zur Regelung der veterinärrechtlichen und tierzüchterischen Kontrollen im innergemeinschaftlichen Handel mit lebenden Tieren und Erzeugnissen im Hinblick auf den Binnenmarkt, ABl. L 224 vom 18.8.1990, S. 29–41; 2009/821/EG: Entscheidung der Kommission vom 28. September 2009 zur Aufstellung eines Verzeichnisses zugelassener Grenzkontrollstellen, zur Festlegung bestimmter Vorschriften für die von Veterinärsachverständigen der Kommission durchgeführten Inspektionen und zur Definition der Veterinäreinheiten in TRACES (bekannt gegeben unter Aktenzeichen K(2009) 7030), ABl. L 296 vom 12.11.2009, S. 1–58.

für finden sich im Veterinärrecht,[233] im Sozialrecht,[234] im Steuerverwaltungsrecht[235] oder im Umweltrecht.[236] Die Kooperationspflicht kann auch dahingehend konkretisiert werden, dass es der Europäischen Kommission gemäß Art. 17 Abs. 1 Satz 3 EUV möglich sein muss, ihrer Aufgabe als Hüterin des Unionsrechts nachzukommen.[237] Die Mitgliedstaaten sind dann verpflichtet, der Kommission die Informationen zukommen zu lassen, die diese für ihre Kontrollaufgabe benötigt. Das Loyalitätsgebot verpflichtet die Mitgliedstaaten und die Union jedoch nur generell zur Zusammenarbeit. Darüber hinausgehende Anforderungen lassen sich aus dieser Norm kaum unmittelbar ziehen. Sie kann jedoch als verstärkende Rechtsgrundlage für sekundärrechtlich geregelte Formen der Zusammenarbeit dienen.[238]

2) Kooperationsstrukturen im EU-Sekundärrecht

Kooperationsstrukturen zur Kreation und Vertiefung von Verwaltungsverbünden enthalten insbesondere sekundärrechtliche Vorschriften. Deshalb ist der Grad der Zusammenarbeit je nach Rechtsgebiet unterschiedlich intensiv. Insgesamt dominieren Vorgaben für die Informationsweiterleitung unter den mitgliedstaatlichen und mit den europäischen Stellen[239] sowie für die Amtshilfe.[240] Ferner sind teilweise Inspektions- und Begleitkompe-

---

234 Verordnung (EG) Nr. 883/2004 des Europäischen Parlaments und des Rates vom 29. April 2004 zur Koordinierung der Systeme der sozialen Sicherheit, ABl. L 166 vom 30.4.2004, S. 1–123.

235 Verordnung (EG) Nr. 1798/2003 des Rates vom 7. Oktober 2003 über die Zusammenarbeit der Verwaltungsbehörden auf dem Gebiet der Mehrwertsteuer und zur Aufhebung der Verordnung (EWG) Nr. 218/92, ABl. L 264 vom 15.10.2003, S. 1–11.

236 Verordnung (EG) Nr. 401/2009 des Europäischen Parlaments und des Rates vom 23. April 2009 über die Europäische Umweltagentur und das Europäische Umweltinformations- und Umweltbeobachtungsnetz, ABl. L 126 vom 21.5.2009, S. 13–22.

237 *W. Kahl*, in: Calliess/Ruffert, EUV/AEUV mit Europäischer Grundrechtecharta, 2016, Art. 4 EUV Rn. 75.

238 A. A.: *G. Sydow*, Verwaltungskooperation, 2004, S. 33 f.

239 Siehe hierzu im Überblick *T. von Danwitz*, Europäisches Verwaltungsrecht, 2008, S. 618 ff.; *M. Fehling*, Europäisches Verwaltungsverfahren, 2011, Rn. 61 ff.

240 *T. von Danwitz*, Europäisches Verwaltungsrecht, 2008, S. 620 f.

tenzen vorgesehen.[241] Regelungen zur Verwaltungskooperation bedienen sich hauptsächlich der Sachbereichskompetenzen, als deren akzessorischer Bestandteil derartige Bestimmungen häufig angesehen werden.[242]

III. Organisationsrechtliche Strukturen in den europäischen Telekommunikations-, Datenschutz- und Statistikverwaltungsverbünden

Im Folgenden wird untersucht, wie die Verbundstrukturen in den drei Referenzgebieten durch das Unionsrecht ausgestaltet wurden. Der Fokus liegt auf der institutionellen Gliederung und Formen der Einflussnahme innerhalb der Verwaltungsverbünde. Ziel ist es, die Formen der Kooperation zu identifizieren und sie anhand der Governance-Modi[243] einzuordnen.

1) Telekommunikationsverwaltungsverbund

Der europäische Telekommunikationsverwaltungsverbund wird derzeit von einer Einrichtung geprägt, welche den Namen Gremium Europäischer Regulierungsstellen für elektronische Kommunikation (GEREK) trägt. Daneben bestehen Ausschüsse, die Sonderfragen der Regulierung im Telekommunikationssektor regeln.

a) Das Gremium Europäischer Regulierungsstellen für elektronische Kommunikation (GEREK)

Seit einem Beschluss der Europäischen Kommission im Jahr 2002[244] bestand mit der European Regulators Group (ERG) eine institutionalisierte

---

241 Siehe hierzu *A. David*, Inspektionen, 2003.

242 *G. Sydow*, Verwaltungskooperation, 2004, S. 43 f.

243 Zu diesen und zum Governance-Ansatz in rechtswissenschaftlichen Untersuchungen siehe *A. Pilniok*, Forschungsförderverbund, 2011, S. 6 ff. m. w. N.

244 2002/627/EG: Beschluss der Kommission vom 29. Juli 2002 zur Einrichtung der Gruppe Europäischer Regulierungsstellen für elektronische Kommunikationsnetze und –dienste, ABl. L 200 vom 30.7.2002, S. 38–40.

Form der Kooperation nationaler Regulierungsbehörden.[245] Zuvor hatten die nationalen und europäischen Behörden der Telekommunikationsregulierung bereits eng kooperiert, allerdings auf informeller Basis. Die ERG konnte aber keinen bedeutenden Beitrag zur einheitlichen Telekommunikationsregulierung erbringen, da es an verfahrensrechtlichen Kompetenzen mangelte.[246] Um dies zu ändern, wollte die Kommission eine Agentur zur Regulierung der Telekommunikation gründen (die European Electronic Communications Authority (EECMA)[247]), scheiterte aber – unter anderem am Widerstand der nationalen Regulierungsbehörden. In den Verhandlungen über den Gesetzesakt hat sich ein gemischt verfahrensmäßiges und institutionelles Modell[248] durchgesetzt: Das Gremium Europäischer Regulierungsstellen für elektronische Kommunikation (GEREK).[249]

Das GEREK ist als ein „Forum für die Zusammenarbeit zwischen den nationalen Regulierungsbehörden und zwischen den nationalen Regulierungsbehörden und der Kommission bei der Wahrnehmung aller ihrer Aufgaben innerhalb des EU-Rechtsrahmens"[250] geschaffen worden. Es ist keine Unionsagentur wie sie für den Bereich der Energieregulierung geschaffen worden ist,[251] sondern ein Beratungs- und Koordinationsgremium,[252] das im Vergleich zur ERG eine engere Form der Zusammenarbeit ermöglicht.[253]

---

245 Zur ERG siehe *H.-H. Trute*, Regulierungsverbund, 2004, S. 565 (573); *K. Herzmann*, ZNER 2005, S. 216 (218 f.); *G. Britz*, EuR 2006, S. 46 (54); *B. Holznagel/ P. Schumacher*, DVBl. 2007, S. 409 ff.

246 *U. Ellinghaus*, CR 2010, S. 20 (22); *T. Attendorn*, CR 2011, S. 721.

247 Siehe *Europäische Kommission*, Vorschlag für eine Verordnung des Europäischen Parlaments und des Rates zur Einrichtung der Europäischen Behörde für die Märkte der elektronischen Kommunikation, KOM(2007) 699 endg.; zur EECMA siehe *Chr. Koenig/S. Loetz*, MMR 2008, S. 367 (368 ff.); *K.-H. Ladeur*, K&R 2008, S. 265 (266); *R. Klotz/A. Brandenburg*, N&R 2009, S. 8 (11).

248 *T. Attendorn*, CR 2011, S. 721 (722); *C. Franzius*, N&R 2012, S. 126 (129); *ders.*, DÖV 2013, S. 714 (719).

249 Beschluss der Kommission 2002/67/EG, aufgehoben durch Beschluss der Kommission 2010/299/EU.

250 Erwgr. (6) der Verordnung (EG) Nr. 1211/2009 des Europäischen Parlaments und des Rates vom 25. November 2009 zur Einrichtung des Gremiums Europäischer Regulierungsstellen für elektronische Kommunikation (GEREK) und des Büros, ABl. L 337 vom 18.12.2009, S. 1–10.

251 Siehe zur ACER *K. F. Gärditz*, AöR 135 (2010), S. 251 (267 f.); *M. Ludwigs*, DVBl. 2011, S. 61 (62); *C. Schneider*, Netzzugangsregulierung, 2013, S. 52 ff.

252 *J. Kühling*, Telekommunikationsverwaltungsrecht, 2011, Rn. 40.

253 *I. Henseler-Unger*, Sektorübergreifende Regulierungsstrukturen, 2011, S. 55 (60).

aa) Organe des GEREK

Zentrales Organ des GEREK ist der Regulierungsrat, der sich aus je einem Mitglied der Regulierungsbehörde eines jeden Mitgliedstaats – zumeist dem jeweiligen Leiter der nationalen Regulierungsbehörde – zusammensetzt (Art. 4 Abs. 2 UAbs. 1 GEREK-VO). Die Europäische Kommission nimmt als Beobachterin an den Sitzungen teil. Das GEREK handelt unabhängig und darf weder von den nationalen Regierungen, der Europäischen Kommission noch sonstigen privaten oder öffentlichen Stellen Weisungen einholen oder entgegennehmen (Art. 4 Abs. 2 UAbs. 2 und 3, Art. 1 Abs. 3 Satz 1 GEREK-VO). Entscheidungen werden im Regulierungsrat mit Zweidrittelmehrheit getroffen. Die Aufgaben des Regulierungsrats und damit des GEREK bestehen darin, Stellungnahmen abzugeben, die nationalen Regulierungsbehörden zu unterstützen, die EU-Organe zu beraten und den Sektor der elektronischen Kommunikation zu überwachen.

Neben dem Regulierungsrat besteht als Teil des GEREK ein Büro (Art. 6 GEREK-VO), das sich aus einem Verwaltungsausschuss und einem Verwaltungsdirektor zusammensetzt. Das Büro ist eine Gemeinschaftseinrichtung mit eigener Rechtspersönlichkeit i.S.d. Art. 185 der EU-Haushaltsordnung. Es unterstützt den Regulierungsrat in administrativen Fragen. Der Verwaltungsausschuss besteht aus je einem Mitglied pro Mitgliedstaat sowie einem Kommissionsvertreter und wählt den Verwaltungsdirektor auf drei Jahre.

bb) Kompetenzen

Besonders bedeutsam ist die Befugnis des GEREK zum Erlass von Stellungnahmen, da die nationalen Regulierungsbehörden und die Kommission allen vom GEREK verabschiedeten Stellungnahmen, Empfehlungen, Leitlinien und Ratschlägen oder bewährten Regulierungspraktiken weitestgehend Rechnung tragen müssen (Art. 3 Abs. 3 GEREK-VO). Vergleichbare Regelungen finden sich ebenfalls in den materiellrechtlichen Richtlinien zum Telekommunikationssektor.[254] Das GEREK kann sowohl die Entscheidungsfreiheit der nationalen Regulierungsbehörden als auch

254 Art. 7 Abs. 7 RRL-Telekommunikation; Art. 7a RRL-Telekommunikation; Art. 8 Abs. 3 UAbs. 2 ZRL; Art. 19 RRL-Telekommunikation; Art. 22 Abs. 3 und Art. 26 Abs. 7 URL.

diejenige der Kommission beschränken, wenn es zeitliche Verzögerungen und erhöhte Begründungspflichten auslöst. Auf diese Weise soll die kohärente Anwendung des EU-Rechtsrahmens für elektronische Kommunikation sichergestellt werden (Art. 1 Abs. 3 Satz 2 GEREK-VO).[255]

In diesem Zusammenhang ist noch auf die Kompetenzen der Europäischen Kommission einzugehen. Dieser steht beim Marktdefinitionsverfahren nach Art. 7 Abs. 4 RRL-Telekommunikation ein Vetorecht zu, wenn eine nationale Behörde den Empfehlungen der Kommission nicht folgen will. Das GEREK kann hierzu eine Stellungnahme abgeben und die Kommission ist verpflichtet, diese in ihre Entscheidung einzubeziehen und entsprechend zu begründen (Art. 7 Abs. 5 RRL-Telekommunikation). Ferner bestehen auch für die Stellungnahmen der Kommission verschiedene Berücksichtigungspflichten der nationalen Behörden.

b) Kommissionsnahe Institutionen

Die Europäische Kommission übt im Bereich der Telekommunikationsregulierung durch Entscheidungen, Leitlinien und Empfehlungen einen wesentlichen Einfluss auf die Regulierung aus. Hierzu wurden beratende Einrichtungen geschaffen, die es der Kommission ermöglichen sollen, ihrer zentralen Stellung im europäischen Telekommunikationsrecht auch fachlich Rechnung zu tragen.

aa) Der Frequenzausschuss

Für die Frequenzregulierung wurde durch eine Entscheidung des Europäischen Parlaments und des Rates zur Unterstützung der Kommission der sogenannte Frequenzausschuss geschaffen.[256] Die Kommission unterbreitet diesem Ausschuss Vorschläge zur technischen Umsetzung der Funkfrequenzverteilung, über die im Komitologieverfahren entschieden wird

255 Dies betonen auch *H.-H. Trute*, Regulierungsverbund, 2004, S. 565 (566); *G. Britz*, EuR 2006, S. 46 (54 ff.).

256 Art. 3 Abs. 1 der Entscheidung Nr. 676/2002/EG des Europäischen Parlaments und des Rates vom 7. März 2002 über einen Rechtsrahmen für die Funkfrequenzpolitik in der Europäischen Gemeinschaft (Frequenzentscheidung), ABl. L 108 vom 24.4.2002, S. 1–6.

(Art. 4 Abs. 1 Frequenzentscheidung). Es wurden bereits zahlreiche Entscheidungen auf der Grundlage dieses Verfahrens erlassen.[257] Zudem werden durch diesen Ausschuss auch die Interessen der EU auf internationaler Ebene, d.h. in Abstimmung mit Einrichtungen wie der Internationalen Fernmeldeunion oder der Europäischen Konferenz der Verwaltungen für Post und Telekommunikation gewahrt.

bb) Die Gruppe für Frequenzpolitik

Weiterhin besteht die Gruppe für Frequenzpolitik, deren Einrichtung auf einem Beschluss der Kommission fußt.[258] Aufgabe der Gruppe ist es, die Kommission in frequenzpolitischen Fragen zu unterstützen und zu beraten, politische Ansätze zu koordinieren, mehrjährige Programme im Bereich der Frequenzpolitik sowie gegebenenfalls harmonisierte Bedingungen für die Verfügbarkeit und effiziente Nutzung von Frequenzen auszuarbeiten, die für die Errichtung und die Funktionsweise des Binnenmarkts notwendig sind. Die Mitglieder der Gruppe setzen sich aus einem hochrangigen Regierungssachverständigen eines jeden Mitgliedstaats sowie einem Vertreter der Kommission zusammen. Die Gruppe kann auf eigene Initiative oder nach Aufforderung durch die Kommission Stellungnahmen abgeben. Bei der Abstimmung wird Einstimmigkeit angestrebt, wobei der Kommission kein Stimmrecht zusteht.

cc) Der Kommunikationsausschuss

Ein weiterer Ausschuss wurde auf Grundlage von Art. 22 Abs. 1 RRL-Telekommunikation errichtet. Der sogenannte Kommunikationsausschuss dient dem Informationsaustausch der Mitgliedstaaten mit der Europäischen Kommission über den Stand und die Entwicklung der Regulierungstätigkeiten im Bereich der elektronischen Kommunikationsnetze und -dienste. Dies umfasst auch Informationen über das Ergebnis der regelmäßigen Konsultationen mit den Vertretern der Netzbetreiber, Diensteanbie-

257 Siehe die ausführliche Darstellung bei *J. Kühling*, Telekommunikationsverwaltungsrecht, 2011, Rn. 41.

258 2002/622/EG: Beschluss der Kommission vom 26. Juli 2002 zur Einrichtung einer Gruppe für Frequenzpolitik, ABl. L 198 vom 27.7.2002, S. 49–51.

ter, Nutzer, Verbraucher, Hersteller und Gewerkschaften sowie den Drittländern und internationalen Organisationen.

c) Charakteristika des europäischen Telekommunikationsverwaltungsverbundes

Der europäische Telekommunikationsverwaltungsverbund zeichnet sich auf institutioneller Ebene insbesondere durch netzwerkartige Strukturen aus, bei der zugleich Elemente der Hierarchie im Hintergrund bereitstehen. Der Regulierungsrat des GEREK besteht aus gleichrangigen mitgliedstaatlichen Fachleuten, die sich bei der Erstellung von Stellungnahmen, Empfehlungen, Leitlinien und Ratschlägen oder bewährten Regulierungspraktiken über fachliche Vorgaben austauschen. Da grundsätzlich eine Mehrheit von zwei Dritteln der Stimmen zur Beschlussfassung erforderlich ist, besteht keine Verhandlungssituation i.S.d. Governance-Modi. Es ist jedoch vorstellbar, dass in einem begrenzten Rahmen eine Marktsituation eintritt, wenn es darum geht, das Mehrheitsquorum zu erreichen. Beschlüsse werden aber wohl nicht danach ausgerichtet, inwiefern bestimmte Positionen fachlich überzeugend sind. Ziel des Regulierungsrats ist es – dies machen die Erwägungsgründe klar – durch Austausch von Informationen und Kenntnissen über praktische Erfahrungen für mehr Kohärenz zwischen den nationalen Regulierungsbehörden zu sorgen. Der Regulierungsrat ist ein Forum des gegenseitigen Austauschs, das zum Ziel hat, die europäischen Normen unter Berücksichtigung nationaler Besonderheiten auf Ebene des Verwaltungsrechts zur Anwendung bringen zu können. Auf diese Weise wird das Vertrauen zwischen den mitgliedstaatlichen Fachbehörden gefördert. Die Europäische Kommission ist in diesem Gremium ohne Stimmrecht vertreten. Sie hat aber die Gelegenheit, den Gehalt der unionsrechtlichen Normen und die Regulierungsziele darzulegen. Ihre Stellung im Regulierungsrat ist eher schwach ausgebildet.

Ein anderes Bild ergibt sich, wenn man die Kompetenzen und die gesamte institutionelle Struktur des Telekommunikationsverwaltungsverbundes betrachtet: Die Kommission wird von Fachausschüssen bei verschiedenen fachlichen Fragen beraten und ist deshalb in der Lage, auf ein äußerst komplexes Fachwissen zurückzugreifen. Sie kann sich auf diese Weise eine exponierte Stellung bei der Regulierung des europäischen Telekommunikationsmarkts erarbeiten. Ferner steht ihr beim Marktdefinitionsverfahren die Kompetenz zu, ein (zeitlich beschränktes) Veto gegen die

Entscheidung einer nationalen Regulierungsbehörde einzulegen, wenn sie der Auffassung ist, dass die Regulierungspraxis nicht mit dem Ziel des einheitlichen Binnenmarkts vereinbar ist. Dies erlaubt es der Kommission zwar nicht, eine Weisung zu erlassen, aber die nationale Regulierungsbehörde ist verpflichtet, ihre Maßnahme abzuändern oder zurückzuziehen. Dies führt zu einem quasi-hierarchischen Verhältnis. Die Kommission ist in ihrer Entscheidungskraft lediglich dahingehend eingeschränkt, dass sich ihre Bedenken auf die Unvereinbarkeit mit dem einheitlichen Binnenmarkt beziehen müssen und sie die Stellungnahme des GEREK zu beachten hat. Das GEREK kann einen nicht als gering einzuschätzenden Einfluss auf gemeinsame Regulierungsstandards mittels kooperativer Mechanismen unter den mitgliedstaatlichen Fachbehörden ausüben. Im Hintergrund steht aber – zumindest in Teilbereichen der Telekommunikationsregulierung – die Möglichkeit, dass die Europäische Kommission mittels hierarchischer Elemente bestimmte Regulierungspraktiken verhindert.

2) Datenschutzverwaltungsverbund

Dem europäischen Datenschutzverwaltungsverbund[259] gehören zum einen Behörden an, deren Spitze lediglich eine einzige Amtsperson bildet: Der Datenschutzbeauftragte – so in Deutschland, Finnland, Großbritannien, Österreich[260] oder der Europäischen Union. Dieser Datenschutzbeauftragte dominiert die Tätigkeit der Datenschutzaufsichtsbehörde für den Zeitraum seiner Amtstätigkeit. Zum anderen bestehen zahlreiche Kollegialorgane, die insbesondere vom französischen Vorbild – der Commission Nationale de l'Informatique et des Libertés (CNIL)[261] – geprägt sind. Dazu zählen neben dem erwähnten französischen Modell die Datenschutzauf-

259 Eine Übersicht der Stellen mit Links zu den jeweiligen Datenschutzaufsichtsbehörden findet sich auf der Webseite des Bundesbeauftragten für Datenschutz und Informationsfreiheit unter http://www.bfdi.bund.de/DE/Infothek/Anschriften_Links/anschriften_links-node.html.

260 In Österreich wurde das bis Ende 2013 bestehende Kollegialorgan (Datenschutzkommission) durch eine monokratisch organisierte Behörde (die Datenschutzaufsichtsbehörde) abgelöst; hierzu und zu den Änderungen für weisungsfreie Organe im österreichischen Verfassungsrecht siehe *M. Kröger*, Pluralisierung, 2015, S. 255 (273 f.).

261 Zur CNIL siehe *G. Desgens-Pasanau*, Loi "informatique et libertés", 2012, S. 67 ff.

sichtsbehörden in Belgien, Luxemburg oder Portugal. Der Zusammenschluss der Datenschutzaufsichtsbehörden der Mitgliedstaaten mit dem Europäischen Datenschutzbeauftragten war zunächst als ein loser, wenn auch rechtlich geformter Verbund gestaltet. Dies änderte sich mit der Geltung der Datenschutz-Grundverordnung. Der neu errichtete Datenschutzausschuss ist als Unionseinrichtung ausgestaltet und hat Rechtspersönlichkeit (Art. 68 ff. DSGVO). Er kann in zahlreichen Fällen Richtlinien erlassen.

a) Der Europäische Datenschutzbeauftragte (EDSB)

Gegenüber den Organen und Einrichtungen der Union soll insbesondere der Europäische Datenschutzbeauftragte (EDSB) für die Einhaltung datenschutzrechtlicher Regelungen sorgen.[262] Seine Stellung wurde institutionalisiert.[263] Ihm stehen diverse Befugnisse zu, die von bloßer Beratung bis hin zur Anordnung der Berichtigung, Sperrung, Löschung oder Vernichtung von Daten reichen (Art. 47 VO (EG) 45/2001[264]/Art. 57 VO (EU) 2018/1725[265]). Er kann sogar den EuGH anrufen und datenschutzrelevanten Verfahren als Streithelfer beitreten. Das Europäische Parlament und der Rat ernennen gemeinsam den EDSB. Sie müssen darauf achten, dass die zu ernennende Person die Gewähr für ihre Unabhängigkeit erfüllt und über ausreichende Fachkunde verfügt. Der EDSB übt sein Amt für einen Zeitraum von fünf Jahren aus und kann einmalig wiedergewählt werden (Art. 42 Abs. 1 VO (EG) 45/2001/Art. 53 Abs. 1 und 3 VO (EU) 2018/1725). Eine vorzeitige Entlassung aus dem Amt gegen den Willen

---

262 Ausführliche Darstellungen dieser EU-Einrichtung finden sich bei *H. Hijmans*, CMLRev. 43 (2006), S. 1313 ff.; *S. Eckhardt*, Akteure, 2010, S. 176 ff.

263 Zur Gesetzgebungsgeschichte siehe *S. Eckhardt*, Akteure, 2010, S. 176 ff.

264 Verordnung (EG) Nr. 45/2001 des Europäischen Parlaments und des Rates vom 18. Dezember 2000 zum Schutz natürlicher Personen bei der Verarbeitung personenbezogener Daten durch die Organe und Einrichtungen der Gemeinschaft und zum freien Datenverkehr, ABl. L 8 vom 12.1.2001, S. 1–22.

265 Verordnung (EU) 2018/1725 des Europäischen Parlaments und des Rates vom 23. Oktober 2018 zum Schutz natürlicher Personen bei der Verarbeitung personenbezogener Daten durch die Organe, Einrichtungen und sonstigen Stellen der Union, zum freien Datenverkehr und zur Aufhebung der Verordnung (EG) Nr. 45/2001 und des Beschlusses Nr. 1247/2002/EG, ABl. L 295 vom 21.11.2018, S. 39–98.

des EDSB kann nur der EuGH nach einem Antrag des Europäischen Parlaments, des Rates oder der Kommission vornehmen (Art. 42 Abs. 5 VO (EG) 45/2001/Art. 53 Abs. 5 VO (EU) 2018/1725). Der EDSB ist von den Organen und Einrichtungen der EU völlig unabhängig und darf Weisungen weder entgegennehmen noch anfordern (Art. 44 Abs. 1 und 2 VO (EG) 45/2001/Art. 55 Abs. 1 und 2 VO (EU) 2018/1725).

b) Die Artikel 29-Datenschutzgruppe

Der bis zur Geltung der Datenschutz-Grundverordnung erfolgte Zusammenschluss der Datenschutzaufsichtsbehörden der Mitgliedstaaten mit dem Europäischen Datenschutzbeauftragten und der Europäischen Kommission wurde als Artikel 29-Datenschutzgruppe bezeichnet.[266] Diese war unabhängig und vorwiegend ein Beratungsorgan. Für die deutschen Datenschutzaufsichtsbehörden nahm der Bundesdatenschutzbeauftragte diese Funktion wahr, der sich mit den Landesdatenschutzbeauftragten abstimmte, wobei der Berliner Datenschutzbeauftragte traditionell als Kontaktstelle zwischen den Landesbeauftragten und dem BfDI fungierte. Beschlüsse wurden von der Artikel 29-Datenschutzgruppe mit einfacher Mehrheit getroffen (Art. 29 Abs. 3 DSRL). Dabei hatte die Kommission kein Stimmrecht.

Präzisiert wurden die Aufgaben der Artikel 29-Datenschutzgruppe in Art. 30 DSRL: Ziel der Richtlinie[267] und auch der Artikel 29-Datenschutzgruppe war die Garantie eines gleichwertigen Datenschutzniveaus innerhalb der EU.[268] Zur Absicherung dieses Ziels waren die Mitgliedstaaten gemäß Art. 32 Abs. 1 UAbs. 1 DSRL verpflichtet, die für die Umsetzung

266 Der Name rührt daher, dass sich die wesentlichen Regelungen zu dieser Gruppe in Art. 29 DSRL finden.

267 Erwgr. 7-9 DSRL.

268 *U. Dammann/S. Simitis*, EG-Datenschutzrichtlinie, 1997, Art. 30 DSRL Rn. 2 („Harmonisierungsfunktion, die für die Aufgaben der Gruppe prägend ist"); *E. Ehmann/M. Helfrich*, EG-Datenschutzrichtlinie, 1999, Art. 30 DSRL Rn. 1 f.; *P. Schaar*, DANA 2006, S. 7; *Europäischer Datenschutzbeauftragter*, Der Europäische Datenschutzbeauftragte als Berater der Organe und Einrichtungen der Gemeinschaft im Zusammenhang mit Vorschlägen für Rechtsvorschriften und zugehörigen Dokumenten - Strategiepapier, 2005, S. 13, abrufbar unter: https://secure.edps.europa.eu/EDPSWEB/webdav/site/mySite/shared/Documents/EDPS/Publications/Papers/PolicyP/05-03-18_PP_EDPSadvisor_DE.pdf.

erforderlichen Rechts- und Verwaltungsvorschriften zu verabschieden und den Wortlaut der nationalen Datenschutznormen der Europäischen Kommission mitzuteilen. Die Artikel 29-Datenschutzgruppe musste die Umsetzung in den Mitgliedstaaten dahingehend überprüfen, ob die einheitliche Anwendung der datenschutzrechtlichen Bestimmungen sichergestellt ist (Art. 30 Abs. 1 lit. a) DSRL). Ein richtlinienwidriges Abweichen in den Mitgliedstaaten war der Kommission mitzuteilen. Dies war bereits anzunehmen, wenn die Rechtsvorschriften nicht entsprechend angepasst wurden. Ausreichend war die „Gefährdung der Gleichwertigkeit des Schutzes“[269]. Ferner konnte die Artikel 29-Datenschutzgruppe Empfehlungen zur Verbesserung des Datenschutzes abgeben und die Kommission bei neuen Legislativvorschlägen beraten. Ziel war es, die Harmonisierung des Datenschutzrechts in den EU-Mitgliedstaaten zu fördern.[270]

Die finanzielle Ausstattung der Artikel 29-Datenschutzgruppe wurde von der Kommission gewährleistet,[271] die auch für die Sekretariatsgeschäfte verantwortlich war (Art. 29 Abs. 5 DSRL). Hierin wurde teilweise ein erheblicher Einfluss der EU-Kommission auf die Artikel 29-Datenschutzgruppe gesehen.[272]

c) Änderungen durch die Datenschutz-Grundverordnung

Mit der Geltung der Datenschutz-Grundverordnung änderte sich die organisationsrechtliche Struktur des Datenschutzverwaltungsverbundes. Der Europäische Datenschutzausschuss nach Art. 68 ff. DSGVO kann das europäische Datenschutzrecht wesentlich beeinflussen.

aa) Der Europäische Datenschutzausschuss

Der Datenschutzausschuss besteht aus dem Leiter einer Aufsichtsbehörde eines jeden Mitgliedstaats und dem EDSB (Art. 68 Abs. 3 DSGVO). Verfügt ein Mitgliedstaat über mehrere Aufsichtsbehörden – wie in Deutsch-

---

269 *U. Dammann/S. Simitis*, EG-Datenschutzrichtlinie, 1997, Art. 30 DSRL Rn. 6.
270 *A. Di Martino*, Datenschutz, 2005, S. 56.
271 *U. Dammann/S. Simitis*, EG-Datenschutzrichtlinie, 1997, Art. 29 DSRL Rn. 3; *H. Heil*, DuD 1999, S. 471.
272 *E. Ehmann/M. Helfrich*, EG-Datenschutzrichtlinie, 1999, Art. 29 DSRL Rn. 8.

land – so muss ein gemeinsamer Vertreter benannt werden (Art. 68 Abs. 4 DSGVO). § 17 Abs. 1 Satz 1 BDSG n.F. legt fest, dass der Bundesbeauftragte für Datenschutz und Informationsfreiheit als gemeinsamer Vertreter auftritt. Der Datenschutzausschuss verfügt als Einrichtung der Union über eine eigene Rechtspersönlichkeit und ist im Rahmen der Befugnisse nach Art. 71, 72 DSGVO unabhängig (Art. 69 Abs. 1 DSGVO).

Der Ausschuss kann in bestimmten Fällen eine Stellungnahme abgeben (Art. 64 Abs. 1 DSGVO), der die betroffene Aufsichtsbehörde weitestgehend Rechnung tragen muss (Art. 64 Abs. 7 DSGVO). Will die betroffene Aufsichtsbehörde der Stellungnahme nicht folgen, muss sie den Ausschuss hiervon unterrichten und es tritt das Streitbeilegungsverfahren nach Art. 65 DSGVO in Kraft (Art. 64 Abs. 8 DSGVO). Danach kann der Ausschuss einen verbindlichen Beschluss erlassen.

Entscheidungen des Ausschusses werden grundsätzlich mit einfacher Mehrheit getroffen (Art. 72 Abs. 1 DSGVO). Unterstützt wird der Ausschuss von einem Sekretariat, das vom EDSB bereitgestellt wird (Art. 75 Abs. 1 DSGVO).

bb) Das Kohärenzverfahren

In Kapitel VII DSGVO werden zahlreiche Regelungen zur Kooperation der Datenschutzaufsichtsbehörden getroffen. Ziel ist eine möglichst kohärente Anwendung des europäischen Datenschutzrechts. Die Regelungen sehen vor, dass stets eine federführende Aufsichtsbehörde besteht, mit der andere Aufsichtsbehörden kooperieren müssen (Art. 60 DSGVO). Federführende Aufsichtsbehörde ist gemäß Art. 55 Abs. 1 DSGVO diejenige Aufsichtsbehörde, in deren Zuständigkeitsbereich sich die Hauptniederlassung oder einzige Niederlassung des datenverarbeitenden Unternehmens befindet. Unabhängig davon, ob eine Aufsichtsbehörde federführend ist, müssen diese untereinander Informationen übermitteln und Amtshilfe leisten (Art. 61 DSGVO). Es ist zudem möglich, dass Aufsichtsbehörden gemeinsame Maßnahmen durchführen (Art. 62 DSGVO).

d) Charakteristika des Datenschutzverwaltungsverbundes

Durch die Einbindung nationaler Datenschutzaufsichtsbehörden in die Artikel 29-Datenschutzgruppe unterstrich die Richtlinie das Anliegen, nationale Stellen für die Umsetzung unionsrechtlicher Datenschutzbestimmungen mit in die Verantwortung zu nehmen.[273] Die Artikel 29-Datenschutzgruppe stellte einen Zusammenschluss gleichberechtigter Behörden und keine übergeordnete Institution dar.[274] Die Abstimmung war innerhalb dieses Zusammenschlusses vom Governance-Modus des Netzwerks geprägt, auch wenn stets die Möglichkeit bestand, dass einzelne Positionen im Rahmen des einfachen Abstimmungsquorums übergangen wurden. In der Praxis hatte sich ein weitgehend auf Konsens angelegtes Verfahren ausgebildet. So praktizierte der größte Teil der Mitglieder das Verfahren der gegenseitigen Anerkennung.[275] Dies könnte auch die beachtlichen Harmonisierungserfolge der Gruppe erklären,[276] die sich in zahlreichen Opinions, Working Documents und Recommendations dokumentieren.[277]

Die Datenschutzverwaltungsverbundstruktur sah nicht vor, dass EU-Institutionen mit hierarchischen Mitteln auf die mitgliedstaatlichen Datenschutzaufsichtsbehörden einwirken dürfen. Der EDSB war lediglich für die Aufsicht über die Organe und Einrichtungen der EU zuständig, die nationalen Behörden für die mitgliedstaatlichen Institutionen sowie die privaten Datenverarbeiter. Die Europäische Kommission konnte lediglich im Rahmen der Beratungen der Artikel 29-Datenschutzgruppe ihre Positionen darlegen, hatte aber kein Stimmrecht. Sie wurde auf mögliche Verstöße gegen das Unionsrecht aufmerksam gemacht und konnte im Rahmen des ihr zustehenden Befugnisarsenals (insbesondere durch die Einleitung eines Vertragsverletzungsverfahrens) darauf reagieren. Der europäische Datenschutzverwaltungsverbund zeichnete sich unter Geltung der Datenschutzrichtlinie somit durch eine Netzwerkstruktur aus, die nur zu einem geringen Maße institutionalisiert war. Hierarchische Elemente fanden sich nicht.

Dies hat sich durch die Datenschutz-Grundverordnung geändert. Insbesondere der Datenschutzausschuss kann gegenüber einzelnen nationalen Datenschutzaufsichtsbehörden bindende Vorgaben erlassen. Allerdings

---

273 *U. Dammann/S. Simitis*, EG-Datenschutzrichtlinie, 1997, Art. 29 DSRL Rn. 1; *H. Heil*, DuD 1999, S. 471.

274 *H. Heil*, DuD 1999, S. 471; *ders.*, Bundesbeauftragter für den Datenschutz, 2003, Rn. 84; *P. Gola/Chr. Klug*, Datenschutzrecht, 2003, S. 23; *A. Di Martino*, Datenschutz, 2005, S. 56.

275 *A. Dix*, DuD 2012, S. 318 (320).

276 *A. Dix*, DuD 2012, S. 318 (320).

277 Diese können eingesehen werden unter http://ec.europa.eu/justice/data-protection/article-29/documentation/opinion-recommendation/index_en.htm.

wird der Einfluss der Kommission auf die nationalen Behörden innerhalb des Datenschutzverwaltungsverbundes gering bleiben. Sie kann lediglich im Rahmen des Kohärenzverfahrens Einfluss darauf nehmen, mit welchen Fragen sich der Datenschutzausschuss befasst.

3) Statistikverwaltungsverbund

Das europäische Statistikrecht sieht als Form des verwaltungsorganisationsrechtlichen Zusammenschlusses das Europäische Statistische System (ESS) sowie eine mit starken Kompetenzen ausgestattete europäische Statistikbehörde (Eurostat) vor. Zudem bestehen als beratende Einrichtungen das Europäische Beratungsgremium für die Statistische Governance (EBGSG) und der Europäische Beratende Ausschuss für Statistik (EBAS). Für eine einheitliche Vorgehensweise für die Statistiken der EU und des ESZB besteht das Europäische Statistische Forum (ESF).

a) Das Europäische Statistische System (ESS)

Art. 4 Statistikverordnung[278] legt fest, dass das Europäische Statistische System (ESS) als eine Partnerschaft zwischen der statistischen Stelle der Union, also der Kommission (Eurostat), und den nationalen statistischen Ämtern besteht.[279] Ziel ist es, einheitliche Kriterien und Definitionen für Statistiken zu entwickeln, um die Vergleichbarkeit zwischen den mitgliedstaatlichen Statistiken zu erhöhen. Eine institutionelle Ausprägung erhält

---

278 Verordnung (EG) Nr. 223/2009 des Europäischen Parlaments und des Rates vom 11. März 2009 über europäische Statistiken und zur Aufhebung der Verordnung (EG, Euratom) Nr. 1101/2008 des Europäischen Parlaments und des Rates über die Übermittlung von unter die Geheimhaltungspflicht fallenden Informationen an das Statistische Amt der Europäischen Gemeinschaften, der Verordnung (EG) Nr. 322/97 des Rates über die Gemeinschaftsstatistiken und des Beschlusses 89/382/EWG, Euratom des Rates zur Einsetzung eines Ausschusses für das Statistische Programm der Europäischen Gemeinschaften, ABl. L 87 vom 31.3.2009, S. 164–173.

279 Zur Organisationsform der Partnerschaft im EU-Verwaltungsverbund siehe *A. Hatje*, Gemeinschaftsrechtliche Steuerung, 1998, S. 132 f.; *B. Schöndorf-Haubold*, Strukturfonds, 2005, S. 437 ff.

diese Partnerschaft durch den Ausschuss für das Europäische Statistische System (ESS-Ausschuss).

Dessen Aufgabe besteht in der fachlichen Anleitung des ESS bei der Entwicklung, Erstellung und Verbreitung europäischer Statistiken (Art. 7 Abs. 1 Statistik-VO). Mitglieder des Ausschusses sind Vertreter der nationalen Statistikämter, die nationale Statistikfachleute sein müssen. Den Vorsitz übernimmt die Kommission (Eurostat). Abstimmungen innerhalb des Gremiums erfolgen anhand des Quorums, welche in der Komitologie-Verordnung vorgesehen sind, d.h. bei Beratungsverfahren gilt die einfache Mehrheit, bei Prüfverfahren die qualifizierte Mehrheit (Art. 9 Abs. 1 GO-ESS-Ausschuss). Sekretariatsleistungen erhält der ESS-Ausschuss durch die Europäische Kommission (Art. 14 GO-ESS-Ausschuss).

Das ESS arbeitet auf der Grundlage des aktuellen Europäischen Statistischen Programms, das für einen mehrjährigen Zeitraum (aktuell: 2013 bis 2020[280]) festlegt, welche Ziele die amtliche Statistik innerhalb der EU zu verfolgen hat. Dieses Programm wird in Form einer Verordnung i.S.d. Art. 288 Abs. 2 AEUV vom Europäischen Parlament und vom Rat verabschiedet.

b) Eurostat

Eurostat ist als Dienststelle der Europäischen Kommission ausgestaltet, die von einem Generaldirektor geleitet wird (Art. 6a Abs. 1 Statistikverordnung). Generaldirektoren unterstehen gewöhnlich einem Kommissionsmitglied. Dem Eurostat-Generaldirektor wurde hingegen 2012 durch den Kommissionsbeschluss 2012/504/EU die alleinige Verantwortung für Entscheidungen über Prozesse, statistische Methoden, Standards und Verfahren oder über den Inhalt und den Zeitpunkt statistischer Veröffentlichungen übertragen. Im Rahmen dieser Tätigkeiten ist der Generaldirektor unabhängig (Art. 7 Abs. 1 Eurostat-Beschluss). Er darf Weisungen der Or-

---

280 Verordnung (EU) Nr. 99/2013 des Europäischen Parlaments und des Rates vom 15. Januar 2013 über das Europäische Statistische Programm 2013-2017, ABl. L 39 vom 9.2.2013, S. 12–29; verlängert durch Verordnung (EU) 2017/1951 des Europäischen Parlaments und des Rates vom 25. Oktober 2017 zur Änderung der Verordnung (EU) Nr. 99/2013 über das Europäische Statistische Programm 2013-2017 im Wege der Verlängerung bis 2020, ABl. L 284 vom 31.10.2017, S. 1–11.

gane oder der Einrichtungen der EU, der Regierung eines Mitgliedstaats oder einer anderen Institution weder anfordern noch entgegennehmen. Diese kommissionsinterne Regelung wurde 2015 in Art. 6a Abs. 3 Statistikverordnung auch auf Ebene der europäischen Rechtsakte i.S.d. Art. 288 AEUV verankert.

Die Aufgabe von Eurostat besteht darin, europäische Statistiken zu entwickeln, zu erstellen und zu verbreiten. Eurostat darf insbesondere statistische Daten sammeln und zusammenstellen, statistische Normen, Methoden und Verfahren entwickeln und fördern, die Zusammenarbeit mit anderen statistischen Stellen der EU und der Mitgliedstaaten vorantreiben und die Zusammenarbeit auf internationaler Ebene organisieren.

c) Das Europäische Beratungsgremium für die Statistische Governance (EBGSG)

Das Europäische Parlament und der Rat haben des Weiteren durch den Beschluss 235/2008/EG ein externes Beratungsgremium geschaffen, das den Titel Europäisches Beratungsgremium für die Statistische Governance (EBGSG) trägt. Dessen Zweck besteht darin, die Umsetzung des Verhaltenskodex für europäische Statistiken auf unabhängige Weise zu überwachen (Art. 1 Beschluss 235/2008/EG). Dies umfasst insbesondere die Ausarbeitung eines Jahresberichts, der die Umsetzung des Verhaltenskodex durch die Europäische Kommission, aber auch durch das ESS insgesamt enthält. Das Gremium weist die Mitgliedstaaten ferner auf mögliche Unvereinbarkeiten mit dem Verhaltenskodex hin.[281]

Die sieben Mitglieder dieses Gremiums sind in ihrem Handeln unabhängig und müssen Statistikexperten sein (Art. 3 Abs. 1 Beschluss 235/2008/EG). Der Vorsitzende wird vom Rat bestimmt und muss vom Europäischen Parlament bestätigt werden. Die Mitglieder dürfen weder aktuell noch in den vorherigen zwei Jahren einer nationalen Statistikbe-

281 Siehe die Briefe an Griechenland (http://ec.europa.eu/eurostat/documents/34693/427477/ESGAB-letter-to-Greece-31-10-11) und Deutschland (http://ec.europa.eu/eurostat/documents/34693/427477/ESGAB-letter-to-Germany-Niedersachsen-case-08-12-11); ferner eine öffentliche Stellungnahme, die sich kritisch mit dem Einstellungsverfahren der Leiter der Statistikämter in Deutschland auseinandersetzt, siehe http://ec.europa.eu/eurostat/documents/34693/344453/ESGAB-opinion-on-Lander-appointements-14-10-13-DE/01ff2eaf-8244-44b0-a153-690098a171e4.

hörde oder der Europäischen Kommission angehören bzw. angehört haben. Die übrigen drei Mitglieder werden jeweils separat vom Rat und vom Europäischen Parlament bestimmt. Das Gremium übt seine Aufgaben für eine Amtszeit von drei Jahren aus und kann einmalig wiedergewählt werden. Bei der Kommission wurde ein Sekretariat für das Gremium eingerichtet, das aber nicht von dieser geleitet wird.

d) Der Europäische Beratende Ausschuss für Statistik (EBAS)

Durch den Beschluss 234/2008/EG des Europäischen Parlaments und des Rats wurde ferner ein Europäischer Beratender Ausschuss für Statistik (EBAS) geschaffen, dessen Aufgabe darin besteht, das Europäische Parlament, den Rat und die Europäische Kommission zu unterstützen. Der EBAS soll sicherstellen, dass der Bedarf der Nutzer und die Kosten für die Datenlieferanten und -produzenten bei der Koordinierung der strategischen Ziele und Prioritäten der Gemeinschaftspolitik im Bereich der amtlichen statistischen Information ausreichend Beachtung finden. Dies wird verfahrensrechtlich sichergestellt, indem die Kommission den EBAS in einem frühen Stadium der Ausarbeitung des Europäischen Statistischen Programms konsultieren muss und der EBAS hierzu Stellungnahmen abgeben darf.

Der Ausschuss besteht aus 24 Mitgliedern, von denen zwölf von der Kommission nach Anhörung durch das Europäische Parlament und den Rat ernannt werden. Diese Personen müssen Statistikexperten sein und sollen möglichst alle Akteure im Bereich der Unionsstatistiken repräsentieren. Folgende neun Organe dürfen jeweils ein Mitglied benennen: Europäisches Parlament, Rat, Europäischer Wirtschafts- und Sozialausschuss, Ausschuss der Regionen, Europäische Zentralbank, Verband europäischer Unternehmen (BUSINESSEUROPE), Europäischer Gewerkschaftsbund, Europäische Union des Handwerks und der Klein- und Mittelbetriebe und Europäischer Datenschutzbeauftragter. Zwei Vertreter werden vom ESS-Ausschuss entsendet und der Generaldirektor von Eurostat ist kraft seines Amtes Mitglied. Letzterer hat aber kein Stimmrecht. Die ernannten Mitglieder üben ihr Amt für einen Zeitraum von fünf Jahren aus. Abstimmungen im EBAS basieren auf dem Prinzip der einfachen Mehrheit.

e) Das Europäische Statistische Forum (ESF)

Seit 2013 besteht auf der Grundlage eines Memorandum of Understanding ferner das Europäische Statistische Forum,[282] das der Koordinierung statistischer Arbeiten des ESS und des Europäischen Systems der Zentralbanken (ESZB) dient, da das ESZB über ein eigenständiges statistisches System verfügt (Art. 5 ESZB-Satzung). Auf diese Weise soll vermieden werden, dass sich die jeweiligen Statistiksysteme unterschiedlich entwickeln. Das ESF besteht aus jeweils einem Vertreter pro Mitgliedstaat des ESS, jeweils einem Vertreter pro Mitgliedstaat des statistischen Ausschusses des ESZB; die EZB und Eurostat entsenden ebenfalls jeweils einen Vertreter. Entscheidungen im ESF sollen möglichst einstimmig erfolgen, können aber, sofern ein Konsens nicht erreicht wird, durch einfache Mehrheit erfolgen. Ziel ist es, den Informationsaustausch zwischen den beiden statistischen Systemen zu erhöhen und diese in Fragen der statistischen Arbeit zu beraten.

f) Charakteristika des Statistikverwaltungsverbundes

Der europäische Statistikverwaltungsverbund zeichnet sich dadurch aus, dass besonders viele Institutionen mit unterschiedlichen Aufgaben bestehen. Zugleich bilden die nationalen Statistikämter in diesem System die wichtigsten Lieferanten statistischer Daten, da Eurostat kaum eigene Daten erhebt, sondern die von den Mitgliedstaaten erstellten Daten zusammenträgt und versucht, Vergleichbarkeit herzustellen. Die übrigen Institutionen wie das EBGSG oder der EBAS beraten die mitgliedstaatlichen Stellen mit dem Ziel, gemeinsame Standards und die Einhaltung des statistischen Verhaltenskodex‘ zu bewirken.

Es wird deutlich, dass kaum hierarchische Beziehungen zwischen den jeweiligen statistischen Institutionen bestehen. Da gleichzeitig die Vergleichbarkeit der Daten notwendig ist, um statistisch valide Aussagen über die Entwicklung in den Mitgliedstaaten treffen zu können, ist der europäische Statistikverbund bestrebt, einheitliche Standards über kooperative

---

282 Memorandum of Understanding on the cooperation between the Members of the European Statistical System and the Members of the European System of Central Banks, April 2013, abrufbar unter https://www.ecb.europa.eu/ecb/legal/pdf/mou_between_the_ess_and_the_escb.pdf.

Verfahren zu erreichen. Dabei strebt das System an, das Vertrauen in die statistischen Zahlen anderer Mitgliedstaaten durch netzwerkartige Strukturen zu erhöhen.

4) Gemeinsamkeiten und Unterschiede der Governance-Strukturen in den untersuchten Verwaltungsverbünden

Die Verwaltungsverbünde weisen einige Unterschiede auf. Im Telekommunikationsrecht hat die Europäische Kommission eine vergleichsweise starke Stellung inne, indem sie beabsichtigte Maßnahmen der nationalen Telekommunikationsstellen prüfen und verhindern kann. Zugleich besteht in Form des GEREK ein institutionalisiertes Kooperationsgremium, wenn auch keine Unionsagentur. Im Datenschutzrecht ist die Stellung der Kommission hingegen weniger dominant. Die Kooperation erfolgte vielmehr unter den mitgliedstaatlichen Datenschutzaufsichtsbehörden und mit dem EDSB in der Artikel 29-Datenschutzgruppe, dessen Organisationsgrad im Vergleich zum GEREK deutlich geringer war.[283] Einen stärker rechtlich umrahmten Verwaltungsverbund im Datenschutzrecht schafft die Datenschutz-Grundverordnung durch die Einrichtung des Datenschutzausschusses. Im Statistikrecht besteht mit dem Europäischen Statistischen System ebenfalls ein Zusammenschluss auf Verwaltungsebene, der durch den ESS-Ausschuss eine gewisse Form der Institutionalisierung gefunden hat. Im Vergleich zum Datenschutz- und zum Telekommunikationsverwaltungsverbund weisen die rechtlichen Regelungen aber noch den geringsten Institutionalisierungsgrad auf. Allerdings arbeiten die nationalen Statistikstellen und Eurostat vielfach zusammen, ohne dass diese Kooperation normativ abgebildet ist. Zugleich ist die Anzahl der Institutionen im europäischen Statistikverbund im Vergleich mit den beiden anderen Referenzgebieten deutlich höher.

In allen drei Bereichen dominiert der Governance-Modus des Netzwerks, d.h. Entscheidungen werden insbesondere durch koordinierende Verfahren getroffen. Ziel ist es jeweils, das gegenseitige Vertrauen in den unionsrechtskonformen Vollzug zu erhöhen. Lediglich im Telekommunikationsrecht steht eine jederzeit aktualisierbare Eingriffskompetenz der Europäischen Kommission als hierarchisches Instrument im Hintergrund.

283 *H. Heil*, DuD 1999, S. 471 f.

Im Statistikrecht ist die Kommission durch die Verzahnung mit Eurostat eng in das Geschehen eingebunden. Im Datenschutzrecht hingegen ist ihre Mitwirkung innerhalb des Verwaltungsverbundes normativ bislang kaum vorgesehen. Dies hat sich durch die Datenschutz-Grundverordnung etwas geändert, da die Kommission auf die Agenda des Datenschutzausschusses Einfluss nehmen kann.

B. Anforderungen des Unabhängigkeitsregimes an europäische Verwaltungsverbünde

In diesem Abschnitt geht es um die Frage, welche Auswirkungen die unionsrechtliche Verpflichtung zur Einrichtung unabhängiger Behörden in den Mitgliedstaaten für die europäischen Verwaltungsverbünde hat. Unabhängige Behörden und Netzwerkstrukturen sind häufig eng miteinander verbunden.[284] Dies liegt vermutlich daran, dass sich von mitgliedstaatlichen Regierungsinstitutionen entkoppelte Behörden eher gegenüber netzwerkartigen Kooperationen öffnen als auf nationaler Ebene hierarchisch gebundene Einrichtungen.

Bei Verwaltungsverbünden müssen zwei Unabhängigkeitsdimensionen auseinandergehalten werden: Zum einen die bereits erwähnte, aus dem Unionsrecht folgende Unabhängigkeit der nationalen Behörde und zum anderen die Unabhängigkeit der institutionalisierten Zusammenschlüsse innerhalb eines Verwaltungsverbundes. Letztere wird in Bestimmungen, deutlich, die dazu verpflichten, dass Mitglieder einer nationalen Behörde, die in Organen einer europäischen Institution innerhalb der Verwaltungsverbünde Aufgaben ausüben, ihre Funktion unabhängig ausfüllen müssen. Dies gilt beispielsweise für die Zusammenarbeit in den Verwaltungsräten mancher Unionsagenturen[285] und für bestimmte Aufgaben im Europäischen Datenschutzausschuss (Art. 69 Abs. 1 DSGVO).

Im Folgenden wird aufgezeigt, welche Anforderungen sich ergeben, wenn nationale Behörden, die aufgrund des Unionsrechts unabhängig sind, innerhalb eines europäischen Verwaltungsverbundes agieren. Das betrifft insbesondere das Verhältnis zur Europäischen Kommission, aber auch zu anderen Institutionen innerhalb eines Verwaltungsverbundes.

---

284 Dies zeigt der Beitrag von *S. de Somer*, Review of European Administrative Law 5 (2012), S. 93 (117 ff.).

285 Siehe beispielsweise Art. 42 der EBA-Verordnung.

I. Befugnisse der Europäischen Kommission

Die Unabhängigkeitsvorgabe hat für das Verhältnis der Institutionen zueinander innerhalb eines europäischen Verwaltungsverbundes rechtliche Konsequenzen. Wenn nur die institutionalisierte Form der Zusammenarbeit innerhalb eines Verwaltungsverbundes unabhängig war, konnte die Europäische Kommission Bestandteil des institutionalisierten Zusammenschlusses sein und ihre Vertreter genossen ebenfalls den unabhängigen Status. Es verstößt in einem solchen Fall nicht gegen die Unabhängigkeit des institutionalisierten Zusammenschlusses auf europäischer Ebene, wenn die Kommission auf die Entscheidungen der nationalen Behörden Einfluss nimmt, da sie als Mitglied des Zusammenschlusses nicht gegen die Unabhängigkeit derselben verstößt. Die Kommission hat in diesen Fällen auch von der Möglichkeit, Einfluss zu nehmen, Gebrauch gemacht und sich eine ganze Reihe von „Ingerenzbefugnissen unterschiedlicher Art und Güte gesichert“[286], darunter Aufsichts- und Kontrollbefugnisse, Beanstandungs- und Weisungsrechte sowie Selbsteintrittsrechte oder originäre Sachentscheidungsbefugnisse.[287]

Derartige Zugriffsbefugnisse der Kommission sind aber unzulässig, wenn nationale Behörden durch das Unionsrecht weisungsfrei gestellt werden. Denn die Unabhängigkeit gilt nicht nur gegenüber der mitgliedstaatlichen Regierung, sondern auch gegenüber den Organen der Europäischen Union. Dies bestätigen zum einen die Sekundärrechtsakte und zum anderen die Rolle und Funktion der Kommission in europäischen Verwaltungsverbünden.

1) Sekundärrechtliche Regelungen

Das europäische Telekommunikationsrecht legt in Art. 3 Abs. 3a RRL-Telekommunikation fest, dass die nationalen Regulierungsbehörden unabhängig handeln und im Zusammenhang mit der laufenden Erfüllung der ihnen übertragenen Aufgaben weder Weisungen einer anderen Stelle einholen noch entgegennehmen dürfen. Was die RRL-Telekommunikation mit dem Ausdruck „andere Stelle“ meint, ist nicht legaldefiniert. Damit

286 *T. von Danwitz*, Europäisches Verwaltungsrecht, 2008, S. 341.

287 Weitere Nachweise bei *T. von Danwitz*, Europäisches Verwaltungsrecht, 2008, S. 624 ff.

sind sicherlich nationale Regierungsstellen gemeint. Ob aber auch EU-Organe erfasst sind, lässt sich allein anhand des Textes der Richtlinie nicht bestimmen. Da das Unionsrecht aber davon ausgeht, dass die nationalen Regulierungsbehörden innerhalb des Institutionensystems diejenigen Einrichtungen sind, welche für die in den Telekommunikationsrichtlinien geregelten Aufgaben am Besten geeignet sind,[288] spricht dies dafür, dass jegliche Form der Einflussnahme ausgeschlossen sein soll und die Unabhängigkeitsgarantie somit auch gegenüber EU-Organen wirkt. Einflüsse der Europäischen Kommission, welche die Aufgaben der nationalen Regulierungsbehörden betreffen, sind damit unzulässig.

Im Datenschutzrecht fehlt es ebenfalls an einer detaillierten Auflistung der Einrichtungen, von denen die nationalen Datenschutzaufsichtsbehörden unabhängig sein müssen. Es gibt einige Anzeichen dafür, dass sich die Unabhängigkeit der nationalen Datenschutzaufsichtsbehörden auch auf das Verhältnis zu den EU-Organen erstreckt. So hat der EuGH in seinen Urteilen mehrfach die Regelungen zum Europäischen Datenschutzbeauftragten herangezogen, um den Begriff der „völligen Unabhängigkeit“ auszulegen. Der Europäische Datenschutzbeauftragte übt sein Amt in völliger Unabhängigkeit aus und ersucht in Ausübung seines Amtes niemanden um Weisung und nimmt keine Weisungen entgegen (Art. 44 Abs. 1 und 2 VO (EG) Nr. 45/2001/Art. 55 Abs. 1 und 2 VO (EU) 2018/1725). Damit ist er auch gegenüber allen Organen der EU unabhängig. Die Übertragung dieser Anforderungen auf nationale Datenschutzaufsichtsbehörden liegt nicht fern. Bestätigt wird dies auch durch Art. 16 Abs. 2 AEUV. Diese Norm regelt im ersten Satz die Kompetenz der EU zum Erlass von datenschutzrechtlichen Vorschriften für die Mitgliedstaaten und die Organe der Europäischen Union. Die Einhaltung der Vorschriften – so Art. 16 Abs. 2 Satz 2 AEUV – überwachen unabhängige Datenschutzaufsichtsbehörden. Sie überwachen sowohl die Einhaltung der Datenschutzbestimmungen durch die Mitgliedstaaten als auch durch die EU-Organe. Wenn die Unabhängigkeit die Weisungsfreiheit von den nationalen Regierungen verlangt, gilt gleiches auch gegenüber den EU-Organen. Im Urteil Schrems macht der EuGH ferner deutlich, dass die nationalen Datenschutzaufsichtsbehörden nicht an einen Angemessenheitsbeschluss der Kommission zur Übermittlung personenbezogener Daten in Drittstaaten gebunden sind.[289] Auch

288 *EuGH*, Rs. C-424/07, Rn. 53 ff. – Kommission/Deutschland.

289 *EuGH*, Rs. C-362/14, Rn. 57 – Schrems; noch deutlicher in den Schlussanträgen von *GA Bot*, Rs. C-362/14, Rn. 73 und 116 – Schrems.

hier zeigt sich, dass die unabhängige Rechtsstellung auch gegenüber der Kommission gilt.

Für die nationalen Statistikämter bestimmt die Statistikverordnung[290], dass die Leiter der nationalen Statistikämter bei der Ausübung ihrer Aufgaben unabhängig handeln und Weisungen von einer Regierung, einem Organ, einer Einrichtung oder jeder anderen Stelle weder einholen noch entgegennehmen dürfen (Art. 5a Abs. 2 lit. c) Statistikverordnung). Mit dem Verweis auf Organe sind die in Art. 13 EUV aufgeführten Organe der Europäischen Union gemeint. Dies schließt auch die Europäische Kommission ein. Dieses Verständnis des Begriffs deckt sich mit den anderen Sprachfassungen.

2) Rolle und Funktion der Europäischen Kommission

Die der Europäischen Kommission durch die Verträge zugewiesene Rolle und Funktion spricht ebenfalls dafür, dass jede Einflussnahme durch sie die Unabhängigkeit nationaler Behörden verletzt. Zwar ist die Europäische Kommission in den Verträgen selbst verpflichtet, ihre Aufgaben in voller Unabhängigkeit auszuüben (Art. 17 Abs. 3 UAbs. 3 Satz 1 EUV), allerdings führt bereits die Möglichkeit der Einflussnahme durch diese Institution auf nationale Behörden zu ähnlichen Gefährdungen, welche der EuGH im Verhältnis der nationalen Regierung zu einer nicht unabhängigen Behörde angenommen hat.

---

290 Verordnung (EG) Nr. 223/2009 des Europäischen Parlaments und des Rates vom 11. März 2009 über europäische Statistiken und zur Aufhebung der Verordnung (EG, Euratom) Nr. 1101/2008 des Europäischen Parlaments und des Rates über die Übermittlung von unter die Geheimhaltungspflicht fallenden Informationen an das Statistische Amt der Europäischen Gemeinschaften, der Verordnung (EG) Nr. 322/97 des Rates über die Gemeinschaftsstatistiken und des Beschlusses 89/382/EWG, Euratom des Rates zur Einsetzung eines Ausschusses für das Statistische Programm der Europäischen Gemeinschaften, ABl. L 87 vom 31.3.2009, S. 164–173; zuletzt geändert durch Verordnung (EU) 2015/759 des Europäischen Parlaments und des Rates vom 29. April 2015 zur Änderung der Verordnung (EG) Nr. 223/2009 über europäische Statistiken, ABl. L 123 vom 19.5.2015, S. 90–97.

a) Unabhängig von anderen Organen, Institutionen und den Mitgliedstaaten

Das in Art. 17 Abs. 3 UAbs. 3 Satz 1 EUV verankerte Unabhängigkeitspostulat für die Europäische Kommission richtet sich dem Wortlaut nach an die Mitglieder der Kommission und mittelbar insbesondere an die Mitgliedstaaten. Art. 17 Abs. 3 UAbs. 3 Satz 2 EUV untersagt den Kommissaren, Weisungen von einer Regierung, einem Organ, einer Einrichtung oder jeder anderen Stelle einzuholen oder entgegenzunehmen. Die Mitgliedstaaten dürfen nicht einmal den Versuch unternehmen, die Mitglieder der Kommission zu beeinflussen. Dieses Beeinflussungsverbot bestätigt Art. 245 UAbs. 1 Satz 2 AEUV. Die Kommission ist aber auch gegenüber den anderen EU-Organen unabhängig. Die einzige Einschränkung besteht darin, dass sie vom Europäischen Parlament – als Ausdruck des repräsentativ-demokratischen Systems (Art. 10 Abs. 1 EUV) – ihres Amtes enthoben werden kann (Art. 17 Abs. 8 EUV i. V. m. Art. 234 AEUV).

b) Funktion der Unabhängigkeit der Europäischen Kommission

Die Unabhängigkeit der Kommission dient dazu, dieser die Erfüllung ihrer Aufgaben zu ermöglichen, und ist dementsprechend auf ihre Aufgabenbereiche beschränkt. Unabhängigkeit und Funktion sind untrennbar miteinander verknüpft.[291] Wenn also die Aufgabe der Kommission und diejenige der nationalen Behörden übereinstimmten, läge kein Verstoß gegen die Unabhängigkeit der nationalen Behörden vor. Beide erfüllten dann identische Ziele und Funktionen.

Die wesentliche Funktion der Kommission liegt gemäß Art. 17 Abs. 1 Satz 1 EUV darin, die allgemeinen Interessen der EU zu verfolgen, d.h. deren „allgemeines Wohl“[292] zu sichern. Dies zeigt sich anhand des Vorschlagsrechts für Rechtsakte der Union (Art. 17 Abs. 2 EUV, Art. 294 Abs. 2 AEUV), der Verfolgung unionsrechtswidriger Handlungsweisen der Mitgliedstaaten im Rahmen des Vertragsverletzungsverfahrens (Art. 17 Abs. 1 Satz 3 EUV, Art. 258 AEUV) oder beim agenda-setting durch Weiß- und Grünbücher. Damit ist sie im Interessengeflecht europäi-

291 *B. Martenczuk*, in: Grabitz/Hilf/Nettesheim, Das Recht der Europäischen Union, 2010, Art. 17 EUV Rn. 74.

292 *EuGH*, Rs. C-432/04, Rn. 71 – Cresson.

scher Verwaltungsverbünde keine neutrale Instanz, die dem Ausgleich unionaler und mitgliedstaatlicher Interessen dient, sondern Vertreter der Unionsinteressen.

Die Behörden der Mitgliedstaaten sind hingegen nicht exklusiv auf das europäische öffentliche Interesse verpflichtet. Sie sind zwar rechtlich verpflichtet, für den Vollzug des Unionsrechts zu sorgen, haben aber im Rahmen des Vollzugsprozesses die Kompetenz, nationale und europäische Interessen miteinander in Ausgleich zu bringen, sofern sie die Grenzen der Effektivität und der Äquivalenz achten. Sie sollen dafür sorgen, dass die europäischen Regelungen mit den nationalen Vollzugsmitteln durchgesetzt werden. Die unionsrechtlich verankerte Unabhängigkeit sichert diese Entscheidungsfreiheit ab. Die mitgliedstaatlichen Behörden sollen nicht zu Vollzugsorganen der Europäischen Kommission werden, sondern bleiben eigenständige nationale Behörden in europäischen Verwaltungsverbünden. Im Rahmen der Verwaltungsverbünde dient die Unabhängigkeit der nationalen Behörden auch dazu, das Vertrauen in die Verwaltungstätigkeit der Partnerstellen in den anderen Mitgliedstaaten zu erhöhen.[293] Dieses Ziel kann nur erreicht werden, wenn alle beteiligten Stellen vollumfänglich von der Europäischen Kommission distanziert sind.

Gestützt wird diese Einschätzung durch eine Entscheidung des EuGH: Der Gerichtshof sah in Zugriffsrechten der Kommission auf nationale Behörden Befugnisse der Kommission, die mit der unabhängigen Rechtsstellung nicht vereinbar sind. In der Rechtssache *Syfait und andere* entschied der Gerichtshof, dass eine nationale Wettbewerbsbehörde, der die Kommission durch einen Beschluss die Zuständigkeit entziehen kann, das Kriterium der Unabhängigkeit nicht erfüllt.[294] Diese Aussage könnte zwar auf Wettbewerbsbehörden beschränkt sein, allerdings sprechen die Urteilsgründe und die Funktion der Unabhängigkeit einer Behörde dafür, dass sich dies auch auf andere unabhängige, nationale Behörden übertragen lässt.[295]

Zudem wird die Unabhängigkeit der Behörden insbesondere durch einen grundsätzlich vollumfänglichen Rechtsschutz abgesichert. Nur auf diese Weise wird nach europäischem Verständnis die Unabhängigkeit der Behörden rechtsstaatlich aufgefangen. Wenn nun ein Organ wie die Euro-

---

293 *E. Schmidt-Aßmann*, Europäischer Verwaltungsverbund, 2005, S. 1 (20).

294 *EuGH*, Rs. C-53/03, Rn. 36 – Syfait und andere.

295 So für die Unabhängigkeit der Datenschutzaufsichtsbehörden von der EU-Kommission bei *T. Kahler*, RDV 2013, S. 69 (70 f.).

päische Kommission auf diese Stellen zugreifen könnte, das selbst nicht einer ebenso engen Gerichtskontrolle unterliegt, ist dieses Erfordernis nicht mehr gewahrt. Die Europäische Kommission verfügt in Teilen über ein politisches Ermessen, das nicht justiziabel ist.[296] Ein solches steht ihr zu, um ihre Aufgaben erfüllen zu können. Zugleich schließt es aber aus, dass sie auf unabhängige Behörden Einfluss ausüben darf. Gerichtlich nicht kontrollierbare Ermessensspielräume eröffnen Lücken für den Rechtsschutz, welche die rechtsstaatliche Absicherung der Unabhängigkeit der nationalen Behörden verletzen.

3) Fazit

Die Sekundärrechtsakte beziehen teilweise ausdrücklich die Unabhängigkeit auch auf das Verhältnis zu den EU-Organen, insbesondere zur Europäischen Kommission. In anderen Fällen schließen die Rechtsakte es nicht aus, dass auch Einflüsse durch die Kommission gegen die unabhängige Rechtsstellung verstoßen. Anhand der Funktion der Europäischen Kommission innerhalb der Institutionenstruktur des EU-Mehrebenensystems wird aber deutlich, dass Mittel zur Einflussnahme gegen die unabhängige Rechtsstellung der Behörden verstoßen.

II. Kooperation mit anderen Institutionen innerhalb der Verwaltungsverbünde

Eine der wesentlichen Bestrebungen der Verwaltungsverbünde besteht darin, für einen kohärenten Vollzug des Unionsrechts zu sorgen.[297] Damit ist aber keinesfalls gemeint, dass der Vollzug in den Mitgliedstaaten uniform verlaufen soll. Das materielle Recht erlaubt es durchaus, Abweichungen im nationalen Vollzug vorzusehen. Die Kooperationsforen des Verwaltungsverbundes sollen es aber ermöglichen, diese Unterschiede offen zu legen und Standards zu definieren.

Die Unabhängigkeit der nationalen Behörden steht Formen der Kooperation und Koordination innerhalb der Verwaltungsverbünde nicht entge-

---

296 *P. F. Nemitz*, in: Schwarze, EU-Kommentar, 2019, Art. 17 EUV Rn. 54.

297 *G. Sydow*, DV 34 (2001), S. 517 (519); *E. Pache*, VVDStRL 66 (2007), S. 106 (117); *T. von Danwitz*, Europäisches Verwaltungsrecht, 2008, S. 610.

gen, sofern sichergestellt ist, dass hierdurch nicht in unzulässiger Weise auf die jeweilige Behörde eingewirkt wird.

1) Unabhängige europäische Institutionen in Verwaltungsverbünden

Innerhalb der netzwerkartig aufgebauten Verwaltungsverbünde existieren vermehrt Formen institutionalisierter Zusammenarbeit. Deren Organisationsstrukturen zeichnen sich unter anderem dadurch aus, dass die in diesem Rahmen agierenden Personen selbst weder an Weisungen der nationalen Regierung noch der EU-Organe oder -Institutionen gebunden sind.[298] Besonders deutlich wird dies am Datenschutzausschuss, der nach der Datenschutz-Grundverordnung eine eigene Rechtspersönlichkeit erhält und als Einrichtung der Union geschaffen wird. Dass diesen europäischen Einrichtungen Unabhängigkeit gewährt wird, dient dazu, die Einflussnahme mitgliedstaatlicher und europäischer Interessenträger zu unterbinden, und hat zur Folge, dass mitgliedstaatliche Behörden auf einer Ebene zwischen der nationalen und der europäischen Ebene angesiedelt sind, wenn sie im Verwaltungsverbund tätig werden.

Zugleich sind die Personen, die in den Verwaltungsverbünden tätig sind, keine EU-Beamten, sondern bleiben Beamte der Mitgliedstaaten. Deren dienstrechtliche Einbindung in die Verwaltungsstruktur ihres Mitgliedstaats wird durch die Unabhängigkeit des europäischen Verwaltungsverbundes nicht aufgehoben. Sofern sich die Unabhängigkeit nur auf die institutionalisierte Form der Zusammenarbeit innerhalb eines Verwaltungsverbundes erstreckt, ist es rechtlich sogar zulässig, wenn die nationalen Beamten Bestandteil einer hierarchischen Verwaltungsorganisation sind, sofern sie nicht im Rahmen des Zusammenschlusses im Verwaltungsverbund tätig sind, sondern nur im nationalen Rahmen. Dies ändert sich aber, wenn das Unionsrecht dazu verpflichtet, dass die Leiter der nationalen Behörden auch im nationalen Rahmen – wie es die bisherige Untersuchung in den drei Referenzgebieten bereits deutlich gemacht hat – unabhängig agieren müssen.

---

298 Siehe beispielsweise Art. 29 Abs. 1 der Richtlinie 95/46/EG des Europäischen Parlaments und des Rates vom 24. Oktober 1995 zum Schutz natürlicher Personen bei der Verarbeitung personenbezogener Daten und zum freien Datenverkehr, ABl. L 281 vom 23.11.1995, S. 31–50.

Dieser zusätzlichen Dimension der Unabhängigkeit wohnt das Potenzial inne, den kohärenten Vollzug des Unionsrechts zu fördern. Es kann zwar nicht ausgeschlossen werden, dass die nationalen Behörden beim Vollzug des Unionsrechts nationale Interessen über unionale Interessen stellen, aber regierungsferne und fachlich orientierte Stellen sind vermutlich eher darauf angelegt, die Harmonisierungsbestrebungen des Verwaltungsverbundes mitzugestalten und weniger auf die Autonomie der Mitgliedstaaten zu achten.[299] Dadurch könnte das Vertrauen zwischen den mitgliedstaatlichen Behörden erhöht werden.[300] Die distanzschaffende Entkopplung der nationalen Behörden von der Regierung könnte dazu führen, die Erfüllung der Aufgaben der unabhängigen Verwaltungsverbünde zu verwirklichen. Dazu müssten Formen der Koordination und Kooperation mit Behörden anderer Mitgliedstaaten zulässig sein.

2) Kooperation und Unabhängigkeit

Innerhalb des Verwaltungsverbundes trifft die Unabhängigkeit der nationalen Behörden, die das EU-Sekundärrecht fordert, auf die Unabhängigkeit der europäischen Institutionen und der anderen nationalen Behörden. Dies ist für die Europäische Kommission, die gemäß Art. 17 Abs. 3 UAbs. 3 Satz 1 AEUV ebenfalls in voller Unabhängigkeit agiert, bereits erörtert worden.[301] Befugnisse der Kommission, mit denen diese auf die nationalen Behörden Einfluss nehmen kann, verstoßen gegen die Unabhängigkeit. Im Verhältnis zu anderen EU-Einrichtungen oder den zuständigen Behörden anderer Mitgliedstaaten ergibt sich eine andere Bewertung.

Zur Begründung kann die OLAF-Entscheidung des EuGH zur Unabhängigkeit der EZB herangezogen werden. Die Antikorruptionsbehörde OLAF wollte Untersuchungen bei der EZB vornehmen, was diese unter Verweis auf ihre unabhängige Rechtsstellung verweigerte. Der EuGH gab der EZB diesbezüglich nicht Recht. Ihre Weigerung könne sie aufgrund der besonderen Rechtsstellung der OLAF-Behörde nicht auf die Unabhängigkeit stützen:

---

299 *F. Arndt*, DV 39 (2006), S. 100 (117).

300 Ebenso mit der Forderung nach der Abschaffung der Ministererlaubnis im Kartellrecht *H. Jochum*, VerwArch 94 (2003), S. 512 (536 ff.).

301 Siehe oben in Kapitel 3, Teil 2, B. I.

> *„Weder der Umstand, dass das OLAF von der Kommission errichtet und [...] in deren administrative und budgetäre Strukturen eingebunden wurde, noch die Tatsache, dass eine solche aus der Sicht der EZB externe Einrichtung vom Gemeinschaftsgesetzgeber [...] Untersuchungsbefugnisse erhalten hat, [ist] für sich geeignet, die Unabhängigkeit der EZB zu beeinträchtigen.“*[302]

Dies beruht aber nur darauf, dass die OLAF-Behörde mit Unabhängigkeitsgarantien ausgestattet ist:

> *„Die Gewährung der dem OLAF übertragenen Befugnisse [sind] zum einen von Garantien abhängig [...], die dessen strikte Unabhängigkeit insbesondere gegenüber der Kommission sichern, und zum anderen von der vollständigen Beachtung der gemeinschaftsrechtlichen Vorschriften [...].“*[303]

Zudem unterliegt die Ausübung der Befugnisse der OLAF-Behörde verschiedenen Garantien, während ihr Gegenstand klar abgegrenzt ist.[304]

Die Unabhängigkeit wird demnach nicht verletzt, wenn die andere Einrichtung – in diesem Fall die OLAF-Behörde – von der Europäischen Kommission distanziert ist und die Festlegung der Befugnisse in klaren, rechtlichen Bestimmungen erfolgt. Diese für die Unabhängigkeit der EZB entwickelte Aussage kann auf die Unabhängigkeit der nationalen Behörden übertragen werden, da die unabhängige Rechtsstellung der EZB einen besonders intensiven Schutz verleiht, wie allein die mehrfache Verankerung im EU-Primärrecht zeigt (vgl. Art. 130 und 282 AEUV). Wenn derartige Befugnisse gegenüber der EZB bestehen, dann erst recht gegenüber nationalen unabhängigen Behörden. Sofern europäische Einrichtungen diese Anforderungen erfüllen, verstoßen ihre Befugnisse somit nicht gegen die sekundärrechtlich gewährleistete Unabhängigkeit.

III. Inkompatibilitäten in den Verwaltungsverbünden

Der letzte Abschnitt dieses Teils geht der Frage nach, inwiefern in den Referenzgebieten Befugnisse der Europäischen Kommission bestehen, die hinsichtlich der Vereinbarkeit mit der unabhängigen Rechtsstellung der nationalen Behörden Bedenken aufwerfen. Der Maßstab, der an die Verletzung der unabhängigen Rechtsstellung durch die Europäische Kommission anzulegen ist, entspricht demjenigen, der an nationale Regierungsstel-

302 *EuGH*, Rs. C-11/00, Rn. 138 – Kommission/EZB.
303 *EuGH*, Rs. C-11/00, Rn. 139 – Kommission/EZB.
304 *EuGH*, Rs. C-11/00, Rn. 140 – Kommission/EZB.

len angelegt wird. Damit sind Weisungsrechte der Kommission an die nationalen Behörden unionsrechtswidrig.

Die folgende Untersuchung einzelner Befugnisse der Kommission erhebt nicht den Anspruch, alle möglicherweise bestehenden Inkompatibilitäten aufzuzeigen, sondern soll exemplarisch die Bedeutung der unionsrechtlichen Unabhängigkeitsverpflichtung für nationale Behörden im Verhältnis zur Kommission zeigen.

1) Telekommunikationsverwaltungsverbund

a) Struktur des GEREK

Die interne Struktur des GEREK weist keine Anzeichen dafür auf, dass die Unabhängigkeit der nationalen Regulierungsstellen durch die Einbindung von EU-Organen verletzt wird.[305] Die Europäische Kommission kann keinen bestimmenden Einfluss auf die Entscheidungen innerhalb des GEREK nehmen, da sie über kein Stimmrecht verfügt. Lediglich der Umstand, dass das Büro des GEREK teilweise von der Finanzierung durch die Kommission abhängig ist und keine organisatorische Trennung vorgesehen ist, zeigt mögliche Formen der Einflussnahme durch die Kommission auf. Allerdings ist diese derart gering, dass von einer Verletzung der unabhängigen Rechtsstellung der nationalen Regulierungsbehörden nicht auszugehen ist.

b) Befugnisse der Europäischen Kommission

Die RRL-Telekommunikation überträgt bestimmte Kompetenzen auf nationale Regulierungsstellen. Der Regelungsintention der RRL-Telekommunikation nach ist es der Kommission deshalb verwehrt, diese an sich zu ziehen. Vor diesem Hintergrund und der unabhängigen Rechtsstellung der nationalen Regulierungsbehörden bestehen Bedenken bezüglich der Vetobefugnis der Kommission innerhalb des Marktdefinitionsverfahrens

305 Ebenfalls die Ausgestaltung begrüßend *M. Busch*, N&R 2009, S. 159 (160 f.).

(Art. 7 RRL-Telekommunikation[306]) und dem Berücksichtigungsverfahren für Abhilfemaßnahmen (Art. 7a RRL-Telekommunikation).

aa) Vetorecht nach Art. 7 RRL-Telekommunikation

Gemäß Art. 7 Abs. 6 RRL-Telekommunikation steht der Kommission das Recht zu, geplante Maßnahmen der nationalen Regulierungsbehörden im Marktdefinitions- oder im Marktanalyseverfahren zu verhindern oder diese zu Änderungen zu zwingen. Die Maßnahme kann nur verhindert werden, wenn sie ein Hemmnis für den gemeinsamen Binnenmarkt darstellt oder gegen sonstiges Unionsrecht verstößt. Dies beschränkt das Vetorecht. Gleichwohl werden die nationalen Regulierungsbehörden in einer ihnen exklusiv zugewiesenen Kompetenz beschränkt. Sollte der nationalen Regierung eine solche Befugnis durch nationales Recht verliehen werden, läge hierin ein Verstoß gegen die unabhängige Stellung. Dafür spricht das Urteil des EuGH in der Rechtssache Kommission/Deutschland, in welcher der Gerichtshof entschied, dass sogar Beschränkungen der Befugnisse der Regulierungsstelle durch den nationalen Gesetzgeber unzulässig sind.[307]

Legt man diese Kriterien an die Befugnisse der Europäischen Kommission an, ist im Vetorecht eine Verletzung der unabhängigen Rechtsstellung, die Art. 3 Abs. 3a RRL-Telekommunikation auch gegenüber EU-Organen festlegt, nicht fernliegend.

bb) Berücksichtigungsverfahren nach Art. 7a RRL-Telekommunikation

Eine weitere Befugnis der Kommission betrifft das Berücksichtigungsverfahren, welches auch ins TKG übernommen wurde. Demnach kann die Bundesnetzagentur im Rahmen der Vorabregulierung Abhilfemaßnahmen treffen, wenn sie festgestellt hat, dass ein Unternehmen marktmächtig ist. Der (bevorstehende) Erlass dieser Abhilfemaßnahmen, aber auch die bevorstehende Änderung oder Aufhebung, sind der Europäischen Kommission, dem GEREK und den anderen nationalen Regulierungsbehörden zu notifizieren (§ 13 Abs. 1 i. V. m. § 12 Abs. 2 Nr. 1 TKG), die hierzu Stel-

---

306 Zum Vetoverfahren siehe *J. Kühling*, Telekommunikationsverwaltungsrecht, 2011, Rn. 49 und 54.

307 *EuGH*, Rs. C-424/07, Rn. 53 ff. – Kommission/Deutschland.

lungnahmen abgeben können. Die Bundesnetzagentur hat den Stellungnahmen der Kommission, des GEREK und der anderen nationalen Regulierungsbehörden weitestgehend Rechnung zu tragen (§ 12 Abs. 2 Nr. 2 TKG).[308]

Im Rahmen des Notifizierungsverfahrens kann die Kommission der Bundesnetzagentur und dem GEREK eine Stellungnahme zuleiten, in der sie darlegt, dass sie mit der Entscheidung der Bundesnetzagentur nicht einverstanden ist. Diese Stellungnahme kann sich nur auf zwei Gründe stützen: Entweder muss die Kommission der Auffassung sein, dass die Entscheidung ein Hemmnis für den Binnenmarkt darstellt, oder sie muss von der Unionsrechtswidrigkeit der Maßnahme ausgehen. In einem derartigen Fall tritt ein ausdifferenziertes Abstimmungsverfahren in Gang. Unmittelbare Rechtsfolge der Stellungnahme der Kommission ist, dass die Entscheidung für einen Zeitraum von drei Monaten nicht von der Bundesnetzagentur verabschiedet werden kann. Innerhalb der Dreimonatsfrist arbeiten Bundesnetzagentur, GEREK und die Kommission an der Erstellung einer Entscheidung, die der Stellungnahme der Kommission und den Interessen der Bundesnetzagentur entspricht. Wenn die Dreimonatsfrist abgelaufen ist, muss die Bundesnetzagentur der Kommission einen weiteren Monat Zeit geben, um eine Empfehlung abzugeben. Nach Abgabe der Empfehlung muss die Bundesnetzagentur der Kommission und dem GEREK mitteilen, mit welchem Inhalt sie die Entscheidung erlassen wird. Die Bundesnetzagentur muss der Empfehlung der Kommission letztendlich nicht folgen, allerdings hat sie ihre Entscheidung in einem solchen Fall zu begründen.

Dass die Bundesnetzagentur ihr Vorgehen gegenüber der Kommission rechtfertigen muss, kann einen Verstoß gegen die Unabhängigkeit der nationalen Regulierungsbehörde nicht begründen, da der Kommission in letzter Konsequenz keinerlei Zwangsmittel zustehen. Vielmehr ist dies ein im Rahmen von Verbundstrukturen notwendiges Verfahren, um die Kohärenz der Regulierungspraxis zu wahren. Eine andere Bewertung ergibt sich jedoch für die weitestgehende Berücksichtigungspflicht. Welche Rechtsfolgen diese Pflicht für die Bundesnetzagentur nach sich zieht, zeigt sich in der Rechtsprechung des Bundesverwaltungsgerichts: Die aus der Stellungnahme folgende Berücksichtigungspflicht legt demnach „eine ge-

308 Zum Berücksichtigungsverfahren siehe *J. Kühling*, Telekommunikationsverwaltungsrecht, 2011, Rn. 48.

setzliche Vermutung“[309] fest; Abweichungen hiervon bedürfen einer nachvollziehbaren Begründung. Demnach ist die Bundesnetzagentur verpflichtet, die von der Kommission gesetzte Vermutungsregel zu entkräften. Dies setzt sie unter einen erheblichen Rechtfertigungsdruck, der daran zweifeln lässt, dass die unabhängige Rechtsstellung der nationalen Regulierungsbehörden ausreichend respektiert wird.

c) Fazit

Sowohl das Veto- als auch das Berücksichtigungsverfahren sind Formen der „hierarchischen Vollzugsverflechtung“[310], die Bedenken bezüglich der Vereinbarkeit mit der Unabhängigkeit der nationalen Regulierungsbehörden im Telekommunikationsrecht auslösen. Da die Unabhängigkeit der Regulierungsbehörden auch dazu dient, Verwaltungspraktiken durch die Regulierungsbehörden zu etablieren und diese in einen Wettbewerb der Konzepte zu stellen,[311] konterkarieren Zentralisierungskompetenzen der Kommission dieses Konzept unabhängiger Behörden.

2) Datenschutz

a) Artikel 29-Datenschutzgruppe

In der Struktur der Artikel 29-Datenschutzgruppe lag keine Form der Verbindung mit EU-Organen, in welcher die Unabhängigkeit der nationalen Datenschutzaufsichtsbehörden nicht ausreichend gewahrt war, da innerhalb der Artikel 29-Datenschutzgruppe nur mittels Abstimmung der nationalen Datenschutzaufsichtsbehörden mit dem EDSB entschieden wurde. Der Europäischen Kommission stand kein Stimmrecht zu.

Dass das Sekretariat der Gruppe bei der Kommission angesiedelt war und kein Verbot der Einflussnahme auf dieses durch die Kommission ge-

---

309 *BVerwGE* 131, 41 (49), Rn. 25 – TKG-Marktdefinitionsverfahren; diese Rechtsprechung geht auf den EuGH zurück, siehe *EuGH*, Rs. C-322/88, Rn. 18 – Grimaldi.

310 *J. Kühling*, Telekommunikationsverwaltungsrecht, 2011, Rn. 55.

311 *J. Kühling*, Telekommunikationsverwaltungsrecht, 2011, Rn. 57 und 64, mit kritischen Anmerkungen gegenüber dem Berücksichtigungs- und dem Vetoverfahren.

setzlich festgelegt wurde, war bezüglich der unabhängigen Rechtsstellung unbedenklich. Zwar erstreckte sich die Wirkung der Unabhängigkeit auch auf die administrative Unterstützung der Datenschutzaufsichtsbehörden, wie es der EuGH deutlich gemacht hat,[312] allerdings erfüllte das Sekretariat nur Verwaltungsaufgaben für die Kooperationstätigkeit. Es war nicht derart am Vollzug des Datenschutzrechts beteiligt, dass sich eine inhaltliche Einwirkungskraft ergeben konnte.

b) Der Europäische Datenschutzausschuss

Die Datenschutz-Grundverordnung[313] sieht als institutionelle Neuerung den Europäischen Datenschutzausschuss vor. Dass dem Ausschuss zusätzlich zu den nach Art. 52 Abs. 1 DSGVO bereits zur Unabhängigkeit verpflichteten Behörden ebenfalls eine unabhängige Stellung nach Art. 69 Abs. 1 DSGVO verliehen wurde, ist damit zu begründen, dass der Ausschuss selbst eine eigene Rechtspersönlichkeit aufweist und ihm eigene Befugnisse zustehen. Das Verständnis des Begriffs der Unabhängigkeit in Art. 69 Abs. 1 DSGVO ist nicht anders zu beurteilen, als die „völlige Unabhängigkeit" nach Art. 52 Abs. 1 DSGVO. Zwar spricht der etwas andere Wortlaut für einen Unterschied, aber die Begrifflichkeiten sind historische Überbleibsel der Datenschutzrichtlinie. Ferner wäre es widersprüchlich, die unabhängige Rechtsstellung der Datenschutzaufsichtsbehörden im gleichen Rechtsakt einzuschränken, indem nur die „normale" Unabhängigkeit gilt. Es ist somit von einem identischen Begriffsverständnis auszugehen.[314]

Die nationalen Datenschutzaufsichtsbehörden sind in der DSGVO auf vielfältige Weise zur Kooperation verpflichtet. Dies macht deutlich, dass die Unabhängigkeit im Sinne des Art. 52 Abs. 1 DSGVO nicht darauf abzielt, Einflüsse im Rahmen der Zusammenarbeit nationaler Datenschutz-

---

312 *EuGH*, Rs. C-614/10, Rn. 61 – Kommission/Österreich.

313 Verordnung (EU) 2016/679 des Europäischen Parlaments und des Rates vom 27. April 2016 zum Schutz natürlicher Personen bei der Verarbeitung personenbezogener Daten, zum freien Datenverkehr und zur Aufhebung der Richtlinie 95/46/EG (Datenschutz-Grundverordnung), ABl. L 119 vom 4.5.2016, S. 1–88.

314 Ebenso *S. Brink*, in: Wolff/ders., Datenschutzrecht, 2017, Art. 69 DSGVO Rn. 5; *J. P. Albrecht*, in: Ehmann/Selmayr, Datenschutz-Grundverordnung, 2017, Art. 69 DSGVO Rn. 3.

aufsichtsbehörden zu verhindern.[315] Dies liegt auch daran, dass alle nationalen Datenschutzaufsichtsbehörden und der EDSB als unabhängige Behörden ausgestattet sind.

Verstöße gegen die unabhängige Rechtsstellung können auftreten, wenn Behörden, die nicht einen vergleichbaren Grad der Unabhängigkeit aufweisen, Einfluss auf die Datenschutzaufsichtsbehörden nehmen können. Als eine solche – nicht in gleicher Weise unabhängige – Behörde ist die Europäische Kommission anzusehen. Dennoch kann sie beispielsweise nach Art. 64 Abs. 2 DSGVO beantragen, dass sich der Ausschuss mit bestimmten Angelegenheiten befasst. Dies kann Ressourcen des Ausschusses beanspruchen und damit den Gegenstand ihrer unabhängigen Tätigkeit. Da der Ausschuss ausweislich von Art. 64 Abs. 3 DSGVO verpflichtet ist, zu einem Antrag eine Stellungnahme abzugeben, liegt in dieser Verpflichtung eine Verletzung der unabhängigen Aufgabenerfüllung der Datenschutzaufsichtsbehörden nach Art. 52 Abs. 1 DSGVO.[316]

Die Kritik[317] am Kommissionsentwurf, die noch viel weitergehende Kompetenzen der Kommission an der Spitze einer „Kontrollpyramide“[318] vorsah, ist im Gesetzgebungsverfahren berücksichtigt worden, allerdings sind – wie im Fall des Art. 64 Abs. 2 DSGVO – vereinzelt Befugnisse der Kommission geblieben, die mit der unabhängigen Rechtsstellung nicht zu vereinbaren sind.

---

315 Ebenso *J.-P. Schneider*, in: Wolff/Brink, Datenschutzrecht, 2017, Art. 52 DSGVO Rn. 18.

316 Ebenso *B. Körffer*, in: Paal/Pauly, Datenschutz-Grundverordnung, 2017, Art. 52 DSGVO Rn. 5.

317 Ebenso *J. Caspar*, ZD 2012, S. 555 (556 f.); *G. Hornung*, ZD 2012, S. 99 (105 f.); *M.-T. Tinnefeld/B. Buchner/T. B. Petri*, Datenschutzrecht, 2012, S. 128 f. und S. 137; *A. Dix*, DuD 2012, S. 318 (320 f.); *E. Wagner*, DuD 2012, S. 676 (677); *J. Masing*, NJW 2012, S. 2305 (2311); mit kritischem Unterton ebenfalls bei *K. von Lewinski*, DuD 2012, S. 564 (566 f.); besonders deutlich bei *T. Giesen*, CR 2012, S. 550 (556); *T. Kahler*, RDV 2013, S. 69 (70 f.); *W. Ziebarth*, CR 2013, S. 60 (67 f.); *M. Körner*, ZESAR 2013, S. 153 (159); *J. Kühling*, Europäisierung des Datenschutzrechts, 2014, S. 20 f.; kritisch bezüglich dieser Neuregelung auch *J. Masing*, Abschied von den Grundrechten, SZ vom 9.1.2012, S. 10 f.

318 So *N. Härting*, BB 2012, S. 459 (460); *ders.*, Datenschutz-Grundverordnung, 2012, S. 687 (693).

3) Statistik

Das im europäischen Recht der amtlichen Statistik etablierte Europäische Statistische System (ESS) war bis 2015 auf eine Art und Weise ausgestattet, bei der bereits die institutionelle Struktur Bedenken bezüglich der Wahrung der Unabhängigkeit der nationalen Statistikbehörden aufwies. Dies resultierte daraus, dass Eurostat als europäische Kontaktstelle innerhalb des ESS festgelegt ist. Eurostat selbst verfügte aber nicht über eine ausreichende Absicherung seiner Unabhängigkeit gegenüber der Europäischen Kommission.

Eurostat war und ist als Generaldirektion der Kommission eingerichtet, die von einem Generaldirektor geleitet wird. Der Generaldirektor durfte zwar keine Weisungen entgegennehmen und war unabhängig. Allerdings stützte sich die Unabhängigkeit nur auf einen Beschluss der Kommission. Dieser konnte von ihr jederzeit durch den Erlass eines neuen Beschlusses unmittelbar und unverzüglich abgeändert werden. Es bestand deshalb stets die Möglichkeit, dass die Kommission die Unabhängigkeit des Generaldirektors einseitig wieder aufhebt. Dies hinterließ zumindest den Eindruck, dass er nicht ausreichend unabhängig von Einflussnahmen der Kommission entscheiden konnte. Dies reicht aus unionsrechtlicher Sicht aus, um einen Verstoß gegen die unabhängige Rechtsstellung zu begründen.

Die Novellierung der Statistikverordnung hat diesen Zustand korrigiert. Seit Anfang Juni 2015 ist die Unabhängigkeit und Weisungsfreiheit des Generaldirektors von Eurostat auf Ebene des Sekundärrechts verankert (Art. 6a Abs. 3 Statistik-VO). Damit ist auch die enge Zusammenarbeit zwischen Eurostat und den nationalen statistischen Ämtern hinsichtlich der unabhängigen Rechtsstellung unbedenklich. Wie die Entscheidung Kommission/EZB zeigt, liegt keine Verletzung der Unabhängigkeitsgarantie vor, wenn mögliche Einflussnahmen von einer Institution ausgehen, die selbst wiederum ausreichend von der Kommission distanziert ist.[319] Dies ist bei Eurostat mittlerweile der Fall.

---

319 *EuGH*, Rs. C-11/00, Rn. 130 ff. – Kommission/EZB.

4) Rechtsfolgen der Inkompatibilitäten

Wenn die Unabhängigkeitsvorgabe für die mitgliedstaatlichen Behörden mit den Befugnissen der Europäischen Kommission kollidiert, stellt sich die Frage, wie dieser Rechtskonflikt aufzulösen ist. Für die Datenschutzaufsichtsbehörden ist diese Frage leicht zu beantworten, da deren Unabhängigkeit primärrechtlich festgeschrieben ist (Art. 16 Abs. 2 UAbs. 1 Satz 2 AEUV). Sofern sekundärrechtlich normierte Befugnisse der Kommission hiergegen verstoßen – wie im Fall des Kohärenzverfahrens und der weitgehenden Befugnisse zur Tertiärrechtsetzung nach der DSGVO – wird der Konflikt durch die Kollisionsregel der Normenhierarchie („lex superior derogat legi inferiori“[320]) gelöst: Das Primärrecht setzt sich gegenüber dem Sekundärrecht durch. Die entsprechenden Regelungen des Sekundärrechts sind insofern unionsrechtswidrig.

Für den Bereich des Telekommunikations- und des Statistikrechts bestehen keine entsprechend eindeutigen Vorgaben auf Primärrechtsebene. Ein Konflikt zwischen der Unabhängigkeitsvorgabe und Befugnissen der Kommission spielt sich innerhalb desselben Sekundärrechtsakts ab. Das führt zu der Frage, welche Regel zur Lösung heranzuziehen ist.[321] Eine Entscheidung des EuGH zu einem derartigen Fall hat es bislang – soweit ersichtlich – noch nicht gegeben. Normkonflikte, die sich auf der gleichen Ebene abspielen, werden auch im Unionsrecht grundsätzlich durch die Kollisionsregel der Zeitlichkeit („lex posterior derogat legi priori“) gelöst.[322] Dies bedeutet, dass sich die zeitlich später erlassene Bestimmung gegenüber der zeitlich zuvor erlassenen Bestimmung durchsetzt. Dies kann aber in den Fällen keine Lösung liefern, in denen die Unabhängigkeit der nationalen Behörde und die Kompetenzen der Kommission im selben Sekundärrechtsakt zeitgleich verankert wurden.

320 Zur Anwendung dieser Regel im Unionsrecht siehe *S. A. E. Martens*, Methodenlehre, 2013, S. 424 ff.

321 Für die Anwendung der lex posterior- und der lex specialis-Regel *A. Haratsch/ Chr. Koenig/M. Pechstein*, Europarecht, 2018, Rn. 392; ebenso *T. Oppermann/ C. D. Classen/M. Nettesheim*, Europarecht, 2018, § 10 Rn. 46.

322 Bislang hat der EuGH hierauf nicht ausdrücklich verwiesen, allerdings haben diverse Generalanwälte diese Kollisionsregel betont, so *GA Jääskinen*, Rs. C-72/09, Rn. 28 – Établissements Rimbaud; *GA Kokott*, Rs. C-275/06, Rn. 46 – Promusicae; *GA Stix-Hackl*, Rs. C- 145/99, Rn. 49 – Kommission/Italien; ebenso *GA Jacobs*, Rs. C-110/02, Rn. 33 – Kommission/Rat.

Es verbleibt noch die Möglichkeit, ein Spezialitätsverhältnis anzunehmen und mithilfe der Kollisionsregel „lex specialis derogat legi generali" die Auflösung zu erreichen.[323] Allerdings müsste dann bestimmt werden, ob die Unabhängigkeit der nationalen Behörde oder die jeweilige Kompetenz der Kommission die speziellere Regel ist. Da sich beide aber gegenseitig ausschließen, kann von einem Spezialitätsverhältnis nicht ausgegangen werden.

Eine ähnliche Situation besteht bei der Kollision von Grundrechten, die materiellrechtlich im deutschen Recht durch das Prinzip der Herstellung praktischer Konkordanz[324] zum Ausgleich gebracht werden, wobei die beteiligten Grundrechte gemäß dem Prinzip des „nach beiden Seiten hin schonendsten Ausgleichs"[325] zueinander angeordnet werden sollen. Der Normkonflikt zwischen der Unabhängigkeit der nationalen Behörden und den Zugriffskompetenzen der Kommission lässt sich nur auf diese Weise lösen. Anders als die zuvor genannten Kollisionsregeln enthält diese keine Vorrangthese, sondern geht von der Gleichwertigkeit der beiden konfligierenden Normen aus.[326] Sie müssen auf eine Art und Weise arrangiert werden, bei der keine der beiden Normen ihre Bedeutung vollständig aufgibt. Dabei ergibt sich eine besondere Situation dadurch, dass eine der Regeln eine Vorgabe für die nationalen Behörden ist und die andere ein EU-Organ betrifft. Es könnte theoretisch zu der Situation kommen, dass auf nationaler Ebene aufgrund des Anwendungsvorrangs die Pflicht zur Nichteinflussnahme durch die Regierung besteht, auf europäischer Ebene diese Vorgabe aber nur eingeschränkt gilt. Dies führte zu einem Geltungswiderspruch bezüglich der Unabhängigkeitsverpflichtung. Aus diesem Grund

---

323 Diese ist im Unionsrecht anerkannt, ausdrücklich in *EuG*, Rs. T-25/04, Rn. 71 – Gonzáles y Diez/Kommission; Rs. T-24/07, Rn. 89 – ThyssenKrupp Stainless/Kommission; implizit in *EuGH*, Rs. C-481/99, Rn. 37 – Heiniger; Rs. 352/09 P, Rn. 48 – ThyssenKrupp Nirosta/Kommission; Rs. C-47/09, Rn. 2 – Kommission/Italien; zudem wird diese Kollisionsregel von den Generalanwälten betont, so bei *GA Cruz Villalón*, Rs. C-199/11, Rn. 26 – Otis u.a.; *GA Trstenjak*, Rs. C-270/09, Rn. 66 – Macdonald Resorts; *GA Jääskinen*, Rs. C-345/09, Rn. 45 – van Delft u.a.; *GA Gelhoed*, Rs. C-221, 421 und 426/00 sowie C-16/01, Rn. 48 – Kommission/Österreich.

324 Die Begrifflichkeit geht zurück auf *K. Hesse*, Verfassungsrecht, 1999, Rn. 317; ebenso in dieser Terminologie *W. Hoffmann-Riem*, AöR 128 (2003), S. 173 (191), und *BVerfGE* 89, 214 (232) – Bürgerschaftsverträge; 93, 1 (21) – Kruzifix; 116, 1 (21) – Insolvenzverwalter.

325 *P. Lerche*, Übermaß und Verfassungsrecht, 1961, S. 153.

326 *H. Bethge*, Grundrechtskollisionen, 2009, Rn. 85.

muss den Unabhängigkeitsbestimmungen ein besonderer Schutz zukommen. Zugleich muss aber auch in Rechnung gestellt werden, dass die Befugnisse der Kommission nicht dazu dienen, den Einfluss der Kommission als Selbstzweck herbeizuführen, sondern auf diese Weise gesichert werden soll, dass es zu einer möglichst kohärenten Anwendung des Unionsrechts kommt. Kohärenz können die nationalen Behörden aber auch dadurch herstellen, dass sie sich auf gemeinsame Regeln für die Durchführung des Unionsrechts verständigen. Wenn dies möglich ist, bedarf es nicht der Steuerung durch die Kommission. Kompetenzen der Kommission sind deshalb darauf zu beschränken, dass sie die kohärente Anwendung des unionalen Rechtsrahmens sicherstellen, wenn die mitgliedstaatlichen Stellen innerhalb des Verwaltungsverbundes hierzu aus rechtlichen oder faktischen Gründen nicht in der Lage sind. Die Kommission darf aber nicht in die Lage versetzt werden, durch normative Programmierungen die Entscheidungen unabhängiger Behörden zu steuern. Auf diese Weise kann gesichert werden, dass der Konflikt innerhalb des Sekundärrechtsakts unter ausgewogener Berücksichtigung der beiden (berechtigten) Zielrichtungen zum Ausgleich gebracht wird.

C. Fazit

Das Unabhängigkeitsregime für die Behörden der Mitgliedstaaten hat nicht nur für die nationale Ebene Bedeutung, sondern sie wirkt auch auf europäischer Ebene. Das Ordnungsprinzip Unabhängigkeit führt dazu, dass nicht der Anschein entstehen darf, dass EU-Organe Einfluss auf die Tätigkeit der nationalen Behörden nehmen. Dies beschränkt insbesondere die Kompetenzen der Europäischen Kommission, die nicht dazu ermächtigt werden darf, die steuernde Rolle der nationalen Regierung gegenüber den unabhängigen Behörden der Mitgliedstaaten zu übernehmen. Diese Anforderung an die europäischen Verwaltungsverbünde wird in den untersuchten Referenzgebieten teilweise nicht gewahrt.

Kapitel 4: Unionsrechtliche Kompetenzen zur Regelung des Verwaltungsorganisationsrechts in den Mitgliedstaaten

Die Durchführung des Unionsrechts obliegt nur zu einem geringen Teil den EU-Organen und Institutionen. Es sind insbesondere die Gerichte und Behörden der Mitgliedstaaten, welche die Anwendung des Unionsrechts sichern, da die EU nicht über ausreichend eigene Vollzugsinstitutionen verfügt. Dies macht den indirekten Vollzug zum Regelfall[1], der teils auch als „exekutiv-föderalistisches Modell“[2] bezeichnet wird.

Ob das Modell des indirekten Vollzugs normativ geboten ist, wird an verschiedenen Stellen dieses Kapitels diskutiert. Der EuGH hat bereits entschieden, dass die Mitgliedstaaten Struktur, Ausstattung, Kompetenzen und Rechtsformen ihrer Behörden grundsätzlich selbst festlegen.[3] Der durch den Vertrag von Lissabon eingefügte Art. 291 Abs. 1 AEUV deutet ebenfalls darauf hin, dass lediglich die Mitgliedstaaten für den Vollzug des Unionsrechts zuständig sind. Im Gegensatz dazu steht das EuGH-Urteil *Deutsche Milchkontor*, nach dem zum einen das nationale Verwaltungsrecht angepasst werden muss, wenn nur auf diese Weise die Grundsätze der Effektivität und der Äquivalenz gewahrt werden können,[4] und zum anderen die nationalen Regelungen nur Anwendung finden, „soweit das Gemeinschaftsrecht einschließlich der allgemeinen gemeinschaftsrechtlichen Grundsätze hierfür keine gemeinsamen Vorschriften enthält“[5]. Diese An-

1 *Chr. Engel*, DV 25 (1992), S. 437 (443); *H. C. H. Hofmann/G. C. Rowe/A. H. Türk*, Administrative law, 2011, S. 260.

2 *K. Lenaerts*, CMLRev. 28 (1991), S. 11 ff.; *I. Pernice*, JZ 2000, S. 866 (871); *P. M. Huber*, VVDStRL 60 (2001), S. 194 (230); *B. Dubey*, CDE 38 (2003), S. 87 ff.; hierzu ebenfalls *S. Kadelbach*, Europeanized Administration, 2002, S. 167 ff.; *J. Ziller*, Concepts d'administration, 2007, S. 235 ff.

3 *EuGH*, Rs. 39/70, Rn. 4 – Norddeutsche Fleischkontor; verb. Rs. 51 bis 54/71, Rn. 3 f. – International Fruit Company; verb. Rs. 372/85 bis 374/85, Rn. 22 – Oscar Traen; dies bedeutet beispielsweise für Deutschland, dass der föderale Staatsaufbau nicht per se einen Verstoß gegen das Unionsrecht darstellt, siehe *EuGH*, Rs. C-8/88, Rn. 11 – Deutschland/Kommission.

4 *EuGH*, verb. Rs. 205 bis 215/82, Rn. 22 f. – Deutsche Milchkontor.

5 *EuGH*, verb. Rs. 205 bis 215/82, Rn. 17 – Deutsche Milchkontor.

forderungen ergeben sich aus dem Loyalitätsprinzip des Art. 4 Abs. 3 EUV[6] und den allgemeinen Grundsätzen des Unionsrechts.[7]

Sofern die EU in Sekundärrechtsakten Vorgaben an die nationale Verwaltungsorganisation festlegt, regelt sie organisationsrechtliche Fragen des Vollzugs. Hierin liegt kein Verstoß gegen das Kompetenzsystem der europäischen Verträge, soweit die organisationsrechtlichen Regelungen (legitimen) Zielen des Sekundärrechtsakts dienen und den Mitgliedstaaten ausreichend Umsetzungsspielräume bleiben, um unionsrechtliche Verpflichtungen und die Identität mitgliedstaatlicher Verfassungsbestimmungen miteinander in Einklang zu bringen.

Das Kompetenzsystem der europäischen Verträge bildet den Rahmen (A.), innerhalb dessen primärrechtliche Anforderungen an die mitgliedstaatlichen Verwaltungsstrukturen bestehen sowie sekundärrechtliche Verpflichtungen erlassen werden können (B.). Die für den Erlass von Sekundärrecht notwendigen Kompetenznormen der Verträge sind in den Regelungen der Sachbereiche vorhanden sowie durch die Flexibilitätsklausel abgesichert (C.). Schranken zieht insbesondere das kompetenzrechtliche Verhältnismäßigkeitsprinzip (Art. 5 Abs. 4 EUV), innerhalb dessen die nationale Identität i.S.d. Art. 4 Abs. 2 EUV zu achten ist (D.).

A. Das vollzugsrechtliche Kompetenzsystem im Unionsrecht

Die Europäische Union verfügt über keine Kompetenz-Kompetenz[8], sondern ist auf diejenigen Befugnisse beschränkt, die ihr von den Mitgliedstaaten übertragen worden sind.

Nach dem in Art. 5 Abs. 1 Satz 1, Abs. 2 EUV normierten Grundsatz der begrenzten Einzelermächtigung darf die EU nur in den Bereichen tätig werden, in denen ihr die Mitgliedstaaten Kompetenzen übertragen haben („begrenzte Verbandskompetenz“[9]). Konkret bedeutet dies, dass sich jeder EU-Rechtsakt auf eine ausdrücklich oder zumindest im Wege der Ausle-

---

6 *EuGH*, verb. Rs. 51/71 bis 54/71, Rn. 3 f. – International Fruit Company; Rs. C-8/88, Rn. 20 – Deutschland/Kommission.

7 *EuGH*, Rs. C-269/90, Rn. 14 – TU München; Rs. C-77/09, Rn. 57 – Gowan; *EuG*, Rs. T-451/93, Rn. 114 – San Marco Impex Italiana; Rs. T-167/94, Rn. 73 – Nölle.

8 Zur Problematik dieser Kategorie im europäischen Mehrebenensystem *S. Oeter*, Föderalismus und Demokratie, 2009, S. 73 (95 f.); *G. Beck*, ELJ 17 (2011), S. 470 ff.

9 *A. Haratsch/Chr. Koenig/M. Pechstein*, Europarecht, 2018, Rn. 173.

gung nachweisbare Rechtsgrundlage der europäischen Verträge stützen muss.[10] Zwar hat der Grundsatz auch schon einige Relativierungen erfahren, so durch die Anerkennung der implied powers-Lehre,[11] ungeschriebene Unionskompetenzen als Grundlage von Rechtsakten,[12] die teleologische Auslegung von Kompetenznormen[13] oder die Kompetenzabrundungsklausel (Art. 352 AEUV) als alleiniger Rechtsgrundlage,[14] gleichwohl hat diese Norm in ihrer formalen Funktion (Bestehen einer Rechtsgrundlage) und für die Auslegung weiterhin grundsätzliche Bedeutung.

Vorgaben an die Verwaltungsorganisation der Mitgliedstaaten betreffen den indirekten Vollzug. Von dieser Vollzugsform werden der direkte Vollzug sowie die Verbundverwaltung unterschieden. Unter dem direkten Vollzug versteht man die Anwendung des Unionsrechts durch die EU-Institutionen, der im Gegensatz zum indirekten Vollzug normativ und in der Praxis die Ausnahme bildet.[15] In diesem Rahmen werden insbesondere die Europäische Kommission sowie Agenturen, Ämter und Fonds als Einrichtungen der EU tätig.[16] Organisationsentscheidungen kann die EU weitgehend nach freiem Ermessen treffen. Sie greift dazu auf das Recht zur Binnenorganisation der Organe sowie auf materiellrechtliche Normen der Verträge zurück.[17]

---

10 *A. Haratsch/Chr. Koenig/M. Pechstein*, Europarecht, 2018, Rn. 174.

11 Der EuGH hat auf diese Regel insbesondere bei der Anerkennung von Kompetenzen zum Abschluss völkerrechtlicher Verträge zurückgegriffen, siehe *EuGH*, Rs. 22/70, Rn. 23 und 29 – AETR; verb. Rs. 3, 4 und 6/76, Rn. 30 und 33 – Kramer; siehe auch die ausdrückliche Erwähnung in *EuGH*, Rs. 8/55, Slg. 1955/56, 295 (312) – Fédéchar. Ausführlich hierzu *S. Schreiber*, Verwaltungskompetenzen, 1997, S. 137 ff.

12 Siehe hierzu *J. Bast*, in: Grabitz/Hilf/Nettesheim, Das Recht der Europäischen Union, 2013, Art. 5 EUV Rn. 21.

13 Siehe hierzu *H. H. Klein*, AöR 139 (2014), S. 165 (178 f.).

14 *EuGH*, Rs. 45/86, Rn. 13 – APS; kritisch hierzu *BVerfGE* 123, 267 (394 f.) – Lissabon.

15 *T. von Danwitz*, Europäisches Verwaltungsrecht, 2008, S. 316.

16 Siehe ausführlicher hierzu *S. Schreiber*, Verwaltungskompetenzen, 1997, S. 42 ff.

17 Zur Anerkennung des Art. 114 Abs. 1 AEUV als Rechtsgrundlage für die Errichtung von EU-Agenturen siehe *EuGH*, Rs. C-217/04, Rn. 46 ff. – Vereinigtes Königreich/Rat und Parlament (ENISA); weitere Rechtsgrundlagen stellen Normen des Agrarrechts (Art. 40 Abs. 3 und Art. 43 Abs. 2 AEUV), des Raums der Freiheit, der Sicherheit und des Rechts (Art. 74, Art. 77 Abs. 2 lit. a) und b), Art. 78 Abs. 2 lit. e), Art. 79 Abs. 2 lit. c), Art. 82 Abs. 1 lit. d), Art. 85 Abs. 1, Art. 87 Abs. 2 lit. a) und Art. 88 Abs. 2 AEUV oder Art. 74 und Art. 77 AEUV oder Art. 78 Abs. 1, Abs. 2 AEUV, der Verkehrspolitik (Art. 91 Abs. 1 und Art. 100

Eine vergleichsweise neue Dimension ist die „Verbundverwaltung“[18], die sich dadurch auszeichnet, dass nationale und europäische Behörden in einem besonders engen Koordinations- und Kooperationsverhältnis zueinander stehen. Dies betrifft sowohl das Verhältnis der mitgliedstaatlichen Behörden untereinander als auch das Verhältnis zu EU-Organen, insbesondere zur Europäischen Kommission. Normative Anknüpfungspunkte finden sich insbesondere im Sekundärrecht, ausschnitthaft auch in Art. 197 AEUV und allgemein im Loyalitätsgebot des Art. 4 Abs. 3 EUV.

B. *Anforderungen des EU-Primärrechts an die mitgliedstaatliche Verwaltungsorganisation*

Das Primärrecht der Union enthält kaum Vorgaben für die organisationsrechtliche Gestaltung der mitgliedstaatlichen Stellen beim Vollzug des Unionsrechts.[19] Es können sich aber aus dem Prinzip der loyalen Zusammenarbeit (Art. 4 Abs. 3 EUV) organisationsrechtliche Anforderungen an die Mitgliedstaaten ergeben, beispielsweise hinsichtlich der Errichtung oder Ausstattung von Behörden.[20] Der EuGH betonte beispielsweise in einer Entscheidung aus dem Jahr 1990, dass „die Mitgliedstaaten verpflichtet sind, ein System von Verwaltungskontrollen und Kontrollen an

---

Abs. 2 AEUV; Errichtungsgrundlage für die Europäische Agentur für die Sicherheit des Seeverkehrs (EMSA)), der Umweltpolitik (Art. 192 Abs. 1 AEUV), der Bildungspolitik (Art. 165 Abs. 4, Art. 166 Abs. 4 AEUV), der Gesundheitspolitik (Art. 168 AEUV), der Kulturpolitik (Art. 167 Abs. 5 AEUV) oder der Gemeinsamen Handelspolitik (Art. 207 AEUV) dar; neben Normen in besonderen Politikbereichen können auch die Kompetenz zur Angleichung der Rechts- und Verwaltungsvorschriften der Mitgliedstaaten aus Art. 114 Abs. 1 AEUV (siehe beispielsweise die Europäische Chemikalienagentur (ECHA)) und die Kompetenzergänzungsklausel des Art. 352 AEUV (Errichtungsgrundlage für die Agentur der Europäischen Union für Grundrechte (FRA)) herangezogen werden.

18 Siehe beispielsweise *G. Sydow*, Verwaltungskooperation, 2004, S. 301 ff.; *E. Schmidt-Aßmann*, Europäischer Verwaltungsverbund, 2005, S. 1 (6); *T. von Danwitz*, Europäisches Verwaltungsrecht, 2008, S. 609 ff.; *S. Augsberg*, Europäisches Verwaltungsorganisationsrecht, 2011, Rn. 50 ff.

19 Eine bedeutende Ausnahme stellt aber der Regelungskomplex zum Europäischen System der Zentralbanken (ESZB) dar.

20 *A. Weber*, Durchführung des Gemeinschaftsrechts, 1987, S. 46; *G. Gornig/Chr. Trüe*, JZ 1993, S. 934 (938); *H.-W. Rengeling*, VVDStRL 53 (1994), S. 202 (211 f.); *W. Kahl*, DV 29 (1996), S. 341 (349).

Ort und Stelle zu schaffen, das die ordnungsgemäße Erfüllung der materiellen und formellen Voraussetzungen“[21] des Unionsrechts garantiert.

Diese Aussage ist jedoch nur begrenzt verallgemeinerbar, da ihr eine besondere Sachverhaltskonstellation zugrunde lag: Die Europäische Kommission hatte sich geweigert, Zahlungen der deutschen Bundesländer an Erzeuger von Schaffleisch und zur Erhaltung des Mutterkuhbestandes als EU-Prämien anzuerkennen, da in Deutschland kein angemessenes System von Verwaltungskontrollen und von Kontrollen an Ort und Stelle bestünde sowie Nachweise fehlten, dass derartige Kontrollen auch tatsächlich durchgeführt worden waren.[22] Die Durchführung der Kontrollen lag nach Ansicht des EuGH im Aufgabenbereich der nationalen Behörden. Die Zahlungen könnten deshalb nur anerkannt werden, wenn ein entsprechendes System mit Kontrollstellen besteht. Dies verlange das Gebot der loyalen Zusammenarbeit mit der Kommission. Art. 4 Abs. 3 EUV sei die Pflicht zur unionsrechtsfreundlichen Ausgestaltung der nationalen Organisationsstruktur zu entnehmen.[23] Diese Norm verpflichtet demnach nicht generell zur Schaffung bestimmter Behörden, sondern zur unionsrechtsfreundlichen Ausgestaltung der nationalen Verwaltungsstrukturen. Auf dieser Grundlage kann zumindest die Beseitigung extremer Formen organisationsrechtlichen Fehlverhaltens der Mitgliedstaaten verlangt werden.[24] Eine „organisatorische Feinsteuerung“[25] der mitgliedstaatlichen Verwaltungsstrukturen ist ihr hingegen nicht zu entnehmen.

C. Kompetenzgrundlagen für sekundärrechtliche Organisationsregelungen

Die Feinsteuerung des mitgliedstaatlichen Organisationsrechts erfolgt vielmehr in Sekundärrechtsakten.[26] Bereits zu Zeiten der EWG wurden die Mitgliedstaaten unter anderem verpflichtet, ein Informationsnetz der

21 *EuGH*, Rs. C-8/88, Rn. 20 – Deutschland/Kommission.
22 *EuGH*, Rs. C-8/88, Rn. 11 – Deutschland/Kommission.
23 *EuGH*, Rs. 30/70, Rn. 8 – Scheer/Einfuhr- und Vorratsstelle für Getreide und Futtermittel; Rs. C-110/89, Rn. 13 und 15 – Kommission/Griechenland.
24 *EuGH*, Rs. 94/71, Rn. 11 – Schlüter/HZA Hamburg; Rs. 68/81, Rn. 4 f. – Kommission/Belgien.
25 *A. Hatje*, Gemeinschaftsrechtliche Steuerung, 1998, S. 115.
26 Siehe oben in Kapitel 3, Teil 1, A.

landwirtschaftlichen Buchführung einzuführen[27], landwirtschaftliche Erzeugergemeinschaften zu schaffen und ihnen Verwaltungsaufgaben zu übertragen.[28] Auch dies führte in Deutschland dazu, dass die Bundesanstalt für landwirtschaftliche Marktordnung eingerichtet wurde.[29] Seitdem kamen eine ganze Reihe weiterer Vorgaben hinzu. Dazu gehört die Benennung von Behörden als Kontaktstellen, Anforderungen an die Rechtsstellung, die Verpflichtung zur angemessenen finanziellen Ausstattung, die Verpflichtung zur Zuerkennung bestimmter Kompetenzen ebenso wie Regelungen zur Ernennung und Entlassung des Leitungspersonals.[30]

Bei Vorgaben für den indirekten Vollzug kann zwischen Bereichs-, Teil- und Gesamtregelungen differenziert werden. Letztere bezeichnen bereichsübergreifende, umfassende Regelungen des Vollzugsrechts, während Bereichsregelungen allgemeine Aspekte des Vollzugs in einem bestimmten Sachbereich umfassend regeln und Teilregelungen bestimmte Einzelfragen erfassen, dies allerdings auch bereichsübergreifend.[31] Die Union stützt Organisationsvorgaben in Bereichs- und Teilregelungen auf Sachbereichskompetenzen wie denjenigen zur Regelung der Agrarpolitik,[32] der Grundfreiheiten,[33] der Verkehrspolitik,[34] der Wirtschafts- und Währungs-

27 Verordnung Nr. 79/65/EWG des Rates vom 15. Juni 1965 zur Bildung eines Informationsnetzes landwirtschaftlicher Buchführungen über die Einkommenslage und die betriebswirtschaftlichen Verhältnisse landwirtschaftlicher Betriebe in der EWG, ABl. 109 vom 23.6.1965, S. 1859–1865.

28 Verordnung (EWG) Nr. 1360/78 des Rates vom 19. Juni 1978 betreffend die Erzeugergemeinschaften und ihre Vereinigungen, ABl. L 166 vom 23.6.1978, S. 1–8.

29 Siehe hierzu *R. Streinz*, Einfluß des europäischen Verwaltungsrechts, 1991, S. 241 (260 ff.).

30 Siehe hierzu oben in Kapitel 3, Teil 1, A.

31 *Chr. Krönke*, Verfahrensautonomie, 2013, S. 50.

32 Beispielsweise für die Schaffung spezieller Zahl- und Koordinierungsstellen, siehe Art. 6 der Verordnung (EG) Nr. 1290/2005 des Rates vom 21. Juni 2005 über die Finanzierung der Gemeinsamen Agrarpolitik, ABl. L 209 vom 11.8.2005, S. 1–25.

33 Beispielsweise für die Benennung der Kontaktstelle im Bereich der Märkte für Finanzinstrumente, siehe Art. 56 Abs. 1 UAbs. 3 der Richtlinie 2004/39/EG des Europäischen Parlaments und des Rates vom 21. April 2004 über Märkte für Finanzinstrumente, zur Änderung der Richtlinien 85/611/EWG und 93/6/EWG des Rates und der Richtlinie 2000/12/EG des Europäischen Parlaments und des Rates und zur Aufhebung der Richtlinie 93/22/EWG des Rates, ABl. L 145 vom 30.4.2004, S. 1–44, oder für den Einheitlichen Ansprechpartner nach der Dienstleistungsrichtlinie, siehe Art. 6 Abs. 1 der Richtlinie 2006/123/EG des Europäischen Parlaments und des Rates vom 12. Dezember 2006 über Dienstleistungen im Binnenmarkt, ABl. L 376 vom 27.12.2006, S. 36–68.

union,[35] der Gemeinsamen Handelspolitik[36] und häufig auf die Harmonisierungskompetenz aus Art. 114 Abs. 1 AEUV.[37]

Inwiefern ein derartiges Vorgehen in den drei Referenzgebieten kompetenzrechtlich zulässig ist, werden die folgenden Abschnitte zeigen. Der Aufbau folgt einem Spezialitätsansatz, d.h. zunächst werden Normen untersucht, die nur für einen Sachbereich gelten, im Anschluss Normen, die verwaltungsrechtliche Kompetenzen betreffen und zum Abschluss die mit dem vermeintlich weitesten Anwendungsbereich versehene Flexibilitätsklausel (Art. 352 AEUV).

---

34 Beispielsweise für die Schaffung einer unabhängigen Verwaltungsstelle für die Zuweisung von Zeitnischen auf Flughäfen, siehe Art. 4 der Verordnung (EWG) Nr. 95/93 des Rates vom 18. Januar 1993 über gemeinsame Regeln für die Zuweisung von Zeitnischen auf Flughäfen in der Gemeinschaft, ABl. L 14 vom 22.1.1993, S. 1–6, die sich noch auf Art. 84 Abs. 2 EWG-Vertrag stützte.

35 Dies betrifft nur die fachliche Unabhängigkeit der nationalen Statistikämter, siehe Art. 10a der Verordnung (EU) Nr. 1175/2011 des Europäischen Parlaments und des Rates vom 16. November 2011 zur Änderung der Verordnung (EG) Nr. 1466/97 des Rates über den Ausbau der haushaltspolitischen Überwachung und der Überwachung und Koordinierung der Wirtschaftspolitiken, ABl. L 306 vom 23.11.2011, S. 12–24.

36 Beispielsweise für die Benennung von Akkreditierungsstellen für den Bereich der Produktvermarktung, siehe Art. 4 Abs. 1 der Verordnung (EG) Nr. 765/2008 des Europäischen Parlaments und des Rates vom 9. Juli 2008 über die Vorschriften für die Akkreditierung und Marktüberwachung im Zusammenhang mit der Vermarktung von Produkten und zur Aufhebung der Verordnung (EWG) Nr. 339/93 des Rates, ABl. L 218 vom 13.8.2008, S. 30–47.

37 Beispielsweise für die Schaffung der Nachprüfungsinstanzen im Vergaberecht, siehe Art. 1 ff. der Richtlinie 89/665/EWG des Rates vom 21. Dezember 1989 zur Koordinierung der Rechts- und Verwaltungsvorschriften für die Anwendung der Nachprüfungsverfahren im Rahmen der Vergabe öffentlicher Liefer- und Bauaufträge, ABl. L 395 vom 30.12.1989, S. 33–35, und Art. 1 ff. der Richtlinie 92/13/EWG des Rates vom 25. Februar 1992 zur Koordinierung der Rechts- und Verwaltungsvorschriften für die Anwendung der Gemeinschaftsvorschriften über die Auftragsvergabe durch Auftraggeber im Bereich der Wasser-, Energie- und Verkehrsversorgung sowie im Telekommunikationssektor, ABl. L 76 vom 23.3.1992, S. 14–20.

I. Sachbereichskompetenzen

1) Datenschutzrecht, Art. 16 Abs. 2 Satz 2 AEUV

Sowohl Art. 16 Abs. 2 Satz 2 AEUV als auch Art. 39 Satz 2 EUV und Art. 8 Abs. 3 GRCh verweisen explizit auf unabhängige Datenschutzaufsichtsbehörden. Die Aufgabe dieser Stellen besteht darin, die personenbezogenen Daten zu schützen und den freien Datenverkehr zu garantieren. Dies macht der zweite Satz von Art. 16 Abs. 2 AEUV klar, nach dem die unabhängigen Behörden die „Einhaltung dieser Vorschriften" überwachen. Mit „diesen Vorschriften" wird auf den ersten Satz von Art. 16 Abs. 2 AEUV verwiesen, der die Kompetenz zum Erlass von Rechtsvorschriften über den Schutz natürlicher Personen bei der Verarbeitung personenbezogener Daten und über den freien Datenverkehr enthält.

Aufgrund dieser Normen sind die Mitgliedstaaten bereits auf primärrechtlicher Ebene dazu verpflichtet, unabhängige Datenschutzaufsichtsbehörden einzurichten. Darüber hinaus kann Art. 16 Abs. 2 Satz 2 AEUV als Rechtsgrundlage dienen, um in Sekundärrechtsakten genauere Vorgaben zur Ausgestaltung der Unabhängigkeit festzulegen. Art. 16 AEUV wurde jedoch erst durch den Vertrag von Lissabon eingefügt. Die Datenschutzrichtlinie aus dem Jahr 1995 mit den organisationsrechtlichen Vorgaben hinsichtlich der Datenschutzaufsichtsbehörden stützte sich nur auf ex-Art. 95 EGV (seit dem Vertrag von Lissabon: Art. 114 AEUV). Die im Jahr 2016 verabschiedete Datenschutz-Grundverordnung nennt hingegen insbesondere Art. 16 AEUV als Rechtsgrundlage.[38] Sie enthält eine ganze Reihe organisationsrechtlicher Vorgaben an die Mitgliedstaaten (Art. 51 ff. DSGVO). Sofern sich diese Vorgaben auf die Unabhängigkeit der Datenschutzaufsichtsbehörden beziehen, stellt Art. 16 AEUV hierfür eine geeignete Rechtsgrundlage dar.

---

38 Verordnung (EU) 2016/679 des Europäischen Parlaments und des Rates vom 27. April 2016 zum Schutz natürlicher Personen bei der Verarbeitung personenbezogener Daten, zum freien Datenverkehr und zur Aufhebung der Richtlinie 95/46/EG (Datenschutz-Grundverordnung), ABl. L 119 vom 4.5.2016, S. 1–88; anders noch in *Europäische Kommission*, Vorschlag für eine Verordnung des Europäischen Parlaments und des Rates zum Schutz natürlicher Personen bei der Verarbeitung personenbezogener Daten und zum freien Datenverkehr (Datenschutz-Grundverordnung), KOM(2012) 11 endg., S. 19, der auch noch Art. 114 AEUV als Rechtsgrundlage aufzählte.

2) Recht der amtlichen europäischen Statistik, Art. 338 AEUV

Im Recht der amtlichen europäischen Statistik stützt der Unionsgesetzgeber organisationsrechtliche Regelungen im Sekundärrecht bevorzugt auf Art. 338 Abs. 2 AEUV.[39] Im Gegensatz zu den Bestimmungen im Datenschutzrecht enthält die Vorschrift keinen Verweis auf die nationalen Statistikämter, sondern verpflichtet bei der Erstellung von Unionsstatistiken zu materiellrechtlichen Prinzipien, darunter zur Wahrung der wissenschaftlichen Unabhängigkeit. Diese Verpflichtungen könnten dennoch als Rechtsgrundlage für die Schaffung unabhängiger Statistikämter dienen, denn materiellrechtliche Anforderungen verlangen häufig nach organisationsrechtlichen Konsequenzen.[40]

a) Unabhängigkeit im Sekundärrecht

Auch wenn sekundärrechtliche Regelungen den Gehalt primärrechtlicher Normen nicht bestimmen können, kann zum Verständnis der wissenschaftlichen Unabhängigkeit i.S.d. Art. 338 AEUV auf die Statistik-VO[41] zurückgegriffen werden, da diese die Anforderung der wissenschaftlichen

---

39 Art. 338 AEUV ist nicht die einzige Rechtsgrundlage für statistische Regelungen. Diese können auch auf das Auskunftsrecht der Kommission aus Art. 337 AEUV gestützt werden, siehe *EuGH*, Rs. C-426/93, Rn. 18 und 28 ff. – Deutschland/Rat.

40 Das Verwaltungsorganisationsrecht ist ein bedeutendes Steuerungsinstrument zur Realisierung materiellrechtlicher Ziele; dies ist mittlerweile weitgehend anerkannt, siehe *BVerfGE* 111, 191 (217 f.) – Notarkassen; 111, 333 (353 ff.) – Brandenburgisches Hochschulgesetz; *C. Franzius*, Steuerung durch Recht, 2012, Rn. 50; *G. F. Schuppert*, Verwaltungsorganisationsrecht, 2012, Rn. 5.

41 VO (EG) Nr. 223/2009 des Europäischen Parlaments und des Rates vom 11. März 2009 über europäische Statistiken und zur Aufhebung der Verordnung (EG, Euratom) Nr. 1101/2008 des Europäischen Parlaments und des Rates über die Übermittlung von unter die Geheimhaltungspflicht fallenden Informationen an das Statistische Amt der Europäischen Gemeinschaften, der Verordnung (EG) Nr. 322/97 des Rates über die Gemeinschaftsstatistiken und des Beschlusses 89/382/EWG, Euratom des Rates zur Einsetzung eines Ausschusses für das Statistische Programm der Europäischen Gemeinschaften, geändert durch VO (EU) Nr. 2015/759 des Europäischen Parlaments und des Rates vom 29. April 2015 zur Änderung der Verordnung (EG) Nr. 223/2009 über europäische Statistiken, ABl. L 123 vom 19.5.2015, S. 90-97.

Unabhängigkeit konkretisiert.[42] Die Statistik-VO verpflichtet die statistischen Stellen der Mitgliedstaaten zur fachlichen Unabhängigkeit (Art. 2 Abs. 1 Statistik-VO). Laut der Legaldefinition der Statistik-VO bedeutet fachliche Unabhängigkeit, dass die Statistiken auf unabhängige Weise entwickelt, erstellt und verbreitet werden müssen, insbesondere was die Wahl der zu verwendenden Verfahren, Definitionen, Methoden und Quellen sowie den Zeitpunkt und den Inhalt aller Verbreitungsformen anbelangt, ohne dass politische Gruppen oder Interessengruppen oder Stellen der Gemeinschaft oder einzelstaatliche Stellen Druck ausüben können. Zudem besteht ein Weisungsverbot für die Leiter der nationalen statistischen Ämter (Art. 5a Abs. 2 Statistik-VO).

Der Verhaltenskodex für europäische Statistiken (CoP) vom 28. September 2011 liefert zusätzliche Verständnisklärungen. Er wurde vom Ausschuss für das Europäische Statistische System verabschiedet, dem die nationalen Statistikstellen und die Europäische Kommission angehören. Er kann weder den europäischen noch die nationalen Gesetzgeber binden. Der CoP enthält somit nur eine Auflistung fachspezifischer Anforderungen der Statistikstellen an die eigene Arbeit. Im CoP werden die statistischen Grundsätze in die Aspekte „institutioneller Rahmen“, „statistische Prozesse“ und „statistische Produkte“ unterteilt. Zum institutionellen Rahmen wird unter dem Punkt „fachliche Unabhängigkeit“ bestimmt, dass die Unabhängigkeit der nationalen Statistikämter gesetzlich festgelegt sein muss und die Leiter der nationalen statistischen Ämter „auf einer hierarchischen Ebene angesiedelt [sein sollen], die den Zugang zu hochrangigen politischen Entscheidungsträgern und Verwaltungsstellen gewährleistet“[43].

b) Unabhängigkeit in Art. 338 Abs. 2 AEUV

Sowohl die Statistikverordnung als auch der CoP legen mit der fachlichen Unabhängigkeit fest, dass die nationalen Statistikämter, sofern sie an der Entwicklung, Erstellung und Verbreitung europäischer Statistiken beteiligt sind, nicht dem Druck einzelner Institutionen ausgesetzt sein dürfen. Dies entspricht dem Ziel des europäischen Statistikrechts, das auf verlässliche

42 *J. Hahlen*, in: Grabitz/Hilf/Nettesheim, Das Recht der Europäischen Union, 2011, Art. 338 AEUV Rn. 21.

43 Punkt 1.2 des Verhaltenskodex für europäische Statistiken für die nationalen und die gemeinschaftlichen Stellen.

europäische Statistiken angewiesen ist, die nicht von Interessengruppen beeinflusst werden dürfen. Deshalb wird der sekundärrechtliche Terminus „fachliche Unabhängigkeit" im Recht der europäischen amtlichen Statistik synonym mit demjenigen der „wissenschaftlichen Unabhängigkeit" (Art. 338 Abs. 2 AEUV) verwendet.[44]

Auf welche Weise die fachliche/wissenschaftliche Unabhängigkeit sichergestellt wird, ist allerdings dem Unionsgesetzgeber überlassen. Anders als im EU-Datenschutzrecht sind unabhängige Stellen nicht vorgeschrieben. Auf Grundlage von Art. 338 AEUV können aber Rechtsakte erlassen werden, die durch organisationsrechtliche Regelungen sicherstellen, dass kein Druck auf statistische Ämter ausgeübt wird. Dies ist nicht auf EU-Einrichtungen (insbesondere Eurostat) beschränkt, sondern gilt auch für nationale Statistikämter,[45] sofern sie an der Erstellung „europäischer Statistiken" beteiligt sind. Da nationale Stellen die Daten für europäische Statistiken liefern, können sie einbezogen sein. Bestätigt wird dies dadurch, dass der EuGH bereits entschieden hat, dass auf Grundlage von Art. 338 AEUV auch akzessorische Regelungen, beispielsweise die Einrichtung oder Harmonisierung von Registern, erlassen werden dürfen.[46]

3) Harmonisierungskompetenz, Art. 114 Abs. 1 AEUV

Eine weitere Sachbereichsnorm stellt die Harmonisierungskompetenz des Art. 114 Abs. 1 AEUV dar. Zwar wird sie teilweise derart extensiv verwendet, dass die Beschränkung auf Maßnahmen zur Angleichung des Binnenmarkts verloren zu gehen droht,[47] gleichwohl ist sie als eine Sachbereichskompetenz einzuordnen. Vorgaben an die Verwaltungsorganisation wurden auf dieser Grundlage sowohl für die Datenschutzaufsichtsbehörden als auch für die Regulierungsstellen für Telekommunikation und Energie getroffen. Der EuGH hat es für rechtmäßig erachtet, dass Art. 114

---

44 Johann Hahlen schreibt in seiner Kommentierung zu Art. 338 AEUV: „wissenschaftliche bzw. fachliche Unabhängigkeit", *J. Hahlen*, in: Grabitz/Hilf/Nettesheim, Das Recht der Europäischen Union, 2011, Art. 338 AEUV Rn. 26; ebenso *C. Ladenburger*, in: von der Groeben/Schwarze/Hatje, Europäisches Unionsrecht, 2015, Art. 338 AEUV Rn. 19.

45 *C. Ladenburger*, in: von der Groeben/Schwarze/Hatje, Europäisches Unionsrecht, 2015, Art. 338 AEUV Rn. 19.

46 *EuGH*, Rs. C-426/93, Rn. 31 – Deutschland/Rat.

47 Siehe beispielsweise *EuGH*, Rs. C-350/92, Rn. 27 ff. – Spanien/Rat.

Abs. 1 AEUV als Rechtsgrundlage für Vorgaben an die nationalen Datenschutzaufsichtsbehörden herangezogen wird, auch weil die Unabhängigkeit der Verwirklichung des Binnenmarkts diene.[48] Die Verbindung zwischen dem Binnenmarktziel und verwaltungsorganisationsrechtlichen Regelungen liegt allerdings nicht auf der Hand.

a) Regelungsbereich

Art. 114 Abs. 1 AEUV erlaubt den Erlass von Maßnahmen zur Angleichung der Rechts- und Verwaltungsvorschriften der Mitgliedstaaten. Sie müssen auf die Verwirklichung des Binnenmarkts gerichtet sein (Art. 26 AEUV).[49] Sofern Unterschiede zwischen den mitgliedstaatlichen Regelungen geeignet sind, die Grundfreiheiten zu beeinträchtigen oder Wettbewerbsverzerrungen zu verursachen und sich auf diese Weise unmittelbar auf das Funktionieren des Binnenmarkts auszuwirken, kann Art. 114 Abs. 1 AEUV für sekundärrechtliche Harmonisierungsmaßnahmen herangezogen werden.[50] Es müssen aber stets spürbare Beeinträchtigungen für den Binnenmarkt bestehen.[51]

b) Binnenmarktbezug verwaltungsorganisationsrechtlicher Vorgaben

Vorgaben an die mitgliedstaatliche Verwaltungsorganisation auf Grundlage von Art. 114 Abs. 1 AEUV können demnach nur in den Fällen erlassen werden, in denen die Beeinträchtigung von Grundfreiheiten oder Wettbewerbsverzerrungen drohen und die Harmonisierung des nationalen Verwaltungsorganisationsrechts diese Gefahr mindern kann. Eine solche Verbindung wird teilweise grundsätzlich verneint. Dies liege daran, dass ein „konkretes Wirkungspotential der staatlichen Verwaltungsrechtsordnungen und ihrer allgemeinen Rechtsinstitute auf das Marktgeschehen in der Ge-

---

48 *EuGH*, Rs. C-518/07, Rn. 50 – Kommission/Deutschland.

49 *EuGH*, Rs. C-58/08, Rn. 21 und 53 – Vodafone.

50 Siehe beispielsweise *EuGH*, Rs. C-376/98, Rn. 84 und 95 ff. – Deutschland/Parlament und Rat; Rs. C-301/06, Rn. 63 – Irland/Parlament und Rat; Rs. C-58/08, Rn. 32 – Vodafone.

51 *EuGH*, Rs. C-376/98, Rn. 83 ff. – Deutschland/Parlament und Rat.

meinschaft […] in der Regel nicht erkennbar [ist]“[52]. Auch die „völlige Konturlosigkeit des Art. 114 AEUV als Rechtsgrundlage für verwaltungsorganisatorische Maßnahmen des Unionsgesetzgebers“[53] wird vorgebracht. Teilweise wird die Norm nur im horizontalen Verhältnis der Verwaltungen der Mitgliedstaaten zueinander für anwendbar erklärt, nicht aber im vertikalen Verhältnis zwischen Union und Mitgliedstaaten.[54]

Der EuGH verlangt hingegen kein konkretes Wirkungspotential der verwaltungsrechtlichen Maßnahme, sondern hält auch solche für zulässig, die lediglich akzessorisch die Ziele des Rechtsakts anstreben. Die verwaltungsrechtliche Maßnahme muss folglich gar nicht unmittelbar Auswirkungen auf den Binnenmarkt haben, sondern es ist ausreichend, wenn sie die materiellrechtlichen Ziele des Sekundärrechtsakts fördert. Diese Anforderung können organisationsrechtliche Maßnahmen durchaus erfüllen.

Für Unionsagenturen hat der EuGH dies bereits entschieden, was allerdings nicht ohne Kritik blieb.[55] In einem Urteil zur Europäischen Agentur für Netz- und Informationssicherheit (ENISA) hat der Gerichtshof Art. 114 AEUV als geeignete Rechtsgrundlage zur Schaffung dieser Agentur erachtet.[56] Einer der wesentlichen Kritikpunkte an der Heranziehung von Art. 114 Abs. 1 AEUV war, dass Maßnahmen auf Grundlage dieser Norm nur der Angleichung mitgliedstaatlicher Rechts- und Verwaltungsvorschriften dienen dürften. Da den Mitgliedstaaten jedoch keine Kompetenz zur Einrichtung einer EU-Agentur zusteht, könne die Verordnung auch keine Angleichung vornehmen.[57] Der EuGH verwarf dieses Verständnis jedoch und stellte fest, dass dem Wortlaut des Art. 114 Abs. 1 AEUV nicht zu entnehmen sei, dass Maßnahmen nur an die Mitgliedstaa-

---

52 *T. von Danwitz*, Europäisches Verwaltungsrecht, 2008, S. 468; ähnlich bereits *ders.*, DVBl. 1998, S. 421 (429); a. A.: *A. Hatje*, Gemeinschaftsrechtliche Steuerung, 1998, S. 101; *W. Kahl*, DV 2010, Beiheft 10, S. 39 (61); für einen eher begrenzten Anwendungsbereich *C. Ladenburger*, Evolution, 2008, S. 107 (124).

53 *Chr. Ohler*, JZ 2014, S. 249 (252).

54 *Chr. Engel*, DV 25 (1992), S. 437 (461 f.).

55 *R. Vetter*, DÖV 2005, S. 721 (728 f.); *M. Wittinger*, EuR 2008, S. 609 (612 ff.); *J. A. Kämmerer*, NVwZ 2011, S. 1281 (1283).

56 *EuGH*, Rs. C-217/04 – ENISA; Art. 114 Abs. 1 AEUV als Kompetenzgrundlage ablehnend *K. F. Gärditz*, AöR 135 (2010), S. 251 (272 ff.); a. A.: *B. Holznagel/ P. Schumacher*, Funktionelle Unabhängigkeit, 2011, S. 737 (751).

57 *D. Fischer-Appelt*, Agenturen, 1999, S. 87 ff.; *M. Ludwigs*, Rechtsangleichung, 2004, S. 254 f.; ebenso, aber ohne Bezug auf Agenturen: *C. D. Ehlermann*, CMLRev. 24 (1987), S. 361 (385); a. A. *E. Vos*, CMLRev. 37 (2000), S. 1113 (1122).

ten gerichtet sein dürften.[58] Der EuGH setzte sich damit auch über das Votum der Generalanwältin *Kokott* hinweg, die zu dem Ergebnis gekommen war, dass dem Errichtungsakt selbst der Beitrag zur Rechtsangleichung fehle.[59] Begründet hatte der EuGH diese Ansicht damit, dass der Unionsgesetzgeber aufgrund seiner Sachwürdigung die Schaffung einer Unionseinrichtung für notwendig erachten kann, deren Aufgabe es ist, in Situationen, in denen der Erlass von nicht zwingenden Begleit- und Rahmenmaßnahmen zur Erleichterung der einheitlichen Durchführung und Anwendung von auf ex-Art. 95 EGV gestützten Rechtsakten geeignet erscheint, zur Verwirklichung des Harmonisierungsprozesses beizutragen.[60] Der EuGH räumt dem Unionsgesetzgeber folglich einen Ermessensspielraum bei der Auswahl der zur Erreichung des angestrebten Regelungszicls am besten geeigneten Angleichungstechnik ein. Dies bestätigte er in der *Vodafone*-Entscheidung.[61] Als einschränkende Bedingung legte der EuGH allerdings fest, dass die der Agentur übertragenen Aufgaben in einem engen Zusammenhang mit den Bereichen stehen müssen, die Gegenstand der Angleichungsrechtsakte sind.[62] Der EuGH hat hierfür eine zweischrittige Prüfung entwickelt: Erstens müssen die Ziele und Aufgaben der EU-Agentur eng mit den Bereichen zusammenhängen, auf die sich die Maßnahmen beziehen.[63] Zweitens muss gesichert sein, dass die Aufgaben der EU-Agentur die Durchführung der Gemeinschaftsbestimmungen begleiten und sich in diesen Rahmen einfügen, dass sie also „Maßnahmen zur Angleichung“ sind.[64]

Der EuGH hat im Urteil zu den Datenschutzaufsichtsbehörden diese Sichtweise für verwaltungsorganisationsrechtliche Vorgaben an die Mitgliedstaaten bestätigt: Organisationsrechtliche Vorgaben wie die Unabhängigkeit können demnach dem Ziel eines einheitlichen Binnenmarktes die-

---

58 *EuGH*, Rs. C-217/04, Rn. 44 – ENISA; Kritik an dieser Aussage bei *Chr. Ohler*, EuZW 2006, S. 369 (373); vielfach wurde auch darauf verwiesen, dass Art. 352 AEUV die bessere Rechtsgrundlage sei, da sie die Einstimmigkeit im Rat verlangt, so bei *R. Vetter*, DÖV 2005, S. 721 (728 f.); *U. Häde*, EuZW 2011, S. 662 (663).

59 *GA Kokott*, Rs. C-217/04, Rn. 33 ff. – ENISA.

60 *EuGH*, Rs. C-217/04, Rn. 44 – ENISA.

61 Bestätigt in *EuGH*, Rs. C-58/08, Rn. 35 – Vodafone.

62 *EuGH*, Rs. C-217/04, Rn. 45 – ENISA.

63 *EuGH*, Rs. C-217/04, Rn. 47 – ENISA.

64 *EuGH*, Rs. C-217/04, Rn. 59 – ENISA.

nen, soweit sie sicherstellen sollen, dass ein einheitliches Niveau in allen Mitgliedstaaten besteht.[65]

Dieser Aussage ist – unabhängig von der Frage, ob die organisationsrechtliche Ausgestaltung im konkreten Fall diesem Ziel dient – zuzustimmen, da der durch Behörden gesetzte Rahmen für die Marktteilnehmer von erheblicher Bedeutung ist. Einheitliche Regelungen bezüglich der Verwaltungskontrolle, der Genehmigung oder der Kennzeichnung von Produkten sind erhebliche Faktoren für die Verkehrsfähigkeit eines Produktes.[66] Sie sind verwaltungsrechtliche Bestimmungen und Institute, die den Rahmen für binnenmarktrelevante Freiheitsrechte setzen. *Meinhard Hilf* hat ebenfalls darauf hingewiesen, dass die „Gemeinschaftswirklichkeit" zeige, dass die Verwaltungsorganisation in den Mitgliedstaaten zu Wettbewerbsverzerrungen führen kann.[67] Das Unionsrecht erkennt damit die Bewirkungsdimension verwaltungsrechtlicher Regelungen an.

Da die EU ferner auf Grundlage von Art. 114 Abs. 1 AEUV sogar eigene Vollzugsbefugnisse begründen kann, die zuvor durch die Mitgliedstaaten ausgeübt worden waren,[68] und der Europäischen Kommission in Sekundärrechtsakten Entscheidungsbefugnisse zuerkannt werden können,[69] kann die EU erst recht Vorgaben für den mitgliedstaatlichen Vollzug erlassen. Verwaltungsorganisationsrechtliche Anforderungen an die Mitgliedstaaten stellen im Vergleich zur Begründung eigener Vollzugsbefugnisse der EU geringere kompetenzrechtliche Anforderungen. Dies gilt allgemein für Vorgaben an den Vollzug durch die Mitgliedstaaten[70] und speziell für die Unabhängigkeitsvorgabe.

65 *EuGH*, Rs. C-518/07, Rn. 50 – Kommission/Deutschland.

66 Darauf weist auch hin: *S. Schreiber*, Verwaltungskompetenzen, 1997, S. 131.

67 *M. Hilf*, Organisationsstruktur, 1982, S. 207.

68 *EuGH*, Rs. C-359/92, Rn. 37 – Deutschland/Rat; dies wird aber teilweise nur in eng begrenzten Ausnahmefällen für zulässig gehalten, siehe *M. Klepper*, Vollzugskompetenzen, 2001, S. 52 ff.

69 Siehe hierzu *M. Eekhoff*, Verbundaufsicht, 2006, S. 194 ff.

70 *J. Gundel*, Energieverwaltungsrecht, 2011, Rn. 21; ebenso bei *M. H. Koch*, Externalisierungspolitik, 2004, S. 31.

4) Sachbereichskompetenzen zur Regelung des nationalen Verwaltungsorganisationsrechts

Art. 114 Abs. 1 AEUV kann somit als Rechtsgrundlage für mitgliedstaatliche Organisationsvorgaben herangezogen werden, sofern dies den Zielen des jeweiligen Rechtsakts dient.[71] Art. 338 AEUV erlaubt ebenfalls, dass akzessorische Regelungen erlassen werden, um materiellrechtliche Ziele zu erreichen. Dazu sind auch organisationsrechtliche Bestimmungen zu zählen.[72] Eine Ausnahme bildet Art. 16 Abs. 2 Satz 2 AEUV. Diese Norm stellt bereits primärrechtlich organisationsrechtliche Anforderungen an mitgliedstaatliche Datenschutzaufsichtsbehörden, insbesondere deren unabhängige Rechtsstellung.

II. Verwaltungsrechtliche Kompetenzen

Die EU kann sachbereichsspezifisch Organisationsvorgaben für die mitgliedstaatliche Verwaltungsstruktur erlassen. Dies birgt jedoch die Gefahr in sich, dass es zu unterschiedlichen vollzugsrechtlichen Arrangements von Sachbereich zu Sachbereich kommt. Dem könnte entgegengetreten werden, sofern die Union bereichsübergreifende Regelungen für den Vollzug des Unionsrechts erlassen dürfte. Aus kompetenzrechtlicher Sicht stehen die Regelungen zur Verwaltungszusammenarbeit (Art. 197 AEUV), zur europäischen Verwaltung (Art. 298 AEUV) und zum Recht auf eine gute Verwaltung (Art. 41 GRCh) zur Verfügung. Da alle drei Normen erst durch den Vertrag von Lissabon im Primärrecht verankert wurden, könnte sich hieran auch eine (mögliche) Entwicklung der Union im Unionsverwaltungsrecht zeigen. Vor dem Inkrafttreten dieses Änderungsvertrages wurde eine allgemeine Kompetenz der EU zur Regelung des indirekten Vollzugs jedenfalls noch häufig abgelehnt.[73]

---

71 *E. Klein*, Der Staat 33 (1994), S. 39 (41); *A. Hatje*, Gemeinschaftsrechtliche Steuerung, 1998, S. 101.

72 *A. Guckelberger/F. Geber*, Verwaltungsverfahrensrecht, 2013, S. 151 f.

73 *R. Streinz*, Einfluß des europäischen Verwaltungsrechts, 1991, S. 241 (245 in Fn. 30); *Chr. Engel*, DV 25 (1992), S. 437 (460); *D. H. Scheuing*, Europarechtliche Impulse, 1994, S. 289 (294); *J. Schwarze*, Europeanization, 1996, S. 789 (800).

1) Verwaltungszusammenarbeit, Art. 197 AEUV

Art. 197 AEUV legt die effektive Durchführung des Unionsrechts als eine Frage des gemeinsamen Interesses der EU und der Mitgliedstaaten fest. Diese Norm ist nicht nur symbolischer Natur,[74] sondern begründet – wie der zweite Absatz belegt – eine Kompetenz zur Förderung der Kooperation zwischen EU-Einrichtungen und mitgliedstaatlichen Behörden. Dies schließt organisationsrechtliche Maßnahmen ein.[75]

Allerdings geht aus Art. 197 Abs. 2 Satz 4 AEUV nicht die Kompetenz zur Regelung des indirekten Vollzugs hervor. Es werden lediglich einzelne Aspekte der vertikalen Kooperation zwischen EU und Mitgliedstaaten aufgegriffen. So sieht der zweite Satz von Art. 197 Abs. 2 AEUV Regelungen über den Informationsaustausch sowie Aus- und Weiterbildungsprogramme vor. Die Kompetenz ist zwar nicht hierauf begrenzt, aber es besteht ein auf wenige Formen der Kooperation beschränkter Anwendungsbereich. Bestätigt wird dies dadurch, dass Art. 197 Abs. 2 Satz 4 AEUV Harmonisierungsvorgaben ausschließt. Da die Mitgliedstaaten diese unterstützende Kompetenz (siehe Art. 6 Satz 2 lit. g) AEUV) nicht wahrnehmen müssen, hingen organisationsrechtliche Vorgaben vom Umsetzungswillen der Mitgliedstaaten ab. Auf Grundlage dieser Norm erlassene Regelungen müssten deshalb eher Angebote an die Mitgliedstaaten enthalten, über deren Wahrnehmung diese eigenständig entscheiden können. Dies passt nicht auf organisationsrechtliche Vorgaben. Die Norm weist somit keine „organisationsrechtliche Stabilität“[76] auf, um verwaltungsorganisatorische Vorgaben zu erlassen. Vielmehr normiert die Norm nur eine bereits zuvor bestandene Praxis der begrenzten Zusammenarbeit der Behörden.[77]

---

74 *M. Schröder*, DVBl. 2011, S. 671 (672); a. A.: *C. Ladenburger*, Evolution, 2008, S. 107 (119); *Chr. Ohler*, in: Streinz, Vertrag über die Europäische Union und Vertrag über die Arbeitsweise der Europäischen Union, 2018, Art. 197 AEUV Rn. 1 („programmatische Generalklausel“).

75 *E. Pache*, VVDStRL 66 (2007), S. 106 (117); *M. Schröder*, DVBl. 2011, S. 671 (672).

76 *J. Saurer*, ZG 28 (2013), S. 250 (259).

77 *M. Ruffert*, in: Calliess/ders., EUV/AEUV mit Europäischer Grundrechtecharta, 2016, Art. 197 AEUV Rn. 22.

2) Recht auf gute Verwaltung, Art. 41 GRCh

Die seit dem Vertrag von Lissabon im Range des Primärrechts geltende Charta der Grundrechte der Europäischen Union (Art. 6 Abs. 1 EUV) enthält in Art. 41 GRCh das Recht auf gute Verwaltung.[78] Als Teilausprägung dieses Rechts verlangt der erste Absatz, dass die Angelegenheiten einer jeden Person unparteiisch zu behandeln sind. Diese Bestimmung ist als Grundrecht gestaltet, das zunächst nur eine individual-rechtliche Dimension beinhaltet und nicht als Rechtsgrundlage zum Erlass von EU-Rechtsakten ermächtigt.[79] Allerdings ist es nicht ausgeschlossen, dass sich organisationsrechtliche Folgen aus dieser Norm ergeben. Art. 8 Abs. 3 GRCh zeigt, dass auch in der Grundrechtecharta organisationsrechtliche Regelungen enthalten sind. Art. 41 GRCh müsste aber überhaupt Vorgaben für die mitgliedstaatliche Verwaltung zulassen.

a) Subjektive und objektive Unparteilichkeit

Art. 41 Abs. 1 GRCh verpflichtet dazu, dass die Angelegenheiten der natürlichen und juristischen Personen von den Einrichtungen der Union unparteiisch zu behandeln sind.[80] In Anknüpfung an den Begriff des unparteiischen Gerichts in Art. 47 GRCh[81] kann hierbei zwischen zwei Dimensionen unterschieden werden: Erstens die subjektive Unparteilichkeit, nach der keine der handelnden Personen voreingenommen sein oder persönliche Vorurteile hegen darf.[82] Zweitens muss die objektive Unpartei-

78 Die europäischen Gerichte hatten bereits vor der Verabschiedung der Grundrechtecharta ein derartiges Recht als allgemeinen Rechtsgrundsatz des Unionsrechts anerkannt (siehe nur *EuGH*, Rs. C-255/90 P – Burban) und noch weitere Anforderungen entwickelt; weitere Ausprägungen weisen nach: *K.-D. Classen*, Gute Verwaltung, 2008, S. 354 ff.; *H. D. Jarass*, Charta der Grundrechte der Europäischen Union, 2016, Art. 41 GRCh Rn. 30 f.

79 *S. Magiera*, in: Meyer/Hölscheidt, Charta der Grundrechte der Europäischen Union, 2019, Art. 41 GRCh Rn. 8.

80 Allgemein zu den möglichen Bedeutungen des Begriffs der Unabhängigkeit *M. Fehling*, Unparteilichkeit, 2001, S. 4 ff.

81 Eine Anknüpfung wird teilweise aber unter Verweis auf die Aufgabe der Verwaltung zur Durchsetzung des öffentlichen Interesses abgelehnt, siehe *K.-D. Classen*, Gute Verwaltung, 2008, S. 345.

82 *E. Nieto-Garrido/M. Delgado*, European Administrative Law, 2007, S. 31; *A. Guckelberger/F. Geber*, Verwaltungsverfahrensrecht, 2013, S. 193.

lichkeit gewahrt sein. Dazu müssen hinreichende Garantien bestehen, um berechtigte Zweifel an der Unbefangenheit ausschließen zu können.[83] Unparteiisches Entscheiden ist Ausdruck des allgemeinen Gleichheitssatzes[84] und des Rechtsstaatsprinzips[85], und zwar in Form der Rechtsanwendungsgleichheit.[86]

b) Unparteilichkeit und organisatorische Unabhängigkeit

Die Unparteilichkeit verlangt nach einer am Gleichheitsprinzip ausgerichteten, sachlichen Verwaltungsentscheidung. Sie ist damit nur auf die der Verwaltungstätigkeit unterworfenen Personen ausgerichtet. Damit fehlt der Bezug zu anderen hoheitlichen Institutionen, also eine organisationsrechtliche Dimension dieser Regelung. Die Unparteilichkeitsverpflichtung schließt auch nicht aus, dass die Verwaltung das öffentliche Interesse durchsetzen darf. Dies ist vielmehr zumeist ihre Aufgabe.[87] Sie ist Sachwalterin des öffentlichen Interesses und damit auch Partei. Eine Gleichsetzung des Begriffs mit dem der Unabhängigkeit sieht die Grundrechtecharta auch nicht vor, wie die separate Aufzählung von Unabhängigkeit und Unparteilichkeit in Art. 47 Abs. 1 GRCh belegt.

Aus der Verpflichtung zur Unparteilichkeit in Art. 41 GRCh folgt nicht, dass die Behörden von der Regierungsebene zu entkoppeln sind. Organisationsrechtliche Konsequenzen, die aus dem Recht auf eine gute Verwaltung folgen, beschränken sich auf die Bereitstellung einer funktionsfähigen und effizienten Verwaltungsstruktur.[88]

---

83 *H. D. Jarass*, Charta der Grundrechte der Europäischen Union, 2016, Art. 41 GRCh Rn. 27.

84 *E. Nieto-Garrido/M. Delgado*, European Administrative Law, 2007, S. 134.

85 Zudem wird auf das Gebot funktionsgerechter Organstruktur verwiesen, so bei *M. Fehling*, Unparteilichkeit, 2001, S. 285 f.

86 *M. Lais*, ZEuS 2002, S. 447 (463); *K.-D. Classen*, Gute Verwaltung, 2008, S. 343 und 345; ebenso anerkannt im deutschen Recht, *BVerfGE* 1, 208 (233) – 7,5%-Sperrklausel; 38, 225 (228) – Eisenbahnkreuzungen.

87 *A. Guckelberger/F. Geber*, Verwaltungsverfahrensrecht, 2013, S. 193.

88 Siehe die Entscheidungen *EuGH*, Rs. 61/76, Rn. 43 und 47 – Geist; *EuG*, Rs. T-32/89, Rn. 37 ff. – Marcopoulos.

3) Unabhängige europäische Verwaltung, Art. 298 AEUV

Das objektiv-rechtliche Pendant zu Art. 41 GRCh ist Art. 298 AEUV. Ausweislich des zweiten Absatzes kann diese Norm auch zum Erlass von Rechtsakten herangezogen werden. So verweist die legislative Entschließung des Europäischen Parlaments zu einem Verwaltungsverfahrensrecht der EU auf diese Kompetenzgrundlage.[89] Dieser Vorschlag gilt aber ausdrücklich nur für die EU-Eigenverwaltung. Ob auf Grundlage von Art. 298 AEUV auch Regelungen für den indirekten Vollzug erlassen werden dürfen, bemisst sich danach, was unter „europäischer Verwaltung“ zu verstehen ist. Da keine (Legal-)Definition des Begriffs in den europäischen Verträgen enthalten ist,[90] muss der Ausdruck insbcsondere in seinem systematischen und teleologischen Kontext bestimmt werden.

a) Mitgliedstaatliche Stellen als Teil der europäischen Verwaltung

Dem Wortlaut nach stützen sich die Organe, Einrichtungen und sonstigen Stellen der Union auf eine unabhängige europäische Verwaltung. Aus der Formulierung ist zu lesen, dass die Norm einen Unterschied zwischen den Organen, Einrichtungen und sonstigen Stellen einerseits und der europäischen Verwaltung andererseits macht. Ansonsten stützten sich die Organe, Einrichtungen und sonstigen Stellen auf sich selbst – ein sprachlich mehr als verunglücktes Bild. EU-Agenturen fallen – wie die englische und die französische Sprachfassung belegen – unter den Begriff der sonstigen Stellen. Es muss demnach weitere Institutionen geben, welche die europäische Verwaltung bilden. Dies könnten die Behörden der Mitgliedstaaten sein.

---

89 *Europäisches Parlament*, Entschließung vom 15. Januar 2013 mit Empfehlungen an die Kommission zu einem Verwaltungsverfahrensrecht der Europäischen Union (2012/2024(INL)), P7_TA(2013)0004.

90 *K. F. Gärditz*, DÖV 2010, S. 453.

b) Die Nähe zum Recht auf gute Verwaltung

Dass die Norm auch die nationalen Behörden einbezieht, könnte die enge Verbindung zwischen Art. 298 AEUV mit Art. 41 GRCh nahelegen.[91] Der Anwendungsbereich des Art. 41 GRCh ist jedoch umstritten. Zwar schreibt Art. 51 Abs. 1 GRCh fest, dass die in der Charta verankerten Grundrechte auch für die Mitgliedstaaten bei der Durchführung des Unionsrechts gelten, aber das Recht auf gute Verwaltung verlangt eben nur, dass die „Organe, Einrichtungen und sonstigen Stellen der Union" diese Vorgaben einhalten. Aus diesem Grund wird argumentiert, dass der allgemeine Anwendungsbereich in Art. 51 Abs. 1 GRCh durch die Sondervorgabe in Art. 41 Abs. 1 GRCh eingeschränkt wird (lex specialis derogat legi generali).[92]

Eine derart restriktive Auslegung des Anwendungsbereichs führte allerdings dazu, dass die qualitativen Anforderungen an das Verwaltungsverfahren beim direkten und beim indirekten Vollzug des Unionsrechts auseinanderfallen.[93] Für eine derartige Differenzierung besteht hingegen kein ersichtlicher Grund. Dies bestätigt das 2013 ergangene EuGH-Urteil *Akerberg Fransson*. Gegenstand war zwar die Auslegung des Art. 51 Abs. 1 Satz 1 GRCh, allerdings erlaubt das Urteil auch Rückschlüsse auf den Anwendungsbereich des Art. 41 Abs. 1 GRCh. Denn in der Urteilsbegrün-

---

91 Auf die enge Verbindung weisen unter anderem hin *A. Guckelberger*, NVwZ 2013, S. 601 (603); *M. Kotzur*, in: Geiger/Khan/ders., EUV/AEUV: Vertrag über die Europäische Union und Vertrag über die Arbeitsweise der Europäischen Union, 2017, Art. 298 AEUV Rn. 1; *A. Hatje*, in: Schwarze, EU-Kommentar, 2019, Art. 298 AEUV Rn. 1 und 16.

92 *C. Harlow*, ELJ 2 (1996), S. 3 (21); *M. Lais*, ZEuS 2002, S. 447 (457); *G. D. Cananea*, EPL 9 (2003), S. 563 (571 ff.); *K. Kanska*, ELJ 10 (2004), S. 296 (309); *A. J. C. de Moor-van Vugt*, Netherlands, 2004, S. 83 (105); *K. Pfeffer*, Gute Verwaltung, 2006, S. 102 ff.; *K.-D. Classen*, Gute Verwaltung, 2008, S. 81 ff. und 94; *O. Mir Puigpelat*, DV 2009, Beiheft 8, S. 177 (181); a. A. *H.-W. Rengeling/P. Szczekalla*, Grundrechte, 2004, Rn. 1094; *U. Schliesky*, Gute Verwaltung, 2006, S. 8; *D.-U. Galetta*, EuR 2007, S. 57 (79 ff.); *K. F. Gärditz*, DÖV 2010, S. 453 (464); *D.-U. Galetta/B. Grzeszick*, in: Stern/Sachs, Europäische Grundrechte-Charta, 2016, Art. 41 GRCh Rn. 18; für eine analoge Anwendung *E. Nieto-Garrido/M. Delgado*, European Administrative Law, 2007, S. 86 ff., 118 und 124.

93 *M. Ruffert*, in: Calliess/ders., EUV/AEUV mit Europäischer Grundrechtecharta, 2016, Art. 41 GRCh Rn. 9, der aber dennoch davon ausgeht, dass Art. 41 GRCh auf die unionseigenen Stellen beschränkt ist, dies aber für „verfassungspolitisch unbefriedigend" hält.

dung betont der Gerichtshof, dass „keine Fallgestaltungen denkbar [sind], die vom Unionsrecht erfasst würden, ohne dass diese Grundrechte anwendbar wären“[94]. Da heutzutage kaum noch nationale Sachverhalte bestehen, die das Unionsrecht nicht berühren, hält der EuGH die Charta für sehr umfassend anwendbar. Auf diese Weise kann die Einheit der Charta gewahrt werden.[95] Diese wäre unterminiert, wenn zwischen dem direkten und dem indirekten Vollzug unterschieden würde. Dies gilt insbesondere in Konstellationen, in denen mitgliedstaatliche und europäische Institutionen gemeinsam tätig werden.[96]

Ferner galten die Grundsätze der guten Verwaltung bei der Durchführung des Unionsrechts durch mitgliedstaatliche Stellen bereits vor Inkrafttreten der Charta.[97] Weshalb dieser Schutz durch die Grundrechtecharta verkürzt werden soll, erklärt sich nicht. Zudem sind die Mitgliedstaaten über das Loyalitätsgebot des Art. 4 Abs. 3 EUV gezwungen, die Verpflichtungen aus dem Unionsrecht zu erfüllen. Dazu zählen auch die Grundrechte der Charta, die über Art. 6 Abs. 1 EUV Bestandteil des Primärrechts sind. Damit kann über Art. 4 Abs. 3 EUV i. V. m. Art. 6 Abs. 1 EUV, Art. 41 Abs. 1 GRCh die Anwendung für den mitgliedstaatlichen Bereich begründet werden.[98] Insofern führt die Formulierung in Art. 41 Abs. 1 GRCh nicht zu einem begrenzteren Anwendungsbereich als in Art. 51 Abs. 1 Satz 1 GRCh.

Für einen beschränkten Anwendungsbereich müssten vielmehr sachliche Gründe vorliegen. Dies ist beispielsweise bei den Regelungen in Art. 41 Abs. 3 und 4 GRCh der Fall. Der vierte Absatz von Art. 41 GRCh verlangt, dass die Organe der EU in allen Sprachen der EU angesprochen werden dürfen und antworten können müssen. Eine derartige Anforderung überforderte die nationalen Behörden. Dies begründet den begrenzten Anwendungsbereich. Ein vergleichbarer sachlicher Grund besteht für das Recht auf gute Verwaltung nicht. Er erfasst folglich auch den mitglied-

94 *EuGH*, Rs. C-617/10, Rn. 21 – Akerberg Fransson.

95 *EuGH*, Rs. C-617/10, Rn. 29 – Akerberg Fransson; in diesem Sinne auch schon *EuGH*, Rs. C-399/11, Rn. 60 – Melloni.

96 Im Unionsrecht existiert kein Verbot der „Mischverwaltung“, siehe *G. Britz*, EuR 2006, S. 46 (48); *T. von Danwitz*, Europäisches Verwaltungsrecht, 2008, S. 609; *E. Schmidt-Aßmann*, Verfassungsprinzipien, 2012, Rn. 21.

97 *EuGH*, Rs. 269/90, Rn. 14 – TU München; *EuG*, Rs. 450/93, Rn. 42 ff. – Lisrestal; Rs. 167/94, Rn. 73 ff. – Nölle.

98 *M. Lais*, ZEuS 2002, S. 447 (458); a. A.: *K.-D. Classen*, Gute Verwaltung, 2008, S. 88 ff.

staatlichen Vollzug. Da diese Norm als Spiegelnorm von Art. 298 AEUV ausgestaltet ist, spricht vieles dafür, dass der Anwendungsbereich des Art. 298 AEUV ebenfalls die mitgliedstaatliche Verwaltung umfasst, sofern diese unionsrechtliche Rechtsakte vollzieht.

c) Begrenzung auf die EU-Eigenverwaltung

Art. 298 AEUV muss aber auch in den Kontext der vertraglichen Regelungen des Primärrechts eingeordnet werden. Auch wenn faktisch die Trennung in den direkten und den indirekten Vollzug aufgrund der zunehmenden Verflechtung der beiden Vollzugsebenen kaum noch möglich ist, geht das Vertragswerk hiervon immer noch aus. Art. 291 Abs. 1 AEUV legt fest, dass die Mitgliedstaaten das Unionsrecht vollziehen müssen. Daneben regelt Art. 197 AEUV die (wenigen) Fälle, in denen normativ Verwaltungskooperation bereichsübergreifend durch unionsrechtliche Rechtsakte intensiviert werden kann. Es ist davon auszugehen, dass der Unionsgesetzgeber alle drei Vollzugsbereiche (indirekter Vollzug, direkter Vollzug, Kooperationsvollzug) separat, d.h. mit einer eigenen Norm, regeln wollte.[99] Dies zeigt sich auch daran, dass die Normen nicht in einem Abschnitt stehen, sondern jeweils separat. Wenn Art. 291 AEUV den Vollzug durch die Mitgliedstaaten und Art. 197 AEUV die Verwaltungskooperation erfasst, kann Art. 298 AEUV nur den direkten Vollzug durch die Unionseinrichtungen regeln.

Auch wenn die Formulierung der Norm viel Interpretationsspielraum belässt und es aus Gründen der effektiven Durchführung des Unionsrechts geboten wäre, einheitliche Anforderungen an europäische und nationale Behörden zu erlassen, geben die europäischen Verträge dies in ihrer derzeitigen Form nicht her.[100] Der Anwendungsbereich des Art. 298 Abs. 1 AEUV erfasst somit nur die EU-Eigenverwaltung.[101] Die Norm kann nicht

---

99 *C. Ladenburger*, Evolution, 2008, S. 107 (119); *W. Kahl*, DV 2010, Beiheft 10, S. 39 (61); *A. Guckelberger/F. Geber*, Verwaltungsverfahrensrecht, 2013, S. 148.

100 Ebenso *J. Saurer*, ZG 28 (2013), S. 250 (259); allerdings für eine Heranziehung dieser Norm auf mitgliedstaatliche Vollzugshandlungen *H. Wißmann*, Verwaltungsorganisation, 2012, Rn. 22.

101 *B. Grzeszick*, EuR 2006, S. 161 (167 ff.); *C. Ladenburger*, Evolution, 2008, S. 107 (118 ff.); *K. F. Gärditz*, Europäisches Planungsrecht, 2009, S. 60; *W. Kahl*, DV 2010, Beiheft 10, S. 39 (58 und 61); *E. Peuker*, Bürokratie, 2011, S. 170;

herangezogen werden, um verwaltungs(organisations)rechtliche Regelungen für mitgliedstaatliche Behörden zu erlassen.

4) Keine allgemeine Verwaltungsrechtskompetenz

Die EU kann somit zwar sachbereichsspezifisch Vorgaben an die Verwaltungsorganisation der Mitgliedstaaten erlassen, allerdings ist es ihr nicht möglich, bereichsübergreifend grundlegende Regelungen für den Vollzug durch die Mitgliedstaaten zu verabschieden.[102] Der Vertrag von Lissabon hat in diesem Bereich keine Kompetenzerweiterung mit sich gebracht.[103]

III. Flexibilitätsklausel, Art. 352 AEUV

Sofern keine sachbereichsspezifische Norm besteht, wäre es denkbar, verwaltungsorganisationsrechtliche Vorgaben an die Mitgliedstaaten auf die Flexibilitätsklausel zu stützen, da der Subsidiaritätsausschluss des Art. 352 Abs. 1 Satz 1 AEUV nicht greift.[104]

1) Funktion im unionsrechtlichen Kompetenzsystem

Art. 352 AEUV erlaubt es dem europäischen Gesetzgeber, Maßnahmen zu erlassen, wenn ein Tätigwerden im Rahmen der in den Verträgen festgelegten Politikbereiche erforderlich ist, um eines der Ziele der Verträge zu

---

E. Nieto-Garrido, EPL 18 (2012), S. 373 (380); *J. Schwarze*, EPL 18 (2012), S. 285 (303); *A. Glaser*, Handlungsformenlehre, 2013, S. 629 ff.

102 *R. Streinz*, Vollzug des europäischen Rechts, 2012, Rn. 28; ähnlich der Befund mit der Forderung nach der Schaffung eines allgemeinen Verwaltungsverfahrensrechts für die indirekte Verwaltung bei *J. Schwarze*, EPL 18 (2012), S. 285 (302); siehe auch *O. Mir Puigpelat*, DV 2009, Beiheft 8, S. 177 (206).

103 Bereits vor den Änderungen durch den Vertrag von Lissabon wurde in der Literatur mehrheitlich die Ansicht vertreten, dass es keine sachgebietsübergreifende Kompetenz der EU zur Regelung des indirekten Vollzugs gibt, so bei *J. Schwarze*, DVBl. 1996, S. 881 (886 f.); *T. von Danwitz*, Verwaltungsrechtliches System, 1996, S. 429 ff.; *F. Schoch*, DVBl. 1997, S. 289 (294).

104 Eine sachbereichsspezifische Norm i.S.d. Art. 352 AEUV ist auch die Harmonisierungskompetenz (Art. 114 AEUV), so auch *Chr. Vedder*, EuR 1995, Beiheft 1, S. 75 (95).

verwirklichen. Damit sind alle in Art. 3 EUV genannten Ziele erfasst. Die Norm begründet gleichwohl keine Kompetenz-Kompetenz der EU-Organe,[105] sondern muss entsprechend dem Grundsatz der begrenzten Einzelermächtigung so verstanden werden, dass sie nur bereits bestehende Kompetenzen ergänzt, um die in den Sachbereichen angestrebten Ziele verwirklichen zu können. Sie eröffnet einen Weg „autonomer Intensivierung oder Vervollständigung der Vertragszielverwirklichung“[106]. Nach der Rechtsprechung des EuGH darf die Flexibilitätsklausel „nicht als Rechtsgrundlage für den Erlaß von Bestimmungen dienen, die der Sache nach, gemessen an ihren Folgen, auf eine Vertragsänderung ohne Einhaltung des hierfür vom Vertrag vorgesehenen Verfahrens hinausliefen“[107]. Es darf also nicht zu einem qualitativen Sprung kommen.[108] Allerdings ist der „Grad zwischen einer (bloßen) vertragsimmanenten Fortentwicklung des Unionsrechts und dem (zumindest partiellen) Übergang der Kompetenz-Kompetenz auf die Union schmal“[109]. Dies macht es erforderlich, die Tatbestandsvoraussetzungen eng auszulegen.[110]

2) Verwaltungsorganisationsrechtliche Regelungen

Ob auf der Grundlage der Flexibilitätsklausel verwaltungsorganisationsrechtliche Vorgaben an die Mitgliedstaaten erlassen werden dürfen, kann anhand der Diskussion über die Schaffung eines allgemeinen europäischen Verwaltungsverfahrensrechts eingeordnet werden.

---

105 *M. Rossi*, in: Calliess/Ruffert, EUV/AEUV mit Europäischer Grundrechtecharta, 2016, Art. 352 AEUV Rn. 12a, der damit die überwiegende Meinung in der Literatur widerspiegelt.

106 *H. P. Ipsen*, Gemeinschaftsrecht, 1972, S. 103.

107 *EuGH*, Gutachten 2/94, Rn. 30 – EMRK Beitritt.

108 *A. Tizzano*, Powers, 1983, S. 43 (58 f.); *R. Schütze*, Constitutional Law, 2012, S. 161.

109 *D.-E. Khan*, in: Geiger/ders./Kotzur, EUV/AEUV: Vertrag über die Europäische Union und Vertrag über die Arbeitsweise der Europäischen Union, 2017, Art. 352 AEUV Rn. 1.

110 Für eine an den Vertragszielen orientierte Auslegung *S. Schreiber*, Verwaltungskompetenzen, 1997, S. 149 f.

a) Die Diskussion um ein allgemeines europäisches Verwaltungsverfahrensrecht

Bislang besteht kein (kodifiziertes) europäisches Verwaltungsverfahrensrecht. Zu Teilen wird angenommen, dass auf Grundlage des Art. 352 AEUV ein allgemeines Verfahrensrecht für die EU-Eigenverwaltung erlassen werden könnte.[111] Für den indirekten Vollzug wird dies ebenfalls argumentiert.[112] Art. 352 AEUV ist nach anderer Auffassung keine Grundlage, um eine Generalkodifikation für den mitgliedstaatlichen Vollzug des Unionsrechts zu schaffen. Dies werde auch daran deutlich, dass der Lissabon-Vertrag nationale Zuständigkeiten gestärkt habe, was auch auf die Einordnung der Flexibilitätsklausel Einfluss habe.[113] Art. 352 AEUV sehe nur dann den Erlass einer Maßnahme vor, wenn einer der in den Verträgen festgelegten Politikbereiche geregelt werden soll. Es bestehe jedoch kein Politikbereich „nationales Verwaltungsverfahrensrecht". Insofern könne eine Generalkodifikation nicht auf Art. 352 AEUV gestützt werden, da dies dem Grundsatz der begrenzten Einzelermächtigung sowie den Subsidiaritäts- und Verhältnismäßigkeitsprinzipien widerspräche.[114]

Allerdings wurde die Gestaltung des Vollzugsrechts stets als Annexkompetenz der jeweiligen Sachnormen verstanden. Insofern wäre auch die Aufnahme eines Politikbereichs „nationales Verwaltungsverfahrensrecht" in den Zielkatalog des EUV systemfremd. Der EU ist es zudem unter Berufung auf sachbereichsspezifische Normen möglich, detaillierte verwaltungsrechtliche Vollzugsvorgaben an die Mitgliedstaaten zu richten.[115] Dies spricht dafür, dass es der EU auch möglich ist, allgemeine Regelungen für den Vollzug zu erlassen, die in ihrem Detailgrad zurückhaltender sind. Für derartige Lückenschließungen kann Art. 352 AEUV herangezogen werden.

---

111 *P. Craig*, EU Administrative Law, 2018, S. 277.

112 *R. Pitschas*, Gemeinschaftliche Verwaltungskooperation, 2004, S. 301 (328); *O. Mir Puigpelat*, DV 2009, Beiheft 8, S. 177 (207 f.).

113 *W. Kahl*, DV 2010, Beiheft 10, S. 39 (60 f.); ebenso bei *A. Schwerdtfeger*, Verwaltungsrechtsschutz, 2010, S. 295 f.; *E. Nieto-Garrido*, EPL 18 (2012), S. 373 (380); *A. Glaser*, Handlungsformenlehre, 2013, S. 638 ff.

114 *A. Guckelberger/F. Geber*, Verwaltungsverfahrensrecht, 2013, S. 146 f.

115 Siehe hierzu in diesem Kapitel unter C. I.

b) Verwaltungsvorgaben unter Heranziehung der Flexibilitätsklausel

Zudem ist es rechtlich zulässig, Rechtsakte mit verwaltungsrechtlichem Regelungsgehalt auf diese Norm zu stützen, insbesondere EU-Agenturen zu errichten.[116] Beispielhaft kann auf das Harmonisierungsamt für den Binnenmarkt[117] und die Grundrechteagentur[118] verwiesen werden. Es wurden auch eigene Vollzugsbefugnisse der EU auf diese Norm gestützt,[119] so für die Gemeinschaftsmarke[120] oder den gemeinschaftlichen Sortenschutz[121].

Dass die EU hierzu auf Art. 352 AEUV zurückgreifen durfte, wurde insbesondere mit der effektiveren und einheitlicheren Anwendung des Unionsrechts begründet.[122] Die Übertragung unionseigener Verwaltungsbefugnisse sei effektiver als die Angleichung der nationalen Rechtsvorschriften, da den nationalen Behörden immer ein Anwendungs- und Auslegungsspielraum verbleibe.[123] Wenn die Union sogar eigene Vollzugsbefugnisse auf diese Norm stützen darf, muss es ihr erst recht möglich sein, Vorgaben an die nationale Verwaltungsorganisation auf Grundlage dieser Norm zu erlassen. Zudem verfügt eine auf Art. 352 AEUV gestützte Maßnahme des Sekundärrechts über eine besonders hohe demokratische Legi-

---

116 Vgl. *U. Everling*, EuR 1976, Sonderheft, S. 2 (15); *M. Berger*, Einrichtungen, 1999, S. 65; *T. Groß*, Kollegialprinzip, 1999, S. 354; *R. Uerpmann*, AöR 125 (2000), S. 551 (557 ff.); *B. Remmert*, EuR 2003, S. 134 (137); *M. H. Koch*, Externalisierungspolitik, 2004, S. 55; *R. Vetter*, DÖV 2005, S. 721 (729 ff.); grundlegend *M. Hilf*, ZaöRV 36 (1976), S. 551 ff.; für die Errichtung von EU-Agenturen auf dieser Rechtsgrundlage *R. H. Lauwaars*, CMLRev. 16 (1979), S. 365 (376).

117 Art. 2 der Verordnung (EG) Nr. 207/2009 des Rates vom 26. Februar 2009 über die Gemeinschaftsmarke (kodifizierte Fassung), ABl. L 78 vom 24.3.2009, S. 1–42.

118 Verordnung (EG) Nr. 168/2007 des Rates vom 15. Februar 2007 zur Errichtung einer Agentur der Europäischen Union für Grundrechte, ABl. L 53 vom 22.2.2007, S. 1–14.

119 Siehe zur Praxis der Gesetzgebung *S. Schreiber*, Verwaltungskompetenzen, 1997, S. 146 f.

120 Verordnung (EG) Nr. 207/2009 des Rates vom 26. Februar 2009 über die Gemeinschaftsmarke (kodifizierte Fassung), ABl. L 78 vom 24.3.2009, S. 1–42.

121 Verordnung (EG) Nr. 2100/94 des Rates vom 27. Juli 1994 über den gemeinschaftlichen Sortenschutz, ABl. L 227 vom 1.9.1994, S. 1–30.

122 *H.-W. Rengeling*, Verwaltungsvollzug, KSE 27, 1977, S. 26 f.

123 *S. Schreiber*, Verwaltungskompetenzen, 1997, S. 156.

timation, da sie Einstimmigkeit im Rat verlangt.[124] Auf Art. 352 AEUV können folglich Rechtsakte gestützt werden, die Vorgaben für die nationale Verwaltungsorganisation enthalten, sofern dies der Verwirklichung materiellrechtlicher Ziele eines Sekundärrechtsakts dient.[125]

IV. Kompetenzgrundlagen für die Regelung des mitgliedstaatlichen Verwaltungsorganisationsrechts

Die Untersuchung möglicher Anknüpfungspunkte im Primärrecht der Union für die Schaffung unabhängiger Behörden in den Mitgliedstaaten durch Sekundärrechtsakte hat gezeigt, dass die europäischen Verträge eine ganze Reihe von Rechtsgrundlagen enthalten.[126] Neben den Sachbereichsnormen für die Bereiche Datenschutz (insbesondere Art. 16 Abs. 2 Satz 2 AEUV) und Statistikrecht (Art. 338 AEUV) sowie für die Angleichung der nationalen Rechts- und Verwaltungsvorschriften zur Verwirklichung des Binnenmarktes (Art. 114 Abs. 1 AEUV) besteht jedoch keine verwaltungsrechtliche Norm auf Ebene des Primärrechts, die den Erlass derartiger Vorgaben zulässt. Auch dieses Ungleichgewicht führt dazu, dass ein Rückgriff auf die Flexibilitätsklausel des Art. 352 AEUV erforderlich und zulässig ist, um materiellrechtliche Ziele zu verwirklichen.

D. Unionsrechtliche Kompetenzschranken

Modifikationen des nationalen Verwaltungsorganisationsrechts durch das Unionsrecht stellen einen erheblichen Eingriff in die innere Organisation

---

124 *O. Mir Puigpelat*, DV 2009, Beiheft 8, S. 177 (208); ebenso *GA Jääskinen*, Rs. C-270/12, Rn. 58 – ESMA; a. A.: *A. Orator*, EuZW 2013, S. 852.

125 Ebenso für die Anerkennung von Art. 352 AEUV als Kompetenzgrundlage für verwaltungsorganisationsrechtliche Vorgaben an die Mitgliedstaaten *H.-W. Rengeling*, EuR 1974, S. 216 (230 f.); *M. Hilf*, Organisationsstruktur, 1982, S. 203; *Chr. Engel*, DV 25 (1992), S. 437 (462); *W. Kahl*, DV 29 (1996), S. 341 (346 f.); *A. Hatje*, Gemeinschaftsrechtliche Steuerung, 1998, S. 101; *D. Kugelmann*, VerwArch 98 (2007), S. 78 (84); *T. von Danwitz*, Europäisches Verwaltungsrecht, 2008, S. 468; a. A.: *Chr. Vedder*, EuR 1995, Beiheft 1, S. 75 (95 ff.); *C. Ladenburger*, Evolution, 2008, S. 107 (124).

126 So bereits unter dem alten Vertragswerk *D. H. Scheuing*, Europarechtliche Impulse, 1994, S. 289 (321).

eines Mitgliedstaats dar. Dieser verliert insoweit die Möglichkeit, Teile seiner Staatsstrukturen selbständig zu gestalten. Da Regelungen zur Verwaltungsorganisation aber nicht nur nationale Verwaltungssysteme, sondern auch dahinterstehende Staatskonzeptionen in Frage stellen können,[127] müssen die Grenzen der unionsrechtlichen Befugnisse beachtet werden. Dabei kann ein Ausgleich zwischen dem Streben der Union nach einem möglichst effektiven und kohärenten Vollzug des Unionsrechts und der mitgliedstaatlichen Sicherung der eigenen Verwaltungssysteme gefunden werden. Hierbei nimmt das kompetenzrechtliche Verhältnismäßigkeitsprinzip unter Achtung der nationalen Identität eine entscheidende Rolle ein.

I. Grundsatz der Subsidiarität, Art. 5 Abs. 3 EUV

Bevor aber auf das kompetenzrechtliche Verhältnismäßigkeitsprinzip eingegangen wird, soll die Relevanz des Subsidiaritätsgrundsatzes (Art. 5 Abs. 3 EUV) für die Schranken unionsrechtlicher Organisationsvorgaben bestimmt werden.

1) Regelungsgehalt

Der Subsidiaritätsgrundsatz beschränkt die Kompetenzen der Union in allen Bereichen, die nicht ihrer ausschließlichen Zuständigkeit unterfallen. Die Union darf demnach nur tätig werden, sofern und soweit die Ziele der in Betracht gezogenen Maßnahmen von den Mitgliedstaaten weder auf zentraler noch auf regionaler oder lokaler Ebene ausreichend verwirklicht werden können, sondern vielmehr wegen ihres Umfangs oder ihrer Wirkungen auf Unionsebene besser zu verwirklichen sind. Diese als Subsidiaritätsgrundsatz im engeren Sinne bezeichnete Regel verlangt, dass ein Negativkriterium (mangelnde Verwirklichung der Unionsziele durch die Mitgliedstaaten) und ein Positivkriterium (bessere Verwirklichung der Unionsziele durch die EU) kumulativ erfüllt sein müssen.

---

127 *U. Scheuner*, DÖV 1963, S. 714; *J. Rivero*, Droit commun européen, 1978, S. 389 (406); *T. von Danwitz*, Europäisches Verwaltungsrecht, 2008, S. 309.

Die Formel sorgt bei der Anwendung in der Praxis jedoch häufig für Schwierigkeiten.[128] Deswegen enthalten die europäischen Verträge auch ein im Range des Primärrechts geltendes Protokoll über die Anwendung der Grundsätze der Subsidiarität und der Verhältnismäßigkeit. Vor dem Lissabon-Vertrag enthielt dieses Protokoll neben prozeduralen Vorgaben auch materiellrechtliche Konkretisierungen. Seit 2009 gilt ein Subsidiaritätsprotokoll, das nur noch prozedurale Regelungen enthält. Da jedoch davon auszugehen ist, dass die Mitgliedstaaten die materiellen Kriterien nicht aufgeben wollten, können diese Bestandteile des vorherigen Protokolls zumindest zur Orientierung weiterhin herangezogen werden.[129] Ferner ist seit dem Vertrag von Lissabon als neue Klageform die Subsidiaritätskontrolle zulässig.[130]

2) Anwendbarkeit auf organisationsrechtliche Vorgaben

Der Subsidiaritätsgrundsatz spielt bei verwaltungsorganisationsrechtlichen Vorgaben für mitgliedstaatliche Behörden insgesamt nur eine untergeordnete Rolle.[131] Dies liegt zunächst daran, dass der Grundsatz nur in den Zuständigkeitsbereichen greift, die nicht ausschließlich der Europäischen Union übertragen sind, er also in sachlich-gegenständlicher Hinsicht begrenzt ist.

Schwerwiegender ist jedoch, dass der Subsidiaritätsgrundsatz ein recht „ungehobeltes" Werkzeug für Konstellationen ist, in denen mitgliedstaatliche und unionale Interessen aufeinandertreffen. Er erfasst nur das „Ob" der Kompetenzausübung, entscheidet also darüber, ob der Union eine Kompetenz zusteht oder nicht. Dies passt nicht unbedingt auf Regelungen, die den Vollzug des Unionsrechts betreffen, welche sich regelmäßig im Spannungsfeld zwischen dem unionsrechtlichen Effektivitätsgrundsatz und dem mitgliedstaatlichen Bestreben nach eigenständiger Gestaltung der

---

128 *M. Klepper*, Vollzugskompetenzen, 2001, S. 109 f.

129 *R. Streinz*, in: ders., Vertrag über die Europäische Union und Vertrag über die Arbeitsweise der Europäischen Union, 2018, Art. 5 EUV Rn. 27.

130 *A. Thiele*, EuR 2010, S. 30 (46 ff.).

131 *J. Saurer*, ZG 28 (2013), S. 250 (262); *H. H. Klein*, AöR 139 (2014), S. 165 (183); für das Konfliktfeld der Gründung von EU-Agenturen *M. Wittinger*, EuR 2008, S. 609 (616 f.); allgemein hierzu *F.-X. Millet*, Constitutional Identity, 2014, S. 253 (262 f.); die Ambivalenz dieser Kompetenzgrenze machen deutlich *M. Leschke/M. Möstl*, Kompetenzschranken, 2007, S. 77 (88 ff.).

Staatsstrukturen bewegen. Das zum Austarieren gegenläufiger Interessen bedeutendere „Wie" der Kompetenzausübung ist mit diesem Rechtsgrundsatz kaum greifbar.[132] Da organisationsrechtliche Vorgaben der Union an die Mitgliedstaaten aber aus der Logik des jeweiligen Sachbereichs folgen, müssen die unionsrechtlichen Regelungen hinsichtlich ihrer Zweckdienlichkeit beurteilt werden. Dies ist mit dem Subsidiaritätsgrundsatz kaum möglich.[133] Es wird insofern auch als „vollzugsblind"[134] bezeichnet.

Ferner steht dem Gesetzgeber bei der Bewertung der Subsidiarität ein weiter (politischer) Ermessensspielraum zu,[135] der von den Gerichten nur im Falle eklatanter Überschreitungen als verletzt angesehen wird. Zwar ist die Anwendung des Subsidiaritätsgrundsatzes nicht nur dem politischen Prozess überlassen,[136] allerdings ist die Bewertung stets von Überlegungen zur Zweckmäßigkeit und Rationalität determiniert.[137]

Hinzu tritt, dass Vorgaben für den nationalen Vollzug den Subsidiaritätsgrundsatz nur marginal berühren. Es werden – anders als bei der Übertragung von Kompetenzen auf die Europäische Kommission oder EU-Agenturen[138] – keine eigenständigen Vollzugskompetenzen der EU begründet, sondern es soll ein einheitlicher Rahmen der Verwaltungsorganisation für den Vollzug des Unionsrechts durch die Mitgliedstaaten geschaffen werden. Dies modifiziert zwar nationale Verwaltungssysteme, aber mitgliedstaatliche Behörden üben weiterhin die Vollzugskompetenzen aus. Organisationsrechtliche Verpflichtungen stellen somit eine geringere Beschränkung der mitgliedstaatlichen Kompetenzen dar als die Übertragung von Vollzugskompetenzen auf die EU.[139]

---

132 *S. U. Pieper*, Subsidiarität, 1994, S. 256; *M. Klepper*, Vollzugskompetenzen, 2001, S. 111; *Chr. Krönke*, Verfahrensautonomie, 2013, S. 70.

133 *Chr. Krönke*, Verfahrensautonomie, 2013, S. 79; *H. H. Klein*, AöR 139 (2014), S. 165 (183).

134 *Chr. Möllers*, EuR 2002, S. 483 (501).

135 *EuGH*, Rs. C-84/94, Rn. 46 ff. – Vereinigtes Königreich/Rat; *Chr. Koenig/ R. A. Lorz*, JZ 2003, S. 167 (168); *H. Schulze-Fielitz*, Sekundärrechtsetzung, 2011, S. 165 (167).

136 *T. von Danwitz*, Subsidiaritätskontrolle, 2010, S. 37 (45 ff.).

137 *P. Pescatore*, Subsidiarität, 1995, S. 1071 ff.; *H. Schulze-Fielitz*, Sekundärrechtsetzung, 2011, S. 165 (167 f.).

138 Siehe zur Wirkungsweise des Subsidiaritätsprinzips für EU-Agenturen *R. Vetter*, DÖV 2005, S. 721 (725 ff.).

139 *S. Schreiber*, Verwaltungskompetenzen, 1997, S. 168; für die Frage der Zuerkennung von Aufsichtsbefugnissen an EU-Organe *M. Eekhoff*, Verbundaufsicht,

II. Grundsatz der kompetenzrechtlichen Verhältnismäßigkeit, Art. 5 Abs. 4 EUV

Im Gegensatz zum Subsidiaritätsgrundsatz kann der kompetenzrechtliche Verhältnismäßigkeitsgrundsatz bei der Begrenzung unionsrechtlicher Kompetenzen für das nationale Verwaltungsorganisationsrecht eine hilfreiche Funktion übernehmen.[140] Der Grundsatz liefert ein rechtliches Instrumentarium, um die in den europäischen Verträgen enthaltene „föderale Schutzrichtung“[141] umzusetzen.

1) Regelungsgehalt

Der Grundsatz der Verhältnismäßigkeit verlangt ausweislich des Art. 5 Abs. 4 EUV, dass Maßnahmen der EU inhaltlich wie formal nicht über das zur Erreichung der Ziele erforderliche Maß hinausgehen dürfen. Ebenso wie bei den aus dem deutschen Verfassungsrecht bekannten Grundrechtsprüfungen werden die Maßnahmen hinsichtlich des zu erreichenden Ziels geprüft, und zwar anhand der Geeignetheit, der Erforderlichkeit und der Angemessenheit.[142] Allerdings trennt der EuGH in seiner Rechtsprechung häufig nicht strikt zwischen den beiden letzten Aspekten.[143] Der EuGH stellt gleichwohl regelmäßig Überlegungen zur Angemessenheit an, benennt dies aber nicht immer ausdrücklich.[144] Der Maßstab der Verhältnismäßigkeit bei Kompetenzprüfungen unterscheidet sich aber von dem

---

2006, S. 209; *Chr. Möllers*, EuR 2002, S. 483 (502 f.), erachtet den Vergleich für schwer juridifizierbar im Sinne von Art. 5 EUV.

140 Zu der etwas anders gelagerten Situation im deutschen Staatsorganisationsrecht siehe *A. Heusch*, Verhältnismäßigkeit, 2003, S. 129 ff.

141 *J. Saurer*, JZ 2014, S. 281 (284).

142 *J. Schwarze*, Europäisches Verwaltungsrecht, 2005, S. 661 ff.; *S. Kadelbach*, in: von der Groeben/Schwarze/Hatje, Europäisches Unionsrecht, 2015, Art. 5 EUV Rn. 49.

143 *V. Trstenjak/E. Beysen*, EuR 2012, S. 265 (269 f.); siehe auch *EuGH*, Rs. C-491/01, Rn. 122 – British American Tobacco (Investments) und Imperial Tobacco; Rs. C-176/09, Rn. 61 – Luxemburg/Parlament und Rat; verb. Rs. C-92/09 und C-93/09, Rn. 74 – Volker und Markus Schenke.

144 *EuGH*, Rs. C-331/88, Rn. 13 – Fedesa; Rs. C-157/96, Rn. 60 – National Farmers' Union; Rs. C-365/08, Rn. 29 – Agrana Zucker.

Maßstab, der bei der Prüfung von Eingriffen in Grundrechte und Grundfreiheiten angelegt wird.[145]

Bei der Prüfung des kompetenzrechtlichen Verhältnismäßigkeitsprinzips geht der EuGH von einem weiten Ermessensspielraum des Unionsgesetzgebers in den Bereichen aus, die sowohl politische als auch wirtschaftliche oder soziale Entscheidungen verlangen und komplexe Prüfungen und Beurteilungen vom Gesetzgeber erfordern.[146]

Die Handhabung des kompetenzrechtlichen Verhältnismäßigkeitsprinzips im Unionsrecht ist aber noch mit erheblichen Unsicherheiten verbunden.[147] Erste Ansätze enthalten die Stellungnahmen der Generalanwälte *Trstenjak*[148] und *Kokott*[149] in zwei Verfahren zu europäischen Verwaltungsverbünden. Der EuGH hat sich bislang eher zurückhaltend gezeigt.[150]

2) Anwendung auf verwaltungsorganisationsrechtliche Regelungen

Der kompetenzrechtliche Verhältnismäßigkeitsgrundsatz erlaubt es, die Regelungsautonomie der Mitgliedstaaten im Bereich des Vollzugs des Unionsrechts zu schützen.[151] Er legt jedoch keine unverrückbare Grenze fest, sondern ist auf den Ausgleich gegenläufiger Interessen angelegt. Dies kann anhand der Verpflichtung zur Schaffung unabhängiger Behörden deutlich gemacht werden: Auf der einen Seite steht das unionsrechtliche Interesse an einem kohärenten Vollzug des Unionsrechts und auf der anderen Seite das mitgliedstaatliche Interesse an der Organisation des eigenen Verwaltungsaufbaus anhand der verfassungsrechtlichen Prämissen.[152] Beides sind legitime Interessen im Rahmen der Verhältnismäßigkeitsprüfung.

---

145 Siehe hierzu ausführlich bei *V. Trstenjak/E. Beysen*, EuR 2012, S. 265 (274 ff.).

146 *EuGH*, Rs. C-491/01, Rn. 123 – British American Tobacco (Investments) und Imperial Tobacco; Rs. C-58/08, Rn. 52 – Vodafone.

147 *N. Grosche*, Rechtsfortbildung, 2011, S. 217 ff.

148 *GA Trstenjak*, Rs. C-539/09, Rn. 89 f. – Kommission/Deutschland.

149 *GA Kokott*, Rs. C-17/10, Rn. 90 f. – Toshiba.

150 *J. Saurer*, JZ 2014, S. 281 (286); anders aber in *EuGH*, Rs. C-58/08, Rn. 51 ff. – Vodafone.

151 *EuGH*, verb. Rs. C-36/97 und C-37/97, Rn. 33 f. – Kellinghusen; *D. Kugelmann*, VerwArch 98 (2007), S. 78 (83).

152 GA Poiares Maduro identifiziert zwei Interessen, die dem EU-Interesse entgegenstehen (das mitgliedstaatliche Interesse und das individuelle Interesse der

a) Geeignetheit: Förderung des kohärenten Vollzugs

Eine Maßnahme der Union wird als geeignet angesehen, wenn sie tatsächlich dem Anliegen gerecht wird, das angestrebte Ziel in kohärenter und systematischer Weise zu erreichen.[153] Auch wenn diese Formel für die Verhältnismäßigkeitsprüfung mitgliedstaatlicher Maßnahmen entwickelt wurde, besteht kein Grund, diese nicht auch auf Maßnahmen der EU-Organe anzuwenden.[154]

Dass es durch Organisationsvorgaben an die Mitgliedstaaten tatsächlich zu einem kohärenteren Vollzug des Unionsrechts kommt, ist zum Zeitpunkt der Verabschiedung des Rechtsakts mit Unsicherheiten behaftet. Es muss im Rahmen der Geeignetheitsprüfung aber genügen, wenn die Annahme des europäischen Gesetzgebers zumindest nachvollziehbar ist. Ansonsten wäre der europäische Gesetzgeber bei der Regelung des Vollzugsrechts an Voraussetzungen gebunden, die er kaum erfüllen kann. Der EuGH liegt ebenfalls auf dieser Linie und verlangt lediglich, dass das Ziel nicht „offensichtlich ungeeignet“[155] sein darf. Sofern also eine gewisse Plausibilität für die organisationsrechtliche Vorgabe spricht, besteht ein geeignetes Ziel.

Die unionsrechtliche Pflicht zur Schaffung unabhängiger Behörden auf Ebene der Mitgliedstaaten erfüllt diese Voraussetzungen, da es nicht ausgeschlossen ist, dass die Interessenkollision beim Vollzug des Unionsrechts durch die Entkopplung von der Regierungsebene entschärft werden kann.[156]

b) Erforderlichkeit: Mangel unionsrechtlicher Regelungen zur Sicherung des kohärenten Vollzugs

Gleichwohl darf die unionsrechtliche Bestimmung nicht über das zur Erreichung des Ziels Erforderliche hinausgehen. Dies ist der Fall, wenn die

---

Marktteilnehmer/Bürger), siehe *GA Poiares Maduro*, Rs. C-58/08, Rn. 37 – Vodafone.

153 *EuGH*, Rs. C-169/07, Rn. 55 – Hartlauer; Rs. C-42/07, Rn. 61 – Liga Portuguesa; Rs. C-28/09, Rn. 126 – Kommission/Österreich; Rs. C-137/09, Rn. 70 – Josemans.

154 *V. Trstenjak/E. Beysen*, EuR 2012, S. 265 (271).

155 *EuGH*, Rs. C-331/88, Rn. 14 – Fedesa.

156 Siehe ausführlich hierzu in Kapitel 3, Teil 1, C. II.

Maßnahme unter mehreren geeigneten Maßnahmen diejenige ist, die am wenigsten belastend für das betroffene Interesse oder Rechtsgut ist.[157] Sofern ein kohärenter Vollzug bereits ausreichend durch andere Maßnahmen gesichert werden kann, besteht keine Notwendigkeit, den Mitgliedstaaten Vorgaben bezüglich ihrer Verwaltungsorganisation zu machen. Das primärrechtliche Loyalitätsgebot (Art. 4 Abs. 3 EUV) allein reicht jedoch nicht aus, um die Kohärenz zu wahren, da es nur die Grobsteuerung des Vollzugs erlaubt und institutionell unzureichend abgesichert ist.[158] Vertragsverletzungsverfahren können darüber hinaus die Geltungskraft des Unionsrechts beim derzeitigen Integrationsstand nicht mehr vollständig sicherstellen. Sekundärrechtsakte erlauben es hingegen, die Vollzugspflicht durch detailliertere Regelungen auf einem qualitativ höheren Niveau zu steuern.[159] Auf diese Weise kann das Ziel der einheitlichen Geltung des Unionsrechts in einer EU mit (derzeit) 28 unterschiedlichen Verwaltungssystemen kohärenter realisiert werden.

Andere Maßnahmen wie beispielsweise ein enges Monitoring, Berichtspflichten oder ähnliches können ebenfalls den kohärenten Vollzug sichern. Sie reichen aber nicht in jedem Fall aus, sondern benötigen teilweise die Unterstützung durch organisationsrechtliche Vorgaben. Organisationsrecht ist für die Effektivität der Anwendung materiellrechtlicher Normen von hoher Bedeutung.[160] Dies gilt auch im Verhältnis zwischen Unionsrecht und nationalem Vollzug. Insofern macht es einen Unterschied, ob materiellrechtliche Vorgaben den nationalen Organisationsstrukturen überlassen werden oder durch organisationsrechtliche Vorgaben flankiert werden. Organisationsvorgaben können deshalb erforderlich sein.

c) Angemessenheit unter Achtung der nationalen Identität

Es muss aber stets sichergestellt sein, dass die jeweilige mitgliedstaatliche Verwaltungsstruktur auf angemessene Weise gewahrt wird. In diesem Rahmen entfaltet die Pflicht zur Wahrung der nationalen Identität i.S.d.

---

157 *EuGH*, Rs. 265/87, Rn. 21 – Schräder HS Kraftfutter; Rs. C-15/10, Rn. 124 – Etimine; Rs. C-150/10, Rn. 75 – Beneo Orafti.

158 Zu dieser Vollzugsproblematik siehe in Kapitel 3, Teil 1, C. I.

159 Ebenso *A. Hatje*, Gemeinschaftsrechtliche Steuerung, 1998, S. 343.

160 Siehe die Nachweise in diesem Kapitel in Fn. 315.

Art. 4 Abs. 2 EUV ihre Wirkung.[161] Dabei ist ein Ausgleich gegenläufiger Interessen anzustreben. Dafür spricht der Wortlaut der Norm:[162] Art. 4 Abs. 2 EUV verpflichtet die EU auf die *Achtung* der nationalen Identität der Mitgliedstaaten (*shall respect* in der englischen Sprachfassung, *respecte* in der französischen). Auf diese Weise hat der EuGH auch schon vor dem Lissabon-Vertrag Konflikte zwischen der nationalen Identität und den Zielen der EU aufgelöst.[163] Mit dem Verhältnismäßigkeitsprinzip soll keine starre Grenze gezogen, sondern die unionalen und die nationalen Interessen austariert werden.[164] Die Wahrung der nationalen Identität etabliert ein „Konkordanzmodell des Ausgleichs föderaler Spannungen"[165] der Mitgliedstaaten. Abwägungsfest ist nur der jeweilige Kernbereich nationaler Identität.[166]

Im Rahmen der Verhältnismäßigkeitsprüfung verleiht die Wahrung der nationalen Identität damit einem der unionsrechtlichen Regelung entgegenstehenden (legitimen) nationalen Interesse besonderes Gewicht.[167]

aa) Die nationale Identität, Art. 4 Abs. 2 EUV

Auch wenn die Achtung der nationalen Identität seit dem Maastrichter Vertrag einen Bestandteil der europäischen Verträge bildet, ist ihre Bedeutung immer noch mit erheblichen Unsicherheiten behaftet.[168] Dies liegt auch daran, dass die nationale Identität eng mit dem jeweiligen nationalen

---

161 *W. Obwexer*, in: von der Groeben/Schwarze/Hatje, Europäisches Unionsrecht, 2015, Art. 4 EUV Rn. 49 und 52; so wohl bereits das Verständnis in *BVerfGE* 89, 155 (212) – Maastricht.

162 *I. Pernice*, AöR 136 (2011), S. 185 (187 und 198), hält die Verwendung der Wahrung der nationalen Identität auch auf das Subsidiaritätsprinzip für notwendig; ebenso *E. Schmidt-Aßmann*, Administrative Law, 2013, S. 1 (14).

163 *EuGH*, Rs. C-208/09, Rn. 81 ff. – Sayn-Wittgenstein; Rs. C-391/09, Rn. 87 ff. – Runevic-Vardyn und Wardyn; Rs. C-202/11, Rn. 23 ff. – Anton Las.

164 *M. Hilf*, Nationale Identität, 1995, S. 157 (164); *M. P. Maduro*, ELJ 5 (1999), S. 160 (163 ff.); *A. von Bogdandy*, VVDStRL 62 (2003), S. 156 (185 f.); *A. von Bogdandy/S. Schill*, ZaöRV 70 (2010), S. 701 (725); *I. Pernice*, AöR 136 (2011), S. 185 (190 und 194).

165 *A. Hatje*, in: Schwarze, EU-Kommentar, 2019, Art. 4 EUV Rn. 22.

166 *A. von Bogdandy/S. Schill*, ZaöRV 70 (2010), S. 701 (725 f.).

167 *J. Schwarze*, Verhältnis, 2013, S. 40.

168 Ausführlich zum Konzept der nationalen Identität *F.- X. Millet*, L'identité constitutionnelle, 2013.

Verfassungsrecht verknüpft ist. Dies hat auch Bedeutung für organisationsrechtliche Vorgaben, denn im Verwaltungsrecht eines Staates und im Verwaltungsorganisationsrecht im Besonderen ist die „nationale Eigenart [...] am stärksten ausgeprägt“[169]. Gleichwohl verstößt nicht jede unionsrechtliche Regelung des nationalen Vollzugs gegen die nationale Identität i.S.d. Art. 4 Abs. 2 EUV.

(1) Beschränkung auf den „Verfassungskern“

Der Wortlaut des Art. 4 Abs. 2 EUV verweist auf bestimmte Kernelemente eines Mitgliedstaats. Diese Kernelemente ergeben sich in einem europäischen Verbund von Verfassungsstaaten aus dem jeweiligen nationalen Verfassungsrecht.[170] Die Berufung auf verfassungsrechtlich nicht angebundene Traditionen oder eine „Verfassungsvoraussetzung“ sind nicht Bestandteil der nationalen Identität i.S.d. Art. 4 Abs. 2 EUV.[171] Sollte das gesamte Verfassungsrecht die Identität eines Mitgliedstaats bilden, wäre es dem verfassungsändernden Gesetzgeber ohne weiteres möglich, das Unionsrecht durch die Aufnahme neuer Verfassungsregelungen zu gestalten.[172] Dies entspricht nicht dem gemeinsamen Ansinnen der Mitgliedstaaten durch den Schluss der europäischen Verträge. Dies zeigt sich auch daran, dass Art. 4 Abs. 2 EUV nur die grundlegenden Strukturen schützt. Bestätigt wird dies durch die Stellungnahme des Generalanwalts Wahl in der Rechtssache Torresi.[173] Die nationale Identität erstreckt sich nur auf einen verfassungsrechtlichen Kernbereich. In Betracht kommen insbesondere die verfassungsrechtlichen Normen, deren Änderung nur bei Wahrung hoher Voraussetzungen möglich ist,[174] da bei diesen die begründete Annahme besteht, dass sie den Kern der jeweiligen Verfassung ausmachen.

Art. 4 Abs. 2 EUV gibt selbst weiteren Aufschluss über den Inhalt der nationalen Identität. Insbesondere die grundlegenden politischen und verfassungsmäßigen Strukturen einschließlich der regionalen und lokalen

---

169 *U. Scheuner*, DÖV 1963, S. 714.

170 *R. Streinz*, in: ders., Vertrag über die Europäische Union und Vertrag über die Arbeitsweise der Europäischen Union, 2018, Art. 4 EUV Rn. 14.

171 *A. von Bogdandy/S. Schill*, ZaöRV 70 (2010), S. 701 (713 f.).

172 So auch *GA Maduro*, Rs. C-213/07, Rn. 33 – Michaniki; *I. Pernice*, AöR 136 (2011), S. 185 (203); *F.-X. Millet*, Constitutional Identity, 2014, S. 253 (263 f.).

173 *GA Wahl*, verb. Rs. C-58/13 und C-59/13, Rn. 100 – Torresi.

174 *A. Hatje*, in: Schwarze, EU-Kommentar, 2019, Art. 4 EUV Rn. 14.

Selbstverwaltung sind demnach erfasst. Ferner werden die staatlichen Grundfunktionen geschützt, darunter die Wahrung der territorialen Unversehrtheit, die Aufrechterhaltung der öffentlichen Ordnung und der Schutz der nationalen Sicherheit. Für die Verpflichtung, unabhängige Behörden zu schaffen, sind die politischen und verfassungsmäßigen Strukturen entscheidende Anknüpfungspunkte. Sie schützen beispielsweise die Bundesstaatlichkeit Deutschlands oder die Zentralstaatlichkeit Frankreichs.[175]

(2) Rechtsprechung der Unionsgerichte

Aus der EuGH-Rechtsprechung lassen sich weitere Kriterien entnehmen, um den Grundsatz der nationalen Identität zu konkretisieren. Der Vertrag von Lissabon hat diesbezüglich eine entscheidende Veränderung eingeführt: Es ist dem EuGH seitdem gestattet, über den Begriff der nationalen Identität zu judizieren.

(a) Die nationale Identität vor dem Vertrag von Lissabon

Der EuGH hat den Begriff der nationalen Identität insbesondere zur Beschränkung der Grundfreiheiten verwendet.[176] Dies stellte der Gerichtshof für die Versammlungs- und Meinungsfreiheit[177], die Menschenwürde[178], die Koalitionsfreiheit[179], die Medienvielfalt[180], den Schutz Minderjähriger[181] und der Nationalsprache[182] fest, auch wenn nicht immer ausdrücklich auf die nationale Identität rekurriert wurde. Die Urteile machen deutlich, dass der EuGH anerkennt, dass nationale Verfassungswerte die Vorgaben der europäischen Verträge beschränken können.

---

175 *R. Geiger*, in: ders./Khan/Kotzur, EUV/AEUV: Vertrag über die Europäische Union und Vertrag über die Arbeitsweise der Europäischen Union, 2017, Art. 4 EUV Rn. 3.

176 *EuGH*, Rs. C-473/93, Rn. 35 – Kommission/Luxemburg.

177 *EuGH*, Rs. C-112/00, Rn. 71 ff. – Schmidberger.

178 *EuGH*, Rs. C-36/02, Rn. 33 ff. – Omega.

179 *EuGH*, Rs. C-438/05, Rn. 45 ff. – Viking; Rs. C-341/05, Rn. 87 ff. – Laval.

180 *EuGH*, Rs. C-368/95, Rn. 18 – Familiapress; Rs. C-250/06, Rn. 41 f. – United Pan-Europe Communications Belgium.

181 *EuGH*, Rs. C-244/06, Rn. 36 ff. – Dynamic Medien.

182 *EuGH*, Rs. C-379/87, Rn. 18 ff. – Groener.

Die Generalanwälte hatten in ihren Schlussanträgen teilweise explizit auf die nationale Identität Bezug genommen. Dabei wurden unter anderem die kommunale Selbstverwaltung,[183] die „Zusammensetzung des nationalen Gemeinwesens"[184] in der Ausprägung der Staatsangehörigkeit, aber auch die Besonderheiten des nationalen Verfassungsrechts eines Mitgliedstaats als Bestandteil angesehen.[185] Zudem ordnete Generalanwalt *Ruiz-Jarabo Colomber* die rechtsprechende Gewalt als Bestandteil der nationalen Identität ein, jedenfalls wenn paragerichtlichen Einrichtungen durch die Verfassung Rechtsprechungsaufgaben zugewiesen werden.[186] Gleichwohl hatten weder der EuGH noch die Generalanwälte eine allgemeine Definition der nationalen Identität vorgelegt.

(b) Die nationale Identität nach dem Vertrag von Lissabon

Seit dem Vertrag von Lissabon wird der Begriff der nationalen Identität durch die Zusätze „die grundlegenden politischen und verfassungsmäßigen Strukturen einschließlich der regionalen und lokalen Selbstverwaltung" näher konkretisiert. Die nationale Identität kann deshalb nicht mehr auf kultur- und sprachpolitische Verständnisse beschränkt werden.[187] In der Rechtsprechung des EuGH wird seit den Änderungen bislang nur spärlich auf die nationale Identität Bezug genommen. Der EuGH hat bestimmte staatsrechtliche Grundsätze als Ausprägungen der nationalen Identität anerkannt. Im Verfahren *Sayn-Wittgenstein* wurde die republikanische Staatsform (Österreichs) als Bestandteil der nationalen Identität eingeordnet.[188] Ferner sind die Amtssprachen des jeweiligen Mitgliedstaats ge-

---

183 *GA Trstenjak*, Rs. C-324/07, Rn. 85 – Coditel Brabant.

184 *GA Maduro*, Rs. C-135/08, Rn. 25 – Rottmann.

185 *GA Maduro*, Rs. C-213/07, Rn. 33 – Michaniki; diese Sichtweise findet Unterstützung bei *A. von Bogdandy/S. Schill*, ZaöRV 70 (2010), S. 701 (716).

186 *GA Colomber*, Rs. C-205/08, Rn. 47 – Umweltanwalt von Kärnten.

187 In dieser Weise unter Bezugnahme auf die Vorgängerregelung des ex-Art. 6 Abs. 3 EUV bei *A. Bleckmann*, JZ 1997, S. 265 (269); *A. Uhle*, Kulturelle Identität, 2004, S. 474 ff.

188 *EuGH*, Rs. C-208/09, Rn. 92 – Sayn-Wittgenstein; ähnlich zu einer deutschen Verfassungsbestimmung in *EuGH*, Rs. C-438/14, Rn. 64 – Bogendorff von Wolffersdorff.

schützt.[189] Die föderale Struktur der Bundesrepublik Deutschland ist ebenfalls Bestandteil der nationalen Identität.[190] Die Urteile bestätigen, dass die nationale Identität weiterhin herangezogen werden kann, um die Nichtanwendung der Grundfreiheiten zu rechtfertigen.[191] Aufschlussreich sind auch die Ausführungen in der Rechtssache *Dermod Patrick O'Brien*: In dieser war Gegenstand des Verfahrens das englische System der Teilzeitrichter (sog. „Recorders"), die im Rahmen ihrer Tätigkeit keinen Anspruch auf Altersrente erwarben. Unter Berufung auf sekundärrechtliche EU-Vorgaben[192] wollte der Teilzeitrichter O'Brien jedoch eine Altersrente einklagen, da er unter den Begriff der Arbeitnehmer im Sinne dieser Richtlinie falle, was das Vereinigte Königreich unter Verweis auf die besondere Rolle der Richterschaft als Teil der nationalen Identität ablehnte. Zwar gestand der EuGH den Mitgliedstaaten zu, den Arbeitnehmerbegriff selbst festzulegen, aber es könne nicht jegliche Anwendung des Unionsrechts unter Verweis auf die rechtsprechende Gewalt als nationale Identität abgelehnt werden.[193] Dies unterstreicht, dass die Wahrung der nationalen Identität vom EuGH nicht als eine feste Kompetenzgrenze verstanden wird.

Der EuGH hat bereits anerkannt, dass die innerstaatliche Neuordnung der Kompetenzen einer nationalen Institution dem Schutz des Art. 4 Abs. 2 EUV unterliegt.[194] Eine Kompetenzübertragung muss aber bestimmte Kriterien sicherstellen, um als Maßnahme der internen Organisation eingestuft zu werden. So muss die Übertragung der Zuständigkeit mit der Übertragung von Befugnissen einhergehen und auch die finanzielle Unabhängigkeit gewahrt sein.[195] Innerstaatliche Maßnahmen der Organisationsänderungen unterfallen somit dem Schutz der nationalen Identität, wenn sie nicht zu einer Minderung der effektiven Durchführung des Uni-

189 *EuGH*, Rs. C-391/09, Rn. 85 – Runevic-Vardyn und Wardyn; Rs. C-202/11, Rn. 26 – Anton Las.

190 *EuGH*, Rs. C-156/13, Rn. 34 – Digibet und Albers.

191 So auch *J. Schwarze*, Verhältnis, 2013, S. 32 f.

192 Richtlinie 97/81/EG des Rates vom 15. Dezember 1997 zu der von UNICE, CEEP and EGB geschlossenen Rahmenvereinigung über Teilzeitarbeit, ABl. L 14 vom 20.1.1998, S. 9–14.

193 *EuGH*, Rs. C-393/10, Rn. 49 – Dermod Patrick O'Brien.

194 *EuGH*, Rs. C-51/15, Rn. 41 – Remondis.

195 *EuGH*, Rs. C-51/15, Rn. 47 und 49 – Remondis.

onsrechts führen. Auch die Zuständigkeitsverteilung zwischen den deutschen Bundesländern unterfällt dem Schutz des Art. 4 Abs. 2 EUV.[196]

Die nationale Identität wurde auch von Generalanwalt *Bot* in der Rechtssache *Melloni* gewürdigt. In dem Verfahren ging es unter anderem um die Frage, ob das in der Verfassung Spaniens verankerte Grundrecht auf ein faires Verfahren den Anspruch auf Auslieferung nach dem Europäischen Haftbefehl begrenze. Dies wurde vom spanischen Gericht so interpretiert, dass eine Auslieferung nur vollzogen werden dürfe, wenn in dem Mitgliedstaat, in den die Person ausgeliefert werden soll, ein erneutes Strafverfahren unter Anwesenheit des Angeklagten durchgeführt wird. Der Generalanwalt schlug dem EuGH vor, ein derartiges Verständnis nicht an den Tag zu legen. Daran ändere sich auch nichts dadurch, dass die nationale Identität das abgeleitete Recht der EU beschränkt.[197] Denn es dürfe nicht zu einer Verwechslung zwischen dem Grundrechtsschutz und der nationalen Identität kommen, selbst wenn Grundrechte Bestandteil der Verfassung sind.[198]

In der Rechtssache *Torresi* hatte Generalanwalt *Wahl* eine italienische Verfassungsbestimmung als nicht vom Identitätsverständnis erfasst beurteilt. Art. 33 Abs. 5 der italienischen Verfassung bestimmt, dass „für die Befähigung für den Beruf eine Staatsprüfung abgelegt werden muss“. Dies gilt auch für den Beruf des Rechtsanwalts, den die Herren Torresi beantragten, auch wenn sie die Befähigung hierzu in Spanien als abogado erworben hatten. Das italienische Gericht stellte sich die Frage, ob die Zulassung dieser Personen in Italien nicht die Identität der italienischen Verfassung verletze, was der Generalanwalt mit klaren Worten ablehnte.[199] Er hielt ein derart weites Verständnis der nationalen Identität für nicht angemessen. Diese beiden Fälle machen noch einmal deutlich, dass über die nationale Identität nur wenige verfassungsrechtliche Kernbestandteile erfasst werden.

---

196 *EuGH*, Rs. C-156/13, Rn. 34 – Digibet.
197 *GA Bot*, Rs. C-399/11, Rn. 139 – Melloni.
198 *GA Bot*, Rs. C-399/11, Rn. 142 – Melloni.
199 *GA Wahl*, verb. Rs. C-58/13 und C-59/13, Rn. 104 – Torresi.

bb) Schutzbereich im Rahmen des gerichtlichen Kooperationsmodells

Verfassungsrechtliche Grundsätze, die Bestandteil der nationalen Identität sind, weisen meist einen hohen Abstraktionsgrad auf und bedürfen der Konkretisierung, um sie operabel zu machen. Dies ist grundsätzlich die Aufgabe der nationalen Verfassungsgerichte.[200] Es ist deshalb zu klären, welche Bedeutung der Auslegung des nationalen Verfassungsrechts durch die Verfassungsgerichte für die nationale Identität i.S.d. Art. 4 Abs. 2 EUV zukommt. Grundsätzlich ist nur der EuGH befugt, unionsrechtliche Bestimmungen einer rechtlich verbindlichen Auslegung zuzuführen.[201] Dennoch könnten die aus den Urteilen der nationalen (Verfassungs-)Gerichte gewonnenen Erkenntnisse bei der Ermittlung der nationalen Identität relevant sein.

Dass nationale Verfassungsgerichte an dieser Stelle eine bedeutende Rolle spielen, ergibt sich schon aus ihrer Aufgabe. Sie haben – teilweise über lange Zeiträume – die nationale Verfassung interpretiert und die dortigen Richter sind Spezialisten des nationalen Verfassungsrechts. Die Verfassungsgerichte verfügen ferner über die originäre Kompetenz zur Auslegung des nationalen Verfassungsrechts. Insofern spricht einiges dafür, ihnen für diese besondere Bestimmung des Unionsrechts eine Funktion zuzuweisen.[202] Dazu passt es, dass das Bundesverfassungsgericht eine verfassungsgerichtliche Identitätskontrolle entwickelt hat[203] und die Verfassungsgerichte anderer Mitgliedstaaten eine ähnliche Rechtsprechung verfolgen.[204] Das Bundesverfassungsgericht geht allerdings davon aus, dass die deutsche Verfassungsidentität eine unverrückbare Grenze begründe,

---

200 In anderen Mitgliedstaaten ist die Bestimmung der Verfassungsgehalte auch besonderen Organen im Gesetzgebungsverfahren übertragen wie beispielsweise dem *Conseil d'Etat* in Luxemburg, siehe Art. 83bis der luxemburgischen Verfassung.

201 Dies ist auch ständige Rechtsprechung, siehe nur *EuGH*, Rs. 149/79, Rn. 12 und 19 – Kommission/Belgien; Rs. 34/82, Slg. 1983, 987 – Peters; siehe hierzu die eingehende Analyse bei *S. M. Grundmann*, Auslegung, 1997, S. 208 ff. m. w. N. zur Rechtsprechung; siehe ebenfalls *A. Peters*, Verfassung Europas, 2001, S. 248 ff. und S. 256 ff.

202 *A. von Bogdandy/S. Schill*, in: Grabitz/Hilf/Nettesheim, Das Recht der Europäischen Union, 2013, Art. 4 EUV Rn. 23.

203 *BVerfGE* 75, 223 (235 und 242) – Kloppenburg-Beschluß; 89, 155 (188) – Maastricht; 113, 273 (296) – Europäischer Haftbefehl; 123, 267 (354) – Lissabon.

204 Siehe die Nachweise bei *A. von Bogdandy/S. Schill*, in: Grabitz/Hilf/Nettesheim, Das Recht der Europäischen Union, 2013, Art. 4 EUV Rn. 24 f.

die sich dem Ausgleich unter Anwendung des Verhältnismäßigkeitsprinzips entziehe („unverfügbare Verfassungsidentität"[205]). Die nationale Identität i.S.d. Art. 4 Abs. 2 EUV reiche hingegen weit über die Verfassungsidentität i.S.d. Grundgesetzes hinaus.[206] Die beiden Begriffe sind demnach nicht synonym zu verwenden. Dies relativiert den Anknüpfungspunkt der Identitätskontrolle des Unionsrechts.

Teilweise wird argumentiert, dass die nationalen Verfassungsgerichte über einen Beurteilungsspielraum verfügen, den der EuGH zu achten habe.[207] Dies kann aber nicht bedeuten, dass den mitgliedstaatlichen Verfassungsgerichten das Letztentscheidungsrecht über die Auslegung des Art. 4 Abs. 2 EUV zusteht.[208] Dieses obliegt ausweislich des Art. 19 Abs. 1 EUV exklusiv dem EuGH.[209] Ansonsten wären die Grundsätze des Vorrangs und der Einheitlichkeit des Unionsrechts partiell außer Kraft gesetzt.[210]

Der EuGH muss jedoch die verfassungsgerichtliche Auslegung in seine Überlegungen aufnehmen.[211] Der Grundsatz der loyalen Zusammenarbeit aus Art. 4 Abs. 3 EUV verlangt, dass der Gerichtshof sicherstellt, dass das mitgliedstaatliche Identitätsverständnis nicht übergangen wird. Dem EuGH steht jedoch ebenfalls ein Beurteilungsspielraum zu. Erst bei einem evidenten Verstoß des EuGH gegen die Pflicht zur Wahrung der nationalen Identität hat der Gerichtshof seine Kompetenzen überschritten. In einem derartigen Fall könnte eine „Not-Kompetenz"[212] des nationalen Verfassungsgerichts greifen. Prozessual muss dieser Konflikt zwingend durch ein Vorabentscheidungsverfahren entschärft werden.[213] Diesem Ansatz folgt (mittlerweile) auch das Bundesverfassungsgericht.[214]

---

205 *BVerfGE* 123, 267 (344) – Lissabon.

206 *BVerfGE* 134, 366 (386 f.) – OMT.

207 *A. Hatje*, in: Schwarze, EU-Kommentar, 2019, Art. 4 EUV Rn. 23.

208 So aber wohl das Bundesverfassungsgericht in *BVerfGE* 123, 267 (344 und 350) – Lissabon.

209 Ebenso *I. Pernice*, AöR 136 (2011), S. 185 (215).

210 *A. von Bogdandy/S. Schill*, in: Grabitz/Hilf/Nettesheim, Das Recht der Europäischen Union, 2013, Art. 4 EUV Rn. 44.

211 *I. Pernice*, AöR 136 (2011), S. 185 (215).

212 *I. Pernice*, VVDStRL 60 (2001), S. 148 (184 f.).

213 *A. Puttler*, in: Calliess/Ruffert, EUV/AEUV mit Europäischer Grundrechtecharta, 2016, Art. 4 EUV Rn. 22.

214 Siehe die Entscheidung für ultra vires-Akte *BVerfGE* 126, 286 (304) – Mangold; erstmalig verwirklicht durch den OMT-Vorlagebeschluss an den EuGH, siehe *BVerfGE* 134, 366 – OMT.

Diese auch als Ausprägung des europäischen Gerichtsverbundes zu Tage tretende Kooperationsstruktur der Gerichte wird exemplarisch anhand von Art. 4 Abs. 2 EUV deutlich: Sowohl der EuGH als auch das nationale Verfassungsgericht müssen unter Beachtung des Loyalitätsprinzips das jeweilige Rechtsverständnis in ihre Urteile aufnehmen. Es kann aber kein Zweifel daran bestehen, dass es in letzter Konsequenz nur dem EuGH zusteht, über den Begriff der nationalen Identität i.S.d. Art. 4 Abs. 2 EUV zu judizieren.

cc) Die nationale Identität der deutschen Verfassung

Was genau Gegenstand der nationalen Identität des Mitgliedstaats Deutschland ist, legen die grundgesetzlichen Bestimmungen fest, insbesondere die Ewigkeitsklausel (Art. 79 Abs. 3 GG):[215] Demokratie, Rechtsstaatlichkeit, Föderalismus, Gewaltenteilung, Sozialstaatsprinzip und Republikanismus als Staatsform (Art. 20 GG) sowie die zur Achtung der Menschenwürde unentbehrlichen Bestandteile der Grundrechte (Art. 1 GG in seiner Ausstrahlungswirkung auf Grundrechtspositionen) sind an dieser Stelle aufgeführt.

(1) Mitgliedstaatliche Verwaltungsorganisation

Häufig werden verfassungsrechtliche Bedenken an unionsrechtlichen Einwirkungen auf die nationale Verwaltungsorganisation an sich geltend gemacht. Ein Eingriff in diesen Bereich „würde […] grundsätzlich auf verfassungsrechtliche Bedenken hinsichtlich der Integrität des deutschen Mitgliedstaats über Art. 23 Abs. 1 Satz 1 GG stoßen“[216]. Der Eigenwert der nationalen Verwaltungsorganisation sei als Bestandteil der nationalen Identität geschützt.[217] Dem Vollzug des Unionsrechts sei am besten ge-

---

215 Ebenso *R. Streinz*, in: ders., Vertrag über die Europäische Union und Vertrag über die Arbeitsweise der Europäischen Union, 2018, Art. 4 EUV Rn. 21.

216 *F. Kirchhof*, in: Maunz/Dürig, Grundgesetz, 2009, Art. 83 GG Rn. 80.

217 Einen solchen Eigenwert lehnt *M. Zuleeg*, VVDStRL 53 (1994), S. 154 (177), für das nationale Verwaltungsrecht ab; ähnlich *U. Stelkens*, Art. 291 AEUV, 2011, S. 30; a. A.: *F. Schoch*, JZ 1995, S. 109 (112); *T. von Danwitz*, DVBl. 1998, S. 421 (428 ff.); *M. Le Barbier-Le Bris*, Autonomie institutionnelle, 2006, S. 419

dient, wenn er innerhalb der Logik des nationalen Verwaltungssystems erfolgt. Unionsrechtliche Vorgaben an die mitgliedstaatliche Verwaltungsorganisation wirkten hingegen wie Fremdkörper in einem in sich kohärenten System und behinderten damit eher den Vollzug.

In diese Richtung hatte auch der deutsche Vertreter im Verfahren über die deutschen Datenschutzaufsichtsbehörden argumentiert: Das Verhältnismäßigkeitsprinzip enthalte die Verpflichtung, die Struktur und Funktionsweise der nationalen Rechtssysteme zu achten.[218] Das deutsche Kontrollsystem des Datenschutzes sei ein seit 30 Jahren effektives System, das weit über den nationalen Bereich hinaus richtungsweisend gewesen sei. Dieses effektive System durch ein der Rechtsordnung fremdes System zu ersetzen, beachte nicht ausreichend die Strukturen in Deutschland – so die Argumentation.[219]

Diese Argumentation kann aber nur von Bedeutung sein, wenn es dem Unionsrecht lediglich um ein hohes Datenschutzniveau ginge. Die Richtlinie zielt aber nicht ausschließlich darauf ab, sondern dient auch dem Ausgleich zwischen dem Datenschutz und dem freien Datenverkehr im europäischen Binnenmarkt. Dieses Verhältnis soll in allen Mitgliedstaaten möglichst kohärent sein. Damit erklärt sich auch, weshalb der EuGH diese Argumentation in nur einem Absatz unter Verweis auf die Ziele des Unionsrechts abweist.[220] Darüber hinaus fällt die objektive Bewertung, ob ein bestimmtes Datenschutzniveau ausreichend ist oder nicht, äußerst schwer.

Selbst wenn das jeweilige nationale System die einheitliche Durchsetzung des Unionsrechts ausreichend beachtet, kann dies nicht generell die Kompetenz zum Erlass organisationsrechtlicher Vorgaben beschränken. Denn ließe man eine derartige Argumentation zu, ermöglichte dies den Mitgliedstaaten, ihre nationalen Vollzugssysteme unter Verweis auf die Funktionsfähigkeit vor europäischen Vorgaben zu bewahren. Dies spräche gegen die allgemeine Geltung von Richtlinien und Verordnungen, die solche Vorgaben enthalten. Die Verwaltungsorganisation kann demnach nicht per se als Bestandteil der nationalen Identität eingeordnet werden.

---

(422); *F. Becker*, CMLRev. 44 (2007), S. 1035 (1036 f.); *K.-H. Ladeur*, Bedeutung eines Allgemeinen Verwaltungsrechts, 2008, S. 795 (804 f.).

218 *EuGH*, Rs. C-518/07, Rn. 53 – Kommission/Deutschland.

219 *EuGH*, Rs. C-518/07, Rn. 54 – Kommission/Deutschland.

220 *EuGH*, Rs. C-518/07, Rn. 55 – Kommission/Deutschland.

(2) Demokratieprinzip

Etwas anderes könnte sich jedoch hinsichtlich des Demokratieprinzips ergeben. Dieses tritt insbesondere mit der Vorgabe zur Schaffung unabhängiger Behörden in Konflikt.[221]

Ob weisungsfreie Behörden jedoch grundsätzlich gegen das Demokratieprinzip verstoßen, ist vom Bundesverfassungsgericht bislang nicht entschieden worden, muss im Ergebnis aber verneint werden.[222] Weisungsfreie Behörden können dem Demokratieprinzip des Grundgesetzes genügen.[223] Ob die demokratische Legitimation gewahrt ist, muss jeweils im Einzelfall bestimmt werden. Dass Unabhängigkeitsvorgaben des Unionsrechts nicht grundsätzlich mit dem Demokratieprinzip unvereinbar sind, bestätigt das Bundesverfassungsgericht in der Lissabon-Entscheidung, denn es erklärte, dass „Demokratie [im Rahmen der europäischen Integration] nicht nur die Wahrung formaler Organisationsprinzipien [bedeutet]“[224]. Es müsse aber stets die periodische Wahl durch das Volk und die politische Auseinandersetzung zwischen Regierung und Opposition über Sachfragen möglich sein. In den nicht zu den Grundzügen gehörenden Bereichen können demnach bestehende Organisationsprinzipien durchaus aufgrund europäischer Einflüsse umgebaut werden. Organisationsvorgaben dürfen nur den Kernbereich des deutschen Staatsaufbaus als eines parlamentarischen Systems nicht aufheben.

dd) Fazit

Die nationale Verwaltungsorganisation ist nicht per se Bestandteil der nationalen Identität i.S.d. Art. 4 Abs. 2 EUV.[225] Allerdings darf sich weder der EuGH noch das nationale Verfassungsgericht grundsätzlich den rechtlichen Anforderungen der jeweils anderen Rechtsebene verschließen. Dies verlangt das Prinzip der loyalen Kooperation (Art. 4 Abs. 3 EUV). Es

221 Siehe dazu ausführlich in Kapitel 5, Teil 2, C.

222 Ebenso *D. Couzinet*, Legitimation unabhängiger Behörden, 2011, S. 213 (236); a. A. wohl *G. Haverkate*, VVDStRL 46 (1988), S. 217 (222 ff.).

223 Siehe ausführlich hierzu in Kapitel 5, Teil 2, C. sowie unter Aufführung möglicher Legitimationsbausteine in Kapitel 5, Teil 3.

224 *BVerfGE* 123, 267 (358) – Lissabon; ebenso bereits in *BVerfGE* 89, 155 (185) – Maastricht.

225 Ebenso wohl bei *E. Klein*, Der Staat 33 (1994), S. 39 (42).

muss ein Ausgleich zwischen den nationalen Verwaltungssystemen und den unionsrechtlichen Vollzugsbedürfnissen hergestellt werden. Dabei darf es nicht zu einer Substitution des nationalen Modells durch ein europäisches kommen, aber auch nicht von einem integrationsfesten Bestandteil des nationalen Organisationsrechts ausgegangen werden. Vielmehr muss der besondere Wert des nationalen Systems im europäischen Kontext genutzt werden.[226] Es muss dabei sichergestellt sein, dass die Behörden durch nationale Regelungen mit ausreichender demokratischer Legitimation ausgestattet werden können und der gerichtliche Rechtsschutz umfassend gewahrt ist.

Die Art und Weise der unionsrechtlichen Organisationsvorgabe, also das „Wie" der Regelung, ist für die kompetenzrechtliche Beurteilung ebenfalls von Bedeutung. Es macht einen Unterschied, ob das Unionsrecht zu einer bestimmten organisationsrechtlichen Form der Unabhängigkeit verpflichtet oder die Umsetzung den Mitgliedstaaten überlässt. Dies macht beispielsweise die Unterscheidung zwischen persönlicher und institutioneller Unabhängigkeit deutlich: Erstere zwingt die Mitgliedstaaten dazu, nur bestimmte Formen der Binnenorganisation zu wählen, um die persönliche Unabhängigkeit zu garantieren. Bei Kollegialbehörden muss beispielsweise sichergestellt sein, dass alle Mitglieder gleichberechtigt an den Entscheidungen beteiligt sind. Wenn jedoch lediglich die Unabhängigkeit der Institution eingefordert wird, bleibt es dem Mitgliedstaat überlassen, die interne Organisation der nationalen Behörde nach seinen Vorstellungen zu regeln. Er kann auf diese Weise sicherstellen, dass die Anforderungen der eigenen Verfassung gewahrt bleiben. Je detaillierter die unionsrechtlichen Verpflichtungen in den Sekundärrechtsakten sind, desto eher kann ein Verstoß gegen den Verhältnismäßigkeitsgrundsatz vorliegen.

Außerdem erlaubt es der Verhältnismäßigkeitsgrundsatz, Rückschlüsse auf die Form des Rechtsakts zu ziehen: Den Mitgliedstaaten muss ausreichend Spielraum verbleiben, um die organisationsrechtlichen Anforderungen an ihre verfassungsrechtlichen Besonderheiten anzupassen.[227] Sofern organisationsrechtliche Vorgaben in Verordnungen enthalten sind – wie im Recht der amtlichen europäischen Statistik oder bei der Datenschutz-Grundverordnung – bestehen Bedenken bezüglich der Vereinbarkeit mit den kompetenzrechtlichen Schranken des Unionsrechts.

---

226 *A. Hatje*, Gemeinschaftsrechtliche Steuerung, 1998, S. 423.
227 *F. Arndt*, DV 39 (2006), S. 100 (101).

III. Die institutionelle Autonomie der Mitgliedstaaten

Im Zusammenhang mit unionsrechtlichen Vorgaben für den mitgliedstaatlichen Vollzug wird teilweise auf die institutionelle Autonomie der Mitgliedstaaten verwiesen, um die fehlende Regelungskompetenz der EU zu begründen.[228] Ebenso wie im Rahmen der nationalen Identität stellt sich die Frage nach der normativen Anknüpfung.

1) Verfahrensautonomie und institutionelle Autonomie

In der wissenschaftlichen Diskussion ist vom „Grundsatz der Verfahrensautonomie der Mitgliedstaaten“[229], vom „Grundsatz der institutionellen und Verfahrensautonomie“[230], der „Verwaltungsautonomie“[231] oder auch der „Organisationsautonomie“[232] die Rede. Im französischen Schrifttum findet sich der Ausdruck „autonomie institutionelle et procédurale“[233], in englischsprachigen Veröffentlichungen wird auf die „procedural autonomy“[234], die „institutional autonomy“[235] oder die „organizational autonomy“[236] verwiesen.

Trotz der nicht immer einheitlichen Bezeichnung gehen viele Begriffsdefinitionen davon aus, dass eine Trennung zwischen verfahrensrechtlichen, organisationsrechtlichen und materiellrechtlichen Aspekten des na-

---

228 In diese Richtung bei *M. Gellermann*, in: Streinz, Vertrag über die Europäische Union und Vertrag über die Arbeitsweise der Europäischen Union, 2012, Art. 291 AEUV Rn. 3.

229 *S. Hölscheidt*, DÖV 2009, S. 341 (346).

230 *H.-W. Rengeling*, Nationaler Rechtsschutz, 1981, S. 197 (198); *P. M. Huber*, Europäische Integration, 2002, S. 363; *R. Streinz*, Vollzug des europäischen Rechts, 2012, Rn. 15; *A. Glaser*, Handlungsformenlehre, 2013, S. 41.

231 *J. Schwarze*, NVwZ 2000, S. 241 (244); *M. Ludwigs*, Rechtsangleichung, 2004, S. 255.

232 *M. Hilf*, Organisationsstruktur, 1982, S. 203; *W. Kössinger*, Durchführung, 1989, S. 17; *A. Hatje*, Gemeinschaftsrechtliche Steuerung, 1998, S. 101; *T. Mayen*, DÖV 2004, S. 45 (50).

233 *J. Rideau*, A.F.D.I. 18 (1972), S. 864 (884 ff.); *R. Kovar*, Voies de droit ouvertes, 1978, S. 245 (248 ff.); *D. Simon*, Système juridique, 1997, Rn. 81 ff.

234 *D.-U. Galetta*, Procedural autonomy, 2010.

235 *R. Widdershoven*, European Administrative Law, 2012, S. 245 (254 f.).

236 *E. Chiti*, Administrative Implementation, 2009, S. 9 (13); *H. C. H. Hofmann/ G. C. Rowe/A. H. Türk*, Administrative law, 2011, S. 260.

tionalen Verwaltungsrechts nicht notwendig ist. *Jürgen Schwarze* verwendet den Begriff der Verwaltungsautonomie als Oberbegriff für das materielle Verwaltungsrecht, das Verwaltungsverfahrensrecht und die Verwaltungsgerichtsbarkeit.[237] *Thomas von Danwitz* trennt ebenfalls nicht, sondern ordnet unter den Begriff der Verfahrensautonomie „sowohl die ‚organisatorische Autonomie' als auch die ‚verfahrensrechtliche Autonomie'"[238] ein.[239]

Der EuGH differenziert in seiner Rechtsprechung hingegen sprachlich durchaus zwischen Verfahrens- und Organisationsaspekten: Verfahrensautonomie[240] und institutionelle Autonomie[241] werden separat benannt. Auch die Sekundärrechtsakte verwenden den Ausdruck der institutionellen Autonomie.[242] Die Unterscheidung überzeugt auch insofern, als dass die Nichtanwendung einer mitgliedstaatlichen Verfahrensnorm und die Pflicht zur Schaffung oder zum Umbau bestimmter Behörden unterschiedliche Eingriffsintensitäten des Unionsrechts mit sich bringen.[243]

Sicherlich können einzelne Aspekte, die für verwaltungsverfahrensrechtliche Fragen eine Rolle spielen auf organisationsrechtliche Gestaltungen Anwendung finden und umgekehrt. Allerdings bestehen durchaus Unterschiede: Die Verfahrensautonomie wird von den Grundsätzen der Effektivität und der Äquivalenz beschränkt, während eine Begrenzung der institutionellen Autonomie durch den auf Gleichheitsüberlegungen basierenden Äquivalenzgrundsatz – soweit ersichtlich – ohne Anwendungsbezug ist. Dies bedeutet aber nicht, dass Erkenntnisse zur Verfahrensautonomie nicht auch für die institutionelle Autonomie von Belang sind. Deshalb

237 *J. Schwarze*, NVwZ 2000, S. 241 (244).

238 *T. von Danwitz*, Europäisches Verwaltungsrecht, 2008, S. 302 f.

239 So auch *Chr. Krönke*, Verfahrensautonomie, 2013, S. 16 f., der zumindest die formellen und materiellen Aspekte unter den Begriff der Verfahrensautonomie subsumiert; Wolfgang Kahl schließt die Aspekte des Verwaltungsverfahrensrechts, des Verwaltungsorganisationsrechts und des Verwaltungsprozessrechts ein, siehe *W. Kahl*, in: Calliess/Ruffert, EUV/AEUV mit Europäischer Grundrechtecharta, 2016, Art. 4 EUV Rn. 64.

240 *EuGH*, Rs. 33/76, Rn. 5 – Rewe Zentralfinanz; Rs. C-213/89, Rn. 19 – Factortame; Rs. C-201/02, Rn. 65, 67 und 70 – Wells; Rs. C-550/07 P, Rn. 113 ff. – Akzo Nobel Chemicals und Akcros Chemicals.

241 *EuGH*, Rs. C-82/07, Rn. 24 – Comisión del Mercado de las Telecommunicaciones; Rs. C-389/08, Rn. 26 – Base.

242 Siehe beispielsweise in Erwgr. (11) der RRL-TK.

243 So wohl auch *Chr. Möllers*, Materielles Recht – Verfahrensrecht – Organisationsrecht, 2008, S. 489 (511 f.).

wird zunächst der Erkenntnisstand zur Verfahrensautonomie aufgearbeitet und der primärrechtlichen Verankerung nachgegangen, um auf Grundlage dieser Erkenntnisse eine Einordnung der institutionellen Autonomie vorzunehmen.

2) Der Grundsatz der Verfahrensautonomie

Die Verfahrensautonomie der Mitgliedstaaten ist ein von der Literatur entwickelter Begriff,[244] den der EuGH seit 2004 in seinen Entscheidungen ausdrücklich verwendet.[245] Die dahinterstehenden Überlegungen sind jedoch bereits seit Ende der 1960er Jahre in den Rechtssachen Lück[246], Salgoil[247] und Fleischkontor[248] nachweisbar. Eine Präzisierung erfolgte in den Urteilen Rewe Zentralfinanz[249] und Comet[250]. Seitdem besteht eine ständige Rechtsprechung des EuGH zur Verfahrensautonomie.[251] Verfahrensautonomie bedeutet demnach, dass die Durchführung des Unionsrechts anhand des nationalen Verfahrensrechts erfolgt.

Ob das Verständnis des EuGH nur beschreibender Natur ist oder ein Rechtsprinzip festlegt, nach dem Eingriffe durch den Unionsgesetzgeber unzulässig oder zumindest rechtfertigungsbedürftig sind,[252] ist seit längerer Zeit umstritten. Teilweise wird angenommen, der Grundsatz der Verfahrensautonomie ziehe eine weitere Kompetenzgrenze neben den allgemeinen Beschränkungen durch die Grundsätze der Subsidiarität und der

---

244 *W. Schroeder*, AöR 129 (2004), S. 3 (22 f.).

245 *EuGH*, Rs. C-201/02, Rn. 65, 67 und 70 – Wells; seitdem ständige Erwähnung, siehe *EuGH*, Rs. C-2/08, Rn. 24 – Fallimento Olimpiclub; Rs. C-94/10, Rn. 25 – Danfoss.

246 *EuGH*, Rs. 34/67, Slg. 1968, 245 (251) – Lück.

247 *EuGH*, Rs. 13/68, Slg. 1968, 679 (693) – Salgoil.

248 *EuGH*, Rs. 39/70, Rn. 4 – Norddeutsche Fleischkontor.

249 *EuGH*, Rs. 33/76, Rn. 5 – Rewe Zentralfinanz.

250 *EuGH*, Rs. 45/76, Rn. 11 und 18 – Comet.

251 *EuGH*, Rs. C-312/93, Rn. 12 – Peterbroek; Rs. C-392/04, Rn. 57 – I 21 Germany und Arcor; Rs. C-169/14, Rn. 31 – Sánchez Morcillo und Abril García.

252 Für diese Konstruktion *C. Ladenburger*, Evolution, 2008, S. 107 (121); *J. König*, Äquivalenz- und Effektivitätsgrundsatz, 2011, S. 35; *K. Kulms*, Effektivitätsgrundsatz, 2013, S. 199; ebenso für ein Rechtfertigungsmodell, allerdings mit der normativen Anknüpfung an das Verhältnismäßigkeitsprinzip bei *Chr. Krönke*, Verfahrensautonomie, 2013, S. 80; dieser vertritt ein an formellen Kriterien orientiertes Rechtfertigungsmodell, siehe ebendort S. 226 ff.

Verhältnismäßigkeit. Es habe sich ein „Grundrecht der Mitgliedstaaten“[253] herausgebildet. Der vom EuGH verwendete Ausdruck könnte aber auch nur eine widerlegbare Kompetenzvermutung zugunsten der Mitgliedstaaten beschreiben.[254] Ein solches Prinzip bedarf einer primärrechtlichen Grundlage. Sollte diese fehlen, bliebe die Verfahrensautonomie bloß „eine leere Hülse“[255].

a) Art. 291 Abs. 1 AEUV: Normative Grundlage der Verfahrensautonomie?

Der Grundsatz der Verfahrensautonomie wurde vor Inkrafttreten des Vertrags von Lissabon auf unterschiedliche Rechtsgrundlagen gestützt. Manche Autoren nahmen ein primärrechtlich festgelegtes Regel-Ausnahme-Verhältnis für die Kompetenz zur Regelung des nationalen Verwaltungsverfahrensrechts an,[256] andere wiederum verankerten die Verfahrensautonomie im Prinzip der begrenzten Einzelermächtigung[257] und wiederum

253 *T. von Danwitz*, DVBl. 1998, S. 421 (430 f.), bezeichnet diese als „primärrechtlich geschütztes Element der vertikalen Gewaltenteilung zwischen der Gemeinschaft und den Mitgliedstaaten“; in die gleiche Richtung *M. Le Barbier-Le Bris*, Autonomie Institutionnelle, 2006, S. 419 (422); *F. Becker*, CMLRev. 44 (2007), S. 1035 (1036 f.); *R. Mehdi*, Autonomie institutionnelle, 2007, S. 685 (687); ähnlich *M. Accetto/S. Zleptnig*, EPL 11 (2005), S. 375 (400); *K.-H. Ladeur*, Bedeutung eines Allgemeinen Verwaltungsrechts, 2008, S. 795 (804 f.); *A. Guckelberger/F. Geber*, Verwaltungsverfahrensrecht, 2013, S. 144.

254 *R. Kovar*, L'effet direct, 1981, S. 151 (164 ff.); *M. Brenner*, Gestaltungsauftrag, 1996, S. 266 f.; *G. C. Rodríguez Iglesias*, EuGRZ 1997, S. 289 ff.; *C. Kakouris*, CMLRev. 34 (1997), S. 1389 (1394 f. und 1405 f.); *S. Magiera*, DÖV 1998, S. 173 (177); *S. Kadelbach*, Einfluß, 1999, S. 113; *M. Klepper*, Vollzugskompetenzen, 2001, S. 165 f.; *D. H. Scheuing*, DV 34 (2001), S. 107 (110); *M. Niedobitek*, VerwArch 92 (2001), S. 58 (75); *Chr. Möllers*, EuR 2002, S. 483 (499 f.); *ders.*, Tertiäre exekutive Rechtsetzung, 2005, S. 293 (304 ff.); *W. Schroeder*, AöR 129 (2004), S. 3 (22 ff. und S. 37); *G. Sydow*, Verwaltungskooperation, 2004, S. 73; *B. Schöndorf-Haubold*, Strukturfonds, 2005, S. 476 ff.; *M. P. Chiti*, Droits administratifs nationaux, 2007, S. 669 (675); *D. Kugelmann*, VerwArch 98 (2007), S. 78 (81 ff.); *U. Stelkens*, Art. 291 AEUV, FÖV Discussion Papers 2011, S. 22 in Fn. 71 und 72.

255 So *O. Mir Puigpelat*, DV 2009, Beiheft 8, S. 177 (184).

256 *T. von Danwitz*, Europäisches Verwaltungsrecht, 2008, S. 307.

257 *P. M. Huber*, Europäische Integration, 2002, § 22 I; *J. Schwarze*, Neuerungen, 2012, S. 697 (698).

andere im Subsidiaritätsgrundsatz[258]. Die von Generalanwalt *Poiares Maduro* vertretene Auffassung, nach der die Verfahrensautonomie normativ im Verhältnismäßigkeitsprinzip aufzufinden sei,[259] fand ebenfalls Zustimmung.[260] Seit dem Vertrag von Lissabon mehren sich die Stimmen, welche die normative Grundlage in Art. 291 Abs. 1 AEUV sehen.[261] Der Wandel zeigt sich exemplarisch an der Kommentierung von *Wolfgang Kahl*, der unter dem ehemaligen EGV/EUV einen solchen Grundsatz nicht zweifelsfrei anerkannt hatte,[262] diesen aber seit dem Vertrag von Lissabon durch Art. 291 Abs. 1 AEUV normiert sieht.[263]

Grundsätzlich kann Art. 291 AEUV zwei unterschiedliche Verhältnisse betreffen: Einerseits das Verhältnis der Union zu den Mitgliedstaaten (sog. Vollzugsmodell). Dafür sprechen sich Teile der Literatur[264] und die Europäische Kommission[265] aus. Dies bestätigte die Annahme der Verfahrens-

---

258 *S. Kadelbach*, Einfluß, 1999, S. 112 f.; *M. Potacs*, EuR 2004, S. 595 (597).

259 *GA Poiares Maduro*, Rs. C-58/08, Rn. 37 und 44 sowie in Fn. 55 – Vodafone.

260 *Chr. Krönke*, Verfahrensautonomie, 2013, S. 77.

261 *H. C. H. Hofmann*, ELJ 15 (2009), S. 482 (495); *W. Weiß*, Verwaltungsverbund, 2010, S. 57 f.; *S. Augsberg*, Europäisches Verwaltungsorganisationsrecht, 2011, Rn. 13; *W. Kahl*, Der Staat 50 (2011), S. 353; *T. Kröll*, Artikel 290 und 291 AEUV, 2011, S. 195 (206); *C. Fabricius*, ZEuS 2011, S. 567 (602); *M. Möstl*, DVBl. 2011, S. 1076 (1081); *J. Bast*, CMLRev. 49 (2012), S. 885 (910 und 919 f.); *A. Pilniok/E. Westermann*, VerwArch 103 (2012), S. 379 (384); a. A.: *G. Sydow*, JZ 2012, S. 157 (158 in Fn. 27); *U. Stelkens*, EuR 2012, S. 511 (529 ff.).

262 *W. Kahl*, in: Calliess/Ruffert, EUV/EGV: Das Verfassungsrecht der Europäischen Union mit Europäischer Grundrechtecharta, 2007, Art. 10 EGV Rn. 31.

263 *W. Kahl*, in: Calliess/Ruffert, EUV/AEUV mit Europäischer Grundrechtecharta, 2016, Art. 4 EUV Rn. 64 m. w. N. in Fn. 294.

264 *P. Craig*, Role, 2008, S. 109 (119 ff.); *T. von Danwitz*, Europäisches Verwaltungsrecht, 2008, S. 316 und S. 469; *C. Ladenburger*, Evolution, 2008, S. 107 (121); *C. Blumann*, Comitologie, 2009, S. 139 (155); *D. Ritleng*, Fonction exécutive, 2009, S. 27 (49); *H. C. H. Hofmann*, ELJ 15 (2009), S. 482 (495); *G. Britz*, DV 2009, Beiheft 8, S. 71 (97); *W. Weiß*, Verwaltungsverbund, 2010, S. 57 f.; *K. F. Gärditz*, DÖV 2010, S. 453 (461 f.); *R. Schütze*, CMLRev. 47 (2010), S. 1385 (1415); *E. Schmidt-Aßmann*, DV 2010, Beiheft 10, S. 263 (264); *W. Kahl*, DV 2010, Beiheft 10, S. 39 (88); *J. König*, Äquivalenz- und Effektivitätsgrundsatz, 2011, S. 34 f.; *J. Schwarze*, Neuerungen, 2012, S. 697 (698); *R. Streinz*, Vollzug des europäischen Rechts, 2012, Rn. 15; *K. Kulms*, Effektivitätsgrundsatz, 2013, S. 26.

265 *Europäische Kommission*, Mitteilung der Kommission an das Europäische Parlament und den Rat: Umsetzung von Artikel 290 des Vertrags über die Arbeitsweise der Europäischen Union, KOM(2009) 673 endg., S. 4.

autonomie. Andererseits könnte die Norm das Verhältnis zwischen den EU-Institutionen regeln.[266] Sie könnte Kompetenzübertragungen auf die Kommission und in besonderen Fällen auf den Rat ermöglichen (sog. Durchführungsmodell). Teilweise wird sogar angenommen, dass sowohl das Vollzugs- als auch das Durchführungsmodell in dieser Norm kombiniert werden (sog. Kombinationsansätze).[267]

aa) Die Bedeutung von „Maßnahmen" in Art. 291 Abs. 1 AEUV

Art. 291 Abs. 1 AEUV verpflichtet die Mitgliedstaaten dazu, Maßnahmen zur Durchführung des Unionsrechts zu ergreifen. Der Begriff der Maßnahme ist weder legaldefiniert noch hat sich der EuGH hierzu bislang geäußert. Wenn die Norm das Verhältnis der EU zu den Mitgliedstaaten regelte, müsste „Maßnahmen" nicht nur legislative Handlungen, die sich durch ihren abstrakt-generellen Regelungsgehalt auszeichnen, sondern auch Einzelfallentscheidungen wie Gerichtsurteile oder Verwaltungsakte erfassen.

Die Vorgängernorm des Art. 291 Abs. 1 AEUV war in Art. 202 Spiegelstrich 3 EGV geregelt. Auf Grundlage dieser Norm konnten nach Auffassung einiger Literaturstimmen nur abstrakt-generelle Regelungen erlassen werden.[268] Diese auch als Tertiärrechtsetzung bekannte Form der exekutiven Detailsteuerung wurde bei der Übertragung von Befugnissen auf die Europäische Kommission genutzt.[269] Allerdings wurde bezüglich dieser Norm bereits argumentiert, dass sie auch Einzelfallentscheidungen ermögliche.[270] Diese Auffassung sah sich durch Entscheidungen des EuGH bestätigt.[271]

---

266 Siehe insbesondere *U. Stelkens*, Art. 291 AEUV, FÖV Discussion Papers 2011.

267 *T. Kröll*, Artikel 290 und 291 AEUV, 2011, S. 195 (204 ff.).

268 Insbesondere zu finden bei *Chr. Möllers*, Tertiäre exekutive Rechtsetzung, 2005, S. 293 (303 f.); für die gleiche Beschränkung bei der Auslegung des Begriffs in Art. 291 AEUV *U. Stelkens*, Art. 291 AEUV, FÖV Discussion Papers 2011, S. 25 ff.

269 *Chr. Krönke*, Verfahrensautonomie, 2013, S. 59.

270 *M. Klepper*, Vollzugskompetenzen, 2001, S. 31 ff.; *D. Riedel*, EuR 2006, S. 512 (531 ff.); *A. M. Keessen*, Administrative decisions, 2009, S. 30 f.; *T. Siegel*, Entscheidungsfindung, 2009, S. 347 f.

271 *EuGH*, Rs. 16/88, Rn. 9 ff. – Kommission/Rat; Rs. C-443/05 P, Rn. 115 – Common Market Fertilizers.

Dass „Maßnahmen“ in Art. 291 Abs. 1 AEUV auch einzelfallbezogene Handlungsweisen umfasst, bestätigt ferner der systematische Vergleich mit der Nachbarnorm des Art. 290 AEUV.[272] Diese regelt delegierte Rechtsakte, welche nur Rechtsakte „mit allgemeiner Geltung“ betrifft, die der „Ergänzung oder Änderung bestimmter nicht wesentlicher Vorschriften des betreffenden Gesetzgebungsaktes“ dienen. Delegierte Rechtsakte sind stets abstrakt-generelle Regelungen. Eine entsprechende Einschränkung findet sich in Art. 291 AEUV hingegen nicht. Dort wird nur der Begriff der Maßnahmen verwendet. Diese Regelungstechnik spricht dafür, dass sowohl abstrakt-generelle Regelungen als auch Einzelmaßnahmen vom Begriff der Maßnahmen in Art. 291 Abs. 1 AEUV umfasst sind.[273]

Bestätigt wird dies auch bei einem Vergleich mit Art. 197 AEUV. In dieser Norm werden Regeln zur Verwaltungszusammenarbeit zwischen Union und Mitgliedstaaten getroffen. Der dort verwendete Begriff der Durchführung steht in enger Verbindung zum Vollzug des Unionsrechts durch Behörden.[274] Dies gilt auch für den Durchführungsbegriff in Art. 291 Abs. 1 AEUV.

Somit könnte die Durchführung des Unionsrechts durch nationale Behörden und Gerichte unter den Begriff der Maßnahmen i.S.d. Art. 291 Abs. 1 AEUV subsumiert werden.

bb) Art. 291 Abs. 1 AEUV im System der europäischen Vertragsnormen

Allerdings ist das Wortlautverständnis von „Maßnahmen“ in Art. 291 Abs. 1 AEUV nicht ebenso entscheidend[275] wie die systematische Stellung und das Telos der Norm, da die anderen Sprachfassungen andere Formulierungen verwenden.[276] Im Gegensatz zur Vorgängernorm des Art. 202 Spiegelstrich 3 EGV, die nur die verschiedenen EU-Organe erwähnte, werden in Art. 291 Abs. 1 AEUV ausdrücklich die Mitgliedstaaten aufge-

---

272 Allgemein zur Abgrenzung der beiden Normen *C. Haselmann*, Delegation, 2012.

273 *Chr. Krönke*, Verfahrensautonomie, 2013, S. 61, der auf die Rechtsansicht der Kommission verweist, *Europäische Kommission*, Mitteilung der Kommission an das Europäische Parlament und den Rat – Umsetzung von Artikel 290 des Vertrages über die Arbeitsweise der Europäischen Union, KOM(2009) 673 endg., S. 3 f.

274 *J. König*, Äquivalenz- und Effektivitätsgrundsatz, 2011, S. 35; *K. Kulms*, Effektivitätsgrundsatz, 2013, S. 26.

275 *G. Sydow*, JZ 2012, S. 157 (159 in Fn. 27).

276 *U. Stelkens*, EuR 2012, S. 511 (512 f.).

führt. Die im zweiten Absatz des Art. 291 AEUV festgelegte Kompetenz wäre dann so zu verstehen, dass der Europäischen Kommission Durchführungsbefugnisse übertragen werden können, die zuvor die Mitgliedstaaten ausgeübt haben.[277] Die Kommission könnte die Kompetenz erhalten, einzelfallbezogene Entscheidungen auf mitgliedstaatlicher Ebene zu treffen. Dazu passt es, dass die Mitgliedstaaten mithilfe des Komitologieverfahrens (Art. 291 Abs. 3 AEUV i. V. m. der Komitologieverordnung[278]) die Übertragung derartiger Kompetenzen kontrollieren können.[279]

Allerdings überzeugt die Schlussfolgerung nicht, dass aus der Pflicht der Mitgliedstaaten zur Durchführung des Unionsrechts ein dem Zugriff des Unionsgesetzgebers entzogener Bereich der nationalen Verfahrensautonomie folge. Aus einer rechtlichen Pflicht ist nicht zwangsläufig eine exklusive Kompetenz abzuleiten. In systematischer Hinsicht stellt sich ferner die Frage, weshalb in Art. 192 Abs. 4 AEUV für den Bereich der Umweltpolitik die Durchführungspflicht der Mitgliedstaaten explizit niedergeschrieben wurde. Wäre dies bereits von Art. 291 Abs. 1 AEUV geregelt, bestünde kein Grund, eine derartige Pflicht ein zweites Mal festzulegen. Es ist deshalb davon auszugehen, dass in bestimmten Rechtsbereichen ein Autonomieschutz im Primärrecht verankert wurde, ein allgemeiner Autonomieschutz hingegen nicht besteht.

Gegen die Annahme, dass Art. 291 Abs. 1 AEUV einen Grundsatz der nationalen Verfahrensautonomie festlegt, spricht zudem, dass eine derart zentrale Bestimmung an dieser Stelle des AEUV eine vollkommen systemfremde Regelung darstellte. Die vorherigen Normen behandeln die Handlungsformen der EU (Art. 288 AEUV), das ordentliche Gesetzgebungsverfahren (Art. 289 AEUV) und den Erlass delegierter Rechtsakte (Art. 290 AEUV). In all diesen Normen wird das Verhältnis der EU-Organe untereinander beim Erlass von Rechtsakten geregelt. Weshalb auf einmal eine Regelung zum Verhältnis zwischen der EU und den Mitgliedstaa-

---

277 *H. C. H. Hofmann*, ELJ 15 (2009), S. 482 (497 f.).

278 Verordnung (EU) Nr. 182/2011 des Europäischen Parlaments und des Rates vom 16. Februar 2011 zur Festlegung der allgemeinen Regeln und Grundsätze, nach denen die Mitgliedstaaten die Wahrnehmung der Durchführungsbefugnisse durch die Kommission kontrollieren, ABl. L 55 vom 28.2.2011, S. 13–18.

279 *B. Driessen*, ELRev 35 (2010), S. 837 (843); *T. Kröll*, Artikel 290 und 291 AEUV, 2011, S. 195 (207).

ten auftauchen sollte, erklärt sich nicht.[280] Die Annahme, dass über das Verfahren des Art. 291 Abs. 2 und 3 AEUV der Union außerhalb der ordentlichen oder der vereinfachten Vertragsänderung nach Art. 48 Abs. 6 EUV Befugnisse übertragen werden können, ist ebenfalls nicht überzeugend, da der Vertrag versteckte Kompetenzerweiterungen ausschließt.

Es spricht deshalb mehr dafür, die Norm anhand der Systematik der europäischen Verträge einzuordnen. Art. 291 AEUV regelt demnach die Kompetenzverteilung zwischen den EU-Institutionen,[281] in diesem Fall zwischen dem EU-Gesetzgeber (Europäisches Parlament und Rat) und der Europäischen Kommission. „Übertragen“ i.S.d. Art. 291 Abs. 2 AEUV bedeutet nicht, dass die Mitgliedstaaten ihre Durchführungskompetenzen auf die EU-Organe delegieren können, sondern dass der EU-Gesetzgeber der Union zustehende Durchführungsbefugnisse auf die Kommission übertragen kann,[282] damit diese die exekutivische Feinsteuerung übernimmt.

b) Regelungsgehalt des Art. 291 Abs. 1 AEUV

Thomas von Danwitz beschrieb den Vollzug des Unionsrechts mit dem Bild des „Systems kommunizierender Röhren“. Demnach bedinge die „strikte Rechtsbindung in materiellrechtlicher Hinsicht [...] eine dementsprechende Freiheit der Mitgliedstaaten in institutioneller und verfahrensrechtlicher Hinsicht“[283]. Er geht davon aus, dass Einschränkungen der Autonomie durch Vorgaben in Sekundärrechtsakten nur begrenzt möglich sind.

Allerdings haben die Ausführungen gezeigt, dass eine Verfahrensautonomie der Mitgliedstaaten in Art. 291 Abs. 1 AEUV nicht normativ festgeschrieben ist. Diese Sichtweise wird von Autoren aus anderen europäischen Rechtsordnungen geteilt.[284] Es stellt sich jedoch die Frage, weshalb es überhaupt einer Regelung wie Art. 291 Abs. 1 AEUV bedarf. Es liegt die Annahme nahe, dass die Vertragsstaaten mit dieser Norm deutlich ma-

---

280 Ebenso *J.-P. Schneider*, DV 2009, Beiheft 8, S. 9 (16); *U. Stelkens*, Art. 291 AEUV, FÖV Discussion Papers 2011, S. 25; *Chr. Krönke*, Verfahrensautonomie, 2013, S. 63 f.

281 *U. Stelkens*, EuR 2012, S. 511 (533).

282 *T. Kröll*, Artikel 290 und 291 AEUV, 2011, S. 195 (207).

283 *T. von Danwitz*, DVBl. 1998, S. 421 (431).

284 So der Hinweis bei *U. Stelkens*, EuR 2012, S. 511 (521 mit Nachweisen in Fn. 45).

chen wollten, dass die Vollzugspflicht bei den Mitgliedstaaten liegt. Die Norm konkretisiert damit das in Art. 4 Abs. 3 EUV bereits allgemein festgelegte Loyalitätsgebot.

Dass das nationale Verwaltungsrecht nicht grundsätzlich dem Zugriff des Unionsgesetzgebers entzogen ist, bestätigt die Rechtsprechung des EuGH. Die „Soweit"-Formel aus der Rechtssache *Deutsche Milchkontor* wird auch nach dem Lissabon-Vertrag weitergeführt, wenn auch mit einer etwas anderen, jedoch ebenso klaren Formulierung: Der Grundsatz der Verfahrensautonomie verpflichte die Mitgliedstaaten, allerdings nur „in Ermangelung unionsrechtlicher Vorschriften über die Verfahrensmodalitäten"[285].

Verfahrensautonomie bezeichnet daher nur den Umstand, dass die Mitgliedstaaten für den Vollzug des Unionsrechts anhand nationaler Vorschriften zuständig sind, soweit das Unionsrecht keine Vorgaben enthält. Gleichwohl bestehen Grenzen für die Regelung des nationalen Verwaltungsrechts. Diese ergeben sich aus dem Grundsatz der Verhältnismäßigkeit. Das Prinzip der Verfahrensautonomie ist keine neben diese Kompetenzgrenze tretende Beschränkung, sondern beschreibt lediglich den nationalen Zuständigkeitsbereich für die Durchführung des Unionsrechts.[286]

3) Der Grundsatz der institutionellen Autonomie

Auch der Verweis auf die institutionelle Autonomie stellt keine separate Kompetenzgrenze dar.[287] Dies bestätigt die Analyse der EuGH-Rechtsprechung.

Der Gerichtshof hat in einigen Entscheidungen bereits festgestellt, dass die Verwaltungsorganisation grundsätzlich Sache des jeweiligen Mitgliedstaats ist.[288] Entsprechendes gilt auch für die Frage, wie innerhalb eines föderalen Staatsaufbaus die Zuständigkeiten zu verteilen sind.[289] Die Mitgliedstaaten haben nur darauf zu achten, dass die Verwirklichung des Uni-

---

285 *EuGH*, Rs. C-146/14 PPU, Rn. 50 – Mahdi; ebenso in *EuGH*, Rs. C-113/10, Rn. 60 ff. – Zuckerfabrik Jülich; Rs. C-662/13, Rn. 26 – Surgicare.

286 Ähnlich auch bei *D. H. Scheuing*, DV 34 (2001), S. 107 (110); *M. Eekhoff*, Verbundaufsicht, 2006, S. 214 f.

287 In diesem Sinne auch bei *H. Jensen*, Kommunale Daseinsvorsorge, 2015, S. 126.

288 *EuGH*, Rs. 51/71 bis 54/71, Rn. 3 f. – International Fruit Company; verb. Rs. 372/85 bis 374/85, Rn. 22 – Oscar Traen.

289 *EuGH*, Rs. C-8/88, Rn. 13 – Kommission/Deutschland.

onsrechts nicht praktisch unmöglich gemacht oder wesentlich erschwert wird.[290] Die Union kann gleichwohl Vorgaben für die nationale Verwaltungsorganisation beim Vollzug des Unionsrechts erlassen.

a) Die Rechtssache Comisión del Mercado de las Telecommunicaciones

Die erste Entscheidung des EuGH, in welcher der Ausdruck der „institutionellen Autonomie"[291] verwendet wurde, stammt aus dem Jahr 2008 und betraf ein Vorabentscheidungsverfahren, in dessen Rahmen das spanische *Tribunal Supremo* dem EuGH Fragen zur Auslegung des Unionsrechts vorgelegt hatte. Gegenstand des Verfahrens war die Rahmenrichtlinie 2002/21/EG über elektronische Kommunikationsnetze und -dienste. Die spanische Aufsichtsbehörde für den Bereich der Telekommunikationsregulierung (*Comisión del Mercado de las Telecommunicaciones*) hatte gegen ein spanisches Dekret geklagt, das sie zu einer reinen Durchführungsinstanz von Entscheidungen werden ließ, die vom zuständigen Ministerium getroffen wurden.

Vor dem EuGH ging es um die Frage, ob die in der Rahmenrichtlinie vorgesehenen Befugnisse auch Regulierungsbehörden übertragen werden dürfen. Dies sah die Richtlinie ausdrücklich vor, allerdings musste bei allen Regulierungsbehörden sichergestellt sein, dass sie rechtlich und funktional von den Telekommunikationsunternehmen unabhängig sind.[292] Sofern weiterhin staatliche Beteiligungen an Unternehmen bestehen, muss eine wirksame strukturelle Trennung der Tätigkeiten, die im Zusammenhang mit dem Eigentum und der Kontrolle dieser Unternehmen stehen, und der hoheitlichen Funktion gesichert sein.[293]

Die Verteilung der Zuständigkeiten auf nationale Behörden stand im Ermessen der Mitgliedstaaten. In diesem Sinne gehörte die Organisation der Regulierungsbehörden zum Bereich der institutionellen Autonomie der

290 *EuGH*, Rs. 240/78, Rn. 5 – Atalanta/Produktschap voor Vee en Vlees; Rs. C-110/89, Rn. 13 und 15 – Kommission/Griechenland.

291 Siehe *EuGH*, Rs. C-82/07, Rn. 24 – Comisión del Mercado de las Telecommunicaciones.

292 *EuGH*, Rs. C-82/07, Rn. 17 – Comisión del Mercado de las Telecommunicaciones.

293 *EuGH*, Rs. C-82/07, Rn. 17 – Comisión del Mercado de las Telecommunicaciones.

Mitgliedstaaten.[294] Allerdings betonte der EuGH, dass diese nur auf eine Art und Weise ausgeübt werden darf, bei der die Ziele und Pflichten der Richtlinie ausreichend beachtet werden.[295] Da der EuGH die institutionelle Autonomie aus der Richtlinie selbst herleitet und nicht aus Grundprinzipien des (primären) Unionsrechts, spricht bereits dies dafür, dass die institutionelle Autonomie der Mitgliedstaaten aus Sicht des EuGH keine primärrechtliche Kompetenzschranke darstellt, die Organisationsvorgaben in Sekundärrechtsakten ausschließt.

b) Die Rechtssache Kommission/Deutschland

Das zweite Urteil zur institutionellen Autonomie ist ein im Jahr 2009 entschiedenes Vertragsverletzungsverfahren. Allerdings findet sich der Begriff nur in den Schlussanträgen von Generalanwalt *Poiares Maduro*.[296] Die hinter der institutionellen Autonomie steckenden Überlegungen sind jedoch auch im Urteil des EuGH enthalten.

In dem Verfahren klagte die Europäische Kommission gegen eine deutsche Regelung, die den Bereich der sogenannten „Neuen Märkte" dem Grundsatz der Nichtregulierung unterstellte. Dies verstoße nach Auffassung der Kommission gegen die Bestimmungen der Richtlinie. Deutschland entgegnete, dass den Mitgliedstaaten ein Spielraum bei der Umsetzung der Richtlinie verbleibe, den der deutsche Gesetzgeber genutzt habe, indem er einen bestimmten Bereich der Telekommunikationsregulierung vorstrukturiere. Unter Feststellung der weitreichenden Befugnisse der Regulierungsbehörden hinsichtlich der Regulierungsbedürftigkeit eines Marktes[297] stufte der EuGH die deutsche Regelung als unionsrechtswidrig ein, da sie die Entscheidung des europäischen Gesetzgebers für eine exklusiv durch die nationalen Regulierungsstellen vorzunehmende Regulierung unterlaufe.[298] Sofern nationale Normen bestimmte Ziele bei der Regulierung präferieren, sei dies als ein Eingriff in das Ermessen der natio-

294 *EuGH*, Rs. C-82/07, Rn. 24 – Comisión del Mercado de las Telecommunicaciones.

295 *EuGH*, Rs. C-82/07, Rn. 24 – Comisión del Mercado de las Telecommunicaciones.

296 *GA Poiares Maduro*, Rs. C-424/07, Rn. 65.

297 *EuGH*, Rs. C-424/07, Rn. 78 – Kommission/Deutschland; so auch schon zuvor in *EuGH*, Rs. C-55/06, Rn. 153 ff. – Arcor.

298 *EuGH*, Rs. C-424/07, Rn. 78 – Kommission/Deutschland.

nalen Regulierungsbehörde einzustufen. Die Abwägung zwischen den verschiedenen Zielen sei allein Aufgabe der nationalen Regulierungsbehörde.[299]

Die Entscheidung reiht sich damit bezüglich der institutionellen Autonomie der Mitgliedstaaten in die Entscheidung *Comisión del Mercado de las Telecommunicaciones* ein, indem sie die Existenz der nationalen Regulierungsbehörden damit begründet, dass die Regulierungsaufgabe aus organisationsrechtlicher Sicht am besten von Einrichtungen erfüllt werden kann, welche die in der Richtlinie enthaltenen Vorgaben erfüllen. Deutlich wird dies in den Schlussanträgen von Generalanwalt *Poiares Maduro*. Er betonte, dass „selbst die institutionelle Autonomie der Mitgliedstaaten bei der Organisation und Strukturierung der nationalen Regulierungsbehörden [...] dieser Zielverfolgung untergeordnet“[300] sei. Damit wird klar, dass die institutionelle Autonomie nur in den durch die Richtlinie bestehenden Grenzen ausgeübt werden kann.

c) Die Rechtssache Base

Das dritte Urteil zur institutionellen Autonomie erging im Jahr 2010 und wurde durch den belgischen *Grondwettelijk Hof* im Rahmen eines Vorabentscheidungsverfahrens an den EuGH herangetragen.[301] In der Rechtssache ging es um die Frage, ob der nationale Gesetzgeber Aufgaben übernehmen dürfe, die in der Richtlinie zur Telekommunikationsregulierung enthalten sind. Der EuGH betonte, dass die Regulierungsaufgaben nur Institutionen übertragen werden dürften, welche die organisatorischen und funktionellen Voraussetzungen der Richtlinie erfüllen.[302] Dies gelte auch für ein Organ, das legislativ tätig wird. Insofern untersage die Richtlinie nicht generell, dass bestimmte Aufgaben auch von einem gesetzgebenden Organ erfüllt werden können. Allerdings müsse dieses das Fachwissen, die Unabhängigkeit, die Unparteilichkeit und die Transparenz garantieren sowie wirksame Rechtsbehelfe vorsehen, wie es bei den Regulierungsstellen verlangt wird.[303]

---

299 *EuGH*, Rs. C-424/07, Rn. 91 – Kommission/Deutschland.
300 *GA Poiares Maduro*, Rs. C-424/07, Rn. 65 – Kommission/Deutschland.
301 *EuGH*, Rs. C-389/08, Rn. 26 – Base.
302 *EuGH*, Rs. C-389/08, Rn. 27 – Base.
303 *EuGH*, Rs. C-389/08, Rn. 30 – Base.

Aufschlussreich sind die Ausführungen des Generalanwalts *Cruz Villalón*. Dieser hebt hervor, dass „der Gesetzgeber eine besondere Aufgabe im jeweiligen nationalen Rechtssystem erfüllt", und dass es „Gelegenheiten gibt, bei denen diese Aufgabe nicht mit den Aufgaben der NRB [Nationale Regulierungsbehörde, Anm. d. Verf.] vereinbar ist"[304]. Die Regulierungsbehörde sei die „technisch und rechtlich geeignetste Einrichtung"[305] für die Übernahme der Regulierungsaufgaben. Damit habe der europäische Gesetzgeber ein „Gleichgewicht"[306] zwischen den unabhängigen Behörden und den restlichen nationalen Behörden geschaffen, welches die belgische Regelung verletze. Der Generalanwalt geht davon aus, dass der Grundsatz der institutionellen Autonomie nur in den Grenzen ausgeübt werden könne, die der Sekundärrechtsakt bestimmt.

d) Die Rechtssache Wrocław

In der Rechtssache *Wrocław* ging der Generalanwalt *Jääskinen* kurz auf die institutionelle Autonomie ein. Er äußerte sich zwar nicht weiter zum Inhalt dieses Grundsatzes, da es seiner Ansicht nach in diesem Verfahren ohne Belang sei. Er macht aber deutlich, dass dieser Grundsatz seines Erachtens in Art. 4 Abs. 2 EUV, also im Rahmen der Achtung der nationalen Identität, angesiedelt sei.[307]

e) Die Rechtssache Ormaetxea Garai und Lorenzo Almendros

Die 2016 ergangene EuGH-Entscheidung setzt die Rechtsprechungslinie fort. Der Gerichtshof verweist auf die bestehende institutionelle Autonomie der Mitgliedstaaten, macht aber deutlich, dass diese nur unter vollständiger Beachtung der in dem jeweiligen Sekundärrechtsakt festgelegten Ziele und Pflichten ausgeübt werden dürfe.[308]

---

304 *EuGH*, Rs. C-389/08, Rn. 43 – Base.
305 *EuGH*, Rs. C-389/08, Rn. 43 – Base.
306 *GA Cruz Villalón*, Rs. C-389/08, Rn. 54 – Base.
307 *GA Jääskinen*, Rs. C-276/14 – Wrocław.
308 *EuGH*, Rs. C-424/15, Rn. 30 und 49 – Ormaetxea Garai und Lorenzo Almendros; ebenso bereits zuvor in *EuGH*, Rs. C-85/14, Rn. 53 – KPN.

f) Schlussfolgerungen

Aus den drei Urteilen sowie den Schlussanträgen der Generalanwälte ergeben sich Grundsätze zur institutionellen Autonomie:

Erstens erkennt der EuGH die institutionelle Autonomie an, da der Gerichtshof den Ausdruck sogar ausdrücklich verwendet.

Die institutionelle Autonomie bildet – zweitens – jedoch nur den Spielraum ab, der Mitgliedstaaten bei der Umsetzung von Richtlinien zusteht. Es besteht kein primärrechtlich garantierter, autonomer Bereich der nationalen Verwaltungsorganisation. Die institutionelle Autonomie schützt die Mitgliedstaaten nicht vor organisationsrechtlichen Vorgaben der Europäischen Union.[309] Die Einstufung als „faktische Autonomie“[310] oder als „Autonomie unter Vorbehalt“[311] trifft es deswegen begrifflich eher. Die Mitgliedstaaten können aber festlegen, welche nationalen Institutionen für die in der Richtlinie vorgesehenen Aufgaben zuständig sind,[312] sofern die in der Richtlinie aufgestellten Kriterien gewahrt werden. Dieses Verständnis entspricht der „Soweit-Formel“ des EuGH.[313]

Diese Einordnung führt zur dritten Erkenntnis: Die institutionelle Autonomie wird durch die Ziele der Richtlinie beschränkt. Die Struktur und die Organisation der nationalen Institution dürfen nicht derart ausgestaltet sein, dass sie den Zielen der Richtlinie zuwiderlaufen. Damit findet die aus dem Bereich der Verfahrensautonomie bekannte Beschränkung durch das Effektivitätsprinzip auch an dieser Stelle seine Verwendung („vollständige Wirksamkeit“[314]).

Die Ansicht des Generalanwalts *Jääskinen*, nach welcher die institutionelle Autonomie bereits durch Art. 4 Abs. 2 EUV (nationale Identität) geschützt wird, macht deutlich, dass es keiner separaten Kompetenzschranke der institutionellen Autonomie bedarf. Wie bereits gezeigt, können verfassungsrechtliche Grundsätze für die Achtung bestimmter institutioneller

---

309 So auch *W. Kahl*, DV 29 (1996), S. 341 (346); *A. Hatje*, Gemeinschaftsrechtliche Steuerung, 1998, S. 101; *D. Kugelmann*, VerwArch 98 (2007), S. 78 (82).

310 *G. Sydow*, Verwaltungskooperation, 2004, S. 73 m. w. N. in Fn. 64.

311 *D. Kugelmann*, VerwArch 98 (2007), S. 78 (82).

312 Ständige Rechtsprechung, siehe nur *EuGH*, Rs. 33/76, Rn. 5 – Rewe; Rs. C-222/05 bis C-225/05, Rn. 28 – Van der Weerd.

313 *EuGH*, verb. Rs. 205/82 bis 215/82, Rn. 17 – Deutsche Milchkontor; auch zu finden in *EuGH*, Rs. C-298/96, Rn. 24 – Oelmühle Hamburg.

314 *EuGH*, Rs. C-389/08, Rn. 24 – Base; *GA Cruz Villalón* spricht von der „praktischen Wirksamkeit“, siehe Rs. C-389/08, Rn. 36 – Base.

Bestimmungen der Mitgliedstaaten im Rahmen des kompetenzrechtlichen Verhältnismäßigkeitsgrundsatzes Beachtung finden.

E. Unionsrechtliche Kompetenzen zur Regelung des nationalen Verwaltungsorganisationsrechts

Die kompetenzrechtliche Untersuchung ergibt, dass es der EU über die Sachbereiche des Datenschutzrechts, des Statistikrechts und der Binnenmarktharmonisierung hinaus möglich ist, verwaltungsorganisationsrechtliche Vorgaben an die Mitgliedstaaten zu richten. Dies kann jedoch nicht unter Berufung auf verwaltungsrechtliche Normen (Art. 197 AEUV, Art. 298 AEUV oder Art. 41 Abs. 1 GRCh), wohl aber auf Grundlage der Flexibilitätsklausel (Art. 352 AEUV) erfolgen. Letztere Norm ist jedoch gegenüber den Sachkompetenznormen subsidiär anzuwenden.

Allerdings müssen diese Kompetenzen jeweils unter Beachtung des kompetenzrechtlichen Verhältnismäßigkeitsprinzips dahingehend ausgerichtet werden, dass die angestrebten Ziele nicht durch andere, weniger eingreifende Verpflichtungen der Mitgliedstaaten erreicht werden können. Die Achtung der nationalen Identität kann insofern im Rahmen der Abwägung Bedeutung erlangen. Hingegen schafft das (behauptete) Prinzip der institutionellen Autonomie keine zusätzliche Begrenzung. Es besagt lediglich, dass die Mitgliedstaaten eigene organisationsrechtliche Regelungen treffen können, soweit das Unionsrecht keine Vorgaben enthält. Das Unionsrecht darf aber auch das Organisationsrecht nutzen, um die Effektivität normativer Vorgaben zu steuern.[315]

315 Grundsätzlich zur Bedeutung des Organisationsrechts *W. Hoffmann-Riem*, Organisationsrecht als Steuerungsressource, 1997, S. 355 (357 und 368); *G. F. Schuppert*, Verwaltungswissenschaft, 2000, S. 582 ff.; *M. Schmidt-Preuß*, DÖV 2001, S. 45 ff.; *F. Arndt*, DV 39 (2006), S. 100 ff.

Kapitel 5: Unionsrechtliche Organisationsregelungen und das deutsche Recht

Unionsrechtliche Organisationsvorgaben wirken vielfältig auf das deutsche Recht ein. Dabei treten immer wieder Spannungsfelder auf. Um sich diesen Rechtsfragen anzunähern, wird im ersten Teil des Kapitels anhand der drei Referenzgebiete untersucht, welche Vorgaben im EU-Primär- und Sekundärrecht bestehen und inwiefern die deutsche Rechtsordnung diese umgesetzt hat. Der sich daran anschließende Teil befasst sich mit der verfassungsrechtlichen Vereinbarkeit unabhängiger Behörden, die aufgrund des Unionsrechts geschaffen werden müssen. Dabei ist insbesondere das Demokratieprinzip für die verfassungsrechtliche Beurteilung ausschlaggebend, weshalb im dritten Teil mögliche Formen demokratischer Legitimation unionsrechtlich weisungsfrei gestellter Behörden behandelt werden. Im letzten Teil werden die Auswirkungen der Unabhängigkeitsverpflichtung auf das inner-administrative Verhältnis im deutschen Recht aufgezeigt.

Teil 1: Umsetzung unionsrechtlicher Organisationsregelungen

Vor dem Hintergrund der unionsrechtlichen Anforderungen an die Organisationsstrukturen der nationalen Behörden wird die deutsche Rechtslage analysiert. Dies erlaubt es, Umsetzungslücken im deutschen Recht zu bestimmen, sowie Konflikte zwischen europäischen und deutschen Normen zu identifizieren. Dieser Teil untersucht die Umsetzung ins deutsche Recht jeweils sachbereichsspezifisch: Im Telekommunikationsrecht (A.), im Datenschutzrecht (B.) und im Recht der amtlichen Statistik (C.).

A. Telekommunikationsrecht

I. Organisationsstruktur im deutschen Recht: Die Bundesnetzagentur

Die für den Bereich der Telekommunikationsregulierung in Deutschland zuständige Behörde ist mittlerweile[1] die Bundesnetzagentur für Elektrizität, Gas, Telekommunikation, Post und Eisenbahnen (Bundesnetzagentur). Diese ist als selbständige Bundesoberbehörde im Geschäftsbereich des Bundesministeriums für Wirtschaft und Energie (BMWi) angesiedelt (§ 1 Satz 2 BEGTPG). Dass das BMWi die Aufsicht über die Bundesnetzagentur ausübt, folgt aus der Einordnung in den Geschäftsbereich.[2] Dies beinhaltet auch die Befugnis, Einzel- und allgemeine Weisungen zu erteilen.[3]

Die Bundesnetzagentur wird von einem Präsidenten geleitet, der die Geschäftsordnung festlegt. Diese bedarf jedoch der Bestätigung durch das BMWi im Benehmen mit dem Bundesministerium für Verkehr und digitale Infrastruktur (§ 3 Abs. 1 BEGTPG). Der Präsident der Bundesnetzagentur wird auf Vorschlag des Beirats bei der Bundesnetzagentur von der Bundesregierung ernannt. Dieser Beirat besteht aus 32 Mitgliedern, von denen 16 Personen vom Bundestag aus seiner Mitte bestimmt werden. Die restlichen 16 Personen sind Vertreter des Bundesrats, die der jeweiligen Landesregierung angehören oder diese politisch vertreten (§ 5 Abs. 1 BEGTPG). Sofern der Vorschlag des Beirats nicht die Unterstützung der Bundesregierung findet, kann der Beirat einen neuen Vorschlag unterbreiten. Das Letztentscheidungsrecht behält aber stets die Bundesregierung (§ 3 Abs. 3 Satz 5 BEGTPG).

Der Präsident steht zum Bund in einem öffentlich-rechtlichen Amtsverhältnis, das auf fünf Jahre begrenzt ist und einmalig verlängert werden kann (§ 4 Abs. 1 BEGTPG). Die Details des Verhältnisses zwischen dem Präsidenten und dem Bund werden durch einen Vertrag zwischen dem Präsidenten mit dem BMWi im Benehmen mit dem Bundesministerium für Verkehr und digitale Infrastruktur geregelt, welcher der Zustimmung der Bundesregierung bedarf (§ 4 Abs. 4 BEGTPG). Oberste Dienstbehörde der Beamten der Bundesnetzagentur ist das BMWi (§ 3 Abs. 1 BBG). Eine Entlassung des Präsidenten ist nur möglich, wenn ein wichtiger Grund

---

1 Zur Historie siehe *M. Ruffert/Chr. Schmidt*, in: Säcker, Telekommunikationsgesetz, 2013, § 116 TKG Rn. 3 ff.

2 *G. Bender*, K&R 2001, S. 506 (508).

3 *L. Gramlich*, CR 1998, S. 463 (465); *W. Eschweiler*, K&R 2001, S. 238 (239).

vorliegt. Dieser besteht, wenn der Präsident nicht mehr die Voraussetzungen für das Amt erfüllt, insbesondere wenn er sich eines erheblichen Fehlverhaltens schuldig gemacht hat (§ 4 Abs. 5 BEGTPG).

II. Vereinbarkeit mit dem Unionsrecht

Die organisationsrechtlichen Vorgaben der Rahmenrichtlinie Telekommunikation sind detailliert. Die Bundesrepublik Deutschland hatte diese bis zum 26. Mai 2011 umzusetzen.[4] Inwieweit dies gelungen ist, zeigen die folgenden Ausführungen.

1) Verwaltungsaufsicht

In Bezug auf die Unabhängigkeit der Bundesnetzagentur muss zwischen der funktionalen und der politischen Unabhängigkeit unterschieden werden.

a) Funktionale Unabhängigkeit

Die funktionale Unabhängigkeit im europäischen Telekommunikationsrecht, d.h. die Trennung zwischen staatlicher Aufsicht und der Beteiligung an Telekommunikationsunternehmen, ist in Deutschland hinreichend gewahrt. Zwar ist der Bund mit etwa 32% immer noch am ehemaligen Staatsmonopolisten, der Deutschen Telekom AG (DTAG), beteiligt,[5] aber die Rechte als Anteilseigner übt die Bundesanstalt für Post und Telekom-

---

4 Art. 5 Abs. 1 der Richtlinie 2009/140/EG des Europäischen Parlaments und des Rates vom 25. November 2009 zur Änderung der Richtlinie 2002/21/EG über einen gemeinsamen Rechtsrahmen für elektronische Kommunikationsnetze und -dienste, der Richtlinie 2002/19/EG über den Zugang zu elektronischen Kommunikationsnetzen und zugehörigen Einrichtungen sowie deren Zusammenschaltung und der Richtlinie 2002/20/EG über die Genehmigung elektronischer Kommunikationsnetze und -dienste, ABl. L 337 vom 18.12.2009, S. 37–69.

5 Die Bundesrepublik selbst hält 14,5 % der Aktien, die staatliche KfW nochmals 17,4 %; dies macht einen Anteil von 31,9 % der Aktien der DTAG aus, die sich im Besitz des deutschen Staates befinden; siehe http://www.telekom.com/aktionaersstruktur (Stand: 30. September 2019).

munikation Deutsche Bundespost (BPTDB) aus. Sie ist gemäß § 1 Abs. 2 Satz 1 BAPostG eine rechtsfähige Anstalt des öffentlichen Rechts, die 1994 errichtet wurde, um die Rechte und Pflichten des Bundes, die noch aus dem ehemaligen Staatsunternehmen Deutsche Post herrühren, wahrzunehmen. Die Rechts- und Fachaufsicht über die BPTDB übt das Bundesfinanzministerium aus (§ 2 BAPostG), während das BMWi die Aufsicht über die Bundesnetzagentur innehat. Aufgrund des ministeriellen Kollegialprinzips (Art. 65 Satz 1 GG), d.h. der Trennung in Ressorts, auf die andere Minister keinen Zugriff haben, wird die funktionale Unabhängigkeit auf diese Weise ausreichend gewahrt.[6]

b) Politische Unabhängigkeit

aa) Ausschluss der Fach- und Rechtsaufsicht

Die RRL-TK lässt es nicht zu, der nationalen Regulierungsbehörde Weisungen zu erteilen, wenn es um die Vorabregulierung des Marktes oder die Beilegung von Streitigkeiten zwischen Unternehmen geht (politische Unabhängigkeit[7]). Das deutsche Recht sieht hingegen sowohl die Fach- als auch die Rechts- und die Dienstaufsicht weiterhin vor. Aus dem Umstand, dass die Bundesnetzagentur eine „selbständige" Bundesoberbehörde ist, folgt kein Ausschluss des Weisungsrechts.[8]

Dass der Sekundärrechtsakt Weisungen untersagt, ergibt sich aus dem eindeutigen Wortlaut, aber wie sich dieses Weisungsverbot in die deutsche Verwaltungsaufsicht einfügt, ist Gegenstand von Kontroversen. Die Fach-

---

6 *K. Oertel*, Regulierungsbehörde, 2000, S. 171; *W. Eschweiler*, K&R 2001, S. 238 (239 f.); *T. von Danwitz*, DÖV 2004, S. 977 (979); *J. Kühling*, Netzwirtschaften, 2004, S. 380; *T. Mayen*, DÖV 2004, S. 45 (51); *J.-Chr. Pielow*, DÖV 2005, S. 1017 (1019); *Chr. Schmidt*, DÖV 2005, S. 1025 (1028); *ders.*, NVwZ 2006, S. 907 (909); *T. Fetzer/T. Groß*, in: Arndt/Fetzer/Scherer, Telekommunikationsgesetz, 2008, § 116 TKG Rn. 20.

7 *B. Holznagel/P. Schumacher*, Jura 2012, S. 501.

8 A. A.: *T. Attendorn/M. Geppert*, in: Geppert/Schütz, Telekommunikationsgesetz, 2013, § 116 TKG Rn. 15; *M. Ruffert/Chr. Schmidt*, in: Säcker, Telekommunikationsgesetz, 2013, § 116 TKG Rn. 17.

aufsicht wird weitgehend für unzulässig erachtet.[9] Dies sei auch mit der deutschen Verfassung vereinbar, da ein sachlicher Grund für die fehlende Fachaufsicht mit Art. 87f Abs. 2 Satz 2 GG bestehe.[10] Strittig ist aber, ob die Rechtsaufsicht zulässig ist. Die Befürworter verweisen auf die in der Richtlinie vorhandene Formulierung, nach der das Weisungsverbot „einer Aufsicht im Einklang mit dem nationalen Verfassungsrecht" nicht entgegensteht,[11] oder sehen keine andere Möglichkeit, die Verpflichtung aufgrund der „verfassungsrechtlich vorgegebenen Situation"[12] umzusetzen. Zudem spreche das Loyalitätsgebot des Unionsrechts dafür, effektive Aufsichtsmaßnahmen der Regierungsstellen vorzusehen. Damit grenze sich die Regelung im Telekommunikationsrecht zu Vorgaben im Energie- und Datenschutzrecht ab.[13]

Ein unionsrechtliches Verbot der Rechtsaufsicht kann jedenfalls nicht pauschal damit entkräftet werden, dass die deutsche Verfassung eine derartige Situation nicht zulasse. Die Auslegung einer EU-Richtlinie muss autonom unionsrechtlich erfolgen. Im Unabhängigkeitsregime des europäischen Verwaltungsverbundes ist die Rechtsaufsicht aber die Ausnahme, die absolute Weisungsfreistellung hingegen der Regelfall.[14] Insofern ist eine Rechtsaufsicht nur zulässig, wenn diese im Sekundärrechtsakt festgelegt ist. Dass gemäß Art. 3 Abs. 3a Satz 2 RRL-TK Aufsichtsmaßnahmen im Rahmen des Verfassungsrechts erlaubt sind, bezieht sich aber nicht auf die Rechtsaufsicht. Der Rat hatte diese Formulierung im Rahmen des Gesetzgebungsverfahrens eingefügt und in der Begründung darauf hingewiesen, dass es um die „Überwachung"[15] der Regulierungsstellen geht. Damit

---

9 *M. Ludwigs*, DV 44 (2011), S. 41 (46); *K. Ruge*, in: Schmidt-Bleibtreu/Hofmann/Henneke, Grundgesetz, 2014, Art. 87f Rn. 28; anders aber: *T. Mayen*, in: Scheurle/ders., Telekommunikationsgesetz, 2008, § 116 TKG Rn. 16.

10 Siehe allgemein zur Konstruktion unabhängiger Stellen als verfassungsrechtlich zu rechtfertigender Ausnahme in Kapitel 2, Teil 2, F.

11 *J. Kühling*, Telekommunikationsverwaltungsrecht, 2011, Rn. 44; *B. Holznagel/P. Schumacher*, Jura 2012, S. 501 (506); anders aber: *K. F. Gärditz*, AöR 135 (2010), S. 251; *M. Ludwigs*, DV 44 (2011), S. 41 (45 ff.); *W. Durner*, VVDStRL 70 (2011), S. 398 (406).

12 *U. Ellinghaus*, CR 2010, S. 20 (24).

13 *M. Ruffert/Chr. Schmidt*, in: Säcker, Telekommunikationsgesetz, 2013, § 116 TKG Rn. 20; eine parallele Entwicklung stellen aber fest *J. Gundel/C. F. Germelmann*, EuZW 2009, S. 763 (768); *W. Durner*, VVDStRL 70 (2011), S. 398 (406 in Fn. 26).

14 Siehe dazu ausführlich in Kapitel 2, Teil 2, F.

15 *Rat der Europäischen Union*, Interinstitutionelles Dossier, 2007/0247 (COD), S. 4.

sollte sichergestellt werden, dass die unabhängigen Behörden weiterhin der gerichtlichen und parlamentarischen Kontrolle sowie der Aufsicht durch Exekutivinstitutionen wie Rechnungshöfe, Datenschutzbeauftragte oder Antikorruptionsstellen unterliegen, jedenfalls soweit die Unabhängigkeit nicht verletzt wird. Für dieses Verständnis spricht auch, dass die auf Art. 3 Abs. 3a RRL-TK folgenden Sätze auf die gerichtliche Kontrolle der unabhängigen Regulierungsbehörden eingehen. Ferner hat der EuGH deutlich gemacht, dass diese Formulierung insbesondere parlamentarische Formen der finanziellen Kontrolle – auch ex ante – zulasse.[16]

Ein Unabhängigkeitsverständnis, nach dem auch die Rechtsaufsicht unzulässig ist, reiht sich in die entsprechenden Vorgaben im Energierecht ein.[17] Weshalb bei der Telekommunikationsregulierung ein Bedürfnis nach einer geringeren politischen Unabhängigkeit bestehen soll, erklärt sich aus der Regulierungsbedürftigkeit des Bereichs nicht.

bb) Faktische Unabhängigkeit

Im deutschen Recht sind aber Vorgaben an Weisungen vorgesehen, die als faktische Unabhängigkeit bezeichnet werden können. Zum einen werden die förmlichen Entscheidungen in Beschlusskammern getroffen, die gerichtsähnlich aufgebaut sind (vgl. § 132 TKG). Auch diese unterstehen aber der Weisungsbefugnis des BMWi.[18] Insofern führen sie nur zu einem geringen Grad, nämlich aufgrund ihrer Kollegialstruktur, zu einer Beschränkung des Weisungsrechts.

Zum anderen müssen Weisungen aller Art öffentlich gemacht werden (vgl. § 117 TKG), d.h. sowohl Einzel- wie auch allgemeine Weisungen unterliegen einer Publikationspflicht, müssen aber nicht öffentlich begründet

---

16 *EuGH*, Rs. C-240/15, Rn. 37 f. – Autorità per le Garanzie nelle Communicazioni.

17 Art. 35 Abs. 4 lit. b) ii), Abs. 5 lit. a) der Richtlinie 2009/72/EG des Europäischen Parlaments und des Rates vom 13. Juli 2009 über gemeinsame Vorschriften für den Elektrizitätsbinnenmarkt und zur Aufhebung der Richtlinie 2003/54/EG, ABl. L 211 vom 14.8.2009, S. 55–93 (Strom-RL); Art. 39 Abs. 4 lit. b) ii), Abs. 5 lit. a) der Richtlinie 2009/73/EG des Europäischen Parlaments und des Rates vom 13. Juli 2009 über gemeinsame Vorschriften für den Erdgasbinnenmarkt und zur Aufhebung der Richtlinie 2003/55/EG, ABl. L 211 vom 14.8.2009, S. 94–136 (Gas-RL).

18 *T. Attendorn/M. Geppert*, in: Geppert/Schütz, Telekommunikationsgesetz, 2013, § 117 TKG Rn. 9.

werden.[19] Die Publikationspflicht soll der Transparenz des Handelns dienen und die Kontrolle durch die Öffentlichkeit ermöglichen.[20] Sie könnte die Unabhängigkeit der Bundesnetzagentur insofern gewährleisten, als dass sich die Leitung des Ministeriums öffentlichem Druck aussetzen müsste, wenn sie eine Weisung erteilt, die das geplante Vorgehen der Bundesnetzagentur untersagt. Dies könnte sie vom Ausüben des Weisungsrechts abhalten. Die Unabhängigkeit wäre also nicht rechtlich, wohl aber faktisch gesichert. Ob dies den Anforderungen der Richtlinie gerecht wird, ist bislang nicht gerichtlich entschieden worden.[21]

Mit der Publikationspflicht ist das deutsche Recht einen Schritt in Richtung der unionsrechtlichen Regelungsintention gegangen: Dass eine Weisung öffentlich nachvollziehbar ist, führt vermutlich dazu, dass vom Weisungsrecht eher zurückhaltend Gebrauch gemacht wird. Es ist möglich, den Inhalt der Weisung zum Gegenstand politischer Auseinandersetzungen zu machen.

Die Regelung in § 117 TKG geht allerdings nicht weit genug, um den unionsrechtlichen Anforderungen vollständig Rechnung zu tragen.[22] Dem unionsrechtlichen Unabhängigkeitsverständnis nach liegt bereits in der Möglichkeit, Weisungen zu erteilen, eine Verletzung der Unabhängigkeit. Es muss ausgeschlossen sein, dass die Behörde im Wege vorauseilenden Gehorsams dem Erlass einer Weisung zuvorkommen möchte und sich deshalb am Willen des Ministeriums ausrichtet. Die Publikationspflicht könnte dazu mit einem Überprüfungsverfahren ausgestattet werden, welches die Rechtmäßigkeit der Weisungen kontrolliert. Dazu müsste eine Begründungspflicht für Weisungen verankert und gesetzlich Kriterien festgelegt werden, die zum Erlass einer Weisung berechtigen, um den unionsrechtlichen Anforderungen gerecht zu werden.

Eine weitere Problematik der deutschen Regelung liegt darin, dass die Missachtung der Publikationspflicht nicht dazu führt, dass die Weisung gegenstandslos wird. Die Publikationspflicht ist nicht als eine Verfahrens-

---

19 Dass eine solche aus rechtspolitischen Gründen zu begrüßen ist, betont *J. Masing*, Recht der Regulierungsverwaltung, 2006, S. D 94.

20 *Chr. Schmidt*, DÖV 2005, S. 1025 (1030); *M. Ruffert/Chr. Schmidt*, in: Säcker, Telekommunikationsgesetz, 2013, § 117 TKG Rn. 1.

21 In der Literatur wird teilweise davon ausgegangen, dass die faktische Sicherung der Unabhängigkeit der Bundesnetzagentur den Vorgaben der Richtlinie entspricht, siehe *W. Ulmen/T. K. Gump*, CR 1997, S. 396 (402); *J. Kühling*, Netzwirtschaften, 2004, S. 383.

22 *B. Holznagel/P. Schumacher*, Jura 2012, S. 501 (502).

oder Formvorschrift, sondern als eine selbständige Verpflichtung des BMWi ausgestaltet.[23] Damit führt die Nichtbeachtung der Publikationspflicht weder zur Rechtswidrigkeit der Weisung noch der auf dieser beruhenden Entscheidung.[24] Weiterhin können Weisungen als verwaltungsinterne Regelungen nicht durch Bürger oder Unternehmen angefochten werden.[25] Die Kontrolle ist dadurch erheblich eingeschränkt. Zuletzt besteht die Publikationspflicht nur rechtsbereichsspezifisch, also in § 117 TKG nur für Aufgaben im Telekommunikationsbereich. Dadurch besteht die Gefahr, dass Weisungskompetenzen des Ministeriums in anderen Aufgabenbereichen der Bundesnetzagentur Einfluss auf die durch die Publikationspflicht geschützten Bereiche nehmen.[26]

Die faktische Begrenzung der Einflussnahme auf die Bundesnetzagentur durch die Publikationspflicht ist zwar ein unionsrechtskonformer Ansatz, der jedoch in seiner momentanen Gestaltung nicht weit genug geht, um der unionsrechtlich geforderten Weisungsunabhängigkeit zu entsprechen. Bestimmte Formen der Rechtsaufsicht sind aus unionsrechtlicher Perspektive jedoch nicht grundsätzlich ausgeschlossen. Es bedarf aber stets unbedingter und klarer Kriterien für das Weisungsrecht.[27]

cc) Dienstaufsicht

Die Dienstaufsicht über den Präsidenten der Bundesnetzagentur übt das BMWi aus. Der Präsident der Bundesnetzagentur wiederum steht als Leiter sowie gerichtlicher und außergerichtlicher Vertreter (§ 3 Abs. 1 Satz 1 und Satz 2 BEGTPG) an der Spitze einer monokratischen Behördenstruktur. Er übt gegenüber den Mitarbeitern der Bundesnetzagentur die Dienstaufsicht aus.

---

23 *T. Attendorn/M. Geppert*, in: Geppert/Schütz, Telekommunikationsgesetz, 2013, § 117 TKG Rn. 13.

24 *T. Mayen*, in: Scheurle/ders., Telekommunikationsgesetz, 2008, § 117 TKG Rn. 4; *M. Ruffert/Chr. Schmidt*, in: Säcker, Telekommunikationsgesetz, 2013, § 117 TKG Rn. 7.

25 *VG Köln*, Urt. v. 19. April 2002, Az. 25 K 10571/98, JurionRS 2002, 32897 – Amateurfunklizenz.

26 Für eine einheitliche Regelung, allerdings ohne Erwähnung der Unionsrechtswidrigkeit bei *J. Masing*, Recht der Regulierungsverwaltung, 2006, S. D 94.

27 Dies folgt aus *EuGH*, Rs. C-614/10, Rn. 63 ff. – Kommission/Österreich.

Dass die Dienstaufsicht über die Mitarbeiter der Bundesnetzagentur beim Präsidenten angesiedelt ist, verstößt nicht gegen die unionsrechtliche Verpflichtung zur funktionalen oder politischen Unabhängigkeit. Hingegen ist die Ausübung der Dienstaufsicht durch das BMWi gegenüber dem Präsidenten grundsätzlich unionsrechtswidrig, da sie mit der politischen Unabhängigkeit i.S.d. RRL-TK nicht zu vereinbaren ist.

Eine Ausnahme gilt für Formen der Dienstaufsicht, in denen die Gefahr unzulässiger Einflussnahme durch die aufsichtführende Institution nicht besteht. Diese müssen aber, um unionsrechtskonform zu sein, gesetzlich klar geregelt sein, und zwar unter Aufführung der der Dienstaufsicht unterfallenden Befugnisse der aufsichtführenden Stelle.

2) Ernennung/Entlassung des Leitungspersonals

Die Unabhängigkeit einer Institution kann nur gewahrt werden, wenn auf Ebene des Personals ebenfalls ausreichende Sicherungen bestehen. Im deutschen Recht dienen die Inkompatibilitätsregelungen in § 4 Abs. 3 BEGTPG diesem Ziel. Damit wird der EU-Richtlinie entsprochen, die von der Regulierungsbehörde eine transparente und unparteiische Aufgabenerfüllung verlangt (Art. 3 Abs. 3 RRL-TK). Hingegen ist es kritisch zu hinterfragen, dass die bei der Bundesnetzagentur vorgesehenen Stellen mit Personen besetzt werden können, die zuvor im aufsichtführenden Ministerium gearbeitet haben. Dass dies zu einer gewissen „Vorprägung“ führen kann, welche der politischen Unabhängigkeit der Bundesnetzagentur entgegensteht, ist jedenfalls nicht ausgeschlossen. Gleichwohl ist deren Expertise für die Arbeit der Bundesnetzagentur wichtig. Dies berücksichtigt auch die RRL-TK. Insofern folgt aus der Unabhängigkeitsvorgabe der RRL-TK nicht, dass das Personal zuvor nicht im BMWi tätig gewesen sein darf.

Die Ernennung des Präsidenten der Bundesnetzagentur erfolgt durch das Zusammenwirken des Beirats mit der Bundesregierung, wobei letztere im Zweifelsfall das Letztentscheidungsrecht innehat. Da die Bundesregierung auch selbst den Präsidenten ernennen könnte, ist diese Regelung aus unionsrechtlicher Perspektive unbedenklich. Für die Ernennung sieht die Richtlinie ausdrücklich keine Anforderungen vor. Es wäre der Unabhängigkeit aber nicht abträglich, wenn das Leitungsgremium nur mit Personen besetzt werden darf, die über ausreichende Fachkunde zur Erfüllung ihrer Aufgabe verfügen. Auf diese Weise könnte darauf hingewirkt werden, dass sich die Tätigkeit der Behörde insbesondere an fachlichen Kriterien orientiert. Eine derartige Voraussetzung kann aus der Unabhängigkeitsvorgabe der RRL-TK jedoch nicht gefolgert werden, da eine Person auch dann über ausreichende Unabhängigkeit i.S.d. RRL-TK verfügen kann, wenn sie sich erst nach der Ernennung mit den fachlichen Vorgaben vertraut macht. Leitungsaufgaben bedürfen zudem in stärkerem Maße Fähigkeiten des Verwaltungsmanagements als fachspezifische Kenntnisse.

Die Entlassung des Präsidenten der Bundesnetzagentur ist auf Antrag des BMWi möglich, wenn die Bundesregierung dies beschließt. Ein solcher Beschluss darf aber nur getroffen werden, wenn ein wichtiger Grund vorliegt, der anzunehmen ist, wenn der Präsident nicht mehr die Voraussetzungen für die Ausübung des Amtes erfüllt (§ 4 Abs. 5 Satz 2 und Satz 3 BEGTPG). Damit besteht – wie unionsrechtlich gefordert – eine im Gesetz festgelegte Voraussetzung für die Entlassung aus dem Amt. Den Mitgliedstaaten steht ein Einschätzungsspielraum bezüglich der Kriterien zu, die für eine Entlassung notwendig sind. Lediglich willkürliche Maßnahmen sind ausgeschlossen. Dies muss insbesondere durch eindeutige Kriterien und Formulierungen im Gesetz sichergestellt sein.

Bei der deutschen Regelung könnten diesbezüglich Zweifel aufgrund des allgemein gehaltenen Ausdrucks „wichtiger Grund" bestehen. Allerdings erfolgt durch den Hinweis auf ein erhebliches Fehlverhalten in der Norm eine Einschränkung, wenn auch keine begriffsjuristische Klärung. Mit dem Ausdruck wollte der Gesetzgeber nicht auf die Entlassung „aus zwingenden Gründen" (§ 32 BBG) verweisen, da deren Fälle für die Funktion des Präsidenten der Bundesnetzagentur nicht passend sind. Als einen wichtigen Grund sind aber sicherlich die Rücknahmegründe (§ 14 BBG) und die Entlassungsgründe für Beamte auf Lebenszeit (§ 31 BBG; § 10 BBG i. V. m. § 77 BBG) zu zählen. Hingegen reichen die Regelungen über die Entlassung politischer Beamter (§ 36 BBG), von Beamten auf Widerruf (§ 37 BBG), von Beamten auf Probe (§ 34 BBG) und von Beamten in Führungsämtern auf Probe (§ 35 BBG) nicht aus. Mit dem Verweis auf das erhebliche Fehlverhalten wird ferner deutlich, dass der Entlassungsgrund in der Person des Präsidenten liegen muss und äußere Umstände wie der Wechsel der Bundesregierung nicht erfasst werden. Nicht ausreichend ist es ferner, wenn das Vertrauen der Bundesregierung in die Person des Präsidenten erschüttert ist.[28] Es bedarf eines tatsächlich nachweisbaren Grun-

28 *K. Oertel*, Regulierungsbehörde, 2000, S. 214.

des, der die mangelnde Eignung der Person für das Amt des Präsidenten der Bundesnetzagentur belegt. Ein gerichtlich nicht nachprüfbarer politischer Einschätzungsspielraum bezüglich des wichtigen Grundes besteht nicht, da die Bestimmung richtlinienkonform auszulegen ist und die RRL-TK eine gesetzlich geschützte Stellung verlangt, die nicht allein vom Vertrauen der Regierung abhängig ist.

3) Finanzielle Unabhängigkeit

Weder das TKG noch das BEGTPG sehen Regelungen zur finanziellen Ausstattung der Bundesnetzagentur vor. Allerdings folgt aus dem Umstand, dass die Bundesnetzagentur eine „selbständige Bundesoberbehörde" i.S.d. Art. 87 Abs. 3 GG ist, dass diese einen eigenen Haushaltstitel im Einzelplan des BMWi erhalten muss.[29] Die Stellung als Bundesoberbehörde sichert ihr zudem die Personalhoheit[30] sowie die Organisations- und Finanzhoheit.[31]

Aus dem Unionsrecht folgt zusätzlich die Verpflichtung, dass die Behörde mit angemessenen personellen und finanziellen Ressourcen auszustatten ist. Die angemessene Ausstattung müsste im deutschen Recht gesetzlich festgeschrieben sein, um den unionsrechtlichen Anforderungen gerecht zu werden. Denn die Gefahr der unzulässigen Einflussnahme wird insbesondere auch dadurch ausgeschlossen, dass der Wortlaut des Gesetzes Sicherungen der Unabhängigkeit enthält, die es der Regierung erschweren, die Unabhängigkeit in Frage zu stellen.

B. Datenschutzrecht

I. Organisationsstrukturen im deutschen Recht

In Deutschland wurden zahlreiche Landesdatenschutzgesetze nach dem Urteil des EuGH zu den deutschen Datenschutzaufsichtsbehörden geän-

---

29 *T. Attendorn/M. Geppert*, in: Geppert/Schütz, Telekommunikationsgesetz, 2013, § 116 TKG Rn. 15.

30 *K. Oertel*, Regulierungsbehörde, 2000, S. 209 ff.

31 *Chr. Schmidt*, DÖV 2005, S. 1025 (1027); *T. Mayen*, in: Scheurle/ders., Telekommunikationsgesetz, 2008, § 116 TKG Rn. 11.

dert. Das Bundesdatenschutzgesetz wurde 2015 mit Wirkung zum 1. Januar 2016 geändert. Diese Änderungen mussten die Vorgaben zur völligen Unabhängigkeit i.S.d. Datenschutzrichtlinie vollständig umsetzen. Mit Geltung der Datenschutz-Grundverordnung zum 25. Mai 2018 wurden die Bundes- und Landesdatenschutzgesetze erneut angepasst, auch im Hinblick auf die organisationsrechtlichen Anforderungen.

1) Der Bundesbeauftragte für den Datenschutz und die Informationsfreiheit

Der Bundesdatenschutzbeauftragte ist seit 1978 für die Kontrolle der datenschutzrechtlichen Bestimmungen auf Bundesebene zuständig. Aufgrund des § 12 Abs. 2 IFG ist er seit 2006 zudem der Bundesbeauftragte für die Informationsfreiheit. Seine vollständige Bezeichnung lautet deshalb Bundesbeauftragter für den Datenschutz und die Informationsfreiheit (BfDI).

a) Organisationsrechtliche Ausgestaltung

Der BfDI steht zum Bund in einem öffentlich-rechtlichen Amtsverhältnis (§ 22 Abs. 4 Satz 1 BDSG a.F./§ 12 Abs. 1 BDSG n.F.) und ist damit weder Beamter noch Angestellter.[32] Als Vorbild dienten die Regelungen zu den Bundesministern und den Parlamentarischen Staatssekretären (§ 1 BMinG und § 1 Abs. 3 ParlStG). Es ist ein besonderes Rechtsverhältnis, auf welches das Beamtenrecht nur beschränkt Anwendung findet.[33]

Ferner ist in § 22 Abs. 4 Satz 2 BDSG a.F./§ 10 Abs. 1 BDSG n.F. festgelegt, dass der BfDI in der Ausübung seines Amtes unabhängig ist. Bis zum 31. Dezember 2015 unterstand er noch der Rechtsaufsicht durch die Bundesregierung und der Dienstaufsicht durch das Bundesministerium des Innern (BMI). Der BfDI war dem BMI weder nachgeordnet noch eingegliedert, sondern bei diesem mit eigenen Zuständigkeiten angegliedert.[34] Die Rechts- und Dienstaufsicht wurde mit Wirkung zum 1. Januar 2016

---

32 *P. Gola/R. Schomerus*, Bundesdatenschutzgesetz, 2015, § 23 BDSG Rn. 1.

33 *U. Dammann*, in: Simitis, Bundesdatenschutzgesetz, 2014, § 22 BDSG Rn. 14.

34 *W. Müller*, JuS 1985, S. 497 (502); *H. Heil*, Bundesbeauftragter für den Datenschutz, 2003, Rn. 34.

ersatzlos gestrichen.[35] Zudem erhielt der BfDI die Rechtsstellung einer obersten Bundesbehörde (§ 22 Abs. 5 Satz 1 BDSG a.F./§ 8 Abs. 1 Satz 1 BDSG n.F.). Damit wurde er aus dem Organisationsrahmen des BMI herausgelöst und verfügt nun über einen eigenen Verwaltungsunterbau. Er ist seitdem auch oberste Dienstbehörde der beim BfDI beschäftigten Bundesbeamten.

Der BfDI wird vom Deutschen Bundestag auf Vorschlag der Bundesregierung auf fünf Jahre mit einfacher Mehrheit gewählt und kann einmalig wiedergewählt werden (§ 22 Abs. 1 und 3 BDSG a.F./§ 11 Abs. 1 und 3 BDSG n.F.). Eine Entlassung gegen seinen Willen ist nur möglich, wenn der Präsident des Bundestags dem Bundespräsidenten einen entsprechenden Vorschlag unterbreitet und ein Entlassungsgrund besteht. Bis zur Neuregelung des Bundesdatenschutzgesetzes im Jahr 2018 waren dies Gründe, die bei einem Richter auf Lebenszeit die Entlassung aus dem Dienst rechtfertigen (§ 23 Abs. 1 Satz 3 BDSG a.F.). Die Norm verwies auf die §§ 21 und 24 DRiG, wobei die dort aufgeführten Fälle nur insoweit Anwendung fanden, wie sie auf seine Stellung übertragbar waren.[36] Trotz der Regelung des § 21 Abs. 3 DRiG bedurfte die Entlassung nicht eines Gerichtsurteils.[37] Allerdings konnte der BfDI gegen seine Entlassung Klage einreichen.[38] Seit der Neuregelung des Bundesdatenschutzgesetzes von 2018 ist eine Entlassung nur möglich, wenn der BfDI eine schwere Verfehlung begangen hat oder er die Voraussetzungen für die Wahrnehmung seiner Aufgaben nicht mehr erfüllt (§ 12 Abs. 2 Satz 3 BDSG n.F.).

Zur Ausstattung mit Personal- und Sachmitteln findet sich im Gesetz keine Regelung. Zu Teilen wird die angemessene Ausstattung mit Personal- und Sachmitteln jedoch aus der Vielfalt der Aufgaben und dem Umfang der zu kontrollierenden Stellen gefolgert.[39] Der Gesetzgeber hielt die Aufnahme einer gesonderten Bestimmung zur notwendigen Ausstattung für nicht erforderlich, da dies bereits aus der Stellung als oberste Bundesbehörde folge.[40]

---

35 Zweites Gesetz zur Änderung des Bundesdatenschutzgesetzes, BGBl. 2015, Teil I, Nr. 7, S. 162 ff.; zur Neuregelung *K. von Lewinski*, ZG 2015, S. 228 (231 ff.); *A. Roßnagel*, ZD 2015, S. 106 ff.; *S. Thomé*, VuR 2015, S. 130 ff.

36 *P. Gola/R. Schomerus*, Bundesdatenschutzgesetz, 2015, § 23 BDSG Rn. 2.

37 *H.-J. Schaffland/N. Wiltfang*, Bundesdatenschutzgesetz, 2014, § 23 BDSG Rn. 4.

38 *U. Dammann*, in: Simitis, Bundesdatenschutzgesetz, 2014, § 23 BDSG Rn. 5.

39 *P. Gola/R. Schomerus*, Bundesdatenschutzgesetz, 2015, § 22 BDSG Rn. 12.

40 BT-Drs. 18/2848, S. 16.

Sofern der BfDI über Kompetenzen zur Datenschutzkontrolle verfügt, konnte er bis zur Neuregelung des Bundesdatenschutzgesetzes im Jahr 2018 lediglich die Verletzung datenschutzrechtlicher Bestimmungen beanstanden (§ 25 BDSG a.F.). Ihm standen aber weder Eingriffsbefugnisse noch Weisungsrechte gegenüber anderen öffentlichen Einrichtungen zu.[41] Zudem traf ihn eine periodische Berichtspflicht gegenüber dem Deutschen Bundestag und er hatte Bundeseinrichtungen hinsichtlich datenschutzrechtlicher Fragen zu beraten (§ 26 Abs. 1 und 2 BDSG a.F.).

Mit Geltung der Datenschutz-Grundverordnung und der Neuregelung des BDSG im Jahr 2018 haben sich die Aufgaben und Befugnisse des BfDI verändert (§§ 14, 16 BDSG n.F.). Er darf nun die Befugnisse des Art. 58 DSGVO ausüben, muss aber vor der Ausübung bestimmter Maßnahmen gegenüber einer Behörde deren Rechts- oder Fachaufsichtsbehörde Gelegenheit zur Stellungnahme geben (§ 16 Abs. 1 Satz 2 BDSG n.F.). Außerhalb des Anwendungsbereichs der Datenschutz-Grundverordnung ist es bei einem Beanstandungsrecht geblieben (§ 16 Abs. 2 BDSG n.F.).

b) Vereinbarkeit mit dem Unionsrecht

aa) Fach-, Rechts- und Dienstaufsicht

Bis Ende 2015 enthielt das Bundesdatenschutzgesetz noch die Rechtsaufsicht durch die Bundesregierung und die Dienstaufsicht durch das BMI, obwohl die Entscheidungen des EuGH zu den Datenschutzaufsichtsbehörden eine derartige Regelung eindeutig für unionsrechtswidrig erklärt hatten.[42] Unter der alten Rechtslage wurde die völlige Unabhängigkeit auch nicht dadurch gewahrt, dass rechtsaufsichtsrechtliche Maßnahmen prozedural beschränkt waren, indem die Bundesregierung als Kollegialorgan die

---

41 *H.-J. Schaffland/N. Wiltfang*, Bundesdatenschutzgesetz, 2014, § 22 BDSG Rn. 2; *J. Taeger*, Datenschutzrecht, 2014, III., Rn. 220.

42 So zur alten Rechtslage *U. Dammann*, in: Simitis, Bundesdatenschutzgesetz, 2014, § 22 BDSG Rn. 16, 19 und 23; anders aber: *H.-J. Schaffland/N. Wiltfang*, Bundesdatenschutzgesetz, 2014, § 22 BDSG Rn. 8, die dienstaufsichtsrechtliche Maßnahmen nur als ultima ratio für zulässig halten; *T. B. Petri*, in: Simitis, Bundesdatenschutzgesetz, 2014, § 38 BDSG Rn. 14, hält die Dienstaufsicht für beschränkt zulässig, wenn sie die Unabhängigkeit der Entscheidungsfindung nicht antastet; für eine Beschränkung auf grobe Pflichtverletzungen bei *W. Ziebarth*, CR 2013, S. 60 (66); ähnlich *E. M. Frenzel*, DÖV 2010, S. 925 (928).

Entscheidung treffen musste. Denn es muss bereits der Anschein der Parteilichkeit vermieden werden. Dem entspricht nur eine Rechtslage, bei der gesetzlich klargestellt ist, dass keine Weisung durch Regierungsstellen erfolgen darf, ohne dass deren Voraussetzungen, Inhalt und Reichweite bestimmbar sind. Sofern angenommen wurde, dass die Rechtsaufsicht einschränkend nur dann ausgeübt werden durfte, wenn der BfDI ihm gesetzlich übertragene Entscheidungen traf, nicht aber wenn er sich beispielsweise öffentlich äußerte oder beratend tätig wurde,[43] findet sich hierfür keine überzeugende Grundlage. Der EuGH macht keinen Unterschied bezüglich der Tätigkeit der Datenschutzaufsichtsbehörden im Rahmen der Datenschutzrichtlinie. Dies ist auch überzeugend, da bereits die drohende Gefahr einer Weisung in anderen Bereichen ausreicht, um die autonome Ausübung des Amtes zu beschränken. Die Rechtsaufsicht in § 22 Abs. 4 Satz 3 BDSG a.F. wurde aber nur zum Teil als unionsrechtswidrig betrachtet.[44]

bb) Organisationsrechtliche Stellung

Das Amt des BfDI ist als oberste Bundesbehörde eingerichtet. Damit erhält es den Rang, den auch Bundesministerien, der Bundesrechnungshof oder die Bundesbank innehaben. Dies wird teilweise für verfassungsrechtlich unzulässig gehalten, da hierfür keine Kompetenzgrundlage in der Verfassung vorgesehen sei.[45] Gleichwohl macht Art. 85 Abs. 3 Satz 1 GG deutlich, dass solche Einrichtungen bestehen können. Das Grundgesetz verleiht auch der Bundesbank oder dem Bundesrechnungshof nicht unmittelbar den Status einer obersten Bundesbehörde. Beide Institutionen können sich zwar auf Bestimmungen stützen, die sich exklusiv mit dem Rechtsstatus befassen, allerdings ist dies nicht notwendig, um den Status einer obersten Bundesbehörde zu erhalten. Denn das Grundgesetz erwähnt auch nicht alle Ministerien, die einen solchen Status aufweisen. Vielmehr steht dem Gesetzgeber an dieser Stelle ein organisationsrechtlicher Ent-

---

43 *P. Gola/R. Schomerus*, Bundesdatenschutzgesetz, 2015, § 22 BDSG Rn. 11.

44 *H.-J. Schaffland/N. Wiltfang*, Bundesdatenschutzgesetz, 2014, § 22 BDSG Rn. 1a und 7; a. A.: *P. Gola/R. Schomerus*, ZRP 2000, S. 183 (185); *E. M. Frenzel*, DÖV 2010, S. 925 (928); *H. P. Bull*, EuZW 2010, S. 488 (493); *T. Giesen*, CR 2012, S. 550 (556), für den nicht-öffentlichen Bereich.

45 *K. F. Gärditz*, Stellungnahme, 2015, S. 59.

scheidungsspielraum bei der Ausgestaltung der Bundeseigenverwaltung zu, der nur durch die allgemeinen Grundsätze beschränkt wird.

Der EuGH hat in der Rechtssache Kommission/Österreich hervorgehoben, dass der Leiter der nationalen Datenschutzaufsichtsbehörde aufgrund der Arbeitsbelastung weitgehend auf die Unterstützung durch seine Mitarbeiter angewiesen ist. Die Unabhängigkeit erstreckt sich deshalb auf die gesamte Behörde. Sofern es eine organisatorische Verzahnung zwischen den Mitarbeitern der Datenschutzaufsichtsbehörde und einer Regierungsstelle gibt, sei dies mit der völligen Unabhängigkeit unvereinbar.[46] Die gesamte Behörde des BfDI ist deshalb organisatorisch von Regierungsstellen zu trennen. Dies wird durch den Status als oberste Bundesbehörde erreicht. Der BfDI ist auch die zuständige Dienstaufsichtsbehörde für die dort beschäftigten Bundesbeamten.

cc) Ernennung/Entlassung

Die Unabhängigkeit des BfDI wird durch die fünfjährige Amtszeit gestärkt, da keine Bindung an die Wahlperiode des jeweiligen Bundestags besteht.[47] Die Beschränkung auf eine einmalige Wiederwahl ist nur begrenzt sinnvoll, um die Unabhängigkeit zu gewährleisten. Denn vor dem Wiederwahltermin besteht die Gefahr, dass der sich im Amt befindliche BfDI geneigt ist, sich möglichst regierungsfreundlich zu verhalten, um seine erneute Bestellung zu sichern. Die Wiederwahl bei einer Amtszeit von fünf Jahren gänzlich auszuschließen, ist aber nicht notwendig und nicht sinnvoll, da es ansonsten an der Kontinuität der Arbeit des BfDI mangelte.[48] Allerdings wäre der Unabhängigkeit eher damit gedient, wenn die Amtszeit verlängert und die Wiederwahl gänzlich ausgeschlossen wäre. Ferner bietet es sich an, die Stelle des BfDI daran zu binden, dass die zu wählende Person über ausreichende Fachkunde verfügen muss, um bei der Wahl aufgestellt werden zu können. Dies folgt aber nicht aus der völligen Unabhängigkeit i.S.d. Datenschutzrichtlinie bzw. der Datenschutz-Grundverordnung.[49] Allerdings ist diese Anforderung ausdrücklich in Art. 53 Abs. 2 DSGVO enthalten.

---

46 *EuGH*, Rs. C-614/10, Rn. 61 – Kommission/Österreich.
47 *H. Heil*, Bundesbeauftragter für den Datenschutz, 2003, Rn. 39.
48 Ebenso *P. Gola/R. Schomerus*, Bundesdatenschutzgesetz, 2015, § 22 BDSG Rn. 7.
49 Anders aber *H.-H. Schild*, Entwurf, 2015, S. 48 f.

Das Vorschlagsrecht für das Amt des BfDI liegt exklusiv bei der Bundesregierung. Die „völlige Unabhängigkeit" steht dem nicht entgegen.[50] Um die unabhängige Stellung zu stärken, könnte die Entlassung daran gebunden werden, dass eine gerichtliche Entscheidung notwendig ist. Auf diese Weise wäre eine institutionelle Sicherung eingezogen, um die Entlassungsgründe zu prüfen.

dd) Finanzen

Der Haushalt des BfDI wird entsprechend der Stellung als oberste Bundesbehörde in einem eigenen Kapitel ausgewiesen. Dies folgt nicht unmittelbar aus der Verpflichtung zur völligen Unabhängigkeit i.S.d. Datenschutzrichtlinie,[51] stärkt aber ebenfalls die Unabhängigkeit. Es fehlt im BDSG aber eine Bestimmung, die zur angemessenen Ausstattung des BfDI mit Personal- und Sachmitteln verpflichtet. Diese Anforderung ergibt sich bereits aus der völligen Unabhängigkeit i.S.d. Datenschutzrichtlinie.[52] Die Datenschutzrichtlinie verlangt allerdings nicht, dass eine entsprechende Regelung in das einfache Recht aufgenommen wird. Es muss aber durch den Haushaltsgesetzgeber sichergestellt sein, dass der BfDI mit den notwendigen Personal- und Sachmitteln ausgestattet ist.

Um dies prozedural abzusichern, könnte dem BfDI bei der Aufstellung des Haushaltsplans eine besondere Stellung zugewiesen werden. Er könnte – ähnlich wie die Verfassungsorgane in §§ 28 Abs. 3, 29 Abs. 3 BHO – die Möglichkeit erhalten, seinen Entwurf für das Haushaltsjahr dem Bundeskabinett bzw. dem Parlament zu präsentieren und zu begründen.[53] Dies minimierte die Gefahr, dass die Diskussion um die notwendige Mittelausstattung bereits im ministeriellen Aufstellungsverfahren für den Haushaltsplan unterbunden wird. Der BfDI sollte aufgrund seiner unabhängigen Stellung in der Lage sein, die notwendige Ausstattung in die parlamentarische Diskussion einzuführen.

---

50 *EuGH*, Rs. C-518/07, Rn. 44 – Kommission/Deutschland; a. A.: *T. Weichert*, in: Däubler/Klebe/Wedde/ders., Bundesdatenschutzgesetz, 2016, § 22 BDSG Rn. 2.

51 A. A.: *D. Zöllner*, Datenschutzbeauftragte, 1995, S. 30; *H. Heil*, Bundesbeauftragter für den Datenschutz, 2003, Rn. 35.

52 *EuGH*, Rs. C-614/10, Rn. 58 – Kommission/Österreich.

53 So auch *A. Roßnagel*, Stellungnahme, 2015, S. 39; in die gleiche Richtung bei *A. Dix*, Grundrechtsschutz, 2016, S. 121 (126).

ee) Aussagerecht

Das BDSG schränkt das Aussagerecht des BfDI als Zeugen ein, und zwar ist eine Aussage des BfDI unzulässig, wenn dem Wohle des Bundes oder eines deutschen Landes Nachteile bereitet oder Grundrechte verletzt würden (§ 23 Abs. 6 Satz 1 BDSG a.F./§ 13 Abs. 5 Satz 1 BDSG n.F.). Sofern die Aussage laufende oder abgeschlossene Vorgänge betrifft, die dem Kernbereich exekutiver Eigenverantwortung der Bundesregierung zuzurechnen sind oder sein könnten, darf der BfDI nur „im Benehmen" mit der Bundesregierung aussagen (§ 23 Abs. 6 Satz 2 BDSG a.F./§ 13 Abs. 5 Satz 2 BDSG n.F.).

Die Achtung der Grundrechte und das Wohl des Bundes und der deutschen Länder hat der BfDI aber ohnehin aufgrund der Bindung an Recht und Gesetz (Art. 20 Abs. 3 GG) sowie an die Grundrechte (Art. 1 Abs. 3 GG) zu achten. Bedenklich ist aber, dass in beiden Fällen die Gesetzesformulierung nahelegt, dass dem BfDI selbst kein Ermessen bei der Entscheidung zusteht, ob er unter Abwägung anderer Gesichtspunkte dennoch als Zeuge aussagt, auch wenn dem Wohl des Bundes oder eines deutschen Landes Nachteile bereitet werden oder der Kernbereich exekutiver Eigenverantwortung berührt wird. Dies ist mit der völligen Unabhängigkeit nicht vereinbar, da der Eindruck der Parteilichkeit entstehen könnte.[54]

Grundsätzlich besteht ein legitimes Interesse, den auch bundesverfassungsgerichtlich anerkannten[55] Kernbereich exekutiver Eigenverantwortung[56] zu schützen, der einen nicht ausforschbaren Initiativ-, Beratungs- und Handlungsbereich darstellt. Dazu gehört die Willensbildung der Regierung selbst, sowohl hinsichtlich der Erörterungen im Kabinett als auch bei der Vorbereitung von Kabinetts- und Ressortentscheidungen, die sich vornehmlich in ressortübergreifenden und -internen Abstimmungsprozessen vollzieht. Dieser schützenswerte Bereich ist aber nicht pauschal vor jeglicher Veröffentlichung durch den BfDI zu schützen, da es legitime Interessen geben kann, bestimmte datenschutzrechtlich relevante Vorgänge publik zu machen. Es bedarf deshalb einer unionsrechtskonformen Auslegung der Norm, nach der „im Benehmen mit der Bundesregierung" so zu verstehen ist, dass dem BfDI diesbezüglich Ermessen zusteht, er aber zu-

---

54 *D. Heckmann*, Stellungnahme, 2015, S. 71.

55 *BVerfGE* 67, 100 (139) – Flick Untersuchungsausschuss; 131, 152 (206) – Unterrichtungspflicht.

56 Hierzu *V. Busse*, DÖV 1989, S. 45 ff.; *N. Kazele*, VerwArch 101 (2010), S. 469 ff.

vor die Bundesregierung über seine beabsichtigte Aussage informieren und deren Bedenken prüfen muss. Die Bundesregierung darf aber nicht die Aussage verhindern, außer sie kann die Aussage des BfDI gerichtlich unterbinden lassen.

2) Datenschutzaufsichtsbehörden der Bundesländer

Die Regelungen zu den Datenschutzaufsichtsbehörden der Bundesländer weisen zahlreiche Gemeinsamkeiten, aber auch Unterschiede auf. Einige Bestimmungen werden exemplarisch hinsichtlich der Vereinbarkeit mit der unionsrechtlichen Vorgabe der völligen Unabhängigkeit einer Bewertung unterzogen.

a) Datenschutzkontrolle in den Bundesländern – Gemeinsamkeiten

Die Rechtsstellung der Datenschutzaufsichtsbehörden in den Bundesländern ist in den jeweiligen Landesdatenschutzgesetzen festgelegt. In Bayern, Berlin, Brandenburg, Hamburg, Mecklenburg-Vorpommern, Niedersachsen, Nordrhein-Westfalen, Sachsen, Sachsen-Anhalt und Thüringen finden sich zudem Regelungen in der jeweiligen Landesverfassung.[57]

Die Datenschutzaufsichtsbehörde eines Bundeslandes ist für die Überwachung des öffentlichen[58] und des nicht-öffentlichen Bereichs[59] zustän-

57 Art. 33a Verf-Bay, Art. 47 Abs. 1 Verf-Berl, Art. 74 Verf-Bbg, Art. 60a Verf-Hmb, Art. 37 Verf-MV, Art. 62 Verf-Nds, Art. 77a Verf-NRW, Art. 57 Verf-Sachs, Art. 63 Verf-LSA und Art. 69 Verf-Thür.

58 § 28 Abs. 1 DSG-BW a.F./§ 25 Abs. 1 Satz 1 i.V.m. § 2 Abs. 1 Satz 1 DSG-BW n.F.; § 24 Abs. 1 DSG-Berl a.F./§ 8 Abs. 1 Satz 1 DSG-Berl n.F.; § 23 Abs. 1 DSG-Bbg a.F./§ 18 Abs. 1 Satz 1 i.V.m. § 2 Abs. 1 Satz 1 DSG-Bbg n.F.; § 27 Abs. 1 DSG-Brem a.F./§ 21 Abs. 1 DSGVOAG-Brem; § 23 Abs. 1 DSG-Hmb a.F./§ 19 Abs. 2 Satz 1 DSG-Hmb n.F.; § 24 Abs. 1 DSG-H a.F./§ 13 Abs. 1 DSIG-H; § 30 Abs. 1 DSG-MV a.F./§ 19 Abs. 1 DSG-MV n.F.; Art. 62 Abs. 1 Verf-Nds. und § 22 Abs. 1 DSG-Nds a.F./§ 19 Abs. 1 DSG-Nds. n.F.; § 22 Abs. 1 Satz 1 DSG-NRW a.F./§ 26 Satz 1 DSG-NRW n.F.; § 24 Abs. 1 Satz 1 DSG-RPf a.F./§ 15 Abs. 1 DSG-RPf n.F.; § 26 Abs. 1 DSG-Saar a.F./§ 16 Abs. 1 Satz 1 Nr. 1 DSG-Saar n.F.; § 27 Abs. 1 DSG-Sachs a.F./§ 14 Abs. 1 Satz 1 DSDG-Sachs; § 22 Abs. 1 DSG-LSA a.F./§ 21 Abs. 1 Satz 1 DSG-LSA n.F.; § 39 Abs. 2 DSG-SH a.F./§ 17 Abs. 1 Satz 2 DSG-SH n.F.; § 37 Abs. 1 DSG-Thür a.F./§ 6 Abs. 1 DSG-Thür n.F.

dig. Der Freistaat Bayern bildet die einzige Ausnahme. Dort bestehen zwei getrennte Behörden, nämlich der Landesbeauftragte für den Datenschutz für die Aufsicht über öffentliche Stellen[60] und das Landesamt für Datenschutzaufsicht für die Aufsicht über nicht-öffentliche Stellen[61].

Bei der Aufsicht im öffentlichen Bereich waren die Datenschutzaufsichtsbehörden bis zur Geltung der Datenschutz-Grundverordnung und den entsprechenden Neuregelungen der Landesdatenschutzgesetze im Jahr 2018 in ihren Kompetenzen darauf beschränkt, Verstöße zu beanstanden und Stellungnahmen anzufordern;[62] keine Datenschutzaufsichtsbehörde konnte einer Landesbehörde eine datenschutzrechtliche Weisung erteilen. Dass den Datenschutzaufsichtsbehörden auch eine beratende Rolle zukommt, zeigt sich daran, dass sie Empfehlungen zur Verbesserung des Da-

59 § 31 Abs. 1 DSG-BW a.F./§ 25 Abs. 1 Satz 2 DSG-BW n.F.; § 33 Abs. 1 DSG-Berl a.F./§ 8 Abs. 2 DSG-Berl n.F.; § 23 Abs. 1a DSG-Bbg a.F./§ 18 Abs. 3 DSG-Bbg n.F.; § 25 Abs. 1 Satz 3 und § 27 Abs. 5 DSG-Brem a.F./§ 21 Abs. 2 DSGVO-AG-Brem; § 24 DSG-Hmb a.F./§ 19 Abs. 2 Satz 2 DSG-Hmb n.F.; § 24 Abs. 4 Nr. 1 DSG-H a.F./§ 13 Abs. 1 DSIG-H; § 33a DSG-MV a.F./§ 19 Abs. 2 DSG-MV n.F.; Art. 62 Abs. 4 Nds-Verf. i.V.m. § 22 Abs. 6 DSG-Nds a.F./§ 22 Satz 1 DSG-Nds. n.F.; § 22 Abs. 5 Satz 2 DSG-NRW a.F./§ 26 Satz 2 DSG-NRW n.F.; § 24 Abs. 1 Satz 2 DSG-RPf a.F./§ 15 Abs. 1 DSG-RPf n.F.; § 28a Abs. 1 DSG-Saar a.F./§ 16 Abs. 1 Satz 1 Nr. 2 DSG-Saar n.F.; § 30a DSG-Sachs a.F./§ 14 Abs. 1 Satz 2 DSDG-Sachs; § 22 Abs. 2 DSG-LSA a.F./§ 22 Abs. 2 DSG-LSA n.F.; § 35 Abs. 3 DSG-SH a.F./§ 17 Abs. 1 Satz 3 DSG-SH n.F.; § 42 Abs. 1 Satz 1 DSG-Thür a.F./§ 11 Abs. 1 DSG-Thür n.F.

60 Art. 29 ff. DSG-Bay a.F./Art. 15 f. DSG-Bay n.F.

61 Art. 34, 35 DSG-Bay a.F./Art. 18 DSG-Bay n.F.

62 § 30 Abs. 2 DSG-BW a.F.; Art. 31 DSG-Bay a.F.; § 26 Abs. 1 DSG-Berl a.F.; § 25 Abs. 1 DSG-Bbg a.F.; § 29 Abs. 1 DSG-Brem a.F.; § 25 Abs. 1 DSG-Hmb a.F.; § 27 Abs. 1 DSG-H a.F.; § 32 Abs. 1 DSG-MV a.F.; § 23 Abs. 1 DSG-Nds a.F.; § 24 Abs. 1 DSG-NRW a.F.; § 25 Abs. 1 DSG-RPf a.F.; § 27 Abs. 1 DSG-Saar a.F.; § 29 Abs. 1 DSG-Sachs a.F.; § 24 Abs. 1 DSG-LSA a.F.; § 42 DSG-SH a.F. und § 39 DSG-Thür a.F.

63 Art. 30 Abs. 5 Satz 2 DSG-Bay a.F.; § 24 Abs. 1 Satz 2 DSG-Berl a.F.; § 23 Abs. 2 Satz 1 DSG-Bbg a.F./§ 18 Abs. 5 Satz 3 DSG-Bbg n.F.; § 27 Abs. 1 Satz 3 DSG-Brem a.F.; § 23 Abs. 2 DSG-Hmb a.F.; § 24 Abs. 1 Satz 2 DSG-H a.F.; § 30 Abs. 2 Satz 2 und § 33 Abs. 2 Satz 2 DSG-MV a.F.; § 22 Abs. 1 Satz 2 DSG-NRW a.F.; § 24 Abs. 3 Satz 2 DSG-RPf a.F.; § 26 Abs. 2 Satz 1 DSG-Saar a.F.; § 30 Abs. 4 DSG-Sachs a.F.; § 22 Abs. 4 DSG-LSA a.F.; § 39 Abs. 4 Satz 2 DSG-SH a.F.; § 40 Abs. 1 Satz 2 und Abs. 7 DSG-Thür a.F.

tenschutzes abgeben,[63] die Landesinstitutionen beraten[64] oder die Öffentlichkeit für datenschutzrechtliche Fragen sensibilisieren und aufklären.[65]

Bis auf den Leiter des Landesamtes für Datenschutzaufsicht Bayern[66] werden alle Datenschutzbeauftragten vom jeweiligen Landesparlament gewählt. Die Amtsperiode reicht von fünf[67] über sechs[68] bis hin zu acht[69] Jahren. Das Vorschlagsrecht liegt in einigen Bundesländern exklusiv bei der Landesregierung,[70] in anderen bei einer Fraktion des Landtags.[71] Sofern hierzu keine Regelungen existieren,[72] greifen die für den Erlass von

---

64 § 31 Abs. 4 DSG-BW a.F./§ 25 Abs. 2 Satz 1 DSG-BW n.F. i.V.m. Art. 57 Abs. 1 lit. c) DSGVO; § 24 Abs. 1 DSG-Berl a.F./§ 11 Abs. 1 Satz 1 Nr. 3 DSG-Berl n.F.; § 23 Abs. 2 Satz 2 DSG-Bbg a.F./§ 18 Abs. 5 Satz 4 DSG-Bbg n.F., § 27 Abs. 1 Satz 3 DSG-Brem a.F.; § 23 Abs. 2 DSG-Hmb a.F.; § 24 Abs. 1 Satz 2 DSG-H a.F/§ 13 Abs. 2 Satz 1 Nr. 3 DSIG-H; § 33 Abs. 2 Satz 1 DSG-MV a.F.; § 22 Abs. 1 Satz 3 DSG-Nds a.F.; § 22 Abs. 1 Satz 2 DSG-NRW a.F./§ 27 Abs. 1 DSG-NRW n.F.; § 24 Abs. 4 DSG-RPf a.F.; § 26 Abs. 2 Satz 1 DSG-Saar a.F./ § 20 Abs. 6 DSG-Saar n.F.; § 30 Abs. 4 DSG-Sachs, § 22 Abs. 4 DSG-LSA a.F./§ 22 Abs. 4 DSG-LSA n.F.; § 39 Abs. 4 Satz 1 DSG-SH a.F.; § 40 Abs. 3 Satz 1 DSG-Thür a.F./§ 6 Abs. 2 Nr. 3 DSG-Thür n.F.

65 Art. 57 Abs. 1 lit. b) DSGVO; § 11 Abs. 1 Satz 1 Nr. 2 DSG-Berl n.F.; § 18 Abs. 6 DSG-Bbg n.F.; § 13 Abs. 2 Satz 1 Nr. 2 DSIG-H; § 6 Abs. 2 Nr. 2 DSG-Thür n.F.

66 Die Bayerische Staatsregierung ernennt den Leiter auf fünf Jahre, vgl. Art. 18 Abs. 3 DSG-Bay n.F.

67 § 21 Abs. 3 DSG-Berl a.F./§ 9 Abs. 3 Satz 1 DSG-Berl n.F.; § 21 Abs. 4 Satz 1 DSG-H/§ 11 Abs. 2 Satz 1 DSIG-H; § 35 Abs. 1 Satz 1 DSG-SH a.F.

68 § 26 Abs. 1 Satz 3 DSG-BW a.F./§ 22 Abs. 3 Satz 1 DSG-BW n.F.; Art. 33a Abs. 4 Satz 1 Verf-Bay und Art. 29 Abs. 1 Satz 3 DSG-Bay a.F.; § 22 Abs. 3 Satz 1 DSG-Bbg a.F./§ 15 Abs. 3 Satz 1 DSG-Bbg n.F.; Art. 60a Abs. 3 Satz 3 Verf-Hmb; Art. 37 Abs. 1 Satz 1 Verf-MV und § 29 Abs. 2 Satz 1 DSG-MV a.F.; § 25 Abs. 2 Satz 1 DSG-Saar a.F./§ 17 Abs. 1 Satz 2 DSG-Saar n.F.; § 25 Abs. 1 Satz 2 DSG-Sachs a.F./§ 16 Abs. 3 Satz 1 DSDG-Sachs; Art. 63 Abs. 2 Verf-LSA und § 20 Abs. 2 Satz 1 DSG-LSA a.F./§ 20 Abs. 2 Satz 1 DSG-LSA n.F.; § 5 Abs. 1 Satz 1 ULDE-SH; § 35 Abs. 2 Satz 1 DSG-Thür a.F./§ 3 Abs. 4 Satz 1 DSG-Thür n.F.

69 § 24 Abs. 1 Satz 4 DSG-Brem a.F./§ 18 Abs. 4 Satz 1 DSGVOAG-Brem; § 21 Abs. 1 Satz 2 DSG-Nds a.F./§ 18 Abs. 3 Satz 1 DSG-Nds. n.F.; § 21 Abs. 2 Satz 1 DSG-NRW a.F./§ 25 Abs. 3 Satz 1 DSG-NRW n.F. und § 22 Abs. 2 Satz 1 DSG-RPf a.F./§ 14 Abs. 2 Satz 3 DSG-RPf n.F.

70 § 26 Abs. 1 DSG-BW a.F./§ 22 Abs. 1 Satz 1 DSG-BW n.F.; Art. 33a Abs. 1 Verf-Bay; § 21 Abs. 1 DSG-H a.F./§ 9 Abs. 1 DSIG-H; Art. 62 Abs. 2 Verf-Nds; Art. 77a Abs. 1 Verf-NRW und § 21 Abs. 1 Satz 1 DSG-NRW a.F./§ 25 Abs. 1 Satz 2 DSG-NRW n.F.; Art. 63 Abs. 2 Verf-LSA; § 20 Abs. 1 Satz 1 DSG-LSA.

71 Art. 60a Abs. 3 Satz 2 Verf-Hmb; § 29 Abs. 2 Satz 3 DSG-MV a.F./§ 16 Abs. 1 Satz 3 DSG-MV n.F.; § 22 Abs. 1 DSG-RPf a.F./§ 14 Abs. 2 Satz 2 DSG-RPf n.F.; § 35 Abs. 2 Satz 1 DSG-SH a.F./§ 5 Abs. 1 Satz 1 ULDE-SH („Fraktionen").

Gesetzen geltenden Bestimmungen. Ein erhöhtes Quorum für die Wahl des Datenschutzbeauftragten ist selten vorgesehen.[73] Eine Wiederwahl ist in manchen Ländern begrenzt auf eine ein- oder zweimalige Wiederwahl,[74] in anderen Ländern unbegrenzt möglich.[75] Bis zu den Neuregelungen der Landesdatenschutzgesetze im Jahr 2018 enthielten nicht alle Gesetze persönliche Anforderungen an die Person des Datenschutzbeauftragten.[76] Derartige Anforderungen sind aber mittlerweile in den Landesgesetzen weit verbreitet. Dazu gehören die Befähigung zum Richteramt oder

---

72 So beispielsweise in Berlin, in Brandenburg, in Bremen, im Saarland, in Sachsen und Thüringen.

73 So aber in Niedersachsen (Art. 62 Abs. 2 Nds-Verf) und in Sachsen-Anhalt (Art. 63 Abs. 2 Verf-LSA).

74 § 26 Abs. 1 Satz 4 DSG-BW a.F./§ 22 Abs. 3 Satz 2 DSG-BW n.F.; § 9 Abs. 3 Satz 4 DSG-Berl n.F.; Art. 60a Abs. 3 Satz 4 Verf-Hmb i.V.m. § 22 Abs. 1 DSG-Hmb a.F.; Art. 37 Abs. 1 Satz 1 Verf-MV und § 29 Abs. 2 Satz 2 DSG-MV a.F./§ 16 Abs. 1 Satz 2 DSG-MV n.F.; § 21 Abs. 1 Satz 3 DSG-Nds a.F./§ 18 Abs. 3 Satz 2 DSG-Nds. n.F.; § 25 Abs. 3 Satz 2 DSG-NRW n.F.; § 14 Abs. 2 Satz 4 DSG-RPf n.F.; § 16 Abs. 3 Satz 2 DSDG-Sachs; § 20 Abs. 1 Satz 1 DSG-LSA a.F./§ 20 Abs. 1 Satz 1 Halbsatz 2 DSG-LSA n.F.; § 5 Abs. 1 Satz 2 ULDE-SH; § 35 Abs. 2 Satz 2 DSG-Thür a.F./§ 3 Abs. 4 Satz 2 DSG-Thür n.F.

75 Art. 33a Abs. 4 Satz 2 Verf-Bay und Art. 29 Abs. 1 Satz 4 DSG-Bay a.F./Art. 19 Abs. 1 Satz 2 DSG-Bay n.F.; § 21 Abs. 3 Satz 2 DSG-Berl a.F.; § 22 Abs. 3 Satz 2 DSG-Bbg a.F./§ 15 Abs. 3 Satz 2 DSG-Bbg n.F.; § 11 Abs. 2 Satz 4 DSIG-H; § 21 Abs. 2 Satz 3 DSG-NRW a.F.; § 22 Abs. 2 Satz 2 DSG-RPf a.F.; § 35 Abs. 1 Satz 2 DSG-SH a.F. (Schleswig-Holstein hatte die zuvor geltende Begrenzung der einmaligen Wiederwahl im Jahr 2014 aufgehoben); keine Regelung hierzu fand sich in Bremen, im Saarland und in Sachsen, sodass davon auszugehen war, dass eine unbegrenzte Wiederwahl möglich war – seit den Neuregelungen der Landesdatenschutzgesetze im Jahr 2018 sehen die Landesdatenschutzgesetze von Bremen und des Saarlandes eine unbegrenzte Wiederwahl vor (§ 18 Abs. 4 Satz 2 DSGVOAG-Brem; § 17 Abs. 1 Satz 4 DSG-Saar n.F.).

76 Keine gesetzlich festgelegten Anforderungen bestanden in Bayern, Berlin, Bremen, Hessen, Rheinland-Pfalz und in Schleswig-Holstein.

77 § 26 Abs. 1 Satz 2 DSG-BW a.F./§ 22 Abs. 1 Satz 2 DSG-BW n.F.; § 9 Abs. 1 Satz 4 DSG-Berl n.F.; § 15 Abs. 1 Satz 3 DSG-Bbg n.F.; § 18 Abs. 2 DSGVOAG-Brem; § 20 DSG-Hmb n.F.; § 10 DSIG-H; § 16 Abs. 1 Satz 5 DSG-MV n.F.; § 21 Abs. 1 Satz 1 DSG-Nds a.F./§ 18 Abs. 2 DSG-Nds n.F.; § 21 Abs. 1 Satz 2 DSG-NRW a.F./§ 25 Abs. 1 Satz 4 DSG-NRW n.F.; § 14 Abs. 2 Satz 1 DSG-RPf n.F.; § 25 Abs. 1 Satz 2 DSG-Saar a.F./§ 17 Abs. 1 Satz 1 DSG-Saar n.F.; § 35 Abs. 4 S. 2 DSG-Thür.

zum höheren Verwaltungsdienst,[77] ein Mindestalter,[78] oder die (nach Art. 53 Abs. 2 DSGVO erforderliche) Sachkunde[79].

Nach seiner Wahl wird der Datenschutzbeauftragte zum Beamten auf Zeit[80] ernannt oder steht in einem besonderen öffentlich-rechtlichen Amtsverhältnis zum Land.[81] Die vorzeitige Entlassung des Datenschutzbeauftragten muss stets durch das Parlament erfolgen, allerdings ist dies nicht in allen Landesgesetzen explizit festgelegt,[82] während andere hierfür zusätzliche Kriterien definieren: Zumeist wurde verlangt, dass Gründe vorliegen, die bei Beamten[83] oder bei Richtern auf Lebenszeit die Entlassung aus dem Dienst rechtfertigen.[84] Seit den Neuregelungen der Landesdatenschutzgesetze im Jahr 2018 kann der Datenschutzbeauftragte in den meisten Bundesländern nur entlassen werden, wenn er eine schwere Verfeh-

---

78 Art. 19 Abs. 1 Satz 1 Nr. 1 DSG-Bay n.F. (Vollendung des 35. Lebensjahrs); § 21 Satz 2 DSG-Hmb a.F. (35 Jahre); § 20 Abs. 1 Satz 2 DSG-LSA a.F. (35 Jahre).

79 § 22 Abs. 1 Satz 2 DSG-BW n.F.; Art. 19 Abs. 1 Satz 1 Nr. 3 DSG-Bay n.F.; § 9 Abs. 1 Satz 3 DSG-Berl n.F.; § 22 Abs. 1 Satz 2 DSG-Bbg a.F./§ 15 Abs. 1 Satz 3 DSG-Bbg n.F.; § 18 Abs. 2 DSGVOAG-Brem; § 21 Satz 1 DSG-Hmb a.F./§ 20 DSG-Hmb n.F.; § 10 DSIG-H; § 16 Abs. 1 Satz 5 DSG-MV n.F.; § 18 Abs. 2 DSG-Nds n.F.; § 21 Abs. 1 Satz 2 DSG-NRW a.F./§ 25 Abs. 1 Satz 4 DSG-NRW n.F.; § 14 Abs. 2 Satz 1 DSG-RPf n.F.; § 17 Abs. 1 Satz 1 DSG-Saar n.F.; § 16 Abs. 1 Satz 2 DSDG-Sachs; § 20 Abs. 1 Satz 2 DSG-LSA/§ 20 Abs. 1 Satz 2 DSG-LSA n.F.; § 5 Abs. 2 Satz 2 ULDE-SH; § 3 Abs. 2 DSG-Thür n.F.

80 Art. 29 Abs. 1 Satz 3 DSG-Bay a.F./Art. 15 Abs. 1 Satz 2 und Art. 18 Abs. 3 DSG-Bay n.F.; § 22 Abs. 3 Satz 1 DSG-Bbg a.F.; § 29 Abs. 3 DSG-MV a.F./§ 16 Abs. 1 Satz 4 DSG-MV n.F.; § 21 Abs. 1 Satz 2 DSG-Nds a.F./§ 18 Abs. 3 Satz 1 DSG-Nds n.F.; § 21 Abs. 2 Satz 1 DSG-NRW a.F./§ 25 Abs. 3 Satz 1 DSG-NRW n.F.; § 25 Abs. 2 Satz 1 DSG-Saar a.F./§ 17 Abs. 1 Satz 2 DSG-Saar n.F.; § 25 Abs. 2 Satz 1 DSG-Sachs a.F.; § 20 Abs. 2 Satz 1 DSG-LSA a.F./§ 20 Abs. 2 Satz 1 DSG-LSA n.F.; § 36 Abs. 1 DSG-SH a.F.

81 § 23 Abs. 1 DSG-BW n.F.; § 22 Abs. 1 DSG-Berl a.F./§ 10 Abs. 1 DSG-Berl n.F.; § 16 Abs. 2 DSG-Bbg n.F.; § 19 Abs. 1 DSGVOAG-Brem; § 22 Abs. 1 DSG-Hmb a.F./ § 21 Abs. 1 DSG-Hmb n.F.; § 21 Abs. 3 Satz 1 DSG-H a.F./§ 11 Abs. 1 Satz 1 DSIG-H; § 23 Abs. 1 Satz 1 DSG-RPf a.F./§ 14 Abs. 1 Satz 1, Abs. 2 Satz 3 DSG-RPf n.F.; § 17 Abs. 1 DSDG-Sachs; § 6 Abs. 1 ULDE-SH; § 36 Abs. 1 Satz 2 DSG-Thür a.F./§ 3 Abs. 3 DSG-Thür n.F.

82 Entsprechende Regelungen waren bis zur Neuregelung im Jahr 2018 nicht in den Landesdatenschutzgesetzes von Baden-Württemberg, Hamburg, Nordrhein-Westfalen, Saarland und Sachsen-Anhalt vorgesehen.

83 § 21 Abs. 4 Satz 3 DSG-H a.F.

84 Art. 33a Abs. 4 Satz 3 Verf-Bay und Art. 29 Abs. 1 Satz 5 DSG-Bay a.F.; § 21 Abs. 3 Satz 3 DSG-Berl a.F.; § 22 Abs. 3 Satz 4 DSG-Bbg a.F.; § 21 Abs. 1 Satz 5 DSG-Nds a.F.; § 25 Abs. 3 DSG-Sachs a.F.; § 35 Abs. 6 Satz 1 DSG-Thür a.F.

lung begangen hat oder die Voraussetzungen für die Wahrnehmung seiner Aufgaben nicht mehr erfüllt[85] – eine bereits in Art. 53 Abs. 4 DSGVO verankerte Regelung. Teilweise muss ein erhöhtes Quorum für die Abwahl vorliegen[86] oder – selten – ein Gericht auf Antrag die Entlassungsentscheidung treffen.[87]

Gemeinsam ist den Datenschutzaufsichtsbehörden der Bundesländer außerdem die personalrechtliche Stellung: Sie können über die Besetzung der Stellen in ihrer Behörde weitgehend autonom entscheiden[88] und im

85 § 23 Abs. 2 Satz 1 DSG-BW n.F.; § 9 Abs. 3 Satz 5 DSG-Berl n.F.; § 16 Abs. 3 Satz 3 und Satz 4 DSG-Bbg n. F.; § 19 Abs. 2 Satz 4 DSGVOAG-Brem; Art. 60a Abs. 5 Satz 2 Verf-Hmb.; § 18 Abs. 5 Satz 1 DSG-Nds n.F.; § 25 Abs. 5 Satz 3 DSG-NRW n.F.; § 14 Abs. 3 Satz 1 DSG-RPf n.F.; § 17 Abs. 2 Satz 1 DSG-Saar n.F.; § 16 Abs. 4 DSDG-Sachs; § 6 Abs. 3 ULDE-SH; § 3 Abs. 8 Satz 2 DSG-Thür n.F.

86 Zwei-Drittel-Mehrheit in Bayern (Art. 33a Abs. 4 Satz 3 Verf-Bay und Art. 29 Abs. 1 Satz 5 DSG-Bay a.F.), in Hamburg (Art. 60a Abs. 5 Satz 3 Verf-Hmb), in Mecklenburg-Vorpommern (Art. 37 Abs. 1 Satz 2 Verf-MV und § 29 Abs. 5 Satz 1 DSG-MV a.F.), in Rheinland-Pfalz (§ 22 Abs. 2 S. 4 DSG-RPf a.F.), in Sachsen (§ 25 Abs. 3 DSG-Sachs a.F.) und in Schleswig-Holstein (§ 35 Abs. 3 DSG-SH a.F./§ 6 Abs. 3 ULDE-SH); seit den Neuregelungen der Landesdatenschutzgesetze 2018 ist eine Zwei-Drittel-Mehrheit auch in Baden-Württemberg (§ 23 Abs. 2 Satz 2 DSG-BW n.F.), in Brandenburg (§ 16 Abs. 3 Satz 3 DSG-Bbg n. F.), in Bremen (§ 19 Abs. 2 Satz 4 DSGVOAG-Brem), in Hessen (§ 11 Abs. 2 Satz 6 DSIG-H) und in Niedersachsen (§ 18 Abs. 5 Satz 2 DSG-Nds n.F.) erforderlich.

87 § 21 Abs. 4 Satz 3 DSG-H a.F./§ 11 Abs. 2 Satz 5 DSIG-H; § 25 Abs. 5 Satz 3 DSG-NRW n.F.; § 16 Abs. 4 Satz 2 DSDG-Sachs.

88 § 26 Abs. 4 Satz 2 DSG-BW a.F.; Art. 29 Abs. 3 Satz 2 DSG-Bay a.F./Art. 19 Abs. 3 Satz 1 DSG-Bay n.F.; § 14 Abs. 3 Satz 1 DSG-Bbg n.F.; § 16 Abs. 3 Satz 1 DSGVOAG-Brem; Art. 60a Abs. 6 Verf-Hmb; § 18 Abs. 2 Satz 1 DSIG-H; § 15 Abs. 3 Satz 1 DSG-MV n.F.; § 18 Abs. 6 Satz 1 DSG-Nds n.F.; § 25 Abs. 7 Satz 1 DSG-NRW n.F.; § 15 Abs. 5 Satz 2 DSG-RPf n.F.; § 16 Abs. 6 Satz 1 DSG-Saar n.F.; § 25 Abs. 4 Satz 4 DSG-Sachs a.F./§ 15 Abs. 4 Satz 1 und 2 DSDG-Sachs; § 21 Abs. 3 Satz 3 DSG-LSA a.F.; § 9 Abs. 1 Satz 1 ULDE-SH; § 4 Abs. 7 Satz 1 DSG-Thür n.F.; seit Geltung der Datenschutz-Grundverordnung folgt dies unmittelbar aus Art. 52 Abs. 5 DSGVO; vor Geltung der DSGVO sahen einige Landesgesetze allerdings auch nur ein Vorschlagsrecht vor: § 22 Abs. 4 Satz 5 DSG-Bbg a.F.; § 34 Abs. 2 Satz 2 DSG-Brem a.F.; § 31 Abs. 2 Satz 1 DSG-H a.F.; § 29 Abs. 7 Satz 1 DSG-MV a.F.; § 21 Abs. 3 Satz 2 DSG-Nds a.F.; § 23 Abs. 4 Satz 3 DSG-RPf a.F.; § 25 Abs. 4 Satz 3 DSG-Saar a.F. und § 36 Abs. 6 Satz 1 DSG-Thür a.F.; eine Ausnahme bildete Nordrhein-Westfalen, dessen Landesdatenschutzgesetz lediglich festlegte, dass „Näheres zur Personalgewinnung und zur Personalverwaltung“ mit dem Ministerium für Inneres und Kommunales vereinbart werden kann, siehe § 21 Abs. 5 Satz 3 DSG-NRW a.F.

Falle der Versetzung, Abordnung oder Umsetzung bedarf es der Zustimmung des Datenschutzbeauftragten.[89] Nur die Datenschutzbeauftragten können Weisungen an Bedienstete der Datenschutzaufsichtsbehörde richten.[90]

Vor Geltung der Datenschutz-Grundverordnung sahen die Landesdatenschutzgesetze meist vor, dass der Etat der Datenschutzaufsichtsbehörde im Haushaltsplan des Landtags in einem eigenen Kapitel auszuweisen ist.[91] Es fand sich zusätzlich häufig die Formulierung, dass eine ausreichende Ausstattung mit Sach- und Personalmitteln zu gewährleisten ist.[92] Allerdings wurde die finanzielle Unabhängigkeit nicht in allen Landesdatenschutzgesetzen ausdrücklich garantiert.[93] Entsprechende Regelungen enthalten mittlerweile Art. 52 Abs. 4 und 6 DSGVO, nach der jede Daten-

89 § 26 Abs. 4 Satz 3 DSG-BW a.F.; Art. 29 Abs. 3 Satz 3 DSG-Bay a.F./Art. 19 Abs. 3 Satz 2 DSG-Bay n.F.; § 22 Abs. 4 Satz 6 DSG-Bbg a.F./§ 14 Abs. 3 Satz 2 DSG-Bbg n.F.; § 34 Abs. 2 Satz 3 DSG-Brem a.F./§ 18 Abs. 3 Satz 3 DSGVOAG-Brem; Art. 60a Abs. 6 Verf.-Hmb; § 29 Abs. 7 Satz 2 DSG-MV a.F./§ 15 Abs. 3 Satz 2 DSG-MV n.F.; § 21 Abs. 3 Satz 3 DSG-Nds a.F.; § 23 Abs. 4 Satz 4 DSG-RPf a.F./ § 15 Abs. 5 Satz 2 und 4 DSG-RPf n.F.; § 25 Abs. 4 Satz 5 DSG-Sachs a.F.; § 21 Abs. 3 Satz 4 DSG-LSA a.F.; § 36 Abs. 6 Satz 2 DSG-Thür a.F./§ 4 Abs. 7 Satz 2 DSG-Thür n.F.; seit Geltung der Datenschutz-Grundverordnung folgt dies unmittelbar aus Art. 52 Abs. 5 DSGVO.

90 § 20 Abs. 2 DSG-BW n.F.; Art. 29 Abs. 3 Satz 4 und 5 DSG-Bay a.F./Art. 19 Abs. 3 Satz 4 DSG-Bay n.F.; § 22 Abs. 4 Satz 7 DSG-Bbg a.F.; § 16 Abs. 3 Satz 2 DSGVOAG-Brem; Art. 60a Abs. 6 Verf-Hmb; § 31 Abs. 2 Satz 2 DSG-H a.F.; § 29 Abs. 7 Satz 3 DSG-MV a.F./§ 15 Abs. 3 Satz 3 DSG-MV n.F.; § 18 Abs. 6 Satz 2 DSG-Nds n.F.; § 21 Abs. 5 Satz 1 DSG-NRW a.F.; § 23 Abs. 4 Satz 2 DSG-RPf a.F.; § 16 Abs. 6 Satz 2 DSG-Saar n.F.; § 25 Abs. 4 Satz 6 DSG-Sachs a.F.; § 21 Abs. 3 Satz 5 DSG-LSA a.F.; § 35 Abs. 5 DSG-SH a.F.; § 36 Abs. 6 Satz 2 DSG-Thür a.F./§ 4 Abs. 7 Satz 2 DSG-Thür n.F.

91 § 26 Abs. 4 Satz 1 DSG-BW a.F.; Art. 29 Abs. 4 DSG-Bay a.F.; § 22 Abs. 4 Satz 4 DSG-Bbg a.F.; § 34 Abs. 2 Satz 2 DSG-Brem a.F.; § 31 Abs. 1 DSG-H a.F.; § 29 Abs. 6 Satz 3 DSG-MV a.F.; § 21 Abs. 4 DSG-NRW a.F.; § 21 Abs. 3 Satz 2 DSG-SA a.F.; § 39 Abs. 6 DSG-SH a.F. und § 36 Abs. 5 Satz 1 DSG-Thür a.F.

92 § 26 Abs. 4 Satz 1 DSG-BW a.F.; § 22 Abs. 4 Satz 4 DSG-Bbg a.F.; § 22 Abs. 8 DSG-Hmb a.F.; § 31 Abs. 1 DSG-H a.F.; § 29 Abs. 6 Satz 3 DSG-MV a.F.; § 21 Abs. 4 DSG-NRW a.F.; § 25 Abs. 4 Satz 1 DSG-Saar a.F.; § 25 Abs. 4 Satz 3 DSG-Sachs a.F.; § 21 Abs. 3 Satz 2 DSG-LSA a.F. und § 36 Abs. 5 Satz 1 DSG-Thür a.F.; in Bremen und Rheinland-Pfalz war nur geregelt, dass das „notwendige Personal" zur Verfügung zu stellen ist (§ 34 Abs. 1 DSG-Brem a.F. und § 23 Abs. 4 Satz 1 DSG-RPf a.F.).

93 Derartige Ausnahmen waren Bayern, Berlin, Niedersachsen, Rheinland-Pfalz und Sachsen.

schutzaufsichtsbehörde mit den notwendigen personellen, technischen und finanziellen Ressourcen, Räumlichkeiten und Infrastrukturen auszustatten ist.[94]

b) Datenschutzkontrolle in den Bundesländern – Vier unterschiedliche Modelle

Trotz vieler Gemeinsamkeiten bestanden bis zu den Neuregelungen der Landesdatenschutzgesetze im Jahr 2018 Unterschiede hinsichtlich der organisationsrechtlichen Stellung der Datenschutzaufsichtsbehörden. Es ließen sich vier Modelle bestimmen: Drei Bundesländer hatten sich dafür entschieden, die unabhängige Rechtsstellung einer Landesbehörde zu verleihen (institutionelles Modell), während die übrigen Bundesländer die Unabhängigkeit an die Person des Datenschutzbeauftragten gebunden hatten, wobei er in manchen Ländern an die Regierung, in anderen an das Parlament angebunden war. Lediglich in Hamburg war die Anbindung bereits vor Geltung der Datenschutz-Grundverordnung gänzlich gelöst worden.

aa) Institutionelle Unabhängigkeit

Die Länder Niedersachsen, Schleswig-Holstein und das Saarland hatten sich für das institutionelle Modell entschieden.

In Niedersachsen war der Datenschutzbeauftragte Leiter einer von der Landesregierung unabhängigen obersten Landesbehörde.[95] Gleichwohl bestimmte Art. 62 Abs. 3 Verf-Nds, dass auch die persönliche Unabhängigkeit des Datenschutzbeauftragten bestehen muss. Regelungen zur Auf-

94 Regelungen zur finanziellen und personalen Ausstattung sind aber zum Teil auch weiterhin in Landesdatenschutzgesetzen enthalten, so in Brandenburg (§ 14 Abs. 2 DSG-Bbg n.F.), in Bremen (§ 16 Abs. 2 DSGVOAG-Brem), in Hessen (§ 18 Abs. 1 DSIG-H), in Mecklenburg-Vorpommern (§ 15 Abs. 2 DSG-MV n.F.), in Nordrhein-Westfalen (§ 25 Abs. 6 Satz 1 und 2 DSG-NRW n.F.), in Rheinland-Pfalz (§ 15 Abs. 4 Satz 2 und 3 DSG-RPf n.F.), im Saarland (§ 16 Abs. 5 Satz 1 und 2 DSG-Saar n.F.), in Sachsen (§ 15 Abs. 4 Satz 3 DSDG-Sachs), in Sachsen-Anhalt (§ 21 Abs. 3 Satz 2 DSG-LSA n.F.), in Schleswig-Holstein (§ 2 Abs. 3 Satz 2 ULDE-SH) und in Thüringen (§ 4 Abs. 6 Satz 1 DSG-Thür n.F.).

95 § 21 Abs. 3 Satz 1 DSG-Nds a.F.

sicht fanden sich im Gesetz nicht. Es war nur das Disziplinarverfahren geregelt, das vor dem Niedersächsischen Dienstgerichtshof für Richter stattfinden musste und nur auf Antrag des Landtagspräsidenten eröffnet werden konnte.[96]

Im Saarland stand und steht der Datenschutzbeauftragte dem unabhängigen Datenschutzzentrum Saarland vor.[97] Er war und ist an keine Weisungen gebunden und der Dienstaufsicht des Landtagspräsidenten nur insofern unterstellt, als dass seine Unabhängigkeit nicht beeinträchtigt wird.[98] Der saarländische Datenschutzbeauftragte war und ist dem Landtag angegliedert.[99]

Schleswig-Holstein hatte sich für das Anstaltsmodell entschieden, d.h. es wurde unter dem Namen „Unabhängiges Landeszentrum für Datenschutz“ eine rechtsfähige Anstalt des öffentlichen Rechts errichtet.[100] Diese Anstalt war bis zur Neuregelung des Landesdatenschutzgesetzes im Jahr 2018 selbst unabhängig und nur dem Gesetz unterworfen;[101] mittlerweile ist die völlige Unabhängigkeit an den Datenschutzbeauftragten als Vorstand des Unabhängigen Landeszentrums für Datenschutz geknüpft.[102] Das Land Schleswig-Holstein ist Träger der Anstalt und muss sicherstellen, dass die Anstalt ihre gesetzlichen Aufgaben erfüllt.[103] Der Landesbeauftragte für den Datenschutz unterstand der Dienstaufsicht des Ministerpräsidenten, soweit er hierdurch nicht in seiner Unabhängigkeit verletzt wurde.[104]

bb) Persönliche Unabhängigkeit und Anbindung an das Parlament

In den Ländern Baden-Württemberg, Bayern,[105] Berlin, Brandenburg, Hessen, Mecklenburg-Vorpommern, Rheinland-Pfalz, Sachsen, Sachsen-

---

96 § 21a Abs. 2 DSG-Nds a.F.
97 § 25 Abs. 1 Satz 1 DSG-Saar a.F./§ 16 Abs. 1 Satz 3 DSG-Saar n.F.
98 § 25 Abs. 3 Satz 3 DSG-Saar a.F./ § 17 Abs. 2 Satz 2 DSG-Saar n.F.
99 § 25 Abs. 3 Satz 1 DSG-Saar a.F./§ 16 Abs. 1 Satz 2 DSG-Saar n.F.
100 § 32 Abs. 1 DSG-SH a.F./§ 1 Abs. 1 Satz 1 ULDE-SH.
101 § 39 Abs. 1 Satz 1 DSG-SH a.F.
102 § 7 Abs. 1 ULDE-SH.
103 § 33 Abs. 1 und 3 DSG-SH a.F./§ 2 ULDE-SH.
104 § 36 Abs. 3 Satz 2 DSG-SH a.F.
105 Die folgenden Ausführungen beziehen sich nur auf den Datenschutzbeauftragten für den öffentlichen Bereich; für den nicht-öffentlichen Bereich ist das Landes-

Anhalt und Thüringen war die Unabhängigkeit an die Person des Datenschutzbeauftragten gebunden[106] und dieser beim Parlament angesiedelt. Ob hierin eine Herauslösung aus der Exekutive zu sehen war, wurde unterschiedlich beurteilt.[107] Die Formulierung der Unabhängigkeit des Datenschutzbeauftragten war jeweils der richterlichen Unabhängigkeit nachempfunden.[108] Die Datenschutzbeauftragten unterlagen weder der Rechts- noch der Fachaufsicht.[109]

Dass eine Anbindung an das Parlament bestand, zeigte sich anhand vieler Regelungen, die insbesondere den Landtagspräsidenten in seiner Stellung gegenüber dem Datenschutzbeauftragten stärkte. Der Landtagspräsident übte die Dienstaufsicht aus, soweit dies nicht die Unabhängigkeit des

---

amt für Datenschutzaufsicht zuständig (Art. 34 Abs. 1 DSG-Bay a.F./Art. 18 Abs. 1 DSG-Bay n.F.). Dessen Präsident wird von der Staatsregierung für eine Zeit von fünf Jahren als Beamter auf Zeit ernannt (Art. 35 Abs. 1 DSG-Bay a.F./ Art. 18 Abs. 3 DSG-Bay n.F.), wobei die Wiederernennung unbegrenzt zulässig ist (Art. 19 Abs. 1 Satz 2 DSG-Bay n.F.). Bei der Ausübung des Amtes ist der Präsident unabhängig (Art. 35 Abs. 2 DSG-Bay a.F./Art. 18 Abs. 1 Satz 1 DSG-Bay n.F. i.V.m. Art. 51 f. DSGVO). Die Dienstaufsicht übte bis zu der Neuregelung im Jahr 2018 die Staatsregierung aus, wobei die Regeln über die Dienstaufsicht für Richter Anwendung fanden (Art. 35 Abs. 2 Satz 2 DSG-Bay a.F. i.V.m. Art. 6 RHG-Bay i.V.m. § 26 DRiG). Die Haushaltsmittel wurden separat im Einzelplan des Staatsministeriums des Inneren ausgewiesen (Art. 35 Abs. 3 DSG-Bay a.F.).

106 § 26 Abs. 2 Satz 1 DSG-BW a.F.; Art. 33a Abs. 3 Satz 1 Verf-Bay und Art. 29 Abs. 2 DSG-Bay a.F.; § 22 Abs. 2 DSG-Berl a.F.; Art. 74 Abs. 1 Satz 4 Verf-Bbg und § 22 Abs. 4 Satz 2 DSG-Bbg a.F.; § 22 DSG-H a.F.; Art. 37 Abs. 2 Satz 1 Verf-MV a.F. und § 29 Abs. 6 Satz 1 DSG-MV a.F.; § 23 Abs. 1 Satz 1 DSG-RPf a.F.; § 25 Abs. 4 Satz 1 DSG-Sachs a.F.; Art. 63 Abs. 3 Satz 1 Verf-LSA a.F. und § 21 Abs. 1 Satz 1 DSG-LSA a.F.; § 36 Abs. 1 Satz 1 DSG-Thür a.F.

107 Siehe hierzu m. w. N. *H. A. Wolff*, ThürVBl. 2015, S. 205 f.

108 *A. Reich*, Verfassung des Landes Sachsen-Anhalt, 2004, Art. 63 Verf-LSA Rn. 4.

109 Siehe beispielsweise ausdrücklich in § 26 Abs. 2 Satz 2 DSG-BW a.F.

110 § 26 Abs. 3 DSG-BW a.F.; Art. 33a Abs. 3 Satz 2 Verf-Bay und Art. 29 Abs. 2 Satz 2 DSG-Bay a.F.; § 22 Abs. 2 DSG-Berl a.F.; Art. 74 Abs. 1 Satz 3 Verf-Bbg und § 22 Abs. 4 Satz 3 DSG-Bbg a.F.; § 29 Abs. 6 Satz 2 DSG-MV a.F.; § 23 Abs. 1 Satz 2 DSG-RPf a.F.; § 25 Abs. 4 Satz 2 und 7 DSG-Sachs a.F.; § 21 Abs. 1 Satz 4 DSG-LSA a.F.; § 36 Abs. 1 Satz 3 DSG-Thür a.F. In Hessen bestand zwar keine Regelung zur Dienstaufsicht, sondern die Verpflichtung durch den Landtagspräsidenten sein Amt „gerecht und unparteiisch" auszuführen (§ 21 Abs. 2 DSG-H a.F.), weshalb davon auszugehen war, dass der Hessische Datenschutzbeauftragte keinen dienstaufsichtsrechtlichen Maßnahmen unterlag.

Datenschutzbeauftragten verletzte.[110] Ihm[111] oder dem Landtag[112] stand das Antragsrecht für Disziplinarverfahren zu, die vor den Richterdienstgerichten durchgeführt wurden, sowie für Entlassungsverfahren. Der Landtagspräsident bestimmte in einigen Ländern sogar den Vertreter des Datenschutzbeauftragten.[113] Ein weiteres Zeichen für die Anbindung an das Parlament war es, wenn die Dienststelle dort eingerichtet wurde.[114]

cc) Persönliche Unabhängigkeit und Dienstaufsicht durch die Landesregierung.

Die Länder Bremen und Nordrhein-Westfalen hatten sich ebenfalls für einen persönlich unabhängigen Datenschutzbeauftragten entschieden, der nur dem Gesetz unterworfen war,[115] aber diesen an die Regierung angebunden. Die Dienstaufsicht wurde jeweils von der Landesregierung ausgeübt, soweit dies nicht die Unabhängigkeit des Datenschutzbeauftragten beeinträchtigte.[116] Die Anbindung zeigte sich auch daran, dass die Landesregierung den Vertreter des Datenschutzbeauftragten bestimmen durfte.[117]

dd) Persönliche Unabhängigkeit und keine Aufsicht

Hamburg hat im Juli 2016 die Regelungen zum Hamburgischen Datenschutzbeauftragten in die Verfassung des Landes aufgenommen und ihn von jeglicher Form der behördlichen Aufsicht freigestellt. Es findet sich ebenso wie in den anderen Bundesländern die Festschreibung der Unabhängigkeit sowie die Verpflichtung auf das Gesetz. Die Dienstaufsicht ist

---

111 § 26 Abs. 3 Satz 6 und 8 DSG-BW a.F.

112 § 21 Abs. 4 Satz 4 DSG-H a.F.

113 § 26 Abs. 5 Satz 2 DSG-BW a.F. und § 21 Abs. 4 Satz 1 DSG-LSA a.F.; in Brandenburg (§ 22 Abs. 4 Satz 8 DSG-Bbg a.F.) benannte der Datenschutzbeauftragte selbst seinen Vertreter.

114 § 26 Abs. 4 Satz 1 DSG-BW a.F.; Art. 29 Abs. 3 Satz 1 DSG-Bay a.F./Art. 15 Abs. 4 DSG-Bay n.F.; § 22 Abs. 4 Satz 1 DSG-Bbg a.F.; § 23 Abs. 3 DSG-RPf a.F.; § 25 Abs. 1 Satz 1 DSG-Sachs a.F.; § 21 Abs. 3 Satz 1 DSG-LSA a.F.

115 § 25 Abs. 1 Satz 1 DSG-Brem a.F.; Art. 77a Abs. 2 Satz 1 Verf-NRW und § 21 Abs. 2 Satz 4 DSG-NRW a.F.

116 § 25 Abs. 1 Satz 2 DSG-Brem a.F.; § 21 Abs. 3a DSG-NRW a.F.

117 § 24 Abs. 2 DSG-Brem a.F.; nicht aber in Nordrhein-Westfalen, wo der DSB diesen selbst bestimmte (§ 21 Abs. 2 Satz 5 DSG-NRW a.F.).

ausgeschlossen,[118] auch wenn diese unter Umständen zulässig sein könnte. Da sie in der Praxis mit hoher Wahrscheinlichkeit gegenstandslos sei, wurde in der Verfassungsbestimmung auf diese verzichtet.[119]

c) Änderungen durch die Datenschutz-Grundverordnung und die Neuregelungen der Landesdatenschutzgesetze 2018

Die aufgrund der Geltung der Datenschutz-Grundverordnung erfolgten Neuregelungen der Landesdatenschutzgesetze brachten auch institutionelle Veränderungen mit sich. Viele Bundesländer haben die Datenschutzbeauftragten als (oberste) Landesbehörde organisiert,[120] einige aber die Anbindung an das Parlament beibehalten.[121] Regelungen zu Weisungsrechten fehlen weitgehend, wohingegen die völlige Unabhängigkeit betont wird.[122] Es ist deshalb davon auszugehen, dass in diesen Ländern auch die Dienstaufsicht nicht mehr vorgesehen ist.[123]

---

118 Art. 60a Abs. 2 Satz 2 Verf-Hmb.

119 *Bürgerschaft der Freien und Hansestadt Hamburg*, Antrag auf Erlass eines verfassungsändernden Gesetzes zur Stärkung der Unabhängigkeit des beziehungsweise der Hamburgischen Beauftragten für Datenschutz und Informationsfreiheit, Drs. 21/5049, S. 3.

120 § 20 Abs. 1 Satz 1 DSG-BW n.F.; § 7 DSG-Berl n.F.; § 16 Abs. 1 DSGVOAG-Brem; § 8 Abs. 1 DSIG-H; § 18 Abs. 1 Satz 1 DSG-Nds n.F.; § 25 Abs. 2 Satz 1 DSG-NRW n.F.; § 15 Abs. 4 Satz 1 DSG-RPf n.F.; § 15 Abs. 1 DSDG-Sachs; in Sachsen-Anhalt leitet der Datenschutzbeauftragte eine Geschäftsstelle (§ 21 Abs. 3 Satz 1 DSG-LSA n.F.).

121 § 14 Abs. 1 Satz 1 DSG-Bbg n.F.; § 15 Abs. 1 Satz 1 DSG-MV n.F.; § 15 Abs. 4 Satz 1 DSG-RPf n.F.

122 § 21 Abs. 1 DSG-BW n.F.; § 10 Abs. 2 DSG-Berl n.F.; § 17 Abs. 1 DSGVOAG-Brem; § 8 Abs. 2 DSIG-H.

123 Anders aber in Bayern, Brandenburg, Rheinland-Pfalz, im Saarland und in Sachsen-Anhalt, wo jeweils eine eingeschränkte Dienstaufsicht durch den Landtagspräsidenten erfolgt (Art. 33a Abs. 3 Satz 2 Verf-Bay; § 16 Abs. 1 Satz 2 und 3 DSG-Bbg n.F.; § 14 Abs. 1 Satz 2 DSG-RPf n.F.; § 17 Abs. 2 Satz 2 DSG-Saar n.F.; § 21 Abs. 1 Satz 5 DSG-LSA n.F.); in Nordrhein-Westfalen besteht eine eingeschränkte Dienstaufsicht durch das Innenministerium (§ 25 Abs. 4 DSG-NRW n.F.).

II. Vereinbarkeit mit der Datenschutzrichtlinie

Die Landesdatenschutzgesetze enthielten bereits weitreichende Sicherungen der unabhängigen Rechtsstellung der Datenschutzaufsichtsbehörden. Allerdings bestanden noch vereinzelt Regelungen, bei denen die völlige Unabhängigkeit i.S.d. Art. 28 Abs. 1 UAbs. 2 DSRL nicht eingehalten wurde.

1) Verpflichtung zum Tätigwerden

Einige Landesgesetze sahen und sehen weiterhin vor, dass der Landtag oder ein Ausschuss des Landtags, der Petitionsausschuss und/oder die Landesregierung den Datenschutzbeauftragten ersuchen[124] oder verpflichten kann,[125] bestimmte Vorgänge einer datenschutzrechtlichen Prüfung zu unterziehen. Diese Bestimmungen dienen dazu, die Datenschutzaufsichtsbehörde gezielt für als problematisch erachtete Vorgänge einschalten zu können. Mit der völligen Unabhängigkeit einer Datenschutzaufsichtsbehörde war eine derartige Regelung nicht zu vereinbaren, sofern diese gezwungen ist, entsprechenden Anfragen nachzukommen – gleich von wem sie ausgehen. Sie wird damit nämlich in ihrem Einschätzungsspielraum beschränkt, welche Gegenstände sie einer Untersuchung unterziehen möchte. Zudem besteht die Gefahr, dass die Datenschutzaufsichtsbehörde durch viele Ersuchen derart intensiv gebunden wird, dass sie andere Untersuchungen nicht mehr vornehmen kann. Dadurch wird ihre Tätigkeit – nicht zuletzt angesichts der knappen finanziellen und personellen Mittel – in unzulässiger Weise beschränkt. Dass eine derartige Anweisungskompetenz gegen die Unabhängigkeit verstößt, zeigt sich beim Vergleich mit dem Bundesrechnungshof, dessen Untersuchungsgegenstände nur von der Institution selbst festgelegt werden dürfen.[126] Ähnliches muss auch für die

---

124 Bayern (Art. 30 Abs. 6 DSG-Bay a.F./Art. 15 Abs. 3 DSG-Bay n.F.), das Saarland (§ 26 Abs. 3 DSG-Saar a.F./§ 20 Abs. 7 und 8 DSG-Saar n.F.) und Schleswig-Holstein (§ 39 Abs. 4 Satz 3 DSG-SH a.F.).

125 Berlin (§ 29 Abs. 3 DSG-Berl a.F.), Brandenburg (§ 23 Abs. 3 DSG-BB a.F.), Hessen (§ 13 Abs. 6 Satz 2, § 15 Abs. 1 und 2 DSIG-H), Mecklenburg-Vorpommern (§ 33 Abs. 2 DSG-MV a.F.), Niedersachen (§ 22 Abs. 3 DSG-Nds a.F.) und Sachsen (§ 30 Abs. 3 DSG-Sachs); seit den Neuregelungen der Landesdatenschutzgesetze nur noch Ersuchen in Brandenburg (§ 18 Abs. 7 DSG-Bbg n.F.).

126 Siehe in Kapitel 2, Teil 2, B. II.

Datenschutzaufsichtsbehörden gelten. Es ist jedoch stets möglich, dass die Regierung oder das Parlament die Datenschutzaufsichtsbehörde auf bestimmte Vorgänge hinweist. Solange sie nicht gezwungen ist, diesen nachzugehen, wird ihre Unabhängigkeit ausreichend geachtet.

2) Dienstaufsicht

Im Urteil Kommission/Österreich hat der EuGH festgelegt, dass die Regierung nicht einmal über ein einzelnes Mitglied der Datenschutzkommission die Dienstaufsicht ausüben darf.[127] Aus diesem Grund ist die Dienstaufsicht durch die Regierung grundsätzlich unionsrechtswidrig.

Allerdings steht die Dienstaufsicht nach Auffassung der Europäischen Kommission mit der Richtlinie im Einklang, wenn diese dahingehend eingeschränkt wird, dass sie nicht die Unabhängigkeit beeinträchtigt.[128] Diese Formulierung fand sich in zahlreichen Datenschutzgesetzen der Bundesländer. Sie entsprach damit der Regelung zur Dienstaufsicht über Richter (§ 26 Abs. 1 DRiG). Manche Datenschutzaufsichtsbehörden hatten allerdings ihre Zweifel, ob die Dienstaufsicht überhaupt noch vorgesehen sein durfte.[129] Diese Zweifel waren zumindest in den Fällen begründet, in denen die Dienstaufsicht (noch) der Regierung zustand. Der EuGH verlangt, dass bereits der Eindruck der Parteilichkeit vermieden werden muss. Wenn der Datenschutzbeauftragte aber der dienstrechtlichen Aufsicht eines Ministeriums untersteht, wird dieser Eindruck nicht ausgeräumt.

Anders ist dies zu beurteilen, wenn der Präsident des Landtags die Dienstaufsicht innehat. Da er nicht Mitglied der Regierung ist und Sicherungen gegen Einwirkungsversuche der Regierung bestehen, wird der Eindruck der Parteilichkeit in dieser Konstellation vermieden. Dies kann anhand der Regelungen über den Präsidenten des Bundestags deutlich gemacht werden. Für den Bundestagspräsidenten gilt zwar kein Verbot politischer Betätigung in seiner Funktion als Abgeordneter. Als Präsident des Bundestags hingegen repräsentiert er die parlamentarische Institution als

127 *EuGH*, Rs. C-614/10, Rn. 50 ff. – Kommission/Österreich.

128 *Europäische Kommission*, Antwort auf ein Schreiben des Berliner Beauftragten für Datenschutz und Informationsfreiheit, 17. Juli 2015, S. 2.

129 *Berliner Beauftragter für Datenschutz und Informationsfreiheit*, Schreiben an die Europäische Kommission, 19. Februar 2015, S. 1 f.

solche[130] und muss deshalb zurückhaltend agieren.[131] Dies belegt § 7 Abs. 1 Satz 2 GO-BT, nach der der Bundestagspräsident sein Amt „gerecht und unparteiisch“ zu leiten hat. Als Leiter der Bundestagsverwaltung ist der Präsident an der Spitze einer obersten Bundesbehörde, die nicht Bestandteil der Exekutive ist.[132] Gleichwohl muss er die Dienstaufsicht restriktiv ausüben. Sofern es um die Untersuchung von Vorgängen innerhalb des Parlaments geht, hat der Parlamentspräsident sogar gänzlich von Aufsichtsmaßnahmen abzusehen. Gleiches gilt für die Landtagspräsidenten.

Ein Sonderthema innerhalb der Dienstaufsicht sind Disziplinarverfahren gegen Mitarbeiter der Datenschutzaufsichtsbehörde. Die Einleitung und das Führen von Disziplinarverfahren steht der obersten Dienstbehörde zu. Allerdings beeinträchtigen Disziplinarverfahren gegen Mitarbeiter der Datenschutzaufsichtsbehörde die völlige Unabhängigkeit, wenn dies ohne Beteiligung des jeweiligen Datenschutzbeauftragten erfolgt, beispielsweise allein durch den Parlamentspräsidenten. Dem Leiter der Datenschutzaufsichtsbehörde muss deshalb in gesetzlich klar geregelter Form eine zentrale Rolle im Rahmen von Disziplinarverfahren zukommen. Ob er zur obersten Dienstbehörde erklärt wird, Disziplinarvorgesetzter ist oder seine Zustimmung zur Eröffnung des Disziplinarverfahrens geben muss, bleibt aber dem Einschätzungsspielraum des Gesetzgebers überlassen.[133]

3) Ernennung/Entlassung

Die Ernennung des Datenschutzbeauftragten war und ist in einigen Bundesländern an bestimmte persönliche Merkmale in der Person des Datenschutzbeauftragten geknüpft. Dies ist insbesondere überzeugend, wenn ausreichende Fachkunde vom Inhaber des Amtes gefordert wird. Ein bestimmtes Mindestalter oder die Befähigung zum Richteramt sind für die Aufgabe des Datenschutzbeauftragten hingegen keine notwendige Voraussetzung; sie verstoßen aber auch nicht gegen die unionsrechtliche Unabhängigkeitsvorgabe.

---

130 *BVerfGE* 1, 115 (116) – Prozessvertretungsbefugnis des Bundestagspräsidenten.

131 *H. H. Klein*, in: Maunz/Dürig, Grundgesetz, 2007, Art. 40 GG Rn. 94.

132 *H. H. Klein*, in: Maunz/Dürig, Grundgesetz, 2007, Art. 40 GG Rn. 107.

133 So auch *Europäische Kommission*, Antwort auf ein Schreiben des Brandenburgischen Landtags, 1. Juli 2015, S. 2.

Die Entlassungsbedingungen waren in einigen Bundesländern gar nicht geregelt.[134] Die völlige Unabhängigkeit i.S.d. Datenschutzrichtlinie verlangte jedoch, dass der Leiter einer Datenschutzaufsichtsbehörde nicht grundlos seines Amtes enthoben werden darf. Ansonsten besteht die Gefahr, dass die Tätigkeit des jeweiligen Datenschutzbeauftragten vor dem Hintergrund einer möglichen Entlassung erfolgt. Insofern verlangte die Datenschutzrichtlinie, dass die Gründe für die Entlassung gesetzlich verankert sein mussten. Ferner waren die Gründe auf krasses Fehlverhalten zu beschränken. Mangels Vorgaben in der Datenschutzrichtlinie stand den nationalen Gesetzgebern aber ein Entscheidungsspielraum zu.

Manche Landesgesetze enthielten Anforderungen an die Entlassung wie eine Zwei-Drittel-Mehrheit im Parlament oder materiellrechtliche Kriterien. Allein ein erhöhtes Quorum im Parlament genügte für die Wahrung der Unabhängigkeit aber nicht, da auf diese Weise nicht sichergestellt war, dass allein politische Gründe ausschlaggebend waren.[135] Materiellrechtliche Kriterien sicherten hingegen die Unabhängigkeit des Datenschutzbeauftragten ausreichend ab.[136]

Die Unabhängigkeit kann ferner dadurch gefördert werden, dass es nicht das Parlament ist, das über eine Entlassung entscheidet, sondern eine vom Parlament unabhängige Institution: Dazu bieten sich gerichtliche Institutionen an. Parlamentarische Minderheiten können im Entlassungsverfahren antragsberechtigt sein, da auf diese Weise ein regierungsfreundlicher Datenschutzbeauftragter ebenfalls des Amtes enthoben werden kann. Allerdings verlangte die Datenschutzrichtlinie nicht, dass die Entlassung in einem gerichtlichen Verfahren festgestellt werden muss.

4) Amtsdauer

Die Amtsdauer der Datenschutzbeauftragten der Bundesländer liegt zwischen fünf und acht Jahren. Mit der unionsrechtlichen Unabhängigkeit

---

134 So in Baden-Württemberg, Hamburg, Nordrhein-Westfalen, Saarland und Sachsen-Anhalt.

135 *W. Ziebarth*, CR 2013, S. 60 (64).

136 *G. Wippermann*, DÖV 1994, S. 929 (938); *Chr. O. Dressel*, Harmonisierung, 1995, S. 266; *H.-U. Paeffgen*, JZ 1997, S. 178 (184); *U. Brühann*, Grundlagen, 2003, 2.4, Rn. 43; *T. Giesen*, CR 2012, S. 550 (556); *W. Ziebarth*, CR 2013, S. 60 (64).

nicht vereinbar ist die Bindung an die parlamentarische Legislaturperiode. Der Datenschutzbeauftragte würde hierdurch zu eng an das Parlament und dessen Schicksal gebunden.[137] Da die Datenschutzaufsichtsbehörde auch das Parlament kontrollieren muss, ist eine derartige Verzahnung unzulässig. Die Datenschutzaufsichtsbehörde ist außerdem ihrer unionsrechtlichen Konzeption nach kein Neben- oder Hilfsorgan des Parlaments. Dass mit dem Ende der Legislaturperiode eines Landtags auch die demokratische Legitimation des Datenschutzbeauftragten ende,[138] überzeugt als Argument nicht, da eine ganze Reihe hoheitlicher Positionen besetzt werden, deren Amtszeit nicht an die Legislaturperiode gebunden ist.

Zur Regelung der Amtsdauer gehört neben deren Länge auch die Frage der Wiederwahl des Datenschutzbeauftragten. In einigen Ländern ist diese unbegrenzt möglich, andere sehen eine ein- oder zweimalige Wiederwahl vor. Dass die ein- oder mehrmalige Möglichkeit zur Wiederwahl besteht, ist mit der völligen Unabhängigkeit zu vereinbaren, auch wenn nicht vollkommen auszuschließen ist, dass sich ein Datenschutzbeauftragter seine Wiederwahl durch eine besonders regierungsfreundliche Datenschutzkontrolle sichern will.[139] Vor dem Hintergrund der völligen Unabhängigkeit wirkt der Ausschluss der Wiederwahl deshalb kohärenter. Um dennoch die Kontinuität im Amt des Datenschutzbeauftragten zu sichern, böte es sich deshalb an, dessen Amtszeit zu verlängern. Die Richter des Bundesverfassungsgerichts können beispielsweise nicht wiedergewählt werden und üben das Amt für zwölf Jahre aus.

5) Finanzen

Ein weiterer Aspekt der Unabhängigkeit betraf die Ausstattung mit ausreichenden Personal- und Sachmitteln. In vielen Landesgesetzen fand sich die Formulierung, dass die Ausstattung mit „angemessenen Personal- und Sachmitteln" zu gewährleisten war. Aus derartigen Normen konnte entweder eine Verpflichtung an die Regierung oder eine Selbstverpflichtung des Parlaments gezogen werden. Die unionsrechtliche Unabhängigkeitsvorgabe verlangte nur, dass die Datenschutzaufsichtsbehörden auf eine Art und Weise ausgestattet werden, die ihr das Ausüben der Kompetenzen nicht

---

137 *J. Andrae*, Unabhängigkeit, 2012, S. 36 f.

138 *W. Ziebarth*, CR 2013, S. 60 (64 f.).

139 *A. Epiney*, Datenschutzrechtliche Aufsichtsbehörden, 2012, S. 13 (24).

vollkommen unmöglich machte. Eine „angemessene" Ausstattung konnte hieraus nicht gefolgert werden, sondern nur die „erforderliche". Dabei stand den zuständigen Haushaltsstellen aber ein gewichtiger Einschätzungsspielraum zu.

Die völlige Unabhängigkeit musste ferner bei der Festlegung des Haushaltskapitels für die Datenschutzaufsichtsbehörden beachtet werden. Daran bestanden Zweifel, wenn die Datenschutzaufsichtsbehörde nicht selbst unmittelbar beim Parlament einen Vorschlag für ihren Haushalt des kommenden Jahres einreichen durfte. Denn der Haushalt der Datenschutzaufsichtsbehörde konkurriert mit anderen Ausgabepositionen der Behörde, welche einen Haushaltsvorschlag einreichen muss, der all ihre Ressorts und Behörden umfasst. Deshalb konnte es bereits an dieser Stelle zu einer Kürzung kommen, ohne dass das Parlament die Gelegenheit hatte, über den Antrag der Datenschutzaufsichtsbehörde zu beraten und dessen Begründung anzuhören. Damit wurde die Unabhängigkeit im Rahmen der finanziellen Ausstattung durch prozedurale Regelungen beeinträchtigt.

6) Datenschutzkommission oder Beirat

Einige Bundesländer sahen und sehen teilweise weiterhin bei der Datenschutzaufsichtsbehörde zusätzlich eine Datenschutzkommission[140] oder einen Beirat[141] vor. Allerdings wird die genaue Funktion dieser Einrichtungen aus den Gesetzen nicht deutlich.

In Bayern besteht die Datenschutzkommission aus zehn Mitgliedern, die sich aus Abgeordneten des Landtags, einem Mitglied der Landesregierung sowie Vertretern bestimmter Interessenverbände zusammensetzen. Aufgabe ist die „Unterstützung" des Datenschutzbeauftragten. Der Datenschutzbeauftragte ist verpflichtet, an den Sitzungen teilzunehmen und das Gremium über Beanstandungen bei Verstößen der öffentlichen Stellen gegen Datenschutzbestimmungen zu informieren. Bevor der Datenschutzbeauftragte die weiteren Eskalationsstufen im Falle der Nichtbeachtung von Beseitigungsaufforderungen in die Wege leitet, muss er der Datenschutzkommission Gelegenheit zur Stellungnahme geben.

140 Art. 33 Bay-DSG a.F./Art. 17 DSG-Bay n.F.; § 26 DSG-RhPf a.F./§ 18 DSG-RPf n.F.

141 § 33b DSG-MV a.F.; § 41 DSG-Thür a.F./§ 12 DSG-Thür n.F.

In Rheinland-Pfalz besteht ebenfalls eine Datenschutzkommission. Die acht Mitglieder, von denen sieben vom Landtag und ein Mitglied von der Landesregierung entsandt werden, „unterstützen den Landesbeauftragten für den Datenschutz und die Informationsfreiheit bei der Wahrnehmung seiner Aufgaben“.[142] Allerdings wird die Form der Unterstützung auch hier nicht deutlich. Vielmehr ist der Datenschutzbeauftragte verpflichtet, an den Sitzungen der Datenschutzkommission teilzunehmen, und muss das Gremium über bestimmte Maßnahmen unterrichten.[143] Weiterhin ist der Tätigkeitsbericht der Datenschutzaufsichtsbehörde dort „vorzuberaten“.[144]

In Thüringen existiert ein von der Landesregierung, dem Landtag, der kommunalen Spitzenverbände und der gesetzlichen Sozialversicherungsträger bestellter Beirat, der aus neun Personen besteht.[145] Dieser ist selbst unabhängig.[146] Seine Aufgabe besteht in der Unterstützung des Datenschutzbeauftragten.[147] In Mecklenburg-Vorpommern wurde der Beirat im Rahmen der Neuregelung des Landesdatenschutzgesetzes im Jahr 2018 abgeschafft.

Die eigentlichen Aufgaben der Datenschutzkommission bzw. des Beirats wurden und werden in den Gesetzen nicht klar. Was sich genau hinter Aufgaben wie der Unterstützung oder der Beratung des Datenschutzbeauftragten verbirgt, ist kaum ersichtlich und wirkt teilweise widersprüchlich, da der Datenschutzbeauftragte als Experte konzipiert ist, also auf fachlicher Ebene keiner Beratung durch Abgeordnete des Landtags bedarf. Die gesetzlichen Regelungen muten daher eher wie eine Kontrolle oder Steuerung der Datenschutzaufsichtsbehörde an. Dies gilt für Informationspflichten, aber auch für die Pflicht, den Tätigkeitsbericht vorzuberaten. Da das Gremium nicht mit Fachleuten besetzt werden muss, sondern die politischen Institutionen über die Bestellung entscheiden, kann die im Gesetz verankerte „Unterstützung“ nicht nur fachlicher Art sein, sondern das Gremium kann eine politische Bewertung abgeben. Ein Verstoß gegen die völlige Unabhängigkeit ist hierin jedoch nicht zu sehen. Die gesetzliche Klarstellung der Funktion wäre aber zu begrüßen.

---

142 § 26 Abs. 3 Satz 1 DSG-RPf a.F./§ 18 Abs. 3 Satz 1 DSG-RPf n.F.
143 § 26 Abs. 3 Satz 2 und 3 DSG-RPf a.F./§ 18 Abs. 3 Satz 2 DSG-RPf n.F.
144 § 26 Abs. 3 Satz 4 DSG-RPf a.F./§ 18 Abs. 2 Satz 4 DSG-RPf n.F.
145 § 41 Abs. 1 DSG-Thür a.F./§ 12 Abs. 1 DSG-Thür n.F.
146 § 41 Abs. 2 DSG-Thür a.F./§ 12 Abs. 2 Satz 2 DSG-Thür n.F.
147 § 12 Abs. 3 Satz 1 DSG-Thür n.F.

III. Vereinbarkeit mit der Datenschutz-Grundverordnung

Durch das EuGH-Urteil zu den deutschen Datenschutzaufsichtsbehörden und die im Anschluss daran durchgeführten Reformen der Datenschutzgesetze in Bund und Ländern wurden zahlreiche Anpassungen vorgenommen, die sich erst in der Datenschutz-Grundverordnung ausdrücklich finden lassen. Sofern Regelungen des deutschen Rechts bereits mit der Datenschutzrichtlinie, insbesondere der Verpflichtung zur „völligen Unabhängigkeit", unvereinbar waren, gilt diese ebenso für die Verpflichtung zur völligen Unabhängigkeit nach der Datenschutz-Grundverordnung, da in dieser identische Verpflichtungen niedergelegt sind.

Es müssen aber auch zusätzliche Anpassungen im nationalen Recht erfolgen. Eine Änderung betrifft die finanzielle Unabhängigkeit der Datenschutzaufsichtsbehörden, welche die Datenschutz-Grundverordnung fordert. Dies macht es notwendig, alle Landesdatenschutzaufsichtsbehörden und den BfDI mit Sach- und Personalmittel auszustatten, die zur effektiven Durchführung der Aufgaben erforderlich sind. Die Haushaltsgesetzgeber sind unionsrechtlich verpflichtet, jährlich die entsprechenden Mittel zur Verfügung zu stellen. Dabei steht ihnen aber ein Einschätzungsspielraum zu, der allerdings gerichtlich kontrolliert werden kann.[148] Die Landesdatenschutzgesetze sowie das Bundesdatenschutzgesetz müssen aus unionsrechtlicher Sicht ferner einen Passus enthalten, nach dem die effektive Ausstattung mit Personal- und Finanzmitteln sicherzustellen ist. Auch wenn dies nicht in der Aufzählung der Regelungen enthalten ist, die nach Art. 54 DSGVO im nationalen Gesetzesrecht zu verankern sind, ergibt sich diese Pflicht aus Art. 51 Abs. 4 DSGVO. Zudem muss die „effektive", nicht nur die „erforderliche" Ausstattung vorgesehen sein.

Ein weiterer Punkt ist, dass für die Ernennung der Mitglieder der Datenschutzaufsichtsbehörde die Auswahlkriterien festzulegen sind. Der Maßstab für die Kriterien ergibt sich aus den Anforderungen an die Datenschutzaufsichtsbehörde, wie bereits der Verweis auf die Qualifikationen, Erfahrungen und Fähigkeiten hinsichtlich des Datenschutzes in Art. 53 Abs. 2 DSGVO deutlich macht. Für die Entlassung ergeben sich keine Änderungen, da alle deutschen Datenschutzgesetze bereits vorsehen, dass diese nur zulässig ist, wenn eine schwere Verfehlung begangen wurde oder ein Mitglied nicht mehr die Voraussetzungen für das Amt erfüllt. Der

148 Siehe dazu ausführlich unten in Kapitel 5, Teil 4, A. II. 2) b).

Bund oder die Länder wären aber nicht gehindert, die Entlassung des Datenschutzbeauftragten an eine Gerichtsentscheidung zu koppeln.

Änderungen sind auch in Bezug auf die Regelungen zum Personal der Datenschutzaufsichtsbehörden notwendig. Es muss sichergestellt sein, dass die Behördenleitung die Auswahl der Beschäftigten vornimmt. Dabei ist sie an die rechtlichen Bestimmungen zur Einstellung von Personen in öffentlich-rechtliche Dienstverhältnisse gebunden. Zudem ist nur die Leitungsebene ermächtigt, als Dienstherr zu fungieren. Dies betrifft unter anderem Versetzungen, Abordnungen oder Umsetzungen von Beamten. Ein Austausch mit Beamten anderer öffentlicher Stellen ist nicht ausgeschlossen, muss aber so geregelt sein, dass die Unabhängigkeit der Datenschutzaufsichtsbehörde nicht beeinträchtigt wird.

Eine wesentliche Änderung betrifft die Kompetenzen der Datenschutzaufsichtsbehörden, gerade auch im Bereich der Kontrolle des öffentlichen Datenschutzes. Vor Geltung der Datenschutz-Grundverordnung haben die deutschen Datenschutzaufsichtsbehörden für den öffentlichen Bereich lediglich die Kompetenz, Verletzungen der Datenschutzbestimmungen anzuzeigen und eine Stellungnahme einzufordern. Durch die Datenschutz-Grundverordnung steht ihnen die Kompetenz zu, Anordnungen gegenüber anderen hoheitlichen Stellen zu erlassen, um Datenschutzverstöße abzustellen. Da diese Kompetenzen zwar auf den Bereich der Datenschutzaufsicht beschränkt sind, es jedoch im deutschen Recht keine unabhängige Stelle gibt, die hoheitlichen Stellen und damit auch der Regierung gegenüber Weisungen erteilen darf, muss ein Mechanismus gefunden werden, der die Umsetzung dieser unionsrechtlichen Kompetenzen sicherstellt.

C. Recht der amtlichen Statistik

I. Organisationsstrukturen im deutschen Recht

Die Erhebung von Bundesstatistiken wird allgemein im Bundesstatistikgesetz und für den jeweiligen Erhebungsgegenstand in Spezialgesetzen geregelt. Eine ähnliche Regelungstechnik findet sich auf Ebene der Bundesländer. Während der Bund für die Bundesstatistiken (Art. 73 Abs. 1 Nr. 11 GG) zuständig ist, sind die Länder für Landesstatistiken zuständig, wobei der Bund zur Begründung seiner Zuständigkeit für Statistiken nur einen (weit gefassten)[149] Bundeszweck benötigt.

Das System statistischer Stellen in Deutschland ist pluralistisch ausgestaltet. Dies liegt zum einen daran, dass der Bund und jedes Land über ein Statistisches Amt verfügen, es darüber hinaus aber auch weitere Stellen gibt, die Statistiken erstellen.[150] Diese erstellen jeweils für ihre Tätigkeit relevante Statistiken. Dabei ist das Statistische System, innerhalb dessen die Deutsche Bundesbank fungiert, von anderen statistischen Stellen getrennt, da das ESZB eigene Statistiken erstellt, das aufgrund ihrer Unabhängigkeit auch organisationsrechtliche Trennungen erforderlich macht. Breiter angelegt sind die statistischen Aufgabenbereiche der Statistikämter.

1) Statistisches Bundesamt

Das Statistische Bundesamt ist für die Vorbereitung und Weiterentwicklung, die Veröffentlichung und die Darstellung, die Erhebung und Aufbereitung sowie die Erstellung der Statistiken für Bundeszwecke zuständig (§ 3 Abs. 1 BStatG). Auf der Grundlage von Art. 73 Abs. 1 Nr. 11 i. V. m. Art. 87 Abs. 3 GG[151] ist das Statistische Bundesamt als eine selbständige Bundesoberbehörde im Geschäftsbereich des Bundesministeriums des Innern (BMI) gemäß § 2 Abs. 1 BStatG geschaffen worden.

Der Präsident des Statistischen Bundesamtes wird von der Bundesregierung vorgeschlagen und vom Bundespräsidenten ernannt (§ 2 Abs. 2 BStatG). Als weiteres Organ besteht beim Statistischen Bundesamt ein Statistischer Beirat, dessen Aufgabe die Beratung in statistischen Fachfragen und die Vertretung der Belange der Nutzer der Bundesstatistik ist (§ 4

---

149 *BVerfGE* 61, 1 (39) – Wahlkampf; *M. Günther*, DÖV 1984, S. 456 (457), allerdings sieht sie für die Erhebung der Religionszugehörigkeit keinen Bundeszweck; *I. Hiller*, Bundesstatistik, 1954, S. 35 f.; *H.-W. Rengeling*, Gesetzgebungszuständigkeit, 2008, Rn. 135.

150 Beispielsweise die Bundesministerien, die Bundesarbeitsagentur, oder das Bundesamt für Migration und Flüchtlinge; siehe die vollständige Aufzählung bei *Eurostat*, List of National statistical institutes (NSI) and other national authorities, 8. Oktober 2019, S. 3, abrufbar unter: https://ec.europa.eu/eurostat/documents/747709/753176/20190607_List_other_national_statistical_authorities_IT.pdf/f3c3bddf-c378-4203-92a2-48d0dd789f3d.

151 *A. Uhle*, in: Maunz/Dürig, Grundgesetz, 2010, Art. 73 GG Rn. 264.

Abs. 1 BStatG). In diesem Gremium sitzen Vertreter der Bundesministerien, anderer Bundesbehörden sowie von Interessenvertretungen (§ 2 der Geschäftsordnung für den Statistischen Beirat).

Ausdrückliche Regelungen zur Aufsicht oder zu Weisungsrechten enthält das Gesetz nicht. Allerdings folgt aus dem Umstand, dass das Statistische Bundesamt im Geschäftsbereich des BMI angesiedelt ist, dass letzteres die Rechts- und Dienstaufsicht innehat.[152] Fachliche Weisungen dürfen vom BMI jedoch nicht erlassen werden, denn die Fachaufsicht übt jeweils das Ministerium aus, das im jeweiligen Statistikgesetz für die Erstellung der Statistik zuständig ist. Anders als noch im ersten bundesdeutschen Gesetz zur Statistik[153] ist dies nicht mehr ausdrücklich geregelt, aber die Begründung zum Statistikgesetz aus dem Jahre 1986 zeigt, dass der Gesetzgeber diese Regelung aufrechterhalten wollte.[154] Teilweise wird aber davon ausgegangen, dass die Fach- und Rechtsaufsicht nicht für methodische und wissenschaftliche Fragen zulässig ist.[155] Aus dem Gesetz ergibt sich dies hingegen nicht ausdrücklich. Das BStatG sieht vielmehr vor, dass keine Unvereinbarkeit der Aufsicht und Weisungsbindung mit den statistischen Grundsätzen, die § 1 BStatG festlegt, besteht.

Das Statistische Bundesamt ist bei der Erstellung von Statistiken grundsätzlich darauf angewiesen, dass ein Gesetz die Erhebung festlegt (§ 3 Abs. 1 Nr. 5 und § 5 Abs. 1 Satz 1 BStatG) oder eine oberste Bundesbehörde die Erstellung einer Statistik in Auftrag gibt (§ 3 Abs. 1 Nr. 9 i. V. m. § 8 BStatG). Zudem ist das Statistische Bundesamt für die Erhebung von Statistiken zuständig, die in unmittelbar geltenden Rechtsakten der EU angeordnet werden (§ 18 Abs. 1 BStatG). Dies macht deutlich, dass das Statistische Bundesamt eine „Hilfsinstitution" ist, die Informationsleistungen erbringen soll.

---

152 *I. Hiller*, Bundesstatistik, 1954, S. 16.

153 Siehe § 3 BStatG 1953, BGBl. I, S. 1314 („Das Statistische Bundesamt führt seine Arbeiten nach den Anforderungen des fachlich zuständigen Bundesministers im Rahmen der verfügbaren Haushaltsmittel durch.").

154 *Deutscher Bundestag*, Gesetzentwurf der Bundesregierung über die Statistik für Bundeszwecke, 17. April 1986, BT-Drs. 10/5345, S. 14.

155 *P. Dorer/H. Mainusch/H. Tubies*, Bundesstatistikgesetz, 1988, § 2 BStatG Rn. 4; ebenso zur Begründung des BStatG 1980 in BT-Drs. 8/2517, S. 10.

2) Statistische Ämter der Länder

Die statistischen Ämter der Länder sind nicht nur für die Landesstatistiken, sondern ebenfalls für Bundesstatistiken bedeutende Einrichtungen, denn der Grundtypus der amtlichen Statistik in Deutschland basiert auf einem dezentralen Modell: Die Erstellung von Bundesstatistiken erfolgt in drei Phasen: Die erste Phase erfasst die vorbereitenden Tätigkeiten und die dritte Phase die Zusammenstellung sowie Veröffentlichung der Ergebnisse, die beide vom Statistischen Bundesamt erledigt werden. Die dazwischenliegende, zweite Phase betrifft die Erhebung und Aufbereitung des Zahlenmaterials, für welche die Landesstatistikämter zuständig sind.

Jedes Bundesland verfügt über eine eigene Statistikbehörde. Lediglich vier Bundesländer haben ein besonderes Modell geschaffen: Hamburg und Schleswig-Holstein sowie Berlin und Brandenburg haben jeweils ein gemeinsames Statistikamt durch den Abschluss eines Staatsvertrages gegründet. Die statistischen Stellen der übrigen Bundesländer gleichen sich im Wesentlichen.

a) Der Grundtypus statistischer Ämter in den Ländern

Zwölf Bundesländer verfügen jeweils über ein separates statistisches Amt. Die gesetzlichen Regelungen[156] bezüglich dieser Stellen sind rar. Es lassen sich aber organisationsrechtliche Grundprinzipien bestimmen. Die statistischen Ämter der Länder sind zumeist dem Geschäftsbereich eines Landesministeriums zugeordnet.[157] Sie unterliegen der Fach- und Dienstaufsicht des betreffenden Ministeriums.[158]

Dabei agieren sie – ebenso wie das Statistische Bundesamt – als Serviceeinrichtungen, die statistische Aufgaben für jeweils zuständige Ministerien durchführen.[159] Bei der Darstellung und Analyse der Daten werden

---

156 In Nordrhein-Westfalen gibt es nur einen Runderlass des Innenministeriums des Landes NRW – 52 – 18.00 – 15/08 – vom 15. November 2008, MBl. NRW. 2008 S. 588, geändert durch Runderlass vom 18. November 2010, MBl. NRW. 2010 S. 846.

157 § 4 BayStatG, § 2 Abs. 1 Satz 1 StatGHess, § 2 Abs. 1 StatG-RPf, § 2 Abs. 1 Satz 1 StatG-LSA, § 4 StatG-Thür.

158 Siehe nur § 3 Abs. 1 LZDG-Saar.

159 Siehe beispielsweise § 3 Abs. 1 Satz 2 BWStatG, § 3 Abs. 1 StatG-Brem, § 3 Abs. 1 Satz 1 StatG-MV, § 1 Abs. 2 Satz 1 StatG-Nds.

die statistischen Ämter zumeist auf die Grundsätze der Neutralität, Objektivität und wissenschaftlichen Unabhängigkeit verpflichtet sowie die Verwendung wissenschaftlicher Erkenntnisse vorgeschrieben.[160] Die Fachaufsicht übernimmt dementsprechend das fachlich zuständige Ministerium.[161]

b) Sonderform der statistischen Ämter: Anstalt des öffentlichen Rechts

Hamburg und Schleswig-Holstein sowie Berlin und Brandenburg haben ihre statistischen Ämter fusioniert. Das Statistikamt Nord (Hamburg und Schleswig-Holstein) sowie das Amt für Statistik Berlin-Brandenburg sind die jeweils zuständigen statistischen Ämter.

In beiden Fällen haben die Bundesländer eine Anstalt des öffentlichen Rechts als Rechtsform gewählt. Die Anstaltslast tragen jeweils die beiden Bundesländer gemeinsam.[162] Die statistischen Ämter verfügen über zwei Organe: Den Verwaltungsrat und den Vorstand.[163]

Die Mitglieder des Verwaltungsrats werden von den beiden Bundesländern jeweils zur Hälfte besetzt.[164] Zu deren wesentlichen Aufgaben zählen die grundsätzlichen Entscheidungen über die Anstalt.[165] Dazu gehören die Überwachung des Vorstands, Satzungsänderungen und Personalangelegenheiten.[166]

Der Vorstand der Anstalt wird auch von beiden Bundesländern besetzt.[167] Aufgabe des Vorstands ist die gerichtliche und außergerichtliche Vertretung sowie die allgemeine Geschäftsführung. Der Vorstand ist ferner oberste Dienstbehörde der Beschäftigten und kann diese einstellen und

---

160 Siehe beispielsweise § 2 Abs. 2 StatG-Brem, § 2 Abs. 1 StatG-MV, § 3 Satz 3 Betriebssatzung-NRW, § 2 Abs. 3 StatG-RPf, § 1 Abs. 2 StatG-Sachs, § 5 Abs. 3 StatG-Thür.

161 Siehe § 6 Abs. 2 Satz 1 BayStatG, § 3 Abs. 1 StatG-Sachs.

162 § 2 Abs. 5 StVStat-HmbSH, Art. 2 Abs. 1 StVStat-BerlBbg.

163 § 4 StVStat-HmbSH, Art. 4 StVStat-BerlBbg.

164 § 5 Abs. 1 StVStat-HmbSH, Art. 5 Abs. 1 StVStat-BerlBbg.

165 § 6 StVStat-HmbSH.

166 Art. 6 Abs. 1 und 2 StVStat-BerlBbg.

167 § 7 Abs. 1 StVStat-HmbSH; der erste Vorstand besteht jedoch aus den Leitern der beiden aufgelösten Landesämter für Statistik, die bis zum Eintritt in den Ruhestand Vorstandsmitglieder sind (§ 23 StVStat-HmbSH), Art. 7 StVStat-BerlBbg.

entlassen.[168] Er trifft alle beamten-, arbeits- und tarifrechtlichen Entscheidungen.

Beide Statistikämter unterstehen der Rechtsaufsicht durch die beiden Bundesländer.[169] Zudem üben die beiden Länder die Fachaufsicht über bestimmte Bereiche aus.[170]

II. Vereinbarkeit mit dem Unionsrecht

1) Fach-, Rechts- und Dienstaufsicht

Das Statistische Bundesamt untersteht der Fach-, Rechts- und Dienstaufsicht von Ministerialbehörden. Auch wenn diese Kompetenzen unterschiedlichen Ministerien zugeordnet sind, ist eine derartige Weisungsunterworfenheit mit dem Prinzip der fachlichen Unabhängigkeit i.S.d. Statistikverordnung, insbesondere auch mit der Weisungsfreiheit, nicht zu vereinbaren. Die Statistikverordnung legt ausdrücklich fest, dass Weisungen der Regierungsstellen weder eingeholt noch entgegengenommen werden dürfen. Über Aufsichtsrechte und die mit ihr einhergehenden Weisungsbefugnisse könnte Einfluss auf die Entwicklung, Erstellung und Verbreitung der Statistiken genommen werden. Die Aussagen, die Statistiken zu entnehmen sind, hängen erheblich von der Erstellung, der Darstellung und dem Zeitpunkt ihrer Verbreitung ab. Sie sind bedeutende Instrumente zur Legitimation politischer Entscheidungen, da sie die wertenden Entscheidungen der politischen Ebene auf eine objektivierte Grundlage stützen können. Dabei ist es ausschlaggebend, auf welche Weise die Statistiken erstellt wurden. Derartige Entscheidungen treffen die Statistikämter, die nur in der Weise beschränkt sein dürfen, dass sie wissenschaftliche Methoden bei der Erstellung verwenden. Durch die Aufsicht und die Weisungsrechte stehen den Ministerien aber Mittel zur Verfügung, die zumindest den Eindruck hinterlassen, dass eine Einflussnahme erfolgen kann. Dies verstößt bereits gegen die fachliche Unabhängigkeit i.S.d. Statistikverordnung.[171] Sofern Ministerien selbst Statistiken erstellen, steht dies der fachlichen

168 § 7 Abs. 4 StVStat-HmbSH, Art. 7 Abs. 3 StVStat-BerlBbg.

169 § 16 Abs. 1 StVStat-HmbSH, Art. 15 Abs. 1 Satz 1, Abs. 2 StVStat-BerlBbg.

170 § 16 Abs. 3 StVStat-HmbSH, Art. 15 Abs. 1 Satz 2 StatVStat-BerlBbg.

171 Ebenso *A. Hatje*, in: Schwarze, EU-Kommentar, 2009, Art. 285 EGV Rn. 5; ähnlich *A. Pilniok*, Forschungsförderverbund, 2011, S. 220 in Fn. 112.

Unabhängigkeit nicht entgegen. Die Weisungsfreiheit ist nach der Statistikverordnung ausdrücklich nur für das nationale statistische Amt vorgeschrieben.

Für die sonstigen statistischen Stellen, insbesondere die Landesstatistikämter, sieht die Statistikverordnung vor, dass die fachliche Unabhängigkeit der Bediensteten gewährleistet sein muss. Die fachliche Unabhängigkeit verlangt, dass die Statistiken auf unabhängige Weise entwickelt, erstellt und verbreitet werden müssen, insbesondere was die Wahl der zu verwendenden Verfahren, Definitionen, Methoden und Quellen sowie den Zeitpunkt und den Inhalt aller Verbreitungsformen anbelangt, ohne dass politische Gruppen, Interessengruppen, Stellen der Union oder einzelstaatliche Stellen dabei Druck ausüben können. Druck wird ausgeübt, wenn etwa konkrete Nachteile angedroht werden. Unter den Begriff der einzelstaatlichen Stellen fallen im Hinblick auf die Statistikämter der Länder auch die Bundes- und Landesregierungen und die zugehörigen Ministerien. Soweit über die nachgeordneten Behörden die Rechts- und Fachaufsicht besteht, gibt es die Möglichkeit, auf die Erstellung und insbesondere auf die Verbreitung von Statistiken durch Weisungen Einfluss zu nehmen. Weisungsbefugnisse stehen deswegen nicht mit der fachlichen Unabhängigkeit der statistischen Ämter der Bundesländer im Einklang.

Die derzeitigen Regelungen auf Bundes- und Landesebene entsprechen nicht den Anforderungen der Statistikverordnung zur Unabhängigkeit der statistischen Ämter. Auch wenn die Anforderungen nur für die Erstellung europäischer Statistiken i.S.d. Statistikverordnung gelten, müssen die statistischen Ämter der Mitgliedstaaten diese auch dann erfüllen, wenn sie gemischt nationale-europäische Statistiken erstellen. Insofern kann die auf europäische Statistiken begrenzte Vorgabe auch Auswirkungen auf Bereiche haben, die rein nationale Statistiken erstellen.

2) Einstellung/Entlassung

In Art. 10a VO (EU) 1175/2011 und in Art. 5a Abs. 4 Statistikverordnung wird festgelegt, dass transparente Einstellungs-, Ernennungs- und Entlassungsprozesse bestehen müssen, die ausschließlich auf fachlichen Kriterien beruhen. Nach dem einschlägigen deutschen Recht werden die Leiter der Statistikämter von der jeweiligen Regierung bestimmt. Die Gesetze legen keine besonderen Anforderungen an die fachliche Qualifikation des

Leitungspersonals fest, abgesehen von den beamtenrechtlichen Anforderungen.

Ein transparentes Ernennungsverfahren setzt aber eine öffentliche Ausschreibung der Stelle voraus.[172] Trotz der Bedeutung für die Verwirklichung des Art. 33 Abs. 2 GG besteht keine allgemeine Ausschreibungspflicht für Stellen im öffentlichen Dienst.[173] Allerdings sieht § 8 Abs. 1 Satz 1 BBG eine solche für zu besetzende Stellen vor.[174] Dies ist jedoch entsprechend der Ermächtigung in § 8 Abs. 1 Satz 3 BBG durch Rechtsverordnung eingeschränkt worden. Demnach sind unter anderem die Leiter der den Bundesministerien nachgeordneten Bundesbehörden explizit ausgenommen.[175] Hier ist zukünftig eine Ausschreibung für Stellen bei den statistischen Ämtern erforderlich.

Zudem verlangt die Statistikverordnung die Einstellung „ausschließlich nach fachlichen Kriterien". Eine Legaldefinition dieses Ausdrucks liefert die Statistikverordnung aber nicht. „Fachlich" bezeichnet einerseits an verschiedenen Stellen der Verordnung den Bezug zu statistischen Methoden, andererseits zielt die Abgrenzung auch auf den Einfluss politischer Akteure und von Interessengruppen ab. Insofern können einer Einstellung auch überfachliche Auswahlkriterien zugrunde liegen, insbesondere wenn es sich um Leitungspositionen handelt, solange sie mit dem Stellenprofil begründbar sind. Dafür spricht auch die Wendung „professional criteria" in der englischen Sprachfassung. Auch der Grundsatz 1 des Verhaltenskodex für europäische Statistiken spricht dafür, dass mit fachlichen Kriterien nicht zwingend Kenntnisse und Erfahrungen zu statistischen Methoden verbunden sein müssen, da dieser Grundsatz unter anderem verlangt, dass die Leiter der nationalen statistischen Ämter auf einer hierarchischen Ebene anzusiedeln sind, die den Zugang zu hochrangigen politischen Entscheidungsträgern und Behörden gewährleistet. An keiner Stelle findet sich die Beschränkung auf Kenntnisse der statistischen Methodik. Der Verhaltenskodex macht deutlich, dass die Aufgaben der Leitungsebene der statistischen Ämter auch die Interaktion mit der Ministerialebene und anderen Behörden beinhaltet.

---

172 *Europäische Kommission*, Report on the implementation of the European Statistics Code of Practice and coordination within the European Statistical System, COM(2016) 114 final, S. 5.

173 Vgl. *H. Rehak*, ZfPR 2004, S. 85 (86 f.).

174 Ebenso § 4 Abs. 1 Bundeslaufbahnverordnung.

175 § 4 Abs. 2 Nr. 1 Bundeslaufbahnverordnung.

Es ist deshalb in das Ermessen des Bundes gestellt, welche Kriterien für die Besetzung von Stellen beim Statistischen Bundesamt vorgesehen werden, sofern diese fachlicher Natur sind – wie beispielsweise Ausbildung und Arbeitserfahrung. Entscheidend ist, dass diese Kriterien bei der Auswahl offengelegt werden.

Eine Versetzung oder Entlassung des Leitungspersonals entspricht nur dann den Anforderungen der fachlichen Unabhängigkeit, wenn die Möglichkeit einer Versetzung auf gesetzlicher Grundlage mit Kriterien geregelt ist, die sich an einem abschließend definierten Katalog ausrichten. Es ist dabei unausweichlich, materielle Kriterien zu bestimmen, bei deren Eintreten eine Versetzung zulässig ist. Diese müssen gerichtlich nachprüfbar sein, sofern sich ein Mitglied des Leitungspersonals gegen seine Entlassung oder Versetzung wehren möchte. Dies schließt Ermessensentscheidungen des Dienstherrn, wie sie allgemein für Versetzungen aus dienstlichen Gründen in § 28 BBG vorgesehen sind, weitgehend aus. Wenn die Entlassung aber nur aus besonderen Gründen möglich ist, sollte eine zeitliche Begrenzung für das Amt des Leiters vorgesehen werden. Vorbildhaft könnten hierfür die Anstaltslösungen in Berlin/Brandenburg und Hamburg/Schleswig-Holstein wirken.

Das Europäische Beratungsgremium für die Statistische Governance kritisierte, dass in mehreren Bundesländern die Führungspositionen der Landesstatistikämter in Verfahren besetzt wurden, welche die im Statistikrecht geforderte fachliche Unabhängigkeit nicht garantierten.[176] Teilweise fand die Besetzung ohne eine Ausschreibung des Leitungspostens statt.[177] Derartige Besetzungspraktiken verstoßen gegen die Unabhängigkeitsvorgabe des Unionsrechts. Ferner mahnte das Gremium entsprechende Änderungen auch für das Statistische Bundesamt an.[178]

---

176 *Europäisches Beratungsgremium für die Statistische Governance*, Stellungnahme zur Übereinstimmung der Verfahren zur Bestellung von Leitern statistischer Landesämter mit dem Verhaltenskodex für europäische Statistiken, 13. Oktober 2014, ESGAB/2014/254, abrufbar unter http://ec.europa.eu/eurostat/documents/34693/344453/ESGAB-opinion-on-Lander-appointements-14-10-13-DE/01ff2eaf-8244-44b0-a153-690098a171e4.

177 Siehe hierzu den Bericht „Statistiker prangern Mangel an Unabhängigkeit an", FAZ vom 13.10.2014, S. 17.

178 *Europäisches Beratungsgremium für die Statistische Governance*, Peer Reviewers' Recommendations and Improvement Actions of the Federal Statistical Office of Germany in response to the Recommendations, 2016, S. 2, abrufbar unter

3) Finanzen

Die deutschen Regelungen zu den finanziellen Mitteln der Statistikämter bedürfen der Reform. Das Unionsrecht verlangt, dass eigene Haushaltsmittel zuzuweisen sind. Die Statistikämter müssen über eine eigenständige Finanzhoheit verfügen, einschließlich der Kosten für das Personal. Dies ist bislang nicht flächendeckend gewährleistet.

Der Gesetzgeber verfügt bei der Festlegung der angemessenen Ausstattung allerdings über einen weiten Einschätzungsspielraum. Erst wenn die Statistikbehörde aus finanziellen Gründen nicht mehr in der Lage ist, die qualitativen Anforderungen an statistische Aufarbeitungen zu erbringen, läge ein Verstoß gegen die fachliche Unabhängigkeit vor. Aus der Statistikverordnung lässt sich hingegen nicht ableiten, dass das Budget des Statistischen Bundesamts separat im Haushaltsplan einzustellen ist.

D. Unterschiedlicher Umsetzungsgrad in den Referenzgebieten

In allen drei Referenzgebieten existieren Bestimmungen des Unionsrechts, die Formen der Weisungsfreiheit verlangen. Unterschiede ergeben sich aber hinsichtlich der Einstellung bzw. Entlassung des Leitungsgremiums und der finanziellen Unabhängigkeit der Behörden. Besonders weitgehend sind die Vorgaben an die Einstellung in der DSGVO. Für die Telekommunikationsregulierung und das Recht der amtlichen Statistik finden sich allgemeine Vorgaben, die nach einer transparenten Vorgehensweise verlangen und die Abberufung erschweren. Beides dient der Unabhängigkeit des Leitungspersonals. Eine angemessene Ausstattung muss nur gewährleistet sein, wenn sie im EU-Sekundärrechtsakt ausdrücklich angeordnet ist; ansonsten muss nur der Grundbedarf der unabhängigen Behörde gedeckt werden.

Für die rechtliche Umsetzung in Deutschland ergibt sich teilweise Änderungsbedarf. Dies gilt insbesondere für die Bundesnetzagentur und die Statistikämter. Die Regelungen zu den Datenschutzaufsichtsbehörden entsprechen im Wesentlichen den Anforderungen des Unionsrechts.

---

http://ec.europa.eu/eurostat/documents/64157/4372828/2015-DE-improvement-actions/bac27979-7886-4895-946e-af73a4385ebd.

Teil 2: Die Integrationsgrenzen des deutschen Verfassungsrechts bezüglich unionsrechtlicher Organisationsbestimmungen

Legt man die Rechtsprechungslinie des Bundesverfassungsgerichts hinsichtlich der Anforderungen des Demokratieprinzips an deutsche Behörden[179] als Richtschnur an, sind Spannungen zwischen unionsrechtlichen Organisationsvorgaben und deutschem Verfassungsrecht erkennbar. Dies gilt insbesondere für die Verpflichtung, deutsche Behörden weisungsfrei zu stellen und sie weitgehend aus dem ministeriellen Aufsichtsregime auszunehmen.[180]

Das organisationsrechtliche Regime, das auf diese Behörden Anwendung findet, stammt zu einem erheblichen Teil aus dem Unionsrecht. Dies spricht dafür, dass die organisationsrechtlichen Bestimmungen nur mit dem Unionsrecht im Einklang stehen müssen und deutsche verfassungsrechtliche Bestimmungen aufgrund des Anwendungsvorrangs des Unionsrechts zunächst keine Rolle spielen. Gleichwohl üben die Behörden trotz der unionsrechtlichen Vorgaben weiterhin deutsche Hoheitsgewalt aus. Deshalb könnten auch an organisationsrechtlich modifizierte Behördenstrukturen die gleichen grundgesetzlichen Anforderungen zu stellen sein, die auch in unionsrechtlich nicht geregelten Bereichen Anwendung finden, weil es aus Sicht des von der Verwaltungsentscheidung Betroffenen keinen Unterschied macht, ob die organisationsrechtlichen Regelungen im Unionsrecht oder im deutschen Recht ihre Grundlage haben. Entscheidend wäre, dass sich der Bürger einer demokratisch legitimierten und auf rechtsstaatlichen Grundsätzen fußenden Verwaltung gegenübersieht.

Beide Alternativen blendeten den Geltungsanspruch der jeweils anderen Rechtsebene jedoch weitgehend aus. Dies ist mit dem Grundsatz loyaler Zusammenarbeit (Art. 4 Abs. 3 EUV) nicht zu vereinbaren. Deshalb überzeugt eher ein Modell gegenseitiger Rücksichtnahme. Bislang ist diese Frage von deutschen Gerichten – das Bundesverfassungsgericht eingeschlossen – nicht explizit geklärt worden. Die Urteile zur EZB[181] oder zur Unabhängigkeit im Rahmen der kommunalen[182] oder der funktionalen

---

179 Siehe oben in Kapitel 2, Teil 2.

180 Auch in der Literatur wird Kritik geäußert, siehe beispielsweise *H. P. Bull*, EuZW 2010, S. 488 ff.; *K. F. Gärditz*, AöR 135 (2010), S. 251 ff.; *W. Durner*, VVDStRL 70 (2011), S. 398 (436 ff.).

181 *BVerfGE* 89, 155 (209) – Maastricht.

182 *BVerfGE* 83, 37 (50 ff.) – Ausländerwahlrecht I.

Selbstverwaltung[183] erlauben nur zu einem geringen Maße Rückschlüsse auf die in dieser Arbeit analysierten Behörden.

Wie das normative Verhältnis der europäischen zur nationalen Rechtsebene ausgestaltet ist, wird von mitgliedstaatlichen Verfassungsgerichten und dem EuGH unterschiedlich beurteilt (A.). Das Bundesverfassungsgericht hat hierzu im Rahmen der Grundrechtsprüfung europäischer Hoheitsakte, der Änderungen der europäischen Verträge sowie der haushaltspolitischen Gesamtverantwortung des Bundestags Stellung bezogen (B.). Diese Urteile erlauben es, verfassungsrechtliche Maßstäbe herauszuarbeiten, die vom Bundesverfassungsgericht an unionsrechtliche Organisationsvorgaben anzulegen sind. Diese Maßstäbe werden auf die in dieser Arbeit untersuchten sekundärrechtlichen Organisationsvorgaben hinsichtlich ihrer Vereinbarkeit mit dem Demokratieprinzip (C.), aber auch mit den verfassungsrechtlichen Grundsätzen der Gewaltengliederung (D.) und des Föderalismus (E.) angewendet.

A. „Eigene Rechtsordnung" oder „nationaler Rechtsanwendungsbefehl"

Das kontrovers diskutierte[184] Verhältnis des Unionsrechts zum mitgliedstaatlichen (Verfassungs-)Recht spiegelt sich gerade auch in den Positionen wider, die vom EuGH und vom Bundesverfassungsgericht vertreten werden. Der EuGH geht davon aus, dass dem Unionsrecht ein uneingeschränkter Anwendungsvorrang gegenüber dem mitgliedstaatlichen Recht zukommt,[185] und zwar auch gegenüber dem nationalen Verfassungsrecht.[186] Die europäischen Verträge hätten eine

> *„eigene Rechtsordnung geschaffen, die bei [...] Inkrafttreten in die Rechtsordnungen der Mitgliedstaaten aufgenommen worden und von ihren Gerichten anzuwenden ist. [...] die Mitgliedstaaten [haben], wenn auch auf einem*

183 *BVerfGE* 107, 59 (91 ff.) – Lippeverband.

184 Siehe nur *H. P. Ipsen*, ZHR 1965, Beiheft 29; *E. Grabitz*, Gemeinschaftsrecht, 1966; *T. Schilling*, Der Staat 33 (1994), S. 555 ff.; ausführlich hierzu bei *M. Wendel*, Permeabilität, 2011, S. 371 ff.; *T. Kruis*, Anwendungsvorrang, 2013, S. 5 ff.

185 *EuGH*, Rs. 26/62, Slg. 1964, S. 24 f. – Van Gend en Loos; Rs. 106/77, Rn. 17 – Simmenthal; Rs. C-213/89, Rn. 18 – Factortame.

186 *EuGH*, Rs. 11/70, Rn. 3 – Internationale Handelsgesellschaft; Rs. C-409/06, Rn. 61 – Winner Wetten.

> *begrenzten Gebiet, ihre Souveränitätsrechte beschränkt und so einen Rechtskörper geschaffen, der für ihre Angehörigen und sie selbst verbindlich ist.*"[187]

Damit reicht der Geltungsanspruch des Unionsrechts sogar so weit, dass sich Individuen auf unionsrechtliche Bestimmungen unmittelbar berufen können, um aus ihnen Rechte abzuleiten.

Die Verfassungsgerichte der Mitgliedstaaten – allen voran das Bundesverfassungsgericht – teilen dieses Verständnis nicht. Das Bundesverfassungsgericht erkennt zwar an, dass der Anwendungsvorrang des Unionsrechts gegenüber dem einfachen Recht greift[188] und dies auch gegenüber verfassungsrechtlichen Bestimmungen gelten kann, allerdings behält es sich eine „Reservekompetenz"[189] vor. Grundlage aller unionsrechtlichen Kompetenzen in einem Mitgliedstaat sei der jeweilige nationale Rechtsakt, der nationale Hoheitsgewalt an Unionseinrichtungen übertragen hat. Nur im Rahmen dieser Übertragung gelte der Anwendungsvorrang. Sollte sich die Union aber außerhalb der übertragenen Befugnisse bewegen, seien diese vom Anwendungsbefehl des nationalen Rechtsaktes nicht mehr umfasst. Damit wird nach dem Verständnis des Bundesverfassungsgerichts gesichert, dass die Mitgliedstaaten die „Herren der Verträge"[190] bleiben. Ähnliche Vorbehalte haben mittlerweile die Verfassungsgerichte anderer Mitgliedstaaten für ihre Verfassungsrechtsordnungen aufgegriffen.[191] Dennoch ist das Verhältnis des Bundesverfassungsgerichts zum EuGH zumeist von Kooperation in „struktureller Koppelung"[192] geprägt.

B. Grundgesetzliche Integrationsgrenzen

Zu verfassungsrechtlichen Anforderungen an das Unionsrecht hat das Bundesverfassungsgericht bereits mehrfach Entscheidungen getroffen.

---

187 *EuGH*, Rs. 6/64, Slg. 1964, S. 1269 – Costa/ENEL; ähnlich zuvor bereits in *EuGH*, Rs. 26/62, Slg. 1964, S. 24 f. – Van Gend en Loos.

188 *BVerfGE* 22, 293 (296) – EWG-Verordnungen; 31, 145 (173 f.) – Milchpulver; 123, 267 (402) – Lissabon; 126, 286 (301 f.) – Mangold.

189 *BVerfGE* 123, 267 (401) – Lissabon.

190 *BVerfGE* 75, 223 (242) – Kloppenburg-Beschluss; 89, 155 (190) – Maastricht; 123, 267 (348 f.) – Lissabon; 126, 286 (302 f.) – Honeywell.

191 Ausführlich hierzu mit weiteren Nachweisen *T. Kruis*, Anwendungsvorrang, 2013, S. 57 ff.; siehe auch die Nachweise bei *P. M. Huber*, Finanzkrise, 2014, S. 10 in Fn. 2 und auf S. 22 f.

192 *S. Oeter*, VVDStRL 66 (2007), S. 361 (375 ff.).

Diese Rechtsprechungslinie reicht von den Solange-Entscheidungen (Solange I, Solange II) über die Urteile zu den Änderungsverträgen (Maastricht, Lissabon, Honeywell) bis hin zu den Entscheidungen im Rahmen der Euro-Krise (Entscheidungen EFS, Stabilisierungsmechanismusgesetz, Informationsrechte, ESM, OMT). Diese Rechtsprechung bildet den Ausgangspunkt, um die verfassungsgerichtlichen Maßstäbe[193] zu bestimmen (I.). Ihrer Verankerung im Text des Grundgesetzes, insbesondere an Art. 23 Abs. 1 GG, wird im Anschluss nachgegangen (II.).

I. Die Rechtsprechung des Bundesverfassungsgerichts zu den Integrationsgrenzen

1) Anforderungen des grundgesetzlichen Grundrechtsschutzes

In den 1970er und 1980er Jahren setzte sich das Bundesverfassungsgericht unter anderem mit der Frage auseinander, inwiefern EU-Sekundärrechtsakte am Maßstab der Grundrechte des Grundgesetzes zu messen sind. Nachdem sich das Verfassungsgericht im Solange I-Beschluss[194] eine Prüfung noch vorbehalten hatte, übt es diese seit dem Solange II-Beschluss nicht mehr aus, und zwar:

> *„Solange die EU, insbesondere die Rechtsprechung des EuGH, einen wirksamen Schutz der Grundrechte gegenüber der Hoheitsgewalt der Union generell gewährleistet, die dem vom Grundgesetz als unabdingbar gebotenen Grundrechtsschutz im Wesentlichen gleichzuachten ist.“*[195]

Das Gericht betonte in der Solange II-Entscheidung, dass das Grundgesetz es erlaube,

> *„die Rechtsordnung der Bundesrepublik Deutschland derart zu öffnen, daß der ausschließliche Herrschaftsanspruch der Bundesrepublik Deutschland für ihren Hoheitsbereich zurückgenommen und der unmittelbaren Geltung und Anwendbarkeit eines Rechts aus anderer Quelle innerhalb dieses Hoheitsbereichs Raum gelassen wird“*[196].

---

193 Zu dieser Methode des Bundesverfassungsgerichts *O. Lepsius*, Maßstabsetzende Gewalt, 2011, S. 159 (167 ff.).

194 *BVerfGE* 37, 271 (280 ff.) – Solange I.

195 *BVerfGE* 73, 339 (387) – Solange II.

196 *BVerfGE* 73, 339 (374) – Solange II.

Die Frage der innerstaatlichen Geltung regele dabei aber nicht das Völkerrecht, sondern diese bemesse sich nach dem innerstaatlichen Rechtsanwendungsbefehl, im Falle der Europäischen Union nach den Zustimmungsgesetzen zu den europäischen Verträgen.[197]

Umgehend verwies das Gericht darauf, dass der Möglichkeit der Öffnung auch verfassungsrechtliche Grenzen entgegenstehen. So könne „die Identität der geltenden Verfassungsordnung der Bundesrepublik Deutschland durch Einbruch in ihr Grundgefüge, in die sie konstituierenden Strukturen [nicht aufgegeben werden]"[198]. Zu den Grundstrukturen gehören auch die Rechtsprinzipien, die dem Grundrechtsteil des Grundgesetzes zugrunde liegen. Da die Union nach Überzeugung des Bundesverfassungsgerichts zu Zeiten des Solange II-Beschlusses (mittlerweile) ein Maß an Grundrechtsschutz erreicht hatte, das nach Konzeption, Inhalt und Wirkungsweise dem Grundrechtsstandard des Grundgesetzes im Wesentlichen gleichzuachten war, überprüft das Bundesverfassungsgericht seitdem die Anwendbarkeit von abgeleitetem Unionsrecht, das als Rechtsgrundlage für ein Verhalten deutscher Gerichte und Behörden im Hoheitsbereich der Bundesrepublik Deutschland in Anspruch genommen wird, nicht mehr am Maßstab der Grundrechte des Grundgesetzes. Darauf abzielende Verfassungsbeschwerden und Normenkontrollanträge werden als unzulässig abgewiesen.[199] Das Bundesverfassungsgericht nähme diese Überprüfung aber wieder wahr, wenn der Grundrechtsschutz auf europäischer Ebene nicht mehr den Anforderungen des Grundgesetzes entspricht. Diese Rechtsprechung wurde in späteren Urteilen bestätigt.[200] Dass die Prüfungskompetenz angesichts der auch auf europäischer Ebene verankerten Grundrechtskataloge der Grundrechtecharta und der Europäischen Menschenrechtskonvention noch einmal aktiviert wird, wird als eher unwahrscheinlich angesehen.[201] Allerdings ist das Verhältnis des Bundesverfassungsgerichts zum EuGH auch in Grundrechtsfragen trotz der Solange II-Entscheidung nicht spannungsfrei.[202]

---

197 *BVerfGE* 73, 339 (375) – Solange II.

198 *BVerfGE* 73, 339 (375 f.) – Solange II; so bereits zuvor in *BVerfGE* 37, 271 (279 f.) – Solange I.

199 *BVerfGE* 125, 260 (306) – Vorratsdatenspeicherung; 129, 186 (198 f.) – Griechenlandhilfe.

200 *BVerfGE* 102, 147 (163 f.) – Bananenmarktordnung; 118, 79 (95) – Treibhausgas.

201 *H.-G. Dederer*, JZ 2014, S. 313 (314).

202 Zu den Auswirkungen auf diesen Bereich durch den Lissabon-Vertrag *S. Oeter*, Verhältnis, 2009, S. 129 (138 ff.).

2) Verfassungsrechtliche Identität und ultra vires-Handlungen

Das Bundesverfassungsgericht hat in den Entscheidungen Maastricht, Lissabon und Honeywell weitere verfassungsrechtliche Anforderungen an unionsrechtliche Bestimmungen festgelegt. In all diesen Urteilen wurde die jeweils geltend gemachte Verfassungswidrigkeit aber im Ergebnis verneint.

Das Gericht machte in der Maastricht-Entscheidung deutlich, dass es bei der Übertragung von Hoheitsbefugnissen auf die EU verfassungsrechtlich unzulässig sei, „das demokratische Prinzip, soweit es Art. 79 Abs. 3 i. V. m. Art. 20 Abs. 1 und 2 GG für unantastbar erklärt, [zu entleeren]"[203]. Es müsse stets sichergestellt sein, dass „die Wahrnehmung staatlicher Aufgaben und die Ausübung staatlicher Befugnisse sich auf das Staatsvolk zurückführen lassen und grundsätzlich ihm gegenüber verantwortet werden", allerdings ließe sich dieser Zusammenhang auf verschiedene Weise herstellen. Entscheidend sei ein bestimmtes Legitimationsniveau.[204] Im Rahmen der Beteiligung an der Europäischen Union könne jedoch „demokratische Legitimation nicht in gleicher Form hergestellt werden [...] wie innerhalb einer durch eine Staatsverfassung einheitlich und abschließend geregelten Staatsordnung"[205]. Das deutsche Volk verliere aufgrund der Beteiligung an der Europäischen Union notwendig an Einfluss auf den politischen Willensbildungs- und Entscheidungsprozess, erhalte andererseits aber wiederum Einflussmöglichkeiten auf Entscheidungen der Union. Diese Einflussnahme erfolgt im Rahmen des Organisations- und Verfahrensrechts der EU. Auf diese Weise könne demokratische Einflussnahme (erneut) gesichert werden.

Gleichwohl betont das Gericht, dass die deutsche Rechtsordnung an die Ergebnisse dieser Willensbildung auch gebunden sei, „ob sich diese Ergebnisse gerade auf ihre eigene Beteiligung zurückführen lassen oder nicht"[206]. Diese Ausgestaltung des Prinzips demokratischer Legitimation sei im Grundgesetz selbst aufgrund seiner Integrationsoffenheit bereits angelegt. Es dürften nur nicht derart viele Befugnisse auf die EU übertragen werden, dass der deutschen Staatsgewalt keine Kompetenzen von substan-

---

203 *BVerfGE* 89, 155 (182) – Maastricht.
204 *BVerfGE* 89, 155 (182) – Maastricht.
205 *BVerfGE* 89, 155 (182) – Maastricht.
206 *BVerfGE* 89, 155 (183) – Maastricht.

tiellem Gewicht mehr verbleiben.[207] Das grundgesetzliche Demokratieprinzip verlangt demnach, dass der Wahlakt zum Deutschen Bundestag nicht vollkommen bedeutungslos wird.

In der Lissabon-Entscheidung wurde diese Rechtsprechung fortgeführt. Das Bundesverfassungsgericht betonte erneut, dass die durch die Beteiligung an der Europäischen Union

> *„ermöglichte neue Gestalt politischer Herrschaft [...] nicht schematisch den innerstaatlich geltenden verfassungsstaatlichen Anforderungen [unterliegt] und [...] deshalb nicht umstandslos an den konkreten Ausprägungen des Demokratieprinzips in einem Vertrags- oder Mitgliedstaat gemessen werden [darf]“*[208].

Art. 23 Abs. 1 Satz 1 GG verlange im Hinblick auf die Einhaltung demokratischer Grundsätze durch die Europäische Union nicht einmal eine „strukturelle Kongruenz“ [209] mit der Ordnung, die das Demokratieprinzip für die innerstaatliche Ebene vorgibt. Es müsse lediglich gewährleistet sein, dass eine dem Status und der Funktion der EU angemessene demokratische Ausgestaltung besteht. Es sei auch zulässig, andere Formen demokratischer Legitimation zu nutzen.[210]

Das Gericht wies aber auch auf die in Art. 23 Abs. 1 GG normierten Grenzen der Beteiligung an der EU hin,[211] sowohl für die Vertiefung der europäischen Integration als auch für bereits geltendes Unionsrecht.[212] Ersteres wird dadurch exemplifiziert, dass vom Bundesverfassungsgericht fünf Sachgebiete benannt werden, die einer Vergemeinschaftung grundsätzlich entgegenstehen.[213] Zweiteres zeigt sich insbesondere anhand der

---

207 *BVerfGE* 89, 155 (186) – Maastricht.
208 *BVerfGE* 123, 267 (344) – Lissabon.
209 *BVerfGE* 123, 267 (365) – Lissabon.
210 *BVerfGE* 123, 267 (369) – Lissabon.
211 *BVerfGE* 123, 267 (348) – Lissabon.
212 Auf diese doppelte Stoßrichtung der grundgesetzlichen Integrationsgrenzen verweisen ebenfalls *H. Sauer*, Jurisdiktionskonflikte, 2008, S. 164; *M. Wendel*, Eu Const. L. Rev. 7 (2011), S. 96 (128); *M. Walter*, ZaöRV 72 (2012), S. 177 (183).
213 Kritik an der Bennenung der Sachbereiche bei *D. Grimm*, Der Staat 48 (2009), S. 475 (490); *D. Thym*, Der Staat 48 (2009), S. 559 (562 f.).

ultra vires-Kontrolle[214] und der Verfassungsidentität[215], deren Einhaltung das Bundesverfassungsgericht auch kontrollieren dürfe.[216]

Die ein Jahr nach dem Lissabon-Urteil ergangene Honeywell-Entscheidung ist insbesondere für die Frage relevant, welche Kriterien an einen ultra vires-Akt und dessen Kontrolle zu stellen sind. Das Gericht betonte, dass die ultra vires-Kontrolle europarechtsfreundlich auszuüben sei.[217] Entscheidungen des EuGH sind deshalb grundsätzlich als verbindliche Auslegung zu beachten und vor Annahme eines ultra vires-Aktes ist der EuGH im Rahmen des Vorabentscheidungsverfahrens zu beteiligen. Dies ist die prozedurale Folge der europarechtsfreundlichen Ausübung der ultra vires-Kontrolle. Materiellrechtlich müsse ersichtlich sein, dass eine Handlung der EU einen hinreichend qualifizierten Kompetenzverstoß darstellt.[218]

Für den Fall, dass sich die Interpretation des EuGH nicht mit derjenigen des deutschen Verfassungsgerichts deckt, setze das Bundesverfassungsgericht seine Auslegung nur dann an die Stelle derjenigen des EuGH, wenn die EuGH-Entscheidung den Auslegungsrahmen unter Einbeziehung des Prinzips der begrenzten Einzelermächtigung missachtet hat.[219] Das Bundesverfassungsgericht nähme auch Interpretationen der vertraglichen Grundlagen hin, die sich ohne gewichtige Verschiebung im Kompetenzgefüge auf Einzelfälle beschränke und belastende Wirkungen auf Grundrechte entweder nicht entstehen lasse oder einem innerstaatlichen Ausgleich solcher Belastungen nicht entgegenstehe. Die vom Bundesverfassungsgericht entwickelte Ausgestaltung der Kontrolle nimmt somit den Gedanken loyaler Kooperation aus dem Unionsrecht (Art. 4 Abs. 3 EUV) auf.[220]

Das Verhältnis zwischen der Kontrolle der Verfassungsidentität und der ultra vires-Akte wird in der Rechtsprechung nicht vollkommen deutlich. Das Bundesverfassungsgericht geht wohl von einem Nebeneinander aus,

---

214 *BVerfGE* 58, 1 (30 f.) – Eurocontrol I; 75, 223 (235 und 242) – Kloppenburg-Beschluss; 89, 155 (188) – Maastricht; 126, 286 (302) – Honeywell.

215 *BVerfGE* 75, 223 (235 und 242) – Kloppenburg-Beschluss; 89, 155 (188) – Maastricht; 113, 273 (296) – Europäischer Haftbefehl; 126, 286 (302) – Honeywell.

216 *BVerfGE* 123, 267 (353 f.) – Lissabon.

217 *BVerfGE* 126, 286 (303) – Honeywell.

218 *BVerfGE* 126, 286 (304) – Honeywell.

219 *BVerfGE* 126, 286 (306) – Honeywell.

220 Siehe dazu *A. Voßkuhle*, NVwZ 2010, S. 1 (5 ff.).

wenn es im OMT-Beschluss beide Grenzen separat aufführt.[221] Grundsätzlich betrifft die Kontrolle der Verfassungsidentität die deutschen Zustimmungsgesetze zur Übertragung von Kompetenzen auf die Europäische Union. Die ultra vires-Kontrolle erfasst hingegen das Sekundärrecht, denn es hält alle Sekundärrechtsakte, welche die Grenzen des in den deutschen Zustimmungsgesetzen vorhandenen Anwendungsbefehls missachten, für nicht anwendbar. Die Identitätskontrolle kann aber auch für das Sekundärrecht verwendet werden.

3) Verfassungsrechtliche Budgethoheit

Für die grundgesetzliche Budgethoheit des deutschen Staats hat das Bundesverfassungsgericht die in den Entscheidungen Maastricht und Lissabon aufgestellten Grenzen der deutschen Verfassung für nationale Gesetze konkretisiert, die finanzielle Verbindlichkeiten der Bundesrepublik Deutschland im Rahmen europäischer Rettungsmaßnahmen begründen. Dabei betonte das Bundesverfassungsgericht, dass

> *„eine notwendige Bedingung für die Sicherung politischer Freiräume im Sinne des Identitätskerns der Verfassung (Art. 20 Abs. 1 und Abs. 2, Art. 79 Abs. 3 GG) darin [besteht], dass der Haushaltsgesetzgeber seine Entscheidungen über Einnahmen und Ausgaben frei von Fremdbestimmung seitens der Organe und anderer Mitgliedstaaten der Europäischen Union trifft und dauerhaft 'Herr seiner Entschlüsse' bleibt [...]. Aus der demokratischen Verankerung der Haushaltsautonomie folgt [...], dass der Bundestag einem intergouvernemental oder supranational vereinbarten, nicht an strikte Vorgaben gebundenen und in seinen Auswirkungen nicht begrenzten Bürgschafts- oder Leistungsautomatismus nicht zustimmen darf, der – einmal in Gang gesetzt – seiner Kontrolle und Einwirkung entzogen ist."*[222]

Die haushaltspolitische Gesamtverantwortung im Rahmen des Budgetrechts des Bundestags sei somit von der Verfassungsidentität erfasst.[223] Dieser über das Demokratieprinzip einer Verfassungsänderung, aber eben auch der europäischen Integration entzogene Bereich wäre aber erst ver-

---

221 *BVerfGE* 134, 366 (418) – OMT; zu dem Urteil siehe *J. Ukrow*, ZEuS 2014, S. 119 (131 ff.).

222 *BVerfGE* 132, 195 (240 f.) – Europäischer Stabilitätsmechanismus.

223 *BVerfGE* 135, 317 (399 ff.) – Europäischer Stabilitätsmechanismus; ebenso bereits zuvor in *BVerfGE* 129, 124 (179 f.) – EFS; 130, 318 (343) – Stabilisierungsmechanismusgesetz; 134, 366 (385) – OMT.

letzt, wenn die Haushaltsautonomie „praktisch vollständig leerliefe“[224]. Der aktuelle oder ein zukünftiger Bundestag müsse stets in der Lage sein, über Fragen des Budgets in eigener Verantwortung Entscheidungen zu treffen.[225] Er dürfe nicht in die Rolle des bloßen Nachvollzugs kommen.[226] Insofern dürften keine finanziellen Verpflichtungen eingegangen werden, die aufgrund ihrer Größenordnung für das Budgetrecht von struktureller Bedeutung sein können.[227] Bei der Bewertung stehe dem Gesetzgeber aber ein Einschätzungsspielraum zu, den das Bundesverfassungsgericht achte.[228]

Im OMT-Beschluss hat das Bundesverfassungsgericht seine bisherige Rechtsprechung insbesondere zum Demokratieprinzip im Rahmen der europäischen Integration noch einmal aufgezeigt. Es verweist darauf, dass das Demokratieprinzip erst verletzt sei, wenn „die demokratische Selbstregierung des Volkes – mittels des Deutschen Bundestages – dauerhaft derart eingeschränkt wird, dass zentrale politische Entscheidungen nicht mehr selbständig getroffen werden können“[229]. Dieser als Verfassungsidentität geschützte Bereich sei aber nicht mit der nationalen Identität i.S.d. Art. 4 Abs. 2 EUV identisch:

> *„Da Art. 79 Abs. 3 GG eine ‘absolute Grenze‘ auch für die Anwendbarkeit des Unionsrechts im Geltungsbereich des Grundgesetzes markiert, sind die dort zugrundegelegten Prinzipien einer Abwägung nicht zugänglich. Damit unterscheidet sich die Identitätskontrolle im Rahmen des Art. 79 Abs. 3 GG durch das Bundesverfassungsgericht wesentlich von der Überprüfung des Art. 4 Abs. 2 Satz 1 EUV durch den Gerichtshof. Art. 4 Abs. 2 Satz 1 EUV verpflichtet die Organe der Union, die nationale Identität zu achten. Dem liegt ein Begriff der nationalen Identität zugrunde, der dem Begriff der Verfassungsidentität im Sinne von Art. 79 Abs. 3 GG nicht entspricht, sondern weit darüber hinausreicht. Auf dieser Grundlage qualifiziert der Gerichtshof den gemäß Art. 4 Abs. 2 Satz 1 EUV gebotenen Schutz der nationalen Identität als ‘legitimes Ziel‘, das bei der Abwägung der vom Unionsrecht gewährten Rechte auf der einen Seite und legitimer Belange auf der anderen Seite zu berücksichtigen sei. Als abwägungsfähiger Belang aber genügt die nach Art. 4 Abs. 2 Satz 1 EUV gebotene Achtung der nationalen Identität nicht dem An-*

224 *BVerfGE* 135, 317 (405) – Europäischer Stabilitätsmechanismus.
225 *BVerfGE* 129, 124 (177) – EFS.
226 *BVerfGE* 129, 124 (178) – EFS; 130, 318 (344) – Stabilisierungsmechanismusgesetz; 131, 152 (203) – Unterrichtungspflicht.
227 *BVerfGE* 129, 124 (180) – EFS.
228 *BVerfGE* 129, 124 (182) – EFS.
229 *BVerfGE* 134, 366 (381) – OMT.

spruch auf Schutz des unantastbaren und nicht abwägungsfähigen Kernbestands des Grundgesetzes im Sinne von Art. 79 Abs. 3 GG.“[230]

Sofern demnach die Verfassungsidentität betroffen ist, sei eine Abwägung mit anderen Prinzipien ausgeschlossen. Das Bundesverfassungsgericht schließt damit aus, dass Eingriffe in die Verfassungsidentität unter Hinweis auf andere, auf gleicher Ebene angesiedelte Prinzipien gerechtfertigt werden können.

II. Verfassungsrechtliche Anknüpfung

Die Urteile des Bundesverfassungsgerichts zu den Euro-Rettungsmaßnahmen beruhen auf einer verfassungsrechtlichen Konstruktion, nach der das Wahlrecht zum Deutschen Bundestag (Art. 38 Abs. 1 Satz 1 GG) ein Recht auf effektive Beteiligung an der Ausübung von Staatsgewalt begründet. Dieses Recht umfasse auch die Kompetenzen des Bundestages im Rahmen gesetzgeberischer Entscheidungen. Damit könne jeder Bürger im Rahmen der Verfassungsbeschwerde geltend machen, dass dem Bundestag nicht ausreichend Kompetenzen zustünden, um seine demokratische Gestaltungsmacht ausüben zu können, gerade auch im Rahmen der europäischen Integration. Ein solches Recht ist zwar im Maastricht-Urteil angedeutet worden,[231] die Subjektivierung des Demokratieprinzips ist aber dennoch eine verfassungsrechtliche Innovation, die nicht ohne Kritik geblieben ist.[232] Mittels dieser verfassungsrechtlichen Konstruktion kann das Bundesverfassungsgericht seine Kontrolle auch in Verfassungsbeschwerdeverfahren ausüben.

Auch wenn der Anknüpfungspunkt in den Urteilen über Art. 38 Abs. 1 Satz 1 GG i. V. m. Art. 79 Abs. 3 GG erfolgt, so gilt dennoch der in Art. 23 Abs. 1 Satz 3 GG angelegte Maßstab.[233] Die prozessuale Weiterung der Verfassungsbeschwerde führt nicht dazu, dass ein anderer materiellrechtli-

---

230 *BVerfGE* 134, 366 (386) – OMT.

231 *BVerfGE* 89, 155 (171 f. und 182) – Maastricht; ebenso in *BVerfGE* 123, 267 (330 und 341) – Lissabon; 129, 124 (167 ff.) – EFS.

232 *M. Jestaedt*, Der Staat 48 (2009), S. 497 (503 ff.); *Chr. Schönberger*, Der Staat 48 (2009), S. 535 (539 ff.); *R. Lehner*, Der Staat 52 (2013), S. 535 (545); *J. H. Klement*, ZG 29 (2014), S. 169 (176 f.); *J. Schwarze*, DVBl. 2014, S. 537 (542); *F. C. Mayer*, EuR 2014, S. 473 (502 ff.); *A. Schwerdtfeger*, EuR 2015, S. 290 (305).

233 *BVerfGE* 134, 366 (397) – OMT.

cher Maßstab anzulegen ist, sondern es gelten die im Grundgesetz für die europäische Integration bestimmten Grenzen. Art. 23 Abs. 1 Satz 3 GG verweist diesbezüglich auf die Ewigkeitsklausel (Art. 79 Abs. 3 GG).

Dass dieser Maßstab auch auf sekundärrechtliche Regelungen – wie Richtlinien oder Verordnungen, welche die Rechtsgrundlage für die Errichtung der in dieser Arbeit untersuchten unabhängigen Behörden bilden – Anwendung findet, ergibt sich nicht sogleich aus Art. 23 Abs. 1 Satz 3 GG. Der Verfassungstext nennt lediglich die Begründung der EU, die Änderung der vertraglichen Grundlagen und vergleichbare Regelungen, durch die das Grundgesetz seinem Inhalt nach geändert oder ergänzt wird oder solche Änderungen oder Ergänzungen ermöglicht werden. Damit könnten lediglich Änderungen des Primärrechts erfasst sein. Art. 23 Abs. 1 Satz 3 GG erfasst aber jede Form der verfassungsrechtlichen Änderung und ist nicht auf das Unionsprimärrecht beschränkt. Auch dem Sekundärrecht ist damit durch diese Norm des Grundgesetzes eine Grenze gesetzt.[234] Insofern gelten die in den Urteilen Maastricht und Lissabon aufgestellten Anforderungen nicht nur für Vertragsänderungen, sondern auch für sekundärrechtliche Bestimmungen. Es mutete auch seltsam an, wenn über das Sekundärrecht Regelungen getroffen werden dürften, die das Grundgesetz für das Primärrecht nicht zulässt.

III. Maßstab verfassungsgerichtlicher Prüfung

Die bundesverfassungsgerichtlichen Maßstäbe an europäische Hoheitsakte bestimmen sich anhand der Grundrechtsäquivalenz, der Verfassungsidentität sowie von ultra vires-Handlungen. Für organisationsrechtliche Bestimmungen des Unionsrechts sind vor allem die beiden zuletzt genannten Grenzen relevant.

Das im Rahmen der Verfassungsidentität geschützte Demokratieprinzip stellt an EU-Rechtsakte nicht die Anforderungen, die bei rein nationalen Konstellationen anwendbar sind – auch nach Ansicht des Bundesverfassungsgerichts.[235] Im Rahmen der europäischen Integration sind die Anforderungen an unionsrechtlich geschaffene unabhängige Behörden andere als an solche, die vom deutschen Gesetzgeber errichtet wurden.

---

234 *R. Scholz*, in: Maunz/Dürig, Grundgesetz, 2009, Art. 23 GG Rn. 113.

235 Ebenso bei *D. Couzinet*, Legitimation unabhängiger Behörden, 2011, S. 213 (223 f.).

C. Integrationsgrenze Demokratieprinzip

Hoheitliches Handeln bedarf demokratischer Legitimation. Dies gilt nicht nur für amtliches Handeln mit Entscheidungscharakter,[236] sondern auch für behördeninterne Entscheidungen als Vorbereitungshandlungen zur Wahrnehmung hoheitlicher Aufgaben, Vorschlagsrechte und Mitentscheidungsbefugnisse.[237] Die in dieser Arbeit untersuchten Behörden üben allesamt Hoheitsgewalt aus: Beispielsweise legt die Bundesnetzagentur die Telekommunikationsmärkte fest (§ 10 Abs. 1 TKG), die Landesdatenschutzaufsichtsbehörden dürfen die Erhebung, Verarbeitung oder Nutzung von Daten untersagen (§ 38 Abs. 5 BDSG a.F./§ 40 Abs. 1 BDSG n.F. i.V.m. Art. 58 DSGVO) und Statistikstellen sammeln Informationen (§ 7 ZensG 2011).

Sofern man sich bei der verfassungsrechtlichen Bewertung weisungsfreier Behörden am monistischen Modell demokratischer Legitimation[238] orientiert, treten erhebliche Spannungen mit der unionsrechtlichen Verpflichtung zur Einrichtung unabhängiger Behörden auf. Die Weisungsfreiheit führt dazu, dass die sachlich-inhaltliche Legitimation nicht mehr vollständig erfüllt ist. Ob hierin ein Verstoß gegen die verfassungsrechtlichen Grenzen europäischer Integration zu sehen ist, bemisst sich danach, ob ein ultra vires-Akt vorliegt oder die deutsche Verfassungsidentität verletzt wurde. Ersteres kann an dieser Stelle für die drei Referenzgebiete bereits ausgeschlossen werden, da sich die Union innerhalb der ihr übertragenen Befugnisse beim Erlass der Sekundärrechtsakte bewegt.[239] Die Verfassungsidentität wäre verletzt, wenn Aufsichts- und Weisungsrechte der Regierungsebene gegenüber den Behörden zu dem von der Ewigkeitsklausel des Grundgesetzes geschützten Bereich zu zählen sind.[240]

---

236 *BVerfGE* 47, 253 (273) – Gemeindeparlamente.

237 *BVerfGE* 83, 60 (73) – Ausländerwahlrecht II; 93, 37 (68) – Mitbestimmungsgesetz Schleswig-Holstein; 107, 59 (87) – Lippeverband.

238 Siehe dazu ausführlich oben in Kapitel 2, Teil 2, F.

239 Siehe dazu ausführlich oben in Kapitel 4, C. I.

240 So bei *K. F. Gärditz*, AöR 135 (2010), S. 251 (283 ff.); *M. Ludwigs*, DV 44 (2011), S. 41 (47 f.).

I. Aufsichts- und Weisungsrechte unter dem Schutz der Verfassungsidentität?

Das Grundgesetz verlangt nicht ausdrücklich, dass stets Aufsichts- und Weisungsrechte gegenüber Behörden bestehen müssen. Die Interpretation des grundgesetzlichen Demokratieprinzips in der Rechtsprechung des Bundesverfassungsgerichts macht aber deutlich, dass Aufsichts- und Weisungsrechte als elementarer Bestandteil angesehen werden. Dass diese Auslegung des Demokratieprinzips dem Schutzbereich der Verfassungsidentität unterfällt, ist hingegen nicht anzunehmen. Die bereits mehrfach geäußerte Kritik an einem monistischen Legitimationsmodell und die Urteile des Bundesverfassungsgerichts zu demokratischen Anforderungen im Rahmen der europäischen Integration legen dies nahe.

1) Die Kritik an einem monistischen Legitimationsmodell

Das in der Rechtsprechung des Bundesverfassungsgerichts hervortretende, als monistisch bezeichnete Legitimationsmodell hat immer wieder erhebliche Kritik erfahren.[241] Diese entzündet sich insbesondere daran, dass die formalen Vorzüge des monistischen Legitimationsmodells (Anschaulichkeit und Nachvollziehbarkeit durch die Kettenkonstruktion[242], einheitliches Legitimationssubjekt[243]) auf normativ schwachen Prämissen aufbauen und die empirischen Annahmen des monistischen Modells an Überzeugungskraft verloren haben.

---

241 Siehe nur *N. Petersen*, JöR 58 (2010), S. 137 ff.; *E. Peuker*, Bürokratie, 2011, S. 144 ff.; *H.-H. Trute*, Legitimation, 2012, Rn. 15 ff.; zur Kritik am Volksverständnis des BVerfG siehe *B.-O. Bryde*, Staatswissenschaften und Staatspraxis 1994, S. 305 (317 ff.).

242 *E. Schmidt-Aßmann*, AöR 116 (1991), S. 329 (360); *T. Groß*, Pluralistische Interpretation, 2000, S. 93 (94); *N. Petersen*, JöR 58 (2010), S. 137 (170); *E. Peuker*, Bürokratie, 2011, S. 156.

243 *M. Jestaedt*, Kondominialverwaltung, 1993, S. 174 ff.; *E.-W. Böckenförde*, Demokratie, 2004, Rn. 42 ff.; dieser Vorzug ist allerdings nicht unumstritten, siehe nur *H.-H. Trute*, Legitimation, 2012, Rn. 25.

a) Schwächen der normativen Konstruktion und der empirischen Prämissen

Ein monistisches Modell demokratischer Legitimation hält weisungsfreie Behörden nur in den Fällen für verfassungsrechtlich zulässig, in denen im Grundgesetz eine Rechtfertigung für die Weisungsfreiheit besteht. Diesem Verständnis liege – so die Kritik – eine verengte Auslegung des grundgesetzlichen Demokratieprinzips zugrunde und damit einhergehend eine verfassungsrechtlich nicht notwendige Beschränkung der organisationsrechtlichen Gestaltungsfreiheit des Gesetzgebers.[244] Das unmittelbar vom Volk gewählte Parlament werde unter Verweis auf (behauptete) demokratische Grundsätze in seiner Handlungsfähigkeit begrenzt.[245] Die dahinter stehende Fixierung auf das Parlament als einzigem Legitimationsmittler des Volkes führe zu diesem Verständnis und der Vorstellung von einer Einheit der Verwaltung.[246]

Insbesondere das Modell der ununterbrochenen Legitimationskette verliere jedoch an Überzeugungskraft, wenn die Kette immer länger wird oder die zeitliche Distanz zum Legitimationsakt wächst. Der Verweis auf das Kettenbild sei ferner auch deshalb nicht überzeugend, weil die im Verhältnis zwischen Regierung und Behörde geforderte Weisungsbefugnis keine Entsprechung im Verhältnis zwischen Parlament und Regierung finde.[247]

Zudem gerate das monistische Modell in Erklärungsnot, wenn das Grundgesetz selbst Durchbrechungen der Legitimationskette vorsieht, wie es beim Grundsatz des Ländervollzugs von Bundesgesetzen in Art. 83 GG der Fall sei. Denn die für den Vollzug zuständigen Landesregierungen und Landesbeamten werden vom jeweiligen Landesvolk legitimiert, nicht aber von der Gesamtheit des deutschen Volkes, das im monistischen Modell den Erlass des Bundesgesetzes legitimiert. Es überzeuge auch nicht, wenn die hierarchische Gliederung mit der parlamentarischen Kontrolle begrün-

---

244 *B.-O. Bryde*, Staatswissenschaften und Staatspraxis 1994, S. 305 (315 ff.); *ders.*, Optimierungsaufgabe, 2000, S. 67 f.

245 *T. Groß*, Kollegialprinzip, 1999, S. 266; *K. Oertel*, Regulierungsbehörde, 2000, S. 250.

246 *T. Groß*, VVDStRL 66 (2007), S. 152 (172).

247 *E. T. Emde*, Selbstverwaltung, 1991, S. 342; *M. Jestaedt*, Kondominialverwaltung, 1993, S. 313; *T. Groß*, Kollegialprinzip, 1999, S. 212.

det wird, da das Grundgesetz nicht verlange, dass diese Kontrolle stets über den Minister erfolgen muss.[248]

Zusätzliche Kritik entzündet sich daran, dass die empirischen Prämissen des monistischen Legitimationsmodells vielfach überholt seien. Empirische Erkenntnisse können zwar ein normativ gesetztes Legitimationsmodell nicht aufheben, sie zeigen aber, an welchen Stellen der normative Geltungsanspruch auf eine Realität trifft, die vom normativen Modell nicht aufgefangen wird. So wird beispielsweise auf die Diskrepanz zwischen den starren Anforderungen des monistischen Legitimationsmodells und der Aufgabenvielfalt von Behörden hingewiesen.[249] Staatlich zu bewältigende Aufgaben hätten quantitativ sowie qualitativ zugenommen und mit ihr deren Komplexität.[250] Verwalten sei nicht (mehr) lediglich der Vollzug des im Gesetz verankerten gesetzgeberischen Willens, sondern weise Elemente des Planens, des Gestaltens und des Bewegens auf.[251] Dies liege auch am Wandel der staatlich zu bewältigenden Aufgaben. Die veränderten Anforderungen an den Staat im Laufe der Zeit verlangten nach einer aufgabenspezifischen Ausgestaltung,[252] welche die dem Ministerialmodell inhärente Beschränkung auf hierarchische Organisationsformen erschwere: Das monistische Legitimationsmodell sei daher der Verwaltungswirklichkeit entfremdet.[253] Bei einem Blick auf die tatsächliche Ausgestaltung der Verwaltung zeige sich auch, dass neben dem Modell der hierarchischen Ministerialverwaltung vielfältige Formen öffentlicher Verwaltung entstanden seien, die dem monistischen Modell nur noch in Ansätzen ähnelten.[254]

---

248 *J. Oebbecke*, Verwaltung, 1986, S. 102 ff.

249 *W. Berg*, NJW 1985, S. 2294 (2298 f.); *B.-O. Bryde*, VVDStRL 46 (1988), S. 181 (182 ff.); *W. Hoffmann-Riem*, Organisationsrecht als Steuerungsressource, 1997, S. 355 (362 f.); *J.-P. Schneider*, Neues Steuerungsmodell, 1997, S. 103 (106 f.); *H.-H. Trute*, Funktionen, 1997, S. 249 (262 f.); *T. Groß*, Kollegialprinzip, 1999, S. 163 ff.; *T. Blanke*, Funktionale Selbstverwaltung, 2000, S. 32 (50); *Chr. Hohmann-Dennhardt*, Schranken, 2000, S. 102 (108).

250 *W. Kahl*, Staatsaufsicht, 2000, S. 439 ff.

251 *G. F. Schuppert*, Der Staat 32 (1993), S. 581 (598).

252 *H. Dreier*, Hierarchische Verwaltung, 1991, S. 153 ff. m. w. N.

253 *K. Oertel*, Regulierungsbehörde, 2000, S. 250.

254 Für die Bundes-, Landes- und Kommunalverwaltung siehe die Beschreibung bei *R. Loeser*, Bundesverwaltung, 1989, S. 33 ff.; *H. Dreier*, Hierarchische Verwaltung, 1991, S. 264 ff.

Ferner müsse konstatiert werden, dass ein allein an jederzeit aktualisierbaren Entscheidungskompetenzen der übergeordneten Stelle orientiertes Modell die ministerialen Steuerungs- und Informationsverarbeitungskapazitäten überschätze[255] und die Eigenrationalitäten des Verwaltungshandelns verkenne.[256] In den Ministerien werde die Aufsicht über untergeordnete Behörden beispielsweise nicht von einem eigenen Referat oder der Leitungsebene ausgeübt, sondern von der Arbeitsebene. Dort konkurriere die Aufsichtstätigkeit mit anderen Aufgaben,[257] weshalb es naheliege, anzunehmen, dass die Aufsicht nur äußerst punktuell erfolge und der Gesetzesvollzug nicht vollumfänglich begleitet werde.[258] Dies widerspreche dem im monistischen Modell angelegten permanenten Kontrollmechanismus. Es bleibe ferner eine Fiktion, dass die parlamentarische Kontrolle der Regierung auch die Vollzugsebene erfasse, denn es habe sich gezeigt, dass das Parlament kaum an Vollzugsfragen interessiert sei, so dass es nur zu einem geringen Maße die Aufsichtsleistungen der Regierung kontrolliere. Es begnüge sich zumeist mit der Rolle als Gesetzgeber und prüfe die Umsetzung der Gesetze nicht systematisch nach.

b) Nicht erforderliche Beschränkung des Legitimationssubjekts

Ein weiterer Kritikpunkt am monistischen Legitimationsmodell betrifft die – aus Sicht der Kritiker verfassungsrechtlich nicht geforderte – Beschränkung auf das Legitimationssubjekt „deutsches Volk“. Dieses ist zwar in Art. 20 Abs. 2 GG ausdrücklich aufgeführt und damit zweifelsohne eine Quelle demokratischer Legitimation, aber das monistische Modell übersehe, dass das Grundgesetz auch weitere Legitimationsquellen zulasse.[259] So müsse nicht stets das Volk als Ganzes das Legitimationssubjekt bilden,

255 *W. Brohm*, VVDStRL 30 (1972), S. 245 (293 f. m. w. N. in Fn. 144); *K. Lüder*, DÖV 1993, S. 265 (267); *W. Hoffmann-Riem*, DÖV 1997, S. 433 (440); *H.-H. Trute*, Rechtsanwendung, 2008, S. 211 (230); *W. Kahl*, Staatsaufsicht, 2000, S. 439; *M. Döhler*, DV 34 (2001), S. 59 (83 f.); *T. Groß*, VVDStRL 66 (2007), S. 152 (170).

256 *V. Mehde*, Hierarchiegebot, 2000, S. 111 (114 f.).

257 *M. Döhler* VerwArch 102 (2011), S. 119 f.; *M. Etscheid*, VerwArch 105 (2014), S. 351 (379).

258 *M. Döhler*, Delegation und Steuerung, 2005, S. 215 (236).

259 *J. H. H. Weiler*, JöR 44 (1996), S. 91 (112 ff.); *A. Rinken*, Demokratieverständnis, 2000, S. 125 (134 ff.); *T. Groß*, Pluralistische Interpretation, 2000, S. 93 (94 ff.).

sondern dies könnten beispielsweise auch betroffene Gruppen sein („Legitimation durch Partizipation"[260]). Ferner müssten die Auswirkungen deutscher Hoheitsgewalt auf nichtdeutsche Staatsangehörige sowie die Ausübung hoheitlicher Gewalt durch supranationale Einrichtungen, deren Entscheidungen nicht nur vom deutschen Volk legitimiert werden, beachtet werden. Ansonsten seien die Prämissen auf eine Art und Weise gesetzt, die nur ein hierarchisch-etatistisches Demokratieverständnis ermögliche, das die im grundgesetzlichen Demokratieprinzip enthaltene Pluralität der Legitimationselemente unterlaufe.[261] Zur Legitimation von Verwaltungsmaßnahmen innerhalb eines europäisierten oder internationalisierten Verwaltungssystems bedürfe es der Loslösung vom staatsvolkzentrierten Demokratieverständnis und der Einbeziehung der Besonderheiten supra- und internationaler Herrschaftsausübung.[262]

c) Keine Exklusivität des monistischen Demokratieverständnisses

Die Kritik am monistischen Demokratiemodell erkennt die demokratiesichernden Leistungen des Modells an, wehrt sich aber dagegen, dieses Modell absolut zu setzen, es als verfassungsrechtlich geboten einzuordnen und damit jede Abweichung für verfassungsrechtlich rechtfertigungsbedürftig zu erklären. Demokratische Legitimation könne auf unterschiedliche Art und Weise sichergestellt werden. Dazu gehörten neben den Elementen des monistischen Modells beispielsweise auch partizipative Elemente,[263] Aspekte der Transparenz[264] oder der Selbstverwaltung.[265] Diese Elemente unterschätze das monistische Modell. Dem Gesetzgeber müsse mehr Spielraum dabei eingeräumt werden, die Spannungslage zwischen Pluralisierung und Einheit der Verwaltung als Bestandteile des grundgesetzlichen Demokratieprinzips „abzuspannen"[266]. Dabei gehe es auch

---

260 Dazu *H.-J. Menzel*, Partizipation Privater, 1980; *T. Groß*, Pluralistische Interpretation, 2000, S. 93 (97 f.); *Chr. Gusy*, EuGRZ 2006, S. 353 ff.

261 *B.-O. Bryde*, Optimierungsaufgabe, 2000, S. 59 (61).

262 *E. Peuker*, Bürokratie, 2011, S. 155 f.

263 *T. Groß*, Pluralistische Interpretation, 2000, S. 93 (97 f.); *T. Blanke*, Funktionale Selbstverwaltung, 2000, S. 32 (43).

264 Siehe hierzu *G. Lübbe-Wolff*, VVDStRL 60 (2001), S. 246 (277).

265 Siehe beispielsweise *E. T. Emde*, Selbstverwaltung, 1991, S. 363 ff.

266 *H.-H. Trute*, Legitimation, 2012, Rn. 37.

darum, Grundprinzipien der Verfassung auszugleichen.[267] Die Fixierung auf die Vorstellung der Einheit der Verwaltung, die dem monistischen Modell zugrunde liege, stelle ein verkürztes Verständnis des verfassungsrechtlichen Demokratieprinzips dar.[268]

Die von den Kritikern des monistischen Legitimationsmodells geäußerten Argumente zeigen, dass ein monistisches Verständnis des grundgesetzlichen Demokratieprinzips nicht zwingend ist. Vielmehr ist die Vorstellung der Weisungsbindung aufgrund des Demokratieprinzips eine vom Bundesverfassungsgericht entwickelte Konzeption zur Operationalisierung des Demokratieprinzips im deutschen Verwaltungsorganisationsrecht.

Die Verfassungsidentität schützt aber nur den Kernbereich der grundgesetzlichen Bestimmungen. Dieser Schutz liegt eher fern bei einer Interpretation, deren textliche Anbindung sich auf den Verweis auf ein abstraktes verfassungsrechtliches Prinzip beschränkt. Dem von der Verfassungsidentität geschützten Kernbereich des grundgesetzlichen Demokratieprinzips lassen sich keine Aussagen darüber entnehmen, wie genau der demokratische Zusammenhang herzustellen ist. Insbesondere ist keine bestimmte Demokratietheorie verfassungsrechtlich festgeschrieben.[269] Dies ist ein erstes Anzeichen dafür, dass Weisungsrechte nicht zur Verfassungsidentität zu zählen sind.

2) Das grundgesetzliche Demokratieprinzip im Rahmen der europäischen Integration

Bestätigung findet dies in der Rechtsprechung des Bundesverfassungsgerichts zur europäischen Integration. Das Gericht beschränkt die verfassungsrechtlichen Vorgaben des Demokratieprinzips im Rahmen der europäischen Integration auf den Grundsatz der Volkssouveränität (Art. 20 Abs. 2 Satz 1 GG), nach dem hoheitliche Maßnahmen stets auf den Willen des Volkes zurückführbar sein müssen. Dies ist der Fall, wenn ein ausreichendes demokratisches Legitimationsniveau besteht. Ein solcher Zusammenhang bestünde erst dann nicht mehr, wenn es zu einer „Aushöhlung

---

267 Ebenso *J. Oebbecke*, Verwaltung, 1986, S. 65 f. und S. 132; *K. Hesse*, Verfassungsrecht, 1999, Rn. 489.

268 *R. Steinberg*, Verwaltungsorganisation, 1979, S. 263; *T. Groß*, Kollegialprinzip, 1999, S. 201 und S. 203; *ders.*, VVDStRL 66 (2007), S. 152 (172).

269 *B.-O. Bryde*, in: von Münch/Kunig, Grundgesetz, 2012, Art. 79 GG Rn. 41.

des demokratischen Herrschaftssystems in Deutschland“[270] komme oder „die supranationale öffentliche Gewalt für sich genommen grundlegende demokratische Anforderungen verfehl[e]“[271].

Die bundesverfassungsgerichtlichen Urteile sehen aber nicht vor, dass Weisungsrechte zur Wahrung demokratischer Anforderungen des Grundgesetzes eine verfassungsrechtliche Grenze der europäischen Integration darstellen.[272] Vielmehr hebt das Gericht hervor, dass auch andere Formen der demokratischen Legitimation vorgesehen werden können. Ausdrücklich erwähnen die Urteilsgründe die (zusätzliche) Legitimationsdimension durch Partizipation sowie durch Öffentlichkeit.[273]

Das grundgesetzliche Demokratieprinzip stellt für organisationsrechtliche Regelungen dennoch Vorgaben auf, die auch im Rahmen der europäischen Integration einzuhalten sind. Sie sichern insbesondere die Beteiligung demokratisch legitimierter Einrichtungen sowie die Nachvollziehbarkeit der getroffenen Entscheidungen, um Verantwortlichkeitsbeziehungen für die Entscheidung über die Schaffung von Behörden herzustellen. Es können vier Mindestanforderungen genannt werden:[274] Erstens muss die Entkopplung auf Grundlage eines Gesetzes erfolgen (institutioneller Gesetzesvorbehalt), zweitens bedarf sie einer plausiblen Begründung (Sachgrund) sowie der Begrenzung auf diesen Sachgrund, drittens muss der Gesetzgeber dafür Sorge tragen, dass die organisatorische Ausgestaltung der unabhängigen Behörde einen ordnungsgemäßen Interessenausgleich ermöglicht und viertens müssen ausreichend demokratische Kontrollrechte und Verantwortlichkeitsbeziehungen wie beispielsweise Berichtspflichten bestehen.

II. Fazit

Die Verfassungsidentität des Grundgesetzes ist durch sekundärrechtlich weisungsfrei gestellte Behörden nicht per se verletzt. Das grundgesetzli-

---

270 *BVerfGE* 123, 267 (356) – Lissabon.

271 *BVerfGE* 123, 267 (356) – Lissabon.

272 Ebenso *U. Schliesky*, Herrschaftsgewalt, 2004, S. 609; *D. Couzinet*, Legitimation unabhängiger Behörden, 2011, S. 213 (233); *C. D. Classen*, Eigenständigkeit der Verwaltung, 2011, S. 293 (302); *M. Ruffert*, Unabhängigkeit, 2011, S. 399 (414).

273 *BVerfGE* 123, 267 (369) – Lissabon.

274 Die Einteilung und Aufzählung folgt weitgehend dem Beitrag von *J. Masing*, Recht der Regulierungsverwaltung, 2006, S. D 78 f.

che Demokratieprinzip verlangt im Rahmen des unionsrechtlich modifizierten Maßstabs nicht, dass Behörden der Aufsicht und der Weisung eines Ministeriums zu unterstellen sind. Es muss aber sichergestellt sein, dass ein effektiver Zusammenhang zwischen dem Volk und der Ausübung von Hoheitsgewalt besteht. Dazu muss ein angemessenes Legitimationsniveau vom Gesetzgeber vorgesehen werden. Hierzu stehen eine Reihe möglicher Kombinationen von Legitimationsbausteinen zur Verfügung.[275]

D. Integrationsgrenze Gewaltengliederung

Unionsrechtliche Bestimmungen zur Gestaltung der mitgliedstaatlichen Organisation können aber auch mit weiteren, im Rahmen der Verfassungsidentität geschützten Grundprinzipien, in Konflikt geraten. Legt man den in Art. 23 Abs. 1 Satz 3 GG formulierten Maßstab an, so gehört auch das im Wesentlichen in Art. 20 GG niedergelegte Prinzip der Gewaltengliederung zum Kernbereich der deutschen Verfassung. Ihr steht im Rahmen der europäischen Integration auch der Schutz durch die Verfassungsidentität zu.

Spannungen zwischen unionsrechtlich determinierter Unabhängigkeit und dem Prinzip der Gewaltengliederung treten auf, wenn das Unionsrecht Kompetenzen auf eine Stelle überträgt, die zuvor einer anderen Hoheitsgewalt zugeordnet waren, oder die Kompetenzen einer Institution beschränkt. Eine solche Verletzung könnte darin gesehen werden, dass das Unionsrecht Vorgaben dazu enthält, wie nationale Behörden finanziell und personell auszustatten sind, und damit die Kompetenzen des Haushaltsgesetzgebers oder eines Ministeriums, in dessen Geschäftsbereich eine Behörde angesiedelt ist, beschränkt. Bereits aus der Verpflichtung zur Einrichtung einer unabhängigen Behörde folgt die Pflicht, diese finanziell und personell angemessen auszustatten.[276] Die Datenschutz-Grundverordnung sieht noch weitgehender vor, dass die Aufsichtsbehörde mit personellen, technischen und finanziellen Ressourcen, Räumlichkeiten und mit der erforderlichen Infrastruktur auszustatten ist, um ihrer Aufgabe effektiv nachkommen zu können (Art. 52 Abs. 4 DSGVO). Das Unionsrecht legt An-

---

275 Siehe zu den besonders geeigneten Bausteinen unten in Kapitel 5, Teil 3, D.
276 *EuGH*, Rs. C-614/10, Rn. 58 – Kommission/Österreich.

forderungen an den nationalen Haushaltsgesetzgeber fest, die dessen Budgethoheit einschränken.[277]

Die Gewaltengliederung des Grundgesetzes verlangt jedoch nicht die strikte Trennung der drei Gewalten, sondern sichert, dass jeder Gewalt ihr Kernbereich erhalten bleibt.[278] Das Budgetrecht des Parlaments gehört sicherlich zu den bedeutenden Rechten des Parlaments. Allerdings stellt nicht jede Beschränkung der Budgethoheit eine Verletzung des im Rahmen der Verfassungsidentität geschützten Kernbereichs dar. Dies zeigen schon die Urteile des Bundesverfassungsgerichts zur Beteiligung an europäischen Finanzausgleichsmechanismen. Ferner sind die finanziellen Verpflichtungen, die sich durch die unabhängige Rechtsstellung ergeben, nicht besonders schwerwiegend.

Zudem ist es im deutschen Finanzverfassungsrecht anerkannt, dass der Haushaltsgesetzgeber an die Vorgaben gebunden ist, die sich aus anderen Gesetzen ergeben. Dazu gehört es beispielsweise, dass einer Behörde ausreichend Mittel zugewiesen werden, um die ihr übertragene Aufgabe erfüllen zu können. Diese Ausnahme von der lex posterior-Regel ist auch als Subordination des Haushaltsplans unter das Recht bekannt.[279] Der Haushaltsgesetzgeber ist verpflichtet, die Ausgaben in den Haushaltsplan aufzunehmen, die unmittelbar gesetzlich vorgesehen sind, und er muss auch die Finanzmittel zur Verfügung stellen, welche die öffentlichen Stellen zur Bewältigung der ihnen übertragenen Aufgaben benötigen.[280] Insofern ist die Pflicht zur angemessenen Ausstattung der Behörden dem deutschen Verfassungsrecht nicht fremd. Der Unterschied zu unionsrechtlichen Vorgaben besteht aber darin, dass sich der Gesetzgeber in rein nationalen Konstellationen selbst bindet, während dies bei unionsrechtlichen Verpflichtungen durch den Unionsgesetzgeber erfolgt.

Allerdings ist der Umstand, dass die Mitgliedstaaten die Kosten für den Vollzug des Unionsrechts übernehmen, nicht neu. Dies ist vielmehr die Konsequenz der Einbindung in die Europäische Union. Erst wenn die vom Bundesverfassungsgericht gezogene Grenze der Aufhebung der Haushaltsautonomie erreicht ist, liegt eine Verletzung der Verfassungsidentität

277 Hierzu siehe *H. Kube*, AöR 137 (2012), S. 205 (206 f. und 215 ff.).

278 *B.-O. Bryde*, in: von Münch/Kunig, Grundgesetz, 2012, Art. 79 GG Rn. 45; *M. Herdegen*, in: Maunz/Dürig, Grundgesetz, 2014, Art. 79 GG Rn. 145 ff.

279 *E.-W. Böckenförde*, Organisationsgewalt, 1964, S. 110 f. und S. 305 f.; *R. Mußgnug*, Haushaltsplan, 1976, S. 309 und S. 341 ff.

280 *K. Lange*, Der Staat 11 (1972), S. 313 (318 f.).

des Grundgesetzes vor. Da dem Gesetzgeber bezüglich der Beurteilung, ob die finanzielle Ausstattung einer unabhängigen Behörde angemessen i.S.d. Unionsrechts ist, ein weiter Einschätzungsspielraum zusteht, kommt es nicht dazu, dass der vom Gewaltengliederungsgrundsatz geschützte Kernbereich verletzt wird.

E. Integrationsgrenze Föderalismusprinzip

Die Verpflichtung zur unabhängigen Rechtsstellung geht häufig einher mit der unionsrechtlichen Vorgabe, die unabhängige Behörde als Kontaktstelle zwischen der Europäischen Kommission und allen zuständigen nationalen Behörden einzurichten und ihr innerhalb der mitgliedstaatlichen Verwaltungsstrukturen eine koordinierende Rolle zu gewähren. Dies ist beispielsweise für das Recht der amtlichen Statistik in der Statistikverordnung festgeschrieben worden: Die Mitgliedstaaten sind verpflichtet, ein nationales statistisches System zu schaffen, das von einer einzigen nationalen Stelle koordiniert wird und das als Ansprechpartner der europäischen Stelle, Eurostat, dient. Im Rahmen der Koordinationsaufgabe kann der Leiter des nationalen statistischen Amtes, Leitlinien an die übrigen nationalen Stellen erlassen, die Statistiken erstellen (Art. 5a Abs. 2 lit. g) Statistikverordnung). Die Überwachung und Überprüfung dieser Leitlinien gehört ebenfalls zum Aufgabenbereich. Dass diese Leitlinien eingehalten werden, gehört zu den Umsetzungspflichten der Mitgliedstaaten (Art. 5a Abs. 3 Statistikverordnung). Zugleich vertritt der Leiter des nationalen Statistikamts den Mitgliedstaat im Europäischen Statistischen System (Art. 5a Abs. 2 lit. h) Statistikverordnung) und das nationale statistische Amt ist die einzige Kontaktstelle, mit der Eurostat kommuniziert (Art. 5 Abs. 1 Satz 1 Statistikverordnung).

Folge derartiger Vorgaben ist, dass die Stellung des nationalen statistischen Amtes innerhalb des Verwaltungssystems des jeweiligen Mitgliedstaats gestärkt wird. Es erhält eine zentrale Position, indem es den Vollzug durch andere Behörden vermehrt steuern kann und gleichzeitig als einzige nationale Stelle über alle relevanten Informationen verfügt. Durch die Zentralisierung des mitgliedstaatlichen Vollzugssystems ist der Grundsatz des Föderalismus betroffen. Wenn die nationale Kontaktstelle, die zumeist auf Bundesebene angesiedelt ist, die Befugnis erhält, den Vollzug durch die Landesbehörden zu steuern, besteht die Gefahr, dass die föderalen Vollzugsstrukturen des Grundgesetzes ausgehöhlt werden. Dies gilt unabhängig davon, ob man den Vollzug des Unionsrechts durch Behörden der Länder auf eine direkte oder analoge Anwendung der Art. 83 ff. GG stützt.[281]

Dass sich die Bundesländer zum Vollzug der Landes- und der Bundesgesetze eigener Behörden bedienen, wird an verschiedenen Stellen des Grundgesetzes garantiert. Diese Regelungen sind Ausdruck des Föderalismusprinzips, das unter dem Schutz der Ewigkeitsklausel in Art. 20 Abs. 1 GG verankert ist. Das Föderalismusprinzip schützt nicht generell vor Änderungen im Bund-Länder-Verhältnis,[282] begründet also keinen autonomen Entscheidungsraum der Bundesländer, aber die wesentlichen Grundlagen der Landesstaatlichkeit dürfen durch den Bund nicht angetastet werden. Den Bundesländern muss ein Mindestmaß an Eigenständigkeit verbleiben, d.h. sie müssen über Gesetzgebungskompetenzen, über eine eigene Verwaltung, eigene Gerichte und Finanzen verfügen können.[283] Änderungen sind zulässig, soweit den Ländern ihre Staatlichkeit erhalten bleibt.

Allein der Umstand, dass eine Bundesbehörde im Rahmen des Vollzugs des Unionsrechts auch für die Landesbehörden als Kontaktstelle fungiert, führt noch nicht dazu, dass das Föderalismusprinzip aufgehoben wird. Die Landesbehörden bleiben die für den Vollzug zuständigen Einrichtungen und können in diesem Rahmen eigenständig Entscheidungen treffen. Sie werden durch die Einrichtung einer Kontaktstelle nicht zu Befehlsempfängern der Bundeseinrichtung.

Eine andere Bewertung könnte sich aber hinsichtlich der durch das Unionsrecht verliehenen Kompetenz zum Erlass von nationalen Leitlinien ergeben. Sollten diese für die Landesbehörden bindend sein, wäre dies ein Eingriff in die föderale Grundstruktur. Die Rechtsnatur der in der Statistikverordnung aufgeführten Leitlinien ist aber nicht klar. Diese müssen noch in die deutsche Verwaltungsrechtsdogmatik umgesetzt werden. Bislang sind Leitlinien im deutschen Verwaltungsrecht beispielsweise für die Bundesnetzagentur vorgesehen, die von der Europäischen Kommission herausgegebene Leitlinien beachten muss. Auch die Bundesanstalt für Finanzdienstleistungen muss die von der EIOPA erlassenen Leitlinien entweder umsetzen oder qualifiziert begründet zurückweisen. Es könnte sich

---

281 Hierzu *D. H. Scheuing*, EuR 1985, S. 229 (249 f.); *H.-J. Blanke*, Integrationsgewalt, 1991, S. 297 ff.

282 *M. Jestaedt*, Bundesstaat, 2004, Rn. 65.

283 *B.-O. Bryde*, in: von Münch/Kunig, Grundgesetz, 2012, Art. 79 GG Rn. 32; *M. Sachs*, in: ders., Grundgesetz, 2018, Art. 79 GG Rn. 62.

dabei nach deutschem Verwaltungsrechtsverständnis um Weisungen, Empfehlungen oder norminterpretierende Verwaltungsvorschriften handeln. Das Unionsrecht sieht in Leitlinien lediglich verwaltungsinterne Vorschriften, die nur die erlassende Institution, beispielsweise die Kommission, sowie die Institutionen, an die sich die Leitlinien richten, binden, nicht aber außerhalb der Verwaltung Rechtskraft erzeugen.

Bei der Umsetzung der unionsrechtlichen Vorgaben in deutsches Recht ist darauf zu achten, dass es aufgrund der Richtlinienkompetenz der zuständigen Behörde nicht zu einer hierarchischen Unterordnung der Landesbehörden kommt.

Teil 3: Legitimationsbausteine für unionsrechtlich zur Unabhängigkeit verpflichtete deutsche Behörden

Zwar verstößt die Schaffung weisungsfreier Behörden durch das Unionsrecht nicht per se gegen die Verfassungsidentität des Grundgesetzes, allerdings wäre es mit der Verfassungsidentität nicht zu vereinbaren, diese Behörden aus jeglichem Zusammenhang demokratischer Legitimation herauszunehmen.

Da die Legitimation über Aufsichts- und Weisungsrechte ausgeschlossen ist, müssen andere Mittel demokratischer Legitimation identifiziert werden. Dazu können Bausteine demokratischer Legitimation bestimmt werden, die für aufgrund des Unionsrechts unabhängig gestellte Behörden besonders vielversprechend sind. Dass eine weisungsfreie Behörde jeweils ausreichend demokratisch legitimiert ist, gehört zur Gestaltungsaufgabe des nationalen Gesetzgebers.

A. Legalität, Legitimität, Legitimation

Hoheitliches Handeln bedarf einer gesetzlichen Grundlage und muss den dort verankerten Voraussetzungen entsprechen. Dies erfasst der Begriff der Legalität. Legitimation kann in einem Rechtsstaat ohne Legalität nicht bestehen. Legalität allein reicht jedoch nicht aus, um Legitimation zu begründen. Das Grundgesetz verlangt insbesondere nach Elementen demokratischer Legitimation.[284] Demokratische Kontrolle und Steuerung sichert, dass die abstrakten gesetzlichen Regelungen bei der Anwendung im Einzelfall nicht dem Willen der gesetzgebenden Institutionen widersprechen. Die in den Organisationsformen öffentlicher Verwaltung ausgeübte Herrschaft bedarf der demokratischen Rechtfertigung.[285]

Legitimation ist auch nicht gleichbedeutend mit Legitimität:[286] Legitimität beschreibt einen Zustand, in dem Herrschaft gerechtfertigt ist. Hingegen ist Legitimation der Prozess, der zur Herstellung von Legitimität Verwendung findet.[287] Der erfolgreiche Abschluss eines Legitimationsprozesses ist die Herstellung von Legitimität.[288]

B. Das Modell des Legitimationsniveaus

Nach Auffassung des Bundesverfassungsgerichts ist

> *„für die Beurteilung, ob ein hinreichender Gehalt an demokratischer Legitimation erreicht wird, essentiell, dass die in der Rechtsprechung des Bundesverfassungsgerichts und in der Literatur unterschiedenen Formen der institutionellen, funktionellen, sachlich-inhaltlichen und der personellen Legitimation Bedeutung nicht je für sich, sondern nur in ihrem Zusammenwirken haben. Aus verfassungsrechtlicher Sicht entscheidend ist nicht die Form der demokratischen Legitimation staatlichen Handelns, sondern deren Effektivität"*[289]

Legitimation kann aber nicht nur aus den zitierten Modi demokratischer Legitimation folgen. Auch Elemente der Partizipation, der Öffentlichkeit,

---

284 *E. Schmidt-Aßmann*, Ordnungsidee, 2006, 2/81.

285 *E. Schmidt-Aßmann*, AöR 116 (1991), S. 329 (330).

286 Zur Unterscheidung *H.-J. Menzel*, Partizipation Privater, 1980, S. 17 f.; *D. Czybulka*, Legitimation, 1989, S. 57; *J. Hielscher*, Legitimität, 2010, S. 122 f.

287 So bei *R. Pitschas*, Verwaltungsverantwortung, 1990, S. 203; *A. Voßkuhle/ G. Sydow*, JZ 2002, S. 673 (674); *G. Sydow*, Verwaltungskooperation, 2004, S. 235 in Fn. 1; *U. Schliesky*, Herrschaftsgewalt, 2004, S. 150 f.

288 Diese Begriffsunterscheidung ist allerdings nicht exklusiv: Manche Autoren trennen zwischen dem normativen Begriff der Legitimation und der Legitimität als Ausdruck sozialer Anerkennung von Herrschaft, siehe *S. Müller-Franken*, AöR 134 (2009), S. 542 (547).

289 *BVerfGE* 93, 37 (66 f.) – Mitbestimmungsgesetz Schleswig-Holstein; ebenso in *BVerfGE* 83, 60 (71 f.) – Ausländerwahlrecht II.

der transparenten Entscheidungsprozesse,[290] der Verantwortungsklarheit[291] oder der Rationalitätssteigerung des Handelns durch Begründungsanforderungen werden dem in dieser Arbeit verwendeten Legitimationsverständnis zugrunde gelegt.

Unterschiedliche Legitimationsbausteine können eingestellt werden, um zu einem angemessenen Legitimationsniveau beizutragen.[292] Erst in der Gesamtbetrachtung (keine bloße Summierung) ergibt sich, ob ein angemessenes Legitimationsniveau erreicht wird.[293] Dabei ist das Legitimationsniveau nicht derart zu konstruieren, dass ein bestimmtes Maximum stets erreicht werden muss.[294] Vielmehr ist das Legitimationsniveau eine für die jeweilige hoheitliche Tätigkeit in ihrem verfassungsrechtlichen Kontext zu bestimmende Größe. Dies zeigt sich auch daran, dass das Bundesverfassungsgericht auf die unterschiedliche Legitimation zwischen der politischen Gestaltung durch die Regierung und dem Gesetzesvollzug durch die Verwaltung hinweist.[295]

Die Erweiterung des Modells des Legitimationsniveaus durch die Einbindung weiterer Legitimationsbausteine sowie das Abstellen auf eine Gesamtbewertung hat einen Nachteil gegenüber dem Verständnis des Legitimationsniveaus im monistischen Modell: Die Bestimmung des ausreichenden Legitimationsniveaus ist aufgrund der notwendigen Wertungen der einzelnen Bausteine sowie der Bewertung im Zusammenwirken Unsicherheiten ausgesetzt.[296] Wann ein ausreichendes Legitimationsniveau besteht, kann nicht durch bloßes Abgleichen berechnet werden. Die Weiterung des Modells enthält allerdings das Potential, die Veränderungen durch die Internationalisierung, Europäisierung und die zunehmende

290 Auf Ebene der EU siehe hierzu *Chr. Heitsch*, EuR 2001, S. 809 ff.; *Chr. Sobotta*, Rechtsetzungsverfahren, 2001, S. 30 ff.

291 Siehe hierzu *E. Schmidt-Aßmann*, EuR 1996, S. 270 (296 f.).

292 Ebenso *BVerwGE* 141, 122 (129) – Realitätsprüfung bei Beobachtungspflicht; *E. Schmidt-Aßmann*, Verwaltungsorganisationsrecht, 1997, S. 9 (39); *W. Hoffmann-Riem*, Verwaltungskontrolle, 2001, S. 325 (364 f.).

293 *BVerfGE* 83, 60 (72) – Ausländerwahlrecht II; *J. Oebbecke*, Verwaltung, 1986, S. 125; *E. Schmidt-Aßmann*, AöR 116 (1991), S. 329 (367 f.); *ders.*, Dogmatik, 2013, S. 156; *E. Peuker*, Bürokratie, 2011, S. 144; *H.-H. Trute*, Legitimation, 2012, Rn. 14 und 56 f.

294 *E. Schmidt-Aßmann*, AöR 116 (1991), S. 329 (366); *E. Peuker*, Bürokratie, 2011, S. 142.

295 *BVerfGE* 83, 60 (72) – Ausländerwahlrecht II; 93, 37 (67) – Mitbestimmungsgesetz Schleswig-Holstein.

296 *H.-H. Trute*, Legitimation, 2012, Rn. 57.

Komplexität modernen Verwaltens aufzunehmen und zugleich demokratische Rückbindung zu sichern. Dem wird in dieser Arbeit der Vorrang eingeräumt.

C. Demokratische Legitimation durch das Unionsrecht

Die demokratische Legitimation deutscher Behörden, die aufgrund der Vorgaben des Unionsrechts organisationsrechtlich überformt und zugleich in europäische Verwaltungsverbünde eingebunden sind, ist nicht nur auf nationaler Verfassungsebene zu konstruieren, sondern muss auch Legitimationsbausteine einstellen, die sich aus unionsrechtlichen Zusammenhängen ergeben.[297] Bei der Bewertung der Legitimationsleistung muss berücksichtigt werden, dass Unterschiede zwischen dem deutschen und dem unionsrechtlichen Demokratiemodell bestehen.[298] Dies folgt bereits daraus, dass die Europäische Union eine besondere Form des internationalen Zusammenschlusses darstellt („Staatenverbund"). Ferner wird im Unionsrecht weiteren Legitimationsbausteinen wie beispielsweise Elementen der Transparenz mehr Wert beigemessen.

Die bundesverfassungsgerichtliche Rechtsprechung lässt eine Modifikation des demokratischen Modells zu, da die innerstaatlichen Vorstellungen von Demokratie nicht umstandslos auf supranationale Kontexte Anwendung finden.[299] Das Bundesverfassungsgericht verlangt aber, dass Grundlage der europäischen Hoheitsgewalt die Völker bleiben müssen sowie Legitimation über die nationalen Regierungen im Rat und die direkt gewählten Vertreter im Europäischen Parlament auf die europäische Ebene getragen werden muss. Dies passt zu dem unionsrechtlichen Legitimationsmodell, dessen zentrale Pfeiler das Europäische Parlament und der Rat

297 Dies bedeutet aber, dass das Legitimationssubjekt in diesen Fällen nicht mehr auf das deutsche Volk zu beschränken ist; zu den Gründen siehe *T. Groß*, Kollegialprinzip, 1999, S. 165 ff.

298 *G. Lübbe-Wolff*, VVDStRL 60 (2001), S. 246 (247); *E. Peuker*, Bürokratie, 2011, S. 131; *H. H. Klein*, Europäische Integration, 2011, S. 13 f.; *ders.*, AöR 139 (2014), S. 165 (189); zu Legitimationsproblemen in Mehrebenen-Rechtsordnungen *Chr. Möllers*, Gewaltengliederung, 2005, S. 233 ff.

299 *BVerfGE* 123, 267 (366) – Lissabon.

sind (vgl. Art. 10 Abs. 2 EUV).[300] Diese doppelte Legitimation ist notwendig, da das Europäische Parlament bislang nicht selbständig Rechtsakte erlassen und folglich auch nicht die einzige Quelle der Legitimation sein kann.[301]

Durch das Unionsrecht kann Legitimation vermittelt werden, und zwar für die in dieser Arbeit untersuchten Behörden auf zweierlei Weise: Erstens durch die gesetzliche Grundlage im Sekundärrechtsakt (I.), zweitens durch die Einbindung in europäische Verwaltungsverbünde (II.).

I. Legitimation durch EU-Sekundärrecht

Grundlage der Entkopplung nationaler Behörden ist ein Sekundärrechtsakt, der im Verfahren der ordentlichen Gesetzgebung unter Beteiligung des Europäischen Parlaments und des Rates erlassen wurde. Diese Legitimationsleistung ist als Bestandteil der sachlich-inhaltlichen Legitimation im monistischen Modell anerkannt.[302] Auch im europäischen Kontext vermittelt der Sekundärrechtsakt materielle Legitimation.[303] Da die demokratische Legitimation im dualen Legitimationsmodell der EU aber Schwächen aufweist,[304] ist allein die vom Sekundärrechtsakt ausgehende Legitimationskraft nicht ausreichend.

II. Legitimation durch Verwaltungsverbundstrukturen

Legitimation können auch die Strukturen des Verwaltungsverbundes, in den die nationalen Behörden eingebunden sind, vermitteln. Dazu kann ein Modell herangezogen werden, das auf der „Basislegitimation“ und der „strukturellen Europäisierung“ als Legitimationsaspekte beruht.

---

300 Siehe allgemein zum dualen Legitimationsmodell *S. Oeter*, Föderalismus und Demokratie, 2009, S. 73 ff.; *J. von Achenbach*, Demokratische Gesetzgebung, 2014, S. 407 ff.

301 Dies folgt bereits aus dem deutschen Verfassungsrecht, siehe *Chr. Hillgruber*, in: Schmidt-Bleibtreu/Hofmann/Henneke, Grundgesetz, 2018, Art. 23 GG Rn. 15.

302 *H.-H. Trute*, Legitimation, 2012, Rn. 10.

303 *G. Sydow*, Verwaltungskooperation, 2004, S. 245 f.; *H.-H. Trute*, Legitimation, 2012, Rn. 112.

304 Siehe ausführlich bei *E. Peuker*, Bürokratie, 2011, S. 160 ff.

1) „Basislegitimation" und „strukturelle Europäisierung"

Das Konzept der „Basislegitimation" und der „strukturellen Europäisierung" wurde für den transnationalen Verwaltungsakt entwickelt. Damit wird ein von der Behörde eines Mitgliedstaats erlassener Verwaltungsakt bezeichnet, der auch in anderen Mitgliedstaaten der Union Rechtskraft entfaltet. Allerdings ist eine nationale Behörde dem Modell der monistischen Legitimation folgend nur von dem jeweiligen nationalen Volk legitimiert, nicht aber vom Volk eines anderen Mitgliedstaats. Der transnationale Verwaltungsakt wäre demnach nicht ausreichend demokratisch legitimiert. In der Literatur wurden deshalb zusätzliche Legitimationsbausteine entwickelt, welche die zunehmende Vernetzung der europäischen Verwaltung aus der Legitimationsperspektive aufnehmen. Diese werden mit den Begriffen der „Basislegitimation" und der „strukturellen Europäisierung" beschrieben.[305]

Basislegitimation erfasst den Umstand, dass sich alle mitgliedstaatlichen Behörden innerhalb des europäischen Verwaltungsverbundes zu einem rechtsstaatlichen und demokratischen Mindeststandard verpflichtet haben.[306] Deutlich wird dies auch anhand der in Art. 2 und 9 ff. EUV aufgeführten Werte der Union. Dass sich die Mitgliedstaaten hierzu gegenseitig verpflichtet haben, zeigt die Unterzeichnung der europäischen Verträge und wird stets durch das Loyalitätsgebot aus Art. 4 Abs. 3 EUV aktualisiert. Das Loyalitätsgebot stärkt die zumeist sekundärrechtlich verankerte Zusammenarbeit der nationalen Behörden, die gemeinsame Vollzugserfahrungen begründen kann. Auf diese Weise kann das gegenseitige Vertrauen in die Verwaltungstätigkeit gefördert werden.[307] Dies erfolgt insbesondere auch durch gegenseitige Informationspflichten.

Den Aspekt des gegenseitigen Vertrauens nimmt die Idee der strukturellen Europäisierung der nationalen Verwaltungen auf, die insbesondere auf Arbeiten von *Hans Christian Röhl* zurückgeht.[308] Mit diesem Ausdruck wird auf die Kooperation zwischen mitgliedstaatlichen Behörden verwie-

---

305 *E. Peuker*, Bürokratie, 2011, S. 176 f.; *H.-H. Trute*, Legitimation, 2012, Rn. 114 f.

306 *E. Schmidt-Aßmann*, Ordnungsidee, 2006, 7/25; *H.-H. Trute*, Rechtsanwendung, 2008, S. 211 (231).

307 *E. Schmidt-Aßmann*, DV 2010, Beiheft 10, S. 263 (270); *H.-H. Trute*, Legitimation, 2012, Rn. 114.

308 *H. Chr. Röhl*, DV 29 (1996), S. 487 (502); *ders.*, Produktsicherheitsrecht, 2000, S. 38 ff.; *ders.*, DVBl. 2006, S. 1070 (1079).

sen, die der Gemeinwohlsicherung verpflichtet sein muss[309] und zugleich durch die Ausbildung von Vertrauen die Akzeptanz[310] unter den mitgliedstaatlichen Behörden erhöht.[311] Dabei besteht der Vorgang nicht darin, die Handlungen anderer Behörden anzuerkennen,[312] sondern Vertrauen zu schaffen, insbesondere indem der Verwaltungsverbund auch als ein Kontrollverbund konstruiert wird.[313] Akzeptanz ist in diesem Kontext nicht auf den Bürger bezogen, sondern auf die Behörden der anderen Mitgliedstaaten.[314] Als Mittel werden insbesondere gegenseitige Kontrollen[315] oder Begleitrechte bei Inspektionen[316] genannt. Wichtig seien ferner Maßnahmen, die den Aufbau gegenseitiger Transparenz fördern.[317] Gegenseitiges Vertrauen wird im europäischen Kontext für notwendig erachtet, um dem in anderen Mitgliedstaaten bestehenden „latenten Mißtrauen“[318] gegenüber Maßnahmen nationaler Behörden anderer Mitgliedstaaten entgegenzuwirken. Denn die mitgliedstaatlichen Behörden sehen sich zuweilen der Vermutung ausgesetzt, dass sie im Zweifel im Sinne der nationalen öffentlichen Interessen entscheiden. Dem können vertrauensbildende Maßnahmen entgegenwirken.

Beide Aspekte sind aber bislang in den meisten Verwaltungsverbünden nur im Ansatz verwirklicht und werden deshalb als ein Zukunftsmodell betrachtet.[319] Dies liegt insbesondere daran, dass die Verwaltungskulturen in den Mitgliedstaaten immer noch sehr unterschiedlich sind und die Aus-

---

309 *H. Chr. Röhl*, Produktsicherheitsrecht, 2000, S. 44 und S. 46; die Notwendigkeit von Vertrauen in die gegenseitigen Verwaltungsstrukturen betont ebenfalls *G. Majone*, Mutual trust, RSCAS Working Papers, 1995, S. 24.

310 Damit ist nicht Akzeptanz im Sinne der sozialwissenschaftlichen Hinnahme von Verwaltungsentscheidungen durch Betroffene gemeint; hierzu *W. Hoffmann-Riem*, AöR 115 (1990), S. 400 (414 f.).

311 *H. Chr. Röhl*, Produktsicherheitsrecht, 2000, S. 46 ff.

312 So aber wohl bei *T. von Danwitz*, Verwaltungsrechtliches System, 1996, S. 407 ff. und 484 ff.

313 *E. Schmidt-Aßmann*, Ordnungsidee, 2006, 4/89; *H. C. H. Hofmann/A. H. Türk*, ELJ 13 (2007), S. 253 (268 f.).

314 So auch bei *R. Wahl/D. Groß*, DVBl. 1998, S. 2 ff.; *T. Siegel*, Verfahrensbeteiligung, 2001, S. 64 f.

315 *H. Chr. Röhl*, Konformitätsbewertung, 2005, S. 153 (174).

316 *A. David*, Inspektionen, 2003, S. 117 ff.

317 So auch bei *G. Sydow*, Verwaltungskooperation, 2004, S. 249 f.

318 *G. Sydow*, Verwaltungskooperation, 2004, S. 249.

319 So bei *S. Kadelbach*, Verwaltungskontrollen, 2001, S. 205 (230 f.); ebenso *E. Peuker*, Bürokratie, 2011, S. 177.

bildung gegenseitigen Vertrauens Zeit benötigt. Gesetzgeberische Maßnahmen können aber dazu beitragen, gegenseitiges Vertrauen stärker auszubilden und damit Legitimation zu generieren. Dies können gerade auch institutionelle Arrangements sichern.[320]

2) Unionsrechtliche Legitimationsleistung des Verwaltungsverbundes für unabhängige Behörden

Für unabhängige Behörden ergeben sich in diesem Modell Besonderheiten. Legitimation im Rahmen des Verwaltungsverbundes könne – so wird teilweise argumentiert – auch dadurch gefördert werden, dass der Kommission Aufsichts-, Einzelweisungs-, Selbsteintritts- oder Kontrollrechte zustehen,[321] indem der zur Kommission führende Legitimationsstrang (über das Europäische Parlament) fruchtbar gemacht wird. Ein derartiger Legitimationsbeitrag ist für die in dieser Arbeit untersuchten Behörden ausgeschlossen, da eine dementsprechende hierarchische Unterordnung nationaler Behörden deren unabhängige Rechtsstellung entgegensteht.[322] Kontrollbefugnisse der Kommission müssen sich darauf beschränken, Informationen über die Vollzugspraxis zu generieren und als ultima ratio ein Vertragsverletzungsverfahren einzuleiten. Sofern aber auf EU-Ebene eine Einrichtung besteht, die von der Kommission ausreichend entkoppelt ist, wie beispielsweise der Europäische Datenschutzbeauftragte im Datenschutzrecht oder (mittlerweile) Eurostat im Statistikrecht, kann auch durch auf vertikaler Ebene beschlossene Maßnahmen Legitimation begründet werden.

Ansonsten muss der Fokus der strukturellen Europäisierung bei unabhängigen Behörden auf das horizontale Verhältnis zwischen den mitgliedstaatlichen Behörden gesetzt werden. Das Unionsrecht kann Maßnahmen vorsehen, die zur Ausbildung gegenseitigen Vertrauens der mitgliedstaatlichen Behörden untereinander führen, ohne dass deren Unabhängigkeit verletzt wird. In diesem Prozess darf die Europäische Kommission allerdings nur mitwirken, sofern ihr kein bestimmender Einfluss zukommt. Es bietet sich deshalb an, beispielsweise auf peer review-Verfahren zurückzu-

---

320 *R. Wahl/D. Groß*, DVBl. 1998, S. 2 (3).

321 Siehe hierzu *S. Kadelbach*, Verwaltungskontrollen, 2001, S. 205 (225 ff.); *G. Sydow*, Verwaltungskooperation, 2004, S. 247 f.

322 Siehe hierzu oben in Kapitel 3, Teil 1, A.

greifen.[323] Dies wird im Recht der amtlichen Statistik bereits genutzt. Zudem können gegenseitige (Kontroll-)besuche und die Ausbildung von Fachkenntnissen das gegenseitige Vertrauen befördern und damit Legitimation i.S.d. strukturellen Europäisierung schaffen.

Unabhängige Behörden eignen sich sogar besonders gut zum Aufbau gegenseitigen Vertrauens,[324] da sich bei diesen das unionsrechtliche Misstrauen aufgrund der Entkopplung von der Regierungsebene abmildern lässt. Dies eröffnet die Möglichkeit, in einem von möglichen Einflussnahmen der Regierungsebene und der EU-Organe freien Raum eine gemeinsame (fachliche) Verwaltungsstruktur aufzubauen.

D. Demokratische Legitimation durch das deutsche (Verfassungs-)Recht

Demokratische Legitimation kann auch weiterhin über das deutsche Recht vermittelt werden. Hierfür können die vom Bundesverfassungsgericht angelegten Modi der institutionell-funktionellen, der organisatorisch-personellen und der sachlich-inhaltlichen Legitimation herangezogen werden, aber auch weitere Bausteine demokratischer Legitimation.

I. Das Gebot funktionsgerechter Verwaltungsorganisation

Die institutionell-funktionelle Legitimation hat für Behörden insofern Bedeutung, als dass sie als Bestandteil der Exekutive eine eigenständige Funktion erfüllen. Auf die Funktion einer Institution stellt auch das im deutschen Verfassungsrecht entwickelte Gebot funktionsgerechter Verwaltungsorganisation ab.[325] In diesem Funktionsgedanken liegt ein Ansatzpunkt für die verfassungsrechtliche Rechtfertigung unabhängiger Behörden, die durch das Unionsrecht von der nationalen Regierungsebene entkoppelt werden. Denn die Entkopplung beruht auch auf dem Modell eines

---

323 Siehe hierzu beispielsweise *A. Pilniok*, Forschungsförderverbund, 2011, S. 258 f.

324 *W. von Simson/J. Schwarze*, Integration und Grundgesetz, 1992, S. 71 f.; *H. Chr. Röhl*, Produktsicherheitsrecht, 2000, S. 48 f.; *G. Sydow*, Verwaltungskooperation, 2004, S. 250 f.

325 *W. Hoffmann-Riem*, Verantwortungsteilung, 2008, S. 183 f.

europäischen Verwaltungsverbundes, der von mitgliedstaatlicher Einflussnahme distanziert ist.[326]

1) Verfassungsrechtliche Herleitung

Das Gebot funktionsgerechter Verwaltungsorganisation wird aus dem Rechtsstaats- und dem Gewaltengliederungsprinzip abgeleitet:[327] Art. 20 Abs. 2 Satz 2 GG sei der Grundsatz der organisatorischen und funktionellen Unterscheidung zu entnehmen[328] und das im Rechtsstaatsprinzip verankerte Rationalitätsgebot verlange nach einer sachgerechten Organisationsentscheidung des Gesetzgebers.[329] Demnach müssen Organisation, Kompetenzen und Personal einer Behörde so ausgestaltet sein, dass sie der Aufgabenerledigung dienen.[330] Der Gesetzgeber sei verpflichtet, eine sachangemessene Aufgabenerledigung zu organisieren.[331]

In diesem Sinne hat das Bundesverfassungsgericht entschieden, dass aus dem Gewaltenteilungs- und Rechtsstaatsprinzip zu folgern ist, „daß staatliche Entscheidungen möglichst richtig, das heißt von den Organen getroffen werden, die dafür nach ihrer Organisation, Zusammensetzung, Funktion und Verfahrensweise über die besten Voraussetzungen verfü-

---

326 Siehe oben in Kapitel 3, Teil 2.

327 Die Herleitung dieses Gebots aus den Prinzipien der Gewaltengliederung und des Rechtsstaatsgebots zeigt *T. von Danwitz*, Der Staat 35 (1996), S. 329 (345 f.); hierzu ebenfalls *K. Stern*, Strukturprinzipien, 1984, § 20 IV 3 b; *H. Dreier*, Hierarchische Verwaltung, 1991, S. 277; *T. Groß*, Kollegialprinzip, 1999, S. 199 ff.; *W. Krebs*, Verwaltungsorganisation, 2007, Rn. 90; *H. Wißmann*, Verwaltungsorganisation, 2012, Rn. 33 ff.; *E. Schmidt-Aßmann*, Verfassungsprinzipien, 2012, Rn. 84 ff.

328 *F. Ossenbühl*, DÖV 1980, S. 545 (548 f.); *E. Schmidt-Aßmann*, Rechtsstaat, 2004, Rn. 50; *U. Schliesky/J. Tischer*, DÖV 2013, S. 361 (364); speziell für das Anstaltsmodell *W. Berg*, NJW 1985, S. 2294 (2299).

329 *C. P. Fichtmüller*, AöR 91 (1966), S. 297 (341); *P. Kunig*, Rechtsstaatsprinzip, 1986, S. 438 f.; *U. Di Fabio*, VerwArch 81 (1990), S. 193 (210 f.); *E. Schmidt-Aßmann*, Verwaltungsorganisationsrecht, 1997, S. 9 (40 f.); *T. Groß*, Kollegialprinzip, 1999, S. 200 ff.

330 *W. Kluth*, VerwArch 102 (2011), S. 525 (542 f.).

331 *F. Ossenbühl*, DÖV 1980, S. 545 (549); *T. Groß*, Kollegialprinzip, 1999, S. 200 ff.; *M. Burgi*, VVDStRL 62 (2003), S. 405 (430 f.); *W. Krebs*, Verwaltungsorganisation, 2007, Rn. 90; ein funktionaler Ansatz findet sich auch bei *H. Dreier*, Hierarchische Verwaltung, 1991, S. 277 ff.

gen“[332]. Mit diesem Urteil erkannte das Bundesverfassungsgericht Funktionsaspekte an, zumindest zwischen Verfassungsorganen.

Da das Bundesverfassungsgericht die gleiche Formulierung in der Entscheidung *Südumfahrung Stendal* aufgegriffen und von der Begrenzung auf Verfassungsorgane gelöst hat,[333] ist davon auszugehen, dass das Gebot funktionsgerechter Organisation nicht auf Verfassungsorgane beschränkt ist.[334] Es kann somit auch für Behörden Wirkung entfalten. Deren zentrale Funktion liegt in der Gemeinwohlverwirklichung, wodurch Organisation und Kompetenzen dieser Stellen verfassungsrechtliche Bedeutung erlangen können, selbst wenn das Grundgesetz über eine bestimmte Behörde keine explizite Aussage trifft.[335] Aus dieser Vorgabe werden auf verwaltungsrechtlicher Ebene bereits zahlreiche Anforderungen gefolgert,[336] beispielsweise indem bestimmte Organstrukturen verlangt werden.[337]

2) Verfassungsrechtliche Pflicht und verfassungsrechtliches Optimierungsgebot

Das Gebot funktionsgerechter Organisation wirkt auf zweierlei Art und Weise: Einerseits als äußerste, verfassungsrechtliche Grenze, andererseits als Optimierungsgebot. So ist der Gesetzgeber bei der Festlegung von Organisationsformen verfassungsrechtlich verpflichtet, eine Ausgestaltung zu wählen, die den Aufgaben der jeweiligen Institution nicht vollkommen zuwiderläuft. Es ist eine äußerste, verfassungsrechtliche Grenze der gesetzgeberischen Gestaltungsfreiheit festgelegt, die „evident ungeeignete Entscheidungsstrukturen“[338] als nicht mit der Verfassung vereinbar dekla-

---

332 *BVerfGE* 68, 1 (86) – Atomwaffenstationierung.

333 *BVerfGE* 95, 1 (15) – Südumfahrung Stendal.

334 Anders *K. Waechter*, Legitimation, 1994, S. 105 ff.

335 *U. Schliesky/J. Tischer*, DÖV 2013, S. 361 (364).

336 Siehe die Darstellung bei *T. von Danwitz*, Der Staat 35 (1996), S. 329 (340 ff.); für den Bereich des Entwicklungsverwaltungsrechts *M. Kaltenborn/L. Lübben*, DV 47 (2014), S. 125 (137 f.); für die Gestaltung von Hochschulen *M. Braukmann*, JZ 2004, S. 662 (664 f.).

337 Besonders stark bei *T. Groß*, Kollegialprinzip, 1999, S. 200 ff.; ferner auch *W. Kluth*, VerwArch 102 (2011), S. 525 (542 ff.).

338 *T. von Danwitz*, Der Staat 35 (1996), S. 329 (350).

riert.[339] Diese Pflicht greift jedoch nur in Extremfällen, da dem Gesetzgeber grundsätzlich „ein weiter organisatorischer Gestaltungsbereich“[340] zusteht. Diese Gestaltungsfreiheit ist essentiell, „um den – verschiedenartigen und sich ständig wandelnden – organisatorischen Erfordernissen Rechnung zu tragen und damit eine wirkungsvolle und leistungsfähige Verwaltung gewährleisten zu können“[341].

Zugleich wirkt es als Gebot stets in Richtung auf die Schaffung einer funktionsgerechten Verwaltungsorganisation. Es ist ein Optimierungsgebot, auf das sich der Gesetzgeber stützen kann, wenn er Organisationsentscheidungen trifft. Allerdings kann dieses Gebot den Gesetzgeber nicht zu einer bestimmten Organisationsform verpflichten, da Organisationstheorien keine perfekten Organisationsformen bestimmen können.[342]

3) Unabhängige Behörden und das Gebot funktionsgerechter Organisation

Das Gebot funktionsgerechter Verwaltungsorganisation kann für unabhängige Behörden insofern eine verfassungsrechtliche Stütze darstellen, als dass sich in der Unabhängigkeit der Behörde das Gebot funktionsgerechter Organisationsstruktur realisiert. Dies wird beispielsweise für die Bundesnetzagentur angenommen.[343] Die Unabhängigkeit der Datenschutzbeauftragten wurde vor dem Volkszählungsurteil auch aus dem Gebot rationaler Organisation i.S.d. Rechtsstaatsprinzips gefolgert.[344] Für die Staatsferne der öffentlich-rechtlichen Rundfunkanstalten und der öffentlichen Forschungseinrichtungen wird ebenfalls darauf verwiesen, dass diese nur durch die Distanzierung ihrer Funktion entsprechen können (Grundrechts-

---

339 In diese Richtung ebenfalls bei *P. Kunig*, Rechtsstaatsprinzip, 1986, S. 439 f.; *K. Hesse*, Verfassungsrecht, 1999, Rn. 489; *H. Schulze-Fielitz*, Rationalität, 2000, S. 311 (320 ff.); *H. Wißmann*, Verwaltungsorganisation, 2012, Rn. 56.

340 *BVerfGE* 63, 1 (34) – Schornsteinfegerversorgung.

341 *BVerfGE* 63, 1 (34) – Schornsteinfegerversorgung.

342 *H.-H. Trute*, Funktionen, 1997, S. 249 (277 m. w. N. in Fn. 113); *T. Groß*, Organisationswissenschaftliche Diskussion, 1997, S. 139.

343 *M. Möstl*, in: Maunz/Dürig, Grundgesetz, 2010, Art. 87f GG Rn. 102.

344 Siehe hierzu die Darstellung bei *D. Zöllner*, Datenschutzbeauftragte, 1995, S. 175 ff.

schutz durch Organisation).[345] Der Verweis auf funktionsgerechte Strukturen zur Begründung von Entkopplungen ist dem deutschen (Verfassungs-)Recht somit nicht fremd.

4) Anwendung auf unionsrechtlich weisungsfrei gestellte Behörden

Das Gebot funktionsgerechter Verwaltungsorganisation ist für staatsinterne Organisationsformen entwickelt worden. Allerdings können auch Funktionsaspekte der europäischen Gewalt aufgegriffen werden, indem die vertikale Dimension des grundgesetzlichen Gewaltengliederungsprinzips herangezogen wird.

a) Die europäische Gewalt im grundgesetzlichen Gewaltengliederungsprinzip

Das Gewaltengliederungsprinzip des Grundgesetzes beschränkt sich nicht auf die strikte Trennung von drei Staatsgewalten, sondern ist ein „die ganze Verfassung durchziehendes Prinzip der Konstituierung der staatlichen Gewalten, der Zuordnung, die sie zur Einheit verbindet, der Begrenzung und Kontrolle der realen Machtfaktoren im Verfassungsleben“[346]. Es ist das „tragende Organisationsprinzip“[347] des Grundgesetzes. Inwiefern die unionsrechtliche Gewalt im grundgesetzlichen Gewaltengliederungsprinzip einzubeziehen ist, bemisst sich folglich nicht allein anhand des Art. 20 Abs. 2 Satz 2 GG, sondern muss durch die Analyse der Verfassung als ganze bestimmt werden.[348] Dabei steht die „europäische Gewalt“ nicht neben den drei klassischen Gewalten, sondern sie erweitert jeweils die nationalen Hoheitsgewalten.[349]

Dass nicht nur die horizontale, sondern auch die vertikale Gewaltengliederung erfasst ist, zeigt die Kompetenzverteilung des Grundgesetzes

---

345 Siehe in Kapitel 2, Teil 2, C. I.; ausführlich bei *T. Groß*, Kollegialprinzip, 1999, S. 209 ff.

346 *K. Hesse*, Verfassungsrecht, 1999, Rn. 497.

347 *BVerfGE* 3, 225 (247) – Gleichberechtigung; 67, 100 (130) – Flick-Untersuchungsausschuss.

348 *H. D. Jarass*, in: ders./Pieroth, Grundgesetz, 2016, Art. 20 GG Rn. 32.

349 *R. Poscher*, Funktionenordnung, 2012, Rn. 66.

zwischen Bund, Ländern und Kommunen. Ferner können gemäß Art. 24 GG Hoheitsrechte auf zwischenstaatliche Einrichtungen übertragen werden.[350] Art. 23 GG sieht ausdrücklich die Befugnisdelegation auf die EU-Ebene vor.

Das Grundgesetz hat die Gewaltengliederung zwischen der Bundesrepublik und der Europäischen Union aufgenommen,[351] allerdings nur, sofern Behörden deutsche Hoheitsgewalt ausüben. Inter- oder supranationale Organe sind nicht Bestandteil der grundgesetzlichen Gewaltengliederung. Die unionsrechtlich überformten deutschen Behörden üben weiterhin deutsche Hoheitsgewalt aus.[352] Denn es kommt nicht auf den Urheber des Rechtsakts an, sondern auf die Zuordnung zum jeweiligen Hoheitsträger.[353] Die Behörden bleiben Teil des deutschen Hoheitsapparates.

Beim Vollzug des Unionsrechts üben die deutschen Behörden auch europäische Hoheitsgewalt aus. Das Unionsrecht verpflichtet sie dazu, unmittelbar geltendes Unionsrecht anzuwenden, selbst wenn deutsches Recht dem entgegensteht. Das Unionsrecht geht sogar von einer Verwerfungspflicht der nationalen Behörden aus.[354] Aus Sicht des EU-Rechts ist die unionsrechtliche Gewalt im nationalen Rechtskontext zu berücksichtigen.

Über Art. 23 GG wird auch im deutschen Verfassungsrecht die unionsrechtliche Gewalt in das Gewaltengliederungsprinzip des Grundgesetzes einbezogen. Diese Norm enthält nicht nur nach außen das Integrationsziel Europäische Union, sondern es werden auch „binnengerichtete Folgen"[355] festgeschrieben.

---

350 Zur Funktion des Art. 24 GG a. F. im Rahmen der Rechtfertigung unabhängiger Verwaltungsstellen siehe *G. C. Burmeister*, Gesetzesvorbehalt, 1991, S. 311 f.

351 Zur Öffnung des Gewaltenteilungsprinzips gegenüber übernationalen „Gewalten" siehe *U. Di Fabio*, Gewaltenteilung, 2004, Rn. 64 ff.

352 So aber bei *H.-U. Erichsen*, VerwArch 66 (1975), S. 177 (181); *R. Riegel*, BayVBl. 1978, S. 289 (292 f.).

353 *R. Streinz*, Vollzug des europäischen Rechts, 2012, Rn. 42.

354 Siehe *EuGH*, Rs. 103/88, Rn. 33 – Fratelli Costanzo; Rs. C-243/09, Rn. 63 – Fuß.

355 *R. Streinz*, Vollzug des europäischen Rechts, 2012, Rn. 59.

b) Die binnengerichteten Folgen der Europarechtsfreundlichkeit des Grundgesetzes

Die innerstaatliche Durchsetzung des Unionsrechts wird teilweise aus Art. 23 Abs. 2 Satz 1 GG hergeleitet,[356] da die dort festgeschriebene Mitwirkungspflicht die Pflicht zur Durchführung des Unionsrechts im innerstaatlichen Bereich begründe. Allerdings ist die Mitwirkungspflicht auf die Verfassungsorgane Bundestag und Bundesrat begrenzt und beschränkt sich damit auf die Umsetzung der Unionsrechtsnormen durch nationale Rechtsakte, erfasst aber nicht Maßnahmen der Verwaltung. Die Norm soll sicherstellen, dass die Gesetzgebungsorgane den Tendenzen der Entparlamentarisierung[357] zuwider an der Entwicklung der Europäischen Union aktiv partizipieren (Integrationsverantwortung[358]).

Die Vollzugspflicht ist jedoch in Art. 23 Abs. 1 GG verfassungsrechtlich niedergelegt. Dem Wortlaut nach wird die Bundesrepublik Deutschland als solche verpflichtet. Dies erfasst alle hoheitlichen Stellen, die deutsche Staatsgewalt ausüben. Materiellrechtlich verlangt das Verfassungsgebot die Fortentwicklung der Europäischen Union. Dies umfasst insbesondere die Übertragung von Hoheitsrechten (Art. 23 Abs. 1 Satz 2 GG), aber auch die Beteiligung am Erlass von Sekundärrecht sowie die Durchführung des Unionsrechts. Dies ist Teil der Europarechtsfreundlichkeit des Grundgesetzes als Spezialausprägung des Grundsatzes der offenen Staatlichkeit[359].[360]

Die Vollzugspflicht der nationalen Stellen gründet sich gemeinsam mit der Verpflichtung zur Bindung an Recht und Gesetz (Art. 20 Abs. 3 GG) auf Art. 23 Abs. 1 GG. Die Bindung der deutschen Behörden an Recht und Gesetz umfasst nicht nur das deutsche, sondern bezieht auch das Unions-

---

356 *S. Hölscheidt*, DÖV 2009, S. 341 (345).

357 Siehe zu dieser Entwicklung im Rahmen der europäischen Integration *T. Ehrbeck*, Umsetzung, 2011, S. 52 ff.; *D. Alkan*, Souverän, 2012, S. 173 ff.

358 Siehe hierzu *M. Kottmann/Chr. Wohlfahrt*, ZaöRV 69 (2009), S. 443 (454 ff.); *M. Nettesheim*, NJW 2010, S. 177 ff.; *F. Schorkopf*, in: Kahl/Waldhoff/Walter, Grundgesetz, 2011, Art. 23 GG Rn. 129 ff.

359 Hierzu *B. Beutler*, Offene Staatlichkeit, 1995, S. 109 ff.; *D. Knop*, Völker- und Europarechtsfreundlichkeit, 2013, S. 13 ff.

360 *BVerfGE* 123, 267 (347) – Lissabon; 126, 286 (303) – Mangold; hierzu allgemein *P. Cramer*, Artikel 146 Identitätsbewahrung, 2014, S. 35 ff., insbesondere S. 53 ff.

recht mit ein.[361] Behörden sind über diese Regelung verfassungsrechtlich verpflichtet, die Integrationsschritte „loyal mitzutragen“[362], also das EU-Recht zu beachten und durchzusetzen.[363] Art. 23 Abs. 1 GG ist das verfassungsrechtliche Pendant zur unionsrechtlichen Loyalitätspflicht aus Art. 4 Abs. 3 EUV.[364] Der Anwendungsvorrang[365], die unionsrechtskonforme Auslegung[366] sowie die Achtung des Effektivitäts- und Äquivalenzprinzips[367] gelten für die deutschen Behörden auch kraft Verfassungsrechts.

Aus Art. 20 Abs. 3 GG i. V. m. Art. 23 Abs. 1 GG kann die Prüfungs- und die Verwerfungskompetenz der deutschen Behörden hergeleitet werden. Für deutsche Gerichte hat das Bundesverfassungsgericht dies ausdrücklich anerkannt.[368] Für deutsche Behörden hingegen wird eine Kompetenz zur Verwerfung bestritten, denn es bestünden Spannungen mit anderen Strukturprinzipien des Grundgesetzes, insbesondere dem auch im Rechtsstaatsprinzip wurzelnden Grundsatz der Rechtssicherheit.[369] Insofern ist dem Grundgesetz nicht ohne weiteres die Verwerfungskompetenz

---

361 *OVG Saarlouis*, NVwZ-RR 2008, S. 95 (100) – DocMorris; *D. Knop*, Völker- und Europarechtsfreundlichkeit, 2013, S. 309.

362 *C. D. Classen*, in: von Mangoldt/Klein/Starck, Grundgesetz, 2010, Art. 23 GG Rn. 7.

363 *W. Schroeder*, Europarechtsfreundlichkeit, 2010, S. 197 (219).

364 *K.-P. Sommermann*, DÖV 1994, S. 596 (602 f.); *M. Kumm*, CMLRev. 36 (1999), S. 351 ff.

365 *BVerfGE* 126, 286 (302) – Mangold; ebenso *BVerfGE* 129, 78 (100) – Anwendungserweiterung; ähnlich bereits zuvor unter Verweis auf Art. 24 GG a. F. *BVerfGE* 31, 145 (173 f.) – Milchpulver; 37, 271 (280) – Solange I; 58, 1 (28) – Eurocontrol I; 59, 63 (90) – Eurocontrol II; *BVerwGE* 87, 154 (160 ff.) – Gebühren für gesundheitsbehördliche Kontrollen; 116, 269 (269 f.) – Heilkuren; *BGH*, NJW-RR 2007, S. 1491 (1496) – Lotto im Internet; aus der Literatur: *R. Streinz/Chr. Herrmann*, BayVBl. 2008, S. 1 (4); so schon auf den alten Art. 24 GG bezogen bei *S. Kadelbach*, Einfluß, 1993, S. 131 (146).

366 *BVerfGE* 75, 223 (237 und 240) – Kloppenburg-Beschluß; 129, 78 (96 und 99) – Anwendungserweiterung; *BAGE* 105, 32 (49) – Bereitschaftsdienst als Arbeitszeit; *BGHZ* 179, 27, Rn. 30 ff. – Nutzungsersatz bei Nachlieferung; *O. Dörr*, Europäisierter Rechtsschutzauftrag, 2003, S. 85; *H. D. Jarass*, in: ders./Pieroth, Grundgesetz, 2016, Art. 23 GG Rn. 13 und 41.

367 *W. Schroeder*, Europarechtsfreundlichkeit, 2010, S. 197 (198).

368 *BVerfGE* 31, 145 (174 f.) – Milchpulver; 85, 191 (203 f.) – Nachtarbeitsverbot.

369 Für die Verwerfungskompetenz deutscher Verwaltungsstellen bei verfassungswidrigem Gesetzesrecht *J. Kratzer*, BayVBl. 1967, S. 150 f.; *A. Hatje*, Gemeinschaftsrechtliche Steuerung, 1998, S. 87 ff.; a. A.: *F. Kopp*, DVBl. 1983, S. 821 (827); *T. Jamrath*, Normenkontrolle, 1993, S. 39; *M. Pagenkopf*, NVwZ 1993, S. 216 (224); *R. Mögele*, BayVBl. 1993, S. 552 (555); *E. Schmidt-Aßmann*,

für deutsche Behörden zu entnehmen. Eine Prüfungskompetenz und -pflicht besteht hingegen, so dass das Verfassungsrecht durchaus die unionsrechtliche Gewalt aufnimmt.

5) Stütze der unionsrechtlichen Unabhängigkeit im Grundgesetz

Das deutsche Verfassungsrecht enthält mit Art. 23 Abs. 1 GG i. V. m. Art. 20 Abs. 3 GG eine Norm, welche die unionsrechtliche Vollzugspflicht deutscher Behörden widerspiegelt. Da die Unionsrechtsakte davon ausgehen, dass Entkopplungen nationaler Behörden den kohärenten Vollzug fördern, lässt sich diese Prämisse auch auf verfassungsrechtlicher Ebene im Rahmen des Gebots funktionsgerechter Verwaltungsorganisation einstellen. Die Entkopplung hat damit auf Ebene des deutschen Verfassungsrechts eine Stütze, die sich legitimationsfördernd auswirkt.

II. Demokratische Legitimation durch parlamentarische Beteiligung

Demokratische Legitimation erfordert stets einen jederzeit aktualisierbaren demokratischen Verantwortungszusammenhang. Dies gilt gerade auch für Behörden, die durch das Unionsrecht von der Regierungsebene entkoppelt werden. Im deutschen Verfassungsrecht kann demokratische Legitimation insbesondere über das Parlament vermittelt werden. Es muss aber sichergestellt sein, dass die Kontrollkapazitäten des Parlaments nicht überschätzt werden und die Funktionsfähigkeit der unabhängigen Behörde erhalten bleibt.

Die nachfolgend aufgeführten Möglichkeiten parlamentarischer Beteiligung machen eine auf den jeweiligen Einzelfall angepasste Regelung nicht überflüssig. Auch ist keiner der folgenden Legitimationsaspekte jeweils verfassungsrechtlich geboten. Vielmehr können die dargestellten Beteiligungsformen des Parlaments als Bausteine demokratischer Legitimation vom Gesetzgeber miteinander kombiniert werden. Das Verfassungsrecht

---

DVBl. 1993, S. 924 (933); *F. Schoch*, JZ 1995, S. 109 (111); *R. Hutka*, Prüfungs- und Verwerfungskompetenz, 1997, S. 187; *H. D. Jarass/S. Beljin*, NVwZ 2004, S. 1 (10); *M. Martini*, DVBl. 2007, S. 10 (17); *R. Streinz/Chr. Herrmann*, BayVBl. 2008, S. 1 (7); *A. Demleitner*, NVwZ 2009, S. 1525 (1527); *T. Kruis*, Anwendungsvorrang, 2013, S. 168 f.

verlangt nur, dass ein für den Einzelfall ausreichendes demokratisches Legitimationsniveau gewährleistet ist.

1) Ernennungsverfahren der behördlichen Leitungsebene

Demokratische Legitimation vermittelt im monistischen Modell die Ernennung der Amtswalter durch die Regierung als organisatorisch-personeller Legitimationsmodus. Eine ununterbrochene Legitimationskette vom Volk zu den mit staatlichen Aufgaben betrauten Organen sichert die demokratische Legitimation, so das Bundesverfassungsgericht.[370] Die unionsrechtliche Unabhängigkeitsvorgabe verlangt nicht, dass diese Verbindung aufgehoben wird, sondern überlässt dem nationalen Gesetzgeber die Wahl, wie die Leitungsebene der unabhängigen Behörde bestimmt wird. Dies kann beispielsweise die Regierung oder das Parlament festlegen.[371] Auch ein separates Gremium kann hierüber entscheiden.[372] Diese Legitimationsdimension bleibt folglich auch bei unabhängigen Behörden erhalten.

Das Leitungsgremium unmittelbar durch das Parlament wählen zu lassen, wäre sicherlich eine besonders intensive Form demokratischer Legitimation. Die besondere demokratische Bedeutung der Wahl unmittelbar durch das Parlament wird beispielsweise für die (unabhängigen) Verfassungsrichter betont.[373] Gleiches gilt für die Datenschutzbeauftragten.[374] Allerdings begegnet die Wahl des Leitungsgremiums einer unabhängigen Behörde durch das Parlament auch Bedenken. Es besteht die Gefahr, dass es bei der Besetzung von Leitungsfunktionen bei Behörden zu einer (partei-)politisch begründeten Blockadesituation kommt. Damit büßte die Behörde zumindest zeitweise an Handlungsfähigkeit ein. Dass die Datenschutzbeauftragten durch die Parlamente gewählt werden, ist insbesondere auch auf die Tradition dieser Einrichtungen in Deutschland zurückzuführen. Dies kann nicht unbesehen auf andere unabhängige Behörden übertra-

370 *BVerfGE* 47, 253 (275) – Gemeindeparlamente; 52, 95 (130) – Schleswig-Holsteinische Ämter; 77, 1 (40) – Neue Heimat; 83, 60 (72 f.) – Ausländerwahlrecht II; 93, 37 (66) – Mitbestimmungsgesetz Schleswig-Holstein; 107, 59 (87) – Lippeverband; 119, 331 (366) – Arbeitsgemeinschaften der Kommunen; 123, 39 (69) – Wahlcomputer.

371 *EuGH*, Rs. C-518/07, Rn. 44 – Kommission/Deutschland.

372 Siehe Art. 53 Abs. 1 DSGVO.

373 So die Analyse bei *A. Tschentscher*, Dritte Gewalt, 2006, S. 170 f.

374 *D. Zöllner*, Datenschutzbeauftragte, 1995, S. 171.

gen werden. Gleichwohl wirkte die parlamentarische Beteiligung am Auswahlprozess, nicht unbedingt die Wahl selbst, demokratiesichernd.

2) Entlassungsverfahren der behördlichen Leitungsebene

Demokratische Legitimation wird auch gesichert, wenn das Parlament bei Fehlentwicklungen innerhalb der unabhängigen Behörde personelle Konsequenzen ziehen kann. Die deutsche Verfassung sieht für die Spitze der Exekutive hierzu das Verfahren des konstruktiven Misstrauensvotums in Art. 67 Abs. 1 GG vor. Dadurch behält das Parlament die Letztentscheidungsbefugnis und kann demokratische Verantwortung jederzeit aktualisieren. Auf Ebene der EU besteht ein vergleichbares Verfahren für die Europäische Kommission in Art. 17 Abs. 8 EUV i. V. m. Art. 234 AEUV.[375] Bei einer aufgrund des Unionsrechts unabhängigen Behörde kann diese Form der parlamentarischen Einflussnahme nur begrenzt ausgeübt werden.

Die Amtszeit des Leitungsgremiums einer unabhängigen Behörde ist aufgrund der Unabhängigkeit notwendigerweise zu beschränken. Sofern zuvor eine Enthebung aus dem Amt möglich sein soll, steht eine derartige Regelung im Spannungsverhältnis zur Unabhängigkeit der Behörde. Um die unabhängige Rechtsstellung zu sichern, sieht das Unionsrecht vor, dass eine Entlassung von Personen des Leitungsgremiums nur möglich ist, wenn zuvor gesetzlich festgelegte Kriterien eingetreten sind.[376]

Es wäre aus Sicht demokratischer Legitimation förderlich, wenn – sofern ein Entlassungskriterium vorliegt – nicht nur die Regierung, sondern auch das Parlament das Recht erhält, Personen des Leitungsgremiums aus ihrem Amt zu entlassen. Prozedural bietet es sich dabei an, die eigentliche Entlassungsentscheidung von einem Gericht anhand der materiellrechtlichen Kriterien treffen zu lassen. Der Regierung oder einzelnen Fraktionen des Parlaments könnte in einem derartigen Verfahren das Recht zustehen, einen Antrag auf Amtsenthebung zu stellen. Diese wahrte auch die parlamentarischen Minderheitsrechte.

375 Zu ihrer Bedeutung für die demokratische Legitimation der Europäischen Kommission *M. Tsakatika*, JCMS 43 (2005), S. 193 (211 ff.).

376 Siehe hierzu in Kapitel 3, Teil 1, A.

3) Zitierrecht der behördlichen Leitungsebene

Das Grundgesetz sieht vor, dass das Parlament den fachlich zuständigen Minister jederzeit befragen darf (Art. 43 Abs. 1 GG). Dieses ministerielle Zitierrecht des Parlaments hat für unabhängige Behörden eine verschwindend geringe Bedeutung, da sich ein Minister unter Verweis auf die ihm aus rechtlichen Gründen untersagte Einflussnahme darauf berufen könnte, dass er für die Handlungen dieser Behörde nicht verantwortlich sei. Demokratische Verantwortlichkeit wäre an dieser Stelle abgeschwächt. Sie ließe sich aber auffangen, indem das Parlament im Wege des einfachen Gesetzesrechts die Befugnis erhält, das Leitungsgremium der Behörde befragen zu dürfen. Dem steht die unionsrechtlich verankerte Unabhängigkeit der Behörde nicht entgegen.

Das Grundgesetz verlangt ein Zitierrecht für die Leitungsebene der unabhängigen Behörde aber nicht. Art. 43 Abs. 1 GG beschränkt das Zitierrecht des Bundestags und seiner Ausschüsse auf die Mitglieder der Bundesregierung. Art. 43 Abs. 1 GG steht der Festschreibung des Zitierrechts gegenüber dem Leitungsgremium einer unabhängigen Behörde aber auch nicht entgegen, denn das Grundgesetz regelt nur die Mindestkontrollbefugnisse, die gegenüber der Bundesregierung bestehen müssen. Darüber hinausgehende Zitierrechte des Parlaments können diese Vorgabe nicht verletzen. Die demokratische Legitimation ließe sich durch ein Zitierrecht des Parlaments fördern.

4) Gesetzliche Fein- und Nachsteuerung

Legitimation vermittelt auch das Parlamentsgesetz, auf das sich die unabhängige Rechtsstellung der Behörde stützt.[377] Dies ist Teil der sachlich-inhaltlichen Legitimation.[378] Die unabhängigen Behörden, die in dieser Arbeit untersucht werden, erhalten ihre Legitimation zunächst auf Ebene des Unionsrechts durch den vom europäischen Gesetzgeber erlassenen Sekundärrechtsakt.[379] Zusätzliche Legitimationskraft vermittelt das nationale Umsetzungsgesetz, insbesondere wenn im Rahmen des Umsetzungsspiel-

---

377 Allgemein zur Legitimationsleistung des Gesetzes *E. Schmidt-Aßmann*, AöR 116 (1991), S. 329 (357 ff.); *G. F. Schuppert*, Steuerungsinstrument, 1998, S. 105 ff.

378 *H.-H. Trute*, Legitimation, 2012, Rn. 49.

379 Siehe in diesem Kapitel, Teil 3, C.

raums eine organisationsrechtliche Feinsteuerung auf nationaler Ebene erfolgt. Umsetzungsgesetze sind unionsrechtlich allerdings nur eingeschränkt zulässig, wenn die Unabhängigkeitsverpflichtung in einer Verordnung enthalten ist.[380] Aus Sicht demokratischer Legitimation ist der Erlass organisationsrechtlicher Regelungen in einer Richtlinie deshalb gegenüber einer Verordnung vorzuziehen. Der Vorzug der Nutzung der Rechtsform der Richtlinie wurde bereits für die unionsrechtlichen Kompetenzen herausgearbeitet.[381]

a) Institutioneller Gesetzesvorbehalt

Demokratische Legitimation wird gestärkt, wenn ein nationales Gesetz die unabhängige Rechtsstellung sowie die Kompetenzen der Behörde regelt. Durch Organisations- und Verfahrensvorgaben sind die unabhängigen Behörden derart zu strukturieren, dass die Steuerungskraft des Gesetzes auf hohem Niveau erhalten bleibt. Der institutionelle Gesetzesvorbehalt ist für das Verwaltungsorganisationsrecht elementar.[382]

b) Materiellrechtliche Steuerung

Organisations- und Verfahrenssicherungen erlangen insbesondere bei den unabhängigen Behörden Bedeutung, die ihre Rechtsstellung dem Unionsrecht verdanken. Das Unabhängigkeitsregime im Unionsverwaltungsrecht verlangt, dass bereits der Anschein der Befangenheit vermieden werden muss, um die Unabhängigkeit zu gewährleisten.[383] Dies wird insbesondere durch gesetzliche Regelungen gesichert. Jegliche Form der Einflussnahme durch andere Institutionen muss klar gesetzlich geregelt sein. Dies verlangt vom nationalen Gesetzgeber, detailreiche Regelungen zu erlassen, und ist zugleich die Chance, die demokratische Legitimationsleistung des Gesetzes durch differenzierte Regelungen zu erhöhen.[384] Indem der deut-

---

380 *M. Geismann*, in: von der Groeben/Schwarze/Hatje, Europäisches Unionsrecht, 2015, Art. 288 AEUV Rn. 35.

381 Siehe in Kapitel 4, D. II.

382 *E. Schmidt-Aßmann*, Ordnungsidee, 2006, 5/26 bis 5/32.

383 Siehe hierzu ausführlich in Kapitel 3, A.

384 Zur Steuerungskraft des Gesetzes *F. Reimer*, Parlamentsgesetz, 2012, Rn. 84 ff.

sche Gesetzgeber die verwaltungsinternen Rechtsverhältnisse gesetzlich verstärkt und in qualitativer Hinsicht exakter regelt, werden die „administrativen Konkretisierungszüge“[385] vorgezeichnet und die demokratische Legitimation der Behörden gestärkt.

In dieser Hinsicht ist die EuGH-Entscheidung zu den „Regulierungsferien“ im deutschen TKG zu kritisieren.[386] Der Gerichtshof hielt die gesetzliche Steuerung der Regulierungsbefugnisse der Bundesnetzagentur durch das deutsche TKG für unionsrechtswidrig, da in Kompetenzen eingegriffen werde, die durch den Unionsrechtsakt exklusiv der Regulierungsstelle übertragen worden seien.[387] Allerdings vermittelt die gesetzliche Steuerung der Befugnisse, aber auch der materiellrechtlichen Ausgestaltung durch den nationalen Gesetzgeber demokratische Legitimation. Aus Sicht des Prinzips demokratischer Legitimation spricht vieles dafür, die gesetzliche Steuerung durch nationale Parlamente nur in besonders eklatanten Fällen, in denen das Ziel des europäischen Rechtsakts konterkariert wird, zu beschränken.

c) Steuerung durch Finanzen

Demokratische Legitimation kommt ferner der finanziellen Ausstattung der Behörde im Rahmen des Haushaltsrechts zu.[388] Dieses ist Bestandteil der sachlich-inhaltlichen Legitimation.[389] Das parlamentarische Haushaltsgesetz dient nicht nur der Ermächtigung, sondern hat auch eine Programm-, Kontroll-, wirtschaftspolitische sowie freiheits- und gleichheitssichernde Funktion.[390] Durch das Haushaltsgesetz werden demokratisch definierte Gemeinwohlziele und damit demokratische Legitimation verwirklicht.

Für unabhängige Behörden kann ein eigenes Haushaltskapitel eingestellt werden. Der Gesetzgeber kann festlegen, welche finanziellen Zuweisungen an die unabhängige Behörde ergehen sollen, und ist nicht darauf

---

385 *E. Schmidt-Aßmann*, Ordnungsidee, 2006, 2/84.
386 Siehe beispielsweise *T. Körber*, MMR 2010, S. 123 f.
387 *EuGH*, Rs. C-424/07, Rn. 74 ff. – Kommission/Deutschland.
388 Zur Steuerungskraft des Budgetierungsmodells siehe *W. Hoffmann-Riem*, DÖV 1999, S. 221 (226 f.); *V. Mehde*, Neues Steuerungsmodell, 2000, S. 572 ff.
389 Siehe dazu ausführlich *W. Heun*, Staatshaushalt, 1989, S. 259 ff. und S. 406 ff.
390 *E. Schmidt-Aßmann*, Ordnungsidee, 2006, 2/85 m. w. N. in Fn. 219.

angewiesen, dass die Verteilung innerhalb der Ministerialbürokratie entschieden wird. Der Haushaltsgesetzgeber kann folglich im Rahmen der finanziellen Ausstattung stärker gesetzlich steuern und damit demokratische Legitimation vermitteln.

d) Nachsteuerung

Die verwaltungspraktischen Auswirkungen eines Gesetzes sind häufig nur unter erheblichen Unsicherheiten vorhersehbar, da es sich an vielen Stellen um komplexe Risiko- und Prognoseentscheidungen handelt. Gleichwohl muss eine dauerhafte Verantwortung durch das Parlament gewährleistet sein, weshalb das Parlament aufgrund des Demokratieprinzips in vielen Bereichen verpflichtet ist, Entwicklungen zu beobachten[391] und besondere Instrumente vorzuhalten, die eine Nachsteuerung ermöglichen.[392] Kontinuierliche Beobachtungspflichten des Parlaments sind vom Bundesverfassungsgericht ebenfalls vorgeschrieben worden,[393] auch für die Entwicklung der Organisationspraxis und das Abstellen von Fehlentwicklungen.[394]

Diese parlamentarische Beobachtungspflicht könnte bei unabhängigen Behörden helfen, demokratische Legitimation zu sichern. Da die Steuerung mittels Weisung durch die Regierung ausgeschlossen und die a priori-Feinsteuerung durch das Gesetz erheblichen Unsicherheiten ausgesetzt ist, könnte eine regelmäßige Evaluation durch den Gesetzgeber darlegen, ob das Vorgehen der unabhängigen Behörde den gesetzlichen Grundlagen entspricht und an welchen Stellen Entwicklungen festzustellen sind, die der gesetzgeberischen Regelung zuwiderlaufen. Eine solche Evaluationspflicht im einfachen Gesetzesrecht zu verankern, trüge dazu bei, die demokratische Legitimation zu erhöhen.[395]

---

391 *C. Franzius*, Steuerung durch Recht, 2012, Rn. 88; allgemein zur Beobachtungspflicht des Gesetzgebers *S. Huster*, ZfRSoz 2003, S. 3 ff.; *B. Büchner*, ZfL 2005, S. 52 ff.; *I. Augsberg/S. Augsberg*, VerwArch 98 (2007), S. 290 ff.

392 *Chr. Mayer*, Nachbesserungspflicht, 1996, S. 149 ff.; *E. Schmidt-Aßmann*, Ordnungsidee, 2006, 2/84.

393 Siehe beispielsweise *BVerfGE* 16, 147 (188) – Werkfernverkehr; 49, 89 (130 ff.) – Kalkar I; 56, 54 (78 f.) – Fluglärm; 123, 186 (266) – Gesundheitsreform 2007; 130, 76 (123 f.) – Vitos Haina.

394 *BVerfGE* 93, 37 (74) – Mitbestimmungsgesetz Schleswig-Holstein.

395 *C. Franzius*, Steuerung durch Recht, 2012, Rn. 90 f.

5) Parlamentarische Gremien

Ferner kann die unmittelbare Beteiligung des Parlaments an der Kontrolle unabhängiger Behörden zusätzliche demokratische Legitimation vermitteln.[396] Dabei können entweder Gremien in die Struktur der unabhängigen Behörde eingebaut werden, die vom Parlament besetzt werden, oder das Parlament kann selbst, beispielsweise über Ausschüsse, Kontrolle ausüben.

Ersteres Modell hat bei der Bundesnetzagentur mit dem Beirat (§§ 5 ff. BEGTPG) und bei einigen Landesdatenschutzbeauftragten mit Datenschutzkommissionen[397] bereits Anwendung gefunden. Der Beirat bei der Bundesnetzagentur hat beispielsweise das Recht, Auskünfte und Stellungnahmen einzuholen (§ 120 Nr. 4 TKG). Ferner kann er den Präsidenten oder seine Stellvertreter zitieren (§ 6 Abs. 7 Satz 3 BEGTPG). Die Anbindung des Parlaments durch ein Sonderorgan bei der unabhängigen Behörde erhöht die Intensität demokratischer Kontrolle.[398]

Daneben bleibt das Parlament als solches zur Kontrolle berechtigt, sei es durch das Plenum, ständig bestehende Ausschüsse oder gar ad hoc geschaffene Untersuchungsausschüsse. Dies verstößt nicht gegen die Unabhängigkeit der Behörde.[399] Sogar die verfassungsrechtlich unabhängige Bundesbank ist beispielsweise der Arbeit von Untersuchungsausschüssen des Bundestags nicht vollkommen entzogen[400] und auch die rechtskräftigen Entscheidungen von Gerichten können in Untersuchungsausschüssen erörtert werden.[401] Es muss sich aber um bereits abgeschlossene Vorgänge handeln, die zum Gegenstand eines Untersuchungsausschusses gemacht werden.[402] Insoweit können sich unabhängige Behörden diesem parlamentarischen Kontrollverfahren ebenfalls nicht entziehen. Eine Grenze ist aber erreicht, sollte der Untersuchungsausschuss nur darauf abzielen, politischen Druck auszuüben. Deshalb muss sich die Untersuchung auf Sachfra-

---

396 Dies wird allgemein für parlamentarische Ausschüsse angenommen, so bei *P. Füsslein*, Ministerialfreie Verwaltung, 1972, S. 310 f.; *G. F. Schuppert*, Verwaltungseinheiten, 1981, S. 379 ff.

397 Bayern (Art. 33 Bay-DSG a.F./Art. 17 DSG-Bay n.F.) und Rheinland-Pfalz (§ 26 DSG-RPf a.F./§ 18 DSG-RPf n.F.) nutzen dieses Modell.

398 *K. Oertel*, Regulierungsbehörde, 2000, S. 342.

399 Im Grundsatz auch bei *H. A. Wolff*, ThürVBl. 2015, S. 205 (210).

400 *J. Siebelt*, Verhaltensspielraum, 1988, S. 186 ff.

401 *N. Achterberg*, Parlamentsrecht, 1984, S. 449 f.

402 So auch *Chr. Ohler*, ThürVBl. 2015, S. 213 (218).

gen beschränken und vermieden werden, dass – sei es durch die Formulierung des Auftrags des Untersuchungsausschusses, sei es durch den am Ende zu fertigenden Bericht – der Eindruck entsteht, die Behörde könne ihre Aufgaben nicht mehr unabhängig und unparteilich erledigen.

III. Steigerung demokratischer Legitimation durch demokratische Öffentlichkeit

Die bisher dargestellten Möglichkeiten demokratischer Legitimation fokussierten sich auf Formen der Legitimation über das Parlament. Dessen Aufgabe besteht primär darin, Gesetze zu erlassen und die Regierung zu kontrollieren. Sofern dem Parlament darüber hinaus Aufgaben bei der Aufsicht über Behörden zustehen sollen, besteht die Gefahr, dass es diese Aufgabe mangels ausreichender Kapazitäten sowie fehlender struktureller Voraussetzungen nur eingeschränkt erfüllen kann. Die parlamentarische Kontrolle einer unabhängigen Behörde beschränkte sich in der Praxis wohl darauf, einzelne Fehlentwicklungen aufzugreifen und politisch zu diskutieren, um im Anschluss mittels gesetzlicher Änderungen die gewonnenen Erfahrungen einzusetzen, um derartige Entwicklungen zukünftig zu verhindern. Um Schwächen parlamentarischer Administrativkontrolle zu kompensieren, könnten Formen der Kontrolle durch die demokratische Öffentlichkeit vermehrt herangezogen werden.

1) Begriffliche Annäherung

Als demokratische Öffentlichkeit wird die Mitwirkung Einzelner oder von Gruppen an der Willensbildung bezeichnet. Der in diesem Zusammenhang ebenfalls gebräuchliche Begriff der Transparenz als Teil des Prinzips demokratischer Legitimation[403] ist ein Oberbegriff.[404] Voraussetzung einer wirksamen demokratischen Öffentlichkeit ist, dass ausreichend Informationen zur Verfügung gestellt werden. Denn es kann nur dasjenige vor dem

403 *G. Lübbe-Wolff*, VVDStRL 60 (2001), S. 246 (276 in Fn. 83); *Chr. Heitsch*, EuR 2001, S. 809 ff.; *F. Riemann*, Transparenz, 2004, S. 97; *B. W. Wegener*, Geheime Staat, 2006, S. 391 ff.; *Chr. Görisch*, Demokratische Verwaltung, 2009, S. 351; *E. Schmidt-Aßmann*, Dogmatik, 2013, S. 158.

404 *R. Gröschner*, VVDStRL 63 (2004), S. 344 (355 f.).

Bürger verantwortet werden, was seiner Kenntnisnahme zugänglich ist.[405] Wenn ein vertiefterer Einblick in das Handeln hoheitlicher Stellen besteht, können demokratiefördernde Effekte erzeugt werden,[406] da auf diese Weise Verwaltungsmaßnahmen zum Gegenstand der politischen Diskussion gemacht werden können. *Gertrude Lübbe-Wolff* bezeichnet dies als „potentielle Politisierbarkeit“[407].

Mit Öffentlichkeit sind unter anderem die an gesellschaftlichen Fragen interessierten Bürger und die Medien erfasst. Zwar sind veröffentlichte Meinungen selten Abbildungen des gesamten Meinungsspektrums. Dies kann dazu führen, dass die Aufmerksamkeitsfelder der Öffentlichkeit selektiv und vereinfacht, teilweise unter zweifelhaften Prämissen ausgestaltet sind. Auch wird das Gemeinwohl nicht selten von Partialinteressen überlagert. Dies ist aber in demokratischen Systemen nicht per se schädlich für das Ziel der Legitimation. Auch im parlamentarischen Verfahren besteht die Gefahr einseitiger Einflussnahme auf Entscheidungsverfahren und selektiver Aufmerksamkeit.

Verwaltungskontrolle durch die Öffentlichkeit kann gleichwohl niemals die parlamentarische Kontrolle ersetzen, sie hat aber das Potential, sie in bestimmten Bereichen zu ergänzen. Öffentlichkeit versetzt auch das Parlament in die Lage, Verantwortlichkeitsbeziehungen für Entscheidungen nachzuvollziehen.[408] Sichtbarkeit erleichtert die Beurteilung durch das Parlament. Öffentliche Kontrolle wird gefördert,[409] auch weil die potentiellen Kontrollmöglichkeiten bereits Vorwirkungen entfalten.

2) Normative Anknüpfungspunkte im Grundgesetz

Dass Öffentlichkeit einen Beitrag für die demokratische Legitimation der Verwaltung leisten kann, ist keine neue Erkenntnis, auch wenn derartige

405 *G. Lübbe-Wolff*, VVDStRL 60 (2001), S. 246 (276); *M. H. Koch*, Externalisierungspolitik, 2004, S. 127.

406 *E. Schmidt-Aßmann*, Strukturen, 2004, S. 395 (403).

407 *G. Lübbe-Wolff*, VVDStRL 60 (2001), S. 246 (277).

408 *S. Oeter*, ZaöRV 55 (1995), S. 659 (703 ff.); *E. Schmidt-Aßmann*, Ordnungsidee, 2006, 7/43 ff.

409 *E. Vos*, Agencies, 2003, S. 113 (136); *S. Griller/A. Orator*, ELRev 35 (2010), S. 3 (4); *T. Groß*, JZ 2012, S. 1087 (1091); *H.-H. Trute*, Legitimation, 2012, Rn. 108.

Elemente erst langsam, auch durch den Einfluss des Unionsrechts,[410] im deutschen Recht an Bedeutung gewinnen. Im Unionsrecht ist das Öffentlichkeitsprinzip als Ausdruck von Demokratie[411] und Rechtsstaatlichkeit bereits länger verankert. Bürger sollen in die Lage versetzt werden, eine informierte Entscheidung zu treffen sowie über politische Fragen zu diskutieren und Positionen anderer zu kritisieren.[412] Dies ist der demokratische Aspekt. Der rechtsstaatliche Aspekt betrifft die Kenntnis über die Rechte und Pflichten, die dem Einzelnen zustehen bzw. ihn treffen.[413]

Dementsprechend finden sich auf Ebene des EU-Primärrechts einige Anknüpfungspunkte. Besonders bedeutsam sind die Regelungen in Art. 1 Abs. 2 und Art. 10 Abs. 3 Satz 2 EUV, welche festlegen, dass Entscheidungen möglichst offen und bürgernah zu treffen sind. Art. 11 EUV verpflichtet die EU-Organe zu einem offenen, transparenten und regelmäßigen Dialog mit den repräsentativen Verbänden und der Zivilgesellschaft. Art. 15 Abs. 1 AEUV verweist ebenfalls auf den Grundsatz der Offenheit und bestimmt, dass die Organe, Einrichtungen und sonstigen Stellen der Union diesen weitestgehend achten, um eine verantwortungsvolle Verwaltung zu fördern und die Beteiligung der Zivilgesellschaft sicherzustellen. Art. 298 Abs. 1 AEUV nimmt die Öffentlichkeitsverpflichtung für die europäische Verwaltung ebenfalls als Grundsatz auf. Zudem garantiert Art. 15 Abs. 2 AEUV die Öffentlichkeit der Sitzungen des Europäischen Parlaments und in Teilen des Rates. Art. 15 Abs. 3 AEUV normiert den einklagbaren Anspruch auf Dokumentenzugang für Unionsbürger. Auf Ebene des Sekundärrechts enthält insbesondere die sogenannte Transparenzverordnung[414] detaillierte Regelungen. Das Öffentlichkeitsprinzip des Unionsrechts gilt zunächst nur für die Institutionen der EU, wird aber teilweise auch auf die Mitgliedstaaten erweitert.[415]

---

410 Zur Verankerung des Transparenzgedankens im Unionsrecht siehe *E. Schmidt-Aßmann*, DVBl. 1993, S. 924 (933); *E.-J. Mestmäcker*, RabelsZ 58 (1994), S. 615 ff.; *D. Curtin*, CMLRev. 37 (2000), S. 7.

411 *EuGH*, Rs. C-58/94, Rn. 35 – Niederlande/Rat.

412 *J. Lodge*, JCMS 32 (1994), S. 343 ff.

413 *A. Peters*, CMLRev. 42 (2005), S. 697 (733).

414 Verordnung (EG) Nr. 1049/2001 des Europäischen Parlaments und des Rates vom 30. Mai 2001 über den Zugang der Öffentlichkeit zu Dokumenten des Europäischen Parlaments, des Rates und der Kommission, ABl. L 145 vom 31.5.2001, S. 43–48.

415 *P. Craig*, EU Administrative Law, 2012, S. 359.

Auch im deutschen Recht nimmt die demokratische Öffentlichkeit Bedeutung für Fragen der Legitimation ein.[416] Für den unabhängigen Rundfunk wird ihm bereits eine wesentliche, die interne institutionelle Kontrolle ergänzende Kontrollfunktion zugeschrieben.[417] Das Bundesverfassungsgericht hat die Bedeutung der Öffentlichkeit gerade auch im Kontext der europäischen Integration betont, wenn auch zunächst nur für die parlamentarische Ebene:

> „*Im europäischen Kontext stärkt die öffentliche parlamentarische Willensbildung gleichzeitig die Responsivität von europäischen Entscheidungen für die Interessen und Überzeugungen der Bürger [...]. Erst die Öffentlichkeit der Beratung schafft die Voraussetzungen für eine Kontrolle durch die Bürger [...]. Dies gilt auch, wo die parlamentarische Beratung sich, sei es mitwirkend oder kontrollierend, auf das Entscheidungsverhalten bezieht [...]. Die parlamentarische Verantwortung gegenüber den Bürgern ist wesentliche Voraussetzung des von Art. 20 Abs. 2 S. 2 GG geforderten effektiven Einflusses des Volkes auf die Ausübung der Staatsgewalt*“[418].

3) Formen demokratischer Öffentlichkeit zur Legitimation unabhängiger Behörden

Der legitimatorische Beitrag demokratischer Öffentlichkeit hängt wesentlich davon ab, inwieweit die Prämissen dieses Prinzips tatsächlich erfüllt werden. Dies betrifft insbesondere das Zurverfügungstellen von Informationen und damit einhergehend die Quantität und Qualität dieser Informationen. Gesetzliche Regelungen könnten, sofern sie darauf abzielen, Öffentlichkeit herzustellen, unabhängige Behörden dazu verpflichten, die Beteiligung der Öffentlichkeit zu ermöglichen. Dazu bieten sich verschiedene Verpflichtungen an.

---

416 *BVerfGE* 70, 324 (358) – Haushaltskontrolle der Nachrichtendienste; 103, 44 (63) – Fernsehaufnahmen im Gerichtssaal; 118, 277 (353) – Verfassungsrechtlicher Status der Bundestagsabgeordneten; *K. Stern*, Staatsrecht, 1980, § 18 II 5 e; *J. Oebbecke*, Verwaltung, 1986, S. 126; *J. Bröhmer*, Transparenz, 2004, S. 38 ff.

417 *BVerfGE* 136, 9 (49 ff.) – ZDF.

418 *BVerfGE* 131, 152 (205) – Unterrichtungspflicht.

a) Rechtfertigungspflichten

Ein Mittel zur Sicherung von Öffentlichkeit ist die Verankerung von Rechtfertigungspflichten der Behörde. Diese können der unabhängigen Behörde gegenüber anderen Behörden, der Regierung oder dem Parlament auferlegt werden. Sofern die Rechtfertigungserwägungen zugleich zu veröffentlichen sind, ermöglichen sie es, eine Diskussion über die Maßnahmen der unabhängigen Behörde zu führen.[419]

Rechtfertigungspflichten bestehen beispielsweise in bestimmten Bereichen zwischen nationalen Behörden und der Europäischen Kommission.[420] Sofern nationale Behörden Empfehlungen der Kommission nicht nachkommen, müssen sie dies begründen. Die Kommission ist berechtigt, hierauf zu replizieren und die ihr mitgeteilten Gründe der nationalen Behörde zu veröffentlichen. Die Veröffentlichung ist geeignet, Sichtbarkeit herzustellen und den Verdacht der Parteilichkeit durch die Herstellung von Öffentlichkeit zu minimieren. Allerdings sollte die Veröffentlichung nicht in das Ermessen einer Institution gestellt werden, sondern verpflichtend sein, da sich ansonsten durch eine gezielte Veröffentlichungspraxis die Kontrolle unterlaufen ließe.

b) Berichtspflichten

Ferner könnte gesetzlich vorgeschrieben werden, dass unabhängige Behörden periodisch Berichte über ihre Tätigkeit veröffentlichen müssen. Dies ermöglicht die Diskussion um die „richtige" Handlungsweise. Für die Bundesnetzagentur ist dies beispielsweise bei den Jahresberichten und den Verwaltungsgrundsätzen der Fall (§ 122 TKG). Auch der BfDI ist verpflichtet, einen Tätigkeitsbericht zu erstatten (§ 26 Abs. 1 BDSG a.F./§ 15 BDSG n.F.).

---

419 *H.-H. Trute*, Regulierungsverbund, 2004, S. 565 (573).

420 So ist beispielsweise das Verfahren bei der Verletzung von Unionsrecht in Art. 17 Abs. 4 und 5 der Verordnung (EU) Nr. 1093/2010 des Europäischen Parlaments und des Rates vom 24. November 2010 zur Errichtung einer Europäischen Aufsichtsbehörde (Europäische Bankenaufsichtsbehörde), zur Änderung des Beschlusses Nr. 716/2009/EG und zur Aufhebung des Beschlusses 2009/78/EG der Kommission, ABl. L 331 vom 15.12.2010, S. 12–47, geregelt.

Die demokratische Wirkung von Berichtspflichten ist aber insofern begrenzt, als dass fachliche Ausführungen zumeist nur wenig Aufmerksamkeit in der Öffentlichkeit erhalten – es sei denn diese eignen sich zur politischen Diskussion. An dieser Stelle könnten Medien einen bedeutenden Vermittlungsbeitrag leisten, wenn sie komplexe fachliche Fragen auf politisch bedeutsame Entscheidungen herunterbrechen. Aus Sicht demokratischer Legitimation ist es aber bereits förderlich, wenn die Möglichkeit besteht, Entscheidungen einer Behörde zum Gegenstand der öffentlichen Diskussion zu machen.

Sofern periodische Berichtspflichten der Behörde gegenüber dem Parlament vorgesehen sind, muss die Behörde darlegen, welche Aufgaben sie im Berichtszeitraum erledigt hat und welche Ziele sie sich für die Zukunft setzt. Wenn sich die Behörde in diesem Forum für ihr Vorgehen rechtfertigen muss, also Verwaltungskontrolle erfolgt,[421] wird ein Beitrag zur demokratischen Legitimation geleistet.[422]

c) Zugang zu Dokumenten

Der Zugang zu Dokumenten hat nicht nur für den einzelnen Betroffenen Bedeutung, sondern kann darüber hinaus die demokratische Öffentlichkeit fördern. Allerdings müsste es neben dem Betroffenen auch anderen Personen gestattet sein, Zugang zu den Dokumenten zu erhalten. Der im deutschen Verwaltungsrecht vorhandene Grundsatz, nach dem die Aktenöffentlichkeit auf die Verfahrensbeteiligten beschränkt ist (§ 29 VwVfG), sichert die Rechtsstaatlichkeit des Verwaltungsverfahrens, insbesondere die Möglichkeit zur effektiven Rechtsverteidigung.[423]

Erweiterter Zugang für andere Personen, Journalisten, Interessenverbände, etc. könnte zusätzliche demokratische Legitimationsleistungen mit sich bringen. In diese Richtung weisen die Regelungen der bereichsspezifischen[424] und der allgemeinen Informationsfreiheitsgesetze (IFG) des

---

421 *E. Schmidt-Aßmann*, Ordnungsidee, 2006, 4/98 f.; *T. Groß*, Konstruktion, 2008, S. 349 (364 f.).

422 *H.-H. Trute*, Rechtsanwendung, 2008, S. 211 (229); Zustimmung im Grundsatz bei *M. Ruffert*, Unabhängigkeit, 2011, S. 399 (405), wobei er die Ausgestaltung im Falle der neuen Finanzmarktaufsichtsbehörden für nicht ausreichend hält.

423 *M. Schröder*, DV 4 (1971), S. 301 (316); *D. Czybulka*, Legitimation, 1989, S. 281; *B. Assenbrunner*, DÖV 2012, S. 547 (550).

424 Beispielsweise das Umweltinformationsgesetz.

Bundes und der Länder,[425] indem sie grundsätzlich den Zugang zu bei Behörden vorhandenen Informationen ermöglichen, ohne dass es eines besonderen Interesses bedarf.[426] Derartige Informationsansprüche sind Ausdruck demokratischer Beteiligung und Kontrolle[427] und können Defiziten demokratischer Legitimation in anderen Bereichen entgegenwirken, indem sie das Vertrauen der Bürger in das Verwaltungshandeln stärken.

Dies gilt auch für die weisungsfreien Behörden. Dabei führt die Unabhängigkeit der Behörde nicht dazu, dass ein Anspruch nach dem IFG ausgeschlossen ist. Dies hat das Bundesverwaltungsgericht beispielsweise für den Bundesrechnungshof entschieden,[428] dessen Mitglieder über die richterliche Unabhängigkeit verfügen. Das IFG findet gemäß § 1 auf alle Behörden Anwendung und auf sonstige Bundesorgane und -einrichtungen nur dann nicht, wenn sie nicht öffentlich-rechtliche Verwaltungsaufgaben wahrnehmen.

4) Legitimationsbeitrag durch demokratische Öffentlichkeit

Regeln zur Steigerung demokratischer Öffentlichkeit ermöglichen es, gegenüber dem Parlament und der Öffentlichkeit Verantwortlichkeitsbeziehungen aufzuzeigen. Sie sind Vorbedingung für weitere Verfahren der demokratischen Kontrolle und das Mittel eines Kontrollkonzepts, das weniger auf die Aufsicht durch die Regierung setzt. Derartige Formen haben das Potential, bei Behörden, die durch sekundärrechtliche Bestimmungen weisungsfrei gestellt werden, demokratische Legitimation zu fördern.

---

425 In Hamburg gilt ein Gesetz, das besonders weitreichende Auskunftsrechte garantieren soll, sogenanntes Hamburgisches Transparenzgesetz, Hamburgisches Gesetz- und Verordnungsblatt, Teil I, 2012, S. 271 ff.

426 Ein breiterer Zugang zu Verwaltungsdokumenten wird teilweise sogar als die Regel angesehen, siehe *G. Nolte*, DÖV 1999, S. 363; *A. Scherzberg*, Öffentlichkeit, 2000, S. 403 f.

427 *A. Scherzberg*, Öffentlichkeit, 2000, S. 291 ff.; *D. Kugelmann*, DÖV 2005, S. 851 (860); *B. W. Wegener*, Geheime Staat, 2006, S. 391 ff.; *M. Albers*, ZJS 2009, S. 614 (619); *A. Piesker/C. Sicko/J. Ziekow*, LKRZ 2013, S. 357 (358); in diese Richtung ebenfalls *H.-H. Trute*, VVDStRL 57 (1998), S. 216 (250 ff.).

428 *BVerwG*, NVwZ 2013, S. 431 ff. – Informationszugang beim Bundesrechnungshof.

IV. Legitimation durch Organisation

Legitimation kann die Entscheidung einer Behörde auch dadurch erlangen, dass die Organisation derselben auf eine Art und Weise gestaltet ist, die es erlaubt, möglichst gemeinwohlverträgliche Ergebnisse zu produzieren („legitimierende Entscheidungsstrukturen“[429]). Diese Legitimationsdimension wird im europäischen Verwaltungsverbund immer wieder betont.[430] Legitimierende Entscheidungsstrukturen können zum einen behördenintern und zum anderen durch das organisatorische Gesamtarrangement erreicht werden.

1) Interne Organisationsentscheidungen

Legitimation kann die interne Organisation der Behörde vermitteln, wenn sie dafür Sorge trägt, dass die an der Entscheidung beteiligten Amtswalter anhand fachlicher Kriterien die Entscheidung vornehmen. Dazu ist zwar grundsätzlich jeder Amtswalter verpflichtet, wenn zudem aber die Auswahl, Ausbildung und Weiterbildung des Personals in einer Weise gesichert werden, dass die fachliche Expertise in der Behörde genutzt wird, erhöht dies die Legitimation der Entscheidung, da sie damit die ihnen fachgesetzlich zugewiesenen Aufgaben erfüllen können. Es muss dafür Sorge getragen werden, dass alle betroffenen Interessen angemessen berücksichtigt und ausschließlich fachliche Kriterien angewendet werden. Insofern können rechtliche Verpflichtungen zur fachlichen Auswahl der Leitungsebene Legitimation vermitteln.

Bedeutsam ist auch die Struktur des Leitungsgremiums. Hierbei lässt sich grundsätzlich zwischen zwei Modellen trennen: Zum einen die monokratische Behördenorganisation, bei der nur ein einzelner Beamter an der Spitze steht, zum anderen eine kollegiale Struktur, bei der ein Leitungsgremium aus gleichberechtigten Personen besteht. Letzteres Gremium verspricht aufgrund des Prozesses der Entscheidungsfindung (unterschiedliche Erfahrungen, verschiedene Wissensbestände, Diskussion, gegenseitige

429 *E. Schmidt-Aßmann*, Ordnungsidee, 2006, 2/99.

430 Siehe zur Legitimation durch Verfahren *H. P. Nehl*, Europäisches Verwaltungsverfahren, 2002, S. 200 ff.; *G. Sydow*, Verwaltungskooperation, 2004, S. 252 ff.; *G. Winter*, EuR 2005, S. 255 (267).

Kontrolle) eine höhere Qualität des darauf beruhenden Ergebnisses.[431] Gleichzeitig wohnt dieser Struktur die Gefahr inne, dass es zu Blockadesituationen kommt, wenn Entscheidungen im Gremium stets Einstimmigkeit verlangen. Diese Gefahr könnte abgemildert werden, wenn Majoritätsentscheidungen zugelassen werden.

2) Kontrolle durch externe Institutionen

Zusätzlich kann das institutionelle Gesamtarrangement, in das die unabhängige Behörde eingebunden ist, legitimationsfördernd wirken. Öffentliche Institutionen wie Rechnungshöfe oder Ombudsmänner schaffen Legitimation, wenn sie Kontrolle gegenüber unabhängigen Behörden ausüben.[432] Verwaltungsinterne Kontrolle vermittelt einen demokratischen Legitimationseffekt, da Maßnahmen der kontrollierten Stelle erkennbar und nachweisbar werden.[433]

Unabhängige Behörden sind einer derartigen Kontrolle nicht entzogen, soweit nicht die Unabhängigkeit verletzt wird. Dies ist dann nicht der Fall, wenn die kontrollierende Institution von der Regierungsebene unabhängig ist und sich ihre Maßnahmen auf die gesetzlich vorgesehenen Kompetenzen beschränken. In diese Richtung weist das EuGH-Urteil zu den Untersuchungsbefugnissen der Antikorruptionsbehörde OLAF gegenüber der (unabhängigen) EZB.[434] Auch wenn institutionelle Kontrolle darauf beschränkt ist, dass Verletzungen öffentlich gemacht werden, aber keine Anordnungsbefugnisse gegenüber anderen öffentlichen Stellen bestehen, kann diese Form der Verwaltungskontrolle Legitimation vermitteln.

---

431 *T. Groß*, Kollegialprinzip, 1999, S. 205 m. w. N. auf S. 205 ff.

432 *Chr. Görisch*, Demokratische Verwaltung, 2009, S. 360 f.

433 Zum Zusammenhang zwischen Kontrolle und Demokratie siehe nur *K.-U. Meyn*, Kontrolle, 1982, S. 364 ff.; *W. Krebs*, Staatliche Entscheidungsprozesse, 1984, S. 7 ff.; *W. Kahl*, Staatsaufsicht, 2000, S. 408 f.

434 *EuGH*, Rs. C-11/00 – Kommission/EZB.

V. Verfassungsrechtliche Pflicht des deutschen Gesetzgebers zur Sicherung demokratischer Legitimation

Die Ausführungen zur demokratischen Legitimation deutscher Behörden, die durch das Unionsrecht von der Regierungsebene entkoppelt werden, zeigen, dass zahlreiche Bausteine zur Sicherung eines angemessenen demokratischen Legitimationsniveaus bestehen. Dies bestätigt die bereits zuvor getroffene Einschätzung, dass diese unionsrechtlichen Vorgaben nicht per se als verfassungsrechtlich grundsätzlich bedenklich[435] einzustufen sind, sondern Bestandteil der „institutionellen Instrumentarien [sind], die aufgaben- und problemspezifisch zur Erreichung politisch vorgegebener Steuerungsziele eingesetzt werden können"[436]. Dies erkennt die deutsche Verfassung mit dem Prinzip der funktionsgerechten Organisationsstruktur an. Im Übrigen lässt allein die unionsrechtliche Verpflichtung zur Einrichtung weisungsfreier Behörden dem deutschen Gesetzgeber ausreichend Spielraum, um anhand der zur Verfügung stehenden Bausteine demokratischer Legitimation ein angemessenes Legitimationsniveau der jeweiligen Behörde zu sichern.

Die unterschiedlichen Bausteine demokratischer Legitimation müssen aus verfassungsrechtlicher Sicht nicht allesamt und in jedem Fall eingesetzt werden, sondern der Gesetzgeber kann diese einzelfallspezifisch mit dem Ziel kombinieren, ein angemessenes Legitimationsniveau zu erreichen. Zur Sicherung des angemessenen Legitimationsniveaus ist der Gesetzgeber aufgrund des grundgesetzlichen Demokratieprinzips verpflichtet. Er darf nicht unter Verweis auf die unionsrechtlichen Bestimmungen zur Unabhängigkeit von gesetzgeberischen Maßnahmen absehen, sofern ihm ausreichend Bausteine zur Sicherung demokratischer Legitimation zur Verfügung stehen. Dies zeigt sich in der Rechtsprechung des Bundesverfassungsgerichts, nach der das Parlament dazu verpflichtet ist, den Prozess der europäischen Integration aktiv mitzugestalten. Dem entspricht der Begriff der Integrationsverantwortung.[437] Die Integrationsverantwortung zielt dabei insbesondere darauf ab, dass es nicht zu unvorhergesehenen Kompe-

435 So aber für ministerialfreie Räume mit der Möglichkeit weisungsunabhängiger Entscheidungen bei *M. Sachs*, in: ders., Grundgesetz, 2018, Art. 20 GG Rn. 41.

436 *G. Hermes*, Legitimationsprobleme, 2005, S. 457 (483).

437 *BVerfGE* 123, 267 (351 ff.) – Lissabon; zur Integrationsverantwortung siehe beispielsweise *M. Nettesheim*, NJW 2010, S. 177 ff.; *N. Sonder*, KritV 2011, S. 214 ff.; *M. Pechstein*, Integrationsverantwortung, 2012.

tenzverschiebungen zwischen der mitgliedstaatlichen und der europäischen Ebene kommt und das Parlament auch im Rahmen der europäischen Gesetzgebung stets beteiligt wird.[438] Diese nach außen gerichtete Integrationsverantwortung ist ein Ansatzpunkt, um die verfassungsrechtliche Pflicht zur Absicherung demokratischer Legitimation der unabhängigen Behörden zu stützen.

Formen demokratischer Öffentlichkeit sind bei den in dieser Arbeit behandelten Behörden ferner geeignet, Legitimation zu vermitteln. Dies macht auch deutlich, dass insbesondere Mittel der ex post-Kontrolle relevant sind. Ex post-Kontrolle passt zur Struktur unabhängiger Behörden, denn diese sollen Entscheidungen eigenständig treffen, da sie als für die Entscheidung kompetenteste Stelle angesehen werden. Kontrolle kann dann aber nachgelagert erfolgen. Weitere Legitimationsbausteine und ein angemessenes Legitimationsniveau für die jeweilige unabhängige Behörde zu bestimmen, ist Aufgabe des Gesetzgebers sowie rechtswissenschaftlicher Forschung.[439]

Teil 4: Inneradministrative Vergerichtlichung und Verrechtlichung

Die unionsrechtliche Unabhängigkeitsvorgabe entkoppelt die nationalen Behörden von der Regierungsebene. Dies hat Auswirkungen auf die Interdependenzen innerhalb der nationalen Exekutive. Welche rechtlichen Mittel zur Bewältigung von Unstimmigkeiten und für Abstimmungen zwischen einer unabhängigen Behörde und anderen Einrichtungen der Exekutive genutzt werden können, ist Gegenstand dieses Teils der Arbeit. Die bislang im deutschen Recht nur in Ansätzen gesetzlich geregelten inneradministrativen Beziehungen könnten durch die Unabhängigkeitsvorgabe zunehmend verrechtlicht und vergerichtlicht werden. Mit Vergerichtlichung wird an dieser Stelle ein Prozess bezeichnet, der gerichtliche Verfahren als Mittel der Konfliktlösung nutzt. Verrechtlichung dient als Be-

---

438 Zu dieser Analyse siehe *S. Schmahl*, DÖV 2014, S. 501 (502 f.).

439 Siehe beispielsweise für Regulierungsbehörden im europäischen Telekommunikationsverbund bei *E. Westermann*, Unabhängigkeit, 2016, S. 63 (81 ff.); *ders.*, Legitimation, 2017.

zeichnung für eine Entwicklung, bei der vormals gesetzlich kaum geregelte inneradministrative Beziehungen vermehrt durch Gesetzesnormen geformt werden. Dies führt insbesondere zu Formen inneradministrativer Prozeduralisierung.[440]

Während innerhalb hierarchischer Organisationsstrukturen die obersten Institutionen – zumeist die Ministerien – in Konfliktfällen zwischen der zuständigen Fachbehörde und der Aufsichtsbehörde entscheiden, darf diese Form der Abstimmung bei unionsrechtlich mit Unabhängigkeit ausgestatteten Behörden nicht mehr stattfinden. Entscheidungen in inneradministrativen Konfliktfällen könnten deshalb Gerichte treffen. Dazu müsste das deutsche Recht aber Klagen zwischen unabhängigen Behörden und anderen Exekutivinstitutionen zulassen. Derartige Innerorganstreitigkeiten bilden jedoch bislang die Ausnahme im deutschen Recht.

Die folgenden Ausführungen gehen zunächst (A.) darauf ein, inwiefern unabhängigen Behörden Klagerechte gegenüber anderen hoheitlichen Institutionen zustehen. Klagerechte könnten aber nicht nur für unabhängige Behörden bedeutsam sein, sondern auch für aufsichtführende Stellen gegenüber unabhängigen Behörden, wenn sich diese nicht an die gesetzlichen Bestimmungen halten. Der zweite Abschnitt (B.) befasst sich deshalb damit, inwiefern einer aufsichtführenden Stelle Klagerechte zustehen, um die Gesetzmäßigkeit der Handlungen unabhängiger Behörden zu sichern. Um zu vermeiden, dass es erst zu einer gerichtlichen Klärung bei Konflikten zwischen einer unabhängigen Behörde und einer anderen Einrichtung der Exekutive kommen muss, könnten Abstimmungen zwischen den Behörden zulässig sein. Inwiefern die unabhängige Rechtsstellung dies zulässt, ist Gegenstand des letzten Abschnitts dieses Teils (C.).

A. Klagerechte unabhängiger Behörden

Um die rechtliche Stellung und Kompetenzen einer unabhängigen Behörde durchzusetzen, sieht das Unionsrecht an vielen Stellen gerichtliche Verfahren vor. Konfliktlösung innerhalb des EU-Institutionensystems durch Gerichte ist der Unionsrechtsordnung nicht fremd. Dass Gerichte über Konflikte zwischen einer unabhängigen Behörde und anderen hoheitlichen Einrichtungen entscheiden, verstößt nicht gegen die unionsrechtliche Un-

440 *D. Kugelmann*, Einfluss, 2006, S. 137 (158).

abhängigkeitsgarantie. Dies belegen unter anderem EuGH-Urteile, deren Gegenstand Maßnahmen der (unabhängigen) EZB waren.[441] Inwiefern dies auch auf nationaler Ebene gilt, wenn das Unionsrecht die Mitgliedstaaten dazu verpflichtet, unabhängige Behörden einzurichten, wird im Folgenden untersucht.

I. Klagerechte unabhängiger Behörden im deutschen Recht

Gerichtliche Verfahren zwischen Behörden sind im deutschen Recht nur an wenigen Stellen vorgesehen. Dies macht den Ausnahmecharakter derartiger Verfahren deutlich.

1) Klageformen

Klagerechte von Behörden sind im Rahmen des verfassungsrechtlichen Organstreits und der Verfassungsbeschwerde nicht von vornherein ausgeschlossen. Auf Ebene der Verwaltungsgerichtsbarkeit kommt ferner grundsätzlich der verwaltungsrechtliche Organstreit in Frage.

a) Verfassungsrechtlicher Organstreit

Eines der bekanntesten Verfahren, in denen juristische Personen des öffentlichen Rechts gegen andere juristische Personen des öffentlichen Rechts vor einem Gericht klagen können, ist der verfassungsrechtliche Organstreit (Art. 93 Abs. 1 Nr. 1 GG i. V. m. §§ 13 Nr. 5, 63 ff. BVerfGG). In diesem Verfahren sind aber nur der Bundespräsident, der Bundestag, der Bundesrat, die Bundesregierung und die im Grundgesetz oder in den Geschäftsordnungen des Bundestags und des Bundesrats mit eigenen Rechten ausgestatteten Teile dieser Organe antragsberechtigt.

Sofern eine Behörde im Grundgesetz nicht mit eigenen Rechten und auch nicht durch die Geschäftsordnungen der Gesetzgebungsorgane mit verfassungsrechtlich geschützten Rechten ausgestattet ist, steht ihr die Antragsbefugnis in diesem Verfahren nicht zu. Abgesehen vom Bundesrech-

441 *EuGH*, Rs. C-11/00 – Kommission/EZB; Rs. C-62/14 – Gauweiler.

nungshof ist der Großteil der deutschen Behörden nicht mit verfassungsrechtlichen Rechten ausgestattet. Dies gilt auch für die in dieser Arbeit untersuchten unabhängigen Behörden.

b) Verfassungsbeschwerde

Auf Ebene des Verfassungsrechts besteht ferner die Möglichkeit, Verfassungsbeschwerde einzulegen, auch für juristische Personen des öffentlichen Rechts. Die Zulässigkeit der Beschwerde hängt davon ab, ob die Behörde oder, sofern die Unabhängigkeit beim Führungspersonal der Behörde anknüpft, eine natürliche Person als Leiter der unabhängigen Behörde eine Grundrechtsverletzung geltend machen kann.

aa) Grundrechtsgleiches Recht: Richterliche Unabhängigkeit

Wenn Personen aus dem Leitungsgremium einer Behörde – wie im Falle der Datenschutzbeauftragten – mit richterlicher Unabhängigkeit ausgestattet sind,[442] könnte es diesen Personen möglich sein, durch Einlegung einer Verfassungsbeschwerde die Verletzung dieses Rechts vor dem Bundesverfassungsgericht zu rügen. Für Richter ist dieses Vorgehen unter Berufung auf das grundrechtsgleiche Recht der sachlichen Unabhängigkeit gemäß Art. 33 Abs. 5 i. V. m. Art. 97 Abs. 1 GG zulässig.[443]

Die Übertragung auf sonstige Personen, denen die richterliche Unabhängigkeit durch einfaches Gesetz verliehen wurde, ist aber nicht zulässig, da deren Rechtsstellung nicht aus ihrer Aufgabe als Rechtsprechungsorgan folgt. Ihre unabhängige Stellung wird auch nicht von der verfassungsrechtlichen Unabhängigkeit der Richter erfasst. Dies belegt der Fall des Bundesrechnungshofs, dessen Mitgliedern durch das Verfassungsrecht die richterliche Unabhängigkeit zuerkannt ist, aber Klagen des Bundesrechnungshofs sind – wenn überhaupt – nur im Wege des Organstreitverfahrens nach Art. 93 Abs. 1 Nr. 1 GG i. V. m. §§ 13 Nr. 5, 63 ff. BVerfGG zu-

442 Siehe hierzu in diesem Kapitel, Teil 1, B. I. 2) b) (2) und (3).

443 *BVerfGE* 12, 81 (88) – Hergebrachte Grundsätze des richterlichen Amtsrechts; 55, 372 (383 und 391 f.) – Richterbesoldung; *BGH*, DVBl. 2005, S. 310 (312) – Arbeitsbedingungen für Richter.

lässig („anderer Beteiligter“ i.S.d. Art. 93 Abs. 1 Nr. 1 GG).[444] Wenn selbst eine verfassungsrechtliche Garantie der richterlichen Unabhängigkeit nicht dazu führt, dass eine Verfassungsbeschwerde eingelegt werden kann, gilt dies erst recht in Fällen, in denen die richterliche Unabhängigkeit lediglich einfachgesetzlich vorgesehen ist.

bb) Berufung auf andere Grundrechte

Da es öffentlichen Forschungseinrichtungen und öffentlich-rechtlichen Rundfunkanstalten möglich ist, Verfassungsbeschwerde im Falle der Verletzung ihrer Unabhängigkeit einzulegen,[445] könnte dieser Weg auch unabhängigen Behörden offenstehen. Dazu müssten sie sich auf Grundrechtspositionen berufen können. Die Analyse der Rechtfertigungsgründe der Unabhängigkeit hat gezeigt, dass sich lediglich die unabhängige Stellung der Datenschutzbeauftragten zu Teilen grundrechtlich rechtfertigen lässt.[446] Da sich öffentliche Institutionen nur in besonderen Konstellationen auf Grundrechtspositionen berufen können – wie die Rechtsprechung zur Rundfunk- und Wissenschaftsfreiheit belegt[447] –, genügt die Berufung auf das Recht auf informationelle Selbstbestimmung nicht, um eine rügefähige Rechtsposition der Aufsichtsbehörden für den Datenschutz im Rahmen der Verfassungsbeschwerde zu begründen.

cc) Keine Lösung von Kompetenzstreitigkeiten auf Basis der Grundrechte

Dass die Beschwerdefähigkeit im Rahmen der Verfassungsbeschwerde auf andere hoheitliche Institutionen erweitert wird, begegnet zudem grundsätzlichen Einwänden: Grundrechte dienen nicht dazu, Kompetenzkonflikte zu lösen, sondern sollen die individuelle Freiheitsverwirklichung er-

---

444 *O. Häußer*, DÖV 1998, S. 544 (549); *G. Korthals*, DÖV 2002, S. 600 (607); *P. Bergel*, Rechnungshöfe, 2010, S. 86.

445 Für die Hochschulen siehe *BVerfGE* 15, 256 (262) – Universitäre Selbstverwaltung; für den öffentlich-rechtlichen Rundfunk siehe *BVerfGE* 31, 314 (322) – Zweite Rundfunkentscheidung; 107, 299 (310) – Verbindungsdaten der Telekommunikation.

446 Siehe hierzu in Kapitel 3, Teil 1, B. II.

447 Siehe ausführlich hierzu in Kapitel 2, Teil 2, C. I.

möglichen. So sieht es auch das Bundesverfassungsgericht,[448] wenn es darauf verweist, dass in diesen Situationen der „unmittelbare Bezug zum Menschen fehlt“[449]. Grundrechte betreffen die Außendimension des Staates, während Kompetenzen das Innenrecht regeln. Daran ändert auch der Umstand nichts, dass das Bundesverfassungsgericht neben der Abwehrdimension die objektive Werteordnung der Grundrechte anerkennt.[450] Die Grundrechtsfähigkeit juristischer Personen des öffentlichen Rechts ist dem Grundsatz nach abzulehnen, weil es ansonsten nur noch schwerfällig zu politisch gesteuerten Veränderungen kommen könnte („Lähmungs“-Argument[451]).[452] Dies gilt insbesondere bei der Berufung auf Grundrechte, die einen weiten Anwendungsbereich haben (bspw. Art. 3 GG oder Art. 14 GG).

Verfassungsbeschwerden öffentlicher Stellen unter Berufung auf Grundrechte lässt das Bundesverfassungsgericht nur zu, wenn eine juristische Person des öffentlichen Rechts „unmittelbar dem durch die Grundrechte geschützten Lebensbereich zuzuordnen ist“[453]. Es ist notwendig, dass

> *„der Durchblick auf die hinter den juristischen Personen stehenden Menschen es als sinnvoll und erforderlich erscheinen [lässt], [dass] es gerechtfertigt [ist], juristische Personen als Grundrechtsinhaber anzusehen und sie kraft dessen auch in den Schutzbereich bestimmter materieller Grundrechte einzubeziehen“*[454].

Über die bereits anerkannten Konstellationen hinaus ist es zwar grundsätzlich denkbar, weitere Fälle dieser Art anzuerkennen,[455] allerdings nur in eng begrenzten Sonderkonstellationen. Ansonsten ginge die subjektivrechtliche, auf das Individuum gerichtete Dimension der Grundrechte verloren. Nicht zuletzt bestünde in der Festschreibung von Kompetenzen durch Grundrechte eine nicht gerechtfertigte Beeinträchtigung des demokratischen Gesetzgebers.

---

448 *BVerwG*, DVBl. 1972, S. 780 (781) – Sparkassenaufsicht.

449 *BVerfGE* 21, 362 (371) – Sozialversicherungsträger; ähnlich auch die Formulierung in *BVerfGE* 61, 82 (100 f.) – Sasbach.

450 *BVerfGE* 21, 362 (372) – Sozialversicherungsträger.

451 *F. E. Schnapp*, Grundrechtsberechtigung, 2006, Rn. 29.

452 *BVerfGE* 21, 362 (372 f.) – Sozialversicherungsträger.

453 *BVerfGE* 21, 362 (373) – Sozialversicherungsträger.

454 *BVerfGE* 61, 82 (101) – Sasbach.

455 *BVerfGE* 61, 82 (102 f.) – Sasbach.

Keine der in dieser Arbeit untersuchten Behörden entspricht den Voraussetzungen, die öffentlich-rechtliche Rundfunkanstalten und öffentliche Forschungseinrichtungen in Bezug auf ihre Grundrechtsfähigkeit erfüllen.

c) Verwaltungsrechtliche Organklage

Damit bleibt nur die Möglichkeit, dass Klagerechte einer unabhängigen Behörde im Rahmen der verwaltungsrechtlichen Organklage (teilweise auch als „Insichprozess" oder „Innenrechtsstreit" bezeichnet[456]) zustehen. Zulässigkeit und Voraussetzungen dieser Klageform waren lange Zeit umstritten;[457] mittlerweile ist diese Klageform in verschiedenen Bereichen aber weitgehend etabliert.

Die Besonderheit des verwaltungsrechtlichen Organstreits für das deutsche Verwaltungsorganisationsrecht ist der Umstand, dass ein Träger hoheitlicher Gewalt Rechtspositionen gerichtlich gegenüber einer anderen hoheitlichen Stelle durchsetzen kann.[458] Kompetenzen einer Behörde vermitteln aber grundsätzlich keine subjektiven Rechte, sondern dienen der Zuordnung von aufgabenbezogenen Durchsetzungsmaßnahmen zur Sicherung des öffentlichen Interesses.[459] Die Verwaltungsgerichtsordnung sieht ein Klagerecht von Behörden nicht ausdrücklich vor, schließt sie aber auch nicht aus.[460]

Ob ein Klagerecht besteht, muss stets im jeweiligen Einzelfall bestimmt werden. In welchen Fällen eine derartige Rechtsposition einer hoheitlichen Stelle anzunehmen ist, ist mit Unsicherheiten behaftet.

---

456 Siehe *F. Hufen*, Verwaltungsprozessrecht, 2019, § 21 Rn. 2, der die Notwendigkeit dieser Klageform betont; zur Abgrenzung der beiden Formen bei *F. Schoch*, Jura 2008, S. 826 (827), und bei *W.-R. Schenke*, Verwaltungsprozessrecht, 2019, Rn. 528 ff.

457 Die Statthaftigkeit war lange Zeit umstritten, da diese Klageart gesetzlich nicht fixiert war und durch Richterrecht geschaffen wurde, siehe nur *W. Löwer*, VerwArch 68 (1977), S. 327 (335 ff.); *H.-J. Papier*, DÖV 1980, S. 292 (293 ff.); *H.-U. Erichsen*, Innenrechtsstreit, 1985, S. 211 (225 ff.).

458 Zu möglichen Ansätzen *K. Buchwald*, Organstreit, 1998, S. 82 ff.

459 *VGH Mannheim*, DÖV 2004, S. 668 ff. – Klagebefugnis; *F. Schoch*, Jura 2008, S. 826 (828).

460 *BVerwG*, NJW 1992, S. 927 – Zulässigkeit eines Insichprozesses.

aa) Begrenzte Annahme von Klagerechten

Es ist nicht ausgeschlossen, dass sich auch juristische Personen des öffentlichen Rechts auf ein subjektiv-öffentliches Recht berufen können.[461] Teilweise wird angenommen, dass aus den Kompetenzen einer Behörde unmittelbar subjektive Rechte folgen (Lehre von den Organpersonen).[462] Die Gleichsetzung von Kompetenzen mit subjektiv-öffentlichen Rechten geht allerdings zu weit. Nicht ohne Grund formulierte das Bundesverwaltungsgericht, dass Behörden „Kompetenzen [haben], aber keine eigenen Rechte"[463].

Es wurden diverse Versuche unternommen, Kriterien für eine beschränkte Anerkennung behördlicher Klagerechte zu entwickeln. Verbreitet sind Versuche zur Bestimmung von Klagerechten, die als Kriterium insbesondere den Umstand heranziehen, dass diese für Kompetenzen einer Behörde gelten, die dieser exklusiv zugewiesen sind. Dahinter steht die Annahme, dass auf diese Weise verwaltungsinterne Interessengegensätze ausgeglichen werden können[464] und eine sachgerechte Aufgabenerfüllung gewährleistet ist.[465] Auch der Schutz eines bestimmten Sachbereichs wird als Kriterium herangezogen.[466] Die Untersuchungen zielen meistens auf bestimmte Einrichtungen als Untersuchungsgegenstand ab, beispielsweise weisungsfreie Ausschüsse,[467] körperschaftliche Selbstverwaltungsorga-

---

461 *BVerwG*, NVwZ 1989, S. 469 (470 f.) – Solidarität der Städte; *VGH München*, BayVBl. 1976, S. 753 (754 f.) – Gemeinderat; *OVG Koblenz*, NVwZ 1985, S. 283 – gemeindlicher Jahreshaushalt; *P. Lerche*, Organstreit, 1996, S. 171 (172 f.); *F. Schoch*, Jura 2008, S. 826 (828).

462 Besonders prägnant bei *H. Preuß*, Jahrbuch für Gesetzgebung, Verwaltung und Volkswirtschaft im Deutschen Reich 26 (1902), S. 557 (590).

463 *BVerwGE* 31, 263 (267) – Planfeststellung nach Bundesbahngesetz; 45, 207 (209) – Insichprozess.

464 *D. T. Tsatsos*, Organstreit, 1969, S. 18 ff.; *W. Hoppe*, Organstreitigkeiten, 1970, S. 177 f.; *ders.*, DVBl. 1970, S. 845 ff.; *ders.*, NJW 1980, S. 1017 (1019); *G. Kisker*, JuS 1975, S. 704 (708); *H. Bethge*, Grundrechtskollisionen, 1977, S. 109; *ders.*, DVBl. 1980, S. 309 (312); *F. Schoch*, Jura 2008, S. 826 (828).

465 *T. Würtenberger/D. Heckmann*, Verwaltungsprozessrecht, 2018, Rn. 749; diese Ansicht findet sich auch bei *W. Krebs*, Jura 1981, S. 569 (576 f.); *H.-U. Erichsen*, Innenrechtsstreit, 1985, S. 211 (228 ff.); *F. E. Schnapp*, VerwArch 78 (1987), S. 407 (418 ff.).

466 *D. Lorenz*, AöR 93 (1968), S. 308 (320 f.).

467 *D. Lorenz*, AöR 93 (1968), S. 308 (322).

ne[468] oder Fiskalorgane.[469] Gemeinsam ist den Ansätzen, dass es sich um eigene Rechte der jeweiligen Institution handeln muss, nicht aber um Rechte einer juristischen Person, die als Rechtsträger der Institution fungiert.[470] Auch bestünden Klagerechte einer öffentlichen Institution nicht ohne weiteres.[471]

Dies ist insbesondere innerhalb der hierarchisch geordneten Verwaltung von Bedeutung, da die Durchsetzung subjektiver Rechte über den Klageweg das Hierarchieprinzip und dessen Funktion als Instrument für einen kohärenten Vollzug konterkarieren könnte, indem die aus dem Hierarchieprinzip fließenden Vorteile wie Schnelligkeit, Flexibilität und Einheitlichkeit des Verwaltungshandelns beträchtlich eingeschränkt werden. Bei unabhängigen Behörden kann diese Befürchtung allerdings nicht verfangen, da die hierarchischen Steuerungsmittel ohnehin nicht eingesetzt werden dürfen.

bb) Keine Vertreter von Partikularinteressen

Sofern angenommen wird, dass eine Behörde zur Durchsetzung von Partikularinteressen errichtet wurde und ihr deswegen Klagerechte zustehen, ist dies für die in dieser Arbeit untersuchten Behörden wenig überzeugend. Öffentliche Institutionen haben einen dienenden Charakter. Sie sind geschaffen worden, um einen gesetzlich bestimmten öffentlichen Zweck zu verwirklichen, so dass ihre Kompetenzen zunächst Pflichten zum Handeln, nicht hingegen eine geschützte Handlungsfreiheit begründen. In der Aufrechterhaltung der Funktionsfähigkeit der geschaffenen Ordnung „erschöpft sich ihre Daseinsberechtigung“[472]. Die Annahme, dass hoheitliche Institutionen Partikularinteressen vertreten, passt nicht in das Konzept eines am öffentlichen Zweck ausgerichteten Verwaltungsapparats.

---

468 *D. T. Tsatsos*, Organstreit, 1969, S. 43.
469 *G. Kisker*, Insichprozeß, 1968, S. 47 ff.
470 Beispielsweise *D. T. Tsatsos*, Organstreit, 1969, S. 46.
471 *G. Kisker*, JuS 1975, S. 704 (708); *W. Krebs*, Jura 1981, S. 569 (576).
472 *H.-U. Erichsen*, Innenrechtsstreit, 1985, S. 211 (228).

cc) „Normatives Wollen“

Klagerechte von Behörden müssen deshalb von Fall zu Fall bestimmt werden und sich aus gesetzlichen Regelungen ergeben. Denn dem Gesetzgeber steht bei der Ausgestaltung der Verwaltungsorganisation ein weites Ermessen zu, um den politischen und fachlichen Notwendigkeiten ausreichend Berücksichtigung verschaffen zu können.[473] Dies ist auf die Zuerkennung von Klagerechten einer Behörde übertragbar. Hat sich der Gesetzgeber dafür entschieden, dass diese ihre Kompetenzen auch gegenüber anderen hoheitlichen Institutionen auf dem Klageweg durchsetzen können sollen, ist davon auszugehen, dass ein subjektiv-öffentliches Recht besteht. Entscheidend ist – in den Worten von *Peter Lerche* – die „normativ gewollte prozessuale Durchsetzungsmacht“[474]. Nur auf diese Weise wird das gesetzgeberische Organisationsermessen ausreichend beachtet.

Ein normatives Wollen besteht, wenn der Gesetzgeber explizit Klagerechte im Gesetzestext verankert, ist jedoch nicht darauf beschränkt. Einklagbare Rechte von Behörden können auch durch Auslegung ermittelt werden.[475] Da dies jedoch die Gefahr mit sich bringt, dass auf diese Weise ein Klagerecht angenommen wird, das der Gesetzgeber bei der Verabschiedung des Gesetzes gar nicht schaffen wollte, muss die Auslegung restriktiv erfolgen.

Dabei ist es auch von Bedeutung, ob einer Behörde eine sachlich begrenzte Aufgabe exklusiv zugewiesen wurde und die Abkopplung von anderen Institutionen gezielt verwirklicht werden soll. In letzterem Fall besteht keine Zurechnung zu einer größeren innerorganisatorischen Einheit mehr. Die jeweilige Behörde ist vielmehr selbstverantwortlich und nicht fremdverantwortlich organisiert, sie ist „Endsubjekt“[476] der Zurechnung.[477] Dies kann die Annahme klagbarer Rechte einer Behörde begründen. Diese Position liegt auch auf einer Linie mit gerichtlich ergangenen Entscheidungen.[478]

---

473 *BVerfGE* 63, 1 (34) – Schornsteinfegerversorgung.

474 *P. Lerche*, Organstreit, 1996, S. 171 (173).

475 *P. Lerche*, Organstreit, 1996, S. 171 (173).

476 *H.-U. Erichsen*, Innenrechtsstreit, 1985, S. 211 (228); *W. Kluth*, Funktionale Selbstverwaltung, 1997, S. 333.

477 Ebenfalls die Eigenständigkeit betonend bei *P. Lerche*, Organstreit, 1996, S. 171 (172).

478 *OVG Münster*, NWVBl. 1993, S. 91 – Reaktionsrechte; *OVG Münster*, NWVBl. 1998, S. 149 – Landschaftsbeirat; *SächsOVG*, SächsVBl. 1997, S. 268 –

2) Klagerechte in den Referenzgebieten

Inwiefern sich aus dem deutschen Recht Klagerechte der Behörden in den drei Referenzgebieten ergeben, ist Gegenstand der folgenden Absätze. Dabei wird zwischen verschiedenen Klagezielen unterschieden: Sicherung der Weisungsfreiheit, der finanziellen Ausstattung oder der behördlichen Kompetenzen.

a) Telekommunikationsrecht

Im Rahmen der Telekommunikationsregulierung sieht das deutsche Recht für die Bundesnetzagentur explizit kein Klagerecht vor. Die Regelungen im TKG lassen auch nicht erkennen, dass der Gesetzgeber dies beabsichtigt hatte. Vielmehr zeigt sich beispielsweise anhand der Regelung zur Zusammenarbeit mit dem Bundeskartellamt, dass die Bundesnetzagentur in Kooperation mit anderen Stellen agieren soll. Ein Klagerecht wäre für die gegenseitige Kooperationsbereitschaft der Behörden aber wohl kontraproduktiv.

Anders könnte die Regelung des § 117 TKG zu bewerten sein, nach der Weisungen im Bundesanzeiger zu veröffentlichen sind. Die Vorschrift hat den Zweck, Weisungen von Bundesministerien publik zu machen. Sie ist allerdings nicht auf die Bundesnetzagentur bezogen, sondern auf das aufsichtführende Ministerium. Deshalb hängt auch die Wirksamkeit einer Regulierungsentscheidung nicht davon ab, ob die Publikationspflicht beachtet wurde, was dafür spricht, dass sie nur der politischen, nicht jedoch der rechtlichen Sanktionierung dient.[479] Gleichwohl muss die politische Sanktion ermöglicht werden. Dies wäre der Fall, wenn die Veröffentlichung der Weisung zur Not auch gerichtlich erzwungen werden kann. Die in § 117 TKG verankerte verfahrensrechtliche Pflicht bindet das Ministerium, gleichzeitig wird die unabhängige Stellung der Bundesnetzagentur wesentlich durch diese Publikationspflicht gesichert. Ein Klagerecht könnte die Wirksamkeit dieser Regelung stärken.

Landesanstalt für neue Medien; *SächsOVG*, DVBl. 1997, S. 1287 – Tagesordnungspunkt.

479 *M. Ruffert/Chr. Schmidt*, in: Säcker, Telekommunikationsgesetz, 2013, § 117 TKG Rn. 7.

Allerdings muss hierzu nicht unbedingt die Bundesnetzagentur klageberechtigt sein, sofern andere Institutionen dafür Sorge tragen können, dass die Publikationspflicht beachtet wird. Insbesondere das Parlament könnte die Regierung zur Einhaltung der gesetzlichen Vorgaben anhalten. Ob dies in der Praxis auch erfolgt, ist gleichwohl unsicher. Um die beabsichtigte Wirkung der Publikationspflicht abzusichern, wäre ein Klagerecht der Bundesnetzagentur sicherlich ein effektives Instrument. Es finden sich allerdings nicht ausreichend Ansatzpunkte im Gesetz, um davon ausgehen zu können, dass der deutsche Gesetzgeber ein diesbezügliches Klagerecht der Bundesnetzagentur verankern wollte.

b) Datenschutzrecht

Im Datenschutzrecht des Bundes und der Länder findet sich keine Regelung, die eine Datenschutzaufsichtsbehörde ausdrücklich mit Klagerechten ausstattet. Bei den aufsichtsrechtlichen Kompetenzen zeigte sich bis zur Geltung der Datenschutz-Grundverordnung, dass der Gesetzgeber bewusst darauf verzichtet hatte, echte Entscheidungsbefugnisse gegenüber öffentlichen Stellen festzulegen, da alle Datenschutzaufsichtsbehörden darauf beschränkt waren, öffentliche Stellen auf Datenschutzverstöße hinzuweisen. Sollte der Verstoß trotz des Hinweises der Datenschutzaufsichtsbehörde weiterhin bestehen, konnte sie keine Zwangsmaßnahmen einleiten. Sie konnte aber die rechtsaufsichtführende Stelle auf den Verstoß aufmerksam machen. Der Gesetzgeber ist von einem Kooperationsmodell zwischen Datenschutzaufsichtsbehörden und öffentlichen Stellen ausgegangen, nach dem die öffentlichen Stellen beanstandete Verstöße aufgrund der Rechts- und Gesetzesbindung (Art. 20 Abs. 3 GG) selbst abstellen.[480]

Für die finanzielle Ausstattung der Datenschutzaufsichtsbehörden kann eine Klagebefugnis nur angenommen werden, wenn die Gesetze bestimmen, dass die Datenschutzaufsichtsbehörde mit ausreichenden oder notwendigen Personal- und Sachmitteln auszustatten ist und ihr ein eigener Haushaltsposten zusteht. Es muss erkennbar sein, dass die gerichtliche Durchsetzung dieser gesetzlichen Verpflichtung den Datenschutzaufsichtsbehörden selbst zustehen soll. Dazu ist es wichtig zu ermitteln, wer für die

480 *K. von Lewinski*, in: Auernhammer, Bundesdatenschutzgesetz, 2014, § 24 BDSG Rn. 1.

finanzielle Ausstattung der Datenschutzaufsichtsbehörden verantwortlich ist. Da die Verteilung der öffentlichen Gelder durch das Haushaltsgesetz festgelegt wird, trifft diese Pflicht zunächst das Parlament. Ein Klagerecht der Datenschutzaufsichtsbehörde beschränkte die Haushaltsautonomie des Parlaments. Es ist allerdings auch ein allgemeiner Grundsatz des Haushaltsrechts, dass die Budgethoheit des Gesetzgebers dem Recht untersteht (Grundsatz der Subordination). Der Haushaltsgesetzgeber ist bei der Festlegung des Haushaltsgesetzes unter anderem an die bestehenden materiellrechtlichen Regelungen gebunden.[481] Er ist nicht vollkommen frei darin, finanzielle Mittel nach eigenem Ansinnen zu verteilen, da er die in anderen Gesetzen festgelegten Verpflichtungen im Rahmen der Finanzplanung zu achten hat. Sofern bestimmte Funktionen verfassungsrechtlich garantiert sind, kann der einfache Gesetzgeber noch nicht einmal diese abändern, muss aber mittels finanzieller Zuweisungen sicherstellen, dass die verfassungsrechtlichen Aufgaben erfüllt werden können. Dies gilt für unabhängige Einrichtungen wie die Bundesgerichte oder den Bundesrechnungshof, da die ausreichende finanzielle Ausstattung Bestandteil der Unabhängigkeit ist.[482]

Dem Gesetzgeber steht bezüglich der notwendigen oder angemessenen Ausstattung ein weiter Gestaltungsspielraum zu.[483] Dies schließt eine Klageerhebung gleichwohl nicht aus, macht aber deutlich, dass nur die Einhaltung der äußersten Grenzen dieser Verpflichtung einklagbar ist. Das Klagerecht steht den Datenschutzaufsichtsbehörden selbst zu,[484] denn es gibt keine andere Institution, die mit der gleichen Intensität für die Sicherstellung dieser Verpflichtung einträte, da alle hoheitlichen Stellen von Datenschutzaufsichtsbehörden überwacht werden und es deshalb zu Situationen kommen kann, in denen kein Interesse an einer notwendigen finanziellen Ausstattung der Datenschutzaufsichtsbehörden besteht. Sofern der unabhängigen Behörde kein eigenes Haushaltskapitel zusteht, ist die Klage gegen die Institution zu richten, zu deren Budget die Ausgaben für die

---

481 *BVerfGE* 45, 1 (32) – Haushaltsüberschreitung.

482 *W. Heun*, in: Dreier, Grundgesetz, 2008, Art. 110 GG Rn. 31.

483 *F. Flanderka*, Bundesbeauftragter für den Datenschutz, 1988, S. 28.

484 Ebenso für die finanzielle Ausstattung des Bundesbeauftragten für den Datenschutz bei *F. Flanderka*, Bundesbeauftragter für den Datenschutz, 1988, S. 29; *J. Grittmann*, in: Taeger/Gabel, Bundesdatenschutzgesetz, 2013, § 22 BDSG Rn. 12; *U. Dammann*, in: Simitis, Bundesdatenschutzgesetz, 2014, § 22 BDSG Rn. 35; *T. Weichert*, in: Däubler/Klebe/Wedde/ders., Bundesdatenschutzgesetz, 2016, § 22 BDSG Rn. 6.

Datenschutzaufsichtsbehörde gezählt werden bzw. gegen den jeweiligen Rechtsträger.

In Bezug auf die Weisungsfreiheit lässt sich im deutschen Recht im Wege der Auslegung ein Klagerecht bestimmen:[485] Die meisten Datenschutzbeauftragten werden durch eine gesetzliche Unabhängigkeitsbestimmung von der Aufsicht freigestellt. Die Formulierung entspricht derjenigen für Richter. Diese können bei den Richterdienstgerichten Klage gegen Maßnahmen der Dienstaufsicht erheben (§ 26 Abs. 3 DRiG), von denen sie der Ansicht sind, dass diese gegen ihre unabhängige Rechtsstellung verstoßen. Da Gegenstände der Klagen mögliche Verletzungen der Unabhängigkeit im gesamten Dienstverhältnis des Richters sind,[486] erfasst diese Regelung alle Formen aufsichtsrechtlicher Maßnahmen. Soweit Datenschutzbeauftragte mit richterlicher Unabhängigkeit ausgestattet werden, können diese Regelungen des DRiG entsprechend auf Datenschutzbeauftragte angewendet werden. Der Gesetzgeber zeigt durch die Formulierung der Unabhängigkeit („nur dem Gesetz unterworfen"), dass den Datenschutzbeauftragten dieselben prozessualen Durchsetzungsmittel zustehen sollen.

c) Statistikrecht

Das BStatG sieht keine Weisungsfreistellung der statistischen Ämter vor. Insofern kann sich eine statistische Stelle hierauf auch nicht vor Gericht berufen. Zur Ausstattung mit Personal- und Sachmitteln findet sich ebenfalls keine Regelung.

Kompetenzen gegenüber hoheitlichen Stellen bestehen kaum. Einzig eine Auskunftspflicht kann gemäß § 15 Abs. 1 BStatG in dem jeweiligen Statistikgesetz festgeschrieben werden. Diese besteht gegenüber den mit der Durchführung der Statistik betrauten Stellen (§ 15 Abs. 2 BStatG). Kompetenzen können hoheitliche Stellen grundsätzlich mit verwaltungsrechtlichen Zwangsmitteln durchsetzen. Dazu muss das Statistikamt aber einen Verwaltungsakt gegenüber der auskunftspflichtigen Stelle erlassen können, was nur möglich ist, wenn die beiden Behörden nicht dem gleichen Rechtsträger zuzuordnen sind. Sofern der Erlass eines Verwaltungs-

---

485 *K. von Lewinski*, in: Auernhammer, Bundesdatenschutzgesetz, 2014, § 22 BDSG Rn. 42.

486 *G. Schmidt-Räntsch/J. Schmidt-Räntsch*, Deutsches Richtergesetz, 2009, § 26 DRiG Rn. 18.

akts möglich ist, besteht gleichwohl nach den Normen des Bundes-[487] und der Landesverwaltungsvollstreckungsgesetze[488] grundsätzlich nicht die Möglichkeit, gegenüber Behörden und juristischen Personen des öffentlichen Rechts Zwangsmaßnahmen anzuwenden. Begründet wird dies auch damit, dass es dem Ansehen der Behörde und der Verwaltung insgesamt schade, wenn Behörden untereinander Zwangsmaßnahmen anwenden.[489] Zudem bestünde in der Rechtstreue der Beamten bereits eine ausreichende Sicherung.[490] Ebenso wie im Telekommunikations- und im Datenschutzrecht[491] besteht auch im Statistikrecht eher ein Kooperationsmodell, das gegen Klagerechte spricht.

Selbst wenn der Gesetzgeber davon ausgeht, dass eine zur Auskunft verpflichtete Stelle – beispielsweise bei der Herausgabe von Daten – nicht in der Lage sein darf, rechtswidrige Zustände herzustellen, indem sie sich weigert, der gesetzlich verankerten Auskunftspflicht nachzukommen, liegt es nicht im Kompetenzbereich der statistischen Stelle, die zur Auskunft verpflichtete Stelle zu zwingen, der Auskunftspflicht nachzukommen. Vielmehr geht der Gesetzgeber davon aus, dass die Statistikbehörde die Stelle informiert, welche der zur Auskunft verpflichteten Stelle übergeordnet ist, damit diese mittels hierarchischer Maßnahmen die Herausgabe der Daten anordnet. Nach dem deutschen Recht steht Statistikämtern deshalb kein Klagerecht gegenüber anderen hoheitlichen Stellen zu.

3) Fazit

Die deutsche Gesetzeslage lässt es lediglich vereinzelt zu, dass unabhängige Behörden auf gerichtlichem Wege ihre Rechtsstellung oder ihre finan-

---

487 § 17 BVwVG.

488 § 22 VwVG-BW; Art. 29 Abs. 4 VwZVG-Bay; § 5a VwVfG-Berl; § 7 VwVG-Bbg; § 73 VwVG-Hess; § 85 SOG-MV; § 76 VwVG-NW; § 7 VwVG-RPf; § 17 VwVG-Saar; § 234 VwG-SH; § 44 Abs. 3 VwZVG-Thür; in Ländern, in denen keine Regelung besteht, findet die im Bund geltende Rechtslage Anwendung.

489 So die amtliche Gesetzesbegründung zu § 17 VwVG, BT-Drs. 01/3981, S. 9.

490 *G. Sadler*, Verwaltungs-Vollstreckungsgesetz, Verwaltungszustellungsgesetz, 2014, § 17 VwVG Rn. 13.

491 Das Kooperationsmodell zeigt sich hier am ehesten daran, dass Datenschutzverstöße nur zur Kenntnis (der übergeordneten Behörde) gebracht werden können, die den Verstoß – notfalls durch Weisung – abstellen soll, es aber kein Weisungsrecht der Datenschutzaufsichtsbehörde gibt.

zielle Ausstattung durchsetzen können. Lediglich die Datenschutzbeauftragten mit richterlicher Unabhängigkeit können gegen Maßnahmen, die ihre Unabhängigkeit betreffen, auf dem Klageweg vorgehen. Ansonsten sind die Bundesnetzagentur, die Datenschutzaufsichtsbehörden und die Statistikämter darauf angewiesen, dass die Ministerien als übergeordnete Institutionen dafür sorgen, dass die Rechtsstellung und die Befugnisse der unabhängigen Behörde geachtet werden.

II. Einfluss des Unionsrechts auf Klagerechte unabhängiger Behörden

Der folgende Abschnitt befasst sich damit, ob sich durch das Unionsrecht Änderungen in Bezug auf Klagerechte unabhängiger Behörden der Mitgliedstaaten ergeben. Die bereits herausgearbeitete Europäisierung des Verwaltungsorganisationsrechts[492] könnte eine Europäisierung im Bereich des Verwaltungsprozessrechts[493] nach sich ziehen, die dafür sorgt, dass inneradministrative Klagerechte von Behörden im nationalen Recht verankert werden.

1) Klagerechte nationaler Behörden aufgrund des Unionsrechts

Das Unionsrecht müsste Klagerechte nationaler Behörden innerhalb der nationalen Rechtsordnung vorsehen. Der EuGH hat bislang nur entschieden, dass sich aus dem Unionsrecht subjektiv-öffentliche Rechte für natürliche Personen sowie für juristische Personen des Privatrechts ergeben können.[494] Diese Rechtsprechung kann nicht ohne weiteres auf Behörden übertragen werden. Es sprechen aber einige Überlegungen dafür, dass sekundärrechtliche Regelungen derartige Rechtspositionen von nationalen Behörden enthalten.

---

492 Siehe dazu Kapitel 3.

493 Allgemein zur Europäisierung des Verwaltungsprozessrechts *C. D. Classen*, Verwaltungsgerichtsbarkeit, 1996; *D. Ehlers*, Verwaltungsprozeßrecht, 1999; *V. Götz*, DVBl. 2002, S. 1.

494 *EuGH*, Rs. C-237/07, Rn. 34 ff. – Janecek; ebenso *EuGH*, Rs. C-115/09 – Trianel; siehe hierzu *J. Masing*, Mobilisierung, 1997, S. 19 ff.; *S. Hölscheidt*, EuR 2001, S. 376 (381 ff.); *R. Streinz*, VVDStRL 61 (2002), S. 300 (341 f.); *T. von Danwitz*, DVBl. 2008, S. 537 (540); *K. F. Gärditz*, JuS 2009, S. 385 (388).

a) Das behördliche Organisationskonzept des Unionsrechts

Dafür, dass unabhängigen Einrichtungen Klagerechte zustehen, spricht zunächst das Organisationskonzept des Unionsrechts für Behörden und Organe. So ist die Europäische Zentralbank (EZB) in Gerichtsverfahren sowohl aktiv- als auch passivlegitimiert (Art. 282 Abs. 3 AEUV i. V. m. Art. 9.1 des ESZB-Protokolls).[495] Im Rahmen der Nichtigkeitsklage nach Art. 263 AEUV kann die EZB gegen Handlungen der EU-Organe vorgehen, welche die EZB in ihren eigenen, vom Vertrag verliehenen Rechten verletzt.[496] Zum Kreis dieser Rechte gehört auch die unabhängige Rechtsstellung.[497] Die EZB kann ferner eine nationale Zentralbank gemäß Art. 271 lit. d) AEUV i. V. m. Art. 35.6 ESZB-Satzung verklagen, wenn sie der Ansicht ist, dass diese einer ihrer Verpflichtungen aus den Verträgen oder der ESZB-Satzung nicht ausreichend nachgekommen ist. Wie zentral die Klagerechte für die Unabhängigkeit der EZB sind, zeigt sich auch daran, dass innerhalb des ESZB weder von der Europäischen Kommission noch von den Mitgliedstaaten Klagen eingelegt werden können, da ansonsten die Unabhängigkeit des ESZB verletzt wäre.[498]

Ferner sind Klagerechte des unabhängigen Europäischen Rechnungshofs seit dem Vertrag von Amsterdam ausdrücklich für die Nichtigkeitsklage (Art. 263 Abs. 3 EUV) und die Untätigkeitsklage (Art. 265 Abs. 1 AEUV) niedergelegt. Der Umstand, dass dem Rechnungshof gerichtliche Durchsetzungsmöglichkeiten zustehen, wird als Sicherung seiner Unabhängigkeit betrachtet.[499] Gegenstand einer Klage kann die Beeinträchtigung der Unabhängigkeit, aber auch die Verletzung von Anhörungsrechten in Gesetzgebungsverfahren oder von Informationspflichten sein.[500]

Klagerechte stehen nicht nur EU-Organen zu, sondern auch unabhängigen Stellen wie der Antikorruptionsbehörde OLAF oder dem Europäischen Datenschutzbeauftragten. Der Generaldirektor von OLAF kann eine Klage gegen die Europäische Kommission beim EuGH einreichen,

---

495 *T. Tschekuschina*, Geldpolitische Instrumente, 2008, S. 111 ff.

496 *EuGH*, Rs. C-316/91, Rn. 13 – Parlament/Rat; Rs. C-303/94, Rn. 17 – Parlament/Rat.

497 *R. Stadler*, Handlungsspielraum, 1996, S. 124; *A. S. Gaiser*, EuR 2002, S. 517 (519); *Ch. Gaitanides*, Zentralbank, 2005, S. 185 f.

498 *A. S. Gaiser*, EuR 2002, S. 517 (523).

499 *Chr. Friedrich/J. Inghelram*, DÖV 1999, S. 669 (676).

500 *Chr. Friedrich/J. Inghelram*, DÖV 1999, S. 669 (672).

sofern er der Auffassung ist, dass die Europäische Kommission durch ihr Handeln seine Unabhängigkeit verletzt hat (Art. 17 Abs. 3 Satz 2 VO 883/2013). Dem Europäischen Datenschutzbeauftragten wird in Art. 47 Abs. 1 lit. h) VO (EG) 45/2001/Art. 58 Abs. 4 VO (EU) 2018/1725 das Recht zuerkannt, unter den im Vertrag vorgesehenen Bedingungen den EuGH anzurufen. Seine Klagebefugnis ist aber unter Heranziehung der für die Rolle als Streithelfer[501] vom EuGH entwickelten Kriterien darauf beschränkt, dass diese nur innerhalb der Grenzen besteht, „die sich aus der ihm übertragenen Aufgabe ergeben“[502]. Der Europäische Datenschutzbeauftragte kann damit nur die Verletzung eigener Rechte geltend machen, zu der aber auch seine unabhängige Stellung gehört.

Inwiefern den EU-Regulierungsagenturen Klagerechte zustehen, ist bislang – soweit ersichtlich – weder Gegenstand gerichtlicher noch wissenschaftlicher Untersuchungen gewesen. Die europäischen Verträge regeln die im Rahmen der Nichtigkeitsklage klagebefugten Institutionen in Art. 263 Abs. 2 und Abs. 3 AEUV grundsätzlich abschließend. Allerdings könnten Agenturen nach Art. 263 Abs. 4 AEUV klagebefugt sein, da sich auch juristische Personen des öffentlichen Rechts grundsätzlich auf diese Norm berufen können. Ob ein Klagerecht besteht, ist aber für die jeweilige Agentur zu bestimmen und kann nicht allgemein beantwortet werden.

Die aufgeführten Beispiele zeigen, dass die Verträge und das Sekundärrecht der EU explizit Klagerechte für unabhängige EU-Institutionen enthalten. Diese Konstruktion ist keine Besonderheit der jeweiligen Institution, sondern fügt sich in den Rahmen des unionsrechtlichen Prinzips des institutionellen Gleichgewichts ein. Auf Grundlage dieses Prinzips hat der EuGH beispielsweise entschieden, dass dem Europäischen Parlament ein Klagerecht zusteht, und zwar zu einer Zeit, zu der ein solches noch nicht in den europäischen Verträgen ausdrücklich vorgesehen war.[503] Denn das Prinzip des institutionellen Gleichgewichts gebiete, dass „jedes Organ seine Befugnisse unter Beachtung der Befugnisse der anderen Organe ausübt“[504]. Dem Parlament müsse deshalb ein eigenes Klagerecht zustehen, weil die Sicherung der Befugnisse des Europäischen Parlaments durch andere EU-Organe, die Mitgliedstaaten oder natürliche und juristische Perso-

---

501 Hierzu allgemein und ausführlich *H.-O. Nissen*, Intervention Dritter, 2001, S. 115 ff.

502 *EuGH*, Rs. C-317/04, Rn. 16 – Parlament/Rat.

503 Siehe hierzu *T. Giegerich*, ZaöRV 50 (1990), S. 812 (815 ff.).

504 *EuGH*, Rs. C-70/88, Rn. 22 – Parlament/Rat (Tschernobyl).

nen „unwirksam und ungewiß“[505] sei. Die Klagebefugnis ist dabei stets auf die Geltendmachung eigener Rechte beschränkt.[506] Das behördliche Organisationsrecht der EU stellt somit zur Sicherung des institutionellen Arrangements auch auf gerichtliche Verfahren ab. Daraus allein folgt aber noch nicht die Pflicht, nationalen Behörden Klagerechte einzuräumen.

b) Rechtsprechung des EuGH

Die Aussagen des EuGH in der Rechtssache *VEBIC* können zudem als Indiz dafür herangezogen werden, dass unabhängigen nationalen Behörden vom Unionsrecht eine verfahrensrechtliche Rolle in nationalen Gerichtsverfahren zuerkannt wird. In dieser Entscheidung ging es um die prozessualen Rechte der belgischen Wettbewerbsbehörde in einem Gerichtsverfahren gegen eine von ihr erlassene Entscheidung. Das belgische Recht sah vor, dass in dem Verfahren nicht die Wettbewerbsbehörde selbst, sondern nur der für Wirtschaft zuständige Minister Erklärungen vor Gericht zur Entscheidung der Wettbewerbsbehörde einreichen darf. Da dieser von dem Recht keinen Gebrauch gemacht hatte, war nur der Kläger, eine Interessenvertretung von Berufsvereinigungen, am Verfahren beteiligt.[507] Der EuGH hielt dies für unzulässig, da die praktische Wirksamkeit der Wettbewerbsbestimmungen beeinträchtigt werde.[508] Es bestehe die Gefahr, dass das Gericht „völlig in den Angriffsmitteln und Argumenten, die von dem bzw. den klagenden Unternehmen vorgebracht werden, ‚befangen‘ ist“[509]. Die nationale Wettbewerbsbehörde müsse in dem gegen ihre Entscheidung gerichteten Verfahren die Möglichkeit haben, diese zu verteidigen. Um die fehlende Zentralisierung bei der Durchsetzung des Unionsrechts zu kompensieren, benötigten nationale Wettbewerbsbehörden effektive Entscheidungs- und Verteidigungsmittel.[510] Sie werden als Verfahrensbeteiligte von den anderen Staatsorganen distanziert.[511] Insofern lässt sich zumindest begründen, dass die unabhängige Rechtsstellung nicht nur für die Ver-

505 *EuGH*, Rs. C-70/88, Rn. 16 – Parlament/Rat (Tschernobyl).
506 *EuGH*, Rs. C-70/88, Rn. 27 – Parlament/Rat (Tschernobyl); Rs. C-295/90, Rn. 9 – Parlament/Rat.
507 *EuGH*, Rs. C- 439/08, Rn. 37 – VEBIC.
508 *EuGH*, Rs. C- 439/08, Rn. 59 ff. – VEBIC.
509 *EuGH*, Rs. C- 439/08, Rn. 58 – VEBIC.
510 So auch *GA Paolo Mengozzi*, Rs. C-439/08, Rn. 47 und 69.
511 *M. J. Frese*, CMLRev. 48 (2011), S. 893 (904).

waltungsentscheidung selbst, sondern auch auf Gerichtsverfahren ausstrahlt.

In der Rechtssache *Schrems* hat der EuGH ferner deutlich gemacht, dass einer nationalen Datenschutzaufsichtsbehörde nach Art. 28 Abs. 3 UAbs. 1 3. Gedankenstrich der DSRL „im Licht insbesondere von Art. 8 Abs. 3 GRCh ein Klagerecht [zustehen muss]“[512]. Dieses Klagerecht hat einen Angemessenheitsbeschluss der Europäischen Kommission zum Gegenstand, wenn die Datenschutzaufsichtsbehörde daran zweifelt, dass dieser Rechtsakt mit dem Unionsrecht im Einklang steht. Damit ist zumindest für den Bereich des Datenschutzrechts vom EuGH festgelegt, dass Klagerechte nationaler Behörden aus dem Unionsrecht folgen können. Den deutschen Datenschutzaufsichtsbehörden wurde deshalb ein solches Klagerecht eingeräumt.[513]

c) Kein Ausschluss aufgrund des Vertragsverletzungsverfahrens

Allerdings ließe sich argumentieren, dass einzig die Europäische Kommission und die Mitgliedstaaten durch die Regelungen über das Vertragsverletzungsverfahren dazu ermächtigt seien, gegen die Verletzung der unionsrechtlich garantierten Unabhängigkeit vorzugehen. Eine Erweiterung auf nationale Behörden sei damit nicht vereinbar. Diesen stünde lediglich das Recht zu, mögliche Verstöße gegen die unionsrechtlich garantierte Unabhängigkeit bei der Kommission anzuzeigen.

Allerdings kann das durch die Europäische Kommission initiierte Vertragsverletzungsverfahren aus drei Gründen ein Klagerecht der nationalen Behörde nicht adäquat ersetzen: Erstens hat die nationale Behörde gegenüber der Europäischen Kommission keinen Anspruch auf Einleitung des Vertragsverletzungsverfahrens.[514] Es liegt stets im Ermessen der Kommission, ob sie ein Verfahren gegen einen Mitgliedstaat einleitet und Klage

---

512 *EuGH*, Rs. C-362/14, Rn. 65 – Schrems.

513 Ausführlich hierzu *M. Kröger*, NVwZ 2017, S. 1730 ff.

514 *EuGH*, Rs. 247/87, Rn. 11 ff. – Star Fruit; Rs. C-87/89, Rn. 6 – Sonito; Rs. C-107/95, Rn. 19 – Bundesverband der Bilanzbuchhalter; *B. Chr. Ortlepp*, Vertragsverletzungsverfahren, 1987, S. 81 f.; *A. Arnull*, Court of Justice, 2006, S. 35 ff.; *P. Wollenschläger*, Gemeinschaftsaufsicht, 2006, S. 99; *U. Everling*, Aufsicht, 2007, S. 773 (781).

erhebt.[515] Dies liegt zum einen an der hohen Anzahl von Beschwerden und daran, dass eine rechtliche Pflicht zur Verfahrenseinleitung die Europäische Kommission in ihrer Entscheidungsfreiheit beeinträchtigte, welche Vertragsverletzungen sie verfolgen möchte. Zum anderen spricht der Wortlaut des Art. 258 AEUV gegen eine Pflicht: Die Europäische Kommission *kann* den EuGH anrufen (Art. 258 Abs. 2 AEUV) und es kommt auf die Auffassung der Kommission bei der Bewertung des Unionsrechtsverstoßes an (Art. 258 Abs. 1 AEUV). Bei der Ausübung des Ermessens wird die Europäische Kommission – berechtigterweise – auch politische Überlegungen anstellen.[516] Dabei könnte die Rechtsposition der nationalen Behörde aufgrund anderer Überlegungen in den Hintergrund treten.

Zweitens kann die nationale Maßnahme durch den EuGH nicht aufgehoben, nicht für rechtswidrig erklärt[517] und eine Verurteilung nicht unmittelbar durchgesetzt werden.[518] Zwar besteht die Möglichkeit, die Nichtumsetzung des Urteils durch einen Pauschalbetrag oder ein Zwangsgeld zu sanktionieren; darüber hinaus bestehen jedoch keine rechtlichen Mittel, um den Mitgliedstaat zur Befolgung des Urteils anzuhalten. Da einige Mitgliedstaaten bewusst eine Strafe in Kauf nehmen und der Umsetzung eines Urteils nicht nachkommen,[519] zeigt dies die Lücken einer rein unionsrechtlichen Sicherung.

Drittens ist die Überwachung von Verstößen gegen das Unionsrecht durch die Europäische Kommission erheblichen Defiziten ausgesetzt.[520] Insbesondere Verstöße beim Vollzug des Unionsrechts sind für die Kommission nur schwer identifizierbar. Anders als bei Gesetzestexten besteht

---

515 *EuGH*, Rs. C-72/90, Rn. 13 – Asia Motor France; Rs. C-191/95, Rn. 46 – Kommission/Deutschland; *U. Everling*, EuR 1983, S. 101 (106); *C. Kremer*, EuR 2007, S. 470 (477).

516 *U. Haltern*, VerwArch 96 (2005), S. 311 (313); *U. Everling*, Aufsicht, 2007, S. 773 (781 f.).

517 *EuGH*, Rs. C-191/95, Rn. 45 – Kommission/Deutschland; Rs. C-105/02, Rn. 44 – Kommission/Deutschland; *W. Däubler*, NJW 1968, S. 325 (330).

518 *M. Burgi*, Vertragsverletzungsverfahren, 2014, Rn. 4.

519 So beispielsweise Schweden, das trotz eines Urteils und der Zahlung von Strafgeldern der Umsetzung der Richtlinie zur Vorratsdatenspeicherung nicht nachkam, siehe *EuGH*, Rs. C-270/11, Rn. 15 ff. und Rn. 40 ff. – Kommission/Schweden; die Richtlinie ist danach aber vom EuGH für unionsrechtswidrig erklärt worden, *EuGH*, verb. Rs. C-293/12 und C-594/12 – Digital Rights Ireland und Seitlinger.

520 *U. Haltern*, VerwArch 96 (2005), S. 311 (313).

an dieser Stelle ein Informationsdefizit.[521] Die Überwachung und Feststellung von Vertragsverletzungen ist im Bereich des Vollzugs äußerst lückenhaft („monitoring-Problem“). Die Europäische Kommission kann deshalb lediglich punktuell für die Durchsetzung des Unionsrechts Sorge tragen.

d) Klagerechte nationaler Behörden aus dem Unionsrecht

Es ist bislang weitgehend unklar, inwiefern das Unionsrecht verlangt, nationalen Behörden eigene Klagerechte zu verleihen. Dass dies aber zulässigerweise sekundärrechtlich festgelegt werden kann, zeigt die *Schrems*-Entscheidung des EuGH.[522] Eine Verpflichtung zur Verleihung von Klagerechten kann aber nur angenommen werden, wenn das EU-Recht ein Klagerecht ausdrücklich vorsieht bzw. der evidente Wille des europäischen Gesetzgebers zur Übertragung eines Klagerechts deutlich wird. Ein evidenter Wille kann sich im Wege der Auslegung ergeben, wenn der Rechtsakt nicht nur den Mitgliedstaat zur Umsetzung der unionsrechtlichen Regelungen verpflichtet, sondern einer mitgliedstaatlichen Behörde konkrete Aufgaben und Befugnisse überträgt, zu deren effektiver Ausübung sie eines Klagerechts bedarf. Die Aufgaben und Befugnisse müssen unbedingt und hinreichend konkret sein.

2) Klagerechte deutscher Behörden aufgrund des Unionsrechts

Aus dem EU-Primärrecht allein lassen sich keine Klagerechte der in den Referenzgebieten dieser Arbeit untersuchten Behörden herleiten. Die Sekundärrechtsakte hingegen enthalten Regelungen, bei denen die Annahme von Klagerechten nationaler Behörden nicht fern liegt.

---

521 Die Informationsprobleme betont auch *Chr. Sobotta*, ZUR 2008, S. 72 (73); ebenso, nur in Bezug auf Verstöße von Untergerichten *W. Däubler*, NJW 1968, S. 325 (327).

522 Siehe oben in Kapitel 5, Teil 4, A. II. 1) b).

a) Telekommunikationsrecht

In der RRL-Telekommunikation finden sich diverse Regelungen in Bezug auf die Ausgestaltung der nationalen Regulierungsbehörde. Die Vorgabe der funktionalen Trennung, das Weisungsverbot, die Verpflichtung zur ausreichenden finanziellen und personellen Ausstattung, die Beteiligung am GEREK und die besondere Rechtsschutzkonstellation gegen Entscheidungen der Regulierungsbehörde sind die institutionell bedeutsamsten Vorgaben.[523] Die Richtlinie verpflichtet damit nicht allein den Mitgliedstaat zur Umsetzung der materiell-rechtlichen Bestimmungen der Richtlinie, sondern legt konkrete Vorgaben für die Organisation der nationalen Regulierungsbehörde fest.

Die aus den Richtlinien folgende Sonderstellung der nationalen Regulierungsbehörde zeigte sich auch im Verfahren *Kommission/Deutschland*.[524] Der EuGH betonte unter anderem die besondere Stellung der Regulierungsbehörde, denn nur dieser würden „spezifische Aufgaben zur Regulierung der Märkte für elektronische Kommunikation übertragen“[525]. Sie verfügten hierzu über eine „weitreichende Befugnis, um die Regulierungsbedürftigkeit eines Marktes in jedem Einzelfall beurteilen zu können“[526]. Diese Kompetenz stehe der Regulierungsbehörde exklusiv zu, nicht hingegen anderen nationalen Institutionen, einschließlich des Gesetzgebers.[527] Den Kompetenzen der Regulierungsbehörde komme ein umfassender Schutz zu, d.h. selbst Eingriffe in die diesen Verfahren vorgelagerten Regulierungsschritte sind unzulässig.[528] Der europäische Gesetzgeber wollte der Regulierungsbehörde auf diese Weise eine eigenständige Rolle zur Regulierung des Telekommunikationsmarktes zukommen lassen, die keine andere Institution des Mitgliedstaats beeinträchtigen darf.

Da der Regulierungsbehörde in den Richtlinien explizit kein Klagerecht zugestanden wird, kann sich ein solches nur im Wege der Auslegung ergeben. Die Richtlinie untersagt der Regulierungsbehörde, Weisungen der Re-

---

523 Ausführlich hierzu in Kapitel 3, Teil 1, A. I.

524 *EuGH*, Rs. C-424/07, Rn. 78 – Kommission/Deutschland.

525 *EuGH*, Rs. C-424/07, Rn. 55 – Kommission/Deutschland.

526 *EuGH*, Rs. C-55/06, Rn. 153 ff. – Arcor; Rs. C-424/07, Rn. 61 – Kommission/Deutschland.

527 *EuGH*, Rs. C-424/07, Rn. 74 – Kommission/Deutschland; für die Marktdefinition ebenfalls betont in Rn. 91.

528 *EuGH*, Rs. C-424/07, Rn. 105 ff. – Kommission/Deutschland.

gierung einzuholen oder anzunehmen.[529] Diese Bestimmung ist hinreichend genau und unbedingt formuliert. Ein Umsetzungsspielraum des Mitgliedstaats besteht bezüglich des Weisungsverbots nicht, wohl aber bezüglich der Aufsicht. Denn die Richtlinie bestimmt, dass das Weisungsverbot einer Aufsicht nicht entgegensteht. Dies liegt daran, dass die Richtlinie zwischen der Aufsicht als solcher und dem Aufsichtsmittel (z. B. der Weisung) differenziert. Das Weisungsverbot ist ein organisationsrechtliches Wesenselement der Regulierungsbehörde, weshalb es nicht fern liegt, hierin auch ein subjektiv-öffentliches Recht dieser Institution zu sehen. Verstöße hiergegen könnten auch gerichtlich beanstandet werden.

Die Richtlinie verpflichtet die Mitgliedstaaten auch dazu, „ausreichende finanzielle und personelle Ressourcen“ für die Regulierungsbehörde zur Verfügung zu stellen und die Ausgaben separat im Haushaltsplan auszuweisen (Art. 3 Abs. 3a UAbs. 3 RRL-Telekommunikation). Beides sind unbedingte und hinreichend bestimmte Verpflichtungen. Der Bundesnetzagentur steht gemäß diesen Richtlinienbestimmungen das Recht zu, mit ausreichenden Finanz- und Personalmitteln ausgestattet zu werden sowie einen eigenen Titel im Haushaltsgesetz zu erhalten. Es ist nicht ausgeschlossen, dass diese Regelung ebenfalls Rechte der Bundesnetzagentur begründet, die auch auf dem Klageweg durchgesetzt werden können.

b) Datenschutzrecht

Die Datenschutzrichtlinie enthält ebenso wie die RRL-Telekommunikation detaillierte Bestimmungen bezüglich der nationalen Datenschutzaufsichtsbehörden.[530] Die Richtlinie verpflichtet also nicht nur die Mitgliedstaaten, sondern auch die nationalen Behörden zur Durchsetzung der Regelungen der Datenschutzrichtlinie.

Dafür sieht die Richtlinie vor, dass den nationalen Datenschutzaufsichtsbehörden bestimmte Kompetenzen zustehen müssen, darunter Untersuchungs- und wirksame Einwirkungsbefugnisse, aber auch „ein Klagerecht oder eine Anzeigebefugnis bei Verstößen gegen die einzelstaatlichen Vorschriften zur Umsetzung der Richtlinie“ (Art. 28 Abs. 3 UAbs. 1 3. Spiegelstrich DSRL). Die Richtlinie eröffnet die Möglichkeit, dass die

529 Siehe in Kapitel 5, Teil 1, A. II. 1).
530 Siehe hierzu ausführlich in Kapitel 3, Teil 1, A. II. und in Kapitel 5, Teil 1, B.

Mitgliedstaaten den Datenschutzaufsichtsbehörden ein Klagerecht einräumen. Unklar ist aber, ob sie dies müssen. Dagegen spricht, dass die Richtlinie ein Klagerecht *oder* eine Anzeigebefugnis verlangt. Die Mitgliedstaaten haben dem Wortlaut nach also die Wahl, mit welchen Kompetenzen sie die Datenschutzaufsichtsbehörden ausstatten.

Dies gilt aber nur für die Durchsetzung von Datenschutzverstößen, da sich die *Oder*-Regelung auf diese Frage beschränkt. Etwas anderes ergibt sich für die Rechtsstellung, also für die Unabhängigkeit der Datenschutzaufsichtsbehörde. Die Unabhängigkeit ist ein wesentliches Funktionselement der Datenschutzaufsichtsbehörde. Dies belegt der Umstand, dass die Rechtsstellung sogar im Primärrecht der Europäischen Union (Art. 16 Abs. 2 UAbs. 1 Satz 2 AEUV, Art. 39 Satz 2 EUV, Art. 8 Abs. 3 GRCh) verankert ist. Die Datenschutzaufsichtsbehörde kann ihre Kompetenzen, die Anzeigebefugnis eingeschlossen, nur effektiv wahrnehmen, wenn sie auf unabhängige Art und Weise mögliche Datenschutzverstöße untersuchen und feststellen kann. Insofern ist die Ausgestaltung der Datenschutzaufsichtsbehörde als unabhängige Behörde von der prozessualen Durchsetzung der materiellrechtlichen Bestimmungen zu trennen. Es besteht eine unbedingte und hinreichend bestimmte Regelung hinsichtlich der unabhängigen Rechtsstellung.

Dass den Datenschutzaufsichtsbehörden ein solches Recht zusteht, belegt auch der Vergleich mit dem Europäischen Datenschutzbeauftragten (EDSB), den der EuGH seiner Konzeption nach mit den nationalen Datenschutzaufsichtsbehörden gleichstellt.[531] Der EDSB hat gemäß Art. 47 Abs. 1 lit. h) VO (EG) 45/2001/Art. 58 Abs. 4 VO (EU) 2018/1725 das Recht, unter den im Vertrag vorgesehenen Bedingungen den EuGH anzurufen.

Der EuGH geht sogar noch weiter, denn er hält ein Klagerecht der Datenschutzaufsichtsbehörden sogar im Hinblick auf Angemessenheitsbeschlüsse der Kommission für geboten. Dies folge aus der Auslegung des Art. 28 Abs. 3 UAbs. 1 3. Gedankenstrich DSRL vor dem Hintergrund des Art. 8 Abs. 3 GRCh.[532]

Zur finanziellen Ausstattung enthält die Richtlinie keine ausdrückliche Regelung. Aus der Unabhängigkeitsverpflichtung folge jedoch – so der EuGH – die Pflicht, die Datenschutzaufsichtsbehörde mit personellen und

---

531 *EuGH*, Rs. C-518/07, Rn. 28 – Kommission/Deutschland.
532 *EuGH*, Rs. C-362/14, Rn. 65 – Schrems.

sachlichen Mitteln auszustatten, die diese für ihre Tätigkeiten benötigen. Hingegen müsse keine eigene Haushaltslinie vorgesehen werden.[533] Auch diese Verpflichtung ist hinreichend genau und bestimmt genug. Die Datenschutzaufsichtsbehörde kann deshalb die Ausstattung mit den erforderlichen Finanz- und Personalmitteln gerichtlich geltend machen. Da die Richtlinie hierzu keine weiteren Vorgaben enthält, steht dem Haushaltsgesetzgeber diesbezüglich aber ein weites Ermessen zu, das vor Gerichten nur im Falle evidenter Verletzungen die Klage begründete.

Diese Einschätzung wird durch Art. 47 Abs. 5 DSGVO bestätigt, nach der die nationalen Datenschutzaufsichtsbehörden mit personellen, technischen und finanziellen Ressourcen, Räumlichkeiten und mit der erforderlichen Infrastruktur auszustatten sind, um die effektive Durchführung ihrer Aufgaben zu ermöglichen. Diese Regelung legt im Vergleich zur Datenschutzrichtlinie in detaillierter Form fest, welche finanziellen Anforderungen bestehen müssen, um die unabhängige Rechtsstellung der Datenschutzaufsichtsbehörden zu sichern. Aus der Regelung kann deshalb gefolgert werden, dass den nationalen Datenschutzaufsichtsbehörden diesbezüglich ein Klagerecht einzuräumen ist.

c) Statistikrecht

Die Statistikverordnung enthält bezüglich der nationalen Statistikbehörden ebenfalls detaillierte Vorgaben.[534] Die dort enthaltene Verpflichtung zur fachlichen Unabhängigkeit der Statistikbehörden und zur Weisungsfreiheit der Leitungsebene des nationalen statistischen Amtes sondern diese Behörde von der restlichen Verwaltungsorganisation des jeweiligen Mitgliedstaats ab. Es spricht deshalb vieles dafür, dass auch diesen Behörden bezüglich der Weisungsfreiheit ein Klagerecht eingeräumt werden soll.

Die organisationsrechtlichen Vorgaben sind für nationale Statistikämter zudem durch die VO (EU) 1175/2011 konkretisiert worden. Art. 10a legt fest, dass die Gesetze der Mitgliedstaaten mindestens transparente Einstellungs- und Entlassungsprozesse, die jährliche Zuweisung von Haushaltsmitteln und die rechtzeitige Festlegung der Termine zur Veröffentlichung der Statistiken enthalten müssen. Dies wird auch durch die

533 *EuGH*, Rs. C-614/10, Rn. 58 – Kommission/Österreich.
534 Siehe hierzu ausführlich in Kapitel 3, Teil 1, A. III. und in Kapitel 5, Teil 1, C.

VO (EG) Nr. 223/2009 bestätigt. All diese Bestimmungen überlassen den Mitgliedstaaten aber einen erheblichen Umsetzungsspielraum. Deswegen ist in diesen Fällen ein Klagerecht nur begründet, sofern evidente Verletzungen vorliegen.

III. Klageart

Im Rahmen der verwaltungsrechtlichen Organklage können die Klagearten genutzt werden, welche die Verwaltungsgerichtsordnung zur Verfügung stellt. Damit richtet sich die Klageart nach dem Klagebegehren (§ 88 VwGO).

Sofern eine Weisung gegenüber der unabhängigen Stelle erlassen wurde, ist die Anfechtungsklage die statthafte Klageart. Auch wenn Weisungen grundsätzlich aufgrund des fehlenden Außenbezugs als innerdienstliche Maßnahmen eingestuft werden,[535] muss deren Rechtsnatur im Einzelfall anhand des materiellen Rechts bestimmt werden.[536] Wenn durch die Weisung in die Rechtsstellung einer Behörde eingegriffen wird, ist von einem Verwaltungsakt auszugehen.[537] Dies ist bei der unabhängigen Rechtsstellung einer Behörde der Fall.[538] Sofern beide Institutionen Organe desselben Rechtsträgers sind, ist die Rechtslage weniger eindeutig: Teilweise wird die Annahme eines Verwaltungsakts abgelehnt;[539] einige Autoren[540] und Gerichte[541] nehmen jedoch an, dass ein Verwaltungsakt vorliegen kann, wenn den Organen unterschiedliche Kompetenzen zuge-

535 *Niedersächsisches OVG*, NVwZ-RR 2000, S. 161 – Weisungen des Schulleiters; *OVG Rheinland-Pfalz*, NVwZ-RR 2000, S. 371 (372) – Weisungen des Fachhochschuldirektors; *Hamburgisches OVG*, DVBl. 2014, S. 1337 (1338) – Weisungen an Lehrer.

536 *BVerwGE* 41, 305 (306) – Straßenlängsleitung.

537 *BVerwG*, NJW 1978, S. 1820 (1821) – Fachaufsichtliche Weisungen.

538 *T. Stuhlfauth*, in: Obermayer/Funke-Kaiser, Verwaltungsverfahrensgesetz, 2018, § 35 VwVfG Rn. 115.

539 *D. Ehlers*, NVwZ 1990, S. 105 (106); *M. Bauer/B. Krause*, JuS 1996, S. 411 (413); *W. Roth*, Organstreitigkeiten, 2001, S. 793 ff.; *V. Jungkind*, Verwaltungsakte, 2008, S. 41 ff.; *F. Schoch*, Jura 2008, S. 826 (833); *M. Ogorek*, JuS 2009, S. 511 (512 f.); *K. Lange*, Kommunalverfassungsstreit, 2011, S. 959 (966 f.).

540 *J. Martensen*, JuS 1995, S. 1077 f.; *W.-R. Schenke*, JZ 1996, S. 998 (1008 m. w. N.); *ders.*, in: Kopp/ders., Verwaltungsgerichtsordnung, 2019, Anh. § 42 VwGO Rn. 87.

541 *VGH Kassel*, NVwZ-RR 1996, S. 409 m. w. N. – Bürgerbegehren.

wiesen wurden, so dass sich eine Weisung als eine Maßnahme aus einem anderen Kompetenzbereich und damit von außen darstellt. In einer derartigen Situation ist die Weisung nicht mehr auf den Innenbereich der Verwaltung beschränkt, sondern hat Außenwirkung.

Den in dieser Arbeit untersuchten Behörden wurden exklusive Befugnisse zugewiesen. Die Weisungsfreistellung soll verhindern, dass andere Institutionen, die vom europäischen Rechtsakt als nicht geeignet für diese Aufgabe eingestuft werden, Zugriff auf diese Kompetenzen erhalten. In einer derartigen Situation stellt eine rechtswidrige Weisung einen Eingriff von außen dar und ist dementsprechend als ein Verwaltungsakt einzustufen. In diesen Fällen ist die Anfechtungsklage die statthafte Klageart.

Zu keinem anderen Ergebnis kommt man, wenn sich die Weisung nicht an die Behörde, sondern an einen Beamten richtet, der die weisungsunabhängige Behörde leitet. Es ist ebenfalls von einem Verwaltungsakt auszugehen, da die Weisung in die selbständige Rechtspersönlichkeit des Beamten eingreift.[542] Er könnte sich ebenfalls mit einer Anfechtungsklage zur Wehr setzen.

IV. Fazit

Die EU-Sekundärrechtsakte in den Referenzgebieten erweitern die Rechte unabhängiger Behörden der Mitgliedstaaten, die Weisungsfreiheit, die ausreichende personelle und finanzielle Ausstattung sowie bestimmte Kompetenzen mittels einer Klage vor nationalen Gerichten durchzusetzen. Die Mitgliedstaaten sind in diesen Fällen aufgefordert, den unabhängigen Behörden innerhalb ihrer Rechtsordnung Klagerechte einzuräumen.

Die Vergerichtlichung der Konfliktlösung zwischen hoheitlichen Institutionen steht aber im Widerspruch zum Bild einer einheitlichen Verwaltung, in der Konflikte durch hierarchische Mittel gelöst werden. In diesem Zusammenhang könnte die Befürchtung bestehen, dass es zu einem „Behördenkrieg“ [543] kommt. Derartige Einwände beruhen wohl auch auf der in Teilen noch nicht überwundenen Impermeabilitätstheorie, nach welcher der staatliche Innenraum als unverletzlich gilt. Allerdings ist der innerstaatliche Bereich kein rechtsfreier Raum. Sofern Konflikte zwischen ver-

---

542 *T. Stuhlfauth*, in: Obermayer/Funke-Kaiser, Verwaltungsverfahrensgesetz, 2018, § 35 VwVfG Rn. 106.

543 So der Ausdruck bei *G. Jury*, Rechnungshof vor Gericht, 2002, S. 262.

schiedenen Behörden auftreten, müssen diese gelöst werden. Wenn dies nicht mehr durch hierarchische Regelungen möglich ist – wie bei unabhängigen Behörden –, lassen gerichtliche Verfahren die Klärung zu. Die Vergerichtlichung stellt in diesen Fällen sicher, dass es jeder Stelle möglich ist, ihre gesetzlichen Aufgaben zu erledigen. Die Befürchtung vor einer erheblichen Minderung der Effektivität des Behördenhandelns ist unbegründet, da Klagerechte auf unabhängige Behörden beschränkt sind und diese nur unter engen Voraussetzungen die Befugnis haben, Klage einzulegen.

B. Klagerechte gegenüber unabhängigen Behörden

In diesem Abschnitt geht es um Klagerechte beispielsweise von Regierungsstellen gegenüber unabhängigen Behörden, wenn letztere ihre gesetzlich vorgesehenen Aufgaben nicht auf rechtmäßige Weise erfüllen. Ein Klagerecht könnte dazu dienen, die Gesetzesbindung der unabhängigen Behörde sicherzustellen. Auf diese Weise können Rechtsschutzlücken geschlossen werden, die ein lediglich auf gerichtlichen Individualrechtsschutz abstellendes System aufweist.[544] Die bei unabhängigen Behörden fehlende Weisungsunterworfenheit im Rahmen der Rechtsaufsicht könnte durch ein Klagerecht anderer hoheitlicher Institutionen (Aufsichtsklage) kompensiert werden.

Eine Aufsichtsklage ist in der Verwaltungsgerichtsordnung nicht geregelt. Da eine derartige Klageform darauf abzielt, die Rechtswidrigkeit einer Maßnahme der unabhängigen Behörde festzustellen, beruft sich die klagende Institution nicht auf ein subjektiv-öffentliches Recht, welches grundsätzlich bei verwaltungsgerichtlichen Klagen notwendig ist (vgl. § 42 Abs. 2 VwGO).[545] Die Klage dient vielmehr der Durchsetzung des öffentlichen Interesses an der Rechtmäßigkeit behördlicher Maßnahmen.[546]

---

544 *W. Kahl*, Staatsaufsicht, 2000, S. 495 f. m. w. N. in Fn. 144 und 148.

545 *S. Hinterseh*, Ausschüsse, 2002, S. 53; *A. Guckelberger/S. Heimpel*, LKRZ 2009, S. 246 (248); *dies.*, LKRZ 2012, S. 6 (8); *R. Kintz*, LKRZ 2009, S. 5 (6).

546 *R. Kintz*, LKRZ 2009, S. 5 (6); *A. Guckelberger/S. Heimpel*, LKRZ 2012, S. 6 (8).

I. Die Aufsichtsklage

Im deutschen Verwaltungsprozessrecht bilden Aufsichtsklagen die Ausnahme. Es gab und gibt gleichwohl Aufsichtsklagen in bestimmten Rechtsbereichen. Aus historischer Perspektive kann auf die Ausschüsse für die Anerkennung von Kriegsdienstverweigerern und Asylbewerbern,[547] die Regelungen im ehemaligen preußischen Gesetz über die allgemeine Landesverwaltung[548] und die Regelungen im ehemaligen hamburgischen Enteignungsgesetz[549] verwiesen werden. Heutzutage bestehen Aufsichtsklagen in den Landesgesetzen des Saarlands und von Rheinland-Pfalz, die sich gegen Widerspruchsbescheide richten, die von weisungsfreien Widerspruchsausschüssen erlassen wurden.

1) Die Aufsichtsklage bei weisungsfreien Widerspruchsausschüssen

In Rheinland-Pfalz und im Saarland erfüllen Widerspruchsausschüsse die Aufgaben, die in anderen Ländern von Widerspruchsbehörden ausgeübt werden: Sie entscheiden über die Recht- und Zweckmäßigkeit eines Verwaltungsakts, nachdem der Betroffene hiergegen Widerspruch eingelegt hat. Das Besondere an diesen Ausschüssen ist, dass sie weisungsfrei gestellt sind, zugleich aber nicht der Judikative zuzurechnen sind.[550]

Gegen die Entscheidungen der Ausschüsse kann von der Institution, welcher die Rechtsaufsicht über den Widerspruchsausschuss zusteht, eine Aufsichtsklage eingelegt werden.[551] Im Saarland ist dies der fachlich zuständige Minister (§ 17 AGVwGO Saarland), in Rheinland-Pfalz sind unterschiedliche Behörden klagebefugt. Ausreichend ist es jeweils, wenn die Rechtsaufsichtsbehörde die Klage im öffentlichen Interesse für geboten hält (§ 17 AGVwGO Rheinland-Pfalz). Klagen werden vor den Verwaltungsgerichten ausgetragen und als ein Element der nachträglichen Aufsicht[552] hat die Klage insbesondere in den Fällen Bedeutung, in denen die Entscheidung des Widerspruchsausschusses den Betroffenen (über die

---

547 *C. D. Classen*, Offener Rechtsstaat, 2009, S. 60.
548 Siehe hierzu *D. Haas*, DÖV 1952, S. 135 (136 f.).
549 Hierzu ebenfalls *D. Haas*, DÖV 1952, S. 135 (137).
550 *A. Guckelberger/S. Heimpel*, LKRZ 2012, S. 6.
551 *C. D. Classen*, Offener Rechtsstaat, 2009, S. 56.
552 *A. Guckelberger/S. Heimpel*, LKRZ 2012, S. 6 (7 f.).

rechtlich zulässigen Grenzen hinaus) begünstigt. Die aufsichtführende Institution kann auf diese Weise den Widerspruchsausschuss zur Einhaltung der gesetzlichen Grenzen anhalten.

2) Die Aufsichtsklage im System des deutschen Verwaltungsprozessrechts

In der Verwaltungsgerichtsordnung ist die Aufsichtsklage nicht geregelt. Dies liegt auch daran, dass in gerichtlichen Verfahren zwischen Hoheitsträgern ein Widerspruch zum Konzept der Einheit der Verwaltung gesehen wird[553] (Impermeabilitätstheorie[554]). Sie ist eine Besonderheit, da die Verwaltungsgerichtsordnung erkennbar auf den Außenrechtskreis zugeschnitten ist.[555] Die Aufsichtsklage wird deshalb auch als ein „Fremdkörper"[556] bezeichnet. Dies liegt sicherlich unter anderem daran, dass der Großteil der Verwaltungsorganisation formal-rechtlich dem hierarchischen Ordnungsprinzip folgt. In diesem Rahmen sind Klagerechte nicht notwendig, da innerhalb der Rechtsaufsicht Weisungen erlassen werden können. Einer Aufsichtsklage mangelte es dann regelmäßig am Rechtsschutzbedürfnis.[557]

Allerdings untersagt die Verwaltungsgerichtsordnung die Einführung der Aufsichtsklage auch nicht, da § 42 Abs. 2 VwGO nur die Geltendmachung einer subjektiv-öffentlichen Rechtsposition verlangt, „soweit gesetzlich nichts anderes bestimmt ist". Es ergeben sich zwar Unstimmigkeiten mit den Regelungen in § 113 Abs. 1 VwGO und in § 79 Abs. 2 VwGO, die nur die subjektive Rechtsposition, aber keinen Vorbehalt für sonderge-

553 *A. Herbert*, DÖV 1994, S. 108 (109).

554 Hierzu m. w. N. *H.-U. Erichsen*, Innenrechtsstreit, 1985, S. 211 (214), und *W. Krebs*, Verwaltungsorganisation, 2007, Rn. 32.

555 *G. Kisker*, JuS 1975, S. 704 (706); *W. Hoppe*, NJW 1980, S. 1017; *K.-P. Dolde*, Beteiligungsfähigkeit, 1985, S. 423 (436 m. w. N. in Fn. 62); *A. Herbert*, DÖV 1994, S. 108 (110); *W. Krebs*, Verwaltungsorganisation, 2007, Rn. 57; *F. Schoch*, Organstreit, 2009, § 28, Rn. 4; *E. Wendelin*, Hochschulverfassungsstreit, 2010, S. 68.

556 *OVG Saarlouis*, Beschluss vom 24.11.2000 – 3 R 229/00, Rn. 24 – Rückkehrgefährdung.

557 *F. Schoch*, Jura 2008, S. 826 (827); *R. Kintz*, LKRZ 2009, S. 5 (7); *A. Guckelberger/S. Heimpel*, LKRZ 2012, S. 6 (9); *T. Würtenberger/D. Heckmann*, Verwaltungsprozessrecht, 2018, Rn. 748.

setzliche Regelungen wie § 42 Abs. 2 VwGO enthalten,[558] sowie mit der Beteiligtenfähigkeit nach § 61 VwGO.[559] Gleichwohl ist die Subsumtion dieser Klage unter die Vorbehaltsnorm sinnvoll. Ließe man das öffentliche Interesse als Rechtsverletzung i.S.d. § 42 Abs. 2 VwGO zu, könnten Behörden grundsätzlich klagen, was der Konzeption der Verwaltungsgerichtsordnung entgegenstünde. Ansonsten fügt sich die Aufsichtsklage als Anfechtungsklage[560] in das Klagesystem der VwGO ein, soweit sie auf die Aufhebung von Verwaltungsakten gerichtet ist.

3) Vereinbarkeit der Aufsichtsklage mit der unabhängigen Rechtsstellung der Behörden

Die Aufsichtsklage könnte zur Kontrolle der Rechtmäßigkeit von Handlungen der Behörden eingesetzt werden, die unionsrechtlich weisungsfrei gestellt wurden. Da eine Regierungsstelle durch das Einlegen oder Androhen einer Aufsichtsklage in die Lage versetzt wird, Druck auf die unabhängige Behörde auszuüben, ist die Einführung einer derartigen Klageform jedoch potentiell geeignet, die unabhängige Rechtsstellung zu verletzen.

Allerdings führt die Unabhängigkeit der Behörde nicht dazu, dass sie aus dem Rechtssystem ausscheidet, d.h. keinen rechtlichen Pflichten mehr unterliegt. Dies betonte der EuGH im Verfahren um die Unabhängigkeit der Datenschutzaufsichtsbehörden: Die unabhängige Rechtsstellung schließe den Rechtsschutz gegen Behörden nicht aus.[561] Dem ist zuzustimmen, da die Unabhängigkeit nur gegenüber bestimmten Institutionen Wirkung entfaltet, um die Aufgabe der Behörde abzusichern.

Im Verfahren über die Unabhängigkeit der Datenschutzaufsichtsbehörden erkannte der EuGH durchaus an, dass die staatliche Aufsicht dazu

---

558 *H. J. von Oertzen*, DVBl. 1961, S. 650 (652).

559 So der Hinweis bei *W. Krebs*, Verwaltungsorganisation, 2007, Rn. 59, der auf die vielfach vertretene Lösung durch eine analoge Anwendung der Vorschrift hinweist, siehe Fn. 223; diese Auslegung vertritt auch *K.-P. Dolde*, Beteiligungsfähigkeit, 1985, S. 423 (436).

560 *BVerfGE* 20, 238 (254 f.) – VwGO-Ausführungsgesetz I; 21, 106 (116) – VwGO-Ausführungsgesetz II; ebenso *H. J. von Oertzen*, DVBl. 1961, S. 650 (651); *R. Kintz*, LKRZ 2009, S. 5 (6); *A. Guckelberger/S. Heimpel*, LKRZ 2009, S. 246 (248).

561 *EuGH*, Rs. C-518/07, Rn. 42 – Kommission/Deutschland.

dient, das Handeln der Datenschutzaufsichtsbehörden hinsichtlich der Vereinbarkeit mit nationalen und unionsrechtlichen Bestimmungen zu kontrollieren,[562] zweifelte aber daran, dass dies im Wege der hierarchisch gebundenen Stelle[563] erreicht werden kann, ohne dass dieses Instrument genutzt wird, um Eigeninteressen der Regierung durchzusetzen. Diese Befürchtung greift aber nicht mehr, wenn mit einem von der Regierung unabhängigen Gericht eine Institution zwischengeschaltet ist, die über einen Rechtskonflikt entscheiden kann. Die verfassungsrechtlich abgesicherte Stellung als unabhängiges Rechtsprechungsorgan und die Beschränkung des Handlungsinstrumentariums auf das prozessrechtlich Zulässige sorgen dafür, dass der Eindruck der Parteilichkeit, welcher auch die unabhängige Rechtsstellung begründet, vermieden wird.

Bestätigt wird dieses Verständnis der Unabhängigkeit durch die Klagerechte gegen unabhängige Stellen der EU. Die Rechtmäßigkeitskontrolle durch Gerichte beeinträchtigt der unionsrechtlichen Konzeption nach nicht die Unabhängigkeit dieser Institutionen. Die Handlungen der EZB können gemäß Art. 263 Abs. 1 Satz 1 AEUV durch die EU-Organe einer gerichtlichen Überprüfung zugeführt werden, ohne dass die Verletzung eines subjektiven Rechts gerügt werden muss. Vielmehr geht der Vertrag davon aus, dass rechtswidrige Handlungen der EZB das Interesse eines jeden Organs am rechtmäßigen Funktionieren der Union verletzen.[564] Entsprechendes gilt für Klagen gegen Einrichtungen oder sonstige Stellen der Union nach Art. 263 Abs. 1 Satz 2 AEUV. Die beklagten Institutionen müssen nur über ein Mindestmaß an Handlungsautonomie verfügen,[565] um als Klagegegner auftreten zu dürfen. Dies ist bei den unabhängigen Behörden der Fall, da sie ihre Entscheidungen eigenständig treffen. Klagegegner sind deshalb auch der unabhängige Europäische Rechnungshof, die unabhängige Antikorruptionsbehörde OLAF oder die unabhängigen Unionsagenturen. Die Aufsichtsklage greift damit nicht in unzulässiger Weise in die unabhängige Rechtsstellung ein.[566]

---

562 *EuGH*, Rs. C-518/07, Rn. 33 – Kommission/Deutschland.
563 *EuGH*, Rs. C-518/07, Rn. 34 – Kommission/Deutschland.
564 *Ch. Gaitanides*, Zentralbank, 2005, S. 250.
565 *O. Dörr*, in: Grabitz/Hilf/Nettesheim, Das Recht der Europäischen Union, 2012, Art. 263 AEUV Rn. 24.
566 Ebenso für die Vereinbarkeit der Aufsichtsklage mit der weisungsfreien Stellung der Widerspruchsausschüsse der deutschen Verwaltungsgerichtsordnung *J. Siegmund*, Vorlageberechtigung, NordÖR 2014, S. 209 (213).

II. Gesetzliche Einführung der Aufsichtsklage

Da die Aufsichtsklage nicht der Durchsetzung eines subjektiv-öffentlichen Rechts dient, sondern die Gesetzmäßigkeit behördlicher Maßnahmen sichern soll, kann eine solche Klage nicht das Erfordernis der Klagebefugnis erfüllen. § 42 Abs. 2 VwGO steht der Einführung der Aufsichtsklage durch einfaches Gesetz aber nicht entgegen. Verfassungsrechtliche Grenzen bestehen nur, soweit der Kern des staatlichen Aufsichtsrechts angetastet wird.[567] Dies greift lediglich in Bereichen, die verfassungsrechtlich zwingend ein staatliches Aufsichtsrecht vorsehen müssen, wie bei der Schulaufsicht nach Art. 7 Abs. 1 GG.[568]

Sofern Aufsichtsklagen auf Landesebene eingeführt werden sollen, müssen die Länder die Gesetzgebungskompetenz des Bundes für das Verwaltungsprozessrecht (Art. 74 Abs. 1 Nr. 1 Var. 4 GG) beachten. Zwar steht den Ländern bei der Festlegung verwaltungsprozessualer Regeln ein Gestaltungsspielraum zu,[569] allerdings hat das Bundesverfassungsgericht entschieden, dass die Länder die Zulässigkeitsvoraussetzungen einer Aufsichtsklage nicht vollkommen frei bestimmen dürfen, sondern lediglich von Anforderungen der individuellen Rechtsverletzung im Rahmen der Klagebefugnis absehen dürfen.[570]

III. Keine verfassungsrechtliche Pflicht zur Einführung von Aufsichtsklagen

Eine Aufsichtsklage kann das Fehlen der Weisungsbefugnis als Mittel der Rechtsaufsicht kompensieren.[571] Dies hat das Bundesverfassungsgericht für die Bundesaufsicht im Rahmen des Vollzugs von Bundesgesetzen anerkannt. Deren Fehlen werde durch das Verfahren des Bund-Länder-Streits

---

567 *BVerwGE* 21, 289 (290 f.) – Befreiung von der Volksschule.

568 Hierauf verweist das Gericht in *BVerwGE* 35, 173 (174) – unentgeltliche Beförderung von Kriegsbeschädigten, und in *BVerwGE* 37, 47 (51) – Wohngeld.

569 *P. Kunig*, in: von Münch/ders., Grundgesetz, 2012, Art. 74 GG Rn. 19.

570 *BVerfGE* 20, 238 (254) – Ausführungsgesetz-VwGO I.

571 *E. Klein*, Problematik, 1974, S. 214; *A. Guckelberger/S. Heimpel*, LKRZ 2012, S. 6 (7 und 10); allerdings kann die Aufsichtsklage nicht die Weisung als Ausprägung der Fachaufsicht kompensieren, da sie nur auf die Rechtmäßigkeitsprüfung beschränkt ist, worauf einige Autoren hinweisen, beispielsweise *D. Haas*, VerwArch 49 (1958), S. 14 (22 f. und 25 ff.).

(Art. 93 Abs. 1 Nr. 3 GG) ersetzt.[572] Das Bundesverwaltungsgericht hatte für die Wehrverwaltung außerdem festgestellt, dass das Klagerecht des Ministers gegen die unabhängigen Musterungs- oder Prüfungskammern für Kriegsdienstverweigerer eine Möglichkeit ist, die fehlende Weisungsbefugnis zu minimieren.[573] Es stellt sich angesichts dessen die Frage, ob der Gesetzgeber sogar verfassungsrechtlich verpflichtet ist, eine derartige Klage einzuführen, um die unionsrechtlich festgelegte Weisungsfreiheit auszugleichen.[574]

In Bezug auf die weisungsfreien Widerspruchsausschüsse wurde entschieden, dass die Aufsichtsklage das

> *„verfassungsrechtlich erforderliche Mittel dar[stellt], die angesichts der Weisungsfreiheit der [Widerspruchsausschüsse] notwendige Einbindung in die innere Verwaltung mit dem Prinzip der parlamentarischen Verantwortung des zuständigen Ressortministers durch ein anderes geeignetes Mittel sicherzustellen"*[575].

Auf diese Weise werde der Grundsatz der Gesetzmäßigkeit der Verwaltung nach Art. 20 Abs. 3 GG in der Verantwortung des zuständigen Ressortministers gewahrt.[576] Die Rechtsstaatlichkeit der Verwaltung muss dieser Auffassung nach durch aufsichtsrechtliche Maßnahmen gesichert werden. Wenn Weisungen nicht zulässig sind, muss zumindest ein Klagerecht der rechtsaufsichtführenden Stelle bestehen.

Allerdings besteht verfassungsrechtlich keine Pflicht zur Ausübung aufsichtsrechtlicher Maßnahmen, um rechtswidrige Zustände zu korrigieren. Vielmehr nimmt es die deutsche Rechtsordnung hin, dass rechtswidrige Zustände innerhalb bestimmter Grenzen vorhanden sind. So können auch rechtswidrige Verwaltungsakte Rechtswirkungen entfalten. Wenn gegen diese nicht innerhalb eines Monats Widerspruch oder Klage eingelegt wird, erlangen sie Bestandskraft. Die Verpflichtung zur lückenlosen Rechtmäßigkeit aller Vollzugshandlungen ist im deutschen Verfassungsrecht nicht gefordert.

---

572 *BVerfGE* 8, 122 (131 f.) – Volksbefragung Hessen.

573 *BVerwGE* 7, 66 (73) – Zeugen Jehovas.

574 Dafür *D. Haas*, VerwArch 49 (1958), S. 14 (28 f.); *M. Seebode*, DVBl. 1968, S. 177 (178); *E. Klein*, Problematik, 1974, S. 214.

575 *OVG Koblenz*, NVwZ-RR 2003, S. 75 – Aufsichtsklage.

576 Ähnlich auch bei *OVG Koblenz*, AS 30, 48 (51) – Anschlusszwang; *R. Kintz*, LKRZ 2009, S. 5 f., sieht die Aufsichtsklage gar als „Pendant zur Fachaufsicht in staatlichen Angelegenheiten".

Ferner dient das Instrument der Rechtsaufsicht insbesondere dazu, die Lücken zu schließen, die eine Begrenzung auf den Individualrechtsschutz schafft, d.h. insbesondere in den Fällen eingreift, in denen kein Betroffener Klage einlegt, weil er beispielsweise von der staatlichen Entscheidung profitiert. Diese Lücke wird zu Teilen bereits dadurch geschlossen, dass bei der Begünstigung einer Person eine erhebliche Wahrscheinlichkeit dafür besteht, dass mittelbar betroffene Personen Klage einreichen (Konkurrentenklage, Nachbarklage).

Die Annahme einer verfassungsrechtlich geforderten Rechtsaufsicht stünde zudem mit Art. 20 Abs. 3 GG auf einer schwachen normativen Basis, wie *Janbernd Oebbecke* gezeigt hat.[577] Die Rechtsaufsicht ist verfassungsrechtlich nicht zwingend gefordert, so dass auch die Aufsichtsklage kein verfassungsrechtlich gefordertes Mittel ist, um die fehlende Weisungsgebundenheit zu kompensieren.

C. Verrechtlichung der verwaltungsinternen Beziehungen

In den ersten beiden Abschnitten dieses Teils ging es darum, dass die unabhängige Rechtsstellung der Behörden gerichtlichen Auseinandersetzungen nicht entgegensteht, um inneradministrative Konflikte zu lösen. In diesem Abschnitt ist die zentrale Fragestellung auf das Verhältnis einer unabhängigen Behörde zu anderen nationalen Behörden gerichtet, die nicht unmittelbar Teil der Ministerialverwaltung sind. Die Beziehungen dieser Behörden zueinander könnten mittels der unionsrechtlichen Unabhängigkeitsvorgabe zunehmend verrechtlicht werden. Verrechtlichung meint dabei insbesondere, dass Kooperations- und Koordinationsverfahren an gesetzlich näher definierte Voraussetzungen gebunden werden müssen.

Grundsätzlich sind Kooperation und Koordination unter den Behörden notwendig, soweit Sachverhalte aufgrund ihrer Komplexität oder unterschiedlicher Zuständigkeitsbereiche nicht durch eine Behörde eigenständig geklärt werden können. Dabei lassen sich zwei Beziehungsebenen unterscheiden: Das Verhältnis zu den Behörden anderer Mitgliedstaaten und zu EU-Institutionen einerseits sowie zu anderen nationalen Behörden andererseits.

577 *J. Oebbecke*, Verwaltung, 1986, S. 134 f.

Nationale Behörden müssen mit den Institutionen der EU sowie mit Behörden anderer Mitgliedstaaten kooperieren. Nach der Rechtsprechung des EuGH sind sie aufgrund des Loyalitätsgebots (Art. 4 Abs. 3 EUV) grundsätzlich zur gegenseitigen Amts- und Rechtshilfe verpflichtet.[578] Daneben enthalten sekundärrechtliche Regelungen zahlreiche Bestimmungen, die der Abstimmung nationaler Stellen in europäischen Verwaltungsverbünden dienen. Sie sind ein wichtiger Baustein des europäischen Verwaltungsverbundes.[579] Inwiefern die Unabhängigkeit Auswirkungen innerhalb der Verwaltungsverbünde entfaltet, ist bereits Bestandteil eines separaten Teils dieser Arbeit gewesen.[580] An dieser Stelle konzentriert sich die Untersuchung auf die mitgliedstaatsinternen Interdependenzen.

Die Zusammenarbeit zwischen Behörden unterschiedlicher Rechtsträger erfolgt formal-rechtlich über den Weg der Amtshilfe. Unter Amtshilfe versteht man die ausnahmsweise und punktuelle (nicht regelmäßige[581]) Hilfeleistung zwischen Behörden unter Überwindung bestehender Kompetenz- und Zuständigkeitsgrenzen in Fällen, in denen keine Weisungsabhängigkeit, keine Delegation, kein Mandat und keine Organleihe vorliegen.[582] Im deutschen Recht folgt die Pflicht zur Amtshilfe auf verfassungsrechtlicher Ebene aus Art. 35 GG. Damit soll die „Einheit des Staatsorganismus"[583] entgegen den Prinzipien des Föderalismus und der Gewaltengliederung gesichert werden.[584] Die einfachgesetzliche Konkretisierung findet diese Verfassungsnorm insbesondere in den §§ 4 bis 8 BVwVfG.[585] Diese enthalten unter bestimmten Voraussetzungen einen Anspruch auf

---

578 Ausdrücklich entschieden für die Kooperation mit nationalen Gerichten in *EuGH*, Rs. 2/88, Rn. 17 f. – Zwartveld.

579 Zur Kooperation im europäischen Verwaltungsverbund siehe *F. Wettner*, Amtshilfe, 2005; *S. E. Schulz*, DÖV 2008, S. 1028 ff.; *W. Frenz*, DÖV 2010, S. 66 ff.

580 Siehe Kapitel 3, Teil 2.

581 *BVerfGE* 63, 1 (32 und 41) – Schornsteinfegerversorgung; *BVerfG*, NVwZ 2011, S. 1254 (1255) – Ausländerbehörde.

582 *B. Pieroth*, in: Jarass/ders., Grundgesetz, 2016, Art. 35 GG Rn. 4.

583 Ähnlich in *BVerfGE* 31, 43 (46) – richterliche Vernehmung; 42, 91 (95) – richterliche Untersuchungshandlung; *BVerwG*, DÖV 1972, S. 720 (721) – Friedhofs-Amt; *BVerwGE* 79, 339 (342) – bundesweite Zeugenpflichten.

584 *K. Meyer-Teschendorf*, DÖV 1988, S. 901 (907); *M. Gubelt*, in: von Münch/Kunig, Grundgesetz, 2012, Art. 35 GG Rn. 1.

585 Daneben bestehen sondergesetzliche Bestimmungen wie §§ 3 bis 7 SGB X und §§ 111 bis 115 AO.

Amtshilfe.[586] Die Amtshilfepflicht kann nur in den in § 5 Abs. 2 und 3 BVwVfG aufgeführten Fällen verweigert werden.

Gegenstand der Amtshilfe können verschiedene Maßnahmen sein, unter denen die Informations- und Auskunftsersuchen sicherlich zu den bedeutendsten gehören. Weitere Gegenstände sind die Übersendung von Urkunden und anderer Beweismittel, die Bereitstellung von Hilfspersonen oder Räumlichkeiten, die Vornahme von Ermittlungen, die Zeugenvernehmung oder die öffentliche Bekanntmachung eines Verwaltungsakts.

Das Rechtsregime des Amtshilferechts richtet sich bei der Durchführung der Amtshilfe nach dem Recht der ersuchten Behörde. Diese muss für die Amtshilfemaßnahme zuständig und befugt sein.[587] Die ersuchende Behörde ist hingegen für die Rechtmäßigkeit der Hauptmaßnahme verantwortlich. Sie bleibt stets Herrin des Verfahrens. Ausgeschlossen ist die Verantwortlichkeit nur, wenn die ersuchte Behörde dem Ersuchen nach § 5 Abs. 2 VwVfG nicht hätte nachkommen dürfen.

I. Anforderungen des Unionsrechts an inneradministrative Kooperationsstrukturen

Die unionsrechtliche Pflicht zur Einrichtung unabhängiger Behörden wirkt sich in inneradministrativen Rechtsverhältnissen aus. Dies liegt daran, dass die Unabhängigkeit funktional zu bestimmen ist. Es muss jegliche Einflussnahme auf eine Behörde, die deren Entscheidungsfreiheit beschränken könnte, unterbunden werden. Sofern andere Behörden in einem Abhängigkeitsverhältnis zu Regierungsinstitutionen stehen, sind sie deshalb ebenfalls dem Bereich unzulässiger Einflussnahme zuzurechnen, denn es wäre widersprüchlich, wenn man nur Regierungsstellen das Verbot der Einflussnahme erteilt und dieses nicht auch auf Behörden erstreckte, auf die Regierungsstellen Einfluss nehmen können. Damit haben sich grundsätzlich auch diese Behörden an das unionsrechtliche Einflussnahmeverbot zu halten.

---

586 *M. Gubelt*, in: von Münch/Kunig, Grundgesetz, 2012, Art. 35 GG Rn. 5 m. w. N. in Fn. 44; teilweise wird dies sogar bereits Art. 35 GG entnommen, so bei *BAGE* 9, 324 (326).

587 *U. Raumsauer*, in: Kopp/ders., Verwaltungsverfahrensgesetz, 2019, § 7 VwVfG Rn. 5.

Allerdings macht es der Bedarf nach einem einheitlichen Verwaltungsvollzug notwendig, dass verschiedene Behörden miteinander kooperieren können, sofern Vorgänge betroffen sind, für die unterschiedliche Behörden zuständig sind. Diesem Kooperationsbedürfnis steht die Unabhängigkeit auch nicht grundsätzlich entgegen. Es muss lediglich ein Ausgleich zwischen der unabhängigen Stellung und dem Bedürfnis nach einem kohärenten innerstaatlichen Gesetzesvollzug gefunden werden.

Dieser Ausgleich kann erreicht werden, indem die Voraussetzungen und das Verfahren der Kooperation auf gesetzlicher Basis an eindeutige Bestimmungen gebunden werden. Die gesetzlichen Regelungen müssen dabei beachten, dass die unabhängige Behörde ihre Entscheidungen immer eigenständig treffen können muss. Dass die Kooperation nur in den gesetzlich vorgesehenen Fällen zulässig ist, sorgt dafür, dass nicht der Eindruck entsteht, auf die unabhängige Behörde werde in unzulässiger Weise eingewirkt. Die Öffentlichkeit und die Rechtskraft des Gesetzes erlauben es, den Anschein der Parteilichkeit der Behörde zu vermeiden, da klare gesetzliche Anforderungen für eine zulässige Einflussnahme durch andere Stellen bestehen.

II. Konsequenzen für das deutsche Recht

Welche konkreten Folgen diese Anforderungen an die Zusammenarbeit der Behörden haben, soll zunächst anhand der Amtshilferegelungen deutlich gemacht werden. Ferner zeigt die Regelung zur Kooperation zwischen der Bundesnetzagentur und dem Bundeskartellamt, wie darüber hinausgehende Formen der Zusammenarbeit einer gesetzlichen Regelung zugeführt werden können.

1) Modifikation der Amtshilferegelungen

Die Regelungen zur Amtshilfe können nicht in gleicher Weise auf unabhängige Behörden angewendet werden wie bei sonstigen Behörden. Insbesondere für ihre Rolle als ersuchte Behörde hat die unabhängige Rechtsstellung Auswirkungen, weil die ersuchende Behörde als Herrin des Verfahrens den Prozess der Amtshilfe zu großen Teilen steuern kann. Es besteht beispielsweise die Gefahr, dass die Pflicht zur Amtshilfe dazu genutzt wird, laufend Informationen von der unabhängigen Behörde zu verlangen. Ein solches unbeschränktes Informationsrecht hat der EuGH selbst für den österreichischen Bundeskanzler für nicht zulässig gehalten.[588] Im deutschen Recht ist eine derartige Modifikation der Regelungen zur Amtshilfe für die unabhängigen öffentlich-rechtlichen Rundfunk- und Fernsehanstalten bereits anerkannt.[589] Gleiches gilt für die autonomen öffentlichen Universitäten.[590] Wie bei Unabhängigkeitsverpflichtungen üblich, beschränkt sich dies auf die Bereiche, die vor einem Zugriff durch andere Institutionen geschützt werden sollen. Im Falle des Rundfunks und der Forschungseinrichtungen sind dies die Felder, in denen der Grundrechtsschutz greift.[591]

Für unionsrechtlich mit Unabhängigkeit ausgestattete Behörden muss ähnliches gelten. Modifikationen des Amtshilferechts sind notwendig, um die unabhängige Stellung zu wahren, zugleich können diese jedoch nur für die Bereiche Geltung beanspruchen, die durch die Unabhängigkeit geschützt werden. Die Unabhängigkeit schließt die Amtshilfe jedoch nicht aus. Dem Urteil *Kommission/Österreich*[592] lässt sich entnehmen, dass die Bedingungen für das Ersuchen um Amtshilfe bei einer unabhängigen Behörde weder unbestimmt noch unbedingt sein dürfen.

Die in § 5 VwVfG aufgeführten Voraussetzungen der Amtshilfe sind hinreichend genau, um nicht den Verdacht der Parteilichkeit aufkommen zu lassen. Die in dieser Norm aufgeführten Fälle der Amtshilfepflicht sind jedoch nicht abschließend, da sie den Anwendungsbereich der Verfassungsnorm des Art. 35 GG nicht beschränken. Allerdings entwickeln sie für unabhängige Behörden eine abschließende Wirkung, da nur diejenigen Tatbestände herangezogen werden können, die auch gesetzlich fixiert sind. Wenn unabhängige Behörden darüber hinausgehend zur Amtshilfe herangezogen werden sollen, muss dies im Gesetz niedergelegt sein. Es bietet sich deshalb an, die Fälle der Amtshilfe der unabhängigen Behörden separat in den jeweiligen Fachgesetzen zu regeln.

---

588 *EuGH*, Rs. C-614/10, Rn. 62 ff. – Kommission/Österreich.

589 Siehe nur *H. P. Bull*, in: Stein/Denninger/Hoffmann-Riem/Schneider, Alternativkommentar, 2001, Art. 35 Abs. 1 GG Rn. 24; *W. Erbguth/M. Schubert*, in: Sachs, Grundgesetz, 2018, Art. 35 GG Rn. 6.

590 *R. Sannwald*, in: Schmidt-Bleibtreu/Hofmann/Henneke, Grundgesetz, 2014, Art. 35 GG Rn. 20.

591 Anders jedoch bei *S. Magen*, in: Umbach/Clemens, Grundgesetz, 2002, Art. 35 GG Rn. 9, der das Bestehen der Amtshilfepflicht weiterhin annimmt, allerdings werden dieser durch die Grundrechte Grenzen gezogen.

592 *EuGH*, Rs. C-614/10, Rn. 63 f. – Kommission/Österreich.

2) Das Beispiel Bundesnetzagentur-Bundeskartellamt

Ein Beispiel für gesetzlich determinierte Kooperationsverfahren findet sich bei der Bundesnetzagentur. Diese muss in vielen Fällen mit der zuständigen Wettbewerbsbehörde – dem Bundeskartellamt – zusammenarbeiten. Das Bundeskartellamt überwacht die Einhaltung des GWB, die Bundesnetzagentur die Einhaltung des TKG. Beide Gesetze stehen nicht in einem Spezialitätsverhältnis zueinander, sondern sind in vielen Fällen gleichberechtigt nebeneinander anwendbar und müssen deshalb einheitlich angewendet und ausgelegt werden.[593] § 123 Abs. 1 TKG verpflichtet die Bundesnetzagentur deshalb zur engen Abstimmung mit dem und zur Unterrichtung des Bundeskartellamts. Sie ist gezwungen, in enumerativ aufgeführten Fällen im Einvernehmen mit dem Bundeskartellamt zu entscheiden. Die Zusammenarbeit geht somit über die bloße Amtshilfe hinaus.[594]

Derartige Formen der Zusammenarbeit sind nicht per se mit der unionsrechtlich geforderten Unabhängigkeit der Bundesnetzagentur unvereinbar. Dies zeigt sich unter anderem daran, dass solche Regelungen auch im Unionsrecht enthalten sind. So verlangen Art. 3 Abs. 4 und 5 RRL-Telekommunikation, dass entsprechende Pflichten zur Zusammenarbeit der nationalen Behörden geschaffen werden. Dies dient der Sicherung der Aufgabenerfüllung sowie der kohärenten Anwendung der gesetzlichen Bestimmungen. Gleichwohl muss die besondere Rechtsstellung der unabhängigen Behörde in diesem Rahmen berücksichtigt werden. Dazu ist zunächst sicherzustellen, dass bei der gesetzlichen Regelung von Koordinations- und Kooperationspflichten eindeutige Zuständigkeitsbereiche festgelegt werden. Ferner darf die Kooperationspflicht nicht dazu führen, dass die unabhängige Behörde in ihren Kompetenzen eingeschränkt wird. Sie muss auf eine Art und Weise gesetzlich geregelt sein, dass der Eindruck unzulässiger Einflussnahme vermieden wird.

3) Das Beispiel der Datenschutzkonferenz

Kooperationspflichten sind ferner in einem föderal gegliederten Staat von herausgehobener Bedeutung. Sie dienen nicht nur der Abstimmung mit

---

593 Allgemein hierzu *M. Heise*, Regulierung und Kartellrecht, 2008, S. 45 ff.

594 *T. Attendorn/M. Geppert*, in: Geppert/Schütz, Telekommunikationsgesetz, 2013, § 123 TKG Rn. 2.

Behörden anderer Rechtsbereiche, sondern sind bereits für die kohärente Anwendung desselben Rechtsbereichs in unterschiedlichen Zuständigkeitsbereichen elementar.

In Deutschland gilt dies beispielsweise für die Abstimmung unter den Landesaufsichtsbehörden für Datenschutz. Da eine Koordination über die jeweiligen Landesminister nicht zulässig ist, muss die Koordination unmittelbar zwischen den Landesdatenschutzaufsichtsbehörden erfolgen. Auf diese Weise kann ein kohärentes Datenschutzniveau garantiert werden.[595] Diese Zusammenarbeit ist bislang nicht gesetzlich fixiert, sondern in Form einer Konferenz organisiert. Alle Landesdatenschutzaufsichtsbehörden und der Bundesdatenschutzbeauftragte treffen sich zweimal jährlich im Rahmen der Konferenz der Datenschutzbeauftragten des Bundes und der Länder (DSK). Der zunächst separat organisierte „Düsseldorfer Kreis" als Zusammenschluss der Aufsichtsbehörden im nicht-öffentlichen Bereich ist zu einem Gremium der DSK geworden.[596] Solche Formen der Zusammenarbeit sind mit der unionsrechtlichen Unabhängigkeit vereinbar.

III. Sicherung der unabhängigen Rechtsstellung durch Verrechtlichung

Die unionsrechtliche Pflicht zur Schaffung unabhängiger Behörden auf nationaler Ebene könnte für das deutsche Verwaltungsrecht zur Folge haben, dass gesetzliche Regelungen für den inneradministrativen Bereich zunehmen und konkreter ausgestaltet werden müssen. Amtshilfe sowie andere Formen der Koordination und Kooperation verstoßen nicht gegen die unionsrechtliche Unabhängigkeitsvorgabe, sofern die Regelungen nicht unbedingt oder unbestimmt sowie einfachgesetzlich eindeutig determiniert sind. Damit wird der Anschein der unzulässigen Einflussnahme vermieden.

595 So auch bei *T. Kahler*, RDV 2013, S. 69 (72 f.); auf dieses Ziel verweisen ebenfalls *V. Pohler*, CR 1998, S. 309; *U. Lepper*, RDV 2012, S. 239.

596 *U. Lepper*, RDV 2012, S. 239.

Kapitel 6: Verantwortlichkeit der Mitgliedstaaten für unionsrechtswidriges Handeln unabhängiger Behörden

Die unionsrechtliche Unabhängigkeitsvorgabe zwingt zu Veränderungen und Anpassungen im Verhältnis der hoheitlichen Institutionen zueinander, sowohl im nationalen als auch im Unionsrecht. Darüber hinaus beeinflusst sie auch das Verhältnis der nationalen zur unionalen Rechtsebene.

Trotz des Ineinandergreifens der nationalen und unionalen Rechtsebene an vielen Stellen besteht im Grundsatz weiterhin die Annahme, dass eine Trennung möglich ist. Im Rahmen des Vertragsverletzungsverfahrens kann (A.) die Verantwortlichkeit eines Mitgliedstaats für seine Organe geltend gemacht werden. Anhand der EuGH-Rechtsprechung wird (B.) deutlich, dass die Mitgliedstaaten im Unionsrecht als (Haftungs-)Einheiten konzipiert sind, die für das Handeln aller mitgliedstaatlichen Stellen einzustehen haben. Die unionsrechtliche Unabhängigkeitsvorgabe bringt Spannungen in diese Konzeption:[1] Die uneingeschränkte Verantwortlichkeit des Mitgliedstaats für Handlungen seiner aufgrund des Unionsrechts unabhängig gestellten Behörden begegnet Zweifeln. Dies wird (C.) anhand der EuGH-Kriterien für die Verantwortlichkeit im Rahmen des Vertragsverletzungsverfahrens gezeigt.

A. Die Verantwortlichkeit im Vertragsverletzungsverfahren

I. Das Vertragsverletzungsverfahren

Die Mitgliedstaaten sind verpflichtet, das Unionsrecht umzusetzen und anzuwenden. Ob die Mitgliedstaaten dieser Pflicht nachkommen, wird insbesondere von der Europäischen Kommission kontrolliert (Art. 17 Abs. 1 Satz 3 EUV). Beim Verdacht eines Verstoßes kann diese gemäß Art. 258 AEUV ein Vertragsverletzungsverfahren gegen einen Mitgliedstaat einlei-

---

1 *J. H. Jans/R. de Lange/S. Prechal/R. Widdershoven*, Europeanisation of Public Law, 2007, S. 22.

ten.[2] Zunächst wird im Vorverfahren versucht, die angenommene Verletzung des Unionsrechts im Wege der Verhandlung mit der Regierung des Mitgliedstaats abzustellen.[3] Sollte das Vorverfahren nicht zu einem Erfolg führen, kann die Kommission Klage erheben.[4] Dazu braucht sie kein subjektives Interesse geltend zu machen, denn es handelt sich um ein objektiv-rechtliches Verfahren[5], das zur Verfolgung des Allgemeininteresses[6] der Durchsetzung und Sicherstellung des Unionsrechts dient. Den Abschluss des gerichtlichen Verfahrens bildet eine Feststellungsentscheidung des EuGH.

II. Verantwortlichkeit der Mitgliedstaaten „als solche“

Die Vertragsverletzungsklage ist stets gegen den Mitgliedstaat und nicht gegen ein einzelnes staatliches Organ gerichtet. Dies folgt daraus, dass die Pflicht, das Unionsrecht zu beachten, „die Mitgliedstaaten als solche“[7] trifft und „die Verantwortlichkeit eines Mitgliedstaats [...] unabhängig davon [besteht], welches Staatsorgan durch sein Handeln oder Unterlassen den Verstoß verursacht hat“[8]. Die Mitgliedstaaten werden vom EuGH als „unionsrechtliche Handlungseinheiten“[9] konzipiert, denen das Verhalten

2 Neben diesen beiden wichtigsten Regelungen finden sich weitere, sondergesetzliche Regelungen des Vertragsverletzungsverfahrens in Art. 108 Abs. 2 UAbs. 2, Art. 114 Abs. 9 und Art. 348 Abs. 2 AEUV; im Überblick zu diesem Verfahren *D. Ehlers*, Vertragsverletzungsklage, 2009.

3 Siehe hierzu *N. Wunderlich*, EuR 2012, Beiheft 1, S. 49 (50 ff.).

4 Ob die Europäische Kommission Klage erhebt, ist ihrem Ermessen überlassen, siehe *Chr. W. A. Timmermans*, Judicial Protection, 1994, S. 391 (398).

5 *P. Wollenschläger*, Gemeinschaftsaufsicht, 2006, S. 77; *U. Everling*, Aufsicht, 2007, S. 773 (776 f.).

6 *A. Thiele*, Europäisches Prozessrecht, 2014, § 5 Rn. 1; *P. Craig/G. de Búrca*, EU law, 2011, S. 398.

7 *EuGH*, Rs. 77/69, Slg. 1970, 237, Rn. 15/16 – Kommission/Belgien; Rs. 8/70, Rn. 9 – Kommission/Italien.

8 *EuGH*, Rs. 77/69, Slg. 1970, 237, Rn. 15/16 – Kommission/Belgien; diese Linie hat der Gerichtshof in weiteren Entscheidungen bestätigt, siehe nur *EuGH*, Rs. 249/81, Slg. 1982, 4005, Rn. 11 – Buy Irish; Rs. C-8/88, Slg. 1990, I-2321, Rn. 13 – Kommission/Deutschland; Rs. C-129/00, Rn. 29 – Kommission/Italien.

9 *B. Chr. Ortlepp*, Vertragsverletzungsverfahren, 1987, S. 98; *M. Pechstein*, EU-Prozessrecht, 2011, Rn. 299; ähnlich auch bei *EuGH*, Rs. C-129/00, Rn. 50 und 55 – Kommission/Italien; *GA Geelhoed*, Rs. C-129/00, Rn. 50 und 55 – Kommission/Italien; *M. Breuer*, EuZW 2004, S. 199 (200 f.).

aller mitgliedstaatlichen Institutionen zugerechnet wird. Ein Verstoß kann unabhängig davon festgestellt werden, ob die Verletzung von der Regierung, einer einzelnen Behörde oder vom Parlament begangen wurde. Die Verantwortung erfasst sogar öffentliche Unternehmen und zum Teil Private, sofern der Mitgliedstaat deren Handlungen direkt oder indirekt beeinflussen kann.[10] Unter zurechenbare Handlungen fallen dabei sowohl Formen des aktiven Tuns als auch des Unterlassens.[11]

B. Unabhängigkeit und Verantwortlichkeit in der Rechtsprechung des EuGH

Im Vertragsverletzungsverfahren vor dem EuGH vertritt die nationale Regierung den beklagten Mitgliedstaat.[12] Da jedoch die Einflussnahme der Regierung auf unabhängige Institutionen wegen des fehlenden Weisungsrechts begrenzt ist, spricht dies gegen die Zurechnung von Handlungen derartiger Stellen, da die Regierung ein Urteil innerstaatlich nicht durchsetzen könnte. Der EuGH sieht in der fehlenden Einflussnahmemöglichkeit der Regierung gleichwohl keinen Grund, die Verantwortlichkeit des Mitgliedstaats abzulehnen, wie den Urteilen zur Zurechnung von Handlungen autonomer Regionen, von Parlamenten und von Gerichten zu entnehmen ist.

I. Unabhängige Regionen

Viele Mitgliedstaaten der Europäischen Union bestehen aus Teilgebieten oder sehen Autonomierechte für bestimmte Regionen vor, die sogar verfassungsrechtlich verankert sein können.[13] Auch in Deutschland verfügen

---

10 *EuGH*, Rs. 249/81, Rn. 15 – Buy Irish; Rs. C-415/93, Rn. 82 ff. – Bosman; Rs. C-325/00, Rn. 18 – CMA; *M. Burgi*, Vertragsverletzungsverfahren, 2014, Rn. 43 f. m. w. N.

11 Ein bekanntes Beispiel für letzteres ist die Untätigkeit der französischen Regierung bei der teilweisen Blockade spanischer Lastkraftwagen durch französische Bauern, die spanisches Obst und Gemüse nach Frankeich bringen wollten, siehe *EuGH*, Rs. C-265/95 – Kommission/Frankreich.

12 *P. Wollenschläger*, Gemeinschaftsaufsicht, 2006, S. 81 und S. 91.

13 Art. 41 und Art. 121 ff. Verfassung Belgiens, Art. 114 ff. Verfassung Italiens oder Art. 2, Art. 137 und Art. 143 ff. Verfassung Spaniens.

die Bundesländer über exklusive Hoheitsrechte, die der Bund aufgrund der föderalen Verfassungsstruktur nicht ausüben darf.[14] Zwar könnte die Verteilung von Kompetenzen zwischen Bund und Ländern durch den verfassungsändernden Gesetzgeber anders konzipiert werden, aber es darf nicht dazu kommen, dass das Föderalismusprinzip als solches beseitigt wird, da ansonsten ein Verstoß gegen den Ewigkeitsgrundsatz des Art. 79 Abs. 3 GG einträte.

Der Bund kann die Länder oder Gemeinden nicht dazu zwingen, unionsrechtswidrige Maßnahmen zu unterbinden. Lediglich die Kosten einer Verletzung des Unionsrechts trägt innerstaatlich die jeweils zuständige Ebene (Art. 104a Abs. 6 GG). Es ließe sich also argumentieren, dass der Mitgliedstaat Deutschland, vertreten durch die Bundesregierung, nicht für Maßnahmen verantwortlich gemacht werden kann, die ein Bundesland zu verantworten hat, da die deutsche Verfassung es untersagt, den Ländern Weisungen, beispielsweise zur Beendigung unionsrechtswidriger Maßnahmen, zu erteilen.

Nach Auffassung des EuGH besteht die Verantwortlichkeit der Mitgliedstaaten jedoch nicht nur für ihre Zentralorgane, sondern auch für das Verhalten ihrer regionalen und lokalen Körperschaften.[15] Dies hat der Gerichtshof unter anderem in einem Vorabentscheidungsverfahren im Jahre 2010 betont. Dem Verfahren lag eine gerichtliche Auseinandersetzung in Deutschland zugrunde, in dem es unter anderem darum ging, ob es für die unionsrechtliche Beurteilung einen Unterschied macht, dass das Glücksspielrecht in Deutschland in Teilen von den Ländern, in Teilen vom Bund geregelt wird. Der Gerichtshof bestätigte unter Bezugnahme auf seine gefestigte Rechtsprechungslinie, dass

> *„sich ein Mitgliedstaat [...] nicht auf Bestimmungen, Übungen oder Umstände seiner internen Rechtsordnung berufen kann, um die Nichteinhaltung sei-*

---

14 Allgemein zur prozessualen Stellung der Bundesländer vor dem EuGH bei *M. Mulert*, Bundesländer, 1996, S. 42 ff.

15 Siehe für die belgischen Regionen: *EuGH*, verb. Rs. 227 bis 230/85, Rn. 10 – Kommission/Belgien; Rs. 1/86, Rn. 9 – Kommission/Belgien; Rs. C-423/00, Slg. 2002, I-593, Rn. 16 – Kommission/Belgien; für die deutschen Länder: *EuGH*, Rs. 9/74, Rn. 6 – Casagrande; Rs. C-8/88, Rn. 13 – Kommission/Deutschland (Schaffleischerzeuger); Rs. C-297/95, Rn. 9 – Kommission/Deutschland; Rs. C-383/00, Rn. 18 – Kommission/Deutschland; für die französischen municipalités: *EuGH*, Rs. 197/84, Slg. 1985, 1819 – Steinhauser; für die italienischen Comuni: *EuGH*, Rs. 103/88, Rn. 33 – Fratelli Costanzo; für die italienischen regione: *EuGH*, Rs. C-33/90, Rn. 24 – Kommission/Italien.

ner aus dem Unionsrecht folgenden Verpflichtungen zu rechtfertigen. Die interne Zuständigkeitsverteilung innerhalb eines Mitgliedstaats, namentlich zwischen zentralen, regionalen und lokalen Behörden, kann ihn nicht davon entbinden, den genannten Verpflichtungen nachzukommen"[16].

Vielmehr sei es Aufgabe des Mitgliedstaats Deutschland, dass die Institutionen der Bundesländer und des Bundes gemeinsam für einen unionsrechtskonformen Zustand sorgen.[17]

Bereits 1970 hatte es der EuGH abgelehnt, die fehlende Einflussnahmemöglichkeit der Zentralregierung Belgiens auf seine Provinzen hinsichtlich der Einhaltung unionsrechtskonformer Zustände als einen „Fall höherer Gewalt"[18] einzustufen. Der Zentralregierung Belgiens war es aus verfassungsrechtlichen Gründen nicht möglich gewesen, die belgischen Regionen zur Einhaltung des Unionsrechts anzuhalten. Der Unionsrechtsverstoß betraf eine in bestimmten Provinzen erhobene Steuer auf geschlagenes Holz. Diese verstieß – auch nach Ansicht der belgischen Regierung – gegen das Unionsrecht, aber Belgien lehnte die Verantwortlichkeit für den Verstoß mit dem Argument ab, dass es der Regierung verfassungsrechtlich nicht möglich sei, die Provinzialsteuern abzuändern, da das Gewaltenteilungsprinzip die exklusive Kompetenz zur Änderung dieser Steuer den Provinzen zuweist. Der EuGH hingegen betonte, dass stets der Mitgliedstaat als solcher verantwortlich sei, so dass das Handeln oder Unterlassen eines jeden Staatsorgans erfasst wird, selbst wenn eine verfassungsrechtliche Garantie der Unabhängigkeit besteht.[19]

II. Das (unabhängige) Parlament

Für ein weiteres, verfassungsrechtlich von der Regierung unabhängiges Organ gilt die gleiche Verantwortlichkeitsregel: Handlungen des Parlaments sind, obwohl die Regierung auch diesem gegenüber nicht weisungsbefugt ist, dem Mitgliedstaat vollständig zurechenbar. Dies betrifft insbesondere unionsrechtswidrige nationale Gesetze. Die Verurteilung durch

16 *EuGH*, Rs. C-46/98, Rn. 69 – Carmen Media Group; ebenso in *EuGH*, Rs. C-417/99, Rn. 37 – Kommission/Spanien.

17 *EuGH*, Rs. C-46/98, Rn. 70 – Carmen Media Group.

18 *EuGH*, Rs. 77/69, Slg. 1970, 237 (241) – Belgien/Kommission.

19 *EuGH*, Rs. 77/69, Rn. 15/16, Slg. 1970, 237 – Belgien/Kommission; seitdem ständige Rechtsprechung, siehe *EuGH*, Rs. C-129/00, Rn. 29 – Kommission/Italien.

den EuGH zwingt den Mitgliedstaat dazu, einen unionsrechtskonformen Zustand herzustellen. Die Regierung kann aber nicht selbst Gesetze ändern, um einen unionsrechtskonformen Zustand zu verwirklichen. Dies steht nur dem Parlament als Legislativorgan zu. Der deutschen Regierung verbleibt beispielsweise lediglich die Möglichkeit, gemäß Art. 76 Abs. 1 GG eine Gesetzesvorlage zur Änderung des unionsrechtswidrigen Gesetzes einzubringen. Eine Nichtigerklärung des Gesetzes durch das Bundesverfassungsgericht im Rahmen einer abstrakten Normenkontrollklage scheidet hingegen aus, da als Prüfungsmaßstab lediglich das Grundgesetz heranzuziehen ist, nicht hingegen das Unionsrecht.[20]

Nach der Rechtsprechung des EuGH löst auch ein legislatives Fehlverhalten die Verantwortlichkeit des Mitgliedstaats als solchem aus.[21] Dies belegen Vertragsverletzungsverfahren, in denen die mangelhafte Umsetzung des Unionsrechts festgestellt wurde. Der Gerichtshof geht sogar so weit, dass eine legislative Maßnahme des Parlaments Staatshaftungsansprüche auslösen kann.[22] Dementsprechend ist es nicht möglich, sich der Verantwortlichkeit für einen Unionsrechtsverstoß dadurch zu entziehen, dass auf die unabhängige Stellung des Parlaments verwiesen wird. In dem bereits erwähnten Verfahren gegen Belgien stellte der EuGH dies unmissverständlich klar. Denn die belgische Regierung verwies zur Verteidigung auch darauf, dass sie alle ihr verfassungsrechtlich zustehenden Möglichkeiten ausgeschöpft habe, um eine Änderung des Gesetzes zu erreichen. Die belgische Regierung hatte nachweislich einen Gesetzentwurf in das Parlament eingebracht, der die Korrektur des damals geltenden Rechts zugunsten des Unionsrechts vorsah. Der EuGH sah darin keinen Exkulpationsgrund.[23] Selbst der Umstand, dass die Regierung das Verfahren der Gesetzesänderung nicht beschleunigen kann, stelle keinen Fall höherer Gewalt dar.[24] Politische Krisen beseitigen die Verantwortlichkeit ebenfalls

---

20 Ständige Rechtsprechung *BVerfGE* 31, 145 (174 f.) – Milchpulver; 110, 141 (154 f.) – Kampfhunde; 115, 276 (299) – Sportwetten; *W. Cremer*, DV 37 (2004), S. 165 (186); *H.-J. Papier*, DVBl. 2009, S. 473 (481).

21 *EuGH*, Rs. 77/69, Rn. 15/16 – Kommission/Belgien; Rs. 52/75, Rn. 14 f. – Kommission/Italien.

22 *EuGH*, verb. Rs. C-46/93 und C-48/93, Rn. 51 – Brasserie du Pêcheur; Rs. C-392/93, Rn. 39 – British Telecommunications; Rs. C-261/95, Rn. 25 – Palmisani/INPS.

23 *EuGH*, Rs. 77/69, Rn. 15/16 – Kommission/Belgien; ähnlich in *EuGH*, Rs. C-253/95, Rn. 11 f. – Kommission/Deutschland.

24 *EuGH*, Rs. 8/70, Rn. 8 f. – Kommission/Italien.

nicht.[25] Die mitgliedstaatliche Regierung kann sich nicht darauf berufen, dass sie auf das Parlament keinen Einfluss nehmen kann, um die unionsrechtliche Verantwortung des Mitgliedstaats auszuschließen.

III. Die Unabhängigkeit der Gerichte

Die Gerichte der Mitgliedstaaten sind ebenfalls aufgrund des Prinzips der Gewaltenteilung zwingend von der Legislative und der Exekutive unabhängig. Unionsrechtswidrige Urteile kann die Bundesregierung deswegen nicht aufheben und es besteht auch kein entsprechendes Verfahren für individuelle Kläger.[26] Dies spräche dafür, den Mitgliedstaat nicht für das Handeln seiner Gerichte verantwortlich zu machen. Gleichwohl wird angenommen, dass die Urteile nationaler Gerichte dem Mitgliedstaat als Vertragsverletzung zurechenbar sind.[27]

Eine Entscheidung des EuGH hierzu ist äußerst ambivalent.[28] Der Gerichtshof geht in den Urteilsgründen von der völkerrechtlichen Regel aus, dass Staaten für Handlungen ihrer Gerichte zur Verantwortung gezogen werden können. Gleiches gelte auch im Unionsrecht. Die völkerrechtliche Verantwortlichkeit von Staaten für ihre Organe umfasst die Entscheidungen nationaler Gerichte[29] wie Art. 4 Abs. 1 der Artikelentwürfe der ILC über die Verantwortlichkeit von Staaten für völkerrechtswidriges Han-

---

25 Explizit festgestellt für eine Regierungskrise, siehe *EuGH*, Rs. 52/75, Rn. 7 ff. – Kommission/Italien; gleiches gilt für die Parlamentsauflösung, siehe *EuGH*, Rs. 45/80, Rn. 3 f. – Kommission/Italien; ebenso für Neuwahlen in Spanien, siehe *EuGH*, Rs. C-147/94, Rn. 4 f. – Kommission/Spanien.

26 *M. Breuer*, EuZW 2004, S. 199 (200); *C. Kremer*, EuR 2007, S. 470 (479).

27 Siehe hierzu *J. de Mertens Wilmars/I. M. Verougstraete*, CMLRev. 7 (1970), S. 385 (390); *A. Dashwood/R. White*, ELRev 14 (1989), S. 388 (391).

28 *EuGH*, Rs. C-129/00 – Kommission/Italien; siehe hierzu *U. Haltern*, VerwArch 96 (2005), S. 311 (316 ff.); *A. Haratsch*, JZ 2006, S. 1176 ff.

29 *Ständiger Internationaler Gerichtshof (StIGH)*, Urteil vom 7. September 1927, 1927 P.C.I.J. (ser. A) No. 10 – Lotus (Frankreich/Türkei); siehe auch das Schiedsgerichtsverfahren zwischen den Vereinigten Staaten von Amerika und der Republik Salvador vom 8. Mai 1902, RIAA Volume XV, S. 467 (477); siehe ferner *J. de Mertens Wilmars/I. M. Verougstraete*, CMLRev. 7 (1970), S. 385 (389); *P. Pescatore*, Il Foro Padano 27 (1972), S. 9 (10 ff.); *G. Nicolaysen*, EuR 1985, S. 368 (369).

deln[30] bestimmt. Dass dieser Grundsatz innerhalb der EU ebenfalls Geltung erlangt, könnte unter Verweis auf die intergouvernementale Konstruktion der EU angenommen werden. Allerdings ist die EU anerkanntermaßen nicht mehr nur eine gewöhnliche internationale Organisation i.S.d. Völkerrechts, sondern aufgrund des hohen Integrationsgrades eine Sonderform des Zusammenschlusses von Staaten. Innerhalb des Zusammenschlusses gelten besondere Regeln, die zu einem begrenzten Anwendungsbereich völkerrechtlicher Normen führen. Die völkerrechtliche Regel der Verantwortlichkeit könnte innerhalb der EU nur Geltung erlangen, wenn das Unionsrecht hierzu nicht eine spezielle Regelung vorsieht. Diese besteht aber mit dem Vertragsverletzungsverfahren.

1) Vertragsverletzung durch unionsrechtswidrige Urteile

Verstöße gegen das Unionsrecht, die von nationalen Gerichten begangen werden, sind äußerst selten Gegenstand eines Vertragsverletzungsverfahrens geworden. Der Grund hierfür ist sicherlich auch in dem Umstand zu sehen, dass es zu einem Konflikt zwischen zwei Verfahrensarten käme, der zugleich einen Konflikt zwischen unterschiedlichen Ansätzen für das Verhältnis der Gerichte zueinander darstellt: Auf der einen Seite das konfrontative Vertragsverletzungsverfahren zwischen Kommission und nationalem Gericht (vertreten durch die Regierung des Mitgliedstaats) und auf der anderen Seite das auf Kooperation angelegte Vorabentscheidungsverfahren zwischen nationalen Gerichten und dem Europäischen Gerichtshof.[31] Sowohl die Europäische Kommission als auch der EuGH haben ein Interesse daran, einen Konflikt mit den nationalen Gerichten so weit wie möglich zu vermeiden, denn diese haben sich in der Historie der europäischen Integration als ein essentieller Baustein zur Vertiefung und Durchsetzung des Unionsrechts erwiesen. Wenn der EuGH über eine Entscheidung eines nationalen Gerichtes befinden müsste, so ist es nicht ausgeschlossen, dass sich die nationalen Gerichte in ihrer eigenen Entschei-

---

30 *Generalversammlung der Vereinten Nationen*, 12. Dezember 2001, Resolution 56/83; allerdings entfaltet diese Resolution keine verbindliche Festlegung der Staatenverantwortlichkeit im Völkerrecht; die Regeln können aber als weitgehend völkergewohnheitsrechtlich anerkannt angesehen werden.

31 Den Konflikt beschreibt ebenfalls *U. Haltern*, VerwArch 96 (2005), S. 311 (328 ff.).

dungskompetenz beschnitten sähen und dies dem auf Kooperation angelegten Vorabentscheidungsverfahren schadete. Vertragsverletzungsverfahren gegen Entscheidungen nationaler Gerichte werden also auch deshalb vermieden.[32] Die Europäische Kommission richtet ihre Klage zumeist gegen den Vollzug der Urteile oder gegen eine entsprechende Verwaltungspraxis, nicht aber gegen die Urteile selbst.[33]

2) Grenzen der Zurechnung

In der Unabhängigkeit der nationalen Richter könnte eine normative Grenze der Zurechnung eines Unionsrechtsverstoßes zum Mitgliedstaat liegen.[34] Dabei sind zwei Wirkungsdimensionen der Unabhängigkeit zu trennen: Erstens der Respekt vor den Entscheidungen der nationalen Gerichte und zweitens die fehlende Möglichkeit der Regierung, ein unionsrechtswidriges Urteil aufzuheben.

a) Verletzung der Unabhängigkeit durch das Vorabentscheidungsverfahren

Teilweise wird vertreten, dass die Entscheidung der Europäischen Kommission zur Einleitung des Vertragsverletzungsverfahrens gegen die Entscheidung eines nationalen Gerichts einen Verstoß gegen die richterliche Unabhängigkeit darstellt.[35] Dies wird damit begründet, dass das Vorverfahren unter Beteiligung von Europäischer Kommission und nationaler Regierung den Gegenstand des Vertragsverletzungsverfahrens bestimmt,

---

32 *J. Komárek*, CMLRev. 42 (2005), S. 9 (25 f.); *E. Lenski/F. C. Mayer*, EuZW 2005, S. 225; *C. Kremer*, EuR 2007, S. 470 (480).

33 Siehe *J. Sack*, EuZW 1991, S. 246 (247).

34 So wohl bei *J. de Mertens Wilmars/ I. M. Verougstraete*, CMLRev. 7 (1970), S. 385 (389); *J. Sack*, EuZW 1991, S. 246 (247); *M. Breuer*, EuZW 2004, S. 199 (200); *P. Wollenschläger*, Gemeinschaftsaufsicht, 2006, S. 89; *C. Kremer*, EuR 2007, S. 470 (477 f.); *C. D. Ehlermann*, Vertragsverletzungsverfahren, 1981, S. 135 (152 f.), hält ein solches Verfahren für nicht angebracht; siehe auch die Wiedergabe der Position der Kommission durch *GA Warner*, Rs. 9/75, Slg. 1975, 1184 (1186 f.) – Meyer-Burckhardt; a. A.: *G. Nicolaysen*, EuR 1985, S. 368 und S. 372; *GA Geelhoed*, Rs. C-129/00, Rn. 56 und 66 – Kommission/Italien; ähnlich *A. Barav*, CMLRev. 12 (1975), S. 369 (379 f.).

35 *P. Wollenschläger*, Gemeinschaftsaufsicht, 2006, S. 248 f.

ohne dass sich das nationale Gericht hierzu äußern kann. Kommission und Regierung könnten sich auf die Beseitigung des Unionsrechtsverstoßes einigen und damit in die gerichtliche Entscheidung eingreifen. Deshalb wird eine Vertragsverletzungsklage teilweise nur für zulässig gehalten, wenn die Entscheidung bereits in Rechtskraft erwachsen ist (Vorrang des nationalen Rechtsmittels bzw. Primat der nationalen Gerichte).[36]

b) Mangelnde Änderungsbefugnisse der Regierung

Ein zweites Argument verweist – ebenso wie bei den autonomen Regionen und dem Parlament – auf die fehlende Kompetenz der Regierung, unionsrechtswidrige Gerichtsentscheidungen zu korrigieren. Durch das Feststellungsurteil des EuGH wird das Urteil des nationalen Gerichts nicht aufgehoben, sondern dessen Rechtskraft wirkt fort.[37] Innerhalb des deutschen Prozessrechts besteht weder für die Regierung noch für den Betroffenen die Möglichkeit, ein in Rechtskraft erwachsenes Urteil wegen des (festgestellten) Verstoßes gegen das Unionsrecht aufzuheben.[38] Es gibt keine Regelung zu einem Wiederaufnahmeverfahren, das in einem derartigen Fall greift.[39] Denkbar wäre zwar eine unionsrechtskonforme Auslegung der entsprechenden Normen,[40] allerdings spricht hiergegen die Wertung des § 79 BVerfGG, nach der ein Wiederaufnahmeverfahren nur zulässig ist, wenn die verfassungswidrige Auslegung einer Norm ein rechtskräftiges Strafurteil betraf.[41] Eine Wiederaufnahme ist damit nur in diesem Sonderfall zulässig. Die Kompensation für die fehlende Korrektur einer unionsrechtswidrigen Entscheidung wird darin gesehen, dass eine Staatshaftungsklage gegen judikatives Unrecht im Falle eines Verstoßes gegen Unionsrecht zulässig ist.[42]

---

36 *B. Chr. Ortlepp*, Vertragsverletzungsverfahren, 1987, S. 99; *P. Wollenschläger*, Gemeinschaftsaufsicht, 2006, S. 246 f. und weitere Nachweise auf S. 169 f. in Rn. 23 bis 28.

37 *G. Meier*, EuZW 1991, S. 11.

38 *G. Nicolaysen*, EuR 1985, S. 368 (371 f.); *M. Kort*, DB 1996, S. 1323 (1324).

39 *R. Streinz*, JuS 2006, S. 637 (639); anders ist dies bei Entscheidungen des EGMR: siehe § 580 Nr. 8 ZPO i. V. m. § 153 Abs. 1 VwGO.

40 Dies wird für möglich gehalten von *G. Meier*, EuZW 1991, S. 11 (14 f.).

41 *C. Kremer*, EuR 2007, S. 470 (479).

42 Grundsätzlich hierzu *EuGH*, Rs. C-224/01 – Köbler.

Da die Aufhebung der unionsrechtswidrigen Entscheidung durch die nationale Regierung nicht möglich ist, kann sie lediglich durch die Änderung gesetzlicher Bestimmungen versuchen, den Normtext derart zu modifizieren, dass eine unionsrechtswidrige Auslegung durch ein nationales Gericht nicht mehr möglich ist. Dies könnte zukünftig die richterliche Interpretationspraxis ändern.[43] Aber selbst dies ist für den nationalen Gesetzgeber eine schwierige, teilweise kaum lösbare Herausforderung, da stets Interpretationsspielräume für die Gerichte verbleiben.[44]

c) Änderungspflichten des Gesetzgebers

Der EuGH hatte diese Argumente vermutlich zur Kenntnis genommen, als er aufgerufen war, die Rechtsprechungspraxis einiger italienischer Gerichte zu prüfen. Der Gerichtshof entschied, dass Urteile nationaler Gerichte unionsrechtswidrig sein können, die Zurechenbarkeit zum Mitgliedstaat wurde aber nicht zweifelsfrei geklärt.

Ein wesentlicher Gegenstand des zugrundeliegenden Verfahrens war eine Beweislastregelung, die im italienischen Gesetz nicht unionsrechtswidrig formuliert war, aber von den italienischen Gerichten bis hin zum *Corte suprema di cassazione* derart ausgelegt wurde, dass sie ohne Beweis des Gegenteils zum Nachteil der betroffenen Unternehmen griff. Erst diese Auslegungspraxis verstieß gegen das Unionsrecht. Der EuGH befand, indem er auf die bekannte Formulierung zurückgriff, nach der

> *„eine Vertragsverletzung eines Mitgliedstaats [...] grundsätzlich gemäß Artikel 226 EG [nach Lissabon: Art. 258 AEUV, Anm. d. Verf.] unabhängig davon festgestellt werden [kann], welches Staatsorgan durch sein Handeln oder Unterlassen den Verstoß verursacht hat, selbst wenn es sich um ein verfassungsmäßig unabhängiges Organ handelt"*[45],

dass ein Verstoß gegen nationales Recht unter Berücksichtigung der Auslegung durch die nationalen Gerichte zu beurteilen sei.[46]

---

43 *M. Breuer*, EuZW 2004, S. 199 (200); *J. Kokott/T. Henze/Chr. Sobotta*, JZ 2006, S. 633 (640); *M. Burgi*, Vertragsverletzungsverfahren, 2014, Rn. 41; *GA Geelhoed*, Rs. C-129/00, Rn. 56 – Kommission/Italien.

44 Ebenso unter Kritik an der Entscheidung des *EuGH*, Rs. C-129/00 – Kommission/Italien bei *U. Haltern*, VerwArch 96 (2005), S. 311 (330 f.).

45 *EuGH*, Rs. C-129/00, Rn. 29 – Kommission/Italien.

46 *EuGH*, Rs. C-129/00, Rn. 31 – Kommission/Italien.

Dies gelte nur dann nicht, wenn es sich um „isolierte gerichtliche Entscheidungen oder solche, die in einem durch eine andere Ausrichtung gekennzeichneten Rechtsprechungskontext deutlich in der Minderheit sind, oder eine vom obersten Gericht verworfene Auslegung“[47] handelt. Der EuGH verlangt demnach eine gefestigte Rechtsprechungspraxis, bei der den Entscheidungen der Höchstgerichte eine Indizwirkung zukommt.[48] Zwar unterscheidet der Gerichtshof nicht zwischen einer Verletzung durch ein unterinstanzliches oder durch ein letztinstanzliches Gericht, aber die nicht bestehende Vorlagepflicht unterinstanzlicher Gerichte spricht dafür, dass das Unionsrecht in Kauf nimmt, dass deren „Entscheidungen [...] einen Verstoß gegen die Gemeinschaftsrechtsordnung darstellen“[49] können.

In dem EuGH-Verfahren hatte das oberste italienische Gericht eine Auslegung vertreten, die nach Auffassung des EuGH unionsrechtswidrig war. Dies stellte einen im Rahmen des Vertragsverletzungsverfahrens rügefähigen Unionsrechtsverstoß dar. Italien wurde verurteilt, allerdings nicht wegen der Spruchpraxis seiner Gerichte, sondern dafür, dass der Gesetzgeber die Norm nicht derart geändert hatte, dass die von den italienischen Gerichten gewählte Auslegung ausgeschlossen war.[50]

Dies macht die Ambivalenz des Urteils deutlich. Einerseits erblickt der EuGH in der Auslegung durch die Gerichte einen Unionsrechtsverstoß, andererseits verurteilt er den Mitgliedstaat nicht wegen der Gerichtsentscheidungen, sondern aufgrund der Verletzung einer (angenommenen) Änderungspflicht des Gesetzgebers. Dies könnte aber auch dahingehend verstanden werden, dass der EuGH dem Mitgliedstaat nicht nur die Feststellung der Unionsrechtswidrigkeit, sondern zugleich die mögliche Lösung mit auf den Weg geben wollte. Jedenfalls führt die richterliche Unabhängigkeit nicht dazu, dass eine Verurteilung des Mitgliedstaats ausgeschlossen ist.

---

47 *EuGH*, Rs. C-129/00, Rn. 32 – Kommission/Italien.

48 Ähnlich schon bei *J. de Mertens Wilmars/I. M. Verougstraete*, CMLRev. 7 (1970), S. 385 (390); besondere Voraussetzungen fordert ebenfalls *GA Geelhoed*, Rs. C-129/00, Rn. 63 ff. – Kommission/Italien.

49 *W. Däubler*, NJW 1968, S. 325 (327).

50 *EuGH*, Rs. C-129/00, Rn. 41 – Kommission/Italien.

IV. Uneingeschränkte unionsrechtliche Verantwortlichkeit der Mitgliedstaaten für nationale, unabhängige Institutionen

Auch wenn rechtliche Bedenken bestehen, dass ein Mitgliedstaat für das Verhalten von verfassungsrechtlich unabhängigen Einrichtungen verantwortlich gemacht werden kann, verurteilt der EuGH in ständiger Rechtsprechung Mitgliedstaaten für Vertragsverletzungen aller staatlichen Einrichtungen. Die Rechtsprechung differenziert nicht danach, inwieweit die Regierung des Mitgliedstaats das Verhalten der betreffenden Institution beeinflussen kann,[51] sondern geht von einer umfassenden Verantwortlichkeitsbeziehung aus:[52] Ein Mitgliedstaat kann sich nicht mit seiner (Verfassungs-)Rechtsordnung exkulpieren.[53]

Das unionsrechtliche Zurechnungskonzept entspricht damit der aus dem Völkerrecht stammenden Konstruktion des Staates als Haftungseinheit.[54] Dies zwingt die Mitgliedstaaten, alles in ihrer Macht Stehende zu tun, um dem Unionsrecht die größtmögliche Effektivität einzuräumen.

C. Verantwortlichkeit für das Handeln unionsrechtlich weisungsfrei gestellter Behörden der Mitgliedstaaten

Handlungen nationaler Behörden sind dem Mitgliedstaat ebenfalls zurechenbar. Ob dies in gleicher Weise für von der Regierung unabhängige Behörden gilt, hat der EuGH bislang – soweit ersichtlich – nicht entschieden. Dass der EuGH aber auch deren Handlungen dem Mitgliedstaat zurechnet, muss nach der eben dargestellten Rechtsprechung als sicher gelten.

Eine umfassende Verantwortlichkeit der Mitgliedstaaten ist aber abzulehnen, wenn nationale Behörden aufgrund unionsrechtlicher Vorgaben aus dem hierarchischen Verwaltungsaufbau des Mitgliedstaats herausgezo-

---

51 *M. Kort*, DB 1996, S. 1323 (1326); *A. Bleckmann*, Europarecht, 1997, Rn. 812.

52 *B. Chr. Ortlepp*, Vertragsverletzungsverfahren, 1987, S. 98; *U. Everling*, Aufsicht, 2007, S. 773 (778).

53 Ständige Rechtsprechung *EuGH*, Rs. 91/79, Rn. 9 – Kommission/Italien; Rs. C-358/03, Rn. 13 – Kommission/Österreich; Rs. C-119/04, Rn. 25 – Kommission/Italien.

54 Siehe *GA Geelhoed*, Rs. C-129/00, Rn. 50 und 55 – Kommission/Italien.

gen werden und damit nicht mehr dem Direktionsrecht der Regierung unterliegen.

I. Begrenzte Verantwortlichkeit

Die Linie der EuGH-Rechtsprechung zur Verantwortlichkeit mitgliedstaatlicher Einrichtungen für unionsrechtswidrige Handlungen basiert auf der Argumentation, dass sich ein Mitgliedstaat nicht mit seiner nationalen (Verfassungs-)Rechtsordnung exkulpieren darf. Diese Begründung passt nicht auf nationale Behörden, die aufgrund unionsrechtlicher Verpflichtungen von der Regierung entkoppelt wurden müssen.

1) Keine Exkulpation mit der eigenen Rechtsordnung

Die EuGH-Rechtsprechung zur Zurechnung von Handlungen mitgliedstaatlicher Einrichtungen macht deutlich, dass sich ein Mitgliedstaat von seiner unionsrechtlichen Anwendungs- und Umsetzungspflicht nicht befreien kann, indem er auf die nationale Staatsorganisation verweist, selbst wenn diese im Verfassungsrecht vorgeschrieben ist. Der Mitgliedstaat ist als Einheit konzipiert, dessen „Innenleben" für den EuGH bei der Frage der Zurechnung der Verantwortlichkeit ohne Relevanz ist.

Wenn jedoch in EU-Sekundärrechtsakten organisationsrechtliche Vorgaben getroffen werden, die vom Mitgliedstaat verlangen, dass die nationale Regierung kaum noch Einfluss auf Entscheidungen der Behörden nehmen darf, ist der Grund für die mangelnde Steuerung durch die Regierung nicht im nationalen (Verfassungs-)Recht, sondern im Unionsrecht verankert. Der Mitgliedstaat ist unionsrechtlich gezwungen, den Einfluss auf die Behörde weitgehend aufzugeben, und verliert damit seine Korrekturbefugnisse. In einem Vertragsverletzungsverfahren exkulpierte er sich demnach nicht mit der eigenen Rechtsordnung, sondern mit der unionsrechtlichen. Dies stellt einen zulässigen Exkulpationsgrund dar.

2) Keine prozedurale Klärungsmöglichkeit

Anders als bei hierarchischen Behörden ist es den unabhängigen Behörden durch das Unionsrecht verwehrt, im Falle einer Kollision des Unionsrechts mit dem nationalen Recht eine Weisung von der Regierungsebene anzufordern, die vorgibt, wie mit der Kollision umzugehen ist. Es wäre deshalb unangemessen, das Risiko der Fehlanwendung des Unionsrechts auf den Mitgliedstaat abzuwälzen, wenn das Unionsrecht selbst die bestehenden Abstimmungsprozesse innerhalb des Mitgliedstaats aufhebt. Wenn – wie bei Gerichten – zumindest ein unionsrechtliches Verfahren der verbindlichen Auslegung wie beim Vorabentscheidungsverfahren bestünde, wäre das Risiko aus dem Gesichtspunkt der Zurechnung noch tragbar. Die unabhängige Rechtsstellung sorgt jedoch nicht dafür, dass diese Behörden beim EuGH vorlageberechtigt werden.[55] Unter diesen Bedingungen verbietet sich die Verlagerung des Risikos in die Sphäre des Mitgliedstaats.

3) Funktionale Behörden der EU

Ein weiterer Aspekt, der gegen eine pauschale Zurechnung spricht, besteht darin, dass die detaillierten Vorgaben zur organisationsrechtlichen Ausgestaltung die nationalen Behörden partiell „europäisieren". Da die organisationsrechtlichen Vorgaben nur für den Vollzug des Unionsrechts gelten, werden die nationalen Behörden insoweit funktional zu unionalen Behörden. Ähnlich wurde bereits für die Entscheidungen nationaler Gerichte argumentiert. Diese erfüllten funktional Aufgaben der EU, weshalb deren Entscheidungen nicht mehr Gegenstand eines Vertragsverletzungsverfahrens sein könnten.[56] Dem kann in dieser Radikalität nicht gefolgt werden. Zutreffend ist jedoch, dass die Behörden funktional Aufgaben der EU erfüllen. Wenn sie hierzu durch das Unionsrecht in bestimmter Weise zu organisieren und mit Kompetenzen auszustatten sind, können nicht mehr alle Maßnahmen der Behörde dem Mitgliedstaat zugerechnet werden.

4) Vergleich mit dem Europäischen System der Zentralbanken (ESZB)

Der Blick auf die nationalen Zentralbanken, deren Regelungsregime bereits weitgehend „europäisiert" ist, bestätigt diese Einschätzung. Innerhalb des ESZB besteht für die EZB die Möglichkeit, vor dem EuGH Klage gegen eine nationale Zentralbank einzulegen, wenn diese die Verpflichtun-

---

55 Siehe in Kapitel 3, Teil 1, C. III. 1).

56 *J. de Mertens Wilmars/I. M. Verougstraete*, CMLRev. 7 (1970), S. 385 (389 f.).

gen aus den EU-Verträgen oder der ESZB-Satzung nicht einhält. Dies stellt das Pendant zum Vertragsverletzungsverfahren der Europäischen Kommission gegen die Mitgliedstaaten dar.[57] Hingegen können weder die Kommission noch ein anderer Mitgliedstaat ein Vertragsverletzungsverfahren gegen den Mitgliedstaat der unionsrechtswidrig handelnden nationalen Zentralbank (NZB) einleiten, da deren Handlungen dem Mitgliedstaat aufgrund der unionsrechtlich gebotenen Unabhängigkeit nicht zugerechnet werden.[58] Eine Ausnahme besteht nur, wenn der Mitgliedstaat in die Unabhängigkeit der nationalen Zentralbank eingreift – beispielsweise im Falle einer Amtsenthebung des Präsidenten der NZB.[59]

Bei nationalen Behörden, die durch das Unionsrecht unabhängig gestellt wurden, besteht eine vergleichbare Lage. Deren Tätigkeit wird durch die Unabhängigkeit ebenfalls umfassend geschützt und darf deshalb nicht Gegenstand eines Vertragsverletzungsverfahrens gegen den Mitgliedstaat werden.

II. Normativer Anknüpfungspunkt: Völlige Unmöglichkeit

Diese Überlegungen lassen sich in das Argumentationsdesign des Vertragsverletzungsverfahrens einfügen. Der EuGH erkennt an, dass es Fälle völliger Unmöglichkeit (force majeure) gibt,[60] die den Mitgliedstaat von der Verantwortlichkeit für das Handeln seiner Institutionen entbinden. Diese können politischer, rechtlicher oder praktischer Natur sein, wobei der EuGH die Anerkennung davon abhängig macht, ob der betreffende Mitgliedstaat der Europäischen Kommission die Probleme dargelegt hatte.[61] Kommission und Mitgliedstaat müssen gemeinsam versucht haben, die Schwierigkeiten zu überwinden.

---

57 *Ch. Zilioli/M. Selmayr*, Euredia 1 (1999), S. 187 (204); *A. S. Gaiser*, EuR 2002, S. 517 (521).

58 *R. Smits*, Bank, 1997, S. 106 ff.; *P. Craig*, EMU, 1999, S. 95 ff.; *H. Goetze*, Zentralbanken, 1999, S. 175 f.

59 *A. S. Gaiser*, EuR 2002, S. 517 (524).

60 Siehe nur *EuGH*, Rs. 52/84, Rn. 14 – Kommission/Belgien; Rs. C-496/09, Rn. 30 – Kommission/Italien.

61 Ständige Rechtsprechung siehe *EuGH*, Rs. 94/87, Rn. 10 – Kommission/Deutschland; Rs. C-183/91, Rn. 20 – Kommission/Griechenland; Rs. C-50/94, Rn. 39 – Kommission/Griechenland; Rs. C-280/95, Rn. 14 – Kommission/Italien;

Bislang lag – soweit ersichtlich – nach Ansicht des EuGH kein einziges Mal ein Fall völliger Unmöglichkeit vor. Die Voraussetzungen wären aber erfüllt, wenn ein Mitgliedstaat die Verletzung des Unionsrechts durch die unionsrechtlich entkoppelte, nationale Behörde nicht verhindern konnte. Ein Fall völliger Unmöglichkeit liegt vor, da dem Mitgliedstaat kein Mittel zur Verfügung steht, um den Sekundärrechtsakt zu ändern, der die Unabhängigkeit der Behörde vorschreibt. Die Berufung auf diesen Ausschlussgrund greift aber nur, wenn der Mitgliedstaat alle sonstigen Mittel ausgeschöpft hat, um die Vertragsverletzung durch die unabhängige Behörde zu verhindern oder abzustellen. Korrekturmöglichkeiten bestehen dabei vor allem bei der Anpassung der nationalen Gesetzeslage.

III. Maßstab der Verantwortlichkeit

Der Ausschlussgrund der völligen Unmöglichkeit bestimmt den Maßstab der Verantwortlichkeit des Mitgliedstaats. Sofern er in der Lage ist, das Handeln der Behörde zu beeinflussen, kann ihm dies auch im Rahmen des Vertragsverletzungsverfahrens zugerechnet werden. Die Verantwortlichkeit für ein entsprechendes Fehlverhalten tritt für den Mitgliedstaat in den Fällen ein, in denen ein in dessen Gestaltungsmacht liegender Umstand dafür gesorgt hat, dass es zu einem unionsrechtswidrigen Handeln der unabhängigen Behörde gekommen ist. Dies können unionsrechtswidrige Gesetze, aber auch die unionsrechtswidrige Entlassung des Leitungspersonals der Behörde sein.

Sofern die Verletzung des Unionsrechts aber allein auf dem Verhalten der unabhängigen Behörde beruht, ist die Sphäre des Unionsrechts betroffen. Derartige Konstellationen sind insbesondere für eine unionsrechtswidrige Auslegung nationaler Gesetzesbestimmungen vorstellbar. In diesen Fällen kann die Verantwortlichkeit des Mitgliedstaats im Rahmen des Vertragsverletzungsverfahrens nicht mehr begründet werden. Rechtsschutzlücken entstehen dadurch nicht, da von der unionsrechtswidrigen Verwaltungsentscheidung Betroffene immer noch vor den nationalen Gerichten klagen können.

Rs. C-378/98, Rn. 31 – Kommission/Belgien; Rs. C-499/99, Rn. 24 f. – Kommission/Spanien.

D. Einfluss des Unabhängigkeitsregimes auf Verantwortlichkeitsstrukturen im Vertragsverletzungsverfahren

Im Einklang mit der bestehenden Rechtsprechung des EuGH zur uneingeschränkten Verantwortlichkeit der Mitgliedstaaten für Handlungen nationaler Institutionen kann und muss die Verantwortlichkeit für die in dieser Arbeit untersuchten unabhängigen Behörden modifiziert werden. Denn das Unionsrecht verpflichtet die Mitgliedstaaten einerseits zum Vollzug des Unionsrechts, greift andererseits aber in die mitgliedstaatlichen Strukturen ein, wodurch es den Mitgliedstaaten erschwert wird, ihre Vollzugspflichten durch Direktionsrechte sicherzustellen. Deshalb ist die Verantwortlichkeit eines Mitgliedstaats auf Handlungen zu beschränken, die nicht exklusiv der unabhängigen Behörde zugewiesen sind. Die Verantwortlichkeit reduziert sich somit insbesondere auf ein Organisationsverschulden.

Kapitel 7: Integration durch Unabhängigkeit – Thesenförmige Zusammenfassung der Untersuchung

In dieser Arbeit wurden unionsrechtliche Bestimmungen zur Gestaltung unabhängiger Behörden im europäischen Verwaltungsverbund anhand von drei Referenzgebieten untersucht: Dem Telekommunikationsrecht, dem Datenschutzrecht und dem Recht der amtlichen Statistik. Dabei standen insbesondere die in Sekundärrechtsakten niedergelegten Organisationsvorgaben im Mittelpunkt.

Das Erkenntnisinteresse zielte in zwei Richtungen: Zum einen sollten die systematischen Zusammenhänge organisationsrechtlicher Verpflichtungen im Unionsrecht erschlossen und zum anderen die organisationsrechtlichen Aspekte der Referenzgebiete erforscht werden. Die Erkenntnisse dieser Untersuchung werden deshalb geordnet nach den beiden Erkenntniszielen dargestellt (A. und B.), und zwar in Form von Thesen. Der Blick auf die integrationsrechtliche Dimension organisationsrechtlicher Regelungen des Unionsrechts bildet den Abschluss (C.).

A. Unionsrechtliche Organisationsregelungen

1. Im EU-Eigenverwaltungsrecht bestehen mit der Europäischen Zentralbank, dem Europäischen Rechnungshof, dem Europäischen Bürgerbeauftragten und den Unionsagenturen hoheitliche Institutionen, die Unabhängigkeitsmerkmale (institutionell, funktionell, persönlich und finanziell) aufweisen. Die Gründe für die unabhängige Rechtsstellung der EZB (Preisstabilität) und des Rechnungshofs (Finanzkontrolle) unterscheiden sich unwesentlich von denjenigen ihrer deutschen Pendants. Anders ist dies bei den Unionsagenturen: Deren Entkopplung wird insbesondere mit der Tätigkeit als fachlich spezialisierte Einrichtungen oder dem Aspekt verwaltungsrechtlicher Integration begründet.

2. Formen der Weisungsunterworfenheit sind grundsätzlich nicht mit der unabhängigen Rechtsstellung der EU-Institutionen vereinbar. Allerdings ist es zulässig, gegenüber Unionsagenturen eine Rechtsaufsicht durch die Europäische Kommission vorzusehen. Sie muss allerdings im Sekundärrechtsakt ausdrücklich niedergelegt sein, denn aus dem Primärrecht folgt keine Pflicht zur Weisungsunterworfenheit. Das Unionsrecht trennt zwischen der Kompetenz, die Rechtmäßigkeit der Maßnahme zu prüfen, und der Befugnis, rechtswidrige Zustände durch hierarchische Mittel wie Weisungen zu beseitigen. Prüfungen hinsichtlich der Rechtmäßigkeit kann die Kommission stets vornehmen, aber sie ist bei der Korrektur von für rechtswidrig befundenen Handlungen darauf beschränkt, das ihr vertraglich zustehende Kompetenzarsenal zu nutzen. Dazu zählt insbesondere das Verfahren der Nichtigkeitsklage. Ein Weisungsrecht stellt im EU-Eigenverwaltungsrecht die Ausnahme dar, die vollständige Weisungsfreiheit unabhängiger Stellen ist hingegen die Regel.

3. Alle unabhängigen EU-Institutionen können gerichtlich kontrolliert werden. Dies gilt sowohl für das Verfahren der Nichtigkeitsklage, in denen eine andere EU-Institution Kläger ist, als auch für die Individualnichtigkeitsklage gegen Entscheidungen unabhängiger EU-Institutionen durch natürliche oder juristische Personen.

4. Die Verpflichtung aus Art. 298 Abs. 1 AEUV auf eine unabhängige Verwaltung verlangt, dass Mitgliedstaaten keinen Einfluss auf Entscheidungen europäischer Behörden nehmen können. Die Norm wirkt auch im Verhältnis von Unionseinrichtungen zueinander: Es müssen Strukturen rechtlich etabliert werden, die sicherstellen, dass eine unabhängige Institution die ihr zugewiesenen Aufgaben ohne unzulässige Einflussnahme durch andere EU-Institutionen ausüben kann. Allerdings kann der Norm nicht entnommen werden, dass dazu stets die Weisungsfreiheit festzulegen ist.

5. Das Unabhängigkeitsregime des deutschen Rechts beruht demgegenüber nicht auf einer mit Art. 298 AEUV vergleichbaren Norm. Dominiert wird es vielmehr von einem in der deutschen Verfassungsjudikatur entwickelten Modell, das als monistisch bezeichnet werden kann. Dieses geht davon aus, dass eine hierarchisch geordnete Ministerialverwaltung das verfassungsrechtlich festgelegte Grundmodell ist, das sich insbesondere aus dem Prinzip der Ministerverantwortlichkeit (Art. 65 Satz 2 GG) und dem Demokratieprinzip (Art. 20 Abs. 2 GG) ableitet. Aus der Aufsichtsfunktion eines Ministeriums folge stets die Weisungsbefugnis.

6. Sofern Behörden von der Aufsicht durch die Regierungsebene freigestellt werden sollen, bedarf es nach diesem Modell zumindest eines sachlichen Grundes auf Ebene des Verfassungsrechts. Dies ist für die Bundesbank (Art. 88 Satz 2 GG), den Bundesrechnungshof (Art. 114 Abs. 2 GG), den öffentlich-rechtlichen Rundfunk (Art. 5 Abs. 1 Satz 2 GG), die öffentlichen Forschungseinrichtungen (Art. 5 Abs. 3 Satz 1 GG), die Datenschutzbeauftragten (Art. 2 Abs. 1 i. V. m. Art. 1 Abs. 1 GG) und die Bundesnetzagentur (Art. 87f Abs. 2 Satz 2 GG) weitgehend anerkannt. Soweit keine unionsrechtlichen Vorgaben bestehen, unterstehen diese Institutionen – abgesehen vom Bundesrechnungshof – allerdings der Rechtsaufsicht, denn diese soll dazu dienen, die Einhaltung der gesetzlichen Anforderungen an die Behörden durchzusetzen.

7. Die unabhängigen Behörden im deutschen Recht unterliegen gerichtlicher Kontrolle. Dies verlangt Art. 19 Abs. 4 GG. Einschränkungen des gerichtlichen Rechtsschutzes bestehen aber in den Fällen, in denen – wie beim Regulierungsermessen – den unabhängigen Behörden ein gerichtlich nicht nachprüfbarer Entscheidungsspielraum verbleibt. Dies folgt aber nicht aus der unabhängigen Rechtsstellung, sondern aus der gesetzgeberischen Entscheidung, behördliche Entscheidungsspielräume vorzusehen.

8. Im Unionsverwaltungsrecht lassen sich in den drei Referenzgebieten dieser Untersuchung sachbereichsspezifische Gründe für die unabhängige Rechtsstellung bestimmen: Im Telekommunikationsrecht soll der freie Wettbewerb in einem ehemals staatsmonopolistisch organisierten Markt gesichert werden. Der Grundrechtsschutz prägt die unabhängige Rechtsstellung der Datenschutzaufsichtsbehörden. Die Entkopplung der Statistikämter dient der Wahrung der Wissenschaftlichkeit statistischer Erhebungen.

9. Die Gründe für die unabhängige Rechtsstellung der Behörden werden bei einer Beschränkung auf sachbereichsspezifische Überlegungen jedoch nicht vollständig abgebildet. Die Rechtsprechung des EuGH und die Sekundärrechtsakte legen nahe, dass neben den sachbereichsspezifischen Rechtfertigungsgründen in der (angenommenen) strukturellen Benachteiligung des europäischen öffentlichen Interesses beim Vollzug des Unionsrechts ein sachbereichsübergreifender Grund liegt. Die Entkopplung nationaler Behörden soll insbesondere die Verwirklichung des einheitlichen Binnenmarktes fördern, indem der Einfluss mitgliedstaatlicher Interessen mittels organisationsrechtlicher Bestimmungen beschränkt wird.

10. Dies beruht auf der Annahme, dass Mitgliedstaaten beim Vollzug des Unionsrechts eher geneigt seien, nationale Interessen über europäische Interessen zu stellen. An dieser Stelle zeigt sich im Unionsrecht Misstrauen gegenüber dem mitgliedstaatlichen Vollzugsverhalten. Diese Annahme ist unter Berücksichtigung von Argumenten und Praxiserfahrungen nicht unplausibel, aber auch gewichtigen Gegenargumenten und -beispielen ausgesetzt.

11. Das unionsrechtliche Misstrauen gegenüber dem nationalen Vollzugsverhalten ist zumindest insofern anzuerkennen, als dass das deutsche Recht das Aufsichts- und Weisungsrecht weitgehend ungeregelt lässt und damit den aufsichtsführenden Stellen einen weiten, durch Gerichte und Öffentlichkeit kaum kontrollierbaren Spielraum zur Einflussnahme überlässt. Das deutsche Recht ist diesbezüglich unbestimmt nach innen und intransparent nach außen. Das unionsrechtliche Misstrauen könnte reduziert werden, wenn der verwaltungsinterne Bereich durch exakte gesetzliche Regelungen transparenter und gerichtlich nachprüfbarer gestaltet wird.

12. Die aus der Entkopplung folgenden reduzierten Steuerungsmittel der mitgliedstaatlichen Regierungsinstitutionen bringen die Gefahr mit sich, dass die Kohärenz des Verwaltungshandelns nicht mehr gesichert ist, da das Fehlen von Weisungen des zuständigen Ministeriums es erschwert, eine einheitliche Verwaltungspraxis zu gewährleisten. Die Gefahr mangelnder Kohärenz kann nicht dadurch beseitigt werden, dass unabhängige Behörden Vorlagefragen an den EuGH richten, denn sie stellen – trotz ihrer unabhängigen Stellung – keine Gerichte im Sinne des Art. 267 Abs. 2 AEUV dar. Maßnahmen der Koordination und Kooperation auf nationaler und europäischer Ebene sind allerdings zulässig und ermöglichen kohärenteres Verwalten. Auf diese Weise kann sich ein Zwischenverbund mitgliedstaatlicher Behörden herausbilden, der sowohl von der nationalen als auch der europäischen Ebene teilweise entkoppelt ist. Die verfassungs- und unionsrechtlichen Grundsätze der Demokratie und der Rechtsstaatlichkeit verlangen jedoch, dass diese Behörden weiterhin auf der Grundlage von Gesetzen, kontrolliert von unabhängigen Gerichten und demokratisch legitimiert handeln. Dies muss die Einbettung unabhängiger Behörden in europäische Verwaltungsverbünde aufnehmen.

13. Die Verwaltungsverbünde in den drei Referenzgebieten zeichnen sich dadurch aus, dass sie vom Modus des Netzwerks geprägt sind. Mitgliedstaatliche Behörden werden zum Teil durch genau strukturierte institutionelle Zusammenschlüsse miteinander verzahnt. Die Europäische Kommission hat dabei bislang nur im europäischen Telekommunikationsverwaltungsverbund eine starke Stellung inne, indem sie mithilfe hierarchischer Mittel den Vollzug steuern kann. Durch die Datenschutz-Grundverordnung ist der Einfluss der Kommission im Datenschutzverwaltungsverbund nur geringfügig gestiegen.

14. Die unionsrechtliche Verpflichtung zur Unabhängigkeit der nationalen Behörden wirkt nicht nur gegenüber den Regierungsstellen der Mitgliedstaaten, sondern verlangt auch Entkopplungen von den Organen und

Institutionen der EU. Dies ergibt sich aus den Sekundärrechtsakten und den Aufgaben der jeweiligen Institution. Dies wird insbesondere im Verhältnis zur Europäischen Kommission deutlich: Die Europäische Kommission darf innerhalb der Verwaltungsverbünde keine Stellung erhalten, die es ihr ermöglicht, auf die Entscheidungen der mitgliedstaatlichen Behörden auf eine Art und Weise einzuwirken, welche die unabhängige Aufgabenerfüllung der mitgliedstaatlichen Behörden in Frage stellt.

15. Die Regelungen in den europäischen Verwaltungsverbünden der drei Referenzgebiete zeigen, dass der Europäischen Kommission an einigen Stellen teilweise Kompetenzen zugestanden werden, die mit der unabhängigen Rechtsstellung der nationalen Behörden nicht zu vereinbaren sind. Dies betrifft Vetorechte der Kommission im Telekommunikationsrecht und betraf die mangelhafte Absicherung der unabhängigen Rechtsstellung von Eurostat gegenüber der Europäischen Kommission.

16. Zulässig sind aber Einflussnahmen durch institutionalisierte Formen der Kooperation zwischen unabhängigen Behörden wie beispielsweise innerhalb des Datenschutzausschusses, der durch die Datenschutz-Grundverordnung geschaffen wurde. Es muss aber sichergestellt sein, dass die Aufgaben und Kompetenzen der unabhängigen Behörden im Datenschutzausschuss in einem Rechtsakt niedergelegt sind und Sicherungen bestehen, die eine Einflussnahme durch EU-Institutionen ausschließen.

17. Die EU kann Sekundärrechtsakte, welche die Mitgliedstaaten zur Einrichtung unabhängiger Behörden verpflichten, auf der Grundlage von Sachkompetenznormen erlassen. Dabei müssen die primärrechtlichen Normen nicht derart eindeutig formuliert sein wie Art. 16 Abs. 2 Satz 2 AEUV für die Datenschutzaufsichtsbehörden, sondern es reichen auch Befugnisse wie die Harmonisierungskompetenz (Art. 114 Abs. 1 AEUV) aus, sofern die organisationsrechtliche Regelung mit den Zielen des Sachbereichs in einem engen Zusammenhang steht. Der EU steht jedoch grundsätzlich nicht die Kompetenz zu, organisationsrechtliche Vorgaben für den indirekten Vollzug auf Grundlage verwaltungsrechtlicher Bestimmungen der Verträge zu regeln: Weder Art. 197 AEUV noch Art. 298 AEUV noch Art. 41 Abs. 1 GRCh sind hierfür geeignete Rechtsgrundlagen. Es kann aber grundsätzlich auf die Flexibilitätsklausel des Art. 352 AEUV zurückgegriffen werden, um allgemeine (sachbereichsübergreifende) Regelungen für den Vollzug zu erlassen.

18. Unionsrechtliche Regelungen für den indirekten Vollzug müssen die Kompetenzgrenzen der Verträge achten. In diesem Rahmen spielt der Grundsatz der Subsidiarität (Art. 5 Abs. 3 EUV) eine untergeordnete Rolle, wohingegen der kompetenzrechtliche Verhältnismäßigkeitsgrundsatz (Art. 5 Abs. 4 EUV) in der Lage ist, die Grenzen der unionsrechtlichen Kompetenzen im Ausgleich mit nationalen Regelungen zu definieren. Organisationsrechtliche Regelungen für die mitgliedstaatlichen Behörden sind nur zulässig, wenn sie den Mitgliedstaaten einen ausreichenden Spielraum belassen, um die Vorgaben unter Wahrung der nationalen Identität (Art. 4 Abs. 2 EUV), dem Kernbereich des nationalen Verfassungsrechts, umzusetzen.

19. Die institutionelle Autonomie der Mitgliedstaaten legt keine zusätzliche Beschränkung unionsrechtlicher Kompetenzen fest. Sie bezeichnet lediglich den rechtlichen Rahmen, innerhalb dessen die Mitgliedstaaten das Verwaltungsorganisationsrecht autonom regeln dürfen. Der Vertrag von Lissabon hat diesbezüglich mit Art. 291 Abs. 1 AEUV keine Veränderungen eingeführt. Soweit die EU keine (sekundärrechtlichen) Vorgaben erlassen hat, muss das nationale Verwaltungsorganisationsrecht lediglich die Grenzen achten, welche sich aus dem Effektivitäts- und dem Äquivalenzprinzip als Ausprägungen des Grundsatzes der einheitlichen Wirksamkeit des Unionsrechts ergeben. Sofern jedoch sekundärrechtliche Regelungen existieren – wie im Fall der drei Referenzgebiete dieser Untersuchung –, beschränkt die institutionelle Autonomie nicht die Befugnis, derartige Bestimmungen zu erlassen.

20. Die organisationsrechtlichen Regelungen im EU-Primär- und Sekundärrecht der drei Referenzgebiete enthalten allesamt Vorgaben zur Unabhängigkeit der nationalen Behörden. Im Detail bestehen aber unterschiedliche Anforderungen: Während die Mitgliedstaaten in allen drei Referenzgebieten verpflichtet sind, die Behörden weisungsfrei zu stellen, sind die Vorgaben bezüglich der Einstellung und Entlassung des Leitungspersonals sowie der finanziellen Ausstattung in unterschiedlicher Intensität geregelt.

21. Das deutsche Recht entspricht bislang in keinem der drei Referenzgebiete vollständig den unionsrechtlichen Anforderungen. Hinsichtlich der Organisation der Datenschutzaufsichtsbehörden sind die Vorgaben aber größtenteils erfüllt. Hingegen bestehen bezüglich der Bundesnetzagentur sowie den Statistikbehörden des Bundes und der Länder noch Defizite bei der Anpassung der deutschen Gesetzesbestimmungen an die unionsrechtlichen Vorgaben.

22. Das Bundesverfassungsgericht geht in seiner Rechtsprechung davon aus, dass das Grundgesetz dem Unionsrecht Grenzen der Integration setzt. Für organisationsrechtliche Bestimmungen des Unionsrechts ist insbesondere die Integrationsgrenze der Verfassungsidentität im Hinblick auf das Demokratieprinzip von Belang.

23. Wendet man das monistische Legitimationsmodell an, treten die unionsrechtlichen Regelungen zur Unabhängigkeit mit dem Demokratieprinzip des Grundgesetzes in Konflikt. Denn es ist kein verfassungsrechtlich angebundener Sachgrund für eine derart weitgehende Entkopplung erkennbar. Dem monistischen Modell demokratischer Legitimation stehen aber zum einen bereits im nationalen Kontext gewichtige Erwägungen entgegen, zum anderen ist es im Rahmen der europäischen Integration zu modifizieren. Die unionsrechtlich begründete Weisungsfreiheit nationaler Behörden führt deshalb nicht per se zum Verstoß gegen das grundgesetzliche Demokratieprinzip.

24. Die unionsrechtliche Verpflichtung, Behörden der Mitgliedstaaten zur Sicherung der Unabhängigkeit mit den erforderlichen Personal- und Sachmitteln auszustatten, stellt keinen Verstoß gegen das grundgesetzliche Prinzip der Gewaltengliederung dar. Der Eingriff in die Budgethoheit des Parlaments ist unwesentlich, auch weil diesem ein weiter Einschätzungsspielraum bezüglich der Frage zusteht, welche finanzielle Ausstattung in dem konkreten Fall erforderlich ist. Sofern die organisationsrechtlichen Vorgaben nicht dazu verpflichten, dass nur eine einzige Behörde für den Vollzug zuständig sein darf, besteht auch keine Verletzung des Föderalismusprinzips des Grundgesetzes, da es nicht zu einer Aufhebung der föderalen Verwaltungsstrukturen kommt.

25. Für deutsche Behörden, die aufgrund des Unionsrechts von den Regierungsstellen entkoppelt werden, gelten die Anforderungen des Demokratieprinzips des Grundgesetzes auch in den Fällen, in denen sie Unionsrecht vollziehen. Ihre partielle Europäisierung führt nicht dazu, dass sich die demokratische Legitimation allein am Maßstab des unionsrechtlichen Demokratieprinzips bemisst, da sie weiterhin deutsche Hoheitsgewalt ausüben.

26. Das Unionsrecht kann aber ebenfalls Legitimationsleistungen erbringen. Demokratische Legitimation durch das Unionsrecht erfolgt durch die im Sekundärrechtsakt festgelegten Regelungen, die vom Europäischen Parlament und vom Rat nach dem in den europäischen Verträgen festgelegten Verfahren verabschiedet wurden (vgl. Art. 10 Abs. 2 EUV). Ferner kann Legitimation über Strukturen der Verwaltungsverbünde vermittelt werden. Dazu liefert das Modell von Basislegitimation und struktureller Europäisierung Ansatzpunkte. Bislang geht von den Verwaltungsverbünden aber nur ein geringer Grad an Legitimation aus, da es an demokratiesichernden und rechtsstaatlichen Regelungen innerhalb der Verbundstrukturen weitgehend fehlt.

27. Mit dem Gebot funktionsgerechter Verwaltungsorganisation, das sich aus dem Rechtsstaats- und Gewaltengliederungsprinzip ableitet, besteht auf Ebene des deutschen Verfassungsrechts eine Stütze für die Entkopplung. Demnach kann der Gesetzgeber organisationsrechtliche Bestimmungen erlassen, die sicherstellen sollen, dass die Behörde in die Lage versetzt wird, die ihr zugewiesenen Aufgaben zu erfüllen. Im Rahmen des Vollzugs des Unionsrechts lässt sich dies über Art. 23 Abs. 1 GG i. V. m. Art. 20 Abs. 3 GG herleiten.

28. Formen der parlamentarischen Kontrolle enthalten auch für durch das Unionsrecht zur Unabhängigkeit verpflichtete Behörden ein erhebliches Potential, um den demokratischen Anforderungen des Grundgesetzes gerecht zu werden. Die Wahl des Leitungsgremiums einer unabhängigen Behörde, Zitierrechte gegenüber dem Leitungsgremium, Berichts- und Rechtfertigungspflichten, Kontrolle durch Untersuchungsausschüsse sowie die gesetzliche Fein- und Nachsteuerung sind Maßnahmen der demokratischen Legitimation durch das Parlament, die mit der unabhängigen Rechtsstellung vereinbar sind.

29. Auch das Legitimationspotential von Formen der demokratischen Öffentlichkeit kann genutzt werden. Dazu zählen unter anderem öffentliche Rechtfertigungs- und Berichtspflichten oder der Zugang zu Dokumenten. Regeln zur Steigerung demokratischer Öffentlichkeit ermöglichen es, gegenüber dem Parlament und der Öffentlichkeit Verantwortlichkeitsbeziehungen aufzuzeigen. Sie sind Vorbedingung für weitere Verfahren der demokratischen Kontrolle.

30. Im Rahmen des deutschen Verfassungsrechts besteht eine Reihe möglicher Mittler demokratischer Legitimation, die mit der unionsrechtlich begründeten unabhängigen Rechtsstellung vereinbar sind. Es ist die verfassungsrechtliche Pflicht des deutschen Gesetzgebers, Legitimationsbausteine im nationalen Recht derart anzuordnen, dass das erforderliche demokratische Legitimationsniveau gesichert ist.

31. Unabhängigen Behörden stehen im deutschen Recht in der Regel keine Klagerechte zu. Lediglich vereinzelt finden sich Klagerechte im Rahmen des verfassungsrechtlichen Organstreits (für den Bundesrechnungshof) oder unter Berufung auf Grundrechtspositionen (für öffentlichrechtliche Rundfunkanstalten oder öffentliche Forschungseinrichtungen). Klagerechte können Behörden auch aufgrund der verwaltungsrechtlichen

Organklage zustehen. In den Referenzgebieten bestehen solche Rechtspositionen kaum.

32. Die unionsrechtliche Verpflichtung zur Einrichtung unabhängiger Behörden verändert die inneradministrativen Beziehungen. Sie untersagt hierarchische Befugnisse gubernativer Stellen, lässt es hingegen zu, dass Konflikte durch gerichtliche Verfahren gelöst werden. Dass dies dem unionsrechtlichen Unabhängigkeitsregime innewohnt, zeigt sich auch daran, dass unabhängigen Institutionen im EU-Recht vielfach Klagerechte eingeräumt werden – sowohl im Primär- als auch im Sekundärrecht.

33. Die unionsrechtlichen Bestimmungen können dazu führen, dass unabhängigen Behörden der Mitgliedstaaten Klagerechte einzuräumen sind, sofern die Regelungen für eine bestimmte Behörde des Mitgliedstaats gelten und die Vorgaben des Unionsrechts unbedingt sind. Die Europäisierung des nationalen Verwaltungsorganisationsrechts zieht in diesen Fällen die partielle Europäisierung des nationalen Verwaltungsprozessrechts nach sich.

34. Zugleich lässt die unionsrechtliche Unabhängigkeitsvorgabe es zu, dass eine mitgliedstaatliche Stelle, der die Rechtsaufsicht über eine unabhängige Behörde zusteht, rechtswidrige Handlungen der unabhängigen Behörde durch das Einlegen einer Aufsichtsklage gerichtlich unterbinden kann. Die Unabhängigkeit des Gerichts und die Öffentlichkeit des Verfahrens verhindern, dass der Eindruck der Parteilichkeit entsteht, dem die Unabhängigkeit der Behörde entgegenwirken soll. Die Aufsichtsklage kann auch demokratische Legitimation vermitteln und rechtsstaatlichen Anforderungen dienen. Eine Aufsichtsklage müsste aber gesetzlich eingeführt werden. Das deutsche Verfassungsrecht verlangt nicht, dass der Aufsichtsbehörde stets ein solches Klagerecht einzuräumen ist.

35. Ein weiterer Effekt der Unabhängigkeitsregelung des Unionsrechts besteht darin, dass die Beziehungen zwischen einer unabhängigen Behörde und anderen nationalen Behörden zunehmend verrechtlicht werden. Verrechtlichung meint die intensivierte Regelung der Koordinations- und Kooperationsformen der nationalen Behörden auf Grundlage formell-gesetzlicher Bestimmungen. Um dem Eindruck der Parteilichkeit entgegenzuwirken, müssen für die Koordination und Kooperation Bedingungen gesetzlich verankert werden, die weder unbestimmt noch unbegrenzt sind.

36. Im Rahmen des Vertragsverletzungsverfahrens kann sich nach der Rechtsprechung des EuGH kein Mitgliedstaat damit exkulpieren, dass die Regierung auf die streitgegenständliche Entscheidung einer nationalen Behörde aufgrund deren verfassungsrechtlich garantierter Unabhängigkeit nicht einwirken kann, um unionsrechtskonforme Zustände herzustellen. Für unionsrechtswidriges Handeln nationaler Behörden, deren unabhängige Rechtsstellung auf einer Verpflichtung des Unionsrechts gründet, kann der Mitgliedstaat jedoch nicht mehr im Rahmen eines Vertragsverletzungsverfahrens verantwortlich gemacht werden, sofern der Verstoß nicht in der mangelhaften Umsetzung unionsrechtlicher Vorgaben durch den nationalen Gesetzgeber liegt. Dies steht nicht im Widerspruch zur Rechtsprechung des EuGH, da sich der Mitgliedstaat nicht mit seiner eigenen, sondern mit der unionsrechtlichen Rechtsordnung exkulpiert. In einem Vertragsverletzungsverfahren kann dies unter Verweis auf die völlige Unmöglichkeit geltend gemacht werden.

B. Referenzgebiete

I. Telekommunikationsrecht

37. Das EU-Primärrecht verlangt, dass nationale Regulierungsbehörden funktional unabhängig sind. Die funktionale Unabhängigkeit ist im EU-Sekundärrecht ebenfalls enthalten; zusätzlich wird dort auch die politische Unabhängigkeit festgeschrieben. Dies schließt jegliche Form der Weisung durch Regierungsstellen aus. Ferner müssen zur Entlassung des Leitungsgremiums konkrete Voraussetzungen gesetzlich festgeschrieben sein und die Behörden mit ausreichend finanziellen und personellen Ressourcen ausgestattet werden.

38. Im deutschen Recht ist die funktionale Unabhängigkeit durch die Aufteilung der Aufsicht über die Bundesnetzagentur beim Bundesministerium für Wirtschaft und Energie einerseits und der Verwaltung der Anteile an der Deutschen Telekom AG beim Bundesfinanzministerium andererseits ausreichend gewahrt. Die politische Unabhängigkeit ist hingegen nicht gewährleistet, da die faktische Sicherung der Unabhängigkeit der Bundesnetzagentur über die Publikationspflicht für Weisungen (§ 117 TKG) nicht weit genug geht. Nur wenn die Publikationspflicht in der Lage wäre, durch verfahrensrechtliche, materiellrechtliche oder institutionelle Sicherungen unionsrechtswidrige Weisungen tatsächlich auszuschließen, wären die Anforderungen des Unionsrechts erfüllt.

39. Die Regelungen zur Ernennung und Entlassung des Leitungspersonals der Bundesnetzagentur entsprechen den Anforderungen des Unionsrechts. Durch die Einordnung als selbständige Bundesoberbehörde steht ihr ein eigener Haushaltstitel sowie die Personal-, Organisations- und Finanzhoheit zu; allerdings müsste einfachgesetzlich geregelt sein, dass die Bundesnetzagentur mit den notwendigen personellen und finanziellen Ressourcen auszustatten ist.

40. Die Bundesnetzagentur kann auf dem Klageweg geltend machen, dass ein Verstoß gegen das Weisungsverbot besteht. Das Unionsrecht verlangt ferner, dass ihr ein Klagerecht bezüglich der notwendigen personellen und finanziellen Ausstattung eingeräumt wird.

41. Der europäische Telekommunikationsverwaltungsverbund zeichnet sich durch netzwerkartige Kooperationsstrukturen aus, bei denen hierarchische Befugnisse der Kommission aber im Hintergrund bestehen. Mit dem Gremium Europäischer Regulierungsstellen für elektronische Kommunikation (GEREK) besteht eine europäische Einrichtung, die einen institutionellen Rahmen für die Koordinationsarbeit leistet. Die Europäische Kommission hat – auch dank beratender Fachausschüsse – eine Schlüsselstellung bei der Regulierungstätigkeit inne. Besonders intensive Eingriffsformen in die Hoheitskompetenzen der nationalen Regulierungsstellen sind die Befugnisse, Empfehlungen zu erlassen und ein Veto gegen nationale Regulierungsmaßnahmen einzulegen. Diese Kompetenzen verstoßen gegen die unabhängige Rechtsstellung der nationalen Regulierungsbehörden für Telekommunikation.

II. Datenschutzrecht

42. Die unabhängige Rechtsstellung der mitgliedstaatlichen Datenschutzaufsichtsbehörden ist sowohl primär- als auch sekundärrechtlich vorgeschrieben. Dies bedeutet nach Auffassung des EuGH, dass jegliche Form der Weisung grundsätzlich ausgeschlossen ist. Zulässig sind lediglich aufsichtsrechtliche Maßnahmen der Rechts- und Dienstaufsicht, die nicht den Verdacht der parteiischen Einflussnahme erregen, sowie Informationsrechte, deren Reichweite und Voraussetzungen gesetzlich festgelegt sind. Aus der Unabhängigkeit folgt, dass die Datenschutzaufsichtsbehörden mit ausreichenden personellen und finanziellen Mitteln auszustatten sind, um die in der Datenschutzrichtlinie niedergelegten Ziele zu erreichen. Allerdings bedarf es keines eigenen Haushaltskapitels. Die Datenschutz-Grundverordnung hat diese Anforderungen nicht verändert, sondern nur teilweise konkretisiert.

43. Bei den Datenschutzaufsichtsbehörden der Länder gleichen sich die organisationsrechtlichen Bestimmungen der Landesdatenschutzgesetze im Wesentlichen, abgesehen von der besonderen Situation in Bayern. Bis zur Änderung der Landesdatenschutzgesetze im Jahr 2018 konnten vier Modelle identifiziert werden: Erstens eine institutionelle Lösung, zweitens die persönliche Unabhängigkeit des Datenschutzbeauftragten mit der Anbindung an das Parlament, drittens die persönliche Unabhängigkeit mit der Anbindung an die Landesregierung und viertens die vollkommene Entkopplung. Eine Dienstaufsicht über Landesdatenschutzbeauftragte durch die Regierung ist unionsrechtswidrig, wohingegen dienstaufsichtsrechtliche Maßnahmen durch den Präsidenten des Landtags zulässig sein können, da dieser von der Regierungsebene ausreichend distanziert ist. Dass die Wiederwahl des Datenschutzbeauftragten möglich ist, verstößt nicht gegen die völlige Unabhängigkeit. Die Datenschutz-Grundverordnung hat diese Vorgaben der Datenschutzrichtlinie materiellrechtlich nicht verändert.

44. Die Datenschutzbeauftragten können von der Einrichtung, von deren Budgeteinteilung sie abhängig sind (Parlament oder Ministerium), verlangen, dass sie mit ausreichenden finanziellen und personellen Mitteln ausgestattet werden. Dies stellt ein subjektives Recht i.S.d. § 42 Abs. 2 VwGO dar. Sofern die Datenschutzbeauftragten mit einer richterähnlichen Rechtsstellung ausgestattet wurden, können sie gegen eine Weisung Klage einlegen.

45. Innerhalb des europäischen Datenschutzverwaltungsverbundes stellte die Artikel 29-Datenschutzgruppe die zentrale institutionelle Struktur dar. Da sie sich aus den Datenschutzaufsichtsbehörden der Mitgliedstaaten zusammensetzte und die Europäische Kommission nur beratend auftreten durfte, zeigte sich in diesem Verbund in besonderer Weise ein Kooperationsgedanke. Die Artikel 29-Datenschutzgruppe hat bereits zahlreiche und für die Praxis bedeutsame Empfehlungen erlassen. Durch die Datenschutz-Grundverordnung wird die institutionelle Struktur gestärkt: Der Datenschutzausschuss, in dem die Datenschutzaufsichtsbehörden der Mitgliedstaaten und der Europäische Datenschutzbeauftragte zusammengeschlossen sind, verfügt über weitergehende Kompetenzen als die Artikel 29-Datenschutzgruppe.

III. Recht der amtlichen Statistik

46. Das EU-Primärrecht verlangt durch die Verpflichtung zur wissenschaftlichen Unabhängigkeit in Art. 338 AEUV nicht, die nationalen Statistikbehörden weisungsfrei zu stellen. Die sekundärrechtliche Statistikverordnung sieht hingegen vor, dass die nationalen Statistikstellen mit fachlicher Unabhängigkeit auszustatten sind. Sie enthält die Pflicht, das Leitungsgremium des nationalen statistischen Amtes weisungsfrei zu stellen.

47. Das System statistischer Stellen in Deutschland ist föderalistisch organisiert. Alle Statistikämter unterstehen der Weisungsbefugnis im Rahmen der Fach-, der Rechts- oder der Dienstaufsicht der Bundes- oder der Landesministerien. Dies ist mit der Statistikverordnung nicht vereinbar. Die durch die Anstaltslösung bedingte Minderung der Einwirkungsmöglichkeiten auf das Statistikamt Nord und das Amt für Statistik Berlin-Brandenburg genügt den Anforderungen ebenfalls nicht. Für die Ernennung des Leitungspersonals fehlt es den Gesetzen an Regelungen, welche die fachliche Eignung zur Voraussetzung für die Besetzung machen. Zur Entlassung des Personals müssten besondere Gründe vorgesehen werden.

48. Den Statistikämtern stehen im deutschen Recht keinerlei Klagerechte zu. Das Unionsrecht verpflichtet hingegen dazu, Klagerechte gegen Weisungen und zur Durchsetzung der Ausstattung mit den notwendigen Personal- und Sachmitteln einzuräumen.

49. Der europäische Statistikverwaltungsverbund zeichnet sich durch besonders zahlreiche Institutionen aus, ist aber im Wesentlichen von den nationalen Statistikämtern und Eurostat geprägt. Aufgrund der mangelhaften rechtlichen Absicherung der Unabhängigkeit von Eurostat gegenüber der Europäischen Kommission lag bis zur Reform der Statistikverordnung im Jahr 2015 ein Verstoß gegen die unabhängige Rechtsstellung der nationalen Statistikämter vor.

C. Integration durch Organisation

Durch die Einrichtung unabhängiger Behörden wird der Einfluss der mitgliedstaatlichen Regierungsebene auf den innerstaatlichen Vollzug gemindert. Zugleich werden die nationalen Behörden in europäische Verwaltungsverbünde eingebunden. Dies intensiviert die europäische Integration auf der Vollzugsebene.

I. Pluralistische Verwaltungsstrukturen

Im deutschen Recht bestehen Regelungen, die auf der Vorstellung einer Einheit der Verwaltung beruhen, wenn es um die Gestaltung einzelner Organisationsformen geht.[1] Dahinter steht der Gedanke, dass öffentliche Interessen durch demokratisch unmittelbar legitimierte Einrichtungen, die von Einzelinteressen losgelöst sind, im Wege hierarchischer Steuerung verwirklich werden.[2] Die Konzeption der Einheit des Staates hat eine rechtsphilosophische und staatsrechtliche Tradition.[3] Zergliederungsprozesse werden deshalb teilweise als ein Rückschritt betrachtet.[4]

Eine rechtsdogmatische Verankerung der Einheit des Staates oder gar der Einheit der Verwaltung im Grundgesetz gibt es aber nicht.[5] Weder das Gewaltengliederungs- (Art. 20 Abs. 2 Satz 2 GG) noch das Demokratieprinzip (Art. 20 Abs. 1 und 2 GG) noch der Grundsatz der Gesetzmäßigkeit der Verwaltung (Art. 20 Abs. 3 GG) oder die Amtshilfe (Art. 35 GG) verlangen ausschließlich eine derartige Struktur. Pluralistische Verwaltungsstrukturen stehen dem deutschen Grundgesetz nicht entgegen.[6]

Indem das Unionsrecht verlangt, dass mitgliedstaatliche Behörden von der Regierungsebene zu distanzieren sind, wird die Pluralisierung der Organisationsstrukturen verstärkt.[7] Ziel ist es, durch organisationsrechtliche Regelungen den kohärenten Vollzug des Unionsrechts zu fördern. Das Unionsrecht strebt bewusst an, nationale Behörden zu entkoppeln, um deren fachliches Potential für den Vollzug des Unionsrechts zu nutzen. Den mitgliedstaatlichen Behörden wird eine separate Vollzugsfunktion im Rahmen des Unionsverwaltungsrechts zuerkannt.

---

1 Ebenso *E. Schmidt-Aßmann*, Verwaltungsorganisationsrecht, 1997, S. 9 (25).

2 *G. Haverkate*, VVDStRL 46 (1988), S. 217 (229); *W. Loschelder*, Weisungshierarchie, 2007, Rn. 17.

3 Siehe hierzu *W. Kahl*, Staatsaufsicht, 2000, S. 423 ff.

4 *H. Hofmann*, Legitimität, 1977, S. 89 f.

5 *W. Kahl*, Staatsaufsicht, 2000, S. 476 ff.; ebenso *W. Krebs*, Verwaltungsorganisation, 2007, Rn. 28.

6 *B.-O. Bryde*, VVDStRL 46 (1988), S. 181 (186 ff.); *H. Dreier*, Hierarchische Verwaltung, 1991, S. 304; *E. Schmidt-Aßmann*, Verwaltungsorganisationsrecht, 1997, S. 9 (25); *W. Kahl*, Staatsaufsicht, 2000, S. 474 m. w. N.

7 Zu sonstigen Formen der Pluralisierung und Formen der Einheitsgewährleistung siehe *H. Schulze-Fielitz*, Einheitsbildung, 2008, S. 135 (141 ff.).

II. Aufhellung inneradministrativer Verwaltungsstrukturen der Mitgliedstaaten

Die organisationsrechtliche Integration bringt einen weiteren Effekt mit sich, der neue Formen der demokratischen Legitimation ermöglicht: Es findet eine „Aufhellung" des wenig transparenten Innenbereichs des deutschen Verwaltungsorganisationsrechts[8] statt.

Das deutsche Verwaltungsrecht ist zumeist vom Staat-Bürger-Verhältnis geprägt. Gesetzliche Regelungen sind grundsätzlich darauf ausgerichtet, den individuellen Freiheitsraum zu sichern. Organisationsrecht wird als Innenrecht eines Verwaltungsträgers angesehen. Formalgesetzliche Regelungen hierzu sind häufig auf das verfassungsrechtlich geforderte Mindestmaß begrenzt. Im europäischen Verwaltungsrecht hingegen treten Verfahrens- und Organisationsregelungen vergleichsweise häufiger auf. Dies erfordert bereits die Verflechtung der Vollzugsebenen.

Diese Entwicklung zeichnet sich ebenfalls im deutschen Verwaltungsrecht ab, wenn organisationsrechtliche Vorgaben des Unionsrechts umzusetzen sind. Eine wesentliche Anforderung zur Wahrung der Unabhängigkeit der Behörden besteht darin, dass deren Rechtsstellung sowie die möglichen Einflussnahmen durch andere Institutionen gesetzlich festgelegt sind. Auf diese Weise soll der Eindruck vermieden werden, dass die jeweilige Behörde ihre Aufgaben parteiisch ausübt. Der verwaltungsinterne Bereich könnte zunehmend mittels gesetzlicher Regelungen determiniert und dadurch nach außen einsehbarer werden. Dies ermöglicht es auch, den inneradministrativen Bereich vermehrt einer gerichtlichen Kontrolle zuzuführen und zusätzliche demokratische Kontrolle zu entwickeln.

Die Vertiefung der europäischen Integration durch organisationsrechtliche Vorgaben verlangt nach weiteren Maßnahmen zur Öffnung des Verwaltungsinnenbereichs, um gegenseitiges Vertrauen in den Verwaltungsvollzug zu fördern. Vertrauen wird insbesondere durch klare gesetzliche Regelungen und transparente Entscheidungsprozesse aufgebaut. Dies ist gerade für die Verwirklichung des Binnenmarktes relevant.

---

8 Ähnlich bei *M. Fehling*, Unparteilichkeit, 2001, S. 280.

III. Vernetzung statt Zentralisierung

Formen der Kooperation zwischen mitgliedstaatlichen und europäischen Behörden gehen in vielen Bereichen weit darüber hinaus, was im Völkerrecht für zwischenstaatliche Verfahren gilt. Es sind nicht Staaten, die miteinander kooperieren, sondern einzelne Behörden, deren Entscheidungen im Verbund generiert werden. Dies macht auch deutlich, dass die Regierungsebene an Einfluss verlieren kann. Während sie bei intergouvernementalen Beziehungen das Nadelöhr der Abstimmung mit den Behörden anderer Mitgliedstaaten bildet, nimmt diese herausgehobene Stellung in stark integrierten Verwaltungsverbünden ab. Wenn dazu die Entkopplung von der Regierungsebene tritt, verändern sich die Informations- und Einflussströme innerhalb der mitgliedstaatlichen Organisationsstruktur.

Die Unabhängigkeit nationaler Behörden gilt nicht nur gegenüber den Regierungen der Mitgliedstaaten, sondern auch gegenüber den Organen der Europäischen Union. Insbesondere die Europäische Kommission darf keine steuernde Rolle innerhalb der europäischen Verwaltungsverbünde übernehmen, da ansonsten die unabhängige Rechtsstellung der mitgliedstaatlichen Behörden verletzt würde. Deren Entkopplung führt also nicht zur Zentralisierung des Vollzugsmodells, sondern die Integration erfolgt mittels der Verzahnung der mitgliedstaatlichen Verwaltungsebenen. Dadurch entsteht ein Verbund nationaler Behörden auf einer Ebene zwischen den EU-Organen und den mitgliedstaatlichen Regierungen.

Literaturverzeichnis

Accetto, Matej/Zleptnig, Stefan, The Principle of Effectiveness: Rethinking Its Role in Community Law, EPL 11 (2005), S. 375–403

von Achenbach, Jelena, Demokratische Gesetzgebung in der Europäischen Union, 2014

Achterberg, Norbert, Parlamentsrecht, 1984

Aichele, Valentin, Nationale Menschenrechtsinstitutionen, 2003

Albers, Marion, Informationelle Selbstbestimmung, 2005

dies., Grundlagen und Ausgestaltung der Informationsfreiheitsgesetze, ZJS 2009, S. 614-624

Alkan, Deniz, Der duldsame Souverän, 2012

Amtenbrink, Fabian, The democratic accountability of central banks - A comparative study of the European Central Bank, 1999

Andersen, Stine, The Enforcement of EU Law – The Role of the European Commission, 2012

Andrae, Jannis, Unabhängigkeit von Institutionen - Gründe bzw. Ursachen und Kriterien zur Beurteilung der Unabhängigkeit von öffentlichen Institutionen im demokratischen Rechtsstaat, HSU, Department of Economics, Working Paper No. 129, 2012

Arlt, Ute, Künftige Rechtsstellung der Kontrollstellen für den Datenschutz, in: Helmut Bäumler (Hrsg.), "Der neue Datenschutz" – Datenschutz in der Informationsgesellschaft von morgen, 1998, S. 271–282

Arlt, Ute/Piendl, Robert, Zukünftige Organisation und Rechtsstellung der Datenschutzkontrolle in Deutschland, CR 1998, S. 713–719

Arndt, Birger, Das Vorsorgeprinzip im EU-Recht, 2009

Arndt, Felix, Vollzugssteuerung im Regulierungsverbund – Eine Typologie der Verwaltungskooperationsformen am Beispiel des Energiesektors, DV 39 (2006), S. 100–118

Arndt, Hans-Wolfgang/Fetzer, Thomas/Scherer, Joachim (Hrsg.), Telekommunikationsgesetz: Kommentar, 2008

Arnim, Hans Herbert von, Finanzkontrolle in der Demokratie – Einordnung der Rechnungshofkontrolle in das politisch-administrative System der Bundesrepublik Deutschland, in: Hans Herbert von Arnim (Hrsg.), Finanzkontrolle im Wandel, 1989, S. 39–63

Arnull, Anthony, The European Union and its Court of Justice, 2. Aufl. 2006

Assenbrunner, Benedikt, Bürgerbeteiligung bei der Kontrolle der Ausübung von Regierungsgewalt, DÖV 2012, S. 547-555

Attendorn, Thorsten, Die institutionelle Bedeutung des GEREK in der TK-Regulierung. Ein kleiner Schritt in Richtung des Europäischen Regulierungsverbunds?, CR 2011, S. 721–725

Auernhammer, Herbert (Hrsg.), Bundesdatenschutzgesetz, Kommentar, 4. Aufl. 2014

Augsberg, Ino, Methoden des europäischen Verwaltungsrechts, in: Jörg Philipp Terhechte (Hrsg.), Verwaltungsrecht der Europäischen Union, 2011, § 4

Augsberg, Ino/Augsberg, Steffen, Prognostische Elemente in der Rechtsprechung des Bundesverfassungsgerichts, VerwArch 98 (2007), S. 290–316

Augsberg, Steffen, Europäisches Verwaltungsorganisationsrecht und Vollzugsformen, in: Jörg Philipp Terhechte (Hrsg.), Verwaltungsrecht der Europäischen Union. Zur Ausdifferenzierung und Globalisierung der europäischen Verwaltungsrechtsordnung, 2011, § 6

ders., Akteure im Verfahren, in: Stefan Leible/Jörg Philipp Terhechte (Hrsg.), Europäisches Rechtsschutz- und Verfahrensrecht, 2014, § 2

ders., Autonomie und Unabhängigkeit: Unionale Einflüsse auf das nationale Verwaltungsorganisationsrecht, in: Malte Kröger/Arne Pilniok (Hrsg.), Unabhängiges Verwalten in der Europäischen Union, 2016, S. 19-34

Bachmeier, Roland, EG-Datenschutzrichtlinie – Rechtliche Konsequenzen für die Datenschutzpraxis, RDV 1995, S. 49–52

Bajohr, Stefan, Perspektiven der Finanzkontrolle: Parlamentarische Prüfungsaufträge an Rechnungshöfe, VerwArch 91 (2000), S. 507–539

Barav, Ami, Failure of Member States to fulfil their Obligations under Community Law, CMLRev. 12 (1975), S. 369–383

Barth, Eckhard, Bürgerbeauftragter und Petitionsrecht im Prozess der europäischen Verfassungsgebung, 2004

Bast, Jürgen, New Categories of Acts after the Lisbon Reform, CMLRev. 49 (2012), S. 885–927

Bauer, Martin/Krause, Bettina, Innerorganisatorische Streitigkeiten im Verwaltungsprozess, JuS 1996, S. 411–415

Bäumler, Helmut, Modernisierung des Datenschutzes in Schleswig-Holstein, DuD 2000, S. 20–22

Beck, Gunnar, The Lisbon Judgment of the German Constitutional Court, the Primacy of EU Law and the Problem of Kompetenz-Kompetenz, ELJ 17 (2011), S. 470-494

Becker, Florian, Application of community law by member states' public authorities: Between autonomy and effectiveness, CMLRev. 44 (2007), S. 1035–1056

Bender, Gunnar, Regulierungsbehörde quo vadis? – Bestandsaufnahme aktueller Vollzugsdefizite und Reformvorschläge, K&R 2001, S. 506–515

Benz, Arthur, Mehrebenenverflechtung in der Europäischen Union, in: Markus Jachtenfuchs/Beate Kohler-Koch (Hrsg.), Europäische Integration, 2006, S. 317–351

Berg, Wilfried, Die öffentlichrechtliche Anstalt, NJW 1985, S. 2294–2301

Bergel, Philipp, Rechnungshöfe als vierte Staatsgewalt?, 2010

Berger, Michael, Vertraglich nicht vorgesehene Einrichtungen des Gemeinschaftsrechts mit eigener Rechtspersönlichkeit, 1999

Bethge, Herbert, Zur Problematik von Grundrechtskollisionen, 1977

ders., Grundfragen innerorganisationsrechtlichen Rechtsschutzes, DVBl. 1980, S. 309–315

ders., Grundrechtsverwirklichung und Grundrechtssicherung durch Organisation und Verfahren, NJW 1982, S. 1–7

ders., Die Grundrechtsberechtigung juristischer Personen nach Art. 19 Abs. 3 Grundgesetz, 1985

ders., Probleme des Gegendarstellungsrechts im öffentlich-rechtlichen Rundfunk, DÖV 1987, S. 309-318

ders., Grundrechtskollisionen, in: Detlef Merten/Hans-Jürgen Papier (Hrsg.), Handbuch der Grundrechte in Deutschland und Europa, Bd. III, Grundrechte in Deutschland: Allgemeine Lehren II, 2009, § 72

Beutler, Bengt, Offene Staatlichkeit und europäische Integration, in: Rolf Grawert/Bernhard Schlink/Rainer Wahl/Joachim Wieland (Hrsg.), Offene Staatlichkeit - FS Böckenförde, 1995, S. 109–124

Biaggini, Giovanni, Theorie und Praxis des Verwaltungsrechts im Bundesstaat – Rechtsfragen der "vollzugsföderalistischen" Gesetzesverwirklichung am Beispiel des schweizerischen Bundesstaates unter vergleichender Berücksichtigung der Rechtsverwirklichungsstrukturen in der Europäischen Gemeinschaft, 1996

Bizer, Johann, Unabhängige Datenschutzkontrolle, DuD 1997, S. 481–482

Blanke, Hermann-Josef, Föderalismus und Integrationsgewalt, 1991

Blanke, Hermann-Josef/Mangiameli, Stelio (Hrsg.), The Treaty on the Functioning of the European Union (TFEU): A commentary, i. V.

Blanke, Thomas, Funktionale Selbstverwaltung und Demokratieprinzip, in: Redaktion Kritische Justiz (Hrsg.), Demokratie und Grundgesetz, 2000, S. 32–58

Blasius, Hans, Der Rechnungshof als körperschaftlich-kollegial verfaßte unabhängige Einrichtung, JZ 1990, S. 954–961

Bleckmann, Albert, Methoden der Bildung Europäischen Verwaltungsrechts, DÖV 1993, S. 837–846

ders., Die Wahrung der "nationalen Identität" im Unions-Vertrag, JZ 1997, S. 265–269

ders. (Hrsg.), Europarecht, 6. Aufl. 1997

Blumann, Claude, Comitologie et administration indirecte, in: Jacqueline Dutheil de La Rochère (Hrsg.), L' exécution du droit de l'Union, entre mécanismes communautaires et droits nationaux, 2009, S. 139–158

Böckenförde, Ernst-Wolfgang, Die Organisationsgewalt im Bereich der Regierung – Eine Untersuchung zum Staatsrecht der Bundesrepublik Deutschland, 1964

ders., Demokratie als Verfassungsprinzip, in: Josef Isensee/Paul Kirchhof (Hrsg.), Handbuch des Staatsrechts, Bd. I, 1987, § 22

ders., Demokratie als Verfassungsprinzip, in: Josef Isensee/Paul Kirchhof (Hrsg.), Handbuch des Staatsrechts, Bd. II, 3. Aufl. 2004, § 24

Bogdandy, Armin von, Supranationaler Föderalismus als Wirklichkeit und Idee einer neuen Herrschaftsform, 1999 *ders.*, Beobachtungen zur Wissenschaft vom Europarecht – Strukturen, Debatten und Entwicklungsperspektiven der Grundlagenforschung zum Recht der Europäischen Union, Der Staat 40 (2001), S. 3–43

ders., Europäische und nationale Identität: Integration durch Verfassungsrecht?, VVDStRL 62 (2003), S. 156–193

Bogdandy, Armin von/Bast, Jürgen, Die vertikale Kompetenzordnung in der EU, EuGRZ 2001, S. 441-458

Bogdandy, Armin von/Bernstorff, Jochen von, The EU Fundamental Rights Agency within the European and International Human Rights Architecture, CMLRev. 46 (2009), S. 1035–1068

dies., Die Europäische Agentur für Grundrechte in der europäischen Menschenrechtsarchitektur und ihre Fortentwicklung durch den Vertrag von Lissabon, EuR 2010, S. 141–165

Bogdandy, Armin von/Schill, Stephan, Die Achtung der nationalen Identität unter dem reformierten Unionsvertrag - Zur unionsrechtlichen Rolle nationalen Verfassungsrechts und zur Überwindung des absoluten Vorrangs, ZaöRV 70 (2010), S. 701–734

Bonin, Konrad von, Zentralbanken zwischen funktioneller Unabhängigkeit und politischer Autonomie, 1979

Brandner, Thilo, Grenzen des ministeriellen Weisungsrechts gegenüber nachgeordneten Behörden?, DÖV 1990, S. 966–970

Braukmann, Michael, Mangelnde demokratische Legitimation und funktionswidrige Organisationsstrukturen der niedersächsischen Stiftungsuniversitäten, JZ 2004, S. 662–666

Bredt, Stephan, Die demokratische Legitimation unabhängiger Institutionen, 2006

Brenner, Michael, Der Gestaltungsauftrag der Verwaltung in der Europäischen Union, 1996

Brentford, Philip, Constitutional Aspects of the Independence of the European Central Bank, ICLQ 47 (1998), S. 75–116

Breuer, Marten, Urteile mitgliedstaatlicher Gerichte als möglicher Gegenstand eines Vertragsverletzungsverfahrens gem. Artikel 226 EG?, EuZW 2004, S. 199–201

Britz, Gabriele, Bundeseigenverwaltung durch selbständige Bundesoberbehörden nach Art. 87 III 1 GG, DVBl. 1998, S. 1167–1174

dies., Vom Europäischen Verwaltungsverbund zum Regulierungsverbund? - Europäische Verwaltungsentwicklung am Beispiel der Netzzugangsregulierung bei Telekommunikation, Energie und Bahn, EuR 2006, S. 46–77

dies., Verbundstrukturen in der Mehrebenenverwaltung: Erscheinungsformen, Funktion und verfassungsrechtliche Grenzen am Beispiel der europäischen und deutschen Energiemarktregulierung, DV 2009, Beiheft 8, S. 71–100

Broberg, Morten, Preliminary references by public administrative bodies: when are public administrative bodies competent to make preliminary references to the European Court of Justice, EPL 15 (2009), S. 207-221

Broemel, Roland, Strategisches Verhalten in der Regulierung, 2010

Brohm, Winfried, Die Dogmatik des Verwaltungsrechts vor den Gegenwartsaufgaben der Verwaltung, VVDStRL 30 (1972), S. 245–312

Bröhmer, Jürgen, Transparenz als Verfassungsprinzip - Grundgesetz und Europäische Union, 2004

Brosius-Gersdorf, Frauke, Deutsche Bundesbank und Demokratieprinzip, 1997

Brühann, Ulf, Die Europaverträglichkeit der "Modernisierung des Datenschutzes", DuD 2002, S. 296–299

ders., Europarechtliche Grundlagen, in: Alexander Roßnagel (Hrsg.), Handbuch Datenschutzrecht, 2003, 2.4

Brühann, Ulf/Zerdick, Thomas, Umsetzung der EG-Datenschutzrichtlinie, CR 1996, S. 429–436

Bryde, Brun-Otto, Die Einheit der Verwaltung als Rechtsproblem, VVDStRL 46 (1988), S. 181–216

ders., Die bundesrepublikanische Volksdemokratie als Irrweg der Demokratietheorie, Staatswissenschaften und Staatspraxis 1994, S. 305–330

ders., Das Demokratieprinzip des Grundgesetzes als Optimierungsaufgabe, in: Redaktion Kritische Justiz (Hrsg.), Demokratie und Grundgesetz, 2000, S. 59–70

Büchner, Bernward, Zur Beobachtungspflicht des Bundesgesetzgebers, ZfL 2005, S. 52–54

Buchwald, Katja, Der verwaltungsgerichtliche Organstreit, 1998

Bull, Hans Peter, Die „völlig unabhängige" Aufsichtsbehörde. Zum Urteil des EuGH vom 9. 3. 2010 in Sachen Datenschutzaufsicht, EuZW 2010, S. 488–494

Bull, Thomas, Rapports: Sweden: The Original Ombudsman: Blueprint in Need of Revision or a Concept with More to Offer, EPL 6 (2000), S. 334–344

ders., Administrative Independence and European Integration, EPL 14 (2008), S. 285-296

Bullinger, Martin, Regulierung als modernes Instrument zur Ordnung liberalisierter Wirtschaftszweige, DVBl. 2003, S. 1355–1361

Bumke, Christian, Die Entwicklung der verwaltungsrechtswissenschaftlichen Methodik in der Bundesrepublik Deutschland, in: Eberhard Schmidt-Aßmann/Wolfgang Hoffmann-Riem (Hrsg.), Methoden der Verwaltungsrechtswissenschaft, 2004, S. 73–130

Bumke, Ulrike, Die öffentliche Aufgabe der Landesmedienanstalten, 1995

Burgi, Martin, Selbstverwaltung angesichts von Europäisierung und Ökonomisierung, VVDStRL 62 (2003), S. 405–456

ders., Verwaltungsorganisationsrecht, in: Hans-Uwe Erichsen/Dirk Ehlers (Hrsg.), Allgemeines Verwaltungsrecht, 2010, §§ 7–10

ders., Vertragsverletzungsverfahren, in: Hans-Werner Rengeling/Andreas Middeke/Martin Gellermann (Hrsg.), Handbuch des Rechtsschutzes in der Europäischen Union, 2014, § 6

Burmeister, Günter Cornelius, Herkunft, Inhalt und Stellung des institutionellen Gesetzesvorbehalts, 1991

Busch, Martin, Aktueller Stand der Reform des EG-Rechtsrahmens für die elektronische Kommunikation, N&R 2009, S. 159–165

Busse, Volker, Der Kernbereich exekutiver Eigenverantwortung im Spannungsfeld der staatlichen Gewalten, DÖV 1989, S. 45-54

Calliess, Christian/Ruffert, Matthias (Hrsg.), EUV/EGV, Kommentar, 3. Aufl. 2007

dies. (Hrsg.), EUV/AEUV mit Europäischer Grundrechtecharta, Kommentar, 5. Aufl. 2016

Cananea, Giacinto Della, Beyond the State: the Europeanization and globalization of procedural administrative law, EPL 9 (2003), S. 563–578

Caspar, Johannes, Das aufsichtsbehördliche Verfahren nach der EU-Datenschutz-Grundverordnung – Defizite und Alternativregelungen, ZD 2012, S. 555–558

Chamon, Merijn, EU Agencies between Meroni and Romano or the devil and the deep blue sea, CMLRev. 48 (2011), S. 1055–1075

ders., The Empowerment of Agencies under the Meroni Doctrine and Article 114 TFEU: Comment on United Kingdom v Parliament and Council (Short-selling) and the Proposed Single Resolution Mechanism, ELRev 39 (2014), S. 380–403

Chevallier, Jacques, L'état post-moderne, 2003

Chiti, Edoardo, Decentralisation and Integration into the Community Administrations: A New Perspective on European Agencies, ELJ 10 (2004), S. 402–438

ders., An important part of the EU's institutional machinery: features, problems and perspectives of European agencies, CMLRev. 46 (2009), S. 1395–1442

ders., The Administrative Implementation of European Law, in: Herwig C. H. Hofmann/Alexander H. Türk (Hrsg.), Legal challenges in EU administrative law – Towards an integrated administration, 2009, S. 9–33

ders., Die accountability der Verwaltungsnetzwerke der Europäischen Union, in: Peter Michael Huber (Hrsg.), Der Vertrag von Lissabon und das nationale Verfassungsrecht – Europäische Verwaltungsnetzwerke, 2013, S. 165–212

Chiti, Mario P., Introduction: Les droits administratifs nationaux entre harmonisation et pluralisme eurocompatible, in: Jean-Bernard Auby/Jacqueline de La Dutheil Rochère (Hrsg.), Droit administratif Européen, 2007, S. 669–684

Classen, Claus Dieter, Die Europäisierung der Verwaltungsgerichtsbarkeit, 1996

ders., Das nationale Verwaltungsverfahren im Kräftefeld des Europäischen Gemeinschaftsrechts, DV 30 (1997), S. 307–338

ders., Demokratische Legitimation im offenen Rechtsstaat, 2009

ders., Unabhängigkeit und Eigenständigkeit der Verwaltung – zu einer Anforderung des Europarechts an das nationale Verwaltungsrecht, in: Peter Christian Müller-Graff/Stefanie Schmahl/Vassilios Skouris (Hrsg.), Europäisches Recht zwischen Bewährung und Wandel – FS Scheuing, 2011, S. 293-308

Classen, Kai-Dieter, Gute Verwaltung im Recht der Europäischen Union, 2008

Coburger, Dieter, Die währungspolitischen Befugnisse der Deutschen Bundesbank, 1988

Costello, Cathryn, Administrative governance and the Europeanisation of asylum and immigration policy, in: Herwig C. H. Hofmann/Alexander H. Türk (Hrsg.), EU Administrative Governance, 2006, S. 287–340

Couzinet, Daniel, Die Legitimation unabhängiger Behörden an der Schnittstelle von unionalem und nationalem Verfassungsrecht, in: Alfred G. Debus/Franziska Kruse/Alexander Peters/Hanna Schröder/Olivia Seifert/Corinna Sicko (Hrsg.), Verwaltungsrechtsraum Europa, 51. Assistententagung Öffentliches Recht, 2011, S. 213–238

Craig, Paul, EMU, the ECB and Judicial Review, in: Paul Beaumont/Neil Walker (Hrsg.), Legal framework of the single European currency, 1999, S. 95–118

ders., The Role of the European Parliament under the Lisbon Treaty, in: Stefan Griller/Jacques Ziller (Hrsg.), The Lisbon Treaty - EU Constitutionalism without a Constitutional Treaty?, 2008, S. 109–134

ders., EU Administrative Law, 2. Aufl. 2012

ders., EU Administrative Law, 3. Aufl. 2018

Craig, Paul P./de Búrca, Gráinne, EU law - Text, cases, and materials, 5. Aufl. 2011

Cramer, Philipp, Artikel 146 Grundgesetz zwischen offener Staatlichkeit und Identitätsbewahrung, 2014

Cremer, Wolfram, Gemeinschaftsrecht und Deutsches Verwaltungsprozessrecht - zum dezentralen Rechtsschutz gegenüber EG-Sekundärrecht, DV 37 (2004), S. 165–192

Curtin, Deirdre, 'Citizens' Fundamental Right of Access to EU Information: An Evolving Digital Passepartout, CMLRev. 37 (2000), S. 7–41

Czybulka, Detlef, Die Legitimation der öffentlichen Verwaltung - Unter Berücksichtigung ihrer Organisation sowie der Entstehungsgeschichte zum Grundgesetz, 1989

Daleki, Wolfgang, Bundesstatistik über Religionszugehörigkeit, JZ 1983, S. 60–63

Dammann, Ulrich, Die Kontrolle des Datenschutzes – Eine Untersuchung zur institutionellen Kontrolle des Datenschutzes im öffentlichen Bereich, 1977

Dammann, Ulrich/Simitis, Spiros, EG-Datenschutzrichtlinie, Kommentar, 1997

Danwitz, Thomas von, Der Grundsatz funktionsgerechter Organisationsstruktur, Der Staat 35 (1996), S. 329–350

ders., Verwaltungsrechtliches System und europäische Integration, 1996

ders., Die Eigenverantwortung der Mitgliedstaaten für die Durchführung von Gemeinschaftsrecht – Zu den europarechtlichen Vorgaben für das nationale Verwaltungs- und Gerichtsverfahrensrecht, DVBl. 1998, S. 421–432

ders., Systemgedanken eines Rechts der Verwaltungskooperation, in: Eberhard Schmidt-Aßmann/Wolfgang Hoffmann-Riem (Hrsg.), Strukturen des Europäischen Verwaltungsrechts, 1999, S. 171–190

ders., Was ist eigentlich Regulierung?, DÖV 2004, S. 977–985

ders., Aktuelle Fragen der Grundrechte, des Umwelt- und Rechtsschutzes in der Europäischen Union, DVBl. 2008, S. 537–546 *ders.*, Europäisches Verwaltungsrecht, 2008

ders., Subsidiaritätskontrolle in der Europäischen Union, in: Klaus-Peter Dolde/Klaus Hansmann/Stefan Paetow/Eberhard Schmidt-Aßmann (Hrsg.), Verfassung - Umwelt - Wirtschaft - FS Sellner, 2010, S. 37–49

Dashwood, Alan/White, Robin, Enforcement Actions under Articles 169 and 170 EEC, ELRev 14 (1989), S. 388–413

Däubler, Wolfgang, Die Klage der EWG-Kommission gegen einen Mitgliedstaat, NJW 1968, S. 325–331

Däubler, Wolfgang/Klebe, Thomas/Wedde, Peter/Weichert, Thilo (Hrsg.), Kompaktkommentar zum BDSG, 5. Aufl. 2016

Dauses, Manfred A., Das Vorabentscheidungsverfahren nach Artikel 177 EWG-Vertrag, 1986

David, Antje, Inspektionen im europäischen Verwaltungsrecht, 2003

de Moor-van Vugt, Adrienne J.C., EC Law and Decision-Making Procedures in the Netherlands, in: Hermann Hill/Rainer Pitschas (Hrsg.), Europäisches Verwaltungsverfahrensrecht, 2004, S. 83–106

Dechent, Fabian Arne, Bundesanstalt für Finanzdienstleistungsaufsicht und Bundesanstalt für Finanzmarktstabilisierung – Unabhängige Behörden in der Bankenaufsicht?, NVwZ 2015, S. 767-772

Dederer, Hans-Georg, Die Grenzen des Vorrangs des Unionsrechts, JZ 2014, S. 313-322

Demleitner, Andreas, Die Normverwerfungskompetenz der Verwaltung bei entgegenstehendem Gemeinschaftsrecht, NVwZ 2009, S. 1525–1531

Denninger, Erhard, Staatliche Hilfe zur Grundrechtsausübung durch Verfahren, Organisation und Finanzierung, in: Josef Isensee/Paul Kirchhof (Hrsg.), Handbuch des Staatsrechts, Bd. V, 2. Aufl. 2000, § 113

Desgens-Pasanau, Guillaume, La protection des données à caractère personnel – La loi "informatique et libertés", 2012

Desmoulin, Gil, La Cour et les États: Qui contrôle qui? – Indépendance de la Cour des Comptes Européenne et Souveraineté des États Membres, RMC 2005, S. 515–523

Di Fabio, Udo, Verwaltungsentscheidung durch externen Sachverstand, VerwArch 81 (1990), S. 193–227

ders., Staatsaufsicht über formelle Körperschaften des öffentlichen Rechts, BayVBl. 1999, S. 449–454

ders., Gewaltenteilung, in: Josef Isensee/Paul Kirchhof (Hrsg.), Handbuch des Staatsrechts, Bd. II, 3. Aufl. 2004, § 27

Di Martino, Alessandra, Datenschutz im europäischen Recht, 2005

Dix, Alexander, Datenschutzaufsicht im Bundesstaat – ein Vorbild für Europa, DuD 2012, S. 318–321

ders., Unabhängige Datenschutzkontrolle als vorgezogener Grundrechtsschutz, in: Malte Kröger/Arne Pilniok (Hrsg.), Unabhängiges Verwalten in der Europäischen Union, 2016, S. 121-129

Döhler, Marian, Das Modell der unabhängigen Regulierungsbehörde im Kontext des deutschen Regierungs- und Verwaltungssystems, DV 34 (2001), S. 59–91

ders., Institutional Choice and Bureaucratic Autonomy in Germany, West European Politics 25 (2002), S. 101–124

ders., Die begrenzte Rationalität von Delegation und Steuerung in der Bundesverwaltung, in: Steffen Ganghof/Philip Manow (Hrsg.), Mechanismen der Politik – Strategische Interaktion im deutschen Regierungssystem, 2005, S. 215–243

ders., Die politische Steuerung der Verwaltung – Eine empirische Studie über politisch-administrative Interaktionen auf der Bundesebene, 2007

ders., Wie Ministerien (versuchen,) Bundesbehörden (zu) steuern – Eine politische Kosten-Nutzen-Analyse, VerwArch 102 (2011), S. 110–133

Dolde, Klaus-Peter, Die Beteiligungsfähigkeit im Verwaltungsprozeß (§ 61 VwGO), in: Hans-Uwe Erichsen/Werner Hoppe/Albert von Mutius (Hrsg.), System des verwaltungsgerichtlichen Rechtsschutzes - FS Menger, 1985, S. 423–440

Dorer, Peter/Mainusch, Helmut/Tubies, Helga, Bundesstatistikgesetz - Gesetz über die Statistik für Bundeszwecke mit den Leitsätzen des Volkszählungsurteils, Mikrozensusgesetz und Volkszählungsgesetz, Kommentar, 1988

Dörr, Oliver, Der europäisierte Rechtsschutzauftrag deutscher Gerichte - Artikel 19 Absatz 4 GG unter dem Einfluß des europäischen Unionsrechts, 2003

Dreier, Horst, Hierarchische Verwaltung im demokratischen Staat, 1991

ders. (Hrsg.), Grundgesetz-Kommentar, Bd. III: Artikel 83-146, 2. Aufl. 2008

ders. (Hrsg.), Grundgesetz-Kommentar, Bd. I: Präambel, Artikel 1-19, 3. Aufl. 2013

ders. (Hrsg.), Grundgesetz-Kommentar, Bd. II: Artikel 20-82, 3. Aufl. 2015

ders. (Hrsg.), Grundgesetz-Kommentar, Bd. III: Artikel 83-146, 3. Aufl. 2018

Dressel, Christian Oliver, Die gemeinschaftsrechtliche Harmonisierung des europäischen Datenschutzrechts, 1995

Driessen, Bart, Delegated Legislation after the Treaty of Lisbon: An Analysis of Article 290 TFEU, ELRev 35 (2010), S. 837–848

Dubey, Bernard, Administration indirecte et Fédéralisme d'Exécution en Europe, CDE 38 (2003), S. 87–133

Durner, Wolfgang, Schutz der Verbraucher durch Regulierungsrecht, VVDStRL 70 (2011), S. 398–447

Eberle, Carl-Eugen, Rundfunkübertragung – Rechtsfragen der Nutzung terrestrischer Rundfunkfrequenzen, 1989

Eberlein, Burkard, Experimentalist Governance in the European Energy Sector, in: Charles F. Sabel/Jonathan Zeitlin (Hrsg.), Experimentalist governance in the European Union - Towards a new architecture, 2010, S. 61–78

Ebers, Mark/Gotsch, Wilfried, Institutionenökonomische Theorien der Organisation, in: Alfred Kieser/Mark Ebers (Hrsg.), Organisationstheorien, 7. Aufl. 2014, S. 195-255

Eckhardt, Saskia, Die Akteure des außergerichtlichen Grundrechtsschutzes in der Europäischen Union, 2010

Eekhoff, Meike, Die Verbundaufsicht, 2006

Efstratiou, Pavlos-Michael, Der Grundsatz der guten Verwaltung als Herausforderung an die Dogmatik des nationalen und europäischen Verwaltungsrechts, in: Hans-Heinrich Trute/Thomas Groß/Hans Christian Röhl/Christoph Möllers (Hrsg.), Allgemeines Verwaltungsrecht – zur Tragfähigkeit eines Konzepts, 2008, S. 281–305

Ehlermann, Claus D., Die Verfolgung von Vertragsverletzungsverfahren der Mitgliedstaaten durch die Kommission, in: Wilhelm Georg Grewe/Hans Rupp/Hans Schneider (Hrsg.), Europäische Gerichtsbarkeit und nationale Verfassungsgerichtsbarkeit - FS Kutscher, 1981, S. 135–153

ders., The internal market following the Single European Act, CMLRev. 24 (1987), S. 361–409

Ehlers, Dirk, Die Klagearten und besonderen Sachentscheidungsvoraussetzungen im Kommunalverfassungsstreitverfahren, NVwZ 1990, S. 105–112

ders., Die Europäisierung des Verwaltungsprozeßrechts, 1999

ders., Vertragsverletzungsklage, in: ders./Friedrich Schoch (Hrsg.), Rechtsschutz im Öffentlichen Recht, 2009, § 7

Ehmann, Eugen/Helfrich, Marcus, EG-Datenschutzrichtlinie, Kurzkommentar, 1999

Ehmann, Eugen/Selmayr, Martin (Hrsg.), Datenschutz-Grundverordnung, Kommentar, 2017

Ehrbeck, Thorsten, Umsetzung von Unionsrecht in föderalen Staaten, 2011

Eifert, Martin, Die gerichtliche Kontrolle der Entscheidungen der Bundesnetzagentur, ZHR 174 (2010), S. 449-485

Eilmansberger, Thomas, Rechtsfolgen und subjektives Recht im Gemeinschaftsrecht – Zugleich ein Beitrag zur Dogmatik der Staatshaftungsdoktrin des EuGH, 1997

Ellinghaus, Ulrich, Das Telekom-Reformpaket der EU, CR 2010, S. 20–24

Emde, Ernst Thomas, Die demokratische Legitimation der funktionalen Selbstverwaltung, 1991

Endler, Jan, Europäische Zentralbank und Preisstabilität, 1998

Engel, Christoph, Die Einwirkungen des europäischen Gemeinschaftsrechts auf das deutsche Verwaltungsrecht, DV 25 (1992), S. 437–476

Engel, Christoph/Halfmann, Jost/Schulte, Martin (Hrsg.), Wissen, Nichtwissen, unsicheres Wissen, 2002

Epiney, Astrid, Die Unabhängigkeit der datenschutzrechtlichen Aufsichtsbehörden, in: dies./Julia Hänni/Flavia Brülisauer (Hrsg.), Die Unabhängigkeit der Aufsichtsbehörden und weitere aktuelle Fragen des Datenschutzrechts – L' indépendence des autorités de surveillance et autres questions actuelles en droit de la protection des données, 2012, S. 13–30

Epping, Volker, Grundrechte, 8. Aufl. 2019

Erichsen, Hans-Uwe, Sekundäres Gemeinschaftsrecht und Grundrechte, VerwArch 66 (1975), S. 177–187

ders., Der Innenrechtsstreit, in: ders./Werner Hoppe/Albert von Mutius (Hrsg.), System des verwaltungsgerichtlichen Rechtsschutzes - FS Menger, 1985, S. 211–233

Eschweiler, Wilhelm, Die Regulierungsbehörde im Spannungsfeld zwischen Unabhängigkeit und Weisungsunterworfenheit, K&R 2001, S. 238–242

Etscheid, Mario, Fachaufsicht neu denken und gestalten, 2009

ders., Dynamik in der Fachaufsicht, VerwArch 105 (2014), S. 351–387

Everling, Ulrich, Die allgemeine Ermächtigung der Europäischen Gemeinschaft zur Zielverwirklichung nach Art. 235 EWG-Vertrag, in: ders./Ivo Schwartz/Christian Tomuschat (Hrsg.), Die Rechtsetzungsbefugnisse der EWG in Generalermächtigungen, insbesondere in Art. 235 EWGV, EuR 1976, Sonderheft, S. 2–26

ders., Die Mitgliedstaaten der Europäischen Gemeinschaft vor ihrem Gerichtshof, EuR 1983, S. 101–127

ders., Die Mitgliedstaaten der Europäischen Union unter der Aufsicht von Kommission und Gerichtshof, in: Otto Depenheuer/Markus Heintzen/Matthias Jestaedt/Peter Axer (Hrsg.), Staat im Wort - FS Isensee, 2007, S. 773–791

Everson, Michelle, Independent Agencies: Hierarchy Beaters?, ELJ 1 (1995), S. 180–204

Everson, Michelle/Majone, Giandomenico/Metcalfe, Les/Schout, Adriaan, The Role of Specialised Agencies in Decentralising EU Governance, 1999

Fabricius, Constantin, Abgeleitete Rechtsetzung nach dem Vertrag von Lissabon, ZEuS 2011, S. 567–605

Fastenrath, Ulrich, Die veränderte Stellung der Verwaltung und ihr Verhältnis zum Bürger unter dem Einfluß des Europäischen Gemeinschaftsrechts, DV 31 (1998), S. 277–306

Fehling, Michael, Verwaltung zwischen Unparteilichkeit und Gestaltungsaufgabe, 2001

ders., Europäisches Verwaltungsverfahren und Verwaltungsprozessrecht, in: Jörg Philipp Terhechte (Hrsg.), Verwaltungsrecht der Europäischen Union, 2011, § 12

Fichtmüller, Carl Peter, Zulässigkeit ministerialfreien Raums in der Bundesverwaltung, AöR 91 (1966), S. 297–354

Fischer-Appelt, Dorothee, Agenturen der Europäischen Gemeinschaft, 1999

Fischer-Lescano, Andreas/Tohidipur, Timo, Europäisches Grenzkontrollregime – Rechtsrahmen der europäischen Grenzschutzagentur FRONTEX, ZaöRV 67 (2007), S. 1219–1276

Flanderka, Fritz, Der Bundesbeauftragte für den Datenschutz, 1988

Folz, Hans-Ernst/Herrmann, Regina, Die richterliche Unabhängigkeit der Mitglieder der Rechnungshöfe, JZ 1973, S. 769–771

Franke, Markus, Ein Ombudsmann für Deutschland?, 1999

Franzius, Claudio, Das TKG 2012, N&R 2012, S. 126–140

ders., Modalitäten und Wirkungsfaktoren der Steuerung durch Recht, in: Wolfgang Hoffmann-Riem/Eberhard Schmidt-Aßmann/Andreas Voßkuhle (Hrsg.), Grundlagen des Verwaltungsrechts, Bd. I, 2. Aufl. 2012, § 4

ders., Die Bundesnetzagentur zwischen politischer Steuerung und gerichtlicher Kontrolle, DÖV 2013, S. 714–721

Frenz, Walter, Verwaltungskooperation mit der Union im Lichte von Art. 197 AEUV und des Lissabon-Urteils, DÖV 2010, S. 66–73

Frenzel, Eike Michael, Vom Verbund zum Netzwerk, in: Sigrid Boysen/Ferry Bühring/ Claudio Franzius/Tobias Herbst/Matthias Kötter/Anita Kreutz/Kai von Lewinski/ Florian Meinel/Jakob Nolte/Sabrina Schönrock (Hrsg.), Netzwerke, 47. Assistententagung Öffentliches Recht, 2007, S. 247–265

ders., „Völlige Unabhängigkeit" im demokratischen Rechtsstaat, DÖV 2010, S. 925–931

ders., Die Tradition unabhängiger Verwaltungsbehörden in Deutschland, in: Malte Kröger/Arne Pilniok (Hrsg.), Unabhängiges Verwalten in der Europäischen Union, 2016, S. 45-62

Frese, Michael J., Comment on Case C-439/08, CMLRev. 48 (2011), S. 893–906

Freytag, Michael, Der Europäische Rechnungshof, 2005

Friedrich, Christina/Inghelram, Jan, Die Klagemöglichkeiten des Europäischen Rechnungshofs vor dem Europäischen Gerichtshof, DÖV 1999, S. 669–676

Fuchs, Arthur, Wesen und Wirken der Kontrolle – Betrachtungen zum staatlichen Kontrollwesen in der Bundesrepublik (Bundesrechnungshof), 1966

Füsslein, Peter, Ministerialfreie Verwaltung – Begriff, Erscheinungsformen und Vereinbarkeit mit dem Grundgesetz, 1972

Gaiser, Anja Sofia, Gerichtliche Kontrolle im Europäischen System der Zentralbanken, EuR 2002, S. 517–539

Gaitanides, Charlotte, Das Recht der Europäischen Zentralbank, 2005

Galetta, Diana-Urania, Inhalt und Bedeutung des europäischen Rechts auf eine gute Verwaltung, EuR 2007, S. 57–81

dies., Procedural autonomy of EU member states, 2010

Gallas, Andreas, Die Staatsaufsicht über die wissenschaftlichen Hochschulen, 1976

Gärditz, Klaus Ferdinand, Europäisches Planungsrecht – Grundstrukturen eines Referenzgebiets des europäischen Verwaltungsrechts, 2009

ders., Europäisches Verwaltungsprozessrecht, JuS 2009, S. 385–393

ders., Die niedersächsische Stiftungshochschule vor dem Bundesverwaltungsgericht, WissR 43 (2010), S. 220–249

ders., Die Verwaltungsdimension des Lissabon-Vertrags, DÖV 2010, S. 453–465

ders., Europäisches Regulierungsverwaltungsrecht auf Abwegen, AöR 135 (2010), S. 251–288

ders., Keine gesetzliche Regulierungsfreistellung für neue Märkte im Telekommunikationsrecht, JZ 2010, S. 198-201

ders., Stellungnahme zum Entwurf eines Zweiten Gesetzes zur Änderung des Bundesdatenschutzgesetzes, Deutscher Bundestag - Innenausschuss, Ausschussdrucksache 18(4)205 C, 2014

Garstka, Hans-Jürgen, Datenschutzkontrolle: Das Berliner Modell, DuD 2000, S. 289–291

Gaugenrieder, Carl A., Die rechtliche Stellung der deutschen Zentralnotenbank im Staatsgefüge in Geschichte und Gegenwart, 1961

Gebhardt, Ihno, Das kommunale Selbstverwaltungsrecht, 2007

Geiger, Rudolf/Khan, Daniel-Erasmus/Kotzur, Markus (Hrsg.), EUV/AEUV: Vertrag über die Europäische Union und Vertrag über die Arbeitsweise der Europäischen Union, Kommentar, 6. Aufl. 2017

Geis, Max-Emanuel, Das Selbstbestimmungsrecht der Universitäten, WissR 37 (2004), S. 2–25

Geppert, Martin/Schütz, Raimund (Hrsg.), TKG, Kommentar, 4. Aufl. 2013

Geradin, Damien/Petit, Nicolas, The Development of Agencies at EU and National Levels: Conceptual Analysis and Proposals for Reform, Jean Monnet Working Paper, 2004

Gerber, Scott D., The Political Theory of an Independent Judiciary, The Yale L.J. Pocket Part 116 (2007), S. 223–228

Gersdorf, Hubertus, Staatsfreiheit des Rundfunks in der dualen Rundfunkordnung der Bundesrepublik Deutschland, 1991

Giegerich, Thomas, Organstreit vor dem Gerichtshof der Europäischen Gemeinschaften - Zur aktiven Parteifähigkeit des Europäischen Parlaments im Nichtigkeitsklageverfahren, ZaöRV 50 (1990), S. 812–832

Giegerich, Thomas/Lauer, Sabrina, Der Justizgewährleistungsanspruch in Europa: Art. 47 GrCh, Art. 19 Abs. 1 UAbs. 2 EUV und das deutsche Verwaltungsprozessrecht, ZEuS 2014, S. 461–483

Giesen, Thomas, Unabhängigkeit und Rechtskontrolle der Kontrollstellen nach Art. 28 der EG-Datenschutzrichtlinie, DuD 1997, S. 529–531

ders., Rechtsstellung, Aufgaben und Befugnisse der Datenschutzkontrollstellen nach Art. 28 der EG-Datenschutzrichtlinie, RDV 1998, S. 15–19

ders., Imperiale und totalitäre Züge des Kommissionsentwurfs für eine europäische Datenschutzverordnung, CR 2012, S. 550–556

Glaser, Andreas, Die Entwicklung des europäischen Verwaltungsrechts aus der Perspektive der Handlungsformenlehre, 2013

Glaser, Markus A., Rechtsraum als Konzeption, in: Alfred G. Debus/Franziska Kruse/Alexander Peters/Hanna Schröder/Olivia Seifert/Corinna Sicko (Hrsg.), Verwaltungsrechtsraum Europa – 51. Assistententagung Öffentliches Recht, 2011, S. 285–307

Goetze, Henning, Die Tätigkeit der nationalen Zentralbanken in der Wirtschafts- und Währungsunion, 1999

Gola, Peter/Klug, Christoph, Grundzüge des Datenschutzrechts, 2003

Gola, Peter/Schomerus, Rudolf, Die Organisation der staatlichen Datenschutzkontrolle der Privatwirtschaft, ZRP 2000, S. 183–185

dies. (Hrsg.), Bundesdatenschutzgesetz, Kommentar, 12. Aufl. 2015

Goldmann, Matthias, Wotans langsamer Abschied?, JuWissBlog 2014/2/10, abrufbar unter http://www.juwiss.de/13-2014//

ders., Adjudicating Economics? Central Bank Independence and the Appropriate Standard of Judicial Review, GLJ 15 (2014), S. 265-280

Golsalbo Bono, Ricardo, Maastricht et les citoyens: Le Médiateur européen, Revue Francaise d'Administration Publique (RFAP) 64 (1992), S. 639–649

Görisch, Christoph, Demokratische Verwaltung durch Unionsagenturen, 2009

Gornig, Gilbert/Trüe, Christiane, Die Rechtsprechung des EuGH zum europäischen allgemeinen Verwaltungsrecht – Teil 2, JZ 1993, S. 934–942

Götz, Volkmar, Probleme des Verwaltungsrechts auf dem Gebiet des gemeinsamen Agrarmarktes, EuR 1986, S. 29–51

ders., Europarechtliche Vorgaben für das Verwaltungsprozessrecht, DVBl. 2002, S. 1–7

Gotzmann, Claudia, Die Staatsaufsicht über die öffentlich-rechtlichen Rundfunkanstalten, 2003

Gounalakis, Georgios/Mand, Elmar, Die neue EG-Datenschutzrichtlinie – Grundlagen einer Umsetzung in nationales Recht (II), CR 1997, S. 497–504

Grabitz, Eberhard, Gemeinschaftsrecht bricht nationales Recht, 1966

Grabitz, Eberhard/Hilf, Meinhard/Nettesheim, Martin (Hrsg.), Das Recht der Europäischen Union, Kommentar, Losebl.-Sammlung, 2010-

Graf, Rainer, Die Finanzkontrolle der Europäischen Gemeinschaft, 1999

Gramlich, Ludwig, Von der Postreform zur Postneuordnung, NJW 1994, S. 2785–2793

ders., Ohne Regulierung kein Wettbewerb – Zum Start der Regulierungsbehörde für Telekommunikation und Post, CR 1998, S. 463–472

Griller, Stefan/Orator, Andreas, Everything under control? The "way forward" for European agencies in the footsteps of the Meroni doctrine, ELRev 35 (2010), S. 3–35

Grimm, Dieter, Das Grundgesetz als Riegel vor einer Verstaatlichung der Europäischen Union, Der Staat 48 (2009), S. 475-495

von der Groeben, Hans/Schwarze, Jürgen/Hatje, Armin (Hrsg.), Europäisches Unionsrecht, Kommentar, 7. Aufl. 2015

Gröpl, Christoph, Schritte zur Europäisierung des Haushaltsrechts, Der Staat 52 (2013), S. 1-25

Gröschner, Rolf, Transparente Verwaltung, VVDStRL 63 (2004), S. 344-376

Grosche, Nils, Rechtsfortbildung im Unionsrecht, 2011

Groß, Thomas, Grundzüge der organisationswissenschaftlichen Diskussion, in: Eberhard Schmidt-Aßmann/Wolfgang Hoffmann-Riem (Hrsg.), Verwaltungsorganisationsrecht als Steuerungsressource, 1997, S. 139–150

ders., Das Kollegialprinzip in der Verwaltungsorganisation, 1999

ders., Grundlinien einer pluralistischen Interpretation des Demokratieprinzips, in: Redaktion Kritische Justiz (Hrsg.), Demokratie und Grundgesetz, 2000, S. 93–101

ders., Exekutive Befugnisse der Rechnungshöfe, VerwArch 95 (2004), S. 194–222

ders., Die Kooperation zwischen europäischen Agenturen und nationalen Behörden, EuR 2005, S. 54–68 *ders.*, Verantwortung und Effizienz in der Mehrebenenverwaltung, VVDStRL 66 (2007), S. 152–180

ders., Die öffentliche Verwaltung als normative Konstruktion, in: Hans-Heinrich Trute/ders./Hans Christian Röhl/Christoph Möllers (Hrsg.), Allgemeines Verwaltungsrecht - zur Tragfähigkeit eines Konzepts, 2008, S. 349–367

ders., Die Verwaltungsorganisation als Teil organisierter Staatlichkeit, in: Wolfgang Hoffmann-Riem/Eberhard Schmidt-Aßmann/Andreas Voßkuhle (Hrsg.), Grundlagen des Verwaltungsrechts, Bd. I, 2. Aufl. 2012, § 13

ders., Unabhängige EU-Agenturen – eine Gefahr für die Demokratie?, JZ 2012, S. 1087–1093

Grundmann, Stephan M., Die Auslegung des Gemeinschaftsrechts durch den Europäischen Gerichtshof, 1997

Grupp, Klaus, Die Stellung der Rechnungshöfe in der Bundesrepublik Deutschland, 1972

Grzeszick, Bernd, Das Grundrecht auf eine gute Verwaltung, EuR 2006, S. 161–181

Guckelberger, Annette, Das Petitionsrecht zum Europäischen Parlament sowie das Recht zur Anrufung des Europäischen Bürgerbeauftragten im Europa der Bürger, DÖV 2003, S. 829–838

dies., Der Europäische Bürgerbeauftragte und die Petitionen zum Europäischen Parlament, 2004

dies., Gibt es bald ein unionsrechtliches Verwaltungsverfahrensgesetz?, NVwZ 2013, S. 601–607

Guckelberger, Annette/Geber, Frederic, Allgemeines Europäisches Verwaltungsverfahrensrecht vor seiner unionsrechtlichen Kodifizierung?, 2013

Guckelberger, Annette/Heimpel, Silvia, Das Widerspruchsverfahren und seine Besonderheiten im Saarland, LKRZ 2009, S. 246–250

dies., Die Aufsichts- bzw. Beanstandungsklage, LKRZ 2012, S. 6–10

Gundel, Jörg, Der Rechtsschutz gegen Handlungen der EG-Agenturen, EuR 2009, S. 383-393

ders., Europäisches Energieverwaltungsrecht, in: Jörg Philipp Terhechte (Hrsg.), Verwaltungsrecht der Europäischen Union, 2011, § 23

Gundel, Jörg/Germelmann, Claas Friedrich, Kein Schlussstein für die Liberalisierung der Energiemärkte: Das Dritte Binnenmarktpaket, EuZW 2009, S. 763–770

Günther, Monika, Erhebung der Religionszugehörigkeit in einem neuen Volkszählungsgesetz, DÖV 1984, S. 456–458

Gusy, Christoph, Verwaltung zwischen parlamentarischer Steuerung und Partizipation Privater, EuGRZ 2006, S. 353-361

ders., Grundrechtsmonitoring – Grundrechtsdurchsetzung außerhalb gerichtlicher Instanzen, Der Staat 47 (2008), S. 511–549

Haas, Diether, Verwaltungsstreit zwischen Behörden des gleichen Rechtsträgers, DÖV 1952, S. 135–138 *ders.*, Ausschüsse in der Verwaltung, VerwArch 49 (1958), S. 14–32

Haas, Julia, Der Ombudsmann als Institution des Europäischen Verwaltungsrechts, 2012

Häde, Ulrich, Jenseits der Effizienz: Wer kontrolliert die Kontrolleure? – Demokratische Verantwortlichkeit und rechtsstaatliche Kontrolle der europäischen Finanzaufsichtsbehörden, EuZW 2011, S. 662–666

Hahlen, Johann, Das Europäische Statistische System im Stresstest, in: Adolf Wagner/Ullrich Heilemann (Hrsg.), Empirische Makroökonomik und mehr - FS Oppenländer, 2012, S. 373-398

ders., Zur Rechtsstellung der amtlichen Statistik in der Europäischen Union, in: Malte Kröger/Arne Pilniok (Hrsg.), Unabhängiges Verwalten in der Europäischen Union, 2016, S. 159-194

Hahn, Caroline, Die Aufsicht des öffentlich-rechtlichen Rundfunks, 2010

Hahn, Hugo J., Die Deutsche Bundesbank im Verfassungsrecht (Teil 1), BayVBl. 1982, S. 33–37

Hahn, Hugo J./Häde, Ulrich, Währungsrecht, 2. Aufl. 2010

Haller, Janine, Der Verwaltungsverbund in der Energieregulierung, 2013

Haltern, Ulrich, Verschiebungen im europäischen Rechtsschutzsystem, VerwArch 96 (2005), S. 311–347

Hamers, Antonius, Der Petitionsausschuss des Europäischen Parlaments und der Europäische Bürgerbeauftragte, 1999

Haratsch, Andreas, Anmerkung, JZ 2006, S. 1176–1178

Haratsch, Andreas/Koenig, Christian/Pechstein, Matthias, Europarecht, 11. Aufl. 2018

Harden, Ian, When Europeans Complain – The Work of the European Ombudsman, Cambridge Yearbook of European Legal Studies 3 (2000/2001), S. 199–237

ders., À l'écoute des griefs des citoyens de l'Union européenne: la mission du Médiateur européen, RDUE 2001, S. 573–616

Harden, Ian/White, Fidelma/Donnelly, Katy, The Court of Auditors and Financial Control and Accountability in the European Community, EPL 1 (1995), S. 599–632

Harlow, Carol, Codification of EC Administrative Procedures?, ELJ 2 (1996), S. 3–25

Härting, Niko, Datenschutz-Grundverordnung, in: Jürgen Taeger (Hrsg.), IT und Internet - mit Recht gestalten, 2012, S. 687–698

ders., Starke Behörden, schwaches Recht - der neue EU-Datenschutzentwurf, BB 2012, S. 459–466

Haselmann, Cosima, Delegation und Durchführung gemäß Art. 290 und 291 AEUV, 2012

Haslach, Christian, Unabhängige Datenschutzkontrolle nach Art. 28 EG-Datenschutzrichtlinie, DuD 1999, S. 466–470

Hatje, Armin, Die gemeinschaftsrechtliche Steuerung der Wirtschaftsverwaltung – Grundlagen, Erscheinungsformen, verfassungsrechtliche Grenzen am Beispiel der Bundesrepublik Deutschland, 1998 *ders.*, Europäische Rechtseinheit durch einheitliche Rechtsdurchsetzung, EuR 1998, Beiheft 1, S. 7–27

ders., Rechtssicherheit im europäischen Verwaltungsverbund, in: Jörn Ipsen/Bernhard Stüer (Hrsg.), Europa im Wandel – FS Rengeling, 2008, S. 249–262

Häußer, Otto, Zur Antragsbefugnis der Rechnungshöfe im verfassungsrechtlichen Organstreit, DÖV 1998, S. 544–550

Haverkate, Görg, Die Einheit der Verwaltung als Rechtsproblem, VVDStRL 46 (1988), S. 217–258

Heckmann, Dirk, Gutachterliche Stellungnahme zum Gesetzentwurf der Bundesregierung eines Zweiten Gesetzes zur Änderung des Bundesdatenschutzgesetzes, Deutscher Bundestag - Innenausschuss, Ausschussdrucksache 18(4)205 D, 2014

Hegels, Susanne, EG-Eigenverwaltungsrecht und Gemeinschaftsverwaltungsrecht, 2001

Heil, Helmut, Die Artikel 29-Datenschutzgruppe, DuD 1999, S. 471–472

ders., Bundesbeauftragter für den Datenschutz, in: Alexander Roßnagel (Hrsg.), Handbuch Datenschutzrecht, 2003, 5.1

Heise, Michael, Das Verhältnis von Regulierung und Kartellrecht im Bereich der Netzwirtschaften, 2008

Heitsch, Christian, Die Transparenz der Entscheidungsprozesse als Element demokratischer Legitimation der Europäischen Union, EuR 2001, S. 809–825

Hellermann, Johannes/Wieland, Joachim, Die Unabhängigkeit der Datenschutzkontrolle im nicht-öffentlichen Bereich, DuD 2000, S. 284–288

Henseler-Unger, Iris, Organisatorisch-prozedurale Aspekte von sektorübergreifenden Regulierungsstrukturen, in: Ludwig Gramlich/Cornelia Manger-Nestler (Hrsg.), Europäisierte Regulierungsstrukturen und -netzwerke, 2011, S. 55–64

Herbert, Alexander, Die Klagebefugnis von Gremien, DÖV 1994, S. 108–114

Herdegen, Matthias, Der Selbsteintritt von Aufsichtsbehörden im Verwaltungsrecht, DV 23 (1990), S. 183-210

Hermes, Georg, Legitimationsprobleme unabhängiger Behörden, in: Hartmut Bauer/Peter M. Huber/Karl-Peter Sommermann (Hrsg.), Demokratie in Europa, 2005, S. 457–488

ders., Abhängige und unabhängige Verwaltungsbehörden – ein Überblick über die Bundesverwaltung, in: Johannes Masing/Gérard Marcou (Hrsg.), Unabhängige Regulierungsbehörden - Organisationsrechtliche Herausforderungen in Frankreich und Deutschland, 2010, S. 53–86

Herrmann, Christoph, Währungshoheit, Währungsverfassung und subjektive Rechte, 2010

ders., Die Bewältigung der Euro-Staatsschulden-Krise an den Grenzen des deutschen und europäischen Währungsverfassungsrechts, EuZW 2012, S. 805-812

Herzmann, Karsten, Zur Kooperation der Energieregulierungsbehörden in Europa – Ein Überblick und Vergleich mit dem Telekommunikationssektor, ZNER 2005, S. 216–220

Hesse, Konrad, Bestand und Bedeutung der Grundrechte in der Bundesrepublik Deutschlande, EuGRZ 1978, S. 427–445

ders., Grundzüge des Verfassungsrechts der Bundesrepublik Deutschland, 20. Aufl. 1999

Heun, Werner, Staatshaushalt und Staatsleitung - Das Haushaltsrecht im parlamentarischen Regierungssystem des Grundgesetzes, 1989

Heusch, Andreas, Der Grundsatz der Verhältnismäßigkeit im Staatsorganisationsrecht, 2003

Heußner, Kristina, Informationssysteme im europäischen Verwaltungsverbund, 2007

Heuterkes, Katja, Rechtsfähige Organisationseinheiten in der Verwaltungsstruktur Frankreichs, Deutschlands und der Europäischen Gemeinschaften, 1997

Hielscher, Johannes, Legitimität und Legitimation von international und europäisch determiniertem Recht, 2010

Hijmans, Hielke, The European Data Protection Supervisor: The Institutions of the EC Controlled by an Independet Authority, CMLRev. 43 (2006), S. 1313–1342

Hilbert, Patrick, Systemdenken in Verwaltungsrecht und Verwaltungsrechtswissenschaft, 2015

Hilf, Meinhard, Die abhängige Juristische Person des Europäischen Gemeinschaftsrechts, ZaöRV 36 (1976), S. 551–585

ders., Die Organisationsstruktur der Europäischen Gemeinschaften, 1982

ders., PGOs in der Europäischen Gemeinschaft, in: Christopher Hood/Gunnar Folke Schuppert (Hrsg.), Verselbständigte Verwaltungseinheiten in Westeuropa,1988, S. 308–323

ders., Europäische Union und nationale Identität der Mitgliedstaaten, in: Albrecht Randelzhofer/Rupert Scholz/Dieter Wilke (Hrsg.), GS Grabitz, 1995, S. 157–170

Hillenbrand-Beck, Renate, Aufsichtsbehörden, in: Alexander Roßnagel (Hrsg.), Handbuch Datenschutzrecht, 2003, 5.4

Hiller, Ingetrud, Die verfassungsrechtlichen Grundlagen der Bundesstatistik, 1954

Hinterseh, Sven, Ausschüsse gem. § 73 Abs. 2 VwGO, 2002

Hockenbrink, Ullrich, Finanzkontrolle, Datenschutz und die Unabhängigkeit der Rechnungshöfe, DÖV 1991, S. 50–55

Höfelmann, Elke, Das Grundrecht auf informationelle Selbstbestimmung anhand der Ausgestaltung des Datenschutzrechts und der Grundrechtsnormen der Landesverfassungen, 1987

Hoffmann-Riem, Wolfgang, Programmgrundsätze – Programmverantwortung – Programmkontrolle – Überlegungen zur Neufassung des Staatsvertrages über den Norddeutschen Rundfunk, RuF 1978, S. 111–140

ders., Reform des allgemeinen Verwaltungsrechts als Aufgabe, AöR 115 (1990), S. 400–447

ders., Rundfunkaufsicht zwischen Staatsfreiheit und Staatseinfluß, 1995

ders., Organisationsrecht als Steuerungsressource – Perspektiven der verwaltungsrechtlichen Systembildung, in: Eberhard Schmidt-Aßmann/ders. (Hrsg.), Verwaltungsorganisationsrecht als Steuerungsressource, 1997, S. 355–395 *ders.*, Tendenzen in der Verwaltungsrechtsentwicklung, DÖV 1997, S. 433–442

ders., Finanzkontrolle als Steuerungsaufsicht im Gewährleistungsstaat, DÖV 1999, S. 221–227

ders., Telekommunikationsrecht als europäisiertes Verwaltungsrecht, DVBl. 1999, S. 125–134

ders., Verwaltungskontrolle - Perspektiven, in: Eberhard Schmidt-Aßmann/ders. (Hrsg.), Verwaltungskontrolle, 2001, S. 325–366

ders., Nachvollziehende Grundrechtskontrolle, AöR 128 (2003), S. 173–225

ders., Methoden einer anwendungsorientierten Verwaltungsrechtswissenschaft, in: Eberhard Schmidt-Aßmann/ders. (Hrsg.), Methoden der Verwaltungsrechtswissenschaft, 2004, S. 9–72

ders., Gewaltengliederung und Verantwortungsteilung als Ordnungsprinzip, in: Friedhelm Hufen (Hrsg.), Verfassungen - Zwischen Recht und Politik, FS Schneider, 2008, S. 183–196

ders., Eigenständigkeit der Verwaltung, in: ders./Eberhard Schmidt-Aßmann/Andreas Voßkuhle (Hrsg.), Grundlagen des Verwaltungsrechts, Bd. I, 2. Aufl. 2012, § 10

Hofmann, Hasso, Legitimität und Rechtsgeltung - Verfassungstheoretische Bemerkungen zu einem Problem der Staatslehre und der Rechtsphilosophie, 1977

Hofmann, Herwig C. H., Legislation, Delegation and Implementation under the Treaty of Lisbon: Typologie Meets Reality, ELJ 15 (2009), S. 482–505

Hofmann, Herwig C. H./Mihaescu, Bucura C., The relation between the Charter's fundamental rights and the unwritten general principles of EU law, EuConst 9 (2013), S. 73–101

Hofmann, Herwig C. H./Rowe, Gerard C./Türk, Alexander H., Administrative law and policy of the European Union, 2011

Hofmann, Herwig C. H./Türk, Alexander H., Conclusions – Europe's Integrated Administration, in: dies. (Hrsg.), EU Administrative Governance, 2006, S. 573–596

dies., The Development of Integrated Administration in the EU and its Consequences, ELJ 13 (2007), S. 253–271

dies. (Hrsg.), Legal challenges in EU administrative law – Towards an integrated administration, 2009

Hofmann, Jens, Rechtsschutz und Haftung im europäischen Verwaltungsverbund, 2004

Hohmann-Dennhardt, Christine, Schranken des Demokratieprinzips, in: Redaktion Kritische Justiz (Hrsg.), Demokratie und Grundgesetz, 2000, S. 102–110

Hölscheidt, Sven, Abschied vom subjektiv-öffentlichen Recht? - Zu Wandlungen der Verwaltungsrechtsdogmatik unter dem Einfluß des Gemeinschaftsrechts, EuR 2001, S. 376–396

ders., Probleme bei der Durchsetzung des Unionsrechts in den Mitgliedstaaten, DÖV 2009, S. 341–348

Holznagel, Bernd/Schumacher, Pascal, Europäischer Regulierer für den Telekommunikations- und Energiewirtschaftssektor?, DVBl. 2007, S. 409–416 *dies.*, Die politische Unabhängigkeit der Bundesnetzagentur, in: Ludwig Gramlich/Cornelia Manger-Nestler (Hrsg.), Europäisierte Regulierungsstrukturen und -netzwerke, 2011, S. 37–54

dies., Funktionelle Unabhängigkeit und demokratische Legitimation europäischer Regulierungsagenturen, in: Detlev Joost/Hartmut Oetker/Marian Paschke (Hrsg.), FS Säcker, 2011, S. 737–754

dies., Regulierung ohne Regierung - zur Vereinbarkeit unabhängiger Regulierungsbehörden mit dem Demokratieprinzip, Jura 2012, S. 501–506

Hombergs, Anne, Europäisches Verwaltungskooperationsrecht auf dem Sektor der elektronischen Kommunikation, 2006

Hoppe, Werner, Organstreitigkeiten vor den Verwaltungs- und Sozialgerichten, 1970

ders., Organstreitigkeiten und organisationsrechtliche subjektiv-öffentliche Rechte, DVBl. 1970, S. 845–850

ders., Die Regelung der verwaltungsrechtlichen Organstreitigkeiten - eine Aufgabe des Gesetzgebers, NJW 1980, S. 1017–1022

Hornung, Gerrit, Eine Datenschutz-Grundverordnung für Europa? - Licht und Schatten im Kommissionsentwurf vom 25.1.2012, ZD 2012, S. 99–106

Huber, Ernst Rudolf, Die institutionelle Verfassungsgarantie der Rechnungsprüfung, in: Arthur Nikisch (Hrsg.), FS Nikisch, 1958, S. 331–361

Huber, Peter Michael, Europäisches und nationales Verfassungsrecht, VVDStRL 60 (2001), S. 194–245

ders., Recht der europäischen Integration, 2. Aufl. 2002

ders., Das Kooperationsverhältnis von Kommission und nationalen Verwaltungen beim Vollzug des Unionsrechts, in: Carl-Eugen Eberle/Martin Ibler/Dieter Lorenz (Hrsg.), Der Wandel des Staates vor den Herausforderungen der Gegenwart – FS Brohm, 2002, S. 127–137

ders., Grundlagen und Organe, in: Hans-Werner Rengeling (Hrsg.), Handbuch zum europäischen und deutschen Umweltrecht (EUDUR), Bd. I, Allgemeines Umweltrecht, 2003, § 19

ders., Verfassungsstaat und Finanzkrise, 2014

Hufen, Friedhelm, Verwaltungsprozessrecht, 11. Aufl. 2019

Huster, Stefan, Die Beobachtungspflicht des Gesetzgebers, ZfRSoz 2003, S. 3–26

Huthmacher, Karl Eugen, Der Vorrang des Gemeinschaftsrechts bei indirekten Kollisionen, 1985

Hutka, Rainer, Gemeinschaftsrechtsbezogene Prüfungs- und Verwerfungskompetenz der deutschen Verwaltung gegenüber Rechtsnormen nach europäischem Gemeinschaftsrecht und nach deutschem Recht, 1997

Hwang, Shu-Perng, Der Europäische Verwaltungsverbund im Spannungsfeld zwischen nationaler Identität und europäischer Integration, DÖV 2014, S. 681–690

Inghelram, Jan, The European Court of Auditors: Current Legal Issues, CMLRev. 37 (2000), S. 129–146

Ipsen, Hans Peter, Das Verhältnis des Rechts der europäischen Gemeinschaften zum nationalen Recht, ZHR 1965, Beiheft 29 *ders.*, Europäisches Gemeinschaftsrecht, 1972

Irrgang, Klaus, Die Rechtsnatur der Deutschen Bundesbank, 1969

Isensee, Josef, Grundrechte und Demokratie, Der Staat 20 (1981), S. 161–176

Jacob, Joachim, Der Stand der EG-Datenschutzrichtlinie zu Beginn der deutschen Ratspräsidentschaft, DuD 1994, S. 480–483

Jamrath, Thomas, Normenkontrolle der Verwaltung und europäisches Gemeinschaftsrecht, 1993

Jans, Jan H./de Lange, Roel/Prechal, Sacha/Widdershoven, Rob, Europeanisation of Public Law, 2007

Janzen, Dietmar, Der neue Artikel 88 Satz 2 des Grundgesetzes, 1996

Jarass, Hans D., Die Freiheit des Rundfunks vom Staat, 1981

ders., Grundrechte als Wertentscheidung bzw. objektivrechtliche Prinzipien in der Rechtsprechung des Bundesverfassungsgerichts, AöR 110 (1985), S. 363–397

ders., Kommentar – Charta der Grundrechte der Europäischen Union, 3. Aufl. 2016

Jarass, Hans D./Beljin, Saša, Die Bedeutung von Vorrang und Durchführung des EG-Rechts für die nationale Rechtsetzung und Rechtsanwendung, NVwZ 2004, S. 1–11

Jarass, Hans D./Pieroth, Bodo, Grundgesetz für die Bundesrepublik Deutschland: Kommentar, 14. Aufl. 2016

Jensen, Henning, Kommunale Daseinsvorsorge im europäischen Wettbewerb der Rechtsordnungen, 2015

Jestaedt, Matthias, Demokratieprinzip und Kondominialverwaltung, 1993

ders., Bundesstaat als Verfassungsprinzip, in: Josef Isensee/Paul Kirchhof (Hrsg.), Handbuch des Staatsrechts, Bd. II, 3. Aufl. 2004, § 29

ders., Warum in die Ferne schweifen, wenn der Maßstab liegt so nah?, Der Staat 48 (2009), S. 497-516

Jochum, Heike, Das Bundeskartellamt auf dem Weg nach Europa – Verfassungs-, europarechtliche und organisationssoziologische Perspektiven des Organisationswandels selbständiger Bundesoberbehörden in Deutschland unter dem Einfluss der Europäischen Union am Beispiel des Bundeskartellamts, VerwArch 94 (2003), S. 512–542

dies., Europäisches Zollverwaltungsrecht, in: Jörg Philipp Terhechte (Hrsg.), Verwaltungsrecht der Europäischen Union, 2011, § 29

Jones, Bryan D., Bounded Rationality and Political Science: Lessons from Public Administration and Public Policy, Journal of Public Administration Research and Theory 13 (2003), S. 395–412

Jungkind, Vera, Verwaltungsakte zwischen Hoheitsträgern, 2008

Jury, Günther, Der Rechnungshof vor Gericht, 2002

Kadelbach, Stefan, Der Einfluß des EG-Rechts auf das nationale Allgemeine Verwaltungsrecht, in: Thomas von Danwitz/Markus Heintzen/Matthias Jestaedt/Stefan Korioth/Michael Reinhardt (Hrsg.), Auf dem Wege zu einer europäischen Staatlichkeit, 1993, S. 131–147 *ders.*, Allgemeines Verwaltungsrecht unter europäischem Einfluß, 1999

ders., Die Wirkung von im Vorabentscheidungsverfahren ergangenen Urteilen, in: Michael Holoubek/Michael Lang (Hrsg.), Das EuGH-Verfahren in Steuersachen, 2000, S. 119–132

ders., Verwaltungskontrollen im Europäischen Mehrebenensystem, in: Eberhard Schmidt-Aßmann/Wolfgang Hoffmann-Riem (Hrsg.), Verwaltungskontrolle, 2001, S. 205–246

ders., Die rechtsstaatliche Einbindung der europäischen Wirtschaftsverwaltung, in: Jürgen Schwarze (Hrsg.), Die rechtsstaatliche Einbindung der europäischen Wirtschaftsverwaltung, EuR 2002, Beiheft 2, S. 7–28

ders., European Administrative Law and the Law of a Europeanized Administration, in: Christian Joerges/Renaud Dehousse (Hrsg.), Good governance in Europe's integrated market, 2002, S. 167–206

Kahl, Bruno, Europäische Union: Bundesstaat – Staatenbund – Staatenverbund?, Der Staat 33 (1994), S. 241–258

Kahl, Wolfgang, Europäisches und nationales Verwaltungsorganisationsrecht – Von der Konfrontation zur Kooperation, DV 29 (1996), S. 341–384

ders., Die Staatsaufsicht – Entstehung, Wandel und Neubestimmung unter besonderer Berücksichtigung der Aufsicht über die Gemeinden, 2000

ders., Die Europäisierung des Verwaltungsrechts als Herausforderung an Systembildung und Kodifikationsidee, in: Peter Axer (Hrsg.), Das europäische Verwaltungsrecht in der Konsolidierungsphase – Systembildung – Disziplinierung – Internationalisierung, DV 2010, Beiheft 10, S. 39–93

ders., Der Europäische Verwaltungsverbund: Strukturen – Typen – Phänomene, Der Staat 50 (2011), S. 353–387

Kahl, Wolfgang/Waldhoff, Christian/Walter, Christian (Hrsg.), Bonner Kommentar, Grundgesetz, Losebl.-Sammlung, 1991-

Kahler, Thomas, Die Europarechtswidrigkeit der Kommissionsbefugnisse in der Grundverordnung, RDV 2013, S. 69–73

Kakouris, Constantinos, Do the member states possess judicial procedural "autonomy"?, CMLRev. 34 (1997), S. 1389–1412

Kaltenborn, Markus/Lübben, Lukas, Kohärenz und Kooperation im Organisationsrecht der Entwicklungszusammenarbeit, DV 47 (2014), S. 125–149

Kämmerer, Jörn Axel, Das neue Europäische Finanzaufsichtssystem (ESFS), NVwZ 2011, S. 1281–1288

Kämmerer, Jörn Axel/Starski, Paulina, Die Europäische Zentralbank in der Bankenunion oder: Vor Risiken und Nebenwirkungen wird gewarnt, ZG 28 (2013), S. 318–338

Kanska, Klara, Towards Administrative Human Rights in the EU - Impact of the Charter of Fundamental Rights, ELJ 10 (2004), S. 296–326

Kazele, Norbert, Arkanbereiche der Exekutive?, VerwArch 101 (2010), S. 469-481

Keessen, Andrea M., European administrative decisions - How the EU regulates products on the internal market, 2009

Kersten, Jens, Die Herstellung von Wettbewerb als Verwaltungsaufgabe, VVDStRL 69 (2010), S. 288–340

Kewenig, Wilhelm A., Zu Inhalt und Grenzen der Rundfunkfreiheit, 1978

Kilb, Wolfgang, Europäische Agenturen und ihr Personal – die großen Unbekannten?, EuZW 2006, S. 268–273

Kintz, Roland, Die Beanstandungsklage nach § 17 RhPfAGVwGO, LKRZ 2009, S. 5–10

Kischel, Uwe, Gemeinschaftsrechtliche Staatshaftung zwischen Europarecht und nationaler Rechtsordnung, EuR 2005, S. 441–465

Kisker, Gunter, Insichprozeß und Einheit der Verwaltung - Zur Frage der Zulässigkeit von Insichprozessen vor den Verwaltungsgerichten, 1968

ders., Organe als Inhaber subjektiver Rechte, JuS 1975, S. 704–710

Klappstein, Walter, Die kollegiale Verfassung der Rechnungshöfe, in: Helmuth Schulze-Fielitz (Hrsg.), Fortschritte der Finanzkontrolle in Theorie und Praxis - GS Heuer, DV 2000, Beiheft 3, S. 25–54

Klaproth, Martin, Die Dienstaufsicht im Beamtenrecht, DÖD 2001, S. 57-65

Klass, Nadine, Rechtliche Grenzen des Realitätsfernsehens, 2004

Klein, Eckart, Die verfassungsrechtliche Problematik des ministerialfreien Raumes, 1974

ders., Der Einfluss des europäischen Gemeinschaftsrechts auf das Verwaltungsrecht der Mitgliedstaaten, Der Staat 33 (1994), S. 39–57

Klein, Hans H., Europäische Integration und demokratische Legitimation, 2011

ders., Integration und Verfassung, AöR 139 (2014), S. 165–195

Klement, Jan Henrik, Der Euro und seine Demokratie, ZG 29 (2014), S. 169–196

Klepper, Marian, Vollzugskompetenzen der Europäischen Gemeinschaft aus abgeleitetem Recht, 2001

Kloepfer, Michael, Geben moderne Technologien und die europäische Integration Anlaß, Notwendigkeit und Grenzen des Schutzes personenbezogener Informationen neu zu bestimmen?, Gutachten D, in: Ständige Deputation des Deutschen Juristentages (Hrsg.), Verhandlungen des 62. Deutschen Juristentages, Bd. I, Gutachten, 1998

Klotz, Robert/Brandenburg, Alexandra, Entwicklungen des Gemeinschaftsrechts in den Netzwirtschaften im Jahr 2008, N&R 2009, S. 8–16

Kluth, Winfried, Funktionale Selbstverwaltung: Verfassungsrechtlicher Status - verfassungsrechtlicher Schutz, 1997

ders., Funktionsgerechte Organstrukturen - ein Verfassungsgebot?, VerwArch 102 (2011), S. 525–546

Kment, Martin, Das Eigenverwaltungsrecht der Europäischen Union, JuS 2011, S. 211–215

Knop, Daniel, Völker- und Europarechtsfreundlichkeit als Verfassungsgrundsätze, 2013

Knothe, Matthias, Die neuen Institutionen des Rundfunkstaatsvertrages zwischen Rechtsaufsicht und Staatsfreiheit, 2000

Koch, Michael H., Die Externalisierungspolitik der Kommission, 2004

ders., Mittelbare Gemeinschaftsverwaltung in der Praxis, EuZW 2005, S. 455–459

Koenig, Christian/Loetz, Sascha, Vereinigung nationaler Regulierungsbehörden vs. EECMA, MMR 2008, S. 367–372

Koenig, Christian/Lorz, Ralph Alexander, Stärkung des Subsidiaritätsprinzips, JZ 2003, S. 167–173

Kohtamäki, Natalia, Die Reform der Bankenaufsicht in der Europäischen Union, 2012

dies., Die ESMA darf Leerverkäufe regeln - Anmerkung zum Urteil des EuGH vom 22. Januar 2014, EuR 2014, S. 321–332

Kok, Chris, The Court of Auditors of the European Communities: "The Other European Court in Luxembourg", CMLRev. 26 (1989), S. 345–367

Kokott, Juliane/Henze, Thomas/Sobotta, Christoph, Die Pflicht zur Vorlage an den Europäischen Gerichtshof und die Folgen ihrer Verletzung, JZ 2006, S. 633–641

Komárek, Jan, Federal Elements in the Community Judicial System: Building Coherence in the Community Legal Order, CMLRev. 42 (2005), S. 9–34

König, Julia, Der Äquivalenz- und Effektivitätsgrundsatz in der Rechtsprechung des Europäischen Gerichtshofs, 2011

König, Thomas/Rieger, Elmar/Schmitt, Hermann, Einleitung der Herausgeber, in: dies. (Hrsg.), Das europäische Mehrebenensystem, 1996, S. 13–26

Körber, Torsten, Anmerkung zu EuGH, Rs. C-424/07, MMR 2010, S. 123-124

Kopp, Ferdinand, Das Gesetzes- und Verordnungsprüfungsrecht der Behörden, DVBl. 1983, S. 821–829

ders., Tendenzen der Harmonisierung des Datenschutzrechts in Europa, DuD 1995, S. 204–212

Kopp, Ferdinand/Ramsauer, Ulrich, VwVfG, Kommentar, 20. Aufl. 2019

Kopp, Ferdinand/Schenke, Wolf-Rüdiger, VwGO, Kommentar, 25. Aufl. 2019

Körner, Marita, Die Reform des EU-Datenschutzes: Der Entwurf einer EU-Datenschutz-Grundverordnung (DS-GVO) - Teil II, ZESAR 2013, S. 153–159

Kornhauser, Lewis A., Is Judicial Independence a Useful Concept?, in: Stephen B. Burbank/Barry Friedman (Hrsg.), Judicial independence at the Crossroads - An Interdisciplinary Approach, 2002, S. 45–55

Kort, Michael, Verstoß eines EG-Mitgliedstaats gegen europäisches Recht: Probleme des Vertragsverletzungsverfahrens gem. Art. 169 EGV, DB 1996, S. 1323–1326

Korthals, Gernot, Perspektiven für eine wirksamere öffentliche Finanzkontrolle, DÖV 2002, S. 600–607

Kössinger, Winfried, Die Durchführung des europäischen Gemeinschaftsrechts im Bundesstaat, 1989

Köttgen, Arnold, Der Einfluß des Bundes auf die deutsche Verwaltung und die Organisation der bundeseigenen Verwaltung, JöR 3 (1954), S. 67–147

Kottmann, Matthias/Wohlfahrt, Christian, Demokratie, Verfassungsidentität und Integrationsverantwortung im Lissabon-Urteil, ZaöRV 69 (2009), S. 443–470

Kovar, Robert, Voies de droit ouvertes aux individus devant les instances nationales en cas de violation des normes et décisions du droit communautaire, in: Walter J. Ganshof van der Meersch (Hrsg.), Les recours des individus devant les instances nationales en cas de violation du droit européen, 1978, S. 245–283

ders., L'intégrité de l'effet direct du droit communautaire selon la jurisprudence de la Cour de Justice de la Communauté, in: Roland Bieber/Dietmar Nickel (Hrsg.), Das Europa der zweiten Generation - GS Sasse, Bd. I, 1981, S. 151-169

Kratzer, Jakob, Die Prüfung von Gesetzen durch die Verwaltung, BayVBl. 1967, S. 150–151

Krebs, Walter, Die rechtliche Stellung der Rechnungshöfe und der Vorbehalt des § 40 Abs. 1 VwGO zugunsten der verfassungsrechtlichen Streitigkeit, VerwArch 71 (1980), S. 77-85

ders., Grundfragen des verwaltungsgerichtlichen Organstreits, Jura 1981, S. 569–580

ders., Kontrolle in staatlichen Entscheidungsprozessen, 1984

ders., Verwaltungsorganisation, in: Josef Isensee/Paul Kirchhof (Hrsg.), Handbuch des Staatsrechts, Bd. V, 3. Aufl. 2007, § 108

Kremer, Carsten, Gemeinschaftsrechtliche Grenzen der Rechtskraft, EuR 2007, S. 470–493

Kröger, Klaus, Die Ministerverantwortlichkeit in der Verfassungsordnung der Bundesrepublik Deutschland, 1972

Kröger, Malte, „Völlig unabhängig" – völlig unzureichend? – Anmerkungen zum Gesetzentwurf über die Rechtsstellung des Bundesdatenschutzbeauftragten, JuWissBlog, 2014, abrufbar unter: http://www.juwiss.de/110-2014/

ders., Pluralisierung durch unabhängige Verwaltungsstellen - Zum Einfluss des Unionsrechts auf die mitgliedstaatliche Verwaltungsorganisation sowie zur verfassungsrechtlichen Einbindung in Deutschland und Österreich, in: Lisa Heschl/Julia Juri/Manuel P. Neubauer/Jürgen Pirker/Matthias Scharfe/Lorin-Johannes Wagner/Malina Willgruber (Hrsg.), L'État, c'est quoi? – Staatsgewalt im Wandel, 54. Assistententagung Öffentliches Recht, 2015, S. 255-275

ders., Unabhängiges Verwalten in der Europäischen Union – eine Einführung, in: ders./Arne Pilniok (Hrsg.), Unabhängiges Verwalten in der Europäischen Union, 2016, S. 1-18

Kröger, Malte/Pilniok, Arne, Verwaltungsorganisation unter Europäisierungsdruck: zur fachlichen Unabhängigkeit der mitgliedstaatlichen Statistikämter als unionsrechtlichem Prinzip, DÖV 2015, S. 917-927

dies., Unabhängigkeit zählt: Amtliche Statistik zwischen Politik, Verwaltung und Wissenschaft, in: dies. (Hrsg.), Unabhängiges Verwalten in der Europäischen Union, 2016, S. 131-157

Kröll, Thomas, Artikel 290 und 291 AEUV - Neue vertragliche Grundlagen der Rechtsetzung durch die Europäische Kommission, in: Alfred G. Debus/Franziska Kruse/Alexander Peters/Hanna Schröder/Olivia Seifert/Corinna Sicko (Hrsg.), Verwaltungsrechtsraum Europa, 51. Assistententagung Öffentliches Recht, 2011, S. 195–211

Krönke, Christoph, Die Verfahrensautonomie der Mitgliedstaaten der Europäischen Union, 2013

Kruis, Tobias, Der Anwendungsvorrang des EU-Rechts in Theorie und Praxis, 2013

Kube, Hanno, Nationale Budgethoheit und Europäische Integration, AöR 137 (2012), S. 205–222

Kugelmann, Dieter, Informationsfreiheit als Elemente moderner Staatlichkeit, DÖV 2005, S. 851-860

ders., Der Einfluss des Europarechts auf die Verwaltungsorganisation der Mitgliedstaaten, in: Wilfried Erbguth/Johannes Masing (Hrsg.), Verwaltung unter dem Einfluss des Europarechts, 2006, S. 137–170

ders., Wirkungen des EU-Rechts auf die Verwaltungsorganisation der Mitgliedstaaten, VerwArch 98 (2007), S. 78–100

Kühling, Jürgen, Sektorspezifische Regulierung in den Netzwirtschaften, 2004

ders., Die Zukunft des Europäischen Agentur(un)wesens – oder: Wer hat Angst vor Meroni?, EuZW 2008, S. 129

ders., Europäisches Telekommunikationsverwaltungsrecht, in: Jörg Philipp Terhechte (Hrsg.), Verwaltungsrecht der Europäischen Union, 2011, § 24

ders., Die Europäisierung des Datenschutzrechts – Gefährdung deutscher Grundrechtsstandards?, 2014

Kulms, Katrin, Der Effektivitätsgrundsatz, 2013

Kumm, Mattias, Who is the Final Arbiter of Constitutionality in Europe?: Three Conceptions of the Relationship between the German Federal Constitutional Court and the European Court of Justice, CMLRev. 36 (1999), S. 351–386

ders., Rebel Without a Good Cause, GLJ 15 (2014), S. 203-215

Kunig, Philip, Das Rechtsstaatsprinzip – Überlegungen zu seiner Bedeutung für das Verfassungsrecht der Bundesrepublik Deutschland, 1986

Ladenburger, Clemens, Evolution oder Kodifikation eines allgemeinen Verwaltungsrechts in der EU, in: Hans-Heinrich Trute/Thomas Groß/Hans Christian Röhl/Christoph Möllers (Hrsg.), Allgemeines Verwaltungsrecht - zur Tragfähigkeit eines Konzepts, 2008, S. 107–133

Ladeur, Karl-Heinz, Die Autonomie der Bundesbank – ein Beispiel für die institutionelle Verarbeitung von Ungewißheitsbedingungen, Staatswissenschaften und Staatspraxis 1992, S. 486–508

ders., Supra- und transnationale Tendenzen in der Europäisierung des Verwaltungsrechts – eine Skizze, EuR 1995, S. 227–246

ders., Das Europäische Telekommunikationsrecht im Jahre 2007, K&R 2008, S. 265–272 *ders.*, Die Bedeutung eines Allgemeinen Verwaltungsrechts für ein Europäisches Verwaltungsrecht, in: Hans-Heinrich Trute/Thomas Groß/Hans Christian Röhl/Christoph Möllers (Hrsg.), Allgemeines Verwaltungsrecht – zur Tragfähigkeit eines Konzepts, 2008, S. 795–820

Ladeur, Karl-Heinz/Möllers, Christoph, Der europäische Regulierungsverbund der Telekommunikation im deutschen Verwaltungsrecht, DVBl. 2005, S. 525–535

Laffan, Brigid, Becoming a 'Living Institution': The Evolution of the European Court of Auditors, JCMS 37 (1999), S. 251–268

Laicher, Eberhard, EU-Richtlinie zum Datenschutz und BDSG – Gedanken zur Novellierung des BDSG, DuD 1996, S. 409–412

Lais, Martina, Das Recht auf eine gute Verwaltung unter besonderer Berücksichtigung der Rechtsprechung des Europäischen Gerichtshofs, ZEuS 2002, S. 447–482

Lambrinoc, Simona, Die Unabhängigkeit der Europäischen Zentralbank als Aufsichtsbehörde für Kreditinstitute, in: Malte Kröger/Arne Pilniok (Hrsg.), Unabhängiges Verwalten in der Europäischen Union, 2016, S. 221-238

Lampe, Ortrun, Die Unabhängigkeit der Deutschen Bundesbank, 2. Aufl. 1971

Lange, Klaus, Die Abhängigkeit der Ausgabenbewilligung der Bundesregierung von der parlamentarischen Budgetbewilligung, Der Staat 11 (1972), S. 313–330

ders., Der Kommunalverfassungsstreit, in: Peter Baumeister/Wolfgang Roth/Josef Ruthig (Hrsg.), Staat, Verwaltung und Rechtsschutz - FS Schenke, 2011, S. 959–974

Lauwaars, Richard H., Auxiliary Organs and Agencies in the E.E.C., CMLRev. 16 (1979), S. 365–387

Le Barbier-Le Bris, Muriel, Les principes d'autonomie institutionnelle et procédurale et de coopération loyale - Les États membres de l'Union européenne, des États pas comme les autres, in: Jean Raux (Hrsg.), Le droit de l'Union européenne en principes - Liber amicorum en l'honneur de Jean Raux, 2006, S. 419–457

Lehmann, Matthias/Manger-Nestler, Cornelia, Die Vorschläge zur neuen Architektur der europäischen Finanzaufsicht, EuZW 2010, S. 87–92

Lehner, Roman, Die „Integrationsverfassungsbeschwerde" nach Art. 38 Abs. 1 S. 1 GG, Der Staat 52 (2013), S. 535-562

Lehnert, Matthias, Frontex und operative Maßnahmen an den europäischen Außengrenzen, 2014

Lenaerts, Koen, Some Reflections on the Separation of Powers in the European Community, CMLRev. 28 (1991), S. 11–35

ders., Regulating the regulatory process: "delegation of powers" in the European Community, ELRev 18 (1993), S. 23–49

Lenski, Edgar/Mayer, Franz C., Vertragsverletzung wegen Nichtvorlage durch oberste Gerichte?, EuZW 2005, S. 225

Lenz, Carl-Otto/Borchardt, Klaus Dieter (Hrsg.), EU-Verträge, Kommentar, EUV – AEUV – GRCh, 6. Aufl. 2012

Lepper, Ulrich, Düsseldorfer Kreis bleibt Ansprechpartner für die Wirtschaft: Modell für die Zusammenarbeit auf europäischer Ebene, RDV 2012, S. 239-239

Lepper, Ulrich/Wilde, Christian Peter, Unabhängigkeit der Datenschutzkontrolle – Zur Rechtslage im Bereich der Privatwirtschaft, CR 1997, S. 703–707

Lepsius, Oliver, Die maßstabsetzende Gewalt, in: Matthias Jestaedt/ders./Christoph Möllers/Christoph Schönberger (Hrsg.), Das entgrenzte Gericht, 2011, S. 159-280

Lerche, Peter, Übermaß und Verfassungsrecht – Zur Bindung des Gesetzgebers an die Grundsätze der Verhältnismäßigkeit und der Erforderlichkeit, 1961

ders., Strukturfragen des verwaltungsgerichtlichen Organstreits, in: Detlef Merten/Reiner Schmidt/Rupert Stettner (Hrsg.), Der Verwaltungsstaat im Wandel - FS Knöpfle, 1996, S. 171–184

Leschke, Martin/Möstl, Markus, Die Grundsätze der Subsidiarität und Verhältnismäßigkeit: Wirksame Kompetenzschranken der Europäischen Union?, in: Klaus Heine/Thomas Apolte (Hrsg.), Zentralität und Dezentralität von Regulierung in Europa, 2007, S. 77–105

Lewinski, Kai von, Europäisierung des Datenschutzrechts – Umsetzungsspielraum des deutschen Gesetzgebers und Entscheidungskompetenz des BVerfG, DuD 2012, S. 564–570

ders., Unabhängigkeit des Bundesbeauftragten für Datenschutz und die Informationsfreiheit, ZG 2015, S. 228-245

Lodge, Juliet, Transparency and Democratic Legitimacy, JCMS 32 (1994), S. 343–368

Loening, Hellmuth, Der ministerialfreie Raum in der Staatsverwaltung, DVBl. 1954, S. 173–180

Loeser, Roman, Die Bundesverwaltung in der Bundesrepublik Deutschland - Bestand, Rechtsformen und System der Aufbauorganisation, Bd. I, 3. Aufl. 1989

Lorenz, Dieter, Zur Problematik des verwaltungsgerichtlichen Insichprozesses, AöR 93 (1968), S. 308–340

Loschelder, Wolfgang, Weisungshierarchie und persönliche Verantwortung in der Exekutive, in: Josef Isensee/Paul Kirchhof (Hrsg.), Handbuch des Staatsrechts, Bd. V, 3. Aufl. 2007, § 107

Löwer, Wolfgang, Der Insichprozeß in der Verwaltungsgerichtsbarkeit, VerwArch 68 (1977), S. 327–360

Lübbe-Wolff, Gertrude, Europäisches und nationales Verfassungsrecht, VVDStRL 60 (2001), S. 246–289

Lüder, Klaus, Verwaltungscontrolling, DÖV 1993, S. 265–272

Ludwigs, Markus, Rechtsangleichung nach Art. 94, 95 EG-Vertrag, 2004

ders., Das veränderte Machtgefüge der Institutionen nach dem Dritten EU-Binnenmarktpaket, DVBl. 2011, S. 61–69

ders., Die Bundesnetzagentur auf dem Weg zur Independent Agency? Europarechtliche Anstöße und verfassungsrechtliche Grenzen, DV 44 (2011), S. 41–74

Macey, Jonathan, Organizational Design and Political Control of Administrative Agencies, Journal of Law and Economics 8 (1992), S. 93–110

Maduro, Miguel Poiares, The Heteronyms of European Law, ELJ 5 (1999), S. 160-168

Mager, Ute, Freiheit von Forschung und Lehre, in: Josef Isensee/Paul Kirchhof (Hrsg.), Handbuch des Staatsrechts, Bd. VII, 3. Aufl. 2009, § 166 *dies.*, Entwicklungslinien des Europäischen Verwaltungsrechts, in: Peter Axer (Hrsg.), Das europäische Verwaltungsrecht in der Konsolidierungsphase – Systembildung – Disziplinierung – Internationalisierung, DV 2010, Beiheft 10, S. 11–38

Magiera, Siegfried, Die Durchsetzung des Gemeinschaftsrechts im europäischen Integrationsprozeß, DÖV 1998, S. 173–183

Mailänder, Mathias, Das Governanceregime eines Regulierungsverbunds in der Telekommunikation: zur transdisziplinär erweiterten Rezeption und Analyse von sektorspezifischen Regelungsstrukturen eines Verwaltens im Mehrebenensystem der Europäischen Union, 2008

Majone, Giandomenico, Mutual trust, credible commitments and the evolution of rules for a Single European Market, RSCAS Working Papers, 1995

ders., Regulating Europe, 1996

ders., Temporal Consistency and Policy Credibility: Why Democracies Need Non-Majoritarian Institutions, EUI Working Paper RSC 1996

ders., Non-majoritarian Institutions and the Limits of Democratic Governance: A Political Transaction-Cost Approach, JITE 157 (2001), S. 57–78

von Mangoldt, Hermann/Klein, Friedrich/Starck, Christian (Hrsg.), Kommentar zum Grundgesetz, 6. Aufl. 2010

dies. (Hrsg.), Kommentar zum Grundgesetz, 7. Aufl. 2018

Martens, Sebastian A. E., Methodenlehre des Unionsrechts, 2013

Martensen, Jürgen, Grundfälle zum Kommunalverfassungsstreit, JuS 1995, S. 1077–1080

Martini, Mario, Doc Morris ante portas - zu Risiken und Nebenwirkungen der Niederlassungsfreiheit des Art. 48 EG für das Berufsrecht der Apotheker, DVBl. 2007, S. 10–18

Masing, Johannes, Die Mobilisierung des Bürgers für die Durchsetzung des Rechts: europäische Impulse für eine Revision der Lehre vom subjektiv-öffentlichen Recht, 1997

ders., Soll das Recht der Regulierungsverwaltung übergreifend geregelt werden?, in: Ständige Deputation des Deutschen Juristentages (Hrsg.), Verhandlungen des 66. Deutschen Juristentages, 2006

ders., Unabhängige Behörden und ihr Aufgabenprofil, in: ders./Gérard Marcou (Hrsg.), Unabhängige Regulierungsbehörden – Organisationsrechtliche Herausforderungen in Frankreich und Deutschland, 2010, S. 181–219

ders., Herausforderungen des Datenschutzes, NJW 2012, S. 2305–2312

ders., Ein Abschied von den Grundrechten – Die Europäische Kommission plant per Verordnung eine ausnehmend problematische Neuordnung des Datenschutzes, Süddeutsche Zeitung vom 9.1.2012, S. 10-11

Maunz, Theodor/Dürig, Günter (Hrsg.), Grundgesetz: Kommentar, Losebl.-Sammlung, 2009-

Maurer, Hartmut, Allgemeines Verwaltungsrecht, 18. Aufl. 2011

Mayen, Thomas, Verwaltung durch unabhängige Einrichtungen, DÖV 2004, S. 45–56

Mayer, Christian, Die Nachbesserungspflicht des Gesetzgebers, 1996

Mayer, Franz C., Rebels without a cause? Zur OMT-Vorlage des Bundesverfassungsgerichts, EuR 2014, S. 473-514

Mayntz, Renate, Soziologie der öffentlichen Verwaltung, 3. Aufl. 1985

Meese, Jon Marcus, Das Petitionsrecht beim Europäischen Parlament und das Beschwerderecht beim Bürgerbeauftragten der Europäischen Union, 2000

Mehde, Veith, Die empirischen Prämissen des Hierarchiegebots, in: Redaktion Kritische Justiz (Hrsg.), Demokratie und Grundgesetz, 2000, S. 111–116

ders., Neues Steuerungsmodell und Demokratieprinzip, 2000

Mehdi, Rostane, L'autonomie institutionnelle et procédurale et le droit administratif, in: Jean-Bernard Auby/Jacqueline de La Dutheil Rochère (Hrsg.), Droit administratif Européen, 2007, S. 685–726

Meier, Gert, Zur Einwirkung des Gemeinschaftsrechts auf nationales Verfahrensrecht im Falle höchstrichterlicher Vertragsverletzungen, EuZW 1991, S. 11–15

Menzel, Hans-Joachim, Legitimation staatlicher Herrschaft durch Partizipation Privater?, 1980

Mertens Wilmars, Josse de/Verougstraete, Ivan M., Proceedings against member states for failure to fulfil their obligations, CMLRev. 7 (1970), S. 385–406

Mestmäcker, Ernst-Joachim, On the Legitimacy of European Law, RabelsZ 58 (1994), S. 615–635

Meyer, Jürgen/Hölscheidt, Sven (Hrsg.), Charta der Grundrechte der Europäischen Union, Kommentar, 5. Aufl. 2019

Meyer-Teschendorf, Klaus, Das Rechts- und Amtshilfegebot des Art. 35 Abs. 1 GG: Antwort auf ein Föderalismusproblem, DÖV 1988, S. 901–907

Meyn, Karl-Ulrich, Kontrolle als Verfassungsprinzip, 1982

Michel, Katja, Die neue Europäische Bankenaufsichtsbehörde, DÖV 2011, S. 728–735

Millet, François-Xavier, L'Union européenne et l'identité constitutionnelle des Etats membres, 2013

ders., The Respect for National Constitutional Identity in the European Legal Space: An Approach to Federalism as Constitutionalism, in: Loïc Azoulai (Hrsg.), The question of competence in the European Union, 2014, S. 253–275

Mir Puigpelat, Oriol, Die Kodifikation des Verwaltungsverfahrensrechts, in: Jens-Peter Schneider/Francisco Velasco Caballero (Hrsg.), Strukturen des Europäischen Verwaltungsverbunds, DV 2009, Beiheft 8, S. 177–210

Miß, Holger, Die Unabhängigkeit von Bundesrechnungshof und Abschlussprüfern vor dem Hintergrund paralleler Prüfung und Beratung, 2006

Mitrou, Evangelia, Die Entwicklung der institutionellen Kontrolle des Datenschutzes, 1993

Mögele, Rudolf, Deutsches und europäisches Verwaltungsrecht, wechselseitige Einwirkungen, BayVBl. 1993, S. 552–559

Möllers, Christoph, Durchführung des Gemeinschaftsrechts – Vertragliche Dogmatik und theoretische Implikationen, EuR 2002, S. 483–516 *ders.*, Gewaltengliederung – Legitimation und Dogmatik im nationalen und internationalen Rechtsvergleich, 2005

ders., Netzwerk als Kategorie des Organisationsrechts, in: Janbernd Oebbecke (Hrsg.), Nicht-normative Steuerung in dezentralen Systemen, 2005, S. 285–302

ders., Tertiäre exekutive Rechtsetzung im Europarecht, in: Eberhard Schmidt-Aßmann/ Bettina Schöndorf-Haubold (Hrsg.), Der europäische Verwaltungsverbund - Formen und Verfahren der Verwaltungszusammenarbeit in der EU, 2005, S. 293–318

ders., Materielles Recht - Verfahrensrecht - Organisationsrecht - Zu Theorie und Dogmatik dreier Dimensionen des Verwaltungsrechts, in: Hans-Heinrich Trute/Thomas Groß/Hans Christian Röhl/ders. (Hrsg.), Allgemeines Verwaltungsrecht - zur Tragfähigkeit eines Konzepts, 2008, S. 489–512

Moreira de Sousa, Sofia/Heusel, Wolfgang (Hrsg.), Enforcing community law from Francovich to Köbler - Twelve years of the state liability principle, 2004

Moritz, Hans-Werner, Schwächen der TK-Liberalisierung – Folgen der Übereignung des Festnetzes an die Deutsche Telekom AG, CR 1998, S. 13–21

Möstl, Markus, Rechtsetzungen der europäischen und nationalen Verwaltungen, DVBl. 2011, S. 1076–1084

Mückenberger, Ulrich, Datenschutz als Verfassungsgebot – Das Volkszählungsurteil des Bundesverfassungsgerichtes, KJ 1984, S. 1–24

Mulert, Martin, Die deutschen Bundesländer vor dem Europäischen Gerichtshof, 1996

Müller, Udo, Die institutionelle Unabhängigkeit der Rechnungshöfe, DVBl. 1994, S. 1276–1283

Müller, Wolfgang, Ministerialfreie Räume, JuS 1985, S. 497–508

Müller-Franken, Sebastian, Die demokratische Legitimation öffentlicher Gewalt in den Zeiten der Globalisierung, AöR 134 (2009), S. 542–571

Müller-Mall, Sabine, Verwaltungsrechtsraum Europa – Zur Möglichkeit seiner rechtswissenschaftlichen Erschließung, in: Alfred G. Debus/Franziska Kruse/Alexander Peters/Hanna Schröder/Olivia Seifert/Corinna Sicko (Hrsg.), Verwaltungsrechtsraum Europa, 51. Assistententagung Öffentliches Recht, 2011, S. 9–31

von Münch, Ingo/Kunig, Philip (Hrsg.), Grundgesetz, Kommentar, 6. Aufl. 2012

Mußgnug, Reinhard, Der Haushaltsplan als Gesetz, 1976

Nassimpian, Dimitra, ... And we keep on meeting: (de-)fragmenting state liability, EL-Rev 32 (2007), S. 819–838

Nehl, Hanns Peter, Europäisches Verwaltungsverfahren und Gemeinschaftsverfassung, 2002

ders., Good administration as procedural right and/or general principle?, in: Herwig C. H. Hofmann/Alexander H. Türk (Hrsg.), Legal challenges in EU administrative law – Towards an integrated administration, 2009, S. 322–354

Nettesheim, Martin, Der Grundsatz der einheitlichen Wirksamkeit des Gemeinschaftsrechts, in: Albrecht Randelzhofer/Rupert Scholz/Dieter Wilke (Hrsg.), GS Grabitz, 1995, S. 447–468

ders., Die Integrationsverantwortung - Vorgaben des BVerfG und gesetzgeberische Umsetzung, NJW 2010, S. 177–183

Nicolaysen, Gert, Vertragsverletzung durch mitgliedstaatliche Gerichte, EuR 1985, S. 368–374

Niedobitek, Matthias, Kollisionen zwischen EG-Recht und nationalem Recht, VerwArch 92 (2001), S. 58–80

Nieto-Garrido, Eva, Possible Developments of Article 298 TFEU: Towards an Open, Efficient and Independent European Administration, EPL 18 (2012), S. 373–397

Nieto-Garrido, Eva/Martín Delgado, Isaac, European Administrative Law in the Constitutional Treaty, 2007

Nissen, Harck-Oluf, Die Intervention Dritter in Verfahren vor dem Gerichtshof der Europäischen Gemeinschaften, 2001

Nolte, Georg, Die Herausforderung für das deutsche Recht auf Akteneinsicht durch europäisches Verwaltungsrecht, DÖV 1999, S. 363–374

Obermayer, Klaus/Funke-Kaiser, Michael (Hrsg.), Kommentar zum Verwaltungsverfahrensgesetz, 5. Aufl. 2018

Oebbecke, Janbernd, Weisungs- und unterrichtungsfreie Räume in der Verwaltung, 1986

ders., Verwaltungszuständigkeit, in: Josef Isensee/Paul Kirchhof (Hrsg.), Handbuch des Staatsrechts, Bd. VI, 3. Aufl. 2008, § 136

Oertel, Klaus, Die Unabhängigkeit der Regulierungsbehörde nach §§ 66 ff. TKG, 2000

von Oertzen, Hans Joachim, Zur Zulässigkeit der Aufsichtsklage nach der Verwaltungsgerichtsordnung, DVBl. 1961, S. 650–654

Oeter, Stefan, Souveränität und Demokratie als Problem in der "Verfassungsentwicklung" der Europäischen Union, ZaöRV 55 (1995), S. 659–712

ders., Integration und Subsidiarität im deutschen Bundesstaatsrecht – Untersuchungen zu Bundesstaatstheorie unter dem Grundgesetz, 1998

ders., Rechtsprechungskonkurrenz zwischen nationalen Verfassungsgerichten, Europäischem Gerichtshof und Europäischem Gerichtshof für Menschenrechte, VVDStRL 66 (2007), S. 361-391

ders., Föderalismus und Demokratie, in: Armin von Bogdandy/Jürgen Bast (Hrsg.), Europäisches Verfassungsrecht. Theoretische und dogmatische Grundzüge, 2. Aufl. 2009, S. 73–120

ders., Das Verhältnis zwischen EuGH, EGMR und nationalen Verfassungsgerichten, in: Ulrich Fastenrath/Carsten Nowak (Hrsg.), Der Lissabonner Reformvertrag – Änderungsimpulse in einzelnen Rechts- und Politikbereichen, 2009, S. 129-147

Ogorek, Markus, Der Kommunalverfassungsstreit im Verwaltungsprozess, JuS 2009, S. 511–516

Ohler, Christoph, Anmerkung zum ENISA-Urteil des EuGH, EuZW 2006, S. 369–374

ders., Anmerkung zu EuGH, Rs. C-270/12, JZ 2014, S. 249–252

ders., Die Kontrolle des Datenschutzbeauftragten durch parlamentarische Untersuchungsausschüsse, ThürVBl. 2015, S. 213-218

Oppermann, Thomas/Classen, Claus Dieter/Nettesheim, Martin, Europarecht, 8. Aufl. 2018

Orator, Andreas, Die unionsrechtliche Zulässigkeit von Eingriffsbefugnissen der ESMA im Bereich von Leerverkäufen, EuZW 2013, S. 852–856

ders., Möglichkeiten und Grenzen der Einrichtung von Unionsagenturen, 2017

Ortlepp, Beate Christina, Das Vertragsverletzungsverfahren als Instrument zur Sicherung der Legalität im europäischen Gemeinschaftsrecht, 1987

Ossenbühl, Fritz, Aktuelle Probleme der Gewaltenteilung, DÖV 1980, S. 545–553

ders., Programmnormen im Rundfunkrecht, in: Schriften der Gesellschaft für Rechtspolitik (Hrsg.), Rundfunkrecht, 1981, S. 1–69

Paal, Boris P./Pauly, Daniel A. (Hrsg.), Datenschutz-Grundverordnung, Kommentar, 2017

Pache, Eckhard, Verantwortung und Effizienz in der Mehrebenenverwaltung, VVDStRL 66 (2007), S. 106–151

Paeffgen, Hans-Ullrich, Amtsträgerbegriff und die Unabhängigkeit des Datenschutzbeauftragten, JZ 1997, S. 178–189

Pagenkopf, Martin, Zum Einfluß des Gemeinschaftsrechts auf nationales Wirtschaftsverwaltungsrecht, NVwZ 1993, S. 216-225

Papier, Hans-Jürgen, Die verwaltungsgerichtliche Organklage, DÖV 1980, S. 292–299

ders., Verhältnis des Bundesverfassungsgerichts zu den Fachgerichtsbarkeiten, DVBl. 2009, S. 473–481

Paulweber, Michael, Regulierungszuständigkeiten in der Telekommunikation, 1999

Pawlik, Martin, Das REACH-System und die Meroni-Doktrin, 2013

Pechstein, Matthias, EU-Prozessrecht, 4. Aufl. 2011

ders., Integrationsverantwortung, 2012

Pernice, Ingolf, Kompetenzabgrenzung im europäischen Verfassungsverbund, JZ 2000, S. 866–876

ders., Europäisches und nationales Verfassungsrecht, VVDStRL 60 (2001), S. 148–193

ders., Der Schutz nationaler Identität in der Europäischen Union, AöR 136 (2011), S. 185–221

Pescatore, Pierre, Responsabilité des Etats membres en cas de manquement aux règles communautaires, Il Foro Padano 27 (1972), S. 9–22

ders., Mit der Subsidiarität leben, in: Ole Due/Marcus Lutter/Jürgen Schwarze (Hrsg.), FS Everling, Bd. II, 1995, S. 1071-1094

Peters, Anne, Elemente einer Theorie der Verfassung Europas, 2001

dies., The European Ombudsman and the European Constitution, CMLRev. 42 (2005), S. 697–743

Petersen, Niels, Demokratie und Grundgesetz - Veränderungen des Demokratieprinzips in Art. 20 Abs. 2 GG angesichts der Herausforderungen moderner Staatlichkeit, JöR 58 (2010), S. 137–171

Petersson, Niels P./Ullrich, Katrin, Die Unabhängigkeit der Europäischen Zentralbank im historischen und ökonomischen Kontext, in: Georg Jochum (Hrsg.), Legitimationsgrundlagen einer europäischen Verfassung – Von der Volkssouveränität zur Völkersouveränität, 2007, S. 197–232

Petri, Thomas/Tinnefeld, Marie-Theres, Völlige Unabhängigkeit der Datenschutzkontrolle, MMR 2010, S. 157–161

Peuker, Enrico, Bürokratie und Demokratie in Europa, 2011

Pfeffer, Kristin, Das Recht auf eine gute Verwaltung: Art. II-101 der Grundrechtecharta des Vertrages über eine Verfassung für Europa, 2006

Pfleiderer, Otto, Unabhängigkeit der Notenbank, Die Justiz 1957, S. 307-313

Pfuhlenstein, Friedrich von, Der Weg von der preussischen Generalrechenkammer zum Bundesrechnungshof, in: Bundesrechnungshof (Hrsg.), 250 Jahre Rechnungsprüfung, 1964, S. 7–127

Pielow, Johann-Christian, Wie "unabhängig" ist die Netzregulierung im Strom- und Gassektor?, DÖV 2005, S. 1017–1025

Pieper, Stefan Ulrich, Subsidiarität, 1994

Pierucci, Andrea, Le médiateur européen, RMC 1993, S. 818-822

Piesker, Axel/Sicko, Corinna/Ziekow, Jan, Vom Aktengeheimnis zur Verwaltungstransparenz?, LKRZ 2013, S. 357-364

Pilniok, Arne, Governance im europäischen Forschungsförderverbund, 2011

Pilniok, Arne/Westermann, Eike, Strukturwandel im Verwaltungsverbund? – Eine Analyse des neuen Rechtsrahmens der unionalen Komitologieausschüsse, VerwArch 103 (2012), S. 379–398

Pitschas, Rainer, Verwaltungsverantwortung und Verwaltungsverfahren, 1990

ders., Europäisches Verwaltungsverfahrensrecht und Handlungsformen der gemeinschaftlichen Verwaltungskooperation, in: Hermann Hill/ders. (Hrsg.), Europäisches Verwaltungsverfahrensrecht, 2004, S. 301–336

Podlech, Adalbert, Die Begrenzung staatlicher Informationsverarbeitung durch die Verfassung angesichts der Möglichkeit unbegrenzter Informationsverarbeitung mittels der Technik: zur Entscheidung des Bundesverfassungsgerichts über das Volkszählungsgesetz 1983, Leviathan 12 (1984), S. 85–98

Pohler, Vera, 20 Jahre Datenschutzaufsicht im Düsseldorfer Kreis, CR 1998, S. 309–310

Poscher, Ralf, Funktionenordnung des Grundgesetzes, in: Wolfgang Hoffmann-Riem/ Eberhard Schmidt-Aßmann/Andreas Voßkuhle (Hrsg.), Grundlagen des Verwaltungsrechts, Bd. I, 2. Aufl. 2012, § 8

Potacs, Michael, Bestandskraft staatlicher Verwaltungsakte oder Effektivität des Gemeinschaftsrechts?, EuR 2004, S. 595–602

Preuß, Hugo, Über Organpersönlichkeit - Eine begriffskritische Studie, Jahrbuch für Gesetzgebung, Verwaltung und Volkswirtschaft im Deutschen Reich 26 (1902), S. 557–596

Priebe, Reinhard, Entscheidungsbefugnisse vertragsfremder Einrichtungen im europäischen Gemeinschaftsrecht, 1979

ders., Handlungsformen für Verwaltungskooperation im europäischen Staatenverbund, in: Hermann Hill/Rainer Pitschas (Hrsg.), Europäisches Verwaltungsverfahrensrecht, 2004, S. 337–352

Prost, Gerhard, Die Deutsche Bundesbank im Spannungsbereich anderer unabhängiger Organe und Institutionen, in: Hans Egon Büschgen (Hrsg.), Geld, Kapital und Kredit - FS Rittershausen, 1968, S. 110–126

Pühs, Wolfgang, Der Vollzug von Gemeinschaftsrecht, 1997

Püttner, Günter, Europäische Verwaltungsnetzwerke im Lichte der Grundsätze guter Verwaltung, in: Peter Michael Huber (Hrsg.), Der Vertrag von Lissabon und das nationale Verfassungsrecht – Europäische Verwaltungsnetzwerke, 2013, S. 213–216

Rathke, Hannes, Goldene Brücken nach Luxemburg, JuWissBlog, 2014/2/10, abrufbar unter http://www.juwiss.de/12-2014//

Rehak, Heinrich, Pflicht zur Stellenausschreibung?, ZfPR 2004, S. 85-90

Reich, Andreas, Verfassung des Landes Sachsen-Anhalt, Kommentar, 2. Aufl. 2004

Reimer, Franz, Das Parlamentsgesetz als Steuerungsmittel und Kontrollmaßstab, in: Wolfgang Hoffmann-Riem/Eberhard Schmidt-Aßmann/Andreas Voßkuhle (Hrsg.), Grundlagen des Verwaltungsrechts, Bd. I, 2. Aufl. 2012, § 9

Reister, Erwin, Parlamentarisches Budgetrecht und Rechnungshof der Europäischen Gemeinschaften, EuR 1976, S. 69–78

Remmert, Barbara, Die Gründung von Einrichtungen der mittelbaren Gemeinschaftsverwaltung, EuR 2003, S. 134–145

Rengeling, Hans-Werner, Nationaler Verwaltungsrechtsvollzug von Gemeinschaftsrecht: Die Gemeinschaftskompetenzen, EuR 1974, S. 216–257

ders., Rechtsgrundsätze beim Verwaltungsvollzug des Europäischen Gemeinschaftsrechts, KSE 27, 1977

ders., Europäisches Gemeinschaftsrecht und nationaler Rechtsschutz, in: Roland Bieber/Dietmar Nickel (Hrsg.), Das Europa der zweiten Generation - GS Sasse, Bd. I, 1981, S. 197–214

ders., Deutsches und europäisches Verwaltungsrecht – wechselseitige Einwirkungen, VVDStRL 53 (1994), S. 202–239

ders., Gesetzgebungszuständigkeit, in: Josef Isensee/Paul Kirchhof (Hrsg.), Handbuch des Staatsrechts, Bd. VI, 3. Aufl. 2008, § 135

Rengeling, Hans-Werner/Szczekalla, Peter, Grundrechte in der Europäischen Union - Charta der Grundrechte und allgemeine Rechtsgrundsätze, 2004

Richter, Rudolf/Furubotn, Eirik G, Neue Institutionenökonomik - Eine Einführung und kritische Würdigung, 4. Aufl. 2010

Rideau, Joël, La participation des Etats membres à l'application des actes des Communautés, A.F.D.I. 18 (1972), S. 864–904

Riedel, Daniel, Die Durchführungsrechtsetzung nach Art. 211, 4. Sp. EG – zwei Arten tertiärer Kommissionsakte und ihre dogmatischen Fragestellungen, EuR 2006, S. 512–543

ders., Rechtsschutz gegen Akte Europäischer Agenturen, EuZW 2009, S. 565-568

Riegel, Reinhard, Hoheitliche Zuordnung und gerichtliche Überprüfbarkeit des innerstaatlichen Vollzugs von Gemeinschaftsrecht, BayVBl. 1978, S. 289–295

Riemann, Frank, Die Transparenz der Europäischen Union, 2004

Rinken, Alfred, Demokratie und Hierarchie, in: Redaktion Kritische Justiz (Hrsg.), Demokratie und Grundgesetz, 2000, S. 125–147

Ritleng, Dominique, L'identification de la fonction exécutive dans l'Union, in: Jacqueline Dutheil de La Rochère (Hrsg.), L' exécution du droit de l'Union, entre mécanismes communautaires et droits nationaux, 2009, S. 27–52

Rivero, Jean, Vers un droit commun européen: Nouvelles perspectives en droit administratif, in: Mauro Cappelletti (Hrsg.), New perspectives for a common law of Europe - Nouvelles perspectives d'un droit commun de l'Europe, 1978, S. 389–406

Rodríguez Iglesias, Gil Carlos, Zu den Grenzen der verfahrensrechtlichen Autonomie der Mitgliedstaaten bei der Anwendung des Gemeinschaftsrechts, EuGRZ 1997, S. 289–295

Röhl, Hans Christian, Staatliche Verantwortung in Kooperationsstrukturen – Organisationsrechtsfragen am Beispiel des Wissenschaftsrates und der Deutschen Forschungsgemeinschaft, DV 29 (1996), S. 487–510

ders., Akkreditierung und Zertifizierung im Produktsicherheitsrecht, 2000

ders., Konformitätsbewertung im Europäischen Produktsicherheitsrecht, in: Eberhard Schmidt-Aßmann/Bettina Schöndorf-Haubold (Hrsg.), Der europäische Verwaltungsverbund – Formen und Verfahren der Verwaltungszusammenarbeit in der EU, 2005, S. 153–180

ders., Verantwortung und Effizienz in der Mehrebenenverwaltung, DVBl. 2006, S. 1070–1079

ders. (Hrsg.), Wissen – zur kognitiven Dimension des Rechts, DV 2010, Beiheft 9

Roller, Gerhard, Comitology in environmental policy: practical experiences between efficiency and legitimacy, in: Herwig C. H. Hofmann/Alexander H. Türk (Hrsg.), EU Administrative Governance, 2006, S. 115–145

Ronellenfitsch, Michael, Die Mischverwaltung im Bundesstaat, 1975

Roßnagel, Alexander, Unabhängigkeit der Datenschutzaufsicht, ZD 2015, S. 106-111

ders., Schriftliche Stellungnahme zur Sachverständigenanhörung am 1. Dezember 2014 zum Entwurf eines Zweiten Gesetzes zur Änderung des Bundesdatenschutzgesetzes, Deutscher Bundestag - Innenausschuss, Ausschussdrucksache 18(4)205 A, 2014.

Roth, Wolfgang, Verwaltungsrechtliche Organstreitigkeiten, 2001

Rudloff, Bettina/Simons, Johannes, European governance of food safety, in: Herwig C. H. Hofmann/Alexander H. Türk (Hrsg.), EU Administrative Governance, 2006, S. 146–184

Rudolf, Walter, Die europäische Datenschutz-Richtlinie und die Organisation der Datenschutzkontrolle, DuD 1995, S. 446–447

ders., Datenschutzkontrolle in Deutschland und die Europäische Datenschutzrichtlinie, in: Joachim Burmeister (Hrsg.), Verfassungsstaatlichkeit – FS Stern, 1997, S. 1347–1363

Ruffert, Matthias, Dogmatik und Praxis des subjektiv-öffentlichen Rechts unter dem Einfluß des Gemeinschaftsrechts, DVBl. 1998, S. 69–75 *ders.*, Die Europäisierung der Verwaltungsrechtslehre, DV 36 (2003), S. 293-319

ders., Von der Europäisierung des Verwaltungsrechts zum Europäischen Verwaltungsverbund, DÖV 2007, S. 761–770

ders., Verselbständigte Verwaltungseinheiten – Ein europäischer Megatrend im Vergleich, in: Hans-Heinrich Trute/Thomas Groß/Hans Christian Röhl/Christoph Möllers (Hrsg.), Allgemeines Verwaltungsrecht - zur Tragfähigkeit eines Konzepts, 2008, S. 431–457

ders., Begriff, in: Michael Fehling/ders. (Hrsg.), Regulierungsrecht, 2010, § 7

ders., Die neue Unabhängigkeit: Zur demokratischen Legitimation von Agenturen im europäischen Verwaltungsrecht, in: Peter-Christian Müller-Graff/Stefanie Schmahl/Vassilios Skouris (Hrsg.), Europäisches Recht zwischen Bewährung und Wandel – FS Scheuing, 2011, S. 399–414

ders., Die organisatorische Pluralität der EU, in: Marten Breuer/Astrid Epiney/Andreas Haratsch/Stefanie Schmahl/Norman Weiß (Hrsg.), Der Staat im Recht – FS Klein, 2013, S. 643–654

ders., Europarecht: Rechtsgrundlagen und Rechtsetzungsbefugnisse von Agenturen – Verbot von Leerverkäufen durch die Europäische Wertpapieraufsichtsagentur ESMA ist unionsrechtskonform, JuS 2014, S. 279–282

Sachs, Michael (Hrsg.), Grundgesetz: Kommentar, 8. Aufl. 2018

Sack, Jörn, Verstoßverfahren und höchstrichterliche Vertragsverletzungen - eine Klarstellung, EuZW 1991, S. 246–247

Säcker, Franz Jürgen (Hrsg.), Telekommunikationsgesetz, Kommentar, 3. Aufl. 2013

Sadler, Gerhard, Verwaltungs-Vollstreckungsgesetz, Verwaltungszustellungsgesetz, Kommentar, 9. Aufl. 2014

Samm, Carl-Theodor, Die Stellung der Deutschen Bundesbank im Verfassungsgefüge, 1967

Sauer, Heiko, Jurisdiktionskonflikte in Mehrebenensystemen, 2008

Saurer, Johannes, Individualrechtsschutz gegen das Handeln der Europäischen Agenturen, EuR 2010, S. 51-67

ders., Die Organisationsfreiheit des Unionsgesetzgebers, ZG 28 (2013), S. 250–264

ders., Der kompetenzrechtliche Verhältnismäßigkeitsgrundsatz im Recht der Europäischen Union, JZ 2014, S. 281–286

ders., Die Errichtung von Europäischen Agenturen auf Grundlage der Binnenmarktharmonisierungskompetenz des Art. 114 AEUV – Zum Urteil des EuGH über die Europäische Wertpapier- und Marktaufsichtsbehörde (ESMA) vom 22. Januar 2014, DÖV 2014, S. 549–555

Schaar, Peter, Die Kooperation der Datenschutzaufsichtsbehörden am Beispiel der Artikel 29-Gruppe, DANA 2006, S. 7–9

Schaffland, Hans-Jürgen/Wiltfang, Noeme (Hrsg.), Bundesdatenschutzgesetz, Kommentar, 1977

Scharpf, Fritz W., Regieren in Europa, 1999

Schenke, Wolf-Rüdiger, Verfassungskonformität der Volkszählung, NJW 1987, S. 2777–2786 *ders.*, Rechtsprechungsübersicht zum Verwaltungsprozeß - Teil 1, JZ 1996, S. 998–1012

ders., Verwaltungsprozessrecht, 16. Aufl. 2019

Scherzberg, Arno, Die Öffentlichkeit der Verwaltung, 2000

Scheuing, Dieter H., Rechtsprobleme bei der Durchsetzung des Gemeinschaftsrechts in der Bundesrepublik Deutschland, EuR 1985, S. 229–272

ders., Europarechtliche Impulse für innovative Ansätze im deutschen Verwaltungsrecht, in: Wolfgang Hoffmann-Riem/Eberhard Schmidt-Assmann (Hrsg.), Innovation und Flexibilität des Verwaltungshandelns, 1994, S. 289–354

ders., Europäisierung des Verwaltungsrechts, DV 34 (2001), S. 107–143

Scheuner, Ulrich, Der Einfluss des französischen Verwaltungsrechts auf die deutsche Rechtsentwicklung, DÖV 1963, S. 714–719

Scheurle, Klaus-Dieter /Mayen, Thomas (Hrsg.), Telekommunikationsgesetz, Kommentar, 2. Aufl. 2008

Schiedermair, Stephanie, Selbstkontrollen der Verwaltung, in: Wolfgang Hoffmann-Riem/Eberhard Schmidt-Aßmann/Andreas Voßkuhle (Hrsg.), Grundlagen des Verwaltungsrechts, Bd. III, 2. Aufl. 2013, § 48

Schild, Hans-Hermann, Die völlige Unabhängigkeit der Aufsichtsbehörden aus europarechtlicher Sicht, DuD 2010, S. 549–553

ders., Entwurf eines Zweiten Gesetzes zur Änderung des Bundesdatenschutzgesetzes, Deutscher Bundestag - Innenausschuss, Ausschussdrucksache 18(4)205 B, 2014

Schilling, Theodor, Zu den Grenzen des Vorrangs des Gemeinschaftsrechts, Der Staat 33 (1994), S. 555–580

Schima, Bernhard, Das Vorabentscheidungsverfahren vor dem EuGH, 2. Aufl. 2004

Schliesky, Utz, Souveränität und Legitimität von Herrschaftsgewalt, 2004

ders., Das Recht auf gute Verwaltung, 2006

ders., Von der organischen Verwaltung Lorenz von Steins zur Netzwerkverwaltung im Europäischen Verwaltungsverbund, DÖV 2009, S. 641–649

Schliesky, Utz/Tischer, Jakob, Möglichkeiten einer gesetzgeberischen Steuerung von Verwaltungsreformen, DÖV 2013, S. 361–370

Schmahl, Stefanie, Singuläre Integrationsverantwortung des Parlaments, DÖV 2014, S. 501-509

Schmidt, Christian, Von der RegTP zur Bundesnetzagentur: Der organisationsrechtliche Rahmen der neuen Regulierungsbehörde, DÖV 2005, S. 1025–1032

ders., Neustrukturierung der Bundesnetzagentur - Verfassungs- und verwaltungsrechtliche Probleme, NVwZ 2006, S. 907–909

Schmidt, Jörg, Die demokratische Legitimationsfunktion der parlamentarischen Kontrolle, 2007

Schmidt-Aßmann, Eberhard, Verwaltungslegitimation als Rechtsbegriff, AöR 116 (1991), S. 329–390

ders., Deutsches und europäisches Verwaltungsrecht - wechselseitige Einwirkungen, DVBl. 1993, S. 924–936 *ders.*, Verwaltungskooperation und Verwaltungskooperationsrecht in der Europäischen Union, EuR 1996, S. 270–301

ders., Verwaltungsorganisationsrecht als Steuerungsressource – Einleitende Problemskizze, in: ders./Wolfgang Hoffmann-Riem (Hrsg.), Verwaltungsorganisationsrecht als Steuerungsressource, 1997, S. 9–63

ders., Einleitende Problemskizze, in: ders./Wolfgang Hoffmann-Riem (Hrsg.), Strukturen des Europäischen Verwaltungsrechts, 1999, S. 9–44

ders., Europäische Verwaltung zwischen Kooperation und Hierarchie, in: Hans-Joachim Cremer/Thomas Giegerich/Dagmar Richter/Andreas Zimmermann (Hrsg.), Tradition und Weltoffenheit des Rechts – FS Steinberger, 2002, S. 1375–1400

ders., Die Europäisierung des Verwaltungsverfahrensrechts, in: ders./Dieter Sellner/Günter Hirsch/Gerd-Heinrich Kemper/Hinrich Lehmann-Grube (Hrsg.), Festgabe 50 Jahre Bundesverwaltungsgericht, 2003, S. 487–506

ders., Der Rechtsstaat, in: Josef Isensee/Paul Kirchhof (Hrsg.), Handbuch des Staatsrechts, Bd. II, 3. Aufl. 2004, § 26

ders., Methoden der Verwaltungsrechtswissenschaft – Perspektiven der Systembildung, in: ders./Wolfgang Hoffmann-Riem (Hrsg.), Methoden der Verwaltungsrechtswissenschaft, 2004, S. 387–413

ders., Strukturen Europäischer Verwaltung und die Rolle des Europäischen Verwaltungsrechts, in: Alexander Blankenagel/Ingolf Pernice/Helmuth Schulze-Fielitz (Hrsg.), Verfassung im Diskurs der Welt - Liber Amicorum für Peter Häberle, 2004, S. 395–416

ders., Einleitung: Der Europäische Verwaltungsverbund und die Rolle des Europäischen Verwaltungsrechts, in: ders./Bettina Schöndorf-Haubold (Hrsg.), Der europäische Verwaltungsverbund – Formen und Verfahren der Verwaltungszusammenarbeit in der EU, 2005, S. 1–24

ders., Das allgemeine Verwaltungsrecht als Ordnungsidee – Grundlagen und Aufgaben der verwaltungsrechtlichen Systembildung, 2. Aufl. 2006

ders., Perspektiven der Europäisierung des Verwaltungsrechts, in: Peter Axer (Hrsg.), Das europäische Verwaltungsrecht in der Konsolidierungsphase - Systembildung - Disziplinierung - Internationalisierung, DV 2010, Beiheft 10, S. 263–283

ders., Verfassungsprinzipien für den Europäischen Verwaltungsverbund, in: Wolfgang Hoffmann-Riem/ders./Andreas Voßkuhle (Hrsg.), Grundlagen des Verwaltungsrechts, Bd. I, 2. Aufl. 2012, § 5

ders., Administrative Law in Europe: Between Common Principles and National Traditions, in: Matthias Ruffert (Hrsg.), Administrative law in Europe - Between common principles and national traditions, 2013, S. 1–15

ders., Verwaltungsrechtliche Dogmatik – Eine Zwischenbilanz zu Entwicklung, Reform und künftigen Aufgaben, 2013

Schmidt-Aßmann, Eberhard/Hoffmann-Riem, Wolfgang (Hrsg.), Verwaltungsorganisationsrecht als Steuerungsressource, 1997

Schmidt-Aßmann, Eberhard/Schöndorf-Haubold, Bettina (Hrsg.), Der europäische Verwaltungsverbund – Formen und Verfahren der Verwaltungszusammenarbeit in der EU, 2005

Schmidt-Bleibtreu, Bruno/Hofmann, Hans/Henneke, Hans-Günter (Hrsg.), Kommentar zum Grundgesetz, 13. Aufl. 2014

dies. (Hrsg.), Kommentar zum Grundgesetz, 14. Aufl. 2018

Schmidt-Preuß, Matthias, Soziale Marktwirtschaft und Grundgesetz vor dem Hintergrund des Staatsvertrages zur Währungs-, Wirtschafts- und Sozialunion, DVBl. 1993, S. 236–247

ders., Steuerung durch Organisation, DÖV 2001, S. 45–55

Schmidt-Räntsch, Günther/Schmidt-Räntsch, Jürgen, Deutsches Richtergesetz, Kommentar, 6. Aufl. 2009

Schnapp, Friedrich E., Der Streit um die Sitzungsöffentlichkeit im Kommunalrecht, VerwArch 78 (1987), S. 407–458

ders., Zur Grundrechtsberechtigung juristischer Personen des öffentlichen Rechts, in: Detlef Merten/Hans-Jürgen Papier (Hrsg.), Handbuch der Grundrechte in Deutschland und Europa, Bd. II, 2006, § 52

Schneider, Axel Rolf, Petitionen zum Europäischen Parlament mit Berücksichtigung des Bürgerbeauftragten, 2009

Schneider, Carmen, Netzzugangsregulierung auf dem Stromsektor in Deutschland und Frankreich, 2013

Schneider, Jens-Peter, Das Neue Steuerungsmodell als Innovationsimpuls für Verwaltungsorganisation und Verwaltungsrecht, in: Eberhard Schmidt-Aßmann/Wolfgang Hoffmann-Riem (Hrsg.), Verwaltungsorganisationsrecht als Steuerungsressource, 1997, S. 103–138

ders., Flexible Wirtschaftsregulierung durch unabhängige Behörden im deutschen und britischen Telekommunikationsrecht, ZHR 164 (2000), S. 513–544

ders., Strukturen des Europäischen Verwaltungsverbundes, DV 2009, Beiheft 8, S. 9–28

ders., Telekommunikation, in: Michael Fehling/Matthias Ruffert (Hrsg.), Regulierungsrecht, 2010, § 8

ders., German Traditions in Administrative Law – Obstacles to a Common Legal Framework?, in: Matthias Ruffert (Hrsg.), Administrative law in Europe - Between common principles and national traditions, 2013, S. 49–65

Schoch, Friedrich, Die Europäisierung des Allgemeinen Verwaltungsrechts, JZ 1995, S. 109–123

ders., Die Europäisierung des verwaltungsgerichtlichen vorläufigen Rechtsschutzes, DVBl. 1997, S. 289-297

ders., Die Europäisierung des Allgemeinen Verwaltungsrechts und der Verwaltungsrechtswissenschaft, DV 32 (1999), Beiheft 2, S. 135–154

ders., Europäisierung der Verwaltungsrechtsordnung – einschließlich Verwaltungsverfahrensrecht und Rechtsschutz, VBlBW 1999, S. 241–250

ders., Die Europäisierung des Verwaltungsprozessrechts, in: Eberhard Schmidt-Aßmann/Dieter Sellner/Günter Hirsch/Gerd-Heinrich Kemper/Hinrich Lehmann-Grube (Hrsg.), Festgabe 50 Jahre Bundesverwaltungsgericht, 2003, S. 507–534 *ders.*, Der verwaltungsgerichtliche Organstreit, Jura 2008, S. 826–838

ders., Verwaltungsgerichtlicher Organstreit, in: Dirk Ehlers/ders. (Hrsg.), Rechtsschutz im Öffentlichen Recht, 2009, § 28

Schönberger, Christoph, Die Europäische Union zwischen „Demokratiedefizit“ und Bundesstaatsverbot, Der Staat 48 (2009), S. 535-558

Scholz, Rupert/Pitschas, Rainer, Informationelle Selbstbestimmung und staatliche Informationsverantwortung, 1984

Schöndorf-Haubold, Bettina, Die Strukturfonds der Europäischen Gemeinschaft, 2005

dies., Gemeinsame Europäische Verwaltung: die Strukturfonds der Europäischen Gemeinschaft, in: Eberhard Schmidt-Aßmann/dies. (Hrsg.), Der europäische Verwaltungsverbund – Formen und Verfahren der Verwaltungszusammenarbeit in der EU, 2005, S. 25–56

Schoppa, Katrin, Europol im Verbund der europäischen Sicherheitsagenturen, 2013

Schreiber, Stefanie, Verwaltungskompetenzen der Europäischen Gemeinschaft, 1997

Schröder, Meinhard, Staatstheoretische Aspekte einer Aktenöffentlichkeit im Verwaltungsbereich, DV 4 (1971), S. 301–324

ders., Grundfragen der Aufsicht in der öffentlichen Verwaltung, JuS 1986, S. 371–375

ders., Effektiver Vollzug des Unionsrechts durch die Mitgliedstaaten als "Frage von gemeinsamem Interesse", DVBl. 2011, S. 671–673

Schroeder, Werner, Das Gemeinschaftsrechtssystem, 2002

ders., Nationale Maßnahmen zur Durchführung von EG-Recht und das Gebot der einheitlichen Wirkung - Existiert ein Prinzip der „nationalen Verfahrensautonomie“?, AöR 129 (2004), S. 3–38

ders., Europarechtsfreundlichkeit und Europarechtsskepsis in der politischen Praxis der deutschen Legislative und Exekutive, in: Thomas Giegerich (Hrsg.), Der "offene Verfassungsstaat" des Grundgesetzes nach 60 Jahren, 2010, S. 197–224

Schulz, Sönke E., Kooperationsmodelle zur Umsetzung des Einheitlichen Ansprechpartners als unzulässige Mischverwaltung?, DÖV 2008, S. 1028–1036

Schulze-Fielitz, Helmuth, Kontrolle der Verwaltung durch Rechnungshöfe, VVDStRL 55 (1996), S. 231–277

ders., Rationalität als rechtsstaatliches Prinzip für den Organisationsgesetzgeber, in: Paul Kirchhof/Moris Lehner/Arndt Raupach/Michael Rodi (Hrsg.), Staaten und Steuern - FS Vogel, 2000, S. 311–330

ders., Einheitsbildung durch Gesetz oder Pluralisierung durch Vollzug, in: Hans-Heinrich Trute/Thomas Groß/Hans Christian Röhl/Christoph Möllers (Hrsg.), Allgemeines Verwaltungsrecht - zur Tragfähigkeit eines Konzepts, 2008, S. 135–160

ders., Strukturprobleme europäischer Sekundärrechtsetzung, in: Peter-Christian Müller-Graff/Stefanie Schmahl/Vassilios Skouris (Hrsg.), Europäisches Recht zwischen Bewährung und Wandel - FS Scheuing, 2011, S. 165–189

Schuppert, Gunnar Folke, Die Erfüllung öffentlicher Aufgaben durch verselbständigte Verwaltungseinheiten, 1981

ders., Verfassungsrecht und Verwaltungsorganisation, Der Staat 32 (1993), S. 581–610 *ders.*, Das Gesetz als zentrales Steuerungsinstrument des Rechtsstaates, in: ders. (Hrsg.), Das Gesetz als zentrales Steuerungsinstrument des Rechtsstaates, 1998, S. 105–156

ders., Verwaltungswissenschaft, 2000

ders., Public Law: Towards a Post-National Model, in: Kenneth Dyson/Klaus H. Goetz (Hrsg.), Germany, Europe and the politics of constraint, 2003, S. 109–125

ders., Verwaltungsorganisation und Verwaltungsorganisationsrecht als Steuerungsfaktoren, in: Wolfgang Hoffmann-Riem/Eberhard Schmidt-Aßmann/Andreas Voßkuhle (Hrsg.), Grundlagen des Verwaltungsrechts, Bd. I, 2. Aufl. 2012, § 16

ders., Europäische Verwaltungsnetzwerke im Lichte der Grundsätze guter Verwaltung, in: Peter Michael Huber (Hrsg.), Der Vertrag von Lissabon und das nationale Verfassungsrecht – Europäische Verwaltungsnetzwerke, 2013, S. 133–164

Schuster, Detlev, Meinungsvielfalt in der dualen Rundfunkordnung, 1990

Schütz, Charlotte, Die Legitimation der Europäischen Zentralbank zur Rechtsetzung, EuR 2001, S. 291–305

Schütz, Raimund, Kommunikationsrecht – Regulierung von Telekommunikation und elektronischen Medien, 2005

Schütze, Robert, From Rome to Lisbon: “Executive Federalism” in the (New) European Union, CMLRev. 47 (2010), S. 1385–1427

ders., European Constitutional Law, 2012

Schwarze, Jürgen, Konvergenz im Verwaltungsrecht der EU-Mitgliedstaaten, DVBl. 1996, S. 881–889

ders., The Europeanization of National Administrative Law, in: Jürgen Schwarze (Hrsg.), Administrative law under European influence, 1996, S. 789–840

ders., Europäische Rahmenbedingungen für die Verwaltungsgerichtsbarkeit, NVwZ 2000, S. 241–252

ders., Europäisches Verwaltungsrecht: Entstehung und Entwicklung im Rahmen der Europäischen Gemeinschaften, 2. Aufl. 2005

ders. (Hrsg.), EU-Kommentar, 2. Aufl. 2009

ders., Die Neuerungen auf dem Gebiet des Europäischen Verwaltungsrechts durch den Vertrag von Lissabon, in: Jürgen Schwarze (Hrsg.), Europarecht - Strukturen, Dimensionen und Wandlungen des Rechts der Europäischen Union, 2012, S. 697–709

ders., European Administrative Law in the Light of the Treaty of Lisbon, EPL 18 (2012), S. 285–304

ders., Das Verhältnis von nationalem Recht und Europarecht im Wandel der Zeit, Bd. II, 2013

ders., Die Wahrung des Rechts durch den Gerichtshof der Europäischen Union, DVBl. 2014, S. 537-543

ders. (Hrsg.), EU-Kommentar, 4. Aufl. 2019

Schweitzer, Michael, Die Verwaltung der Europäischen Gemeinschaften, DV 17 (1984), S. 137–168

Schwerdtfeger, Angela, Der deutsche Verwaltungsrechtsschutz unter dem Einfluss der Aarhus-Konvention, 2010 *dies.*, Europäisches Unionsrecht in der Rechtsprechung des Bundesverfassungsgerichts, EuR 2015, S. 290-310

Schwintowski, Hans-Peter, Ordnung und Wettbewerb auf Telekommunikationsmärkten, CR 1997, S. 630–638

Seebode, Manfred, Anmerkung zu BVerfG, Beschluß des Zweiten Senats vom 20.6.1967 - 2 BvL 10/64 -, DVBl. 1968, S. 177–178

Seehase, Juliane, Die Grenzschutzagentur FRONTEX, 2013

Shapiro, Martin, The problems of independent agencies in the United States and the European Union, JEPP 4 (1997), S. 276–291

Shepsle, Kenneth A., Discretion, Institutions, and the Problem of Government Commitment, in: Pierre Bourdieu/James S. Coleman (Hrsg.), Social theory for a changing society, 1991, S. 245–263

Shirvani, Foroud, New Public Management und europäische Agenturen: Transparenzfragen bei der Modernisierung der Verwaltungsorganisation, DÖV 2008, S. 1–10

Siebelt, Johannes, Der juristische Verhaltensspielraum der Zentralbank, 1988

Siedentopf, Heinrich, Umsetzung und Anwendung des Gemeinschaftsrechts in den Mitgliedstaaten, in: Siegfried Magiera/ders. (Hrsg.), Die Zukunft der Europäischen Union, 1997, S. 105–126

Siedentopf, Heinrich/Speer, Benedikt, Europäischer Verwaltungsraum oder Europäische Verwaltungsgemeinschaft?, DÖV 2002, S. 753–763

Siegel, Thorsten, Die Verfahrensbeteiligung von Behörden und anderen Trägern öffentlicher Belange, 2001

ders., Entscheidungsfindung im Verwaltungsverbund, 2009

Siegmund, Julian, Die Vorlageberechtigung von Widerspruchsausschüssen an den EuGH, NordÖR 2014, S. 209-214

Siekmann, Helmut, Die Neuordnung der Finanzmarktaufsicht, DV 43 (2010), S. 95–114

Silberman, Bernard S., Cages of reason – The rise of the rational state in France, Japan, the United States, and Great Britain, 1993

Simitis, Spiros, Chancen und Gefahren der elektronischen Datenverarbeitung, NJW 1971, S. 673–682

ders., Zur Datenschutzgesetzgebung – Vorgaben und Perspektiven, CR 1987, S. 602–613

ders., Die EU-Datenschutzrichtlinie – Stillstand oder Anreiz?, NJW 1997, S. 281–288

ders., Datenschutz – Rückschritt oder Neubeginn?, NJW 1998, S. 2473–2479

ders. (Hrsg.), Bundesdatenschutzgesetz, Kommentar, 8. Aufl. 2014

Simon, Denys, Le système juridique communautaire, 1997

Simon, Sven, "Whatever it takes": Selbsterfüllende Prophezeiung am Rande des Unionsrechts?, EuR 2015, S. 107-130

Simson, Werner von/Schwarze, Jürgen, Europäische Integration und Grundgesetz: Maastricht und die Folgen für das deutsche Verfassungsrecht, 1992

Skowron, Magdalena, Die Zukunft europäischer Agenturen auf dem Prüfstand, EuR 2014, S. 250–262

dies., Kapitalmarktrecht: Rechtmäßigkeit der Eingriffsbefugnisse der ESMA nach Art. 28 Leerverkaufsverordnung, EuZW 2014, S. 349–356

Smend, Rudolf, Das Recht der freien Meinungsäußerung, VVDStRL 4 (1928), S. 44–74

Smits, René, The European Central Bank – Institutional Aspects, 1997

Sobotta, Christoph, Transparenz in den Rechtsetzungsverfahren der Europäischen Union, 2001

ders., Die Verregelung der Vertragsverletzungsbeschwerde, ZUR 2008, S. 72–79

Sodan, Helge, Kollegiale Funktionsträger als Verfassungsproblem, 1987

ders., Die funktionelle Unabhängigkeit der Zentralbanken, NJW 1999, S. 1521–1524

Solanke, Iyiola, Embedding 'Uncommon Sense' in Judicial Independence, in: Adriana Silvia de Dreyzin Klor/Luis Miguel Poiares Maduro/Antoine Vauchez (Hrsg.), Courts, Social Change and Judicial Independence, 2012, S. 63–70

Somer, Stéphanie de, The Europeanisation of the Law on National Independent Regulatory Authorities from a Vertical and Horizontal Perspective, Review of European Administrative Law 5 (2012), S. 93–130

Sommer, Julia, Verwaltungskooperation am Beispiel administrativer Informationsverfahren im europäischen Umweltrecht, 2003

dies., Informationskooperation am Beispiel des europäischen Umweltrechts, in: Eberhard Schmidt-Aßmann/Bettina Schöndorf-Haubold (Hrsg.), Der europäische Verwaltungsverbund, 2005, S. 57–85

Sommermann, Karl-Peter, Staatsziel "Europäische Union", DÖV 1994, S. 596–604

Sonder, Nicolas, Die verwaltungsrechtliche Kontrolle von Ratingagenturen im neuen System der europäischen Finanzaufsicht, in: Alfred G. Debus/Franziska Kruse/Alexander Peters/Hanna Schröder/Olivia Seifert/Corinna Sicko (Hrsg.), Verwaltungsrechtsraum Europa, 51. Assistententagung Öffentliches Recht, 2011, S. 239–252

ders., Was ist Integrationsverantwortung?, KritV 2011, S. 214-225

ders., Rechtsschutz gegen Maßnahmen der neuen europäischen Finanzaufsichtsagenturen, BKR 2012, S. 8-12

Soulard, Christophe, Le médiateur européen: indépendance et privilèges, in: Epaminondas A. Marias (Hrsg.), The European Ombudsman, 1994, S. 93-105

Spiecker gen. Döhmann, Indra, Anmerkung zum Urteil des EuGH, Rs. C-518/07, JZ 2010, S. 787–791

dies., Unabhängigkeit von Datenschutzbehörden als Voraussetzung von Effektivität, in: Malte Kröger/Arne Pilniok (Hrsg.), Unabhängiges Verwalten in der Europäischen Union, 2016, S. 97-119

Stadler, Rainer, Der rechtliche Handlungsspielraum des europäischen Systems der Zentralbanken, 1996

Starck, Christian, Rundfunkfreiheit als Organisationsproblem – Zur Zusammensetzung der Rundfunkgremien, 1973

Steger, Martin A., Zur Verselbstständigung von Unionsagenturen, 2015

Stein, Ekkehart/Denninger, Erhard/Hoffmann-Riem, Wolfgang/Schneider, Hans-Peter (Hrsg.), GG, Alternativkommentar, 3. Aufl. 2001

Steinbeiß-Winkelmann, Christine, Europäisierung des Verwaltungsrechtsschutzes, NJW 2010, S. 1233–1238

Steinberg, Rudolf, Politik und Verwaltungsorganisation, 1979

Stelkens, Ulrich, Art. 291 AEUV, das Unionsverwaltungsrecht und die Verwaltungsautonomie der Mitgliedstaaten, FÖV Discussion Papers, 2011

ders., Art. 291 AEUV, das Unionsverwaltungsrecht und die Verwaltungsautonomie der Mitgliedstaaten – zugleich zur Abgrenzung der Anwendungsbereiche von Art. 290 und Art. 291 AEUV, EuR 2012, S. 511–545

Stern, Klaus, Das Staatsrecht der Bundesrepublik Deutschland, Bd. II, Notstandsverfassung, 1980

ders., Grundbegriffe und Grundlagen des Staatsrechts, Strukturprinzipien der Verfassung, Bd. I, 2. Aufl. 1984

ders., Bundesrechnungshof und Finanzkontrolle aus verfassungsrechtlicher Sicht, DÖV 1990, S. 261–264

ders., Postreform zwischen Privatisierung und Infrastrukturgewährleistung, DVBl. 1997, S. 309–316

ders., Die Notenbank im Staatsgefüge, in: Deutsche Bundesbank (Hrsg.), Fünfzig Jahre Deutsche Mark, 1998, S. 141–198

Stern, Klaus/Sachs, Michael (Hrsg.), GRCh, Kommentar, 2016

Stone Sweet, Alec, The European Court and Integration, in: ders. (Hrsg.), The judicial construction of Europe, 2004, S. 1–44

Streinz, Rudolf, Der Einfluß des europäischen Verwaltungsrechts auf das Verwaltungsrecht der Mitgliedstaaten, in: Michael Schweitzer (Hrsg.), Europäisches Verwaltungsrecht, 1991, S. 241–292

ders., Primär und Sekundärrechtsschutz im Öffentlichen Recht, VVDStRL 61 (2002), S. 300–361

ders., Vollzug des europäischen Rechts durch deutsche Staatsorgane, in: Josef Isensee/ Paul Kirchhof (Hrsg.), Handbuch des Staatsrechts, Bd. X, 3. Aufl. 2012, § 218

ders. (Hrsg.), EUV/AEUV, Kommentar, 2. Aufl. 2012

ders. (Hrsg.), EUV/AEUV, Kommentar, 3. Aufl. 2018

Streinz, Rudolf/Herrmann, Christoph, Der Anwendungsvorrang des Gemeinschaftsrechts und die "Normverwerfung" durch deutsche Behörden, BayVBl. 2008, S. 1–11

Strempel, Rüdiger, Ombudsman für Europa - Zu Institution und Funktion des europäischen Bürgerbeauftragten, DÖV 1996, S. 241–246

Strobel, Stefan, Die Untersuchungen des Europäischen Amtes für Betrugsbekämpfung (OLAF), 2012

Sydow, Gernot, Die Vereinheitlichung des mitgliedstaatlichen Vollzugs des Europarechts in mehrstufigen Verwaltungsverfahren, DV 34 (2001), S. 517–542 *ders.*, Verwaltungskooperation in der Europäischen Union, 2004

ders., Vollzug des europäischen Unionsrechts im Wege der Kooperation nationaler und europäischer Behörden, DÖV 2006, S. 66–71

ders., Europäische exekutive Rechtsetzung zwischen Kommission, Komitologieausschüssen, Parlament und Rat, JZ 2012, S. 157–165

Taeger, Jürgen, Datenschutzrecht, 2014

Taeger, Jürgen/Gabel, Detlev (Hrsg.), Kommentar zum BDSG und zu den Datenschutzvorschriften des TKG und TMG, 2. Aufl. 2013

Terhechte, Jörg Philipp, Einführung: Das Verwaltungsrecht der Europäischen Union als Gegenstand rechtswissenschaftlicher Forschung, in: ders. (Hrsg.), Verwaltungsrecht der Europäischen Union, 2011, § 1

ders., Equal or Diverse?: Richterliche und exekutive Unabhängigkeit im Vergleich, in: Malte Kröger/Arne Pilniok, Unabhängiges Verwalten in der Europäischen Union, 2016, S. 35-44

Thiele, Alexander, Das Rechtsschutzsystem nach dem Vertrag von Lissabon - (K)ein Schritt nach vorn?, EuR 2010, S. 30–51

ders., Das Mandat der EZB und die Krise des Euro, 2013

ders., Europäisches Prozessrecht, 2. Aufl. 2014

ders., Die EZB als fiskal- und wirtschaftspolitischer Akteur?, EuZW 2014, S. 694-698

ders., Die Unabhängigkeit der EZB, in: Malte Kröger/Arne Pilniok (Hrsg.), Unabhängiges Verwalten in der Europäischen Union, 2016, S. 195-219

Thomé, Sarah, Die Unabhängigkeit der Bundesdatenschutzaufsicht, VuR 2015, S. 130-133

Thym, Daniel, Europäische Integration im Schatten souveräner Staatlichkeit, Der Staat 48 (2009), S. 559-586

ders., Migrationsverwaltungsrecht, 2010

ders., Eine Quelle in der Wüste, VerfBlog, 2014/2/08, abrufbar unter http://www.verfassungsblog.de/quelle-in-wueste/

Tiemann, Susanne, Die staatsrechtliche Stellung der Finanzkontrolle des Bundes, 1974

Timmermans, Christiaan Willem Anton, Judicial Protection against the Member States: Articles 169 and 177 Revisited, in: Deirdre Curtin/Ton Heukels (Hrsg.), Institutional Dynamics of European Integration - Essays in Honour of Henry G. Schermers, Volume II, 1994, S. 391–407

Tinnefeld, Marie-Theres/Buchner, Benedikt/Petri, Thomas B., Einführung in das Datenschutzrecht, 5. Aufl. 2012

Tizzano, Antonio, The Powers of the Community, in: Europäische Kommission (Hrsg.), Thirty years of community law, 1983, S. 43–68

Triepel, Heinrich, Die Reichsaufsicht – Untersuchungen zum Staatsrecht des Deutschen Reiches, 1917

Trstenjak, Verica/Beysen, Erwin, Das Prinzip der Verhältnismäßigkeit in der Unionsrechtsordnung, EuR 2012, S. 265–284

Trute, Hans-Heinrich, Die Regelungen des Umgangs mit den Stasi-Unterlagen im Spannungsfeld von allgemeinem Persönlichkeitsrecht und legitimen Verwendungszwecken, JZ 1992, S. 1043–1054

ders., Die Forschung zwischen grundrechtlicher Freiheit und staatlicher Institutionalisierung, 1994

ders., Funktionen der Organisation und ihre Abbildung im Recht, in: Eberhard Schmidt-Aßmann/Wolfgang Hoffmann-Riem (Hrsg.), Verwaltungsorganisationsrecht als Steuerungsressource, 1997, S. 249–296

ders., Der Schutz personenbezogener Informationen in der Informationsgesellschaft, JZ 1998, S. 822–831

ders., Öffentlich-Rechtliche Rahmenbedingungen einer Informationsordnung, VVDStRL 57 (1998), S. 216-273

ders., Der europäische Regulierungsverbund in der Telekommunikation, in: Lerke Osterloh/Karsten Schmidt/Hermann Weber (Hrsg.), Staat, Wirtschaft, Finanzverfassung - FS Selmer, 2004, S. 565–588

ders., Die konstitutive Rolle der Rechtsanwendung, in: ders./Thomas Groß/Hans Christian Röhl/Christoph Möllers (Hrsg.), Allgemeines Verwaltungsrecht - zur Tragfähigkeit eines Konzepts, 2008, S. 211–232

ders., Die demokratische Legitimation der Verwaltung, in: Wolfgang Hoffmann-Riem/Eberhard Schmidt-Aßmann/Andreas Voßkuhle (Hrsg.), Grundlagen des Verwaltungsrechts, Bd. I, 2. Aufl. 2012, § 6

Tsakatika, Myrto, Claims to Legitimacy: The European Commission between Continuity and Change, JCMS 43 (2005), S. 193–220

Tsatsos, Dimitris Th., Der verwaltungsrechtliche Organstreit, 1969

Tschekuschina, Tatjana, Rechtliche Aspekte der geldpolitischen Instrumente des Europäischen Systems der Zentralbanken, 2008

Tschentscher, Axel, Demokratische Legitimation der dritten Gewalt, 2006

Uerpmann, Robert, Mittelbare Gemeinschaftsverwaltung durch gemeinschaftsgeschaffene juristische Personen des öffentlichen Rechts, AöR 125 (2000), S. 551–586

Uhle, Arnd, Freiheitlicher Verfassungsstaat und kulturelle Identität, 2004

Uhlenbruck, Dirk, Die verfassungsmäßige Unabhängigkeit der Deutschen Bundesbank und ihre Grenzen, 1968

Ukrow, Jörg, Von Luxemburg lernen heißt Integrationsgrenzen bestimmen, ZEuS 2014, S. 119–139

Ullrich, Katrin, Unabhängigkeit und Verantwortlichkeit der Europäischen Zentralbank, ZEW Discussion Paper No. 03-65, 2003

Ulmen, Winfried/Gump, Thomas Klaus, Die neue Regulierungsbehörde für Telekommunikation und Post, CR 1997, S. 396–402

Umbach, Dieter C./Clemens, Thomas (Hrsg.), Grundgesetz, Mitarbeiterkommentar, 2002

Vedder, Christoph, (Teil)Kodifikation des Verwaltungsverfahrensrechts der EG?, EuR 1995, Beiheft 1, S. 75–98

Vesting, Thomas, Nachbarwissenschaftlich informierte und reflektierte Verwaltungsrechtswissenschaft, in: Eberhard Schmidt-Aßmann/Wolfgang Hoffmann-Riem (Hrsg.), Methoden der Verwaltungsrechtswissenschaft, 2004, S. 253–292

Vetter, Rainer, Die Kompetenzen der Gemeinschaft zur Gründung von unabhängigen europäischen Agenturen, DÖV 2005, S. 721–731

Vinken, Horst, Der Nichtanwendungserlass im Steuerrecht, in: Rudolf Mellinghoff/Wolfgang Schön/Hermann-Ulrich Viskorf (Hrsg.), Steuerrecht im Rechtsstaat – FS Spindler, 2011, S. 549-561

Vogelgesang, Klaus, Grundrecht auf informationelle Selbstbestimmung?, 1987

Vos, Ellen, Reforming the European Commission: What Role to Play for EU Agencies?, CMLRev. 37 (2000), S. 1113–1134

dies., Agencies and the European Union, in: Luc F. M. Verhey/Tom Zwart (Hrsg.), Agencies in European and Comparative Perspective, 2003, S. 113–148

dies., Responding to Catastrophe: Towards a New Architecture for EU Food Safety Regulation?, in: Charles F. Sabel/Jonathan Zeitlin (Hrsg.), Experimentalist governance in the European Union - Towards a new architecture, 2010, S. 151–176

Voßkuhle, Andreas, Methode und Pragmatik im öffentlichen Recht – Vorüberlegungen zu einem differenziert-integrativen Methodenverständnis am Beispiel des Umweltrechts, in: Hartmut Bauer/Detlef Czybulka/Wolfgang Kahl/ders. (Hrsg.), Umwelt, Wirtschaft und Recht, 2002, S. 171–196

ders., Der europäische Verfassungsgerichtsverbund, NVwZ 2010, S. 1–8

Voßkuhle, Andreas/Sydow, Gernot, Die demokratische Legitimation des Richters, JZ 2002, S. 673–682

Waechter, Kay, Geminderte demokratische Legitimation staatlicher Institutionen im parlamentarischen Regierungssystem, 1994

ders., Aufsicht, DVBl. 2014, S. 1149–1154

Wagner, Edgar, Der Entwurf einer Datenschutz-Grundverordnung der Europäischen Kommission, DuD 2012, S. 676–678

Wahl, Rainer, Stellvertretung im Verfassungsrecht, 1971

ders., Die Aufgabenabhängigkeit von Verwaltung und Verwaltungsrecht, in: Wolfgang Hoffmann-Riem/Eberhard Schmidt-Aßmann (Hrsg.), Reform des allgemeinen Verwaltungsrechts, 1993, S. 177–218

Wahl, Rainer/Groß, Detlef, Die Europäisierung des Genehmigungsrechts am Beispiel der Novel Food-Verordnung, DVBl. 1998, S. 2-13

Walter, Maja, Integrationsgrenze Verfassungsidentität, ZaöRV 72 (2012), S. 177–200

Walz, Stefan, Datenschutz-Herausforderung durch neue Technik und Europarecht, DuD 1998, S. 150–154

Weber, Albrecht, Verwaltungskollisionsrecht der Europäischen Gemeinschaften im Lichte neuerer Rechtsentwicklungen, EuR 1986, S. 1–28

ders., Rechtsfragen der Durchführung des Gemeinschaftsrechts in der Bundesrepublik, 1987

Weber, Martina, Der betriebliche Datenschutzbeauftragte im Lichte der EG-Datenschutzrichtlinie, DuD 1995, S. 698–702 *ders.*, EG-Datenschutzrichtlinie, CR 1995, S. 297–303

Wegener, Bernhard W., Der geheime Staat, 2006

Weiler, Joseph H. H., Der Staat "über alles" - Demos, Telos und die Maastricht-Entscheidung des Bundesverfassungsgerichts, JöR 44 (1996), S. 91–135

Weiß, Wolfgang, Schnittstellenprobleme des Europäischen Mehrebenenverwaltungsrechts, DV 38 (2005), S. 517–545

ders., Der Europäische Verwaltungsverbund, 2010

Welz, Wolfgang, Ressortverantwortung im Leistungsstaat, 1988

Wendel, Mattias, Permeabilität im europäischen Verfassungsrecht, 2011

ders., Lisbon Before the Courts, Eu Const. L. Rev. 7 (2011), S. 96-137

ders., Kompetenzrechtliche Grenzgänge: Karlsruhes Ultra-vires-Vorlage an den EuGH, ZaöRV 74 (2014), S. 615-670

Wendelin, Elvira, Der Hochschulverfassungsstreit, 2010

Wentzel, Joachim, Agenturen im deutschen Verwaltungskontext: Nachzügler oder Vorreiter?, DÖV 2010, S. 763–772

Werthebach, Eckart, 20 Jahre Bundesdatenschutzgesetz – vom Stiefkind zum Exportmodell, RDV 1997, S. 1–3

Wessels, Wolfgang, Die Öffnung des Staates – Modelle und Wirklichkeit grenzüberschreitender Verwaltungspraxis, 2000

Westermann, Eike, Administrative Unabhängigkeit im europäischen Regulierungsverbund, in: Malte Kröger/Arne Pilniok (Hrsg.), Unabhängiges Verwalten in der Europäischen Union, 2016, S. 63-95

ders., Legitimation im europäischen Regulierungsverbund, 2017

Wettner, Florian, Die Amtshilfe im Europäischen Verwaltungsrecht, 2005

Widdershoven, Rob, European Administrative Law, in: René Seerden (Hrsg.), Administrative Law of the European Union, its Member States and the United States - A Comparative Analysis, 2012, S. 245–319

Wieland, Joachim, Rechnungshofkontrolle im demokratischen Rechtsstaat, DVBl. 1995, S. 894-904

ders., Neuere Entwicklungen im Bereich der öffentlichen Finanzkontrollen, in: Eberhard Schmidt-Aßmann/Wolfgang Hoffmann-Riem (Hrsg.), Verwaltungskontrolle, 2001, S. 59–72

ders., Finanzkrise im Bundesstaat, ZG 24 (2009), S. 140–150

Wille, Angelo, Die Pflicht der Organe der Europäischen Gemeinschaft zur loyalen Zusammenarbeit mit den Mitgliedstaaten, 2003

Wind, Irene, Die Kontrolle des Datenschutzes im nicht-öffentlichen Bereich, 1994

Winter, Gerd, Kompetenzverteilung und Legitimation in der Europäischen Mehrebenenverwaltung, EuR 2005, S. 255–276

Wippermann, Gerd, Zur Frage der Unabhängigkeit der Datenschutzbeauftragten, DÖV 1994, S. 929–940

Wißmann, Hinnerk, Verfassungsrechtliche Vorgaben der Verwaltungsorganisation, in: Wolfgang Hoffmann-Riem/Eberhard Schmidt-Aßmann/Andreas Voßkuhle (Hrsg.), Grundlagen des Verwaltungsrechts, Bd. I, 2. Aufl. 2012, § 15

Wittinger, Michaela, „Europäische Satelliten": Anmerkungen zum Europäischen Agentur(un)wesen und zur Vereinbarkeit Europäischer Agenturen mit dem Gemeinschaftsrecht, EuR 2008, S. 609–626

Wittrock, Karl, Warum muß Finanzkontrolle unabhängig sein?, DVBl. 1984, S. 823–826

Wolff, Heinrich Amadeus, Die Grenzen des Untersuchungsrechts parlamentarischer Untersuchungsausschüsse über die Tätigkeit der unabhängigen Datenschutzbeauftragten am Beispiel des Freistaats Thüringen, ThürVBl. 2015, S. 205-212

Wolff, Heinrich Amadeus/Brink, Stefan (Hrsg.), Datenschutzrecht, Online-Kommentar, 19. Edition 2017

Wollenschläger, Peter, Die Gemeinschaftsaufsicht über die Rechtsprechung der Mitgliedstaaten, 2006

Wufka, Eduard, Die verfassungsrechtlich-dogmatischen Grundlagen der Rundfunkfreiheit, 1971

Wunderlich, Nina, Das Verhältnis von Union und Mitgliedstaaten am Beispiel des Vertragsverletzungsverfahrens, EuR 2012, Beiheft 1, S. 49–61

Würtenberger, Thomas/Heckmann, Dirk, Verwaltungsprozessrecht, 4. Aufl. 2018

Yi, Seung-Cheol, Moderne Finanzkontrolle, 1987

Ziebarth, Wolfgang, Demokratische Legitimation und Unabhängigkeit der deutschen Datenschutzbehörden, CR 2013, S. 60–68

Zilioli, Chiara, Accountability and Independence: Irreconcilable Values or Complementary Instruments for Democracy?, in: Georges Vandersanden/Aline De Walsche (Hrsg.), Mélanges en hommage à Jean-Victor Louis, Bd. 2, 2003, S. 395-422

Zilioli, Chiara/Selmayr, Martin, The European Central Bank, Its System and Its Law, Euredia 1 (1999), S. 187–230

Ziller, Jacques, Introduction: Les concepts d'administration directe, d'administration d'indirecte et de co-administration et les fondements du droit administrative européen, in: Jean-Bernard Auby/Jacqueline de La Dutheil Rochère (Hrsg.), Droit administratif Européen, 2007, S. 235–244

ders., Alternatives in Drafting an EU Administrative Procedure Law, PE 462.417, 2011

Zöllner, Dieter, Der Datenschutzbeauftragte im Verfassungssystem, 1995

Zuleeg, Manfred, Das Recht der Europäischen Gemeinschaften im innerstaatlichen Bereich, 1969

ders., Deutsches und europäisches Verwaltungsrecht - wechselseitige Einwirkungen, VVDStRL 53 (1994), S. 154–201